Digitalisierung in Industrie-, Handels- und Dienstleistungsunternehmen

EBOOK INSIDE

Die Zugangsinformationen zum eBook inside finden Sie am Ende des Buchs.

Lars Fend · Jürgen Hofmann
Hrsg.

Digitalisierung in Industrie-, Handels- und Dienstleistungsunternehmen

Konzepte – Lösungen – Beispiele

2., aktualisierte und überarbeitete Auflage

Hrsg.
Lars Fend
Technische Hochschule Ingolstadt
THI Business School
Ingolstadt, Deutschland

Jürgen Hofmann
Technische Hochschule Ingolstadt
THI Business School
Ingolstadt, Deutschland

ISBN 978-3-658-26963-0   ISBN 978-3-658-26964-7 (eBook)
https://doi.org/10.1007/978-3-658-26964-7

Die Deutsche Nationalbibliothek verzeichnet diese Publikation in der Deutschen Nationalbibliografie; detaillierte bibliografische Daten sind im Internet über http://dnb.d-nb.de abrufbar.

Springer Gabler
© Springer Fachmedien Wiesbaden GmbH, ein Teil von Springer Nature 2018, 2020
Das Werk einschließlich aller seiner Teile ist urheberrechtlich geschützt. Jede Verwertung, die nicht ausdrücklich vom Urheberrechtsgesetz zugelassen ist, bedarf der vorherigen Zustimmung des Verlags. Das gilt insbesondere für Vervielfältigungen, Bearbeitungen, Übersetzungen, Mikroverfilmungen und die Einspeicherung und Verarbeitung in elektronischen Systemen.
Die Wiedergabe von allgemein beschreibenden Bezeichnungen, Marken, Unternehmensnamen etc. in diesem Werk bedeutet nicht, dass diese frei durch jedermann benutzt werden dürfen. Die Berechtigung zur Benutzung unterliegt, auch ohne gesonderten Hinweis hierzu, den Regeln des Markenrechts. Die Rechte des jeweiligen Zeicheninhabers sind zu beachten.
Der Verlag, die Autoren und die Herausgeber gehen davon aus, dass die Angaben und Informationen in diesem Werk zum Zeitpunkt der Veröffentlichung vollständig und korrekt sind. Weder der Verlag, noch die Autoren oder die Herausgeber übernehmen, ausdrücklich oder implizit, Gewähr für den Inhalt des Werkes, etwaige Fehler oder Äußerungen. Der Verlag bleibt im Hinblick auf geografische Zuordnungen und Gebietsbezeichnungen in veröffentlichten Karten und Institutionsadressen neutral.

Springer Gabler ist ein Imprint der eingetragenen Gesellschaft Springer Fachmedien Wiesbaden GmbH und ist ein Teil von Springer Nature.
Die Anschrift der Gesellschaft ist: Abraham-Lincoln-Str. 46, 65189 Wiesbaden, Germany

Vorwort zur 2. Auflage

Liebe Leserin, lieber Leser,

die Entwicklungsgeschwindigkeit der Digitalisierung hat uns veranlasst, schon ein Jahr nach dem Erscheinen des Buches eine zweite Auflage herauszugeben. Dabei wurden beim Übergang auf diese 2. Auflage einerseits Inhalte aktualisiert und erweitert, andererseits auch zwei neue Beiträge aufgenommen. So wurde die Digital-Business-Mangement-Perspektive um einen Beitrag zur digitalen Ethik, die branchenbezogenen Perspektive um den Consumer-Electronics-Bereich erweitert.

Auch für die Herausgabe der 2. Auflage dieses Buches haben verschiedene Personen mitgewirkt, denen wir an dieser Stelle herzlich danken möchten:

An vorderster Stelle wieder allen Autoren, die mit ihren überarbeiteten bzw. neuen Buchbeiträgen erst zur Entstehung der 2. Auflage dieses Buches beigetragen haben. Ohne ihre Bereitschaft und Offenheit, ihre vielfältigen Inhalte mit den Lesern zu teilen, wäre eine Realisierung des Herausgeberwerkes zur Digitalisierung nicht möglich gewesen. Von Verlagsseite wurden wir während der gesamten Verwirklichung dieses Buches hervorragend von Frau Ann-Kristin Wiegmann unterstützt. Hochschulintern hat Frau Sarah Amler mit großem Engagement zur Erstellung des Manuskripts beigetragen.

Wir hoffen, dass Sie als Leserin und Leser dieses Buches einige interessante Erkenntnisse für die Gestaltung der digitalen Zukunft in Ihrer Organisation und für Ihre Weiterentwicklung finden. Für einen Dialog stehen wir Ihnen jederzeit mit Freude zur Verfügung.

Ingolstadt, im April 2019   Lars Fend
Jürgen Hofmann

Vorwort zur 1. Auflage

Liebe Leserin, lieber Leser,

die Zukunft hat schon begonnen. Dies hat bereits 1952 der mit dem Alternativen Nobelpreis ausgezeichnete Zukunftsforscher Robert Jungk formuliert. Und mehr denn je legen wir in dieser Zeit die Grundlagen für eine digitale Zukunft, welche unser künftiges Zusammenleben und Wirtschaften in kaum absehbarem Maße verändern wird.

Gleichzeitig haben wir schon erste Erfahrungen sammeln können: Das Internet hat bereits zur sozialen und mobilen Revolution geführt. Derzeit führen Internettechnologien zu weitreichendem, oftmals abrupten Wandel vor allem in verschiedenen Dienstleistungssektoren und Industriebereichen.

So hat die Einführung des Internetprotokolls IPv6 die Anzahl möglicher Internetadressen dahin gehend erhöht, dass dieses Protokoll in der Lage ist, bis zu 340 Sextillionen Adressen (entspricht einer Zahl mit 36 Nullen) bereitzustellen. Auf Basis dieses immensen Adressraums sind nicht nur Server und Endgeräte wie Client-Computer, Smartphones sowie Tablets, sondern auch Cyber-Physische Systeme, die in Geräte, Maschinen und andere Systeme eingebaut sind, eindeutig adressier- und global erreichbar.

Damit einhergeht, dass allein in Deutschland jeden Tag Millionen von Sensoren für die Vernetzung von Produkten hergestellt werden und die Anzahl vernetzter Produkte bereits die Anzahl vernetzter Menschen übersteigt. Zudem wachsen die Leistungsfähigkeiten von Prozessoren, verfügbaren Speicherkapazitäten und Bandbreiten exponentiell.

Organisationen sind somit weiterhin gefordert, ihre eigenen Angebote, Geschäftsmodelle, Wertschöpfungsprozesse und -funktionen unter Verwendung neuer oder neu kombinierbarer Technologien zu überdenken und anzupassen. Dies allerdings nicht im Sinne der Frage, was technisch möglich ist, sondern anhand der Frage: Was sollte technisch möglich sein, um Kunden herausragende Angebote zu offerieren?

Für alle Beteiligten in Wissenschaft wie Praxis erscheint es geboten, lernbereit zu bleiben und die vielfältigen Entwicklungen und Möglichkeiten zu beobachten, zu verstehen und mit zu gestalten. Dazu soll dieses Werk Anregungen bieten und einen Beitrag leisten. Hierzu werden

- die Grundlagen zu Technologien (Frontend), Geschäftsmodellen und Digitalen Services vermittelt,
- die Auswirkungen der Digitalisierung auf verschiedene Prozess- und Funktionsbereiche beleuchtet und ein Verständnis für deren Zusammenspiel geschaffen,
- wesentliche Aspekte des Managements im digitalen Kontext herausgearbeitet sowie
- innovative Praxisbeispiele aus verschiedenen Branchen vorgestellt und damit aufgezeigt, wie Unternehmen die fortschreitende Digitalisierung erfolgreich gestalten können.

Für die Herausgabe dieses Buches haben natürlich verschiedene Personen mitgewirkt, denen wir an dieser Stelle herzlich danken möchten:

An vorderster Stelle allen Autoren, die mit ihren Buchbeiträgen erst zur Entstehung dieses Buches beigetragen haben sowie für ihre Bereitschaft, sich in dieses Herausgeberwerk einbinden zu lassen. Ohne ihr Engagement und ohne die Offenheit, ihre Erfahrungen und ihr Wissen mit den Lesern zu teilen, wäre eine Realisierung des Herausgeberwerkes zur Digitalisierung nicht möglich gewesen. Von Verlagsseite wurden wir während der gesamten Verwirklichung dieses Buches hervorragend von Frau Ann-Kristin Wiegmann unterstützt. Hochschulintern hat Herr Michael Kaltenegger mit großem Engagement zur Erstellung des Manuskripts beigetragen. Ebenfalls möchten wir uns bei unseren Partnerinnen Marina Fiedler und Renate Schmidt bedanken, die uns mit viel Verständnis während der Verwirklichung dieses Buches begleitet und unterstützt haben.

Wir hoffen, dass Sie als Leserin und Leser dieses Buches einige interessante Erkenntnisse für die Gestaltung der digitalen Zukunft in Ihrer Organisation und für Ihre Weiterentwicklung finden. Für einen Dialog stehen wir Ihnen jederzeit mit Freude zur Verfügung.

Ingolstadt, im Februar 2018

Lars Fend
Jürgen Hofmann

Einführung

Das Internet und die fortschreitende Digitalisierung haben die Art und Weise wie Menschen zusammenleben und wirtschaften seit der ersten Website im Jahre 1991 (http://info.cern.ch) grundlegend verändert. Und doch erleben wir gerade erst den Anfang weiterer fundamentaler Veränderungen in sämtlichen Bereichen des Lebens und Wirtschaftens.

Die digitale Transformation als Folge der Digitalisierung wird dabei vorangetrieben von Unternehmen, Konsumenten und der Entwicklung digitaler Technologien. Innovative Geschäftsmodelle definieren dabei oftmals bestehende Branchenspielregeln neu. Gleichzeitig ermöglichen neue Technologien und Kombinationen von Technologien zunächst kaum vorstellbare Kundenangebote sowohl im Consumer- als auch im Business-to-Business-Bereich.

Unternehmen, die in den kommenden Jahren profitabel wachsen oder zumindest ihr bestehendes Geschäft fortführen wollen, stehen dadurch vor vielfältigen Herausforderungen. Diese werden bereits seit Jahren in Forschung und Praxis adressiert: Für die Unternehmenspraxis zum Beispiel im Rahmen von Angeboten verschiedener Unternehmensberatungen, Initiativen der Bundesregierung zur digitalen Agenda oder auch von forschungsorientierten Institutionen.

Digitalisierung wird dabei in verschiedenen Kontexten oftmals völlig unterschiedlich verwendet und erfährt unter Marketingaspekten unternehmensspezifische Interpretationen. Die Digitalisierung greift – einzeln oder kombiniert – dabei vor allem folgende wesentliche **Entwicklungen** auf:

1. Die IT-Unterstützung und möglichst weitgehende Automatisierung von unternehmensinternen und -übergreifenden Geschäftsprozessen ist in Unternehmen seit Jahrzehnten sukzessive durch integrierte Anwendungssysteme realisiert worden. Die Anbindung von Onlinesystemen wie Webshops an Anwendungssysteme, z. B. zur Ermittlung der Lieferfähigkeit der angebotenen Waren oder zur Versandveranlassung, hat zur IT-Unterstützung und Automatisierung weiterer Geschäftsprozesse, zum Teil direkt an der Kundenschnittstelle, geführt.

2. Die Digitalisierung von Produkten und Services hat sich erst in jüngerer Zeit etabliert. Digitalisierte Produkte liegen beispielsweise vor beim Streaming von Video- oder Audiodaten als Weiterentwicklung des Downloads oder bei elektronischen Büchern (E-Books). Dazu kommt die Nutzung digitaler Technologien im Rahmen des Internet-of-Things und -Services, ebenso aber auch 3D-Drucker oder Roboter, die in vielfältiger Weise Geschäftsprozesse unterstützen oder komplett automatisieren können sowie neue Services und Geschäftsmodelle ermöglichen.
3. Die Etablierung neuer oder disruptiver Geschäftsmodelle, wie sie z. B. Uber oder AirBnB eingeführt haben, führen zu den am weitesten reichenden Veränderungen in Unternehmen. Diese basieren dabei oftmals auf die Nutzung bestehender Technologien, die allerdings in neuer Art und Weise kombiniert und genutzt werden.

Die mit diesen Entwicklungen beschriebene Digitalisierung, im Englischen Digitalization, ist nicht zu verwechseln mit dem Begriff der Digitalisierung als Umwandlung von analogen in digitale Signale, im Englischen Digitization, die im Folgenden nicht betrachtet wird.

Zudem bleibt die digitale Themenvielfalt sehr hoch und die dynamische Entwicklung und Ausgestaltung der Themen erfordert ein regelmäßiges Aktualisieren, Reflektieren und Integrieren in das eigene Denken und Handeln. Dazu gehört organisationales Lernen genauso wie organisationales Vergessen, wenn über Jahrzehnte erfolgreiche Geschäftsmodelle über Nacht und weltweit von neuen Anbietern ersetzt werden.

Vor diesem Hintergrund orientiert sich das vorliegend Praxis- und Lehrbuch bei der Darstellung und Diskussion der Digitalisierung an **vier Perspektiven.** Diese Perspektiven beziehen sich systematisch auf wesentliche Themenfelder der Digitalisierung und strukturieren den Aufbau des Herausgeberwerkes: Jede Perspektive wird durch ein eigenes Kapitel dargestellt.

Im Rahmen der **grundlegenden Perspektive** der Digitalisierung werden zentrale Technologien im Frontend-Bereich, Grundprinzipien digitaler Geschäftsmodelle und digitaler Services abgebildet. Diese sind erforderlich, um eine Verständnis für die nachfolgenden Themenfelder zu entwickeln.

Im Kern der **prozess- und funktionsbezogenen Perspektive** stellt sich zunächst die Frage, wie die funktional gegliederten Teilaufgaben in Unternehmen durch Prozesse (als Tätigkeitsabfolgen) mithilfe digitaler Technologien gestaltet werden können. Im Rahmen der Funktionsbetrachtung geht es im Wesentlichen um die Auswirkungen der Digitalisierung auf Kernfunktionen in Unternehmen und die Frage, wie diese Funktionen künftig auszugestalten sind.

Im Mittelpunkt der **Digital-Business-Management-Perspektive** stehen führungsbezogene Aufgaben im Kontext der Digitalisierung bzw. digitalen Transformation von Unternehmen. Ergänzt wird die Darstellung von Führungsaufgaben durch rechtliche und sicherheitsrelevante Aspekte, die im Rahmen der Digitalisierung gleichermaßen höhere Bedeutung und nachhaltige Veränderungen erfahren.

Im Rahmen der **branchenbezogenen Perspektive** geht es darum, systematisch verschiedene Praxisbeispiele vorzustellen, die Unternehmen aus unterschiedlichen Bereichen verfolgen, um die digitale Transformation zu meistern und sich für kommende Herausforderungen zu rüsten.

Im Anschluss an die Vorstellung der grundlegenden Perspektiven und Struktur des Herausgeberwerkes werden nun die Beiträge zu den vier Perspektiven zur ersten Orientierung kurz vorgestellt. In den jeweiligen Unterkapiteln setzen sich die Autoren mit diesen Themenfeldern umfassender und differenzierter auseinander.

Zur **grundlegenden Perspektive** der Digitalisierung:

Jürgen Hofmann betrachtet wesentliche **technologische Grundlagen** mit Fokus auf Frontend-Services anhand vieler praktischer Beispiele. Im Rahmen der Frontend-Services werden Identifikations-, Lokalisierungs-, Interaktions-, Darstellungs- sowie Mobilkommunikationstechnologien vorgestellt. Den Abschluss bilden die Technologien 3D-Druck, Roboter mit Fokus auf Service-, Assistenz- und Logistik-Roboter sowie Delivery-Systeme, die insbesondere in vielfältigen Pilotprojekten des Handels getestet werden.

Christian Stummeyer stellt ausgewählte Aspekte bei der Gestaltung von **Digital Services** vor. Um Digital Services und die Customer Experience für Nutzer optimal zu gestalten, werden bewährte Konzepte und Methoden dargestellt. Zudem werden wichtige Erfolgsfaktoren für eine gute User Experience eines Digital Service adressiert. Schließlich wird die Messung der Qualität der User Experience berücksichtigt und anhand eines Bezugsrahmens von Google dargestellt.

Bettina Maisch und *Carlos Andrés Palacios Valdés* widmen sich den grundlegenden Aspekten **digitaler Geschäftsmodelle.** Zu Beginn werden relevante Treiber von digitalen Geschäftsmodellen aus verschiedenen Bereichen dargelegt. Darauf folgend werden Aufbau, Elemente sowie die notwendigen Schritte zur Gestaltung eines digitalen Geschäftsmodells mit Praxisbeispielen veranschaulicht. Zudem werden Informationen zu den unterschiedlichen Ausprägungen der Digitalisierung dargestellt. Den Abschluss des Beitrages bilden die Erfolgsfaktoren digitaler Geschäftsmodelle sowie ein Ausblick in deren Zukunft.

Zur **prozess- und funktionsbezogenen Perspektive** der Digitalisierung:

Cornelia Zehbold setzt sich mit dem Kernprozess des **Product Lifecycle Management** (PLM) auseinander. Hierfür werden zunächst die konzeptionellen und begrifflichen Grundlagen gelegt. Im Anschluss daran wird die Forschungs-Roadmap Industrie 4.0 als Schlüsselkonzept vorgestellt. Danach werden die Auswirkungen der horizontalen Integration, des durchgängigen Engineering und der vertikalen Integration auf das Product Lifecycle Management analysiert. Zudem werden in diesem Kontext Lebenszyklusinformationen und Standardisierung erörtert. Abschließend werden zentrale Herausforderungen und ein vielversprechender Lösungsansatz zur Weiterentwicklung des Product Lifecycle Management vorgestellt.

Torsten Albrecht analysiert die Anforderungen an ein neu zu gestaltendes **Customer Relationship Management.** Anhand zweier Fallbeispiele aus der Automobil- und Software-Industrie wird verdeutlicht, welche Bedeutung einem übergreifenden Customer Experience Management zukommt. Zudem werden relevante Handlungsfelder analysiert und Lösungsmöglichkeiten aufgezeigt, wie ein Customer Experience Management im digitalen Zeitalter genutzt werden kann, um eine bessere Qualität in der gesamten Kundenbeziehung zu erreichen.

Christian Kille untersucht den komplexen Kernprozess des **Supply Chain Management.** Im Anschluss an die Klärung des Begriffes werden die Herausforderungen bei der Digitalisierung in der Supply Chain Management systematisch vorgestellt. Danach werden die Werkzeuge und erreichbaren Potenziale der Digitalisierung in der Supply Chain differenziert beleuchtet.

Christian Kille erörtert auch die Kernfunktion der **Digital Logistics.** Beginnend mit der wirtschaftlichen Einordnung der Logistik in der deutschen Wirtschaft wird der Begriff der Logistik abgegrenzt und bestimmt. Darauf aufbauend wird der Ansatz zur Logistik 4.0 erörtert und die Implikationen aus diesem Ansatz vorgestellt. Danach werden Digital Logistics und deren Anwendungen beleuchtet sowie ein Überblick über die Landschaft der aktuellen Logistik-Start-ups bereitgestellt.

Claudia Lieske setzt sich mit der bedeutenden **Human-Resource (HR)-Funktion** in Unternehmen auseinander. Es wird dargestellt, welche wesentlichen Anforderungen sich für HR-Bereiche aus der Digitalisierung ergeben. Ebenfalls werden die weitreichenden Auswirkungen der Digitalisierung auf den HR-Bereich anhand eines Strukturierungsrahmens mit den drei organisatorischen Dimensionen „Handelnde Personen/Akteure", „Ort/Zeit" und „Kommunikation/Methoden" dargestellt. Abschließend beleuchtet der Beitrag diejenigen wesentlichen HR-Bereiche, die derzeit das größte Digitalisierungspotenzial aufweisen.

Michael Butschek untersucht in seinem Beitrag die Veränderung der **industriellen Produktion** bzw. Wertschöpfung durch die Digitalisierung am Beispiel der digitalen Fabrik der Siemens AG. Der Beitrag beginnt mit einem Überblick über die wesentlichen Kernelemente einer digitalen Unternehmung. Im Anschluss daran wird ein ganzheitlicher Ansatz für die Fertigungsindustrie mit erweitertem Produkt- und Produktionslebenszyklus und das Konzept des digitalen Zwillings vorgestellt. Anhand verschiedener Fallbeispiele wird veranschaulicht, wie digitale Angebote die komplette Wertschöpfungskette von Unternehmen optimieren können.

Zur **Digital-Business-Management-Perspektive** der Digitalisierung:

Christian Locher beleuchtet das Phänomen der **Digitalen Transformation** im B2C-Geschäft. Hierbei wird hervorgehoben, dass sich digitale Transformation nahezu ausschließlich auf innovative Geschäftsmodelle zurückführen lässt, in denen bestehende Technologien intelligent genutzt werden. Am Beispiel der Musikindustrie werden zwei digitale Transformationen und deren Effekte erläutert sowie Faktoren herausgearbeitet, die ein Erkennen der Auslöser und der möglichen Auswirkungen auf eine Branche sowie Schlussfolgerungen bezüglich Erfolg versprechender Geschäftsmodelle erlauben. Zudem werden Erfolgsfaktoren herausgearbeitet, die bei einer erfolgreichen Bewältigung der digitalen Transformation berücksichtigt werden müssen.

Thomas Doyé adressiert in seinem Beitrag, dass die Digitalisierung die **Arbeitswelt** massiv verändern wird. Industrie 4.0 und Dienstleistung 4.0 brauchen sowohl in Organisation, Prozessen, in erster Linie aber im Führungsverständnis neue Ansätze. Gefördert wird dies dadurch, dass viele der neuen Arbeitstools zur bevorzugten Arbeitsweise der nachrückenden Generationen passen. Dieser innerorganisatorische Wandel passiert nicht von alleine. Unternehmen müssen diesen gezielt gestalten, wollen sie nicht als Dinos enden.

Manfred Mayer erörtert das **IT-Recht** an drei in der Praxis relevanten Beispielen. Er setzt sich mit der EU-Datenschutz-Grundverorderung auseinander und geht auf die vertraglichen Regelungen ein, die bei agilen Softwareentwicklungsprojekten und bei Software als Service (SaaS) greifen. Dabei berücksichtigt er praktische Problemfelder und die aktuelle Rechtsprechung.

Alexander Weise untersucht das Themenfeld der **Digital Security** und wie es Unternehmen gelingen kann, sich auf veränderte Risiken erfolgreich einzustellen. Hierfür werden zunächst die sich ständig verändernde Bedrohungslandschaft dargestellt und wesentliche Schlüsselaktivitäten erläutert, die zur Sicherstellung von Digital Security erforderlich sind. Anhand ausgewählter Beispiele aus der Praxis wird die Ausgestaltung dieser Funktionen differenziert beleuchtet.

Torsten Graap betrachtet in seinem Beitrag die **Digitale Ethik**, indem er aus wirtschaftsethischer Sicht das Polarisierungsfeld zwischen der digitalen Allmächtigkeit und negativen digitalen Effekten kritisch reflektiert. Er zeigt, wie sich der Stellenwert der Ethik im betrieblichen Formal-/Sachziel-Modell eines Unternehmens verändern muss, wenn es eine nachhaltige Wahrhaftigkeit ihrer existenziellen Legitimation beansprucht. Schließlich setzt er sich mit den Kernelementen eines digitalen Humanismus auseinander.

Zur **branchenbezogenen Perspektive** der Digitalisierung:

Tobias Altmeyer untersucht die Herausforderungen, strategische Digitalisierungskonzepte in der **Handel- und Konsumgüterbranche** nachhaltig zu etablieren. Hierbei werden Ursachen, Trends und Treiber sowie kritischen Erfolgsfaktoren analysiert. Anhand internationaler Beispiele werden die Strategien und Geschäftsmodelle globaler Pioniere im digitalen Zeitalter anschaulich dargestellt sowie Reaktionen des stationären Einzelhandels vorgestellt. Im Anschluss werden zentrale Merkmale der innovativen Handelslogistik erläutert, die für neue wie traditionelle Händler relevant sind. Zudem werden wesentliche Potenziale und Risiken des digitalen Direktvertriebs für Markenhersteller aufgezeigt. Abschließend erfolgt ein Ausblick auf den Handel im Jahr 2030.

Christian Stummeyer beschreibt wie der **Möbelhandel in Deutschland** zahlreiche Herausforderungen durch Digitalisierung und verändertes Kundenverhalten meistern muss.

Anhand der Customer Journey im Möbelhandel und unterteilt in einzelne Kaufphasen werden zahlreiche digitale Angebote vorgestellt und deren Anwendungsbereiche aufgezeigt. Darauf aufbauend werden Handlungsempfehlungen für den Möbelhandel abgeleitet, damit der Möbelhandel auch in der digitalisierten Welt ökonomisch weiterhin bestehen kann.

Martin Wild beleuchtet für den Bereich **Consumer-Electronics** die Herausforderungen durch die Digitalisierung und zeigt am Beispiel der MediaMarktSaturn Retail Group, wie die Digitalisierung genutzt werden kann, um Mensch und Technologie besser zusammenzubringen. Das Unternehmen setzt hierbei auf agiles Handeln und eine enge Kooperation mit kreativen Startups. Die derzeit im Test befindlichen Projekte dokumentieren den Mut zu neuen Ideen und sollen dazu beitragen, neue Impulse für ein besseres Kundenerlebnis zu generieren.

Sven Scheuble beschäftigt sich mit den Herausforderungen und Chancen der **Digitalisierung in der Industrie.** Es werden zunächst die Treiber, Mechanismen und Implikationen der Digitalisierung erklärt und Wettbewerbsfaktoren aufgezeigt, um in digitalen Märkten zu bestehen. Vor diesem Hintergrund wird aufgezeigt, was diese für Industrieunternehmen bedeutet und wie Industrieunternehmen sich durch Plattformen und Ökosysteme, Applikationen und digitale Zwillinge, serviceorientierte Geschäftsmodelle sowie agile Innovationsprozesse erfolgreich auf die Zukunft einstellen können.

Harry Wagner und *Stefanie Kabel* betrachten zukunftsfähige Geschäftsmodelle im Bereich der **Mobilität** bzw. des **hochautomatisierten Fahrens.** Es werden verschiedene Stufen des autonomen Fahrens erläutert und die Auswirkungen der Digitalisierung für die Mobilitätsbranche analysiert. Im Beitrag werden dann die Herausforderungen des autonomen Fahrens dargestellt. Vor diesem Hintergrund werden innovative Geschäftsmodelle vorgestellt. Es wird aufgezeigt, dass sich finanzielle wie imagefördernde Potenziale ergeben und es etablierten wie neuen Unternehmen gelingen kann, einen entscheidenden Wettbewerbsvorteil zu erzielen.

Peter Augsdörfer und *Fabian Schlage* untersuchen Auswirkungen der Digitalisierung im **Technologie- und Innovationsmanagement** am Beispiel der Innovationsplattform von **Nokia**. Im Anschluss an eine grundsätzliche Darstellung des Innovationsmanagements bei Nokia wird untersucht, was den erfolgreichen Einsatz der Innovationsplattform kennzeichnet. Zudem werden die Rolle des Innovationsmanagers und der Prozess der Nutzung der Innovationsplattform systematisch und differenziert beleuchtet. Schließlich werden wesentliche Erkenntnisse, die auf jahrelangen Erfahrungen beim Einsatz und bei der Weiterentwicklung der Innovationsplattform beruhen, vorgestellt.

Ralph Oelssner beschreibt zunächst die verschiedenen Paradigmenwechsel, welche die Digitalisierung bei **Versicherungen** zunehmend forcieren. Anschließend werden wesentliche Chancen für Versicherungen anhand von branchenspezifischen Beispielen herausgearbeitet. Danach werden zentrale Gefahren und Risiken, vor allem im Hinblick auf Cyberkriminalität, aufgezeigt. Wie diese reduziert werden können, wird dann anhand zum Teil weitreichender Ansätze und konkreter Maßnahmen dargestellt.

Christiane Jonietz, Stefan Mesch und *Anja Peters* untersuchen die Chancen und Herausforderungen der Digitalisierung in **Banken und Sparkassen.** Zunächst wird ein Verständnis für die Digitalisierung und deren Auswirkungen auf den Bankenbereich entwickelt und der aktuelle Stand der Digitalisierung in Banken und Sparkassen beschrieben. Darauf aufbauend werden wesentliche Chancen für Banken und Sparkassen vorgestellt, aber auch wesentliche Herausforderungen aufgezeigt, um langfristig wettbewerbsfähig zu bleiben.

Stefan Mesch, Christiane Jonietz und *Anja Peters* beschreiben in einem weiteren Beitrag **FinTechs** als Disruptoren und Hoffnungsträger in der Bankenbranche. Der Beitrag beginnt mit einer Klärung, was unter FinTech verstanden werden kann und gibt einen Überblick über verschiedene FinTech Segmente. Für diese werden dann bekannte FinTech Start-ups und deren Geschäftsmodelle vorgestellt sowie deren wirtschaftliche Bedeutung für den Gesamtmarkt eingeordnet. Danach wird das disruptive Potenzial systematisch analysiert, aber es werden auch wesentliche Reaktionen etablierter Banken, mit der diese ihre Stellung behaupten wollen, beschrieben.

Inhaltsverzeichnis

Teil I Grundlagen

1 **Ausgewählte technologische Grundlagen** 3
   Jürgen Hofmann

2 **Kundenzentrierte digitale Geschäftsmodelle** 41
   Bettina Maisch und Carlos Andrés Palacios Valdés

3 **Ausgewählte Aspekte bei der Gestaltung von Digital Services** 63
   Christian Stummeyer

Teil II Digitalisierung in ausgewählten Prozessbereichen

4 **Product Lifecycle Management (PLM) im Kontext von Industrie 4.0** 79
   Cornelia Zehbold

5 **Customer Relationship Management** 101
   Torsten Albrecht

6 **Digital Supply Chain Management** 121
   Christian Kille

Teil III Digitalisierung in ausgewählten Funktionsbereichen

7 **Digital Logistics** 137
   Christian Kille

8 **Digitalisierung im Bereich Human Resources** 149
   Claudia Lieske

9 **Digitale Fabrik – Das Digital Enterprise in der Industrie** 161
   Michael Butschek

Teil IV Digital Business Management

10 Digitale Transformation 185
Christian Locher

11 Digital Leadership 207
Thomas Doyé

12 Digital-Business-Recht 225
Manfred Mayer

13 Digital Security – Wie Unternehmen den Sicherheitsrisiken des digitalen Wandels trotzen 243
Alexander Weise

14 Digitale Ethik – Notwendige Instanz auf dem Weg zwischen technologischen Allmachtsbestrebungen und menschlicher Entwicklung 263
Torsten Graap

Teil V Digitalisierung in ausgewählten Branchen

15 Digitalisierung in den Bereichen Handel und Konsumgüter 289
Tobias Altmeyer

16 Digitalisierung im Möbelhandel 305
Christian Stummeyer

17 Mensch und Technologie zusammenbringen – Digitalisierung im Consumer-Electronics-Fachhandel 321
Martin Wild

18 Digitalisierung in der Industrie 329
Sven Scheuble

19 Digitalisierung – Motor für innovative Geschäftsmodelle im Umfeld des hochautomatisierten Fahrens 345
Harry Wagner und Stefanie Kabel

20 Digitalisierung im Technologie- und Innovationsmanagement am Beispiel der Innovationsplattform (IP) bei Nokia 363
Peter Augsdörfer und Fabian Schlage

21 Digitalisierung bei Versicherungen 379
Ralph Oelssner

22	**Chancen und Herausforderungen der Digitalisierung in Banken und Sparkassen** 397
	Christiane Jonietz, Stefan Mesch und Anja Peters
23	**Bewegung in der Bankenbranche: FinTechs als Disruptoren und Hoffnungsträger** 413
	Stefan Mesch, Christiane Jonietz und Anja Peters

Herausgeber- und Autorenverzeichnis

Über die Herausgeber

Prof. Dr. Lars Fend ist Inhaber der Professur für Internationales Handelsmanagement, Marketing und Quantitative Methoden an der Business School der Technischen Hochschule Ingolstadt. Er unterstützt zudem internationale Unternehmen zu den Themen digitales Marketing und digitale Innovation sowie Führung und Management in der digitalen Ökonomie.

Prof. Dr. Jürgen Hofmann ist Inhaber der Professur für Digital Business, IT- und Prozessmanagement und Wirtschaftsinformatik an der Business School der Technischen Hochschule Ingolstadt. Er berät freiberuflich Unternehmen bei Digitalisierungs-, IT-Strategie-, IT-Management- und IT-Personalthemen. Zudem hat er zahlreiche Weiterbildungsprogramme konzipiert und ist Dozent in diversen berufsbegleitenden Bachelor- und Master-Studiengängen.

Autorenverzeichnis

Torsten Albrecht NTT DATA Deutschland GmbH, München, Deutschland

Tobias Altmeyer Essity Professional Hygiene Germany GmbH, Mannheim, Deutschland

Peter Augsdörfer THI Business School, Ingolstadt, Deutschland

Michael Butschek SVP Digital Enterprise, Siemens AG, Nürnberg, Deutschland

Thomas Doyé THI Business School, Ingolstadt, Deutschland

Torsten Graap THI Business School, Ingolstadt, Deutschland

Christiane Jonietz ibi research an der Universität Regensburg GmbH, Regensburg, Deutschland

Stefanie Kabel THI Zentrum für Angewandte Forschung, Ingolstadt, Deutschland

Christian Kille Fakultät Wirtschaftswissenschaften, HS Würzburg-Schweinfurt, Würzburg, Deutschland

Claudia Lieske THI Business School, Ingolstadt, Deutschland

Christian Locher THI Business School, Ingolstadt, Deutschland

Bettina Maisch Siemens Corporate Technology, München, Deutschland

Manfred Mayer MAYBURG Rechtsanwaltsgesellschaft mbH, München, Deutschland

Stefan Mesch ibi research an der Universität Regensburg GmbH, Regensburg, Deutschland

Ralph Oelssner Allianz SE, München, Deutschland

Carlos Andrés Palacios Valdés Siemens AG, München, Deutschland

Anja Peters ibi research an der Universität Regensburg GmbH, Regensburg, Deutschland

Sven Scheuble Siemens AG, Erlangen, Deutschland

Fabian Schlage Nokia, München, Deutschland

Christian Stummeyer THI Business School, Ingolstadt, Deutschland

Harry Wagner THI Business School, Ingolstadt, Deutschland

Alexander Weise Cyber Risk Engineering Services, Swiss Re Europe S.A., München, Deutschland

Martin Wild MediaMarktSaturn Retail Group, Ingolstadt, Deutschland

Cornelia Zehbold Fakultät Wirtschaftsingenieurwesen, THI, Ingolstadt, Deutschland

Abbildungsverzeichnis

Abb. 1.1	Eisbergmodell. (Quelle: Eigene Darstellung)	5
Abb. 1.2	Technologiekategorien und –felder. (Quelle: Eigene Darstellung)	6
Abb. 1.3	Equipment-Management über QR-Code bei der KSB AG. (Quelle: KSB 2018)	8
Abb. 1.4	Visible-Light-Communications-System bei Edeka. (Quelle: Signify 2017)	13
Abb. 1.5	Ausprägungen der Darstellungstechnologien und –systeme. (Quelle: Eigene Abbildung)	16
Abb. 1.6	Electronic-Shelf-Labels bei MediaMarktSaturn. (Quelle: MediaMarktSaturn Retail Group)	17
Abb. 1.7	Virtual Reality Holodeck bei der AUDI AG. (Quelle AUDI AG)	19
Abb. 1.8	Funktionsweise von 3D-Druck. (Quelle: Gebhardt et al. 2016, S. 4)	24
Abb. 2.1	Internetpenetrationsrate nach Altersgruppen. (Quelle: AGOF Internet facts 2009 und 2015)	44
Abb. 2.2	Business Model Canvas. (Quelle: icPortal 2015; Osterwalder et al. 2015)	50
Abb. 3.1	Drei revolutionäre Entwicklungen an der Mensch-Maschine-Schnittstelle	64
Abb. 3.2	Usability, User Experience und Customer Experience. (Quelle: in Anlehnung an Richter und Flückinger 2016)	65
Abb. 3.3	Vier Methoden bei der Gestaltung der Customer Experience. (Quelle: in Anlehnung an Richter und Flückinger 2016)	68
Abb. 3.4	Sechs Verwendungszwecke des UX-Prototyping. (Quelle: in Anlehnung an Richter und Flückinger 2016, S. 79)	71
Abb. 3.5	Drei Customer Journeys bei einem Lebensmittel-Einzelhändler. (Quelle: Eigene Darstellung)	73
Abb. 3.6	HEART-Framework von Google. (Quelle: in Anlehnung an Rodden 2015)	74
Abb. 4.1	Verschiedene Lebenszyklen im Rahmen der Wertschöpfung. (Quelle: Eigene Darstellung)	81

Abb. 4.2	PLM-Umsetzung durch Integration verschiedener Lösungskomponenten. (Quelle: In Anlehnung an Werkzeugmaschinenlabor WZL der RWTH Aachen, www.plm-info.de)	83
Abb. 4.3	Forschungs-Roadmap Industrie 4.0. (Quelle: Plattform Industrie 4.0 2016a, S. 26)	85
Abb. 4.4	Paradigmenwechsel in der Produkt- und Dienstleistungsentwicklung. (Quelle: In Anlehnung an Ministerium für Finanzen und Wirtschaft Baden-Württemberg/Fraunhofer-Institut für Produktionstechnik und Automatisierung IPA 2014, S. 23)	86
Abb. 4.5	Klassische Automatisierungspyramide. (Quelle: Eigene Darstellung)	89
Abb. 4.6	Referenzarchitekturmodell Industrie 4.0. (Quelle: Plattform Industrie 4.0 2015, S. 43)	90
Abb. 4.7	Kriterien und Produkteigenschaften für Industrie-4.0-Produkte. (Quelle: Zusammenfassung auf Basis von ZVEI 2016, S. 10, 12, 13)	93
Abb. 5.1	Dimensionen der Digitalisierung im Bereich Customer Experience Management	109
Abb. 5.2	Wandel von Push- zu Pull-Strategien. (Quelle: in Anlehnung an Accenture 2016)	112
Abb. 5.3	Customer Experience Management Aufbau. (Quelle: in Anlehnung an Accenture 2016)	114
Abb. 5.4	Technologie Aufbau – Schematisch	115
Abb. 5.5	Technologie Ansatz der Zukunft	116
Abb. 5.6	Change Management Dimensionen. (Quelle: in Anlehnung an Accenture Change Management Framework)	117
Abb. 7.1	Abgrenzung des Untersuchungsraumes. (Quelle: Christian Kille)	139
Abb. 7.2	Einsortierung der drei Bedeutungen der Logistik und der Logistik 4.0. (Quelle: Christian Kille auf Basis von (Klaus 2002); (Weber 2012); (Kummer et al. 2013); (Göpfert 2012); (Pfohl 2016); (Stölzle und Burkhard 2016) sowie (Wehberg 2016))	140
Abb. 7.3	Versprechungen der Digitalisierung in der Logistik. (Quelle: Christian Kille)	143
Abb. 7.4	Von der klassischen IT über die Cloud-Lösungen zu Data & Analytics. (Quelle: Christian Kille)	145
Abb. 8.1	HR-Prozesskette. (Quelle: in Anlehnung an Eisele und Doyé 2010, S. 21)	151
Abb. 8.2	Auswirkungen der Digitalisierung auf HR. (Quelle: Eigene Darstellung)	152
Abb. 9.1	Die vier Kernelemente des Digital Enterprise. (Quelle: Siemens AG; mit freundlicher Genehmigung von © Siemens AG. All Rights Reserved)	163

Abb. 9.2	Ganzheitlicher Ansatz zur Optimierung der gesamten Wertschöpfungskette. (Quelle: Siemens AG; mit freundlicher Genehmigung von © Siemens AG. All Rights Reserved)	168
Abb. 9.3	Digital Enterprise Suite – das Angebot von Siemens für die digitale Transformation. (Quelle: Siemens AG; mit freundlicher Genehmigung von © Siemens AG. All Rights Reserved)	169
Abb. 9.4	Der digitale Zwilling bei Maserati. (Quelle: Siemens AG; mit freundlicher Genehmigung von © Siemens AG. All Rights Reserved)	178
Abb. 9.5	Digitalisierung der gesamten Wertschöpfungskette. (Quelle: Siemens AG; mit freundlicher Genehmigung von © Siemens AG. All Rights Reserved)	179
Abb. 10.1	Umsatz der Musikindustrie in Deutschland 1985–2017. (Quelle: in Anlehnung an Drücke 2018)	188
Abb. 10.2	Transformation der Wertschöpfung. (Quelle: Eigene Abbildung)	191
Abb. 10.3	Zusammenhang von Digitalisierung und digitaler Transformation. (Quelle: Eigene Abbildung)	193
Abb. 10.4	Plattform-Alternativen für Unternehmen im Digital Business. (Quelle: Eigene Darstellung)	197
Abb. 11.1	Subsysteme der Organisation. (Quelle: Becker und Langosch 2002)	217
Abb. 11.2	Veränderungswirkung in Abhängigkeit von Hard- und Softfacts. (Quelle: Eigene Darstellung)	219
Abb. 11.3	Das 8-Schritte-Konzept nach Kotter. (Quelle: Kotter 2012)	221
Abb. 13.1	Unternehmen und Bedrohungslandschaft. (Quelle: Angreifer und Bedrohungen nach European Union Agency For Network and Information Security 2019, eigene Abbildung)	245
Abb. 13.2	Integration von Security-Aktivitäten in den Softwareentwicklungszyklus. (Quelle: Eigene Abbildung)	249
Abb. 13.3	Lebenszyklus eines IT-Dienstleisterverhältnisses mit Sicherheitsaktivitäten	252
Abb. 13.4	Cyber Kill Chain © nach Hutchins et al. 2010. (Quelle: Eigene Abbildung)	258
Abb. 14.1	Drei Gesichtspunkte wirtschaftsethischer Vernunft. (Quelle: Ulrich 2010, S. 31)	265
Abb. 14.2	Digitalisierung als polarisierender Entwicklungspfad. (Quelle: eigene Darstellung)	266
Abb. 14.3	Digitalisierung im Spannungsfeld der Einstellungen. (Quelle: eigene Darstellung)	267
Abb. 14.4	Kernelemente des digitalen Kapitalismus nach Betancourt. (Quelle: eigene Darstellung)	269
Abb. 14.5	Das sekundäre System im Zusammenhang von Mensch und Natur nach Bastian. (Quelle: eigene Darstellung)	274

Abb. 14.6	Digital-induzierte Negativeffekte nach Spitzer aus Sicht einer nachhaltigen Entwicklung. (Quelle: eigene Darstellung)	276
Abb. 14.7	Wirkungsgeflecht integrativer digitaler Ethik auf die Formal- und Sachzielebene. (Quelle: eigene, verändert in Anlehnung an Graap 2015, S. 20)	278
Abb. 14.8	Zentrale Ethikkerne zur kritischen Beurteilung der Digitalisierung. (Quelle: eigene Darstellung)	280
Abb. 14.9	Zentrale Ethikkerne des digitalen Humanismus nach Nida-Rümelin/Weidenfeld. (Quelle: eigene Darstellung, zusammengestellt aus Nida-Rümelin und Weidenfeld 2018)	283
Abb. 15.1	Die Einflussfaktoren und Folgen des digitalen Zeitalters auf den Kunden und seine Umwelt. (Quelle: Altmeyer 2017)	290
Abb. 15.2	Digitalisierungsindex Handel – So digital ist der Handel. (Quelle: In Anlehnung an Deutsche Telekom 2017)	295
Abb. 15.3	DB BahnhofsBox. (Quelle: Deutsche Bahn 2017)	298
Abb. 15.4	Vorstellung vom Einkaufen im Jahre 2030. (Quelle: in Anlehnung an Comarch und Kantar TNS 2017)	301
Abb. 16.1	Inspirationsquellen für Einrichtungsideen. (Quelle: Otto 2015, S. 12)	307
Abb. 16.2	Einschätzung zum Online-Kauf von Möbeln. (Quelle: IFH Köln, zitiert nach möbel kultur 2013)	308
Abb. 16.3	Digitale Angebote entlang der Customer Journey im Möbelhandel. (Quelle: Eigene Darstellung)	309
Abb. 17.1	Saturn Express. (Quelle: MediaMarktSaturn)	323
Abb. 17.2	Saturn Smartpay. (Quelle: MediaMarktSaturn)	324
Abb. 17.3	Smarte Paketstation. (Quelle: MediaMarktSaturn)	326
Abb. 17.4	„Sell & Go"-Automat	326
Abb. 18.1	Idealtypischer Aufbau einer cloud-basierten Serviceplattform	335
Abb. 18.2	Entwicklungsstufen von datenbasierten Servicemodellen	338
Abb. 18.3	Stärken von Industrieunternehmen (in der Zusammenarbeit mit Start-ups)	341
Abb. 19.1	Entwicklungsstufen des automatisierten Fahrens. (Quelle: Eigene Darstellung auf Basis von VDA 2015a)	348
Abb. 19.2	Herausforderungen des autonomen Fahrens für Automobilhersteller	351
Abb. 19.3	Geschäftsmodell hochautomatisierter Güterverkehr nach CANVAS	354
Abb. 19.4	Geschäftsmodell Car Sharing free of charge nach CANVAS	356
Abb. 20.1	Der Innovationsagenda und Werkzeuge bei Nokia. (Quelle: Nokia)	365
Abb. 20.2	Screenshot Eingabemaske der Innovationsplattform. (Quelle: Nokia)	366
Abb. 20.3	Eingabemaske zur Kampagnensteuerung. (Quelle: Nokia)	368
Abb. 20.4	NABC-Methode auf der Innovationsplattform. (Quelle: Nokia)	373

Abb. 21.1	Motivation für Digitalisierung. (Quelle: Eigene Quelle)	380
Abb. 21.2	Einflussfaktoren auf digitales Produktportfolio. (Quelle: Eigene Darstellung)	383
Abb. 21.3	Das Risiko der Digitalisierung erhöhende Faktoren. (Quelle: Eigene Darstellung)	385
Abb. 21.4	Reduktion des Risikos. (Quelle: Eigene Darstellung)	386
Abb. 21.5	Unternehmenstransformation nach Malik. (Quelle: Malik 2015)	388
Abb. 21.6	Viable System Model nach Malik. (Quelle: Malik 2017)	389
Abb. 21.7	Beschreibung des Viable System Model nach Malik. (Quelle: Malik 2017)	390
Abb. 21.8	Erfolgsfaktoren bei der Implementierung eines Viable System Model nach Malik. (Quelle: Malik 2017)	390
Abb. 22.1	Einflüsse der digitalen Transformation. (Quelle: Kofler 2016)	399
Abb. 22.2	Fünf-Kräfte-Modell nach Porter. (Quelle: Porter 2008)	400
Abb. 22.3	Spannungsfeld Sicherheit – Wirtschaftlichkeit – Komfort. (Quelle: Eigene Darstellung)	400
Abb. 22.4	Auswirkungen von FinTechs und Internetgiganten auf Banken und Sparkassen. (Quelle: Jonietz et al. 2016)	404
Abb. 22.5	Produktfelder der Banken. (Quelle: Eigene Darstellung)	405
Abb. 22.6	Zusammensetzung eines digitalen Ökosystems für den Bedarf „Immobilie". (Quelle: Mesch et al. 2017)	407

Tabellenverzeichnis

Tab. 6.1	Möglichkeiten der Digitalisierung in Bezug auf die Dimensionen von Komplexität des Supply Chain Managements	124
Tab. 6.2	Abgleich der Komplexitäten in einer Supply Chain mit den Gründen für den Bullwhip-Effekt	129
Tab. 6.3	Möglichkeiten zur Reduzierung des Bullwhip-Effekts. (Quelle: nach Lee et al. 1997)	130
Tab. 6.4	Potenzielle Lösung durch Digitalisierung	132
Tab. 7.1	Thesen zu Auswirkungen und Perspektiven der Logistik 4.0. (Quelle: auf Basis von Stölzle und Burkhard 2016, S. 60 ff.)	142
Tab. 7.2	Übersicht der Digitalisierungswerkzeuge in der Logistik (Stölzle et al. 2018, S. 12 ff.)	145
Tab. 13.1	Bestandteile von Cyber-Versicherungen. (Quelle: nach Pain und Anchen 2017, S. 14)	260

Teil I
Grundlagen

Ausgewählte technologische Grundlagen

Jürgen Hofmann

Zusammenfassung

In diesem Beitrag werden ausgewählte technologische Grundlagen mit Fokus auf Frontend-Services betrachtet, die zum Teil in den Kapiteln der Teile II bis V aufgegriffen werden. Im Anschluss an begriffliche Grundlagen wie Service, Servitization sowie Frontend- und Backend-Services wird das Internet der Dinge als übergreifende Technologie behandelt. Die Konzentration auf Frontend-Services führt zur Auseinandersetzung mit Identifikationstechnologien wie Radio Frequency Identification (RFID) und Gesichtserkennung, Lokalisierungstechnologien wie dem Global Positioning System (GPS), Interaktionstechnologien wie Touch-, Gesten- und Sprachsteuerung, Darstellungstechnologien wie Datenbrillen, Augmented und Virtual Reality sowie Mobilkommunikationstechnologien wie Mobilfunknetze, Bluetooth und NFC. Den Abschluss bilden die Technologien 3D-Druck, Roboter mit Fokus auf Service-, Assistenz- und Logistikaufgaben sowie Delivery Systeme, die insbesondere in vielfältigen Pilotprojekten des Handels getestet werden.

1.1 Begriffliche Grundlagen

Im Zusammenhang mit der Digitalisierung, wie sie in der Einführung definiert ist, erhält auch der Begriff Service eine neue Bedeutung. Leimeister versteht als Service die „Anwendung von Kompetenzen – vor allem von Wissen und Fähigkeiten – durch Handlungen, Prozesse und Leistungen zum Nutzen der Kunden" (Leimeister 2015, S. 362). Diese

---

J. Hofmann (✉)
Technische Hochschule Ingolstadt, THI Business School, Ingolstadt, Deutschland
E-Mail: juergen.hofmann@thi.de

Definition von Service gilt im Weiteren und ist von der klassischen Dienstleistung zu trennen, bei der ein immaterielles Gut als Output entsteht, z. B. beim Personen- oder Gütertransport oder bei der Gebäudereinigung (Leimeister 2015, S. 362).

Dies führt schließlich zum Begriff Servitization, der schon im Jahre 1988 von Vandermerwe und Rada geprägt wurde ((Vandermerwe 1988) aus (Leimeister 2015. S, 366)). Sie verstehen unter Servitization das „Angebot umfangreicher Angebotspakete oder „Bündel", bestehend aus einer kundenorientierten Kombination aus

- Waren
- Dienstleistungen
- Support
- Self-Services
- Kenntnissen

mit dem Ziel, den Kernangeboten einen zusätzlichen Mehrwert hinzuzufügen" (Leimeister 2015, S. 366).

Ein Beispiel hierfür stellt das 2017 etablierte Betreibermodell Sigma Air Utility der Kaeser Kompressoren SE dar, einem Familienunternehmen mit Sitz in Coburg, das mit ca. 6000 Mitarbeiter in über 100 Ländern vertreten ist und ca. 800 Mio. € Umsatz im Jahr erwirtschaftet. Das Betreibermodell weist u. a. folgende Kennzeichen auf ((Kaeser 2017) und (Bock 2019)):

- Die Kunden stellen die Druckluft nicht mehr selbst mit gekauften Kompressoren her, sondern sie „kaufen lediglich die Druckluft".
- Kaeser plant die Anlagen zur Drucklufterzeugung und installiert, betreibt und wartet sie.
- Anstelle von Anfangsinvestitionen für die Kompressoranlagen und Kosten für Betrieb, Wartung und Instandhaltung der Anlagen bezieht der Kunde eine bestimmte Druckluftmenge zu einem vertraglich festgelegten Kubikmeterpreis, in dem Anlagen- und Betriebskosten enthalten sind.
- Für darüber hinaus gehende Druckluftbereitstellungen gilt ein ebenfalls vertraglich geregelter Mehrmengenpreis.
- Das Druckluftmanagementsystem Sigma Air Manager 4.0 regelt, steuert und überwacht die Anlage des Kunden vor Ort und ist über das Internet permanent mit dem Kaeser-Service-Center verbunden, sodass Kaeser jederzeit den Zustand und die Auslastung der Kompressoren kennt.
- Diese Kenntnisse können einerseits – auch durch Vergleich mit den Parametern anderer remote betriebener und überwachter Anlagen – für die Disposition von Predictive-Maintenance-Maßnahmen genutzt werden und andererseits aufgrund der Auslastungswerte Auslöser für eine Umdimensionierung der installierten Anlagen sein.
- Kaeser übernimmt nach eigenen Angaben auch die Verantwortung für den gesetzeskonformen Betrieb und die Einhaltung der einschlägigen Vorschriften.

1 Ausgewählte technologische Grundlagen

An diesem Beispiel lassen sich Frontend- und Backend-Services gut erläutern:

- Auf der Frontend-Seite erfassen Sensoren die Betriebsdaten, der Sigma Air Manager 4.0 regelt und steuert die Anlage und veranlasst die Datenübermittlung an die Zentrale.
- Auf der Backend-Seite werden die eingehenden Betriebsdaten der bei den Kunden stationierten Druckluftanlagen aufgenommen und ausgewertet, ggf. werden Folgeaktionen wie Maintenance-Maßnahmen veranlasst.

Abb. 1.1 gibt einen Überblick über ausgewählte Charakteristika von Technologien, welche Frontend- und Backend-Services unterstützen.

Bei einem Frontend-Service handelt es sich demzufolge um einen Service, mit dem ein menschlicher Nutzer oder eine Maschine interagiert. Beispiele für hierzu erforderliche Interaktionstechnologien sind Smartphone-Apps oder Cyber-Physische-Systeme im Zusammenhang mit Internet-of-Things (siehe Abschn. 1.2.2), wie oben bei Kaeser ausgeführt.

Ein Backend-Service interagiert mit Frontend-Services dergestalt, dass er die vom Frontend-Service angeforderten bzw. bereitgestellten Informationen IT-bezogen verarbeitet und kontextbezogen reagiert. Beispiele für hierzu eingesetzte IT-Systeme sind Webserver, konventionelle Anwendungssysteme (z. B. Warenwirtschaftssystem (WWS) im Handel) oder Backend-Server für Online-Car-IT-Funktionalität bei Automobilherstellern. Im oben beschriebenen Beispiel von Kaeser nimmt der IT-gestützte Backend-Service die Betriebsdaten verschiedener bei Kunden installierter Druckluftanlagen auf, wertet sie aus und veranlasst gegebenenfalls erforderliche Folgeaktivitäten.

Die Beispiele zeigen auch, dass die Technologien zur Unterstützung der Frontend-Services in vielen Anwendungsbereichen und Branchen sowie verschiedenen Unternehmensgrößenordnungen zum Einsatz kommen, während die IT-Komponenten der Backend-Services applikations- und unternehmensbezogen gestaltet sind. Vor diesem Hintergrund wird im Folgenden ausschließlich auf Frontend-Services fokussiert.

Abb. 1.1 Eisbergmodell. (Quelle: Eigene Darstellung)

1.2 Ausgewählte Technologien für Frontend-Services

1.2.1 Überblick und Einordnung der Technologien

Die im Folgenden näher betrachteten Technologien auf der Frontend-Seite lassen sich in Anlehnung an Hausladen (Hausladen 2016, S. 54) in die in Abb. 1.2 dargestellten Technologiekategorien und -felder einteilen. Dabei sind nur die aus heutiger Sicht relevanten Technologien aufgeführt.

Die folgenden Ausführungen streben keine bis ins Detail gehende Behandlung oder Erklärung dieser Technologien an, sondern sie sollen die grundsätzliche Funktionsweise und vor allem die Einsatzpotenziale der einzelnen Technologien aufzeigen. Für weitergehende Informationen sei auf die jeweils angegebene Literatur verwiesen.

1.2.2 Internet of Things als übergreifende Technologie

Basis für das Internet of Things (IoT) sind sogenannte Cyber-Physische Systeme. Dabei handelt es sich um „Objekte, Geräte, Gebäude, Verkehrsmittel, Produktionsanlagen, Logistikkomponenten, Haushaltsgeräte etc., die eingebettete Systeme (Embedded Systems) enthalten, welche

- über Sensoren ihre Umwelt erfassen,
- diese erfassten Daten auswerten und speichern,
- über das Internet kommunizieren und/oder
- über Aktuatoren auf die physikalische Welt einwirken können." (Bauernhansl 2017, S. 11–12).

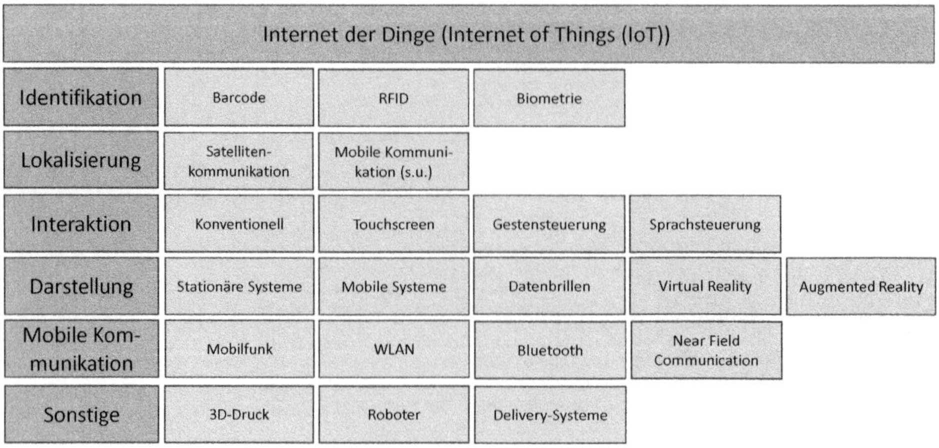

Internet der Dinge (Internet of Things (IoT))					
Identifikation	Barcode	RFID	Biometrie		
Lokalisierung	Satellitenkommunikation	Mobile Kommunikation (s.u.)			
Interaktion	Konventionell	Touchscreen	Gestensteuerung	Sprachsteuerung	
Darstellung	Stationäre Systeme	Mobile Systeme	Datenbrillen	Virtual Reality	Augmented Reality
Mobile Kommunikation	Mobilfunk	WLAN	Bluetooth	Near Field Communication	
Sonstige	3D-Druck	Roboter	Delivery-Systeme		

Abb. 1.2 Technologiekategorien und –felder. (Quelle: Eigene Darstellung)

Die eingebetteten Systeme sind Bestandteil des als Cyber-Physisches System bezeichneten jeweiligen technischen Gesamtsystems, z. B. des Haushaltsgeräts oder der Produktionsanlage. Die eingebetteten Systeme bestehen aus Hardware, Software sowie mechanischen und mechatronischen Komponenten, interagieren mit der Umwelt in der oben beschriebenen Weise und führen dabei z. T. komplexe Regelungs-, Steuerungs- und Datenverarbeitungsaufgaben aus (Hüning 2019, S. 11).

So können beispielsweise Sensoren im Smart-Home-Bereich für die automatische Bedienung einer Markise Sonneneinstrahlung und Windstärke messen oder Regen detektieren, diese Daten hinsichtlich der Notwendigkeit, die Markise ein- oder auszufahren, auswerten, ggf. über das Internet Wetterprognosedaten zur Auswertung hinzuziehen und die Markisenstellung über Aktuatoren entsprechend ändern. Durch die Internetanbindung läßt sich die Markise auch über eine App z. B. per Smartphone bedienen.

Die Cyber-Physischen Systeme können weitgehend autonom arbeiten (Hüning 2019, S. 6). Erforderliche Interaktionen mit Menschen sind über Mensch-Maschine-Schnittstellen beispielsweise in Gestalt von Sprache, Gesten oder Touch Displays steuerbar (Bauernhansl 2017, S. 11–12).

Die Einführung des Internetprotokolls IPv6 hat die Anzahl möglicher Internetadressen dahingehend erhöht, dass jedes global erreichbare Cyber-Physische System eine eindeutige Internetadresse erhalten kann. Dieses Protokoll ist in der Lage, bis zu 340 Sextillionen Adressen (entspricht einer Zahl mit 36 Nullen) bereitzustellen (Bless 2011). Die direkte Adressierbarkeit auch kleinster Objekte ist Voraussetzung für die zahlreichen Anwendungsmöglichkeiten, die mit dem Internet der Dinge verbunden werden. So kann jede Maschine, jedes Auto, jedes Gerät, jedes Wearable etc. über die Internetadresse angesprochen werden – und das bei entsprechend leistungsfähiger Kommunikationsanbindung nahezu in Echtzeit. Diese Vernetzung führt dazu, dass die Geräte wie oben angesprochen in der Lage sein werden, weitgehend autonom zu agieren, d. h. selbständig miteinander zu kommunizieren und ein- sowie ausgehende Daten zu analysieren, um entsprechende Maßnahmen abzuleiten (Roth 2016, S. 27).

1.2.3 Identifikationstechnologien

Identifikationstechnologien finden in der Unternehmenspraxis im Wesentlichen Einsatz bei der Identifizierung von

- Waren und Objekten, z. B.
  - in logistischen Prozessen (z. B. bei Warenein-, um- und -auslagerungen, bei Be- und Entladen von Transportmitteln, in verschiedenen Fertigungsstufen),
  - am Point-of-Sale,
- Berechtigungen, z. B.
  - an Selbstabholstationen,
  - bei Flügen (in Verbindung mit Personalausweis) oder Fahrten mit Öffentlichen, Verkehrsmitteln,
  - bei Zugangskontrollsystemen.

Als Identifikationstechnologien für Waren und Objekte werden überwiegend die Barcode- und die **R**adio **F**requency **Id**entification-(RFID)-Technologie eingesetzt.

Die klassische Barcodetechnologie findet man vor allem bei der Kennzeichnung von Produkten, Produktverpackungen, Containern etc. Die **E**uropäische **A**rtikel-**N**ummer (EAN) besteht im Regelfall aus einem 13-stelligen Nummerncode und ermöglicht eine eindeutige Kennzeichnung und Identifizierung von Produkten (z. B. einer 1-Liter-Flasche Orangensaft der Marke X oder eines speziellen T-Shirtmodells in gelb der Größe 42 von Hersteller Y). Scanner können den aus dem Nummerncode abgeleiteten Strichcode (Barcode) berührungslos optisch lesen, wobei immer ein Sichtkontakt zum auf dem Produkt oder einem anderen Träger befindlichen Barcode erforderlich ist. Insbesondere im Handelsbereich ist der EAN-Barcode seit langem weltweit etabliert und wird seit 2009 als **G**lobal **T**rade **I**tem **N**umber (GTIN) bezeichnet (Hausladen 2016, S. 56–57).

Diese Codes sind eindimensional und damit hinsichtlich des Informationsgehaltes stark limitiert. Durch das Hinzufügen einer zweiten Dimension kann eine größere Datenmenge gespeichert werden. Ein Beispiel hierfür stellt der zweidimensionale Quick-Response-Code (QR-Code) dar. Neben zahlreichen Einsatzmöglichkeiten in der Logistik zur Identifikation von Waren und Objekten finden sich QR-Codes mittlerweile in zahlreichen weiteren Anwendungen wieder (Hausladen 2016, S. 56), wie das unten angeführte Beispiel der KSB AG zeigt.

Der QR-Code bildet auch häufig die Adresse einer Website ab, die sich dann bspw. über die Smartphone-Kamera und/oder eine entsprechende Dekodier-App direkt und ohne mühseliges und fehleranfälliges Abtippen aufrufen lässt.

Ebenso findet der QR-Code im Industriebereich interessante Einsatzmöglichkeiten. So dienen der KSB AG, einem mit über 16.000 Mitarbeitern weltweit agierenden Hersteller von Pumpen und Armaturen mit zugehörigen Servicedienstleistungen, QR-Typenschilder der einfachen und fehlerfreien Identifikation der Pumpen und Armaturen. Über die so identifizierte Pumpe erhält der Servicetechniker über eine Tabletanwendung (siehe Abb. 1.3) vor Ort Zugriff auf die im Rechenzentrum des IT-Dienstleisters

Abb. 1.3 Equipment-Management über QR-Code bei der KSB AG. (Quelle: KSB 2018)

gespeicherten technischen Informationen und Dokumente, z. B. baureihenspezifische Service-Checklisten, Historie von Betriebs- und Wartungsmaßnahmen, Prüfberichte mit Fotos. Damit verfügt er über den erforderlichen Kenntnisstand zur effizienten Servicedurchführung (Paulus und Hauske 2016, S. 221–230). Als Weiterentwicklung dieser von KSB als „Equipment-Management über QR-Code" bezeichneten Lösung, die über die Identifikation hinausgeht, nehmen beim KSB-Guard-System verschiedene Sensoren stündlich Daten direkt an der Pumpe auf und liefern diese in die KSB-Cloud. Die Auswertung dieser Daten und weitere Informationen und Dokumente zur Pumpe lassen sich über ein Web-Portal resp. eine App gewinnen (KSB 2018).

Als Beispiel für die Verwendung von QR-Codes zur Navigation sei auf das vanillaNAV-Indoor-Navigationssystem (siehe Abschn. 1.2.4) verwiesen.

Bei der RFID-Technologie werden die Daten sicht- und kontaktlos mittels elektromagnetischer Wellen übertragen, sodass sich das Handling der zu identifizierenden Objekte im Vergleich zur Barcode-Technologie vereinfacht (vgl. Hausladen 2016, S. 57). Ein RFID-System besteht im Wesentlichen aus den Datenträgern, auch Transponder oder Tags genannt, und den entsprechenden Lesegeräten.

Die RFID-Transponder befinden sich auf den Objekten (z. B. auf Kleidungsstücken oder Paletten) und senden die Informationen bei entsprechender „Aktivierung" an die Lesegeräte. Der in einem Gehäuse untergebrachte oder auf einem Träger aufgebrachte Transponder verfügt über einen Mikrochip mit Verarbeitungslogik und Speicher sowie eine Antenne. Für verschiedene Einsatzbereiche, Umgebungsbedingungen etc. gibt es eine Reihe unterschiedlicher RFID-Transponder und die entsprechenden Lesegeräte. Während passive Transponder die für die Datenübertragung erforderliche Energie aus den empfangenen Funkwellen des Lesegeräts ziehen, verfügen aktive Transponder über eine eigene Energiequelle. Die Größe der RFID-Tags beträgt je nach Modell und Ausführung wenige Millimeter bis einige Zentimeter (Hausladen 2016, S. 57–61).

Zur Identifikation muss sich das mit dem RFID-Tag versehene Objekt lediglich im Empfangsbereich des Lesegeräts befinden, ein manuell unterstütztes Scannen entfällt. Die Lesegeräte leiten die empfangenen Informationen an angebundene Server und andere IT-Systeme zur Weiterverarbeitung weiter

Bei Nutzung entsprechender Frequenzbereiche ist eine Reichweite von 10 m und darüber hinaus möglich. Somit lässt sich diese Technologie auch für die Lokalisierung (siehe Abschn. 1.2.4) einsetzen.

Als Beispiel für das Zusammenspiel zwischen QR-Code und RFID beschreibt Wild in Abschn. 17.2.1 das im 1. Halbjahr 2018 in Innsbruck erprobte kassenfreie Store-Konzept von Saturn Express, bei dem die Kunden zunächst den QR-Code des gewünschten Produkts einscannen und direkt mit Kreditkarte oder Paypal bezahlen. Zur Warensicherung ist jedes Produkt mit einem RFID-Chip ausgestattet, der nach dem Bezahlvorgang als bezahlt markiert wird. Dieses Mobile-Selfcheckout-Konzept mit der Smartpay-App wird auf das nahezu gesamte Sortiment mit über 100.000 Produkten in einem Saturn-Markt in Hamburg ausgedehnt (siehe Abschn. 17.2.2). Außer über das Scannen des Barcodes lässt sich das Produkt auch über NFC (siehe Abschn. 1.2.7) identifizieren.

Für die Identifikation von Waren an der Kasse, insbesondere für Selbstbedienungszwecke, finden auch andere Erkennungstechnologien Verwendung. So hat das Start-Up-Unternehmen Checkout Technologies ein System vorgestellt, bei dem ein Bilderkennungssystem nach einer Anlernphase die Produkte, z. B. in einem Supermarkt verschiedene Lebensmittelpackungen, aber auch Obst und Gemüse, durch einfaches Führen durch den Scanner identifiziert. Nach Angaben des Unternehmens geht so der Checkout-Vorgang durch den Kunden um 70 % schneller als bei herkömmlichen Barcode-Lösungen, bei denen der Kunde den Barcode mit Sichtkontakt an das Lesegerät halten muss (Checkout Technologies 2018).

Insbesondere bei Zugangskontrollsystemen werden biometrische Verfahren eingesetzt, bei denen biologische Charakteristika wie Fingerabdruck, Iris und Stimme für die Personenidentifikation herangezogen werden (Hausladen 2016, S. 61). Mit diesen Verfahren werden die Zugänge zu Rechenzentren und anderen sensiblen Bereichen kontrolliert oder wie z. B. bei der Barcleys-Bank Kunden über Stimmerkennung authentifiziert (BITKOM 2018, S. 37). Die Fingerabdruckerkennung verwendet man auch für die Authentifizierung von Personen, z. B. zum Entsperren von Mobilgeräten wie Smartphones.

Als zukunftsträchtiges biometrisches Verfahren wird die Gesichtserkennung angesehen, die nicht nur für Zugangskontrollsysteme oder für die Überwachung zur Gewährleistung der Sicherheit im Öffentlichen Raum (Drahansky et al. 2017, S. 415–421) gesehen wird, sondern beispielsweise auch im stationären Handel neue Einsatzpotenziale erschließen kann (Kwasniewski 2017). So lassen sich in einer ersten Stufe die Personen z. B. nach Alter und Geschlecht kategorisieren und einzelnen Zielgruppen zuweisen (z. B. weiblich, zwischen 45 – 55 Jahren alt). Diesen Personen können dann spezifische Hinweise und Angebote zugespielt werden oder sie werden durch Indoor-Navigationssysteme (siehe Abschn. 1.2.4) zu entsprechenden Warengruppen geleitet. Die nächste Entwicklungsstufe gestattet die eindeutige Identifikation von Personen. So könnten im Handel identifizierte Kunden auf Basis der über sie gespeicherten Daten zu Kaufverhalten und bevorzugten Produkten personalisierte Informationen erhalten und/oder sie werden zu Produktbereichen navigiert, die ihrem Profil entsprechen. Anwendungen der Gesichtserkennung im großen Maßstab findet man seit Herbst 2017 bei Smartphones der neuesten Generation für die Authentifizierung des Nutzers, z. B. bei der Gesichtserkennungstechnik Face ID von Apple (Schwan 2017), die auch von Banking-Apps zur Autorisierung und Freischaltung bei Transaktionen genutzt wird.

Eine Weiterentwicklung der Gesichtserkennung sind faziale Emotion-Detection-Systeme, welche die aktuelle Stimmungslage von Personen, aber auch ihre Reaktion auf bestimmte Angebote oder Situationen durch Analyse des Gesichtsausdrucks feststellen sollen. Mit dieser gegenüber der reinen Gesichtserkennung zusätzlichen Information lässt sich beispielsweise im stationären Handel die Navigation im Ladengeschäft mit beeinflussenden Hinweisen situationsbezogen noch individueller umsetzen.

Die Gesichtserkennung in ihren verschiedenen Ausprägungen wird sehr konträr diskutiert, vor allem datenschutzrechtliche Bedenken nehmen in Europa einen breiten Raum ein. Diese Bedenken treffen auch auf die oben angeführten Einsatzszenarien im Handel zu (Firlus 2019).

Sehr deutlich werden die unterschiedlichen Auffassungen in Verbindung mit der einjährigen Testphase einer automatisierten biometrischen Videoüberwachung zwischen August 2017 und Juli 2018 am Berliner Bahnhof Südkreuz. Während im Abschlußbericht des Bundespolizeipräsidiums (Bundespolizeipräsidium 2018) derartige intelligente Videoanalysen in gewissen Konfigurationen als wertvolle Unterstützungsinstrumente für die polizeiliche Fahndung angesehen werden, bezweifelt beispielsweise der Chaos Computer Club die Aussagekraft der im Bericht dargestellten Ergebnisse (Chaos Computer Club 2018).

1.2.4 Lokalisierungstechnologien

Lokalisierungstechnologien werden im Wesentlichen für folgende Einsatzszenarien verwendet:

- Lokalisierung von Waren und Transportmitteln in der Logistik oder in der Fertigung als Basis von Tracking- und Tracing-Systemen
- Lokalisierung des Standorts von Mobilgeräten für z. B. Navigationszwecke oder für Location Based Services zur positionsabhängigen Informationsversorgung
  - für Outdoor-Services in Städten, die sowohl kommerzieller Natur (z. B. Hinweise auf Sonderangebote eines Geschäfts oder eines Gastronomiebetriebs) sein können als auch nicht-kommerziellen Charakter (z. B. Erläuterung von Sehenswürdigkeiten durch die zuständige Tourismusorganisation) aufweisen mögen
  - für Indoor-Services in Handelsunternehmen und in öffentlichen Räumen (z. B. in Flughäfen oder in Bahnhöfen)

Zur Ortung im Outdoorbereich werden zumeist Satellitentechnologien eingesetzt. Hierzu senden geostationäre Satelliten Signale aus, die von Empfangssystemen in dedizierten Navigationssystemen, z. B. von Kraftfahrzeugen, aber auch von Smartphones, Tablets und Wearables decodiert und verarbeitet werden können.

Weit verbreitet ist derzeit die Nutzung des vom US-amerikanischen Verteidigungsministerium betriebenen Global Positioning System (GPS), dessen 24 Satelliten in ca. 20.000 km Höhe eine Ortung auf der gesamten Erdoberfläche ermöglichen (Hausladen 2016, S. 55). Die Genauigkeit der Ortung beträgt je nach Umgebungsbedingungen 5–20 m, durch die Verarbeitung von Korrektursignalen lässt sich diese Genauigkeit auf 1–3 m erhöhen. Die kostenfreie GPS-Nutzung wird vor allem im Straßenverkehr, in der Luftfahrt, in der Schifffahrt und für die Logistik verwendet.

Seit 2011 können durch geeignete Empfangssysteme auch die Signale des russischen Satellitsystems GLONASS verarbeitet werden, das allerdings eine geringere Genauigkeit als GPS aufweist (Hausladen 2016, S. 55).

Eine große Bedeutung wird dem europäischen Satellitennavigationssystem Galileo der European Space Agency (ESA) zugesprochen, dessen Betriebsstart am 15.12.2016 erfolgt ist. Inzwischen sind 26 der insgesamt 30 Satelliten geostationär positioniert, das System ist nach Angabe des Bundesministeriums für Verkehr und Digitale Infrastruktur uneingeschränkt nutzbar und global verfügbar. Der Start der letzten vier Satelliten ist für 2020 geplant. Im Jahre 2019 wird der Aufbau der sogenannten hochpräzisen Dienste beginnen, die eine Positionsbestimmung bis auf 20 Zentimeter Genauigkeit ermöglichen sollen (Bundesministerium für Verkehr und Digitale Infrastruktur 2018). Diese Ortungsgenauigkeit erlaubt damit neue Einsatzszenarien, z. B. im Bereich des autonomen Fahrens. Andere Einsatzszenarien dienen der Unterstützung bei Rettungsmaßnahmen, z. B. die schnellere Ortung von Personen im Gebirge und auf See. Bei kompletter Betriebsbereitschaft wird Galileo Unternehmen, Behörden und Bürgern eine Reihe von hochpräzisen Ortungs-, Navigations- und Zeitgeberdiensten anbieten (Europäische Kommission 2016). Ein Teil dieser Dienste wird kostenlos zugänglich sein, für kommerzielle Anwendungen ausgelegte Dienste, z. B. für Flottenmanagement, werden gebührenpflichtig sein (ESA 2019)

Für die Indoor-Navigation werden unter Anderem folgende Technologien und Systeme eingesetzt:

- Das Indoor-Navigationssystem vanillaNAV basiert auf QR-Codes (siehe Abschn. 1.2.3), die als optische Navigationsmarken auf selbstklebenden Folien an Wänden und Fußböden des Gebäudes angebracht werden. Mit der Webanwendung vanillaNAV-Manager legt man den digitalen Gebäudeplan an, definiert Navigationsziele und Laufrouten und fügt den Zielen Zusatzinformationen hinzu, wie z. B. in einem Einkaufszentrum temporäre Informationen über Rabattaktionen oder Werbung zu Produktneuheiten. Zur Navigation dient die vanillaNAV-App. Mit ihr können Navigationsziele entweder aus der Zielliste oder über die integrierte Suche ausgewählt werden. Nach gestarteter Zielführung erkennt die Smartphone-App die Navigationsmarker und führt den Nutzer über herkömmliche Kartennavigation oder mittels Augmented-Reality (siehe Abschn. 1.2.6) dargestellte Navigationspfeile intuitiv ans Ziel. Dies funktioniert auch über verschiedene, im vanillaNAV-Manager angelegte Stockwerke und Außenbereiche hinweg (Vanillanav 2019). Eingesetzt wird das System beispielsweise bei der AUDI AG, von den Messegesellschaften Stuttgart, Hamburg und Berlin sowie im Klinikum Ingolstadt (VanillaNAV 2019).
- Indoor-Navigation auf Basis von LED-Licht bietet Philips mit dem Visible-Light-Communications-System an, das seit 2017 in Fach- und Supermärkten zum Einsatz kommt. Mittels für jeden Deckenstrahler individuell codiertem LED-Licht, das von den Smartphone-Kameras der Kunden empfangen wird, lassen sich App-gesteuert verschiedene Indoor-Positioning-Services nutzen. Die Systemauslegung im Media-Markt-Flagship im holländischen Eindhoven erlaubt die Navigation zu Produkten mit 30 cm Genauigkeit (Wild 2018). Die App kann auch auf aktuelle Verkaufsangebote hinweisen (Kletschke 2017). Als erster Supermarkt in Deutschland setzt Edeka dieses System ebenfalls seit 2017 in Düsseldorf ein, das die Kunden in der 3500 m^2 großen Verkaufsfläche zu den gewünschten Produkten des 45.000 Artikel umfassenden Sortiments führt und auch auf Sonderangebote hinweist. Die App, in der Angaben zu den Gängen, Regalen und Produkten gespeichert sind, weist dem Kunden nach Eingabe

Abb. 1.4 Visible-Light-Communications-System bei Edeka. (Quelle: Signify 2017)

seiner Einkaufswünsche – ebenfalls mit einer Genauigkeit von 30 cm – den persönlichen Weg durch den Markt. Abb. 1.4 veranschaulicht den Einsatz im Düsseldorfer Edeka-Markt (Signify 2017).
- Eine WLAN-basiertes Indoor-Navigation-System bietet u. a. das Unternehmen infsoft an. Auf Basis einer vorhandenen WLAN-Infrastruktur bestimmt eine auf einem Smartphone installierte App über verschiedene technische Parameter den Standort des Smartphones mit einer Genauigkeit von 5–15 m (infsoft 2019).

Mittlerweile spielen auch sog. Beacons (dt. Leuchtfeuer), die auf Bluetooth Low Energy (BLE) (siehe Abschn. 1.2.7) basieren, eine zentrale Rolle in der automatischen Positionsbestimmung auf Smartphones. Die Signale dieser kleinen Sender können zum Beispiel Informationsprozesse auf mobilen Geräten starten und so über besondere Leistungen oder Angebote in unmittelbarer Nähe zum Standort des Kunden informieren. BLE-gestützte Lösungen sind auch in der infsoft-Plattform verfügbar und bieten eine Genauigkeit von 1–3 m.

Infsoft-Systeme werden beispielsweise bei Roche, Siemens und verschiedenen Universitätskliniken eingesetzt (infsoft 2019).

Die Lokalisierungsfunktionalität lässt sich auch mit RFID-Systemen (siehe Abschn. 1.2.3) erreichen.

1.2.5 Interaktionstechnologien

Seit der Einführung der Personal Computer in Unternehmen Anfang der 1980er-Jahre sind Tastatur und Maus die klassischen Eingabegeräte, über die der Mensch mit Rechnern interagiert.

Vor allem mit dem Vordringen von Smartphones und Tablets sind seit 2007 berührungsempfindliche Displays in Verbindung mit grafischen Benutzeroberflächen weit verbreitet. Sie gestalten die Interaktionen intuitiv und damit sehr einfach. Für Multitouch-Funktionalität, d. h. die Verwendung mehrerer Finger bei der Bedienung von berührungsempfindlichen Oberflächen, bieten nicht nur die Betriebssysteme mobiler Geräte entsprechende Schnittstellen an, auch große Multitouch-Bildschirme zur Bedienung durch mehrere Personen, bspw. im Rahmen von Besprechungen, bei Messen oder in Showrooms, sind heute in der Unternehmenspraxis weit verbreitet (Schlegel 2013, S. 3–4).

Eine Weiterentwicklung der Touch-Technologie stellt die Gestensteuerung dar, die beispielsweise bei der Bedienung von Kraftfahrzeugen schon seit längerem angeboten wird. So können mittels vordefinierter Gesten z. B. Radiosender umgeschaltet, Telefonanrufe angenommen oder abgelehnt oder die Lautstärke des Radios reguliert werden. Damit lässt sich die Ablenkung vom Verkehrsgeschehen reduzieren. „Die Technik hinter der Gestensteuerung ist derzeit noch zweigleisig. Zulieferer und Hersteller setzen wahlweise auf Kameras oder auf elektromagnetische Sensoren, die im Cockpit oder im Gehäuse des Innenspiegels so untergebracht sind, dass sie die Bewegungen des Fahrers gut registrieren können" (Grünweg 2014).

Darüber hinaus findet die Gestensteuerung auch im Fertigungssektor vielfältige Einsatzmöglichkeiten, wie folgende Beispiele aus der Automobilproduktion belegen:

- Für Montagearbeiten lassen sich Kuka-Robotersysteme über Gesten intuitiv steuern (Huber 2016, S. 52).
- Audi testet in Verbindung mit Augmented Reality (siehe Abschn. 1.2.6) Gestensteuerung bei der virtuellen Montage (Huber 2016, S. 122).
- BMW nutzt die Gestensteuerung bei der Qualitätskontrolle. Im Werk Landshut werden beispielsweise nach der Lackiererei vorhandene Lackfehler über Gestensteuerung dokumentiert (Huber 2016, S. 140–141).
- Der Daimler-Konzern testete Gestensteuerung in Verbindung mit Datenbrillen (siehe Abschn. 1.2.6) bereits im Jahr 2013 im Kommissionierbereich des Mercedes-Werkes in Bremen. Ziel war es, Teile schneller und mit geringerer Fehlerrate zu finden (Huber 2016, S. 154).

Als Interaktionstechnologie der Zukunft wird die Sprachsteuerung gesehen. Die automatische Spracherkennung weist aufgrund der technischen Fortschritte bei Hard- und Software inzwischen recht hohe Trefferquoten auf. Dies gilt auch für die sprecherunabhängige Erkennung und ohne Beschränkung des Wortschatzes. Entwicklungen hin zu natürlichsprachlichen Dialogsystemen wie Apple Siri, Amazon Alexa oder Google Assistant haben viele Einsatzgebiete erschlossen. Insbesondere im Consumerbereich sind derartige Sprachassistenten inzwischen weit verbreitet und können beispielsweise verbal Fragen beantworten oder vernetzte Smart-Home-Geräte steuern. Auf Basis des nächsten Entwicklungsschrittes, der individuellen Stimmerkennung durch die Sprachassistenten, sind weitere Einsatzszenarien denkbar. So hat Amazon für Alexa eine Speech-Recognition-Schnittstelle entwickelt, um personalisierte Dienste anbieten zu können (BITKOM 2018, S. 37). Mit der in Deutschland seit Ende 2018 verfügbaren Funktion „Meine Stimme" lassen sich mehrere Stimmprofile anlegen, sodass Alexa Personen unterscheiden kann, die mit ihr kommunizieren (t3n 2018).

Eine schon länger etablierte Anwendungsform der Sprachverarbeitung stellen Pick-by-Voice-Systeme dar, die in der Praxis beispielsweise im Lagerbereich eingesetzt werden. Hierbei wird der Lagermitarbeiter per Sprachsteuerung Schritt für Schritt durch die Positionen eines Kommissionierauftrags geführt. Dazu werden ihm die Koordinaten des Lagerorts für die zu entnehmende Ware der ersten Auftragsposition in gesprochener Form mitgeteilt. Am so bestimmten Lagerort angekommen, teilt er dem System die abgelesene oder eingescannte Kennung des Lagerorts per Spracheingabe mit. Das System nennt ihm bei richtiger Kennung die Mengen der aufzunehmenden Ware. Anschließend wird ihm der Lagerort für die zu entnehmenden Ware der nächsten Auftragsposition mitgeteilt. „So gehen Voice-System und Mensch gemeinsam die einzelnen Positionen [eines Auftrags] Schritt für Schritt [bis zur letzten Position] durch; der Mitarbeiter hat beim Kommissionieren freie Hände und einen freien Blick." (Becker 2015).

Vorwiegend im Bereich des Kundenservice werden sogenannte Chatbots eingesetzt. Als virtuelle Assistenten ermöglichen diese programmierten Dialogsysteme text- oder in jüngerer Zeit auch sprachbasiert Mensch-Maschine-Interaktionen in natürlicher Sprache, indem sie mit „vorgefertigten/standardisierten oder mit individuellen/personalisierten Antworten auf Bedürfnisse oder Probleme eines Anfragenden reagieren" (Decker 2019, S. 207). „Im einfachsten Fall extrahiert der Chatbot aus der Äußerung eines Benutzers dessen Intention, fragt fehlende Informationen in einer Wissensbank ab und bereitet dem Benutzer eine Antwort auf" (Stucki et al. 2018, S. 725). Sie sind in der Lage, Fragen zu stellen, Schlüsselwörter zu analysieren und Sätze zu natürlichen Gesprächen zusammenzusetzen. Die Chatbots sollen auf diese Weise ca. 60 % der einfachen Fragen von Kunden automatisiert beantworten, so dass die Servicemitarbeiter mehr Zeit auf die restlichen (schwierigeren) Fragen aufwenden können ((Decker 2019, S. 208) nach (Kapler 2017)).

Diese Dialogsysteme, die beispielsweise bei der Sprachassistentin Amazon Alexa (s. o.) eingesetzt werden, sollen z. B. „in der Zukunft die komplette Steuerung des Webzugangs übernehmen" (Haller 2017, S. 92).

Eine Analyse des Einsatzes von Chatbots im Customer-Service der DAX- und MDAX-Konzerne aus dem Jahr 2018 zeigt, dass diese mehrheitlich in den Facebook Messenger eingebunden sind. Bei wenigen Unternehmen erfolgt der Abruf ausschließlich über ihre Website. Zalando verwendet zusätzlich zur Integration in den Facebook Messenger eine auf der Plattform ChatShopper basierende App. Insgesamt setzen im Jahr 2018 erst ca. 30 % der DAX-Konzerne Chatbots für die Kundenkommunikation ein (Kawohl und Haß 2018, S. 3).

1.2.6 Darstellungstechnologien

Abb. 1.5 zeigt verschiedene Ausprägungen der Darstellungstechnologien und -systeme.

Als dedizierte Darstellungssysteme werden nachfolgend digitale Preisschilder und digitale Beschilderungen, wie sie vorzugsweise im Handel eingesetzt werden, behandelt.

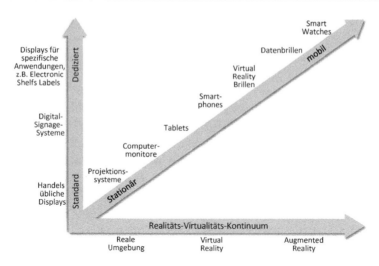

Abb. 1.5 Ausprägungen der Darstellungstechnologien und -systeme. (Quelle: Eigene Abbildung)

Für andere spezifische Anwendungen vorgesehene Displays, wie sie z. B. bei Automobilen in Gestalt von Head-Up-Displays oder anderer Displaysysteme im Armaturenbrett zu finden sind, spielen in den weiteren Betrachtungen keine Rolle.

Auf die Digital-Signage-Technologie, wie sie u. a. im Möbelhandel genutzt werden kann, wird in Abschn. 16.2.3 näher eingegangen. Diese digitalen „Beschilderungen" können in Form großflächiger LCD-Displays werbliche Inhalte anzeigen, die aus zentralen Medien- und Content-Management-Systemen kundenspezifisch zusammengestellt werden. Durch die Steuerung über Touchdisplays oder Gesten lassen sich diese Systeme auch den Interaktionssystemen (Abschn. 1.2.5) zurechnen.

Im Handel lassen sich digitale Preisschilder für Preisauszeichnung und Beschriftung der Produkte an den Verkaufsregalen, -ständern und -tischen einsetzen (siehe auch Abschn. 16.2.3). Die Inhalte dieser vernetzten elektronischen Displays werden von einem zentralen Rechner erzeugt bzw. modifiziert. Die Ausstattung dieser sogenannten Electronic-Shelf-Labels mit Near-Field-Communication (siehe Abschn. 1.2.7) ermöglicht dem Kunden das gezielte Aufrufen weiterer Produktdetails wie Produktdatenblätter oder erläuternden Videos zur Anzeige auf einem NFC-fähigen Smartphone oder Tablet.

Abb. 1.6 zeigt bei MediaMarktSaturn eingesetzte Electronic Shelf Labels. Die Verwendung solcher digitalen Preisschilder weist gegenüber der konventionellen statischen Preisauszeichnung u. a. folgende Vorteile auf:

- Deutlich geringerer Aufwand bei Preis- und Sortimentsänderungen durch zentrale Steuerung
- Schnellere Preisanpassung und damit Synchronisierung mit den eigenen Online-Shops
- Höhere Reagibilität gegenüber Preisänderungen bei (Online-)Wettbewerbern
- Zeitgleiche Änderung der Preise in mehreren Filialen

1 Ausgewählte technologische Grundlagen

Abb. 1.6 Electronic-Shelf-Labels bei MediaMarktSaturn. (Quelle: MediaMarktSaturn Retail Group)

- Synchronisierung mit im Kassensystem gespeicherten Preisen
- Zusatzinformationen durch z. B. Zugriff per Near Field Communication (siehe Abschn. 1.2.7) über Smartphone oder Tablet

Bei den stationären Standard-Systemen sind zunächst Projektionssysteme anzuführen, die vom handelsüblichen Beamer, wie sie für Präsentations- und Schulungszwecke in nahezu allen Unternehmen eingesetzt werden, bis hin zu raumhohen Projektionsflächen reichen, wie sie beispielsweise Audi für die digitalen Fahrzeugpräsentationen in ihren virtuellen Audi-City-Showrooms nutzt. Auf diesen sog. Powerwalls wird das aus der gesamten Modellpalette von Audi ausgewählte Fahrzeugmodell im Maßstab von beinahe 1:1 vollständig virtuell präsentiert. Dabei kann der Kunde sein individuelles Fahrzeug aus mehreren hundert Millionen verschiedener Konfigurationsmöglichkeiten zusammenstellen (Audi 2016).

Weiter sind die klassischen Computermonitore zu nennen, die als Flachbildschirme in Unternehmen und Privathaushalten verwendet werden. Während die Computermonitore und Notebookbildschirme z. T. berührungsempfindlich sind, integrieren Tablets und Smartphones durch eine intuitive Touchbedienung mit Multitouch-Funktionalität komplett die Aufgaben von Interaktionssystemen (siehe Abschn. 1.2.5). Nachdem der chinesische Hersteller Royole bereits Ende 2018 faltbare Smartphones vorgestellt hat (Költzsch 2018), haben Anfang 2019 u. a. Samsung und Huawei auf der Computer Electronics Show in Las Vegas bzw. auf dem Mobile World Congress in Barcelona derartige Device-Konzepte mit faltbaren Displays präsentiert (Költzsch 2019).

Die Datenbrille, auch als Smart Glass oder Data Glass bezeichnet, ist ein Kleinstrechner, der auf einem Brillenrahmen angebracht getragen und mit den Augen, mit der Stimme oder über Gesten gesteuert bzw. bedient wird. Damit besitzen Datenbrillen die Funktionalität von Interaktionssystemen (siehe Abschn. 1.2.5). Es werden Daten aus dem Internet oder der Umgebung verarbeitet, wobei auch Virtual-Reality- und Augmented-Reality-Aspekte (s. u.) zum Tragen kommen können.

Die konkrete Funktion einer Datenbrille hängt von der verbauten Hardware mit Hauptkamera (zur Erfassung der Umgebung), Nebenkamera (zur Erfassung der Augen des Brillenträgers), Display und Prozessor sowie der eingesetzten Software ab (Bendel 2016, S. 21).

Durch die Möglichkeit, mit dem Kleinstrechner zu interagieren, ohne die eigenen Hände zu benutzen, erschließen sich eine Reihe interessanter Anwendungsfelder. In einer empirischen Erhebung führt Stocker aus, dass beispielsweise BMW und Audi in der Fahrzeugmontage testweise Datenbrillen einsetzen. In anderen Forschungs- und Pilotprojekten werden sie als Assistenzsysteme zur Störfallbehebung mit augmentierter Anleitung oder als Anleitungssysteme zur Ausführung periodisch zu wiederholender Kalibrierungsaufgaben in der Endkontrolle der Fahrzeugproduktion evaluiert (Stocker et al. 2017, S. 257).

In der Logistik haben sich derartige Szenarien als Pick-by-Vision schon länger bewährt, beispielsweise bei VW. So werden in einem Pilotprojekt im VW-Werk in Emden Datenbrillen für die Kommissionierung von Scheinwerfern eingesetzt, um die Prozesssicherheit in der Produktion zu erhöhen. Der Nutzer erhält in seinem Sichtfeld automatisch notwendige Informationen, wie zum Beispiel den Entnahmeplatz, eingeblendet. Bei der Entnahme eines falschen Scheinwerfers wird dem Kommissionierer eine Fehlermeldung angezeigt (Moeres 2017).

Unter dem Begriff der Virtuellen Realität (VR) werden „Techniken verstanden, die es erlauben, einen Menschen unmittelbar in eine computergenerierte Welt zu integrieren. […] Techniken der virtuellen Realität [sprechen] mehrere Sinne des Menschen zugleich an" (Astheimer 1993). Dörner definiert ein VR-System als ein „Computersystem, das aus geeigneter Hardware und Software besteht, um die Vorstellung einer Virtuellen Realität zu realisieren. Den mit dem VR-System dargestellten Inhalt bezeichnen wir als Virtuelle Welt. Die Virtuelle Welt umfasst z. B. Modelle von Objekten, deren Verhaltensbeschreibung für das Simulationsmodell und deren Anordnung im Raum. Wird eine Virtuelle Welt mit einem VR-System dargestellt, sprechen wir von einer Virtuellen Umgebung für einen oder mehrere Nutzer" (Dörner et al. 2013, S. 7).

Die ersten Anfänge von Virtual Reality (VR) reichen bis in die 1960er-Jahre zurück. Seitdem hat sich diese Technologie in verschiedenen Etappen weiterentwickelt (Dörner et al. 2013, S. 19–21). Die technologische Entwicklung der letzten Jahre, u. a. bei Rechnerleistung und Darstellungsqualität, erschließt interessante Anwendungspotenziale. Die unten angeführten Beispiele aus der Automobilindustrie zeigen, dass der flächendeckende produktive Einsatz von Virtual Reality in Unternehmen bevorsteht. So hat auch Gartner diese Technologie im Hype Cycle for Emerging Technologies vom August 2018 schon nicht mehr aufgeführt und VR damit als etablierte Technologie ausgewiesen. Nach einer Mitte 2018 durchgeführten Studie des Beratungsunternehmens Capgemini könnten Augmented und Virtual Reality in drei bis fünf Jahren in jedem zweiten Unternehmen zum Standard gehören (Capgemini Research Institute 2018).

Anwendungsmöglichkeiten von Virtual Reality werden aufgrund seiner Historie schon lange gesehen und vielfach in Dissertationen wissenschaftlich untersucht. So arbeitete Waehlert schon 1997 Einsatzpotenziale der Virtuellen Realität im Marketing

1 Ausgewählte technologische Grundlagen

heraus (Waehlert 1997), Herstell beschäftigte sich 2008 mit den Einsatzpotenzialen in der touristischen Online-Kommunikation (Herstell 2008).

Bracht sieht als Beispiele für die Anwendung von Virtual Reality „die Medizintechnik zur Diagnose und Operationsunterstützung, begehbare 3D-Architekturmodelle zur anschaulichen Präsentation von Entwürfen, die virtuelle Präsentation von Produkten im Vertrieb oder die Nutzung in Schulungs- und Trainingseinrichtungen" (Bracht et al. 2018, S. 145). Schenk sieht Einsatzpotenziale beim kompletten Lebenszyklus einer Fabrik von deren Entwicklung über ihren Aufbau, Anlauf und Betrieb bis zum Abbau (siehe hierzu Schenk et al. 2014, S. 652–662). Diese Beispiele ließen sich nahezu beliebig fortsetzen.

Die Automobilindustrie greift Virtual Reality zumindest testweise für verschiedene Einsatzszenarien auf. So setzt beispielsweise Audi VR-Anwendungen u. a. in folgenden Bereichen ein:

- Im Entwicklungsbereich bildet ein VR-System in einem ca. 225 m^2 großen Raum dreidimensional und proportionsgetreu ein künftiges Fahrzeugmodell zur Designbeurteilung ab. In einer von bis zu sechs Personen begehbaren virtuellen Umgebung erhalten Entwickler und Produktionsexperten einen realistischen Gesamteindruck des neuen Modells und seiner Proportionen (siehe Abb. 1.7). Dadurch werden weniger physische Prototypen benötigt und Entwicklungszeiten und -kosten werden reduziert (Audi 2018). In Abb. 1.7 sieht man auch die typischen VR-Brillen, in welche die realistische und detailgetreue Nachbildung der Betrachtungsgegenstände, im Beispiel die des neuen Fahrzeugmodells, projiziert werden.

Abb. 1.7 Virtual Reality Holodeck bei der AUDI AG. (Quelle AUDI AG)

- Im Logistikbereich trainieren Mitarbeiter mit einem VR-gestützten Lernprogramm komplizierte Verpackungsprozesse in der sogenannten Completely-Knocked-Down-Logistik, bei der produzierte Fahrzeugkomponenten und -baugruppen in das Importland geliefert und dort zusammengebaut werden. Mit der VR-Brille sieht der Mitarbeiter eine realistische und detailgetreue Nachbildung seines Arbeitsplatzes. Mit Controllern „greift und bewegt er die virtuellen Abbilder seiner Arbeitsmittel wie Behälter oder Bauteile. Karton bereitstellen, Sonnenblenden in der richtigen Position hineinlegen, Etikett korrekt auf den Behälter kleben" – so durchläuft er schrittweise den Verpackungsprozess, wie er auch in der Realität stattfindet. Kostenvorteile ergeben sich durch den Verzicht auf Originalbauteile für das Training. Zudem ist das VR-gestützte Lernprogramm an nahezu jedem Ort und zu jeder Zeit einsetzbar (Audi 2017a)
- In den bereits oben angesprochenen Showrooms wird Kunden ihr individuell zusammengestelltes Fahrzeug auf einer Powewall nahezu 1:1 präsentiert (Audi 2016).

Augmented Reality (AR) beschreibt die Ergänzung der visuellen Wahrnehmung des Menschen durch die situationsgerechte Anzeige von rechnergenerierten Informationen auf im Sichtfeld positionierten, tragbaren Geräten (Dörner et al. 2013, S. 242). Durch die hohe Verbreitung mobiler Geräte, die Einführung von Datenbrillen und anderer erforderlicher technischer Voraussetzungen gewinnt diese Technologie in den letzten Jahren an Bedeutung (Krugmann et al. 2016). Einen kompakten Überblick über die Bandbreite von AR-Technologien gibt Fellmann in einer übersichtlichen Klassifikation (Fellmann et al. 2015, S. 16). Dort beschreibt er auch zahlreiche Anwendungsszenarien in den Bereichen Produktion, Entwicklung, Marketing sowie vor allem im Technischen Kundendienst (Fellmann et al. 2015, S. 2–8). Neben den schon beschriebenen industriellen Anwendungen, bspw. in Fertigungsszenarien oder als Pick-by-Vision in der Logistik (s.o.), ist diese Technologie auch in Massenmärkten anzutreffen. So stellt Audi mit der App eKurzinfo für verschiedene Fahrzeugmodelle eine dynamische Bedienungsanleitung für ausgewählte Funktionen bereit. Zu Bedienelementen, die man über die Kamera des Mobilgerätes anvisiert, werden auf dem Display Erklärungen und Funktionsbeschreibungen eingeblendet (Audi 2017b). Der schwedische Einrichtungskonzern IKEA bietet seit Herbst 2017 die AR-gestützte Einrichtungs-App IKEA Place an, mit deren Hilfe sich virtuelle Möbel in die eigene Wohnung transferieren und dort darstellen lassen (IKEA 2017).

Gartner sieht Augmented Reality trotz des verstärkten Aufkommens solcher Anwendungen im schon zitierten Hype Cycle for Emerging Technologies vom August 2018 derzeit im sogenannten „Tal der Tränen" und prognostiziert im Gegensatz zu Capgemini (s. o.), dass sich diese Technologie erst in 5 – 10 Jahren im großen Maßstab durchsetzen wird (Panetta 2018).

1.2.7 Mobilkommunikationstechnologien

Bei mobilen Übertragungstechnologien handelt es sich um Funknetze, die eine drahtlose Übertragung von Daten ermöglichen.

Zu unterscheiden sind

- standortübergreifende Mobilfunknetze (z. B. Long Term Evolution (LTE) als derzeitiger Mobilfunkstandard für z. B. Smartphones (s. u.)), und
- standortbezogene Netze, welche
  - an einem gesamten Unternehmensstandort (z. B. Wireless Local Area Network (WLAN)) oder
  - in bestimmten Bereichen eines Unternehmens, z. B. am Point-of-Sale, im Lager oder an einer Fertigungsstraße (z. B. Bluetooth oder Near-Field-Communication) genutzt werden können.

Die standortbezogenen Netze haben im Regelfall über den Anschluss an ein kabelgebundenes lokales Netz (z. B. über Accesspoints von WLAN-Netzen) Zugang zum – auch standortübergreifenden – Unternehmensnetzwerk und zum Internet. Damit können die auf diese Weise übertragenen Daten über entsprechende Schnittstellen u. a. auch in den unternehmensweiten Anwendungssystemen verarbeitet werden.

Bei der Entscheidung, welche Technologie für den jeweiligen Einsatzzweck in Frage kommt, spielen zumeist folgende Parameter eine wichtige Rolle:

- Reichweite, d. h. die maximale Entfernung, die zwischen dem Sender und dem Empfänger bestehen darf, sodass noch eine reibungslose Kommunikation möglich ist.
- Übertragungskapazität/-rate, d. h. die Datenmenge pro Sekunde, die übertragen werden kann.
- Lokalisierbarkeit (siehe Abschn. 1.2.4)
- Energieverbrauch
- Sicherheit

Long-Term-Evolution (LTE) ist als Standard für die Mobilfunktechnologie seit 2010 mit einer Übertragungsrate von zunächst max. 150 Mbit/s verfügbar. Dieser Standard der sogenannten 4. Generation (4G) wurde zu den Standards LTE-Advanced und LTE-Advanced Pro weiterentwickelt. LTE-Advanced Pro kann in Uplink-Richtung bis 150 Mbit/s und in Downlink-Richtung bis zu 1,2 Gbit/s übertragen (Sauter 2018, S. 209).

Die 4G-Übertragungsraten sind allerdings theoretischer Natur, wie eine im Zeitraum Juli bis September 2018 in ausgewählten europäischen Ländern durchgeführte Studie der P3 Group verdeutlicht (P3 communications 2018). Insbesondere in Deutschland ist in Bezug auf die Netzversorgung durchaus noch Nachholbedarf. Während Mobilfunkbetreiber aus der Schweiz, den Niederlanden und aus Belgien über 90 % Funkabdeckung erreichen, erzielen die deutschen Marktführer Telekom mit 75,1 % und Vodafone mit 55,7 % weitaus geringere Werte (P3 communications 2018, S. 14).

Die schlechte Netzversorgung in Deutschland wird auch durch die mittleren und Spitzen-Datenraten, welche bei den deutschen Mobilfunknetzen vorliegen, verdeutlicht. So erreichen Telekom und Vodafone eine mittlere Datenrate von lediglich 4,9 bzw. 4,8 Mbit/s, während zwei Schweizer Mobilfunkanbieter ca. 10 Mbit/s erzielen (P3 communications 2018, S. 14). Bei den Spitzendatenraten werden für die beiden deutschen Anbieter ca. 35 Mbit/s ausgewiesen. Anbieter aus anderen Ländern liegen bei 60 Mbit/s und darüber, ein Anbieter aus der Schweiz erreicht sogar über 100 Mbit/s (P3 communications 2018, S. 16). In beiden Bereichen ist Deutschland im hinteren Bereich angesiedelt.

Der ab 2020 verfügbare Standard der 5. Generation (5G) soll bis zu 10 Gbit/s übertragen können. Eine Reihe von Live-Tests findet bereits seit Mai 2018 statt (Eisenkrämer 2018), die ersten Frequenzen wurden ab März 2019 an Mobilfunkanbieter versteigert (Bundesnetzagentur 2019a). Ein großflächiger kommerzieller Roll-Out im Endverbrauchermarkt wird ab 2022 erwartet (Freund et al. 2018, S. 91).

Mit diesen deutlich höheren Übertragungsraten wird den Anforderungen der vielfältigen Anwendungs- und Nutzungsformen der Mobile Devices, bspw. für die Übertragung von breitbandigen Videokonferenzen oder für Virtual- und Augmented-Reality-Anwendungen (siehe Abschn. 1.2.6), Rechnung getragen. Aufgrund ihrer technischen Parameter eröffnen 5G-Netze ein wesentlich breiteres Anwendungsspektrum als die 4G-Netze.

So spielt das 5G-Netz auch eine Schlüsselrolle für autonom fahrende und miteinander vernetzte Fahrzeuge. Dementsprechend fordert die Automobilindustrie von den künftigen Netzbetreibern einen flächendeckenden Ausbau in den Städten und entlang der Autobahnen (Fasse und Scheuer 2018) resp. entlang aller Straßen (Beutnagel 2018a) als Basis zur Anbindung dieser Fahrzeuge.

Im Bereich Industrie 4.0 wird die „lokale Zuteilung eines eigenen Frequenzbereiches [an Unternehmen] den Betrieb eines lokalen Funknetzes in Produktionsanlagen unabhängig von einer bundesweiten Bereitstellung von Breitbanddiensten durch Mobilfunknetzbetreiber ermöglichen. Dies sei nötig, um Echtzeit-, Zuverlässigkeits- und Cybersecurity-Anforderungen erfüllen zu können" (Beutnagel 2018a). Das Antragsverfahren für die lokale Zuteilung der hierfür reservierten Frequenzbereiche, die sogenannte Campusnetze ermöglichen, soll im 2. Halbjahr 2019 begonnen werden (Bundesnetzagentur 2019b, S. 10). Antragsteller können auch nach der Bereitstellung eines Großteils dieser Frequenzbereiche lokale Zuteilungen erhalten, um Geschäftsmodelle umsetzen zu können, die sich erst noch entwickeln werden (Bundesnetzagentur 2019b, S. 1).

Die Anwendungen für autonomes und vernetztes Fahren sowie für Industrie 4.0 bedingen neben dem Bedarf an hohen Datenraten als grundlegende Anforderung an 5G-Netze die sichere, zuverlässige und latenzarme (verzögerungsarme) Vernetzung von Fahrzeugen und Maschinen (Freund et al. 2018, S. 105). Gleiches gilt für andere Anwendungsbereiche wie Medizintechnik und Gesundheitsbereich oder im Rahmen kritischer Infrastrukturen, die insgesamt zu einem breiten Spektrum an offenen Forschungsfragen führen, für die derzeit in nationalen und internationalen Projekten Lösungen gesucht werden (Freund et al. 2018, S. 104).

Bei Wireless Local Area Networks (WLAN) handelt es sich um lokale Funknetze zur drahtlosen Inhouse-Kommunikation in Unternehmen, Behörden und Privatbereichen. Diese Funknetze werden aber auch für die drahtlose Kommunikation innerhalb öffentlicher Bereiche, z. B. an Flughäfen oder in innerstädtischen Bereichen als „Free WLAN" angeboten. Die Anbindung von Endgeräten an WLAN-Empfangssysteme erfolgt über sogenannte

Access-Points (Hotspots), die an ein kabelgebundenes Local Area Network (LAN) angeschlossen sind und damit beispielsweise einen Internetzugang ermöglichen. Es gibt derzeit mehrere aktuelle WLAN-Standards mit unterschiedlichen Leistungsparametern. So kann die Datenübertragungsrate bei einem aktuellen Standard bis zu 3,5 Gbit/s bei einer Reichweite bis zu 50 m betragen, bei einem anderen aktuellen Standard ist bei geeigneten Umgebungsbedingungen eine Reichweite bis zu 100 m möglich, die maximale Datenübertragungsrate beläuft sich hier auf 240 Mbit/s (Bühler et al. 2018, S. 73).

Bluetooth ist ein Kommunikationsstandard für ein Funknetz, das spontane Kommunikationsverbindungen zwischen verschiedenen Geräten ermöglicht, ohne dass sich diese vorher »kannten« (ad-hoc Netzwerk). Es ist zur Übertragung von Sprache, Musik und Daten geeignet.

Seit 1999 sind verschiedene Bluetooth-Generationen entwickelt worden, die sich u. a. in Datenrate, Reichweite und Energieverbrauch unterscheiden. Seit 2017 gibt es die 5. Generation, die bis zu 2 Mbit/s Datenrate und 200 m Freifeld-Reichweite erreichen kann. Innerhalb einer Bluetooth-Generation werden drei Klassen unterschieden, die durch unterschiedliche Sendestärke und damit auch Reichweite charakterisiert sind (z. B. Klasse I mit höchster Reichweite) (Živadinović 2017). Auf die Verwendung der auf dem stromsparenden Bluetooth-Low-Energy-Modus (BLE-Modus) basierenden Beacons wird in Abschn. 1.2.4 eingegangen.

Eine Weiterentwicklung von RFID (siehe Abschn. 1.2.3) stellt der Kommunikationsstandard Near-Field-Communication (NFC) dar. NFC-Sender oder -Empfänger sind in aktuelle Smartphones und Tablets integriert. Bei einer Reichweite von max. 10 cm und einer Übertragungsrate bis 424 kbit/s (Bauer 2016) wird diese Technologie u. a. bei Zugangskontrollsystemen, im Rahmen von Mobile-Payment-Lösungen, für die Fertigungssteuerung via Tablet und im Online-Personalausweis eingesetzt.

Als mobile Bezahllösungen mit NFC-fähigen Smartphones sind beispielsweise seit 2018 Apple Pay und Google Pay in Deutschland verfügbar. Während beispielsweise die Deutsche Bank ihren Kunden die Nutzung von Apple Pay ermöglicht, bieten andere Geldinstitute wie Volksbanken und Sparkassen eigene Payment-Apps auf Basis von NFC an. Auch mit dem Online-Bezahldienst Paypal kann man in Deutschland seit 2017 über die Paypal-App und mit NFC-fähigen Smartphones am Point-of-Sale bezahlen.

In den Fachmärkten der MediaMarktSaturn Retail Group können Kunden von den elektronischen Preisschildern (siehe Abschn. 1.2.6) per NFC weitergehende Produktinformationen abrufen (Kletschke 2017).

Im Dezember 2018 hat MediaMarktSaturn mobiles Self-Checkout mit einer Smartpay-App in dem schon in Abschn. 1.2.3 genannten Saturn-Markt in Hamburg eingeführt (siehe Abschn. 17.2.2)

1.2.8 Sonstige Technologien

1.2.8.1 Überblick

In diesem Abschnitt werden verschiedene digitale Technologien beschrieben, die im Zuge der Digitalisierung eine wichtige Rolle einnehmen, sich aber nicht einer der in den Abschn. 1.2.1 bis 1.2.7 behandelten Kategorien zuordnen lassen.

Aktuell sind die in den folgenden Abschnitten dargestellten Technologien 3-D-Druck, Roboter und Delivery-Systeme bei zahlreichen Unternehmen zumindest schon im Piloteinsatz. In Zukunft werden sicherlich weitere Technologien dazu stoßen. Ein Blick auf die Emerging Technologies von Gartner vom August 2018 zeigt eine Reihe potenzieller Technologien, wie bspw. Blockchain oder 4D-Druck (Panetta 2018). Inwieweit und zu welchem Zeitpunkt diese Technologien ihre Umsetzung in marktreifen Anwendungen, Produkten, Services und Geschäftsmodellen finden und sich erfolgreich am Markt etablieren, muss die Zukunft zeigen.

1.2.8.2 3D-Druck

„In der Öffentlichkeit wird 3D-Druck als neues Phänomen wahrgenommen und stößt dank der anschaulichen Einsatzfelder auf hohes mediales Interesse. […]. Durch die Verbindung mit Software und Daten ist 3D-Druck eine Variante der Digitalisierung der Produktion, die mit zahlreichen Vorteilen verbunden ist, z. B. der Individualisierung von Produkten (im Gegensatz zur Massenfertigung von standardisierten Produkten) und hohen Effizienzgewinnen in der Produktion" (BITKOM 2017, S. 7).

Beim 3D-Druck handelt es sich um einen automatisierten Prozess der schichtweisen Anordnung von Material zur Herstellung eines dreidimensionalen physischen Objekts unmittelbar aus einem 3D-Datensatz. Im Gegensatz zur subtraktiven Fertigung werden keine Werkzeuge wie Bohrer oder Fräser benötigt. Synonym zu 3D-Druck werden die Begriffe additive Fertigung, Additive Manufacturing und Schichtbautechnologie verwendet (Gebhardt et al. 2016, S. 2). Abb. 1.8 zeigt, wie beim 3D-Druck die Prozesskette von der CAD-Konstruktion bis zum fertigen Bauteil vollständig vernetzt ist. Kinschel stellt diese

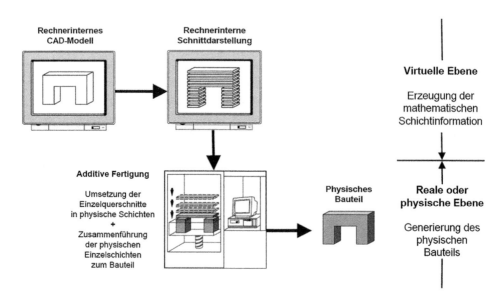

Abb. 1.8 Funktionsweise von 3D-Druck. (Quelle: Gebhardt et al. 2016, S. 4)

Technologie ausführlich vor und veranschaulicht sie anhand interessanter Industriebeispiele (Kinschel 2018). Die folgenden Ausführungen geben einen Einblick in die Technologie und zeigen ausgewählte Einsatz- und Nutzenpotenziale auf.

Gegenwärtig sind vier wesentliche Kategorien von 3D-Druckern resp. Druckmaschinen auf dem Markt (vgl. Gebhardt et al. 2016, S. 28–31):

- Personal Printer für eine halbprofessionelle Nutzung zur Erzeugung von Anschauungsobjekten oder nicht belastbaren Bauteilen mit eingeschränkter geometrischer Komplexität und geringer Detailtreue.
- Professional Printer für eine kommerzielle Nutzung in Büro oder Werkstatt, z. B. zur Herstellung von Anschauungsobjekten oder wenig belastbaren Bauteilen. Diese verfügen über eine deutlich bessere Detailtreue als mit Personal Printern erzeugte Bauteile und werden häufig mittels Folgeverfahren zu hochwertigen Endprodukten verarbeitet.
- Production Printer für die industrielle Nutzung im Produktions- oder Dienstleistungsbereich zur Herstellung von Einzelstücken oder (Klein)Serien unterschiedlicher Bauteile. Sie können Kunststoffe, Metalle oder Keramiken verarbeiten und liefern nach externer verfahrenstypischer Nachbearbeitung einsatzfertige Bauteile.
- Industrial Printer für die industrielle Nutzung zur Produktion von Serien beliebiger Größe von identischen oder unterschiedlichen Bauteilen. Sie integrieren die verfahrenstypische Nachbearbeitung und liefern einsatzfertige Bauteile.

Der doch sehr unterschiedlichen Leistungsfähigkeit der Drucker und der Bandbreite der verarbeitbaren Materialien entsprechend sind die Einsatzfelder recht weit gefächert. So sind Personal und Professional Printer auf die Verarbeitung von Kunststoffen beschränkt, während industrielle Drucker Metalle, Harze und andere Materialien verarbeiten können. Wesentliche Anwendungsgebiete sind bisher vor allem in der Automobil- und Flugzeugindustrie, der Medizintechnik und der Konsumgüterindustrie anzutreffen (BITKOM 2017, S. 16–22).

Dabei ist zu unterscheiden, ob es sich um in (Klein-)Serien hergestellte Produkte (s.u.) oder um Prototypen handelt, die in verschiedenen Zwischenstufen der Produktentwicklung eingesetzt werden. Bei Prototypen handelt es sich um maßstabsgetreue Anschauungsmodelle, die lediglich einen räumlichen Eindruck zur Beurteilung der allgemeinen Erscheinung und der Proportionen liefern sollen (Gebhardt et al. 2016, S. 9). Sie finden neben den oben angeführten Anwendungsgebieten z. B. im Werkzeugmaschinenbau Verwendung.

Das Potenzial von 3D-Druck lässt sich auch anhand folgender ausgewählter Beispiele aufzeigen:

- In Dubai ist 2016 das erste Bürogebäude der Welt in 3D-Druck hergestellt worden. In 19 Tagen hat eine ca. $36 \times 12 \times 6$ Meter große Maschine das 250 m^2 große Bürogebäude samt Inneneinrichtung produziert. Als Materialien wurden eine speziell verstärkte Betonmischung, glasfaserverstärkter Gips und faserverstärkter Kunststoff verwendet und Schicht für Schicht zu den Bauelementen zusammenfügt (siehe (Berger 2016) und (Bexten 2016)).

- Im Bereich der Flugzeugindustrie werden schon eine Reihe von Bauteilen mit 3D-Druck produziert (Kiefer 2017):
  - Das auf additive Fertigung spezialisierte norwegische Unternehmen Norsk Titanium stellt 3D-gedruckte kritische Titan-Bauteile in Serienproduktion für den Flugzeugtyp Dreamliner von Boeing her (Wynbrandt 2018). Die Kosteneinsparungen für Boeing sollen durch die Verwendung dieser Technik bei zwei bis drei Millionen Dollar pro Flugzeug liegen.
  - Flugzeughersteller Airbus setzt die 3D-Drucktechnik schon seit 2015 für seinen Airbus A350 XWB ein und stellt mehr als 1000 Bauteile im 3D-Druck-Verfahren her.
  - Beim US-amerikanischen Unternehmen General Electric stammt bei der Flugzeugmotoren-Produktion mehr als ein Drittel des Advanced-Turboprop-Triebwerks aus dem 3D-Drucker.
- Die adidas AG, ein global agierender Hersteller von Sport- und Sportlifestyleartikeln, der im Geschäftsjahr 2018 mit über 57.000 Mitarbeitern einen Umsatz von ca. 22 Mrd. € erzielt hat (adidas 2019), setzt 3D-Druck u. a. bei der Herstellung von Laufschuhen ein:
  - Im Jahr 2015 hat adidas den Futurecraft 3D vorgestellt. Bei diesem Konzeptschuh wird die Laufschuhzwischensohle mit 3D-Druck erzeugt und kann individuell an die Stützungs- und Dämpfungsanforderungen eines jedes Sportlers angepasst werden (adidas 2015a).
  - Umgesetzt wurde dieses Konzept schon im Jahr 2016. In Zusammenarbeit mit dem belgischen Unternehmen Materialise stellte adidas den Futurecraft 3D Runner in Kleinserie her (Materialise 2016).
  - Bereits im Frühjahr 2017 wurde das Sportschuhmodell Futurecraft 4D vorgestellt. Adidas avisierte für 2017 den Verkauf von 5000 Paaren und für 2018 den von über 100.000 Paaren dieses Modells (Adidas 2017). Bei der dabei eingesetzten Technologie, die vom Start-Up-Unternehmen Carbon entwickelt wurde, werden die Hightechsohlen für individualisierte Turnschuhe mit Laserstrahlen in 3D-Druckern geformt – aus flüssigem Harz. Durch einen zugrundeliegenden Algorithmus kann Adidas die Schuhe an spezielle Anforderungen anpassen und zügig auf Kundenwünsche reagieren. Zudem werden mit der neuen Technik die Produktionszyklen deutlich verkürzt ((Krenski 2018) und (Carbon 2017)).

Im Vergleich zur Gesamtzahl der von Adidas jährlich produzierten 400 Millionen Schuhpaare ist die Anzahl der mit 3D-Druck hergestellten Produkte noch gering, bei Extrapolation der Steigerungsrate der letzten Jahre wird das Potenzial dieser Technologie augenfällig.

- In jüngerer Zeit bereiten u. a. die deutschen Automobilhersteller den Einsatz von 3D-Druck für die Fertigung von Werkzeugen und die Serienproduktion von Fahrzeugteilen vor:
  - So hat VW Ende 2018 ein 3D-Druckzentrum eröffnet, in dem künftig Fahrzeugteile auch komplexerer Art hergestellt werden sollen (Beutnagel 2018b).

- Nach seit Jahren positiven Erfahrungen im Werkzeugbau wird Audi künftig beispielsweise eigen hergestellte Hilfswerkzeuge, z. B. Positionierhilfen zum Einpassen der Frontscheibe in die Karosserie, für die Großserienfertigung einsetzen (Fuchslocher 2019).
- Bereits seit Mitte 2018 erprobt Daimler in einer vollautomatisierten Pilotanlage den 3D-Druck für die Serienfertigung (Polchow 2018).
- Bugatti hat 2018 für das Sportwagen-Modell Chiron mit 3D-Druck einen Bremssattel aus Titan hergestellt. Die Tests dieses – nach eigenen Angaben weltweit größten mit 3D-Druck hergestellten Titan-Bauteils – verlaufen bislang positiv. Der Einsatzzeitpunkt des 3D-gedruckten Bremssattels in der Serienproduktion steht noch nicht fest (Pfeiffer 2019).

• Auch im Consumerbereich ist 3D-Druck dabei, sich zu etablieren. So hat das 2013 gegründete Start-Up-Unternehmen Spontaneous Order GmbH mit der Marke Stilnest ein interessantes, auf 3D-Druck basierendes Geschäftsmodell entwickelt. Das Unternehmen bietet Schmuckdesignern eine Online-Plattform, auf die sie ihre per CAD entwickelten Modelle der Schmuckstücke laden und so ihre digital konzipierten Produkte interessierten Kunden in ansprechender Form präsentieren können. Nach der Bestellung eines Kunden wird der Schmuck von externen Kooperationspartnern mittels 3D-Druck aus dem vom Designer erstellten CAD-Modell hergestellt. Spontaneous Order GmbH stellt die Plattform bereit und fokussiert sich im Wesentlichen lediglich auf Marketing, Vertrieb und Versand (Spontaneous 2019).

Neben den aufgeführten Vorteilen, wie einfachere Produktion als bei subtraktiven Verfahren, Gewichtsersparnis und dadurch Kostenvorteile, lassen sich auf der Basis von 3D-Druck neue Geschäftsmodelle wie bei Spontaneous Order GmbH entwickeln. In anderen Bereichen kann beispielsweise durch den direkten Druck von Ersatzteilen deren Bevorratung in Lagerräumen entfallen. Es sind allerdings noch zahlreiche Herausforderungen zu meistern. So weisen mit 3D-Druck erzeugte Objekte eine häufig mangelhafte Obrflächenqualität (stufig und rau) auf. Auch erfordert der Schutz der Datensätze und damit der von geistigem Eigentum und von Patenten besondere Maßnahmen (Kinschel 2018, S. 306).

1.2.8.3 Roboter

Industrieroboter sind seit Jahrzehnten mit steigender Leistungsfähigkeit im Einsatz, häufig im vollautomatisierten Karosserierohbau oder bei der Fertigung von Elektronikbauteilen. Diese universell einsetzbaren Bewegungsautomaten verfügen über mehrere Achsen, sind hinsichtlich Bewegungsfolge und -wegen bzw. -winkeln frei programmierbar und gegebenenfalls sensorgeführt. Sie können mit Greifern, Werkzeugen oder anderen Fertigungsmitteln ausgerüstet werden und Handhabe- oder andere Fertigungsaufgaben ausführen (Weber 2017, S. 16).

Roboter sind – wenn man die in der Einführung beschriebene Definition der Digitalisierung betrachtet – den digitalen Technologien zuzurechnen. Ihren Beitrag zur Automatisierung von Prozessen zeigt das folgende Beispiel. So produziert adidas seit 2018 in seiner mit intelligenter Robotertechnologie ausgestatteten SPEEDFACTORY in den USA Laufschuhe mithilfe eines vollständig automatisierten digitalen Herstellungsprozesses. Das Konzept der SPEEDFACTORY „basiert auf einer automatisierten Fertigung, mit der es möglich sein wird, die Produktion dorthin zu verlagern, wo sich die Konsumenten der Marke befinden." Die Pilotfabrik für dieses Konzept der absatzmarktnahen, vollständig automatisierten Fertigung wurde bereits 2015 bei der Oechsler AG in Ansbach errichtet (Adidas 2015b).

Neben diesen Industrierobotern nehmen in jüngerer Zeit vermehrt mobile Roboter Assistenz-, Service- und Logistikaufgaben wahr. Die Bedeutung dieser Technologie wird auch dadurch deutlich, dass der Fokus des von Handelsblatt und McKinsey jährlich ausgelobten deutschen Digitalpreises „The Spark" im Jahre 2018 auf „bahnbrechenden Ideen und disruptiven Konzepten im Bereich Robotik" lag (Handelsblatt 2018).

Assistenz- und Service-Roboter, zumeist in Gestalt humanoider Roboter, findet man beispielsweise in folgenden Einsatzszenarien:

- Im stationären Handel unterstützen sie die Kunden als eine Art Shopping-Assistent. In einem Dialog erfragen sie die Kauf-/Interessenswünsche der Kunden und führen diese dann zu den gesuchten Produkten. Aufgrund der integrierten Navigationssoftware kann sich der Roboter dabei im Geschäft völlig autonom bewegen und auch unerwarteten Hindernissen selbständig ausweichen. So setzt beispielsweise die MediaMArktSaturn Retail Group in ihren Fachmärkten Verkaufsroboter Paul ein, der die Kunden begrüßt, sie mit Informationen versorgt, zu den gewünschten Produkten führt und bei Bedarf menschliche Berater herbei bittet (MediaMarktSaturn 2017).
- Auf Messen, in Ausstellungen oder Museen erteilen humanoide Roboter den Besuchern Auskunft oder führen sie zu den gewünschten Messeständen oder Exponaten.
- Im Henna-Ha-Hotel in Japan fungieren bereits seit 2015 Roboter als Rezeptionisten, wickeln den Check-In- und Check-Out-Vorgang komplett ab und erteilen Auskünfte. Andere Roboter bringen das Gepäck der Gäste auf die Zimmer, wiederum andere stehen in den Zimmern für Auskünfte zur Verfügung (Smart 2017, S. 171–172).
- Die holländische Fluglinie KLM setzt am Amsterdamer Flughafen Schiphol zur Entlastung des Personals den Roboter Spencer ein, um Passagiere zum Gate zu geleiten (Smart 2018, S. 174).

Für die natürlich-sprachliche Kommunikation der humanoiden Roboter mit Menschen sorgt eine auf Künstlicher Intelligenz basierende Technologie, die in abgewandelter Form auch bei sog. Chatbots (siehe Abschn. 1.2.5) eingesetzt wird.

Zeit- und personalintensive Routinetätigkeiten übernehmen Roboter beispielsweise wie folgt für Logistik- und andere Aufgaben:

- „Pick-by-Robot" stellt die konsequente Weiterentwicklung von „Pick-by-voice" (siehe Abschn. 1.2.5) und „Pick-by-vision" (siehe Abschn. 1.2.6) dar. Derartige Kommissionierroboter sind „in der Lage, vollständig autonom in Stückgutlagern von E-Commerce-Händlern online bestellte Artikel in den Regalen zu identifizieren, zu

greifen und zur Versandstation zu bringen. Dank zahlreicher Sensoren und 3D-Kameradaten sind sie im Stande, auch parallel zu den Mitarbeitern vor Ort zu arbeiten. [Der Roboter] TORU ist z. B. in Schuhlagern von Logistikdienstleistern wie Fiege Logistik oder bei dem Modeversender Zalando im Einsatz und unterstützt die Mitarbeiter dort beim Ein- und Auslagern von online bestellten Schuhen." (Magazino 2018). Basis des Roboters TORU ist das von Magazino entwickelte und 2018 bei „The Spark" (s. o.) mit dem 1. Preis ausgezeichnete System ACROS (**A**dvanced **C**ooperative **R**obot **O**peration **S**ystem), eine Art Betriebssystem für intelligente und mobile Roboter.
- In der Distributionslogistik des Handels werden in jüngerer Zeit zur Überwindung der letzten Meile u. a. Lieferroboter eingesetzt. Auf diese wird in Abschn. 1.2.8.4 detailliert eingegangen.
- Inventurroboter sind für die regelmäßige produktgenaue Erfassung des aktuellen Warenbestandes in einem Fertigungs- oder Handelslager oder einem stationären Ladengeschäft verantwortlich. So nehmen in einzelnen Märkten der Metro Group nachts Roboter die Regalbestände auf (Salzsieder 2019). Bei der Adler Möbelmärkte AG erfasst seit Dezember 2015 der Inventur-Roboter TORY mit einer Trefferquote von 99 Prozent die Waren via RFID (siehe Abschn. 1.2.3) oder NFC (siehe Abschn. 1.2.7). Bei Adler sieht man TORY als gutes Beispiel für die Arbeitsteilung zwischen Mensch und Maschine von morgen: Der Roboter ersetzt keine Mitarbeiter, sondern entlastet sie von zeitintensiven und weniger produktiven Aufgaben. Dadurch konnten die Verfügbarkeit der Waren auf der Fläche und die Bestellprozesse deutlich optimiert werden (Jördens 2016). Zusätzlich ist Roboter TORY – ähnlich wie Paul bei MediaMarktSaturn – als Shopping-Assistent im Einsatz.

Ein interessantes Anwendungsgebiet stellen Assistenzroboter im Pflegebereich dar. Einerseits kann ihr Einsatz aus ethischer Sicht kritisch gesehen werden, andererseits vermögen sie den Fachkräftemangel in diesem Bereich etwas abzufedern, sind in der Lage, die Pflegekräfte von körperlich anstrengenden Aufgaben und von Routinetätigkeiten zu entlasten oder können pflegebedürftigen Patienten den längeren Verbleib in ihrer häuslichen Umgebung ermöglichen. Ihre Anwendungsbereiche sind vielfältig:

- Ein Teil der Entwicklungen dient vornehmlich der reinen Kommunikation mit den Patienten, zu ihrer Information und zu ihrer Unterhaltung (Graf 2017, S. 12). So dient Serviceroboter Emma in einer Demenz-Wohngemeinschaft in Kiel der Unterhaltung der Patienten und regt sie zum Tanzen an (Klohn 2017).
- Der in mehreren Altenpflegeeinrichtungen und Privatwohnungen erfolgreich getestete Assistenzrobor Car-o-bot 3® unterstützt beim Aufnehmen von Bestellungen und Verteilen von Getränken und Snacks und kann darüber hinaus als Notfallassistenz-Roboter die Kommunikationsschnittstelle zur Notfallzentrale bilden und durch lokale Sensorik der Diagnoseunterstützung dienen (Graf 2017, S. 7).

Allen Einsatzbereichen in Sozialeinrichtungen gemeinsam ist die Entlastung der Pflegekräfte bei Routinetätigkeiten, damit mehr Zeit für eigentliche Pflegetätigkeiten bleibt. Bei

Verwendung im häuslichen Bereich ist die Entlastung der hilfsbedürftigen Personen im Alltag das Ziel und damit der Erhalt und die Steigerung der Selbstständigkeit (Graf 2017, S. 31).

1.2.8.4 Delivery-Systeme

Delivery-Systeme sind bei genauer Betrachtung eher Anwendungssystemen als technischen Grundlagen zuzurechnen. Dennoch scheint es berechtigt, dass man sie aufgrund ihrer technischen Spezifika und ihrer Bedeutung für die Digitalisierung im Handel und anderen Bereichen bei den Grundlagen aufnimmt.

So stellt eine der Herausforderungen im Handel derzeit die „Überwindung der letzten Meile" dar, d. h. die Zustellung von Waren an den Endkunden. Insbesondere das starke Vordringen von Online-Shops und der damit steigende Bedarf nach kundenindividueller Lieferung sind der Anlass für eine Reihe von Pilotprojekten.

Die meisten der folgenden Projekte, bei denen zwischen mobilen und stationären Delivery-Systemen unterschieden wird, befinden sich derzeit noch in der Experimentier- bzw. Konzeptphase:

- Mobile-Delivery-Systeme
  - Autonome Lieferdrohnen
    Drohnen zur Auslieferung von Paketen, insbesondere von Expresszustellungen, werden in verschiedenen Ländern in meist dünn besiedelten Gegenden getestet (Donath 2016). In Deutschland ist die Verwendung von Drohnen zur Auslieferung von Waren derzeit durch das am 07.04.2017 in Kraft getretene sogenannte Drohnengesetz (Verordnung zur Regelung des Betriebs von unbemannten Fluggeräten) geregelt. Demzufolge ist beispielsweise seit Oktober 2017 der Betrieb von Drohnen verboten, wenn diese mit einem Gewicht von mehr als 0,25 kg über Wohngrundstücken fliegen oder in der Lage sind, Funksignale zu empfangen, zu übertragen oder aufzuzeichnen (Bundesministerium für Verkehr und Digitale Infrastruktur 2017). Damit wird die Direktzustellung mit Lieferdrohnen quasi unmöglich. In anderen Ländern, wie beispielsweise im Vereinigten Königreich, gelten andere rechtliche Rahmenbedingungen: Amazon setzt dort erste Lieferdrohnen im Rahmen ihres Amazon-Prime-Dienstes testweise bereits seit Ende 2016 ein (Beer 2016).
  - Automatisierte Drohnen in der Ersatzteillogistik
    Einen erfolgversprechenden Ansatz verfolgt die ZF Friedrichshafen AG, die seit Ende 2018 in einem Pilotprojekt mit behördlicher Genehmigung eine Drohne für die Ersatzteillogistik auf ihrem Werksgelände in Friedrichshafen einsetzt. Der Drohnen-Prototyp fliegt dort mit einer Geschwindigkeit von bis zu 30 km/h Ersatzteile wie Sensoren oder Steuerkarten vom Zentrallager zu den dezentralen Werkstätten und kann bis zu 3 kg Nutzlast aufnehmen. Die Drohnen sollen mittelfristig den Werksverkehr entlasten und eine schnellere Ersatzteilversorgung sicherstellen (Fuchslocher 2018).

- Autonome Lieferroboter
    Renommierte Unternehmen wie Hermes oder MediaMarktSaturn experimentieren in Deutschland seit 2016 mit Lieferrobotern zur Auslieferung von Waren. Die kleinen Fahrzeuge des estnischen Start-up-Unternehmens Starship Technologies können Waren bis zu zehn Kilogramm auf eine Entfernung von bis zu fünf Kilometern vollautomatisch auf Gehwegen befördern. Die 50 cm hohen und 70 cm langen Roboter fahren – permanent von einem zentralen Operator in der Leitzentrale von Starship Technologies überwacht – mit einer Geschwindigkeit von bis zu 6 km/h und können mit Hilfe eingebauter Kameras Hindernisse erkennen, diesen ausweichen und auch Bordsteine überwinden. Die Ladung wird in einem Innenfach verstaut, das durch ein Sicherheitsschloss, Überwachungskameras und eine PIN-Code-Abfrage vor unbefugtem Zugriff geschützt ist. Bei gewaltsamer Öffnung löst der Roboter Alarm aus und verständigt seinen Operator. Dank GPS-Modul kann auch die Position des Roboters jederzeit nachverfolgt werden (Heise 2016b). In Deutschland laufen Feldversuche von Hermes in Hamburg (Heise 2016a) und von der MediaMarktSaturn Retail Group in einem Düsseldorfer Stadtteil (MediaMarktSaturn 2016). Derzeit sind für den Betrieb der Lieferroboter noch Ausnahmegenehmigungen erforderlich. Zudem werden die Lieferroboter von menschlichen Begleitern bewacht und dürfen nur bei Tageslicht ausliefern.

    Continental hat 2019 auf der Consumer Electronics Show in Las Vegas einen Roboterhund vorgestellt, der ähnlich wie der Lieferroboter von Starship Technologies Pakete an die Haustüren der Empfänger liefern soll. Mit der vierbeinigen Variante verspricht sich Continental mehr Stabilität und das leichtere Überwinden von Treppen und anderen Hindernissen (Neitzel 2019).

    Diese Lieferroboter können als Weiterentwicklungen fahrerloser Transportfahrzeuge betrachtet werden, die in Produktionsumgebungen seit Jahrzehnten in verschiedenen Entwicklungsstufen als innerbetriebliche Fördersysteme für den Waren- und Materialtransport innerhalb und außerhalb von Gebäuden eingesetzt werden (Ullrich 2014).
- Zustellfahrzeuge für mehrere Drohnen und/oder Gehwegroboter
    Anstelle des Einsatzes einzelner Drohnen und Gehwegroboter ist ein Gesamtkonzept für eine komplett digital vernetzte Prozesskette vom Warenverteilzentrum bis zum Empfänger erforderlich. Mercedes-Benz hat im Jahre 2016 als Studie den Transporter Vision Van vorgestellt, der in seinem voll automatisierten Laderaumsystem mehrere Drohnen und Gehwegroboter sowie Waren für mehrere Adressaten aufnehmen kann. Auf diese Weise können personelle Auslieferungen und automatisierte Zustellungen zunächst parallel erfolgen, bevor die Prozesskette komplett automatisiert ist (Daimler 2017).
- Stationäre Delivery-Systeme
    - Abholstationen

Selbstbedienungs-Paketabholstationen gibt es beispielsweise bei der Deutschen Post und anderen Logistikdienstleistern schon seit geraumer Zeit. Ein eigenes logistisches Konzept hat Amazon entwickelt. Das Unternehmen testete ab Juli 2016 ihre Amazon-Locker genannten Abholstationen an zehn Shell-Tankstellen in München. Inzwischen verfügt Amazon in sieben europäischen Staaten über mehr als 1300 dieser Selbstbedienungskioske u. a. bei Tankstellen, Einkaufszentren oder in Business Parks. Sobald die Lieferungen bereitliegen, erhalten Kunden eine E-Mail-Benachrichtigung von Amazon mit individuellem Abholcode und Locker-Standortinformationen. Kunden geben am Locker ihren Abholcode ein oder scannen den Barcode mithilfe des Barcodelesegeräts und folgen anschließend den Anweisungen auf dem Display. Die Waren bleiben drei Werktage in der Station und werden bei Nichtabholung gegen volle Kaufpreiserstattung retourniert (Amazon 2019).

Wild schildert in Abschn. 17.3.2 eine smarte Paketstation mit integrierter Bezahlfunktion, die MediaMarktSaturn für die Abholung und Abgabe von Paketen verschiedener Logistik-Dienstleister testet.

– Kofferraumbelieferungen
Seit Herbst 2016 bietet die Deutsche Post DHL Group ein neues Angebot bei der automatisierten Lieferung von Paketen an. Zusammen mit den Automobilherstellern Smart und Volkswagen testet das Unternehmen eine eigene Lösung für die Kofferraumzustellung in verschiedenen Städten Deutschlands. Die Steuerung der Lieferung soll sowohl für die Paketboten als auch die Empfänger über Smartphone-Apps erfolgen. Dabei wird im Rahmen der Online-Bestellung eine Transaktionsnummer generiert, über die der Zusteller einmalig und nur für einen bestimmten Zeitraum Zugang zum Fahrzeug des Empfängers erhält. Dieses muss in der Nähe der Heimatadresse des Fahrzeughalters geparkt sein. Über die App kann der Paketbote das Fahrzeug orten und öffnen, um ein Paket abzuliefern und eventuelle Retouren wieder mitzunehmen. Anschließend erhält der Besitzer eine automatisierte Push-Nachricht über die erfolgreiche Zustellung bzw. Abholung des Pakets (siehe (Rakel 2016) und (DHL 2017)).

Einen ähnlichen Ansatz verfolgt Audi seit 2015 in Kooperation mit DHL und Amazon. Von der Bestellung der Ware bei Amazon über den Transport des Paketes durch DHL bis hin zur Zustellung der Sendung im Kofferraum eines Audi-Fahrzeugs ist die Bedienung für den Kunden einfach, transparent und stets kontrollierbar (Rüsenberg 2015).

2018 hat Amazon für Prime-Kunden in 37 Städten der USA den Service „Key by Amazon Service" gestartet. Die Kofferraum-Lieferung ist ausschließlich für vernetzte Fahrzeuge weniger ausgewählter Automarken (z. B. Volvo, Chevrolet, Cadillac) möglich. Kunden geben Amazon über eine App den Zugriff auf den Kofferraum ihrer Autos frei. Der Kunde kann über die App nachverfolgen, wann sein Kofferraum geöffnet und wieder geschlossen wird (Amazon 2018). Dieser auch für den Zugang zu bestimmten Haustüren verfügbare Service wird 2019 um die Services „Key for Garage" und „Key for Business" ergänzt, wobei Letzterer den Zugang zu Geschäftsgebäuden mit gängigen Zugangssystemen ermöglicht (Internetworld 2019).

1.3 Ausblick

Die Weiterentwicklung der in Abschn. 1.2 vorgestellten Technologien, das Aufkommen neuer Technologien im Frontend-Bereich und die Weiterentwicklung der Technologien im Backend-Bereich werden zu neuen Produkten und Services führen und auch weiterentwickelte und disruptive Geschäftsmodelle induzieren.

Im Einzelnen bieten folgende Entwicklungen Fantasie für die Erschließung neuer Anwendungspotenziale:

1. Ab 2020 wird die auf 10 Gbit/s gesteigerte Datenübertragungsrate des Mobilfunkstandards „5G" ebenso neue Produkte und Services ermöglichen wie die äußert genaue Ortbarkeit von Geräten aller Art, die mit dem Galileo-Satellitenempfangssystem ausgestattet sind. Insbesondere die Einrichtung der auf 5G basierenden Campusnetze wird die Etablierung von Industrie-4.0-Anwendungen forcieren.
2. Der Durchbruch von Virtual Reality in größerem Maßstab – basierend u. a. auf erhöhten Rechnerleistungen, verbesserten Darstellungstechniken und gesteigerten Datenübertragungsraten – zeichnet sich bereits ab, der von Augmented Reality wird nach Aussage von Gartner und anderen Analysten wohl frühestens ab 2024 erfolgen.
3. Die seit Herbst 2017 bei der Entsperrung von Smartphones eingesetzte Gesichtserkennung und die fazialen Emotion-Detection-Systeme können einerseits weitere Anwendungsbereiche erschließen, finden allerdings andererseits in datenschutzrechtlichen und ethischen Rahmenbedingungen ihre Grenzen.
4. Der 3D-Druck wird künftig Massenmärkte verschiedener Branchen bedienen, die Ausweitung globaler Produktionskapazitäten scheint relativ problemlos möglich zu sein. Der schon realisierte bzw. bevorstehende Einsatz von 3D-Druck in der Serienproduktion von Automobilunternehmen und Flugzeugherstellern verdeutlicht das Potenzial dieser Technologie.
5. Die durch weitere Fortschritte bei Sprachverarbeitung und Gestensteuerung verbesserte Mensch-Maschine-Kommunikation wird zu neuen Anwendungsgebieten führen.
6. Die Datenbrille wird ihr Nischendasein verlassen und insbesondere im Fertigungssektor effiziente Arbeitsformen unterstützen.

Neue Technologien, die u. a. der Gartner Hypecycle anführt, wie beispielsweise Blockchain, verstärken die oben genannten Effekte ebenso wie Weiterentwicklungen im Backend-Bereich, wie beispielsweise Machine Learning.

Entscheidend wird sein, die verschiedenen Technologien sinnvoll und unter den in Kap. 3 behandelten Gestaltungsgrundsätzen miteinander zu kombinieren. In Europa werden insbesondere die rechtlichen Rahmenbedingungen, wie z. B. die Datenschutz-Grundverordnung für den Schutz personenbezogener Daten, ebenso Einfluss auf die Dynamik manch möglicher Entwicklung nehmen wie z. B. aus der IT-Sicherheit resultierende Anforderungen an neue Produkte, Services und Geschäftsmodelle.

Trotz der immensen technologischen Umwälzungen der letzten Jahre kann man den Eindruck gewinnen, dass Wirtschaft und Gesellschaft derzeit erst am Beginn einer noch schnelleren Entwicklung stehen. Insbesondere die schnelle Verbreitungsgeschwindigkeit mancher Technologien, Produkte und Services wird zu drastischen Umwälzungen führen.

Literatur

Adidas. (2015a). Maßgeschneidert aus dem 3D-Drucker: Erschaffe Deinen individuellen Laufschuh. Pressemitteilung (07.10.2015). https://www.adidas-group.com/de/medien/newsarchiv/pressemitteilungen/2015/massgeschneidert-aus-dem-3d-drucker-erschaffe-deinen-individuell/. Zugegriffen am 23.04.2019.

Adidas. (2015b). Adidas errichtet erste SPEEDFACTORY in Deutschland. Pressemitteilung (09.12.2015). https://www.adidas-group.com/de/medien/newsarchiv/pressemitteilungen/2015/adidas-errichtet-erste-speedfactory-deutschland/. Zugegriffen am 14.08.2018.

Adidas. (2017). Adidas stellt den ersten durch Digital Light Synthesis hergestellten Schuh vor: Futurecraft 4D. Pressemitteilung (07.04.2017). https://www.adidas-group.com/de/medien/newsarchiv/pressemitteilungen/2017/adidas-stellt-mit-futurecraft-4d-den-ersten-durch-digital-light-/. Zugegriffen am 23.04.2019.

Adidas. (2019). Geschäftsbericht 2018 (13.03.2019). https://report.adidas-group.com/de.html#downloadcenter. Zugegriffen am 21.03.2019.

Amazon. (2018). Pakete ins Auto: Amazon startet Kofferraum-Belieferung in den USA (25.04.2018). https://www.amazon-watchblog.de/prime/1343-pakete-auto-amazon-start-kofferraum-lieferung-usa.html. Zugegriffen am 27.09.2018.

Amazon. (2019). Amazon locker. https://www.amazon.de/b?node=11498162031&ref=hp_locker_de. Zugegriffen am 17.03.2019.

Astheimer, P. (1993). What you see is what you hear – Acoustics applied in Virtual Worlds. http://ieeexplore.ieee.org/abstract/document/378256/?reload=true. Zugegriffen am 17.08.2017.

Audi. (2016). Audi City. Presse-Basisinformation (Oktober 2018). https://www.audi-mediacenter.com/de/pressemitteilungen/audi-city-6195. Zugegriffen am 17.04.2019.

Audi. (2017a). Audi schult Logistikmitarbeiter mit Virtual Reality. Pressemitteilung (25.08.2017). https://www.audi-mediacenter.com/de/pressemitteilungen/audi-schult-logistikmitarbeiter-mit-virtual-reality-9259. Zugegriffen am 27.05.2018.

Audi. (2017b). Audi eKurzinfo. https://www.audi.de/de/brand/de/kundenbereich/apps/pool/audi-ekurzinfo.html. Zugegriffen am 22.09.2017.

Audi. (2018). Audi testet „Virtual Reality Holodeck" für schnellere Produktentwicklung. Pressemitteilung (22.02.2018). https://www.audi-mediacenter.com/de/pressemitteilungen/audi-testet-virtual-reality-holodeck-fuer-schnellere-produktentwicklung-9873. Zugegriffen am 31.07.2018.

Bauer, C. (2016). NFC: Reichweite und Geschwindigkeit. Chip Online vom 29.06.2016. http://praxistipps.chip.de/nfc-reichweite-und-geschwindigkeit_48444. Zugegriffen am 26.08.2017.

Bauernhansl, T. (2017). Die Vierte Industrielle Revolution – Der Weg in ein wertschaffendes Produktionsparadigma. In Vogel-Heuser, B., Bauernhansl, T., & ten Hompel, M. (Hrsg.), *Handbuch Industrie 4.0* (Bd. 4 – Allgemeine Grundlagen, 2. Aufl., S. 1–31). Deutschland: Springer.

Becker, D. (2015). Pick-by-Voice-Kommissionierung: Klartext im Lager. https://www.logistra.de/fachmagazin/nfz-fuhrpark-lagerlogistik-intralogistik/fachartikel-praxiswissen/6035/pick-voice-kommissionierung-klartext-im-lager. Zugegriffen am 17.08.2017.

Beer, K. (2016). Amazon liefert erste Bestellung per Drohne in Großbritannien aus (Heise online vom 15.12.2016). https://www.heise.de/newsticker/meldung/ Amazon-liefert-erste-Bestellung-per-Drohne-in-Grossbritannien-aus-3570750.html. Zugegriffen am 19.08.2017.

Bendel, O. (2016). Die Datenbrille aus Sicht der Informationsethik: Problemanalysen und Lösungsvorschläge. *Informatik Spektrum, 1*, 21–29.

Berger, C. (2016). Weltweit erstes Bürogebäude im 3D-Druck. Springer-Professional vom 31.05.2016. https://www.springerprofessional.de/buerobau/bauausfuehrung/weltweit-erstes-buerogebaeude-im-3d-druck/10209290. Zugegriffen am 17.08.2017.

Beutnagel, W. (2018a). Källenius fordert 5G entlang aller Straßen (23.10.2018). https://www.car-it.com/kaellenius-fordert-5g-entlang-aller-strassen/id-0059704. Zugegriffen am 03.04.2019.

Beutnagel, W. (2018b). Volkswagen eröffnet Zentrum für 3D-Druck (18.12.2018). https://www.automotiveit.eu/volkswagen-eroeffnet-zentrum-fuer-3d-druck/entwicklung/id-0064482. Zugegriffen am 03.04.2019.

Bexten, J. (2016). In 19 Tagen fertig Das erste Bürogebäude aus dem 3D-Drucker steht in Dubai. http://www.ingenieur.de/ Themen/3D-Druck/Das-Buerogebaeude-3D-Drucker-steht-in-Dubai. Zugegriffen am 18.08.2017.

BITKOM. (2017). 3D-Druck – Erfolgsgeschichte für den Industriestandort. Positionspapier. https://www.bitkom.org/Bitkom/Publikationen/Bitkom-Positionspapier-3D-Druck.html. Berlin. Zugegriffen am 24.09.2017.

BITKOM. (2018). Digitalisierung gestalten mit dem Periodensystem der Künstlichen Intelligenz – Ein Navigationssystem für Entscheider (04.12.2018). https://www.bitkom.de/Bitkom/Publikationen/Digitalisierung-gestalten-mit-dem-Periodensystem-der-Kuenstlichen-Intelligenz. Zugegriffen am 17.03.2019.

Bless, R. (2011). IPv6: „Es hat keinen Sinn, das alte IPv4-Netz mit Krücken am Leben zu erhalten". http://www.kit.edu/5651.php. Zugegriffen am 25.08.2017.

Bock, M. et al. (2019). Industry 4.0 Enabling Smart Air: Digital Transformation at KAESER COMPRESSORS. In Urbach, N. & M. Röglinger (Hrsg.), *Digitalization Cases – How Organizations Rethink Their Business for the Digital AgeCham* (S. 101-117). Berlin: Springer

Bracht, U., Geckler, D., & Wenzel, S. (2018). *Digitale Fabrik – Methoden und Praxisbeispiele* (2. Aufl.). Berlin: Springer.

Bühler, P., Schlaich, P., & Sinner, D. (2018). *Informationstechnik: Hardware – Software – Netzwerke*. Berlin: Springer Vieweg.

Bundesministerium für Verkehr und Digitale Infrastruktur. (2017). Klare Regeln für Betrieb von Drohnen. https://www.bmvi.de/SharedDocs/DE/Artikel/LF/151108-drohnen.html. Zugegriffen am 23.09.2017.

Bundesministerium für Verkehr und Digitale Infrastruktur. (2018). GALILEO-Satellitenstart mit Bundesminister Scheuer. Pressemitteilung 051/2018 (25.07.2018). https://www.bmvi.de/SharedDocs/DE/ Pressemitteilungen/2018/051-scheuer-galileo.html. Zugegriffen am 19.03.2019.

Bundesnetzagentur. (2019a). Frequenzauktion 2019 – Frequenzen für 5G. Fehler! https://www.Bundesnetzagentur.de/DE/Sachgebiete/Telekommunikation/Unternehmen_Institutionen/Frequenzen/OeffentlicheNetze/Mobilfunknetze/mobilfunknetze-node.html. Zugegriffen am 21.03.2019.

Bundesnetzagentur. (2019b). Grundlegende Rahmenbedingungen des zukünftigen Antragsverfahrens für den Bereich 3.700 MHz – 3.800 MHz für Anwendungen des drahtlosen Netzzugangs (11.03.2019). https://www.bundesnetzagentur.de/DE/Sachgebiete/Telekommunikation/Unternehmen_Institutionen/Frequenzen/OeffentlicheNetze/RegionaleNetze/regionalenetze-node.html. Zugegriffen am 21.03.2019.

Bundespolizeipräsidium. (2018). „Biometrische Gesichtserkennung" des Bundespolizeipräsidiums im Rahmen der Erprobung von Systemen zur intelligenten Videoanalyse durch das Bundesministerium des Innern, für Bau und Heimat, das Bundespolizeipräsidium, das Bundeskriminalamt und die Deutsche Bahn AG am Bahnhof Berlin Südkreuz, Abschlussbericht vom 18.09.2018. https://www.bundespolizei.de/Web/DE/04Aktuelles/01Meldungen/2018/10/181011_abschlussbericht_gesichtserkennung_down.pdf. Zugegriffen am 23.03.2019.

Capgemini Research Institute. (2018). Augmented and virtual reality in operations – A guide for investment. https://www.capgemini.com/de-de/news/augmented-virtual-reality-ar-vr-studie/. Zugegriffen am 01.04.2019.

Carbon. (2017). Adidas Unveils Industry's First Application of Digital Light Synthesis with Futurecraft 4D (04.07.2017). https://www.carbon3d.com/news/adidas-unveils-industrys-first-application-of-digital-light-synthesis-with-futurecraft-4d/. Zugegriffen am 31.08.2018.

Chaos Computer Club. (2018). Biometrische Videoüberwachung: Der Südkreuz-Versuch war kein Erfolg (13.10.2018). https://www.ccc.de/de/updates/2018/debakel-am-suedkreuz. Zugegriffen am 21.03.2019.

Checkout Technologies. (2018). Firmenpräsentation auf der NOAH-Konferenz in Berlin, 6. und 7. Juni 2018. https://www.checkoutfree.it/. Zugegriffen am 03.07.2018.

Daimler. (2017). Der Mercedes-Benz Vision Van – Intelligent vernetztes Zustellfahrzeug der Zukunft. https://www.daimler.com/ innovation/specials/vision-van/. Zugegriffen am 19.08.2017.

Decker, A. (2019). *Der Social-Media-Zyklus – Schritt für Schritt zum systematischen Social-Media-Management im Unternehmen*. Wiesbaden: Springer.

DHL. (2017). DHL Kofferraumzustellung: Pakete direkt im Kofferraum empfangen. https://www.dhl.de/kofferraumzustellung. Zugegriffen am 18.08.2017.

Donath, A. (2016). Lieferdrohnen: Wo Drohnen noch Drohnen sein dürfen (Zeit online vom 16.10.2016). http://www.zeit.de/digital/mobil/2016-10/lieferdrohnen-amazon-dhl-testgelaende. Zugegriffen am 24.09.17.

Dörner, R., et al. (Hrsg.). (2013). *Virtual und Augmented Reality (VR/AR) – Grundlagen und Methoden der Virtuellen und Augmentierten Realität*. Berlin/Heidelberg: Springer.

Drahansky, M., Goldmann, T., & Spurný, M. (2017). Gesichtsdetektion und -erkennung in Videos aus öffentlichen Kamerasystemen. *Datenschutz und Datensicherheit, 41*(7), 415–421.

Eisenkrämer, S. (2018). Erstes 5G-Netz in Berlin aktiv. https://www.springerprofessional.de/5g/antennentechnik/erstes-5g-netz-in-berlin-aktiv/15741864. 05.05.2018. Zugegriffen am 10.05.2018.

ESA. (2019). Galileo-Dienste für neue Anwendungen und Anwendungszentren. http://www.esa.int/ger/ESA_in_your_country/Germany/Galileo-Dienste_fuer_neue_Anwendungen_ und_Anwendungszentren. Zugegriffen am 27.03.2019.

Europäische Kommission. (2016). Betriebsstart für Galileo. Pressemitteilung (14.12.2016). http://europa.eu/rapid/press-release_IP-16-4366_de.htm. Zugegriffen am 24.08.2017.

Fasse, M. & Scheuer, S. (2018). Autoindustrie im 5G-Fieber – Deutsche Hersteller wollen ihre eigenen Netze (28.10.2018). https://www.handelsblatt.com/unternehmen/industrie/daimler-bmw-vw-autoindustrie-im-5g-fieber-deutsche-hersteller-wollen-ihre-eigenen-netze/23234494.html?ticket=ST-527779-nbh3QYMrsMuVMyPtadim-ap6. Zugegriffen am 17.04.2019.

Fellmann, M., et al. (2015). TKD 4.0 – Klassifikation, Einordnung und Bewertung der Einsatzpotentiale von Augmented-Reality-Anwendungen für den Technischen Kundendienst. In T. Oliver (Hrsg.), *Living Lab Business Process Management Research Report, Nr. 10*. Osnabrück. http://www.living-lab-bpm.de/publikationen/research-reports/. Zugegriffen am 19.08.2017.

Firlus, T. (2019). Gesichtserkennung im Geschäft – so anders wird das Shopping morgen (02.03.2019). https://www.wiwo.de/unternehmen/handel/gesichtserkennung-im-geschaeft-so-anders-wird-das-shopping-von-morgen/24056092.html. Zugegriffen am 17.03.2019.

Freund, R., et al. (2018). 5G-Datentransport in Höchstgeschwindigkeit. In R. Neugebauer (Hrsg.), *Digitalisierung – Schlüsseltechnologien für Wirtschaft & Gesellschaft*. Berlin/Heidelberg: Springer.

Fuchslocher, G. (2018). ZF setzt auf Werksgelände Drohne ein (13.11.2018). https://www.automobil-produktion.de/zulieferer/zf-setzt-auf-werksgelaende-drohne-ein-324.html. Zugegriffen am 11.04.2019.

Fuchslocher, G. (2019). Audi macht 3D-Druck fit für die Produktion (09.04.2019). https://www.automotiveit.eu/audi-macht-3d-druck-fit-fuer-die-produktion/news/id-0065780. Zugegriffen am 10.04.2019.

Gebhardt, A., Kessler, J., & Thurn, L. (2016). *3D-Drucken – Grundlagen und Anwendungen des Additive Manufacturing (AM)* (2. Aufl.). München: Hanser.

Graf, B. (2017). Assistenzroboter zur Pflegeunterstützung – Technischer Stand und Einsatzpotenziale (21.06.2017). https://www.ethikrat.org/fileadmin/PDF-Dateien/Veranstaltungen/jt-21-06-2017-graf.pdf. Zugegriffen am 14.06.2018.

Grünweg, T. (2014). Gestensteuerung im Auto: Her mit dem Wisch (Spiegel Online vom 04.06.2014). http://www.spiegel.de/auto/aktuell/kfz-technikder-zukunft-gestensteuerung-ersetzt-tasten-und-schalter-a-971985.html. Zugegriffen am 23.08.2017.

Haller, S. (2017). *Dienstleistungsmanagement: Grundlagen – Konzepte – Instrumente* (7. Aufl.). Wiesbaden: Springer.

Handelsblatt. (2018). Rückblick: The Spark 2018 (08.11.2018). https://award.handelsblatt.com/thespark/rueckblick-the-spark-2018/. Zugegriffen am 15.03.2019.

Hausladen, I. (2016). *IT-gestützte Logistik: Systeme – Prozesse – Anwendungen*. Wiesbaden: Springer Gabler.

Heise. (2016a). Hermes testet Zustellung per Liefer-Roboter (Heise online vom 20.06.2016). https://www.heise.de/newsticker/meldung/Hermes-testet-Zustellung-per-Liefer-Roboter-3235308.html. Zugegriffen am 23.09.2017.

Heise. (2016b). Starship-Lieferroboter werden in Europa getestet (Heise online vom 06.07.2016). https://www.heise.de/newsticker/meldung/Starship-Lieferroboter-werden-in-Europa-getestet-3258376.html. Zugegriffen am 23.09.2017.

Herstell, J. (2008). Der Einsatz von Virtual Reality in der touristischen Online-Kommunikation aus informationsökonomischer Perspektive. Dissertation an der Fakultät für Wirtschaftswissenschaften der Rheinisch-Westfälischen Technischen Hochschule Aachen, Aachen.

Huber, W. (2016). *Industrie 4.0 in der Automobilproduktion*. Wiesbaden: Springer Vieweg.

Hüning, F. (2019). *Embedded Systems for IOT*. Wiesbaden: Springer Vieweg.

IKEA. (2017). Verbesserte Realität. https://www.ikea.com/ms/de_CH/this-is-ikea/ikea-highlights/2017/ikea-place-app/index.html. Zugegriffen am 25.11.2018.

infsoft. (2019). Indoor Positionsbestimmung & Services, Whitepaper. https://www.infsoft.com/de/loesungen/grundlagen/whitepaper. Zugegriffen am 18.03.2019.

Internetworld. (2019). Amazon weitet seinen Key by Amazon-Service aus (08.01.2019). https://www.internetworld.de/e-commerce/amazon/amazon-weitet-key-by-amazon-service-1665967.html. Zugegriffen am 26.04.2019.

Jördens, C. M. (2016). Adler: Ein Jahr Inventur mit Roboter (Textilzeitung vom 28.11.2016). http://www.textilzeitung.at/business/detail/adler-ein-jahr-inventur-mit-roboter.html. Zugegriffen am 16.08.2017.

Kaeser. (2017). Sigma Air Utility: Nur die Druckluft kaufen (12.04.2017). Pressemitteilung. https://www.kaeser.de/unternehmen/presse/pressemitteilungen/l-sigma-air-utility.aspx. Zugegriffen am 17.09.2018.

Kapler, J. (2017). Improving customer satisfaction hinges on Facebook Messenger (27.10.2017). http://multichannelmerchant.com/blog/improving-customer-satisfaction-hinges-on-facebook-messenger/. Zugegriffen am 30.04.2019.

Kawohl, J. M., & Haß, S. (2018). Customer Service 4.0 – Wie gut sind Chatbots? Eine Analyse am Beispiel der DAX- und MDAX-Konzerne (16.11.2018). https://www.juliankawohl.de/single-post/2018/10/30/Studie-zu-digitalen-%C3%96kosystemen-bei-DAX%2D%2Dund-MDAX-Unternehmen-ver%C3%B6ffentlicht. Zugegriffen am 27.04.2019.

Kiefer, M. (2017). Bauteile aus Titan – Boeing spart 3 Mio. Dollar pro Dreamliner durch 3D-Druck. http://www.ingenieur.de/ Themen/3D-Druck/Boeing-spart-3-Mio-Dollar-Dreamliner-3D-Druck. Zugegriffen am 18.08.2017.

Kinschel, M. (2018). Digitalisierung bei Siemens – dargestellt am Beispiel von Additive Manufacturing. In L. Fend & J. Hofmann (Hrsg.), *Digitalisierung in Industrie-, Handels- und Dienstleistungsunternehmen* (1. Aufl.). Wiesbaden: Springer.

Kletschke, T. (2017). Electronic Shelf Labels – Alle europäischen Saturn und Media Markt Filialen nutzen jetzt ESL (24.04.2017). https://invidis.de/2017/04/electronic-shelf-labels-alle-europaeischen-saturn-und-media-markt-filialen-nutzen-jetzt-esl/. Zugegriffen am 27.10.2017.

Klohn, A. (2017). Roboter „Emma" unterhält Demenz-WG (16.05.2017). http://www.ln-online.de/Nachrichten/Norddeutschland/Roboter-Emma-unterhaelt-Demenz-WG. Zugegriffen am 18.08.2018.

Költzsch, T. (2018). Royole Flexpai: Erstes faltbares Smartphone kommt nicht von Samsung (01.11.2018). https://www.golem.de/news/royole-flexpai-erstes-faltbares-smartphone-kommt-nicht-von-samsung-1811-137455.html. Zugegriffen am 27.03.2019.

Költzsch, T. (2019). Flexible Displays im Trend: Falt-Smartphone ist nicht gleich Falt-Smartphone (26.02.2019). https://www.golem.de/news/flexible-displays-im-trend-falt-smartphone-ist-nicht-gleich-falt-smartphone-1902-139652.html. Zugegriffen am 28.03.2019.

Krenski, M. (2018). Adidas Speedfactory erhält Geld und Deutschen Innovationspreis (16.04.2018). https://www.sazsport.de/hersteller/adidas/adidas-speedfactory-erhaelt-geld-deutschen-innovationspreis-1531409.html. Zugegriffen am 17.08.2018.

Krugmann, M., Groenefeld, J., & Wittmann, S. (2016). Augmented Reality – Vom Spielzeug zum Arbeitswerkzeug. http://germanupa.de/augmented-reality. Zugegriffen am 25.08.2017.

KSB. (2018). KSB Guard – Umfassende Kontrolle über ihre Pumpen. https://www.ksb.com/industrie-4-0/. Zugegriffen am 27.03.2019.

Kwasniewski, N. (2017). Gesichtserkennung – So rüsten Supermärkte im Kampf mit dem Onlinehandel auf (Spiegel online vom 05.06.2017). http://www.spiegel.de/wirtschaft/gesichtserkennung-im-supermarkt-datensammler-ruesten-auf-a-1150335.html. Zugegriffen am 08.08.2017.

Leimeister, J. M. (2015). *Einführung in die Wirtschaftsinformatik* (12. Aufl.). Berlin/Heidelberg: Springer.

Magazino. (2018). Magazino mit dem 1. Platz bei „The Spark – der deutsche Digitalpreis" ausgezeichnet (08.11.2018). https://www.magazino.eu/1-platz-bei-the-spark-der-deutsche-digitalpreis/. Zugegriffen am 12.04.2019.

Materialise. (2016). Adidas Futurecraft: der ultimative personalisierte Schuh dank 3D-Druck. http://www.materialise.de/cases/adidas-futurecraft-der-ultimative-personalisierte-schuh-dank-3d-druck. Zugegriffen am 18.12.2016.

MediaMarktSaturn Retail Group. (2016). Pilotprojekt gestartet: Media Markt testet in Düsseldorf ab sofort die Zustellung per Starship Lieferroboter beim Endkunden. Pressemitteilung (29.09.2016). http://www.mediamarktsaturn.com/press/press-releases/pilotprojekt-gestartet-media-markt-testet-düsseldorf-ab-sofort-die-zustellung. Zugegriffen am 19.08.2017.

MediaMarktSaturn Retail Group. (2017). Saturn-Roboter Paul gewinnt reta award 2017. Pressemitteilung (07.03.2017). http://www.mediamarktsaturn.com/press/press-releases/saturn-roboter-paul-gewinnt-reta-award-2017. Zugegriffen am 16.08.2017.

Moeres, A. (2017). Pick-by-Vision Pilotprojekt beim weltweit größten Automobilhersteller erfolgreich umgesetzt (09.03.2017). https://www.cinovation.de/web/index.php/news/112-pick-by-vision-pilotprojekt-beim-weltweit-gr%C3%B6%C3%9Ften-automobilhersteller-erfolgreich-umgesetzt. Zugegriffen am 04.08.2018.

Neitzel, D. (2019). Continental entwickelt Roboter-Hunde für Auslieferungen (18.01.2019). https://www.technik-einkauf.de/news/continental-entwickelt-roboter-hunde-fuer-auslieferungen/. Zugegriffen am 14.04.2019.

P3 commications. (2018). 5G National Roaming, Studie vom 10.12.2018.

Panetta, K. (2018). 5 Trends Emerge in the Gartner Hype Cycle for Emerging Technologies (16.08.2018). https://www.gartner.com/smarterwithgartner/5-trends-emerge-in-gartner-hype-cycle-for-emerging-technologies-2018/. Zugegriffen am 28.09.2018.

Paulus, T., & Hauske, M. (2016). Pumpen und Armaturen im Umfeld von Industrie 4.0. In A. Roth (Hrsg.), *Einführung und Umsetzung von Industrie 4.0 – Grundlagen, Vorgehensmodell und Use Cases aus der Praxis* (S. 221–230). Berlin/Heidelberg: Springer.

Pfeiffer, J. (2019). Bugatti lässt Titan-Bremssattel 3D-drucken (07.01.2019). https://www.konstruktionspraxis.vogel.de/bugatti-laesst-titan-bremssattel-3d-drucken-a-680136/. Zugegriffen am 14.04.2019.

Polchow, J (2018). Daimler erprobt 3D-Druck für die Serienfertigung (31.08.2018). https://www.automotiveit.eu/daimler-errbrobt-3d-druck-fuer-die-serienfertigung/news/id-0063080. Zugegriffen am 12.09.2018.

Rakel, W. (2016). DHL startet Kofferraum-Belieferung (DNV-Online vom 25.07.2016). http://www.dnv-online.net/services/detail.php?rubric=Logistik+%26+ Technik&nr=111188. Zugegriffen am 19.08.2017.

Roth, A. (Hrsg.). (2016). *Einführung und Umsetzung von Industrie 4.0 – Grundlagen, Vorgehensmodell und Use Cases aus der Praxis*. Berlin/Heidelberg: Springer.

Rüsenberg, K. (2015). Erstmals in Deutschland: Das Auto wird zur mobilen Lieferadresse für Pakete (28.05.2015). https://automationspraxis.industrie.de/allgemein/erstmals-in-deutschland-das-auto-wird-zur-mobilen-lieferadresse-fuer-pakete/. Zugegriffen am 19.01.2018.

Salzsieder, T. (2019). Digital Transformation is no Tech-Game. Vortrag am 22.02.2019 auf den IT-Strategietagen in Hamburg.

Sauter, M. (2018). *Grundkurs Mobile Kommunikationssysteme* (7. Aufl.). Wiesbaden: Springer.

Schenk, M., Wirth, S., & Müller, E. (2014). *Fabrikplanung und Fabrikbetrieb: Methoden für die wandlungsfähige, vernetzte und ressourceneffiziente Fabrik* (2. Aufl.). Berlin: Springer.

Schlegel, T. (2013). *Multi-Touch – Interaktion durch Berührung*. Berlin/Heidelberg: Springer.

Schwan, B. (2017). Face ID: Apple nennt Details zur neuen Gesichtserkennung. https://www.heise.de/mac-and-i/meldung/Face-ID-Apple-nennt-Details-zur-neuen-Gesichtserkennung-3845577.html. Zugegriffen am 10.10.2017.

Signify. (2017). Neues, kundenfreundliches Einkaufserlebnis bei Edeka Paschmann durch Philips LED-Beleuchtung kombiniert mit Indoor-Positionierungstechnologie (05.03.2017). https://www.signify.com/de-de/about/news/press-release-archive/2017/20170305-philips-led-beleuchtung-bei-edeka-paschmann. Zugegriffen am 07.09.2018.

Smart, C. (2017). Kundenakzeptanz humanoider Roboter und digitaler Technologien – wie Roboter Reisen künftig entspannter und kundenorientierter machen. In A. Hildebrandt & W. Landhäußer (Hrsg.), *CSR und Digitalisierung – Der digitale Wandel als Chance und Herausforderung für Wirtschaft und Gesellschaft*. Berlin: Springer.

Spontaneous Order. (2019). Filigrane Goldringe aus dem Drucker – Das Berliner Start-up Stilnest fertigt die Schmuckideen von über 100 Designern auf Kundenwunsch. https://www.berlin.de/sen/wirtschaft/gruenden-und-foerdern/europaeische-strukturfonds/efre/projektbeispiele/artikel.482230.php. Zugegriffen am 27.03.2019.

Stocker, A., et al. (2017). Datenbrillengestützte Checklisten in der Fahrzeugmontage – eine empirische Untersuchung. *Informatik Spektrum, 3*, 255–263.

Stucki, T., et al. (2018). Chatbot – Der digitale Helfer im Unternehmen: Praxisbeispiele der Schweizerischen Post. *HMD Praxis der Wirtschaftsinformatik, 55*, 725–747.

t3n. (2018). Alexa kann jetzt auch Stimmerkennung – „Meine Stimme" startet in Deutschland (18.12.2018). https://t3n.de/news/alexa-meine-stimme-stimmerkennung-deutschland-1131090/. Zugegriffen am 27.03.2019.

Ullrich, G. (2014). *Fahrerlose Transportsysteme: Eine Fibel – mit Praxisanwendungen – zur Technik – für die Planung* (2. Aufl.). Wiesbaden: Springer.

VanillaNAV. (2019). Das vanillaNAV Indoor Navigationssystem. http://vanillanav.com/. Zugegriffen am 21.03.2019.

Waehlert, A. (1997). *Einsatzpotentiale von virtueller Realität im Marketing*. Wiesbaden: Dt. Univ.

Weber, W. (2017). *Industrieroboter – Methoden der Steuerung und Regelung* (3. Aufl.). München: Hanser.

Wild, M. (2018). Seamless Shopping – komplett digital, über alle Kanäle hinweg – ein Fallbeispiel. In M. Knoppe & M. Wild (Hrsg.), *Digitalisierung im Handel – Geschäftsmodelle, Trends und Best Practice*. Berlin: Springer.

Wynbrandt, J. (2018). Norsk Earns Boeing Approval for Titanium Parts (15.07.2018). https://www.ainonline.com/aviation-news/aerospace/2018-07-15/norsk-earns-boeing-approval-titanium-parts. Zugegriffen am 26.09.2018.

Živadinović, D. (2017). Kleine Umwälzung -Wie Bluetooth 5 Reichweite und Datenrate erhöht. https://www.heise.de/select/ct/2017/1/1483620747999859. Zugegriffen am 22.03.2019.

Prof. Dr. Jürgen Hofmann hat Elektrotechnik und Betriebswirtschaftslehre studiert und bei Prof. Dr. Dr. h.c. mult. Peter Mertens auf dem Gebiet Workflowmanagementsysteme promoviert. Anschließend war er über sieben Jahre bei der Diehl-Gruppe in Nürnberg in leitender Funktion für die Bereiche E-Business und E-Learning verantwortlich. Seit 1994 lehrt er an der Technischen Hochschule Ingolstadt auf den Gebieten Digital Business, IT-Management und Wirtschaftsinformatik. Er hat zahlreiche grundständige und berufsbegleitende Studiengänge aufgebaut, für die er als Studiengangleiter verantwortlich ist. So leitet er seit 2016 den grundständigen Studiengang Digital Business und seit 2017 den gleichnamigen berufsbegleitenden Studiengang. Ferner ist er Studiengangleiter für den zum Sommersemester 2019 gestarteten MBA-Studiengang Digital Business Management, der den seit 2004 von ihm verantworteten MBA-Studiengang IT-Management ergänzt. Seine Beratungsschwerpunkte liegen in den Bereichen Digital Business, IT-Management, IT-Strategie sowie im Personalrecruiting.

Kundenzentrierte digitale Geschäftsmodelle

Bettina Maisch und Carlos Andrés Palacios Valdés

Wer nicht ändert, der wird verändert

Zusammenfassung

Der folgende Beitrag widmen B. Maisch und C.A. Palacios Valdés sich den wichtigsten Aspekten digitaler Geschäftsmodelle. Zu Beginn werden die relevanten Treiber von digitalen Geschäftsmodellen aus den Bereichen der technologischen Entwicklungen, dem sozialen Verhalten und der neue Dynamiken auf makroökonomischer Ebene dargelegt. Darauf folgend werden der Aufbau, die Elemente sowie die notwendigen Schritte zur Gestaltung eines digitalen Geschäftsmodells mit zahlreichen Praxisbeispielen beschrieben. Der Leser erhält zudem Informationen zu den unterschiedlichen Ausprägungen der Digitalisierung von der Nutzung digitaler Kanäle über die Gewinnung moderater Wettbewerbsvorteile durch Digitalisierung bis hin zu Disruption und Digital Leadership. Den Abschluss des Beitrages bilden die Erfolgsfaktoren digitaler Geschäftsmodelle sowie ein Ausblick in deren Zukunft.

B. Maisch (✉)
Siemens Corporate Technology, München, Deutschland
E-Mail: bemaisch@gmail.com

C. A. Palacios Valdés
Siemens AG, München, Deutschland
E-Mail: carlos.palacios.valdes@gmail.com

2.1 Die Zeitalter digitaler Geschäftsmodelle

2.1.1 Einführung

Die Digitalisierung beschert allen Industrien radikale Veränderungen und führt unternehmensseitig vielfältig zu veränderten Geschäftsmodellen. Dieser Wandel in den Geschäftsmodellen ist seit Durchsetzung des internetbasierten Informationsaustauschs Mitte der 1990er-Jahre in einen kontinuierlichen Prozess übergegangen – und hat nichts von seiner umwälzenden Kraft verloren. Geprägt ist die digitale Revolution von verschiedenen technischen Fortschritten, von denen jeweils spezielle Dynamiken ausgehen. Es ist relevant, sich mit diesen Wirkkräften auf digitale Geschäftsmodelle auseinander zu setzen, da sie die Grundlagen für deren Gestaltungsmöglichkeiten liefern – sowohl im Hinblick auf die Produktgestaltung als auch hinsichtlich Produkterstellung und -distribution.

Drei Bereiche tragen dazu bei, dass sich der Wandel in der Geschäftswelt mit hohem Tempo vollzieht: technologische Entwicklungen, soziales Verhalten und neue Dynamiken auf der makroökonomischen Ebene. Neue Technologien bewirken veränderte Interaktionsformen mit Bezugsgruppen – mit Kunden, Lieferanten und Mitarbeitern; und sie eröffnen Potenziale durch automatisierten Informationsaustausch zwischen Maschinen sowie Maschinen und Menschen. Aber auch das Verhalten der Verbraucher, die nicht mehr nur konsumieren, sondern auch produzieren, stellt Unternehmen vor neue Fragen. Des Weiteren erleben wir massive Veränderungen auf einer gesamtwirtschaftlichen Ebene, die wiederum einschneidende Veränderungen für die globale Geschäftswelt mit sich bringen. Im Folgenden werden diese drei Ebenen diskutiert.

2.1.2 Technologische Entwicklungen

Neben der bloßen Existenz des Internets bieten die immer noch ansteigenden Zugangsraten zu einer immer größer werdenden Zahl an Nutzern digitaler Angebote. 2017 belief sich die Internetpenetrationsrate in Nordamerika und Westeuropa bereits auf über 80 %. Insgesamt nutzte Ende 2017 bereits die Hälfte der Weltbevölkerung das Internet, davon mehr als 90 % über ein mobiles Endgerät (We Are Social 2017). Projekte wie Loon von GoogleX – das Internetunternehmen schickt dafür gasgefüllte Ballons in die Stratosphäre – helfen, auch in strukturschwachen Gebieten Internetempfang zu etablieren. Ein weiterer Faktor ist sicherlich auch der abnehmende Preis für einen Internetzugang. So bieten immer mehr Restaurants, Cafés, Hotels, öffentliche Einrichtungen oder gar ganze Städte kostenfreien WLAN-Zugang an. Durch die so ansteigende Anzahl von Internetnutzern nimmt auch die Zahl der potenziellen Nutzer und Käufer digitaler Produkte und Dienstleistungen zu. Eine hohe Internetdurchdringung weltweit eröffnet zudem den kostengünstigen Zugang zu lokalen wie globalen Märkten.

Auf höheres Tempo und niedrigere Preise zahlen zudem steigende Datenübertragungs- und Datenverarbeitungsraten ein. So soll etwa in Deutschland bis 2018 eine flächendeckende

Versorgung mit 50 MBit pro Sekunde bereitgestellt werden (Heise 2017); auch Angebote von 200 MBit und mehr sind nicht mehr nur Firmen vorbehalten. Zentral ist hier auch die kontinuierlich ausgebaute Leistungsfähigkeit des mobilen Internets. So soll die 5. Generation des Mobilfunks bereits Datenraten von bis zu 20 GB pro Sekunde übertragen. Das wäre etwa 10-mal so schnell wie der Status quo des LTE-Standards (4G) im Jahr 2017. Bis spätestens Ende 2020 sollen dann die Voraussetzungen für die kommerzielle Markteinführung der 5G-Netze in Deutschland geschaffen sein (Die Bundesregierung 2017) (siehe hierzu auch Abschn. 1.2.7). Auch bei der Verarbeitung von Daten finden sich die Dynamiken ständiger Leistungssteigerung von Speicherkapazitäten und Rechenleistung bei gleichzeitig sinkenden Kosten wieder (Stichwort Moore's Law). Die so gesteigerte Verarbeitungs- und Übertragungsgeschwindigkeit leisten Angebot und Konsum von datenintensiven Diensten Vorschub: Dazu zählen Video-Streamingdienste, die Echtzeit-Lieferung von sensiblen Daten für das Monitoring globaler Finanzdaten.

Auch Weiterentwicklungen im Bereich der Interaktionstechnologien (siehe hierzu auch Abschn. 1.2.5) tragen zu erweiterten digitalen Geschäftsmöglichkeiten bei. Hier sind vor allem die Verbreitung sowie die Vielfalt mobiler Geräte von Smartphones, über Tablets und Smartwatches zu nennen. Viele Transaktionen, für die früher physische Interaktionen wie ein Gang zur Bank notwendig waren, sind mittlerweile über mobile Endgeräte möglich. Dazu zählen Aktionen wie Zahlung (Paypal), Musik hören (Spotify) oder die Vermittlung von Fahrservices (Uber). Und die Entwicklung geht weiter: Mit der Verbreitung von Wearables, Virtual Reality (VR, Oculus Rift) und Augmented Reality (AR, Google Glass) Displays wird sich in den nächsten Jahren die Darstellung von Inhalten als auch die Interaktion mit ihnen maßgeblich verändern (Jaekel und Bronnert 2013).

Relevante Entwicklungen sind auch bei der Verarbeitung von Daten auszumachen. Schlagworte sind hier Big Data, Smart Data und Künstliche Intelligenz. Noch stehen viele Unternehmen am Anfang, diese Potenziale zu heben und damit Algorithmen zu schreiben, die Prozesse optimieren sowie automatisieren und damit die Profitabilität steigern können. Diese Entwicklungen werden viele Bereiche unseres Lebens revolutionieren, wie unsere Mobilität (autonomes Fahren), die Art und Weise, wie wir Produkte herstellen (Industrie 4.0) oder die Interaktionen zwischen Dingen und Menschen (Web of Systems, X-to-X Communication).

Zu beobachten ist auch, dass sich die gesamte Wertschöpfungskette mittlerweile digitalisieren lässt: von Design bzw. Engineering über die Herstellung und die Distribution bis hin zur vertraglichen und finanziellen Abwicklung. Bargeldloses Bezahlen ist zwar seit der Kreditkarte möglich, doch durch die Kombination von neuen Interaktionstechnologien mit neuen Transaktionsformen werden auch diese Prozesse einem radikalen Veränderungsprozess unterworfen. Wichtige Stichworte hier sind „Blockchain", „Bitcoin" und „Ethereum". Mit Blockchain werden Transaktionen vor Manipulationen geschützt. Bitcoin ist eine von vielen Kryptowährungen. Die Plattform Ethereum ermöglicht das Verwalten von dezentralen Kontrakten in einer eigenen Blockchain. Ein Einsatzgebiet sind automatisierte Prozesse: So könnte ein digitales System im Servicefall eigenständig einen Dienstleister beauftragen sowie die vertragliche und finanzielle Abwicklung übernehmen, ohne dass eine Person eingreifen muss. Im Medienbereich kann Blockchain als globale Datenbank für Urheberrechte sowie zur Zahlungsabwicklung eingesetzt werden. Künstler können nicht nur ihre Werke mittels dieser Technologie veräußern, sondern diese darüber hinaus dort registrieren und ihre Rechtsansprüche eintragen sowie Online-Nutzungsrechte festlegen.

2.1.3 Soziales Verhalten

Der Erfolg digitaler Geschäftsmodelle hat auch eine humane Komponente und hängt von der Akzeptanz der Nutzer ab. Viele Technologien, die aktuell eine wichtige Rolle für die digitale Transformation spielen, waren schon vor Jahren da. Doch erst, wenn die Menschen den Vorteil einer Technologie für sich entdeckt haben, gingen entsprechende Geschäftsmodelle auf Erfolgskurs.

Ein Beispiel hierfür ist die „Sharing Economy", die es ermöglicht, an Gütern und Dienstleistungen zu partizipieren, ohne sie zu besitzen. Teilen ist hier Prinzip. Dieser Trend wäre zu einem früheren Zeitpunkt und mit einer nicht Internet-affinen Generation schwer vorstellbar, zumal die Teilnahme an Sharingangeboten ein gewisses Vertrauen in das System an sich erfordert, das erst jüngere Generationen aufbringen. Carsharing ist ein klassisches Beispiel der Sharing Economy. Autohersteller haben diesen Trend erkannt und sind in das Sharing-Geschäft eingestiegen. BMW ist hier mit der Marke DriveNow vertreten, Daimler mit Car2Go. Das Prinzip des Teilens von Informationen und Gütern liegt auch den Geschäftsmodellen von Unternehmen wie SlideShare (Austausch von Dokumenten) oder Pinterest (Bilder und Grafiken) und Airbnb (private Wohnungen) zugrunde.

Anhand der abgebildeten Onlinepenetrationsrate nach Altersgruppen wird schnell klar, dass bei jüngeren Menschen ein Internetzugang eine Selbstverständlichkeit (siehe Abb. 2.1) darstellt. Und das, obwohl die Technologie für alle Altersgruppen zur Verfügung steht. Das bestätigt, dass die Internetnutzung auch eine soziale Komponente hat. Dies kann sich auch bei dem Markterfolg oder Misserfolg von bestimmten Geschäftsmodellen

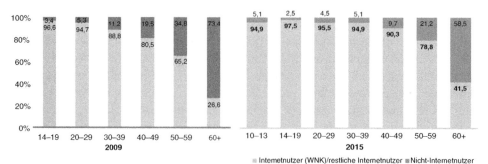

Abb. 2.1 Internetpenetrationsrate nach Altersgruppen. (Quelle: AGOF Internet facts 2009 und 2015)

wiederholen. Personen, die nach 1980 geboren sind, und damit bereits mit dem Internet groß geworden sind – die sogenannte Generation Y oder Millennials – sind daran gewohnt, Internetzugang zu haben und viele Aufgaben ihres Lebens mit digitaler Unterstützung zu lösen. Unterhaltungsangebote, Lernen, Recherchieren, Einkaufen, Essen Bestellen und vieles mehr wird online erledigt. Da der Umgang mit dem Internet für immer mehr Menschen zur Selbstverständlichkeit wird und auch die Zahlungsbereitschaft für nutzbringende digitale Services zunimmt, erhöhen sich die Erfolgschancen digitaler Geschäftsmodelle erheblich.

Potenziale und Wachstumsmöglichkeiten offenbaren sich besonders deutlich im Hinblick auf die Entwicklung im Internethandel (E-Commerce). Einkaufen über das Internet ist keine neue und keine große Sache mehr. Statt Zeit für eine Fahrt zum Supermarkt oder ins Einkaufszentrum aufzubringen, kann der Verbraucher bequem online einkaufen. Und spart sich so das Anstehen an der Kasse oder die Parkplatzsuche. Der Handel über das Internet entwickelte sich in den letzten zehn Jahren mit einer jährlichen Zuwachsrate von 20 % rasant (Economist 2017). Paradebeispiele auf Unternehmensseite sind E-Commerce-Giganten wie Amazon (Vereinigte Staaten) und Alibaba (China). Beide sind Ende der 90er-Jahre entstanden und erreichten im Jahr 2016 bereits einen Umsatz von 136 Mrd. US$ (Amazon) und 158 Mrd. Yuan (Alibaba).

Ein weiterer sozialer Faktor wird anhand des veränderten Verbraucherverhaltens im Bereich E-Commerce sichtbar. Verbrauchern steht heute eine immer größer werdende Produktauswahl zur Verfügung – mehrere Alternativen in ein und derselben Produktkategorie werden sogar erwartet. Diese Erwartungshaltung prägt jüngere Generationen stark. Zusätzlich haben Verbraucher auch die Möglichkeit, diese Alternativen u. a. bezüglich Preis und Qualität schnell und transparent zu vergleichen. Bespiele hierfür sind Vergleichsportale wie Idealo, Check24 oder Verivox. Eine Folge davon ist, dass zum erfolgreichen Absatz nicht mehr nur die Produkte miteinander konkurrieren, vielmehr entscheiden auch Service und Online-Einkaufserlebnis über die Kaufentscheidung der Kunden – und spielen damit eine relevante Rolle bei der Gestaltung digitaler Geschäftsmodelle.

Veränderte soziale Dynamiken finden sich neben der Verbreitung von Informationen auch bei ihrer Erstellung und Bearbeitung. Weitere Stichworte in diesem Kontext sind Prosumption und Co-Creation. Personengruppen gehen hier über die reine Nutzung von digitalen Inhalten hinaus und produzieren und distribuieren diese. Ein Beispiel von Prosumption ist das Einspeisen von selbst produziertem Strom in das Stromnetz. Private Haushalte, die beispielsweise eine Solaranlage auf dem Dach ihres Hauses betreiben, können Strom nicht nur konsumieren, sondern ihn auch ins Netz einspeisen. In Deutschland sind aktuell die Energieversorgungsunternehmen wie das Allgäuer Überlandwerk GmbH verpflichtet, diese privat erstellen Energieleistungen abzunehmen und zu vergüten (Erneuerbare Energien Gesetz EEG).

Die wohl prägnanteste Veränderung im Internet hängt mit dem Aufkommen sozialer Medien zusammen. Nachrichten verbreiten sich rasant, nicht nur über die traditionellen digitalen Kanäle wie Fernsehen, Radio und statische Webseiten, sondern mehr und mehr über soziale Netzwerkplattformen wie Facebook, Mikrobloggingdienste wie Twitter und

Instant-Messaging-Anwendungen wie WhatsApp oder WeChat. Global haben viele Menschen das Bedürfnis, auf diesen Plattformen mit Freunden und Bekannten zu kommunizieren, Artikel zu veröffentlichen, Veranstaltungen und Produkte zu kommentieren oder zu empfehlen. Plattformen mit von Nutzern generierten Inhalten ziehen weitere Nutzer an – das ist wiederum für Werbetreibende eine interessante Möglichkeit, sich dort zu positionieren. Ein Beispiel hierfür ist der Videoportal-Riese YouTube. Mit dem Bedürfnis der User, eigene Erfahrungen und ihr Wissen in Form von Videos mit der Welt zu teilen, erzielte YouTube schon 2014 einen Umsatz von 4 Mrd. US$ (Boerse 2017).

Ein weiteres Phänomen ist die OpenSouce-Bewegung, bei der Entwickler Software mit offenem Quellcode produzieren. Die Urheber der Software sind in diesem Falle damit einverstanden, dass diese beliebig oft kopiert, verbreitet, genutzt und verändert wird sowie abgewandelt weitergegeben werden kann. Ein Beispiel hierfür ist Gimp, einem GNU Image Manipulation Programm für die Bearbeitung komplexer Bilddaten. Gimp wird von anspruchsvollen Designern, Fotografen, Illustratoren oder Wissenschaftlern genutzt, um aufwendige, visuelle Projekte zu bearbeiten.

Obwohl OpenSource technologisch getrieben ist, hat OpenSource auch eine bedeutende soziale Komponente. Wenn die Entwickler ihre Codes nicht mit der Community teilen, funktioniert das Prinzip nicht. Im Gegenteil, je mehr Entwickler ihre Codes teilen, desto interessanter wird das Potenzial. Diesem Prinzip folgen Softwareprodukte wie VLC Media Player, der Browser Firefox, VeraCrypt, eine Anwendung zur Datenverschlüsselung und das Packprogramm 7-Zip. OpenSource ermöglicht Firmen die eigenen digitalen Produkte sehr viel schneller und effektiver zu erstellen, da auf bereits bestehende Softwarefragmente aufgebaut werden kann. Das Prinzip greift aber nicht nur bei der Entwicklung von Software, sondern auch bei der Verbreitung von Technologien. So hat Elon Musk, Gründer von Tesla, 2014 einen ungewöhnlichen Schritt unternommen. Er hat all seine Patente zur E-Auto-Herstellung freigegeben und damit der breiter aufgestellten Produktion von Elektro-Fahrzeugen den entscheidenden Impuls gegeben. Zudem ist es in der OpenSource-Community üblich, auf schadhaften Quellcode von Dienstleistern hinzuweisen, was zur Qualitätsverbesserung der eigenen Produkte beiträgt. So stehen Unternehmen weltweite Produktionsressourcen zur Verfügung, die für die Umsetzung einer digitalen Geschäftsidee eingesetzt werden können.

Diese Veränderungen in der Gesellschaft sind nicht nur mit Vorteilen verbunden. Auf der persönlichen Ebene haben viele dieser sozialen Trends einen fraglichen Effekt, denkt man etwa an die teilweise vorausgesetzte 24-Stunden-Erreichbarkeit: Die Grenze zwischen Arbeit und Freizeit verschwimmt. Die Geschwindigkeit, mit der Daten verarbeitet und Informationen zur Verfügung gestellt werden, erzeugt Zeitdruck (Hoffmeister 2013). In diesem Zusammenhang wäre der Einsatz künstlicher Intelligenz denkbar, um den Menschen verlorene Freiräume zurückzugeben. Diese Zuhilfenahme von künstlicher Intelligenz ist bereits im Gange: Zum Beispiel Alexa, die digitale Assistentin von Amazon, gibt ihrem Besitzer mittlerweile eine Antwort auf die gestellte Frage, ohne dass dieser selbst suchen muss. Hier spielt auch das Thema Datenschutz hinein: Welche Informationen dürfen einzelne Individuen der Gesellschaft oder Firmen zur Verfügung stellen? Wer entscheidet über persönliche Daten? Und wenn Menschen sich gegen die Veröffentlichung von Daten entscheiden, funktionieren bestimmte Geschäftsmodelle trotzdem? Bevor ein digitales Geschäftsmodell ins Leben kommt, sollten daher relevante Bestimmungen bezüglich Datenschutz geprüft werden. Die allgemeinen Nutzungsbedingungen klären den Nutzer in vielen Fällen bereits darüber auf.

2.1.4 Neue Dynamik der Makroökonomie

Die Veränderungen der neuen digitalen Welt werden auch von makroökonomischen Trends beeinflusst. Es sind nicht nur technologische Neuigkeiten und soziale Trends, die zur digitalen Transformation beitragen, sondern auch strukturelle Änderungen in der globalen Wirtschaft.

Die Unternehmen müssen auf diese dynamische Umgebung schnell und flexibel reagieren. Parallel zu klassischen, großen und hierarchisch aufgebauten Organisationen entstehen Neugründungen, sogenannte „Start-ups". Diese Organisationen arbeiten in kleinen Teams, die ihre Produkte in einem schnellen und agilen Arbeitsmodus entwickeln, testen, lernen, verbessern und erneut testen, um diese frühzeitig und mit möglichst hohem Produkt-Markt-Fit verkaufen zu können.

Zu den Auswirkungen der Digitalisierung zählt zudem die Verkleinerung von Markteintritts- und Verbreitungsbarrieren. Dies gibt Unternehmen immer bessere Chancen, sich auf globalen, aber auch neuen lokalen Märkten zu positionieren. Ein Schwarm von Gründern probt auf diesem Wege den Durchbruch in neue Märkte, genauso wie große Unternehmen. Amazon, ursprünglich eine digitale Buchhandlung, stieg in andere Branchen wie die Automobilbranche (Amazon Automotive) oder den Bereich künstliche Intelligenz (Alexa, Echo) ein. Auch Apple vereint die Dynamik verschiedener Branchen innerhalb eines Konzerns über das Angebot von Musik (iTunes), Smartphones (iPhone), Software (App Store) (El Sawy und Pereira 2013).

Gigantische Konzerne entstehen so viel schneller als zuvor. Anstatt in mehreren Jahrzehnten ein milliardenschweres Unternehmen aufzubauen, schaffen einige Unternehmen mit digitalen Geschäftsmodellen die Milliardengrenze in einem Bruchteil der Zeit: Google in acht Jahren, Airbnb in fünf Jahren und Facebook in nur zwei Jahre (Barzey 2015).

Neben der Auslagerung von Aufgaben an eine Gruppe von Internetnutzern (Crowdsourcing), entstehen auch neue Möglichkeiten, an Kapital zu gelangen. Zusätzlich zur traditionellen Finanzierung über Darlehen, Kredite oder Fördermittel können sich Start-ups durch Venture Capital, Business Angels und Gründerwettbewerbe finanzieren. Auch Ansätze wie Crowdfunding, mit deren Hilfe die Finanzierung von Projekten auf mehrere Schultern verteilt wird, können genutzt werden. Hier sind Plattformen wie Kickstarter oder Indiegogo zu nennen.

Durch das weltumspannende Internet wachsen Länder und Märkte nicht nur zusammen, sie bilden auch eine neue, hypervernetzte Ökonomie, die in einer nie da gewesenen Geschwindigkeit immaterielle, auf Daten basierende Informationen, Ideen, und Kontakte global zur Verfügung stellt. Die neuen Akteure dieses ökonomischen Netzwerks agieren nicht allein, sondern bilden wirtschaftliche Ökosysteme, die so für einzelne Geschäftsmodelle erfolgskritisch sind. Diese Ökosysteme verändern etablierte Wertschöpfungsketten – dies wird etwa im Kontext der Telekommunikation und digitaler Endgeräte wie Smartphones sichtbar. Von diesem Ökosystem profitieren neben den Hardwareherstellern der Smartphones auch Kommunikationsfirmen mit Internetdiensten, des Weiteren Firmen aber auch Privatpersonen, die Applikationen entwickeln und über die Appstores von Apple und Google einem globalen Markt anbieten. Durch die rapiden, technologischen Veränderungen sowie eine Vielzahl unterschiedlicher Marktteilnehmer, die teilweise im Wettbewerbsverhältnis zueinander stehen, entwickeln sich im digitalen Raum wirtschaftliche Ökosysteme in rasantem Tempo (El Sawy et al. 1999).

Auch internationale Produktions- und Vermarktungsstrukturen erleben eine Veränderung. Digitale Produkte lassen sich immer einfacher globalen Konsumenten anbieten. Aber auch physische Produkte können global produziert und distribuiert werden. Ein Beispiel hierfür ist Quirky. Diese Crowdsourcing-Plattform verlinkt Erfinder, Entwickler und Fertigungsbetriebe miteinander, um gute Ideen ins Leben zu bringen. Sie eröffnet jedem eine Plattform für kreative Ideen, auch wenn dem Ideengeber die Expertise fehlt, wie genau diese Idee umgesetzt werden kann. Entwickler wiederum haben diese Fähigkeit, aber hier fehlen häufig die Mittel, um Produkte zu fertigen und zu vermarkten. Hier kommen Firmen ins Spiel, die wiederum ständigen Bedarf an Innovationen haben. So werden alle Akteure über Quirky vernetzt, und die Entstehung neuer Produkte erhält eine ganz neue Dynamik.

Die Möglichkeiten, als Unternehmen auf globalen Märkten vertreten zu sein, bringen für Logistikunternehmen große Herausforderungen mit sich. Diese haben sich jedoch im Laufe der digitalen Transformation weiterentwickelt und versuchen den wachsenden Ansprüchen von schnellen und kostenlosen Auslieferungen gerecht zu werden. So agieren Logistik-Unternehmen wie DHL und Amazon innovativ und testen etwa Auslieferungen per Drohne (siehe hierzu Abschn. 1.2.8.4).

Die Vernetzung der Welt, beschleunigt und angetrieben durch den digitalen Motor, hebt auch politische, soziale oder technologische Ereignisse unmittelbar von der lokal-regionalen auf die global-überregionale Ebene. Man spricht hier auch von „Glokalisierung", einem Prozess, bei dem die Auswirkungen der Globalisierung im eigenen, lokalen Alltag erlebt werden. Dies ist als weiterer Aspekt festzuhalten, der auf die Entwicklung von digitalen Geschäftsmodellen Einfluss nehmen kann.

Alle Chancen und Herausforderungen auf makroökonomischer Ebene machen deutlich, wie viele Teilbereiche der Begriff der digitalen Transformation umfasst. Ganze Branchen werden in diesem Zusammenhang auf den Kopf gestellt – Disruption ist der Begriff der Stunde. Unternehmen müssen entsprechend reagieren und erfinderisch werden, um die Chancen zu nutzen und Herausforderungen zu meistern.

2.2 Kern von (digitalen) Geschäftsmodellen

2.2.1 Überblick

Um das Wesen, den Aufbau und das Design von digitalen Geschäftsmodellen zu verstehen, ist es notwendig den Begriff und die Bestandteile von Geschäftsmodellen näher darzulegen. Es findet sich in der Literatur eine Vielzahl von Definitionen von Geschäftsmodellen. Alle haben gemeinsam, dass ein Geschäftsmodell die Wertschöpfung eines Unternehmens beschreibt bzw. die wichtigsten Elemente dessen darlegt. Geschäftsmodelle sind, wie das Wort bereits impliziert, eine modellartige Darstellung des Geschäftes, sozusagen der Architekturplan eines Unternehmens. Durch die reduzierte und systematische Abbildung alle relevanter Faktoren dienen Geschäftsmodelle als Kommunikations- und Darstellungsform von Unternehmen sowie als Beschreibungs-, Werkzeug- und Analyseeinheit (Jaekel 2015). Es ist somit eine vereinfachte Darlegung der komplexen „wertschöpfenden Abläufe, Funktionen und Interaktionen zum Zwecke der kundenseitigen Nutzenstiftung, Sicherung des Wettbewerbsvorteils und erwerbswirtschaftlichen Erlösgenerierung in einer transparenten schematischen Architektur" (Jaekel 2015, S. 7).

Die bekanntesten Wissenschaftler im Kontext von Geschäftsmodellen, Alexander Osterwalder und Yves Pigneur, gehen in ihrer Definition auf die Kernbestandteile eines Geschäftsmodells ein und beschreiben es als „… das Grundprinzip, nach dem eine Organisation Werte schafft, vermittelt und erfasst" (Osterwalder und Pigneur 2010, S. 18). Die von ihnen entwickelte Business Model Canvas hat sich als Quasi-Standard zur schematischen Abbildung von Geschäftsmodellen durchgesetzt und bietet dadurch die Möglichkeit einer einfacheren Entwicklung von Alternativen sowie der frühen und schnellen Prüfung von neuen Geschäftsideen (Lean-Start-up-Ansatz).

Die drei wichtigsten Bestandteile eines Geschäftsmodells sind:

- *Das Leistungsversprechen:* Was ist das eigentliche Lösungsangebot und welchen Nutzen bietet das Unternehmen bzw. wie lautet das Kundenversprechen?
- *Die Leistungserstellung:* Wie wird die Leistung in welcher Form erbracht und was sind deren Kostenstrukturen?
- *Das Erlösmodell:* Wie erfolgt die Form des Gelderwerbs?

In der Ausgestaltung bzw. im Detaillierungsgrad eines Geschäftsmodells finden sich Unterschiede. Die einzelnen Bestandteile werden in der in Abb. 2.2 dargestellten Business Model Canvas dargelegt (Osterwalder et al. 2015).

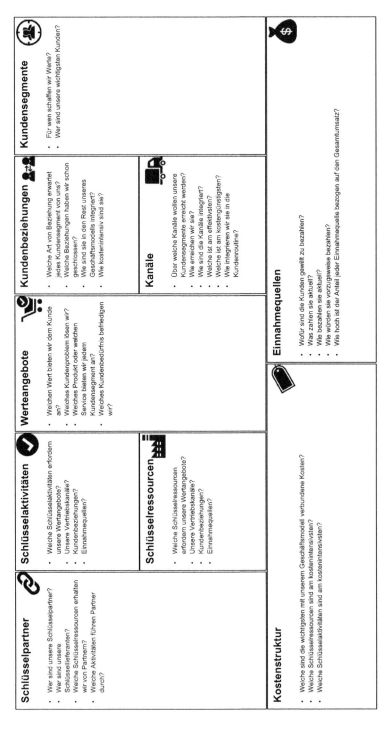

Abb. 2.2 Business Model Canvas. (Quelle: icPortal 2015; Osterwalder et al. 2015)

2.2.2 Leistungsversprechen bzw. Werteangebot

Das Kernstück eines Geschäftsmodells ist das eigentliche Produkt- oder Lösungsangebot, welche auf die Bedürfnisse eines bestimmten Kundensegments zurecht geschnitten ist. Das Leistungsangebot muss daher einen glaubhaften, überzeugenden und in seiner Kombination einzigartigen Mehrwert gegenüber den Kunden liefern. Bei der Beschreibung sollte daher sowohl das Nutzenversprechen bzw. der Kundenmehrwert ausformuliert als auch auf Aspekte eingegangen werden, inwiefern das Angebot strategisch zum Unternehmen passt, warum das Unternehmen als ein glaubwürdiger Anbieter von den Kundensegmenten wahrgenommen werden wird und wie sich das Angebot von denen der Wettbewerbern unterscheidet.

Kundensegmente
Nur wer seine Kunden bzw. Kundengruppen und deren relevante Bedürfnisse gut kennt, ist in der Lage, ein erfolgsversprechendes Geschäftsmodell zu entwickeln. Dieser Bereich ist der kritischste, da sich auch die anderen Aspekte der Leistung als auch der Leistungserstellung an den Kundensegmenten ausrichten müssen. Wenden Sie sich mit Ihrem Angebot an einen Nischen- oder einen Massenmarkt? Wer sind die (potenziellen) Käufer des Leistungsangebotes? Weisen die Kundengruppe in ihrer Bedürfnisausprägung unterschiedliche Eigenschaften auf und falls ja, wie können diese in logische Segmente geclustert werden? Bei einem digitalen Geschäftsmodell sollte immer die Medienaffinität bzw. das digitale Kommunikations- und Interaktionsverhalten der angezielten Kundengruppen beachtet werden. Bei einigen Geschäftsmodellen, wie die von Online-Zeitungen sowie die von vielen Bloggern, sind die Endnutzer bzw. Leser nicht diejenigen, die für ein Angebot zahlen, sondern Werbetreibende. Bei Geschäftsmodellen, bei denen ein Unternehmen als Leistungsvermittler auftritt, wie im Fall von Uber und Airbnb sind sowohl die Anbieter der Leistungen als auch die Leistungsempfänger Kundensegmente.

Kundenbeziehungen
In der Darlegung der Kundenbeziehung wird beschrieben, in welcher Form ein Unternehmen die Akquise und Pflege zu den einzelnen Kundensegmenten gestaltet, um den Vertrieb der Leistung zu ermöglichen. Eine Ausgestaltung dieser Beziehung ist maßgeblich vom Kommunikations- und Interaktionsverhalten der jeweiligen Kundensegmente abhängig, muss jedoch auch mit finanziellen Möglichkeiten abgeglichen werden. In der Darlegung der Kundenbeziehung werden die Art der Kundenbeziehung, die einzelnen Aktivitäten sowie die Kontaktpunkte dargelegt. Bei den Kontaktpunkten kann es sich neben persönlichen an einem physischen Point-of-Sale um medien-vermittelte über Email, Telefon oder eine Internetpräsenz handeln.

Kanäle
In der Kanalbeschreibung wird dargelegt über welche Kommunikations-, Distributions- und Verkaufskanäle ein Unternehmen seine Kundensegmente erreicht und das Leistungsangebot vermittelt. Dabei sollten alle Phasen der Kundenbeziehung (Customer Journey) berücksich-

tigt werden. Osterwalder und Pigneur unterscheiden 5 Kanalphasen (Osterwalder und Pigneur 2010): Aufmerksamkeit, Bewertung, Kauf, Vermittlung und Nachbetreuung. Diese einzelnen Phasen können über einen physischen (Verkaufsfiliale) als auch über einen digitalen Kanaltyp (Internetverkauf), durch eigene oder mittels Partner bedient werden. Die Herausforderungen ist es über den Kundenzyklus die richtige Kanalwahl mit dem eigenen, limitiertes Budget auszubalancieren.

2.2.3 Leistungserstellung

In der Leistungserstellung werden die Rahmenbedingungen beschrieben, um das Angebot zu erstellen.

Schlüsselaktivitäten
In den Schlüsselaktivitäten werden die erforderlichen Tätigkeiten und Prozesse sowie deren Anforderungen dargelegt, um das Leistungsangebot zu realisieren. Diese betreffen sowohl Aktivitäten, welche die eigentliche Erstellung des Angebots betreffen als auch Distribution, Inbetriebnahme, Service und ggf. auch Rücknahme u. v. m. So ist zum Beispiel bei Microsoft die Entwicklung und Pflege von Software eine Schlüsselaktivität. Bei dem Onlinehändler Amazon werden neben der Entwicklung neuer Produkte bzw. Dienstleistungen auch Logistikmanagement, Marketing, Support, u. v. m. Schlüsselaktivitäten sein.

Schlüsselressourcen
Um die Schlüsselaktivitäten umzusetzen bzw. um ein Geschäftsmodell zu realisieren und langfristig zu betreiben, sind bestimmte Ressourcen erforderlich. Diese Schlüsselressourcen können physischer (Gebäude, Maschinen, Fahrzeuge), intellektueller (Marken, Firmenwissen, Partnerschaften), menschlicher (Experten in bestimmten Gebieten) als auch finanzieller (Bargeld, Kreditrahmen) Natur sein. So ist für Lufthansa die Flugzeugflotte eine Schlüsselressource, für ein Technologieunternehmen wie der Roboterhersteller KUKA zählt neben den Produktionsanlagen zur Erstellung der Güter auch das in Patenten hinterlegte geistige Eigentum als Schlüsselressource.

Schlüsselpartner
Nicht alle der erforderlichen Leistungen und Ressourcen zur Umsetzung eines Geschäftsmodells müssen und sollten von dem Unternehmen selbst aufgebracht werden. Das intelligente Kooperieren mit Partnern kann zu einem entscheidenden Erfolgsfaktor für eine schnelle und professionelle als auch langfristige erfolgreiche Umsetzung des Geschäftsmodells werden. Daher ist nicht nur zu ermitteln welche Partner erforderlich sind, um ein Geschäftsmodellobjekt zu realisieren, sondern es gilt auch sehr versiert zu eruieren, welche Partner langfristig einen strategischen Vorteil aufgrund von spezifischen Eigenschaften bieten können. Bei der Ausgestaltung einer nachhaltig gewinnbringenden Zusammenarbeit muss auch auf die Interessen bzw. den Mehrwert für die Partner eingegangen werden.

Kostenstruktur

In der Kostenstruktur werden die wichtigsten Kostentreiber zur Erstellung und Betreibung des Geschäftsmodells aufgeführt. Welche Finanzmittel sind bei der Bereitstellung der notwendigen Schlüsselressourcen und der Umsetzung bestimmte Schlüsselaktivitäten notwendig? Wie hoch sind die voraussichtlichen fixen und variablen Kosten, was sind die einzelnen Kostenblöcke? Auf Basis einer Auflistung für welche Aspekte der Leistungserstellung wie viel Geldressourcen bereitgestellt werden müssen, kann analysiert werden, ob und wie diese minimiert werden können.

2.2.4 Erlösmodel bzw. Einnahmequellen

Die große Herausforderung in einem Geschäftsmodell ist immer, wie man aus der angebotenen Leistung Gewinn erwirtschaftet. Die Beschreibung der einzelnen Einnahmequellen und die Form, wie die Bezahlung erfolgt, stellen das Erlösmodell dar. Hier muss beschrieben werden, wer für die dargebotene Leistung bereit ist zu bezahlen. Sind es die Endnutzer meines Angebotes oder ggf. Intermediäre, wie z. B. Werbetreibende? Des Weiteren muss auf das Preismodell eingegangen werden bzw. wie die Bezahlung erfolgt bzw. der jeweilige Vertragstyp ausgestaltet ist. Strebt man ein klassisches Produktgeschäft an, bei dem man seine Leistung verkauft oder erfolgt die Bezahlung auf Nutzungsbasis. So können Amazonkunden zum einen digitale Leistungen wie einen Film digital kaufen, für die Nutzung über einen bestimmten Zeitraumes bezahlen oder über eine kontinuierliche Mitgliedsgebühr bei Prime Video unbegrenzt online streamen.

2.3 Design von digitalen Geschäftsmodellen

2.3.1 Überblick

Die Digitalisierung hat den Datenfluss zwischen Angebot und Nachfrage deutlich beschleunigt. Ein einfaches Beispiel ist die Veränderung der Lieferservice für zubereitetes Essen durch Unternehmen wie Lieferando oder Foodora oder die Buchungsportale in der Hotelbranche, wie Booking.com, HRS oder Trivago. Diese Plattformen sind dabei, die Wertschöpfungsketten der Hotel- und Restaurantbranche umzukrempeln. Die Digitalisierung der Bestell- und Buchungsprozesse versprechen auf der einen Seite eine Steigerung der Nachfrage in diesen Branchen. Auf der anderen Seite kann der Einstieg in dieses digitale Plattformbusiness in der Wertschöpfungskette bestimmte Abhängigkeiten verursachen, aber auch eine Verschiebung der Margen hin zu den neuen Akteuren bedeuten. Darauf sollten die verschiedenen Akteure dieses Sektors mit kreativen Lösungen reagieren. So können bestehende Teile einer Branche aufgelöst werden und neue Nischen und Ökosysteme entstehen.

Unternehmen, die in die Digitalisierung einsteigen wollen, müssen bestehende Geschäftsmodelle neu erfinden, um die Chancen maximal zu nutzen und Risiken zu meiden. Die Dynamik der Digitalisierung stellt auch große Herausforderungen für etablierte digitale

Geschäftsmodelle. Diese müssen häufig geprüft und sogar neu durchdacht werden. Auch Neueinsteiger müssen sich Gedanken machen, wie sie in den anvisierten Markt einsteigen und wie sie Teil eines Ökosystems werden beziehungsweise wie sie ein neues kreieren. Egal, ob man bereits Teilnehmer in einem digitalen Ökosystem ist oder seine Rolle darin erst definieren muss, entscheidend ist die Gestaltungskompetenz digitaler Geschäftsmodelle.

2.3.2 Digitalisierung zum Leben erwecken

Angesichts der vielen Möglichkeiten, die Digitalisierung eröffnet, stehen auch unterschiedliche Einstiegspunkte für die Gestaltung von digitalen Geschäftsmodellen zur Wahl. So kann man etwa schnell eine Webseite bauen, aber damit ist ein digitales Geschäftsmodell längst nicht vollständig. Hier sollen einige Themen aufgezeigt werden, die dabei helfen können, ein Geschäftsmodell besser zu strukturieren: Scoping, Design, Test, Detailplanung, Umsetzung und Betrieb.

Scoping
Der Aufbau eines digitalen Geschäftsmodells muss ein konkretes Ziel haben. Mögliche Motive für ein digitales Geschäftsmodell können Kostenreduktion (ein Automobilhersteller baut eine Plattform, um die Händlermarge zu verringern), Aufbau von direktem Kundenkontakt (durch den Händler kann eine Firma den direkten Kundenkontakt zum Teil verlieren), Einstieg in neue Märkte (durch eine Internetpräsenz kann z. B. eine kleine Buchhandlung Bücher in andere Städte oder Länder verkaufen) oder die Steigerung des Kundenmehrwerts sein (BMW bietet seinen Kunden über Connect Drive zusätzliche Dienste wie persönlichen Concierge Service oder die Möglichkeit, das Auto über eine App zu verriegeln oder das geparkte Fahrzeug wieder zu finden). Es muss auch definiert werden, wo die Grenzen der Digitalisierung des eigenen Geschäfts liegen, wie die Wertschöpfungskette aussieht oder wie diese sich verändert. Damit lässt sich der Umfang (Scoping) und der Rahmen eines Geschäftsmodells definieren.

Design
Wenn das Ziel eines digitalen Geschäftsmodells klar ist, kann das Design starten. Die Sekundärliteratur bietet hier verschiedene Vorgehensweisen an. Zentral ist jedoch, den Kunden oder den User in den Mittelpunkt zu stellen. Die Elemente des Geschäftsmodells, die vorher beschrieben wurden, sind eine gute Basis für die Ausgestaltung und stellen die Grundarchitektur dar. Das Design digitaler Geschäftsmodelle hat einige Besonderheiten und betrachtet spezifische Elemente (Hoffmeister 2017). Beispielsweise stellen Plattformen die Basis dar, um eine Leistung zu erbringen.

Eine Plattform kann Software, Hardware oder eine Kombination von Beidem sein. Konkrete Beispiele von Plattformen sind die Videostreaming-Plattform Netflix oder mytaxi, das Taxifahrten vermittelt. Eine Kombination von Software und Hardware etwa ist Fitbit: Es kombiniert Wearables, die Gesundheitsdaten messen, mit einer Plattform, auf der der Kunde aus verschiedenen Services auswählen kann, für die die gemessenen Daten grundlegend sind.

In digitalen Geschäftsmodellen sind öfter mehrere Akteure beteiligt, dies kann die Interaktion und Koordination der einzelnen Interessensgruppen komplex werden lassen. Nicht nur Kunden und Produktanbieter, sondern auch Cloud Service Provider, die Bezahlungsabwicklung, Entwickler, Datenanalysten oder Werbekunden können eingebunden sein. All diese Akteure brauchen ein eigenes Wertangebot, das im gesamten Geschäftsmodell-Ökosystem funktionieren muss.

Da die Übergabe der Dienste und die Bezahlung über die Plattform selbst getätigt werden, verdienen Transaktionen in digitalen Geschäftsmodellen ein besonderes Augenmerk. Um welche Aktionen handelt es sich (z. B. Bestellung, Bearbeitung, Übergabe), und wer soll diese durchführen, damit sie für den Kunden reibungslos ablaufen? In diesem Zusammenhang sind auch das visuelle Erlebnis und die intuitive Interaktion mit einem digitalen Angebot besonders wichtig. Das sogenannte User Interface hat einen messbaren Einfluss auf das Kundenerlebnis und damit auf die Wiederholung einer Transaktion oder Kaufhandlung. Aber auch das Zusammenspiel verschiedener Software-Komponenten, sogenannte Application Programming Interfaces (API), sowie Hardware- oder physikalische Datenschnittstellen müssen vorher analysiert und plausibel aufgesetzt werden.

Testen
Sobald der erste Entwurf eines digitalen Geschäftsmodells steht – egal, ob es sich um ein bestehendes, oder neues Modell handelt – ist es anzuraten, das Konzept mit direkten oder potenziellen Kunden zu testen. Bei komplett neuen Anwendungen lassen sich ohne großen Programmieraufwand einfache digitale Prototypen bauen. Diese ersten Tests geben bereits ungemein wertvolles Feedback hinsichtlich der Tragfähigkeit des Konzepts. Einfache Prototypen können mit Apps wie POP von Marvel gebaut und den Kunden für einen schnellen Testlauf vorgelegt werden.

Detailplanung
Bei der Untermauerung soll definiert und konkret geplant werden, was für die Umsetzung des Konzeptes getan werden muss. Anzunehmen ist in dieser Projektphase, dass das Geschäftsmodell zuvor getestet und das Feedback eingearbeitet wurde – mit dem Ziel, die optimale Durchführung von Transaktionen und Ablaufprozessen sicherzustellen. An diese Stelle werden möglicherweise weitere Partnern hinzugezogen. So könnte etwa die Belieferung von physikalischen Produkten mit Hilfe von Partnern wie Amazon durchgeführt werden. Zur Vermarktung von Produkten müssen die vielfältigen Kooperationsmöglichkeiten mit Plattformen geprüft werden, also inwieweit sich besondere Partnerschaften als günstig erweisen. So beschloss zum Beispiel McDonald's in Deutschland eine Partnerschaft mit dem Lieferservice Foodora. Damit steigt McDonald's in das Liefergeschäft ein. Skalierbarkeit ist hier auch ein wichtiger Faktor. Da sich das Wachstum von digitalen Geschäftsmodellen exponentiell entwickeln kann, sollte die Planung Alternativen für die Skalierung des Geschäfts enthalten. Für IT-Plattformen können Cloud-Lösungen infrage kommen (z. B. das CRM-System von Salesforce), wodurch sich schnelle Skalierungen problemlos darstellen lassen. Etwas schwieriger wird es, wenn physikalische Aufgaben mit bedacht werden müssen. Für diesen Fall

sollte es ebenfalls ein Szenario geben. Weitere Aufgaben in der Phase sind ein konkreter Businessplan und eine Projektplanung.

Umsetzung

Und doch lassen sich digitale Geschäftsmodelle nicht immer umsetzen wie geplant. Es kann passieren, dass Partner Transaktionen oder bestimmte Leistungen nicht vorstellungsgemäß realisieren. Deswegen ist an dieser Stelle eine erneute Validierung des Konzepts anzuraten. Funktioniert das Geschäftsmodell wie geplant? Reagieren die Kunden wie erwartet? Was lässt sich aus der Implementierung lernen? All diese Fragen werden im Laufe der Umsetzung beantwortet. In diesem Schritt bringen Tests mit Kunden zudem ein plastisches, realistisches Feedback. Auch Transaktionen können unter nahezu realen Bedingungen durchgeführt werden. Um hier zu guten Ergebnissen zu kommen, werden für die Untersuchung einer bestimmten Frage oft auch mehrere Iterationen durchgeführt. Bei der Entwicklung von Softwarelösungen wird hier häufig ein agiler Ansatz verfolgt, um sich sukzessive einer finalen Lösung anzunähern: Jedes Mal mit kleinen Verbesserungen, die immer wieder aufs Neue der Testumgebung ausgesetzt werden.

Betrieb

Abschließend wird das Geschäftsmodell in Betrieb genommen. Das ist der Moment, die vorher angenommenen Ergebnisse unter Realbedingungen zu messen. Wie viele Kunden besuchen die Website? Lassen sich die Daten aggregieren, die erwartet wurden? Welcher Anteil der Besucher wird tatsächlich ein Kunde? Oder: Wie viele potenzielle Kunden laden eine App herunter?

2.4 Unterschiedliche Ausprägungen der Digitalisierung

2.4.1 Überblick

In vielen Fällen versuchen Firmen, die keine digitalen Geschäftsmodelle haben, die Vorteile der Digitalisierung zu nutzen. Für diesen Fall gibt es verschiedene Möglichkeiten, sich der digitalen Welt zu nähern und zu bedienen (Kreutzer et al. 2017). Zur Erläuterung bietet sich die Bekleidungsbranche als Beispiel an. Der E-Commerce hat den Einzelhandel, die Modebranche und damit auch diesen Laden unter Druck gesetzt. Immer mehr Menschen kaufen Kleidung online – kleine Geschäfte sehen sich vom Online-Geschäft bedroht. Welche Möglichkeiten hat nun ein Bekleidungsgeschäft, um die fehlenden Umsätze auszugleichen?

2.4.2 Nutzung digitaler Kanäle

Ein erster Schritt wäre die Nutzung von Webseiten als zusätzlichen Umsatzkanal. Genauso haben es Bekleidungsgeschäfte wie C&A, H&M, Karstadt oder Kaufhof gemacht.

Mittlerweile bieten sie ihre Produkte auch online an und nutzen ihre Webpräsenz für Kommunikation und Werbung. Aber eine eigene Webseite ist nicht die einzige Option. Onlineportale mit einem Multibrand-Angebot wie Zalando, Yoox oder Neckermann können eine Alternative sein. Auch soziale Medien wie Facebook sind ein weiterer Kanal, um Zielgruppen zu informieren und wertvolle Informationen über sie zu sammeln. Hier sprechen wir über Customer Relationship Management (CRM). Mithilfe sogenannter CRM-Systeme kann das Kundenerlebnis individualisierter und gezielter gestaltet werden. Und dennoch: Eine Webseite oder einen Facebook-Auftritt zu betreiben, bedeutet nicht, schon ein digitales Geschäftsmodell zu haben. Zwar können mehr Kunden adressiert werden, aber eine Differenzierung gegenüber anderen Online-Anbietern ist noch nicht entstanden. Und der Online-Modemarkt ist sehr groß.

2.4.3 Moderate Wettbewerbsvorteile durch Digitalisierung

Durch die Erweiterung des digitalen Angebotes können zusätzlicher Kundennutzen geliefert und somit moderate Wettbewerbsvorteile erzielt werden. Der Online-Einkäufer legt Wert auf ein vielfältiges Angebot, zu dem er schnell Zugang erhält. So bietet Zalando etwa auch eine Stilberatung an. Um interessante Outfits ansehen zu können, trägt der Kunde verschiedene Kriterien ein, und das System schlägt ihm eine Auswahl an Outfits vor. Für Zalando hat das verschiedene Vorteile. Das Onlineversandhaus bietet seinen Nutzern so einen relevanten Service, es kann den Umsatz durch komplementäre Angebote erhöhen und sammelt Informationen über den Geschmack der Kunden. Andere Webseiten wie Yoox versuchen das Onlinekundenerlebnis zu verbessern, indem sie interaktive Bilder von ihren Kleidungsstücken anbieten, die eine extreme Vergrößerung oder die Ansicht von verschiedenen Blickwinkeln zulassen. Diese kleinen Zusatzfunktionen verhelfen einer Webseite dazu, dass ein potenzieller Käufer eine Webseite einer anderen vorzieht. So bietet die Hotelkette Starwood seinen Kunden an, über Wearables, wie die Apple iWatch, den Zugang zum eigenen Hotelzimmer zu erhalten. Somit können Gäste bequemer und schneller einchecken und der Hotelanbieter kann seine Kosten für das Schlüsselkartenmanagement reduzieren. Auch die Individualisierung von Angeboten wie bei mymuesli – hier kann der Kunde im Web sein eigenes Müsli zusammen mixen – stellt ein attraktives, einzigartiges Angebot dar. Aber moderate Wettbewerbsvorteile erschöpfen nicht das gesamte Potenzial von digitalen Geschäftsmodellen.

2.4.4 Disruption und Digital Leadership

Viele Firmen sind der Meinung, dass sie ihr Geschäftsmodell bereits zur Gänze digitalisiert haben, wenn sie ihre Produkte über Online-Plattformen anbieten. Doch auch in der internen Leistungserstellung und -lieferung sowie über den Kauf des Angebotes hinweg bietet die Digitalisierung immense wirtschaftliche Vorteile. Dabei ist die gesamte

Wertschöpfungskette zu analysieren, um das volle Potenzial von Digitalisierung heben zu können. Als Beispiel aus der Modebranche kann die Marke Zara des spanischen Modekonzerns Inditex dienen. Zusätzlich zur Internetpräsenz testete Zara 2015 iPads in den Umkleidekabinen. Dies war als Angebot für Kunden gedacht, um aus der Kabine heraus mit einem iPad mit den Mitarbeitern in der Filiale kommunizieren zu können. So können Kunden sich durch dieses Angebot z. B. weitere Kleidungsstücke in einer anderen Farbe oder Größe in die Kabine reichen lassen, ohne diese wieder verlassen zu müssen. Aber nicht nur online und in den Filialen nutzt Zara die Vorteile der Digitalisierung. Auch in der Logistik werden Informationen direkt aus den Filialen konsolidiert. So lässt sich feststellen, welche Kleidungsstücke in einer Region schlecht nachgefragt werden, um sie in eine andere Filiale zu liefern. Auch werden neue Trends von Laufstegen und Fashion Shows schnellstmöglich in die Entwicklung und anschließend in die Produktion gebracht. Daran wird sichtbar, dass Digital Leadership die Integration von verschiedenen digitalen Ansätzen meint, die den Kunden in den Mittelpunkt stellen. Firmen haben in der Vergangenheit Daten als Machtfaktor genutzt. Heutzutage sind viele Daten verfügbar, sodass der Besitz von Daten kein besonderes Differenzierungsmerkmal mehr darstellt. Viel wichtiger ist die Frage nach der Nutzung der Daten. Erfolgreiche digitale Transformation versteht es, die verschiedenen Elemente wie digitale Kundenschnittstellen (Mobiles Internet, Apps, Soziale Medien), digitale Informationen und deren Vernetzung (Big Data, Wearables, Cloud Computing) oder Automatisierung (Additive Fertigung, Robotik) im Sinne des Kundenmehrwerts in ein smartes Zusammenspiel zu überführen.

2.5 Erfolgsfaktoren von digitalen Geschäftsmodellen

In den vergangen Jahren zeigte sich in vielen Branchen und für etablierte Unternehmen sehr deutlich, zu welchen radikalen bis disruptiven Veränderungen es durch digitale Geschäftsmodellinnovationen kommen kann. Die Erkenntnis von Solis (2013) „No Business is Too Big to Fail or Too Small to Succeed" ist präsenter denn je. Sei es in den Köpfen von gehetzten Managern multinationaler Großkonzerne oder von hungrigen Start-up-Gründern. Es herrscht Goldgräberstimmung, die Potenziale der digitalen Revolution zu heben, aber auch ein massiver Verdrängungs- und Kannibalisierungswettkampf, um als Erster mit einem neuartigen Angebot am Markt zu sein und diesen zu dominieren. Die Potenziale digitaler Geschäftsmodelle umfassend zu nutzen, ist mehr als ein „Nice-to-have". Es wird immer stärker zum Überlebensfaktor für ein nachhaltiges Wirtschaften.

Generell nimmt der Druck zu, Innovationszyklen zu beschleunigen. Dieser Tatsache versuchen Unternehmen durch schlanke und agile Innovationsprozesse Rechnung zu tragen. In kurzen Sprintzyklen sollen releasefähige Produktelemente fertiggestellt werden. Anstatt ein umfassendes Lösungspaket auf den Markt zu bringen, wird ein Minimal Viable Product (MVP) angestrebt – sozusagen ein gerade eben überlebensfähiges Produkt – das kontinuierlich um weitere Produktmerkmale und Funktionalitäten erweitert wird. Denn nicht selten wird sowohl die Marktattraktivität des Angebotes als auch die entsprechende

Zahlungsbereitschaft der Kunden falsch eingeschätzt – was das Aus für ein erfolgreiches Geschäftsmodell bedeuten kann. Durch „Think Big – Act Small" und kontinuierliche Kundentestings können nicht nur der Produkt-Markt-Fit überprüft, sondern auch ein verkaufsfähiges Produkt möglichst früh auf den Markt gebracht und Erlöse erzielt werden.

Durch die Digitalisierung verändern sich auch die Rahmenbedingungen der verschiedenen Märkte in einer hohen Geschwindigkeit. Angebote, die lange erfolgreich waren, werden morgen schon nicht mehr angenommen. Bereits im Entwicklungsprozess muss daher immer wieder überprüft werden, ob die ursprünglichen, erfolgskritischen Annahmen für das Geschäftsmodell so noch bestehen. Doch auch nach dem Launch müssen diese kritischen Erfolgsfaktoren kontinuierlich beobachtet werden, um bei Bedarf das Geschäftsmodell dynamisch anzupassen. Nur durch eine konsequente Ausrichtung des Produktangebots an Kundenbedürfnisse, agile Innovationsprozesse sowie eine flexible Adaption an veränderte Gegebenheiten über den Produkt-Lebenszyklus hinweg kann ein Produkt-Markt-Fit sichergestellt werden. So scheint es, dass ein verändertes Umfeld und die Nicht-Anpassung des Geschäftsmodells zu einem der häufigsten Ursachen für geschäftlichen Misserfolg geworden ist. Ein lehrreiches Beispiel ist die Geschichte des Videoverleihs Blockbuster. Im Jahr 1994, als die Videotheken noch boomten, wurde das Unternehmen mit 7,6 Mrd. US$ bewertet. Nach 2000 veränderten sich jedoch die Marktbedingungen. Mehr und mehr Kunden wollten nicht mehr das Haus verlassen, um sich einen Film auszuleihen. Innovationen im Bereich Internet- und Streaming ermöglichten bald ein Filmerlebnis vom eigenen Sofa aus – inklusive Filmauswahl, Bezahlung und guter Bildqualität. Natürlich gab es auch massenweise illegale Downloads. Im Jahr 2010 musste Blockbuster dann Insolvenz anmelden (Pickford 2013). Im Gegensatz dazu konnte das 1997 gegründete Unternehmen Netflix im Jahr 2016 bereits 8,83 Mrd. US$ Umsatz vermelden (EDGAR 2017).

Schwieriger ist es, aktuelle technologische Entwicklungen einzuschätzen, wie zum Beispiel die der Kryptowährungen. Obwohl es mehrere Angebote auf dem Markt gibt, haben sich die Kryptowährungen noch nicht etabliert. Geschäftsmodelle, die digitale Währungen nutzen, müssen auf Entwicklungen frühzeitig und flexibel reagieren.

Neben der fehlenden dynamischen und flexiblen Anpassung an neue Marktbedingungen – seien es neuartige Kundenbedürfnisse, neue Technologien oder neu auftauchende Wettbewerber – gibt es weitere Gründe, warum digitale Geschäftsmodelle scheitern. Besonders für Unternehmen, die aus einem klassischen Produkthintergrund kommen, ist es eine Herausforderung, die Entwicklungs-, Produktions- und Vertriebsmechanismen an jene von digitalen Geschäftsmodellen anzupassen.

Finanzielle Aspekte sind auch bei ausgeklügelten digitalen Geschäftsmodellen entscheidend. Auch wenn der erwartete Mehrwert für den Kunden präsent ist, aber die Kapitalrendite nicht gegeben ist oder einfach das Kapital für die Umsetzung einer Idee nicht vorhanden ist, fliegt das Geschäftsmodell nicht.

Regularien wie etwa der Schutz personenbezogener Daten oder das Fernbehandlungsverbot im Bereich E-Health in Deutschland (Bauer 2018) müssen bei digitalen Geschäftsmodellen im Gesundheitswesen genau analysiert werden.

2.6 Ausblick – Zukunft von digitalen Geschäftsmodellen

Obwohl schon seit einigen Jahren viel über Digitalisierung gesprochen wird, befinden wir uns erst am Anfang des Veränderungsprozesses, der durch die Digitalisierung auf uns zukommt. Verschiedene Technologien wie künstliche Intelligenz sind in ihrer Entwicklung weiter fortgeschritten und bereit für die Anwendung. Viele Branchen beschreiten den Weg der Digitalisierung schon seit geraumer Zeit, haben aber ihr Potenzial meist noch nicht erschöpft. Eine der zentralen Herausforderungen der Digitalisierung ist die komplette Durchdringung einer Organisation – nicht nur beschränkt auf Marketingaktivitäten. Man spricht von Digital Business Leadership, wenn komplette Geschäftsmodelle die Vorteile der Digitalisierung sinnvoll nutzen (Kreutzer et al. 2017), also wenn Probleme bei der Ausgestaltung von digitalen Geschäftsmodellen nicht nur punktuell, sondern holistisch gelöst werden.

Die Vorteile der Digitalisierung treten mit der Zeit deutlicher zutage, und immer mehr Unternehmen schlagen diesen Weg ein. Das führt dazu, dass die Bedeutung digitaler Güter und deren digitaler Erstellung zunimmt. Auch das Tempo, mit dem neue digitale Geschäftsmodelle entstehen und alte verschwinden, steigert sich. Ganze Geschäftsstrukturen verändern sich und neue Anforderungen an das Management kommen hinzu, das diese neue Dynamik steuern muss.

Die notwendigen digitalen Kompetenzen müssen also ausgebaut werden. Es wird nicht reichen, nur junge Mitarbeiter einzustellen. Trainings im Unternehmen sollen dabei helfen, diese Kompetenzen aufzubauen beziehungsweise mögliche Blockaden gegenüber neuen Herangehensweisen abzubauen. Für große und schwerfällige Organisationen geht zudem eine stärkere Bedrohung von kleinen und agilen Start-ups aus. Diese Quereinsteiger konkurrieren mit etablierten Playern, um interessante Marktsegmente.

Ein weiterer Aspekt ist die globale Übertragbarkeit von digitalen Geschäftsmodellen. Was in einem Land oder einer Region funktioniert, ist nicht zwingend an einem anderen Platz ebenso erfolgreich. Ein Beispiel hierfür ist Carsharing. Ein Konzept, wie es momentan in Deutschland angewendet wird, wird aus kulturellen Gründen eventuell in Lateinamerika oder anderen Entwicklungsländern nicht funktionieren, weil die Verantwortung für die Unversehrtheit eines Autos und das Vertrauen in andere Carsharing-Teilnehmer anders gelagert sind.

Der Umgang mit Daten wird weiterhin ein wichtiges Thema bleiben. Auf einer Seite wird großen Wert darauf gelegt, Kundenverhalten und -bedürfnisse transparent zu machen, auf der anderen Seite ist es Nutzern ein Anliegen, ihre persönlichen Daten geschützt zu wissen. Diese Balance zwischen Datenauswertung und Datenschutz steht im Herzen vieler digitaler Geschäftsmodelle. Die wachsende Angst vor Missbrauch bringt mittlerweile viele Konsumenten zu der bewussten Entscheidung, sich aus sozialen Netzwerken (Facebook) und Kommunikationsplattformen (WhatsApp) zurückzuziehen.

Diese Chancen und Herausforderungen werden die Weiterentwicklung von digitalen Geschäftsmodellen in den nächsten Jahren begleiten und die Dynamik von digitalen Ökosystemen antreiben.

Literatur

AGOF – Arbeitsgemeinschaft Online Forschung e. V. (2009). *Berichtsband zur Internet facts 2009*. Frankfurt a. M.: AGOF.
AGOF – Arbeitsgemeinschaft Online Forschung e. V. (2015). AGOF Internet facts 2015-05. https://www.agof.de/studien/internet-facts/studienarchiv-internet/studienarchiv-internet-2015/. Zugegriffen am 09.09.2017.
Barzey, C. (2015). Not Your Father's Business Model: Competitiveness in the age of digital. https://www.accenture.com/t00010101T000000__w__/co-es/_acnmedia/PDF-18/Accenture-Competitiveness-Age-Digital-v2.pdf. Zugegriffen am 04.04.2017.
Bauer, M. (2018). Die härtesten Regulierungen für E-Health Startups in https://healthcare-startups.de/die-haertesten-regulierungen-fuer-e-health-startups/ (Zugegriffen am 30.08.2018)
Boerse. (2017). Wie viel Geld schafft Youtube ran? https://boerse.ard.de/aktien/was-bedeutet-youtube-fuer-google100.html. Zugegriffen am 30.11.2017.
Die Bundesregierung. (2017). Eine 5G-Strategie für Deutschland. https://www.bundesregierung.de/Content/DE/Artikel/2017/07/2017-07-12-5g-strategie.html. Zugegriffen am 12.07.2017.
Economist. (2017). Special report „The new bazaar" E-commerce takes off. https://www.economist.com/news/special-report/21730546-e-commerce-transforming-business-and-daily-life-mostly-better-says-charlotte. Zugegriffen am 05.11.2017.
EDGAR. (2017). United States securities and exchange commission, netflix annual report 2016. http://files.shareholder.com/downloads/NFLX/4336187475x0xS1628280-17-496/1065280/filing.pdf. Zugegriffen am 30.11.2017.
El Sawy, O., & Pereira, F. (2013). *Business modelling in the dynamic digital space. An ecosystem approach*. Heidelberg: Springer.
El Sawy, O., Malhotra, A., Gosain, S., & Young, K. M. (1999). IT-intensive value innovation in the electronic economy: Insights from Marshall Industries. *MIS Quarterly, 23*(3), 305–335.
Heise. (2017). Merkel verspricht schnelles Internet bis Ende 2018. https://www.heise.de/newsticker/meldung/Merkel-verspricht-schnelles-Internet-bis-Ende-2018-3758595.html. Zugegriffen am 28.06.2017.
Hoffmeister, C. (2013). *Digitale Geschäftsmodelle richtig einschätzen*. München: Hanser.
Hoffmeister, C. (2017). *Digital business modelling. Digitale Geschäftsmodelle entwickeln und strategisch verankern*. München: Hanser.
icPortal. (2015). Das Business Model Canvas – Dein Geschäftsmodell auf einer Seite. http://icportal.de/wp-content/uploads/Business_Model_Canvas-Deutsch.pdf. Zugegriffen am 05.11.2017.
Jaekel, M. (2015). *Die Anatomie digitaler Geschäftsmodelle*. Wiesbaden: Springer.
Jaekel, M., & Bronnert, K. (2013). *Die digitale Evolution moderner Großstädte. Apps-basierte innovative Geschäftsmodelle für neue Urbanität*. Wiesbaden: Springer.
Kreutzer, R., Neugebauer, T., & Pattloch, A. (2017). *Digital Business Leadership: Digitale Transformation – Geschäftsmodell-Innovation – Agile Organisation – Change Management*. Wiesbaden: Springer.
Osterwalder, A., & Pigneur, Y. (2010). *Business model generation. Ein Handbuch für Visionäre, Spielveränderer und Herausforderer*. Frankfurt a. M.: Campus.
Osterwalder, A., et al. (2015). *Value Proposition Design: Entwickeln Sie Produkte und Services, die Ihre Kunden wirklich wollen Die Fortsetzung des Bestsellers Business Model Generation!* Frankfurt a. M.: Campus.
Pickford, E. (2013). Business model innovation & strategy I business models do fail – 10 examples – 5 reasons. https://www.slideshare.net/elton-pickford/business-modelofail-10examples5reasonsenv22. Zugegriffen am 30.10.2017.

Solis, B. (2013). No business is too big to fail or too small to succeed – sobering stats on business failures. http://www.briansolis.com/2013/02/no-business-is-too-big-to-fail-or-too-small-to-succeed-sobering-stats-on-business-failures/. Zugegriffen am 30.11.2017.

We Are Social. (2017). Digital in 2017 global overview vom 24.01.2017. https://www.slideshare.net/wearesocialsg/digital-in-2017-global-overview. Zugegriffen am 30.11.2017.

Dr. Bettina Maisch arbeitet als Senior Key Expert Consultant industrial Design Thinking (i.DT) bei der Siemens Corporate Technology. Sie baute 2012 ein i.DT Trainingsprogramm und Projektlabor für die chinesische Landesgesellschaft in Peking auf, seit 2015 betreut sie internationale Projekte vom Standort München aus. Bettina Maisch und ihr Team haben die Design-Thinking-Methoden der Stanford Universität und der Innovationsagentur IDEO an die Anforderungen eines Industrieunternehmens wie Siemens angepasst. Promoviert hat Maisch im Bereich Business Innovation am Institut für Medien und Kommunikationsmanagement an der Universität St. Gallen, Schweiz. Sie vertiefte ihre wissenschaftlichen Kenntnisse in Design Thinking im Rahmen ihres Doktorats am Center for Design Research an der Stanford Universität. Vor ihrem Doktorat sammelte Bettina Maisch Arbeitserfahrungen bei der Werbeagentur Ogilvy, dem Fraunhofer Institut für Offene Kommunikationssysteme FOCUS sowie in diversen angewandten Forschungsprojekten an der Universität der Künste in Berlin sowie der Universität St. Gallen und der Stanford Universität. Nebenberuflich ist sie als Dozentin für Business Innovation an der Universität St. Gallen sowie für Design Thinking an der Technischen Hochschule Ingolstadt tätig. Des Weiteren wurde Bettina Maisch in das Advisory Board des Danish Design Councils gewählt und engagiert sich im Sounding Board der von der SAP initiierten Design Thinking Community Design at Business.

Carlos Andrés Palacios Valdés arbeitet als Lead Consultant im Innovationsmanagement bei Siemens Corporate Development. Er unterstützt Siemens-Geschäftseinheiten bei der erfolgreichen Durchführung von Innovationsprojekten in den frühen Phasen unter Anwendung von Ideation, Systematic Innovation Open Innovation und Business Model Design unter andere Methoden. Palacios treibt die Entwicklung von Open Innovation bei Siemens voran. Hierzu arbeiten Communities von über 3000 Experten an konkrete Themen. Palacios hat Industriedesign an der Pontificia Universidad Javeriana in Kolumbien studiert. Anschließend hat er Arbeitserfahrung in der Verpackungsindustrie gesammelt, wo er zuständig für eine Vertriebsregion war und später die Koordination der Produktentwicklungsaktivitäten und die Zulassung neuer Materialien übernommen hat. Im Anschluss kam Palacios mit einem Stipendium vom Deutschen Akademischen Austauschdienst (DAAD) nach Deutschland, wo er einen Master of Science in Technologie und Innovationsmanagement an der FH Brandenburg absolvierte. Nebenberuflich hält Palacios zahlreiche Vorträge auf Konferenzen und Trainings in Lateinamerika, zum Beispiel in Kolumbien, Peru, Argentinien, Mexiko, Costa Rica und El Salvador, aber auch in Spanien und Deutschland.

Ausgewählte Aspekte bei der Gestaltung von Digital Services

Christian Stummeyer

Zusammenfassung

Bei der Entwicklung von Digital Services kommt der Mensch-Maschine-Schnittstelle eine besondere Bedeutung zu. Dabei wird durch Beachtung der Usability sichergestellt, dass digitale Angebote effizient, effektiv und zur Zufriedenheit des Kunden entwickelt werden. Durch einen Fokus auf die User Experience (UX) werden alle Kundenprozesse berücksichtigt, die Customer Experience stellt auf die Gesamtheit aller Eindrücke, die ein Kunde während der gesamten Dauer einer Kundenbeziehung von einem Unternehmen erhält, ab. Um Digital Services und die Customer Experience für Nutzer optimal zu gestalten, kommen u. a. die vier verbreiteten Methoden Personas, Storyboards, UX-Prototyping und Customer Journey Mapping zum Einsatz. Um eine gute User Experience eines Digital Services zu gewährleisten, müssen die wichtigsten Erfolgsfaktoren – Nutzwert für die Zielgruppe, Zugänglichkeit, Usability, Ästhetik und Erfüllung des Markenversprechens – sichergestellt werden. Dabei kann die Qualität der User Experience durch verschiedene Methoden gemessen werden. Ein zeitgemäßer und bewährter Ansatz hierfür ist das von Google entwickelte HEART-Framework, das fünf Qualitätskategorien quantifiziert bewertet.

C. Stummeyer (✉)
THI Business School, Ingolstadt, Deutschland
E-Mail: christian.stummeyer@thi.de

3.1 Grundlagen: Usability, User Experience und Customer Experience

3.1.1 Überblick

In den letzten 35 Jahren gab es drei revolutionäre Entwicklungen an der Mensch-Maschine-Schnittstelle (siehe Abb. 3.1): Der erste große Durchbruch erfolgte im Jahr 1984, als Steve Jobs und Apple den ersten Personal Computer mit einer grafischen Benutzeroberfläche und einer Maus als Bedienhilfe auf den Markt brachten. Dadurch wurde für Nutzer eine neue Art der intuitiven Bedienung ermöglicht. So sank die Hemmschwelle der Nutzung und auch das gefällige Design der Hardware führte zu einer hohen Akzeptanz bei den Anwendern. Nach dieser ersten Revolution der Bedienbarkeit dauerte es über 20 Jahre, bis eine zweite Revolution die Art, wie Anwender Hard- und Software nutzen, verändern sollte. Und wieder war es Steve Jobs von Apple, der im Januar 2007 das erste iPhone und drei Jahre später im Januar 2010 das erste iPad präsentierte.

Apple war nicht die erste Firma, die einen Tablet Computer auf den Markt brachte. Doch im Gegensatz zu den Flops, die beispielsweise Microsoft-Chef Bill Gates in den neunziger Jahren mit seinen Versuchen erlebte, erzielte das iPad zum Marktstart im April 2010 aus dem Stand einen großartigen Erfolg (Dernbach 2017). Insbesondere durch den Touchscreen wurde eine neue Art der intuitiven Bedienung ermöglicht.

Die dritte Revolution an der Mensch-Maschine-Schnittstelle vollzog sich im Jahr 2017. Diesmal war nicht Apple der Innovator, sondern Amazon: Durch Amazon Echo wurde für breite Nutzergruppen die Sprachsteuerung ermöglicht. Die Basisfunktionalitäten von Amazon Echo ermöglichen z. B. das Abspielen von Musik, das Abrufen der aktuellen Nachrichten oder das Stellen eines Weckers. Interessant ist einerseits, dass Amazon Echo durch die Interaktionen mit dem Benutzer ständig lernt. Andererseits können die Standardfunktionalitäten durch sogenannte „Skills" massiv erweitert werden. Skills werden durch den

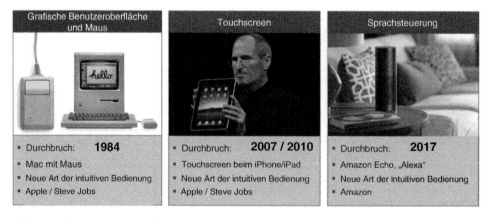

Abb. 3.1 Drei revolutionäre Entwicklungen an der Mensch-Maschine-Schnittstelle

Usability	User Experience	Customer Experience
• Im Fokus: Das **Produkt** • Produkte effizient, effektiv und zur Zufriedenheit des Kunden entwickelt • Betrifft alle Prozesse auf der Website • Arbeitsoptimierte Prozessgestaltung beim Produkt	• Im Fokus: Alle **Kundenprozesse** • Entwicklung aller Kundenprozesse vor und nach einer Produktverwendung • Verbesserung des subjektiven Erlebens (Freude, Spaß, Attraktivität ...) eines Produktes	• Im Fokus: Alle **Touchpoints** • Alle „Touchpoints" (Schnittstellen) zwischen einem Unternehmen und seinen Kunden verwalten und zusammenführen • Auch interne Prozesse werden betrachtet • Abstimmung zwischen Produkten, Services und Branding

Abb. 3.2 Usability, User Experience und Customer Experience. (Quelle: in Anlehnung an Richter und Flückinger 2016)

Benutzer hinzugefügt und bieten spezielle Services an, z. B. das Abrufen von Sportergebnissen, das Vorlesen von Lexikoneinträgen oder das Rufen eines Taxis. Gerade durch die Lernfähigkeit sowie die Offenheit und Erweiterbarkeit des Systems bietet Amazon Echo verglichen mit bisherigen Sprachsteuerungssystemen wie Siri disruptives Potenzial.

Werden die Benutzbarkeit und die Benutzerfreundlichkeit von digitalen Systemen analysiert, so müssen die drei grundlegenden Begriffe Usability, User Experience und Customer Experience gegeneinander abgegrenzt werden (siehe Abb. 3.2), die im Folgenden erläutert werden.

3.1.2 Usability

Im Rahmen der Usability wird sichergestellt, dass Produkte, z. B. Digital Services wie eine Website oder eine App, effizient, effektiv und zur Zufriedenheit des Kunden entwickelt werden. Diese drei Eigenschaften sollten jedoch nicht nur auf Produkte, sondern auch auf Dienstleistungen und Prozesse angewandt werden, um so ein für den Nutzer überzeugendes Gesamterlebnis zu gestalten (Robier 2016, S. 15).

Usability wird auch Benutzerfreundlichkeit genannt und ist ein Merkmal der Qualität eines Digital Services: Die Eigenschaft eines digitalen Produktes, insbesondere eines Dialogsystems, auf die Anforderung des Endbenutzers zugeschnitten zu sein. Das digitale Produkt soll sich den Bedürfnissen der jeweiligen Benutzerkategorie entsprechend verhalten, der Vorbildung und Intention der Benutzer angemessene Ausdrucks- und Interaktionsformen vorsehen und leicht handhabbar sein (Siepermann 2017).

Die Usability kann zur Accessibility, der Barrierefreiheit, abgegrenzt werden. Die Barrierefreiheit gibt an, inwieweit ein Digital Service von allen Nutzern unabhängig von ihren körperlichen und/oder technischen Möglichkeiten uneingeschränkt genutzt werden kann. Dies schließt sowohl Menschen mit körperlichen oder geistigen Behinderungen als auch

Benutzer mit technischen (z. B. Textbrowser) oder altersbedingten Einschränkungen (z. B. Sehschwäche) sowie Software-Agenten ein (Kollmann 2016, S. 296).

3.1.3 User Experience

Bei der User Experience – auch UX abgekürzt – wird die Entwicklung aller Kundenprozesse vor und nach einer Produktverwendung mit in die Konzeption aufgenommen. Produkte und Dienstleistungen dürfen nicht einfach nur „okay" sein, sie sollen dem Benutzer auch ein Erlebnis bringen. Dazu gehören das „Design" und das „Gefühl" vor, während und nach einer Interaktion mit einem Produkt oder einer Dienstleistung (Robier 2016, S. 15). Idealerweise verspürt der Nutzer einen „Joy of use".

Damit steht bei der User Experience das Gesamterlebnis der Benutzer bei der Verwendung von Produkten, Systemen und Diensten im Fokus. Nebst den funktionalen Aspekten werden dabei vermehrt auch emotionale und ästhetische Faktoren berücksichtigt. So liegt neben geschäftlichen Anwendungen ein Schwerpunkt des Gebietes auf Lösungen und Produkten im Consumer-Bereich, also etwa auf E-Services, Smartphone Apps und digitalen Geräten, aber auch für Spiele und Anwendungen im Unterhaltungsbereich spielen die genannten Faktoren eine entscheidende Rolle für den Produkterfolg (Richter und Flückinger 2016, S. 9).

3.1.4 Customer Experience

Die Customer Experience umfasst die Gesamtheit aller Eindrücke, die ein Kunde während der gesamten Dauer einer Kundenbeziehung von einem Unternehmen erhält. Sie umfasst sämtliche individuelle Wahrnehmungen und Interaktionen des Kunden an den verschiedenen Kontaktpunkten (Touchpoints) mit einem Unternehmen (Holland 2017).

Somit werden bei der Customer Experience alle „Touchpoints" (Schnittstellen) zwischen einem Unternehmen und seinen Kunden verwaltet und zusammengeführt. Im Vergleich zur User Experience kommen im Customer Experience Management auch interne Prozesse dazu. Wenn Mitarbeiter kundenorientiert denken und Informationen richtig aufbereiten sowie die Philosophie der Customer Experience mittragen, können sie den Kunden auch richtig bedienen.

Ziel ist es, Erlebnisse für Kunden zu schaffen: Dazu müssen jedem Mitarbeiter gewisse Regeln, aber auch Freiheiten gegeben werden, um beim Kontakt zum Kunden bei unüblichen Interaktionen oder im Beschwerdefall richtig handeln zu können. Mitarbeiter ohne direkten Kundenkontakt sind ebenfalls eine große Zielgruppe hinsichtlich der Customer Experience. Diese sind durch Kontakte mit Bekannten, Verwandten und Freunden erste Träger einer Philosophie und Wertehaltung ihres Unternehmens.

Positive Empfehlungen stellen eine wichtige Grundlage des Unternehmens dar. Ein Servicemitarbeiter mit direktem Kontakt zum Endkunden muss nach klaren Regeln vorgehen, sollte aber unbedingt in seinem Regelwerk Freiheiten erhalten, innerhalb derer er agieren kann (Robier 2016, S. 17).

Damit Kunden ein durchgängig positives Nutzungserlebnis eines Digital Services geboten werden kann, müssen insofern alle Touchpoints ganzheitlich betrachtet und optimiert werden – nicht nur die digitalen Elemente und Services.

3.2 Ausgewählte Methoden zur Gestaltung von Digital Services

3.2.1 Überblick

Im Folgenden werden vier wichtige Methoden – Personas, Storyboards, UX-Prototyping und Customer Journey Mapping – zur Gestaltung der Customer Experience von Digital Services beschrieben (siehe Abb. 3.3).

3.2.2 Personas

Personas stellen prototypische Benutzer dar und verkörpern deren unterschiedlichen Ziele, Verhaltensweisen und Eigenschaften, die im Hinblick auf das zu entwickelnde Produkt relevant sind. Die Methodik wurde durch den Interaktionsdesigner Alan Cooper eingeführt und publik gemacht. Die Namensgebung leitet sich aus dem griechischen Theater der Antike ab. Die „Persona" war eine Maske, welche die Rolle der Schauspieler typisierte und gleichzeitig als Schallverstärker diente – ein treffender Begriff (Richter und Flückinger 2016, S. 57).

Personas charakterisieren Benutzer in bestimmten Rollen und werden aufgrund von Informationen über die zukünftigen Benutzer eines Systems erarbeitet. Dazu dienen

Personas	UX Prototyping
▪ Modellieren der unterschiedlichen Benutzergruppen und der Anwendung aus Benutzersicht	▪ Entwickeln von Produktideen, Klären der Anforderungen, Konzipieren und Optimieren der Benutzerschnittstelle

Storyboards	Customer Journey Mapping
▪ Kommunizieren ausgewählter Abläufe mit dem neuen System	▪ Visualisieren der Pfade, die verschiedene Kunden mit Bedürfnissen und Erwartungen im Rahmen einer Geschäftsbeziehung durchlaufen

Abb. 3.3 Vier Methoden bei der Gestaltung der Customer Experience. (Quelle: in Anlehnung an Richter und Flückinger 2016)

beispielsweise Ergebnisse aus Workshops mit Benutzern, Fragebögen oder Usability Walkthroughs mit bestehenden Systemen.

Im Entwicklungsprozess entwirft der Analyst Vorschläge für Personas und validiert diese mit den Beteiligten, oder die Personas werden in einem gemeinsamen Workshop erstellt. Eine Persona sollte schließlich die für das Design des Digital Service relevanten Eigenschaften der Benutzer widerspiegeln (Richter und Flückinger 2016, S. 57–58).

Wird z. B. eine Taxi-App betrachtet, so gibt es ganz unterschiedliche Personas: Da ist zum einen der viel reisende Geschäftsmann, der die App fast täglich und zudem auch in unterschiedlichen Städten nutzt. Zum anderen ist an eine Studentin zu denken, die die App hin- und wieder am Samstagabend nur in ihrer Heimatstadt nutzt, um von einer Studierendenparty nach Hause zu fahren.

In diesem Fallbeispiel könnten die beiden Personas, nennen wir sie Wolfgang und Lara, für zwei unterschiedliche Benutzergruppen stehen. Wolfgang und Lara unterscheiden sich ganz deutlich in ihren Zielen und Bedürfnissen und nutzen die Taxi-App in ganz unterschiedlicher Art und Weise. Während Wolfgang die App pro Woche bis zu fünfzehnmal nutzt und die App sowie alle Optionen sehr gut kennt, nutzt Lara die App nur einige wenige Male pro Jahr und benötigt z. B. die Einstellungen für Geschäftskunden wie das Hinterlegen einer Rechnungsadresse nicht. Diese unterschiedlichen Personas sind jedoch beim Entwurf der App und bei der Optimierung zu berücksichtigen.

Typische Fragestellen, die durch Personas beantwortet werden können, sind u. a.

- Wer sind die typischen Nutzer eines Digital Service?
- Welche Intentionen und Ziele haben die Nutzer?
- Wie können die typischen Nutzer bildlich beschrieben werden?
- Welche Inhalte und Funktionen wünschen sich die Nutzer des Digital Service?
- Wie kann der Digital Service nutzerzentriert konzipiert und implementiert werden?

3.2.3 Storyboards

Storyboards sind ein Mittel zur Kommunikation zwischen Auftraggebern, Fachvertretern, Benutzern und Entwicklern beim Entwurf von Digital Services. Storyboards werden schon lange in der Filmbranche eingesetzt. Dort hilft das Storyboard dem Regisseur dabei, den Schauspielern und dem Filmteam den Aufbau des Films zu vermitteln. Es visualisiert dort Aspekte wie Kameraperspektive, Beleuchtung, Gesichtsausdrücke und Körpersprache der Schauspieler und Kostüme (Richter und Flückinger 2016, S. 66).

Bei der Gestaltung der User Experience können Storyboards somit optimal helfen, die geplante Lösung vor der eigentlichen technischen Realisierung zum Leben zu erwecken. Dadurch können die Auftraggeber sich sehr plastisch in die Lage der zukünftigen Nutzer (z. B. Kunden, Mitarbeiter, Anwender) versetzen und die Lösung so im Nutzungskontext sehen, wie der Nutzer es tun wird. Idealerweise können sich so Auftraggeber, Entwickler und Designer in die Charaktere der Nutzer hineinversetzen (Crothers 2011).

Im Beispiel der Taxi-App könnte ein Storyboard visualisiert zeigen, wie die Persona Wolfgang, der viel reisende Geschäftsmann, die App nutzen wird: In der ersten Szene sitzt Wolfgang im Meeting und bestellt nebenbei ein Taxi vor, dass ihn in 30 min abholen soll. In Szene zwei steht Wolfgang im Nieselregen unter einem Vordach vor dem Bürogebäude und sieht auf dem Display der App, wie das Taxi sich nähert und wie lange es noch bis zur Ankunft dauern wird – dies gibt ihm ein gutes Gefühl und die Sicherheit, dass seine Fahrt zum Flughafen pünktlich funktionieren wird. In einer weiteren Szene sitzt Wolfgang am Ende der Taxifahrt auf der Rückbank des Wagens, bezahlt die Taxifahrt durch seinen Fingerprint in der App und freut sich, dass die Quittung elektronisch an seine Assistentin übermittelt wird, die diese dann ganz einfach in seine Reisekostenabrechnung übernehmen kann.

Das Beispiel verdeutlicht, dass ein wichtiger Nutzeffekt von Storyboards darin liegt, dass die geplante Lösung vor der Realisierung von Anfang bis Ende konsequent aus Nutzerperspektive durchdacht wird. Zudem wird die Kommunikation über das geplante Endprodukt durch die grafische Visualisierung vereinfacht.

3.2.4 User Experience Prototyping

User Experience Prototyping (UX-Prototyping) wird eingesetzt, um Produkte und Aspekte der Benutzerschnittstelle zu entwerfen, zu evaluieren und zu verbessern, noch bevor ein lauffähiges System vorhanden ist. Weil dabei oft einfachste Werkzeuge wie beispielsweise Papier und Bleistift zum Einsatz kommen, spricht man auch von Lo-Fi-Prototyping (von englisch Low Fidelity: Geringe Wiedergabetreue).

Abhängig von dem Ziel, das verfolgt wird, können unterschiedliche Arten von Prototypen zum Einsatz kommen. Um den geplanten Prototyp näher zu charakterisieren, lassen sich die folgenden Dimensionen unterscheiden: (Richter und Flückinger 2016, S. 73–74).

- Funktionsumfang: Welche der vorgesehenen Funktionen sollen im Prototyp gezeigt werden? Sind dies ausgewählte Ausschnitte, oder geht es darum, den gesamten Umfang darzustellen?
- Funktionstiefe: Wie detailliert sollen die einzelnen funktionalen Elemente wiedergegeben werden? Sollen beispielsweise mehrstufige Berechnungen nur angedeutet werden, oder sind die Zwischenschritte und ihre Resultate entscheidend?
- Darstellungstreue: Wie ähnlich soll der Prototyp dem Endprodukt in Bezug auf Aussehen der Benutzeroberfläche (Look & Feel) sein?
- Interaktivität: Wie interaktiv soll der Prototyp sein? Braucht es lauffähige Beispiele, um komplexe Abläufe wiederzugeben, oder genügen statische Darstellungen der Benutzerschnittstelle?
- Datengehalt: Sollen reale Daten zum Einsatz kommen, genügen realistische Beispiele oder gar Platzhalter für Bezeichnungen und dargestellte Informationen? Wie relevant ist die dargestellte Menge an Informationen?

Produktidee entwickeln	Benutzerschnittstelle konzipieren	Für gutes Aussehen sorgen
• Funktionsumfang: Kernfunktionen erlebbar machen • Geringe Funktionstiefe • Technische Reife und Darstellungstreue eher kontraproduktiv	• Mittlere Darstellungstreue • Ausgewählte Funktionen im Detail • Teilweise interaktiv	• Hohe Darstellungstreue
Anforderungen schärfen	**Benutzerschnittstelle optimieren**	**User Interface spezifizieren**
• Funktionsumfang mit realistischen Details darstellen	• Hohe Darstellungstreue • Interaktiv für ausgewählte Funktionen • Oft reale Daten notwendig • Oft hohe technische Reife	• Funktionsumfang und -tiefe sind mittel bis hoch • Mittlere Interaktivität

Abb. 3.4 Sechs Verwendungszwecke des UX-Prototyping. (Quelle: in Anlehnung an Richter und Flückinger 2016, S. 79)

- Technische Reife: Wie viel der endgültigen User-Interface-Technologie soll im Prototyp verwendet werden? Muss der Prototyp mit der Entwicklungsumgebung der Zielplattform entwickelt werden, oder sind einfache Zeichnungswerkzeuge ausreichend?

Und: Jeder Prototyp stellt einen Kompromiss zwischen notwendigem Aufwand und Zweck dar. Bevor mit dem UX-Prototyping begonnen wird, sollte klar definiert werden, welche Fragestellung wirklich verfolgt wird. Daraus lässt sich ableiten, welche Art von Prototyp idealerweise geeignet ist (Richter und Flückinger 2016, S. 74).

Das UX-Prototyping wird aus unterschiedlichen Gründen durchgeführt. In Abb. 3.4 sind sechs typische Verwendungszwecke dargestellt.

Im Beispiel der zu entwickelnden Taxi-App kann das UX-Prototyping z. B. dafür eingesetzt werden, die Benutzerschnittstelle zu konzipieren. Es könnten etwa für ausgewählte Funktionen wie das Hinterlegen der Firmenadresse und der Zahlungsinformationen die Eingabemasken als UX-Prototyp entworfen werden. Anhand dieses Protortyps kann dann mit zukünftigen Nutzern diskutiert werden, ob die Anordnung und Benennung der Eingabefelder benutzerfreundlich ist und der grundsätzliche Ablauf als „gut" empfunden wird. So kann in frühen Phasen der Entwicklung das Nutzerfeedback bei der Entwicklung und der Optimierung von Digital Services sehr konkret und zugleich effizient erhoben werden.

3.2.5 Customer Journey Mapping

Bei der Customer Journey – auf Deutsch auch „Kundenreise" genannt – versetzt man sich in die Fußstapfen des (potenziellen) Kunden und visualisiert Prozesse oder Dienstleistungen aus dessen Sicht. Im Alltag sehen Unternehmen oft nicht, wie kompliziert und unverständlich manche Prozesse und Dienstleistungen aufgebaut sind. Es wird unter anderem nicht verstanden, weshalb Kunden missgestimmt sind oder weshalb sie den Anbieter wechseln (Robier 2016, S. 100).

Daher besteht die Customer Journey aus der Vielzahl der Erlebnisse, die (potenzielle) Kunden an unterschiedlichen Berührungspunkten (Touchpoints) mit einem Unternehmen, einer Marke, einem Produkt oder einer Dienstleistung haben. Touchpoints des Konsumenten können dabei die direkten Interaktionspunkte zwischen Kunden und Unternehmen, wie z. B. ein Werbespot, die Webseite oder das Stationärgeschäft, aber auch die indirekten Berührungspunkte, an denen die Meinung Dritter über eine Marke, ein Produkt oder eine Serviceleistung eingeholt wird, z. B. Bewertungsportale oder Blogs, sein. Kunden informieren sich zunehmend über diese indirekten Kontaktpunkte, welche von den Unternehmen nicht unmittelbar beeinflusst werden können. Ein tiefgehendes Verständnis der gesamten Customer Journey – inklusive direkter und indirekter Kontaktpunkte – ist damit Grundvoraussetzung für eine kundenorientierte Marketing- und Vertriebsausrichtung (Robier 2016, S. 100).

Beim Customer Journey Mapping werden nun alle Kontaktpunkte des (potenziellen) Kunden entlang des gesamten Kundenprozesses vom ersten Kontakt über den Kauf bis hin zu Service-Anfragen während der Interaktion mit einem Unternehmen dargestellt – über die gesamte Produktpalette und alle Kanäle hinweg, egal ob online, im stationären Handel oder über die Service-Hotline (Roque 2016).

Dabei kann das Customer Journey Mapping sowohl für die systematische Optimierung der User Experience Digitaler Services als auch der umfassenden Customer Experience eingesetzt werden.

Abb. 3.5 zeigt drei Customer Journeys von Kunden im Lebensmittel-Einzelhandel. Dabei werden zunächst die unterschiedlichen Kontaktpunkte aufgenommen und die Aktivitäten in den verschiedenen Phasen des Kaufprozesses systematisch dargestellt.

Durch die so geschaffene Transparenz können nun in der Folge User Experience und Customer Experience optimiert werden (Richter und Flückinger 2016, S. 190–191).

3.3 Erfolgsfaktoren und Verfahren zur Messung der User Experience

3.3.1 Erfolgsfaktoren der User Experience

Wichtige Erfolgsfaktoren für eine gute User Experience bei Digital Services liegen insbesondere in den folgenden fünf Feldern (Wörmann 2013):

- Utility: Subjektiver Nutzwert der Inhalte und Funktionen für die jeweilige Zielgruppe, echter Mehrwert für Kunden durch den Digital Service, viel, guter und relevanter Inhalt (Content)

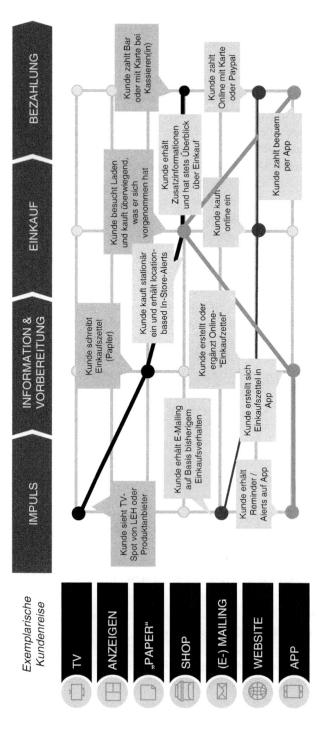

Abb. 3.5 Drei Customer Journeys bei einem Lebensmittel-Einzelhändler. (Quelle: Eigene Darstellung)

- Accessibility: Zugänglichkeit und Kompatibilität, subjektiv empfundene Performance und Ladezeiten sowie Eignung für das Endgerät des Users, technische Stabilität der Anwendung
- Usability: Effektive, effiziente und somit zufriedenstellende individuelle Zielerreichung für den Nutzer, Einfachheit der Nutzung, gute Interaktion, Übersichtlichkeit
- Ästhetik: Optische Attraktivität für die Zielgruppe, gutes Design
- Erfüllung des Markenversprechens sowie der Erwartungen der User: Dieser Faktor stellt eine besondere Herausforderung dar. Oft wird das User Interface bei Kunden mit dem Produkt selbst gleichgesetzt. Im Moment der Interaktion mit dem User Interface entscheidet sich, ob die Claims des Produkts oder der Marke (wie z. B. Einfachheit, Innovation, „Premiumanspruch", Sicherheit) erfüllt werden. Nutzererwartung und Produktversprechen sind also – zwischen verschiedenen Apps oder Websites höchst unterschiedliche – Einflussfaktoren für die User Experience.

Häufig wird in Digital Services „gute Usability" gefordert. Doch müssen zumindest abschätzbare oder sogar messbare Ziele festgelegt werden, z. B. (Richter und Flückinger 2016, S. 124):

- Anzahl notwendiger Schritte zur Ausführung einer Funktion und die dafür benötigte Zeit minimieren,
- Arbeitsgeschwindigkeit der Nutzer mit dem System maximieren,
- Anteil der Nutzer erhöhen, die das Ziel erreicht,
- Anzahl Fehler der Nutzer minimieren,
- Zufriedenheit der Nutzer mit dem Produkt (und ihrer Arbeit) erhöhen,
- Akzeptanz eines neuen Produktes erhöhen und
- Anzahl Nutzer erhöhen, die das Produkt in sozialen Netzen empfiehlt.

Obwohl die User Experience äußerst subjektiv ist, kann sie gemessen und bewertet werden. Hierzu gibt es mehrere Möglichkeiten: Die UX kann durch eine Selbsteinschätzung der Nutzer bewertet werden – hier wird die subjektive UX durch subjektive Einschätzung eruiert. Objektivere Methoden analysieren z. B. das Blickverhaltens der Nutzer und ziehen daraus Schlüsse zur User Experience.

Einen recht umfassenden Ansatz zur Beurteilung der User Experience wurde von Google durch das HEART-Framework entwickelt. Dieses Framework versucht, das Thema User Experience in die folgenden fünf Qualitätskategorien einzuteilen, um diese dann zu messen (Rodden 2015):

- Happiness (Freude): Begeisterung der Nutzer für das digitale Angebot
- Engagement (Engagement): Grad des Engagements der Nutzer des digitalen Angebots
- Adoption (Annahme): Initiale Akzeptanz des digitalen Angebots durch die Nutzer
- Retention (Beibehaltung): Umfang der regelmäßigen Wiedernutzung des digitalen Angebots
- Task success (Zielerreichung): Zielerreichung der Nutzer durch das digitale Angebot

	Ziel	Nutzersignale	Messgrößen (Beispiele)
Happiness (Freude)	Nutzer haben das Gefühl, das digitale Angebot sei einzigartig	Hohe Nutzerzufriedenheit (bei Befragungen)	• Zufriedenheit • Wahrgenommene Einfachheit • Net Promoter Score (NPS)
Engagement (Engagement)	Nutzer bleiben, um mehr und weitere Inhalte zu entdecken	Zeit, die Nutzer auf der Seite verbringen (aus Analytics)	• Anzahl gesehene Videos • Anzahl der Uploads • Anzahl der Shares
Adpotion (Annahme)	Grundsätzliche Nutzung des digitalen Angebotes sicherstellen	Anzahl der Registrierungen pro Tag (aus Analytics)	• Upgrades auf aktuelle Version • Neu-Registrierungen • Käufe durch neue Nutzer
Retention (Beibehaltung)	Laufende Wiedernutzung des digitalen Angebotes sicherstellen	Anzahl der wiederkehrenden Nutzer (aus Kundendaten)	• Anzahl der aktiven Nutzer • Verlängerungsquote • Wiederholte Käufe
Task Success (Zielerreichung)	Nutzer erreichen durch das digitale Angebot ihr eigenes Ziel	Anzahl der erreichten Kundenziele (aus Studie)	• Erfolgreiche Suchen • Zeitdauer für Upload • Anzahl komplett erstellter Profile

Abb. 3.6 HEART-Framework von Google. (Quelle: in Anlehnung an Rodden 2015)

Abb. 3.6 stellt diese fünf Kategorien des HEART-Frameworks, deren Ziele, Nutzersignale und Beispiele für Messgrößen im Überblick dar.

Das HEART-Framework kann flexibel auf verschiedenen Analyse-Ebenen eingesetzt werden – vom gesamten Produkt bis hin zu einer bestimmten Funktion des digitalen Angebots. Es wurde bei einer Vielzahl von Projekten bei Google eingesetzt, dabei hat es sich als sehr nützliches Tool auch zum Fokussieren von Team-Diskussionen erwiesen (Rodden 2015).

Eine Besonderheit bei Messung und Bewertung der User Experience stellen Anwendungen des Digital Commerce dar. Bei diesen Anwendungen, z. B. Online-Shops mit E-Commerce-Webseiten und Shopping-Apps, steht bei der Beurteilung der UX oft die Optimierung der Usability eines Frontends im Fokus, mit dem klaren Ziel, die Conversion Rate des Digital Commerce Angebotes zu steigern.

Für diese Fragestellung existieren zahlreiche Vorgehensmodelle, welche die qualitativen Erfolgsfaktoren beschreiben und analysieren, z. B. das L.I.F.T.-Modell von WiderFunnel oder das R.E.A.D.Y.-Framework von ion interactive. Diese Modelle bewerten verschiedene Grundprinzipien, insbesondere die Relevanz der Informationen und Inhalte für den Nutzer, eine motivierende, emotionale und vertrauensbildende Ansprache des Nutzers sowie klare Call-to-Actions und Führung des Nutzers zum Ziel, der Conversion (Morys 2011, S. 63–68).

Literatur

Crothers, B. (2011). Storyboarding & UX. http://johnnyholland.org/2011/10/storyboarding-ux-part-1-an-introduction/. Zugegriffen am 30.10.2017.

Dernbach, C. (2017). Die Geschichte von Apple – Fakten, Geschichten und Legenden. http://www.mac-history.de/zeitleiste-die-entwicklung-von-apple-seit-1976. Zugegriffen am 30.10.2017.

Holland, H. (2017). Customer experience management. http://wirtschaftslexikon.gabler.de/Archiv/-2045503334/customer-experience-management-v1.html. Zugegriffen am 30.10.2017.
Kollmann, T. (2016). *E-Entrepreneurship – Grundlagen der Unternehmensgründung in der Digitalen Wirtschaft* (6. Aufl.). Wiesbaden: Springer.
Morys, A. (2011). *Conversion-Optimierung – Praxismethoden für mehr Markterfolg im Web*. Frankfurt a. M.: entwickler press.
Richter, M., & Flückinger, M. (2016). *Usability und UX kompakt – Produkte für Menschen* (4. Aufl.). Berlin: Springer.
Robier, J. (2016). *Das einfache und emotionale Kauferlebnis – Mit Usability, User Experience und Customer Experience anspruchsvolle Kunden gewinnen*. Wiesbaden: Springer.
Rodden, K. (2015). How to choose the right UX metrics for your product. https://library.gv.com/how-to-choose-the-right-ux-metrics-for-your-product-5f46359ab5be. Zugegriffen am 30.10.2017.
Roque, G. (2016). Die Customer Journey muss entzaubert werden. http://www.absatzwirtschaft.de/die-customer-journey-muss-entzaubert-werden-88949/. Zugegriffen am 30.10.2017.
Siepermann, M. (2017). Benutzerfreundlichkeit. Gabler Wirtschaftslexikon. http://wirtschaftslexikon.gabler.de/Archiv/75615/benutzerfreund-lichkeit-v8.html. Zugegriffen am 30.10.2017.
Wörmann, M. (2013). Messung von User Experience. http://serviceplanblog.com/de/2013/06/messung-von-user-experience/. Zugegriffen am 30.10.2017.

Prof. Dr. Christian Stummeyer ist Inhaber der Professur „Wirtschaftsinformatik und Digital Commerce" an der Technischen Hochschule Ingolstadt. Er ist erfahrener Unternehmensberater und selbst erfolgreicher Gründer und E-Commerce-Unternehmer. Nach dem Studium der Betriebswirtschaft an der Georg-August-Universität Göttingen und Promotion in Wirtschaftsinformatik startete er seine unternehmerische Karriere bei The Boston Consulting Group in Düsseldorf, wechselte danach in den Führungskreis der Siemens AG in München und sammelte dort internationale Konzernerfahrung. Seit 2009 ist er selbst E-Commerce-Unternehmer und gestaltete als Geschäftsführender Gesellschafter über fünf Jahre maßgeblich die Wachstumsstrategie bei VON WILMOWSKY, einem auch heute noch in der DACH-Region führenden Online-Händler für Premium-Designermöbel. Nach dem Wechsel in den Beirat des Unternehmens war er als Geschäftsführer bei der UDG (United Digital Group), einer führenden deutschen Digitalagentur, für das gesamte Management-Beratungsgeschäft der Gruppe verantwortlich. Seine Beratungsschwerpunkte sind die Entwicklung digitaler Strategien, E-Commerce, Beratung zu Vertriebs- und Service-Prozessen sowie die digitale Transformation von Geschäftsmodellen und Unternehmen.

Teil II
Digitalisierung in ausgewählten Prozessbereichen

Product Lifecycle Management (PLM) im Kontext von Industrie 4.0

Cornelia Zehbold

> **Zusammenfassung**
>
> PLM ist ein ganzheitlicher, integrierender Management- und Organisationsansatz, welcher sämtliche Informationen im Produktlebenszyklus mit geeigneter IT-Unterstützung zusammenbringt, mit dem Ziel, sie zur richtigen Zeit, am richtigen Ort, in der richtigen Quantität und Qualität bereitzustellen. Es schließt die Planung, Steuerung und Kontrolle der damit verbundenen Prozesse im gesamten Produktlebenszyklus ein. Die im Kontext von Industrie 4.0 postulierte horizontale und vertikale Integration sowie die Durchgängigkeit des Engineerings über den gesamten Lebenszyklus stellt das PLM vor neue Herausforderungen. Mit dem Referenzarchitekturmodell RAMI4.0, dem Modell der Industrie 4.0 Komponente und der Definition von Eigenschaften, die Produkte (zukünftig) als Industrie-4.0 fähig kennzeichnen, werden die Voraussetzungen geschaffen, diesen Herausforderungen zu begegnen. Darüber hinaus bedarf es einer disziplinübergreifenden Entwicklungsmethodik des Model Based Systems Engineering und dessen systemtechnischer Unterstützung. Die Erweiterung von PLM in Richtung System Lifecycle Management scheint ein vielversprechender Lösungsansatz zu sein.

C. Zehbold (✉)
Fakultät Wirtschaftsingenieurwesen, THI, Ingolstadt, Deutschland
E-Mail: cornelia.zehbold@thi.de

4.1 Grundlagen

4.1.1 Lifecycle, Product Lifecycle und Product Lifecycle Management

Der Begriff Lifecycle bzw. Lebenszyklus in seiner Anwendung auf nicht natürliche Systeme greift das für natürliche Organismen geltende Charakteristikum des Lebens auf. Er schematisiert die Entwicklungsphasen bzw. -stadien, die ein Objekt während seiner Lebensdauer durchläuft, in einem zeitbezogenen und/oder logischen Beschreibungsmodell. Es handelt sich um einen so universellen Ansatz, dass er auf vielfältige Objekte angewandt werden kann (zu einem Überblick siehe bspw. Zehbold 1996, S. 16 ff.). Üblich ist eine grobe Dreiteilung der Phasen in die Entstehung (Beginning Of Life – BOL), Nutzung (Middle Of Life – MOL) und den Abbau (End Of Life – EOL) mit objektspezifischer und weiterer Unterteilung in Abhängigkeit von der eingenommenen Perspektive, primär Herstellerperspektive oder primär Nutzerperspektive (siehe Zehbold 1996, S. 74 ff.).

Zu den vielfältigen Objekten, auf die das Lebenszyklusmodell Anwendung findet, zählen Produkte. Der Produktlebenszyklus (Product Lifecycle) startet mit der Produktentstehungsphase und damit der Planung, Entwicklung und Konstruktion eines serienreifen Produktes, wobei bereits in dieser frühen Phase ganzheitlich Kosten, Zeit und Qualität über den gesamten Produktlebenszyklus optimiert werden sollen. Mit der Herstellung und dem Verkauf tritt das Produkt in die Phase der Nutzung und des begleitenden Service ein. Im letzten Lebenszyklusabschnitt, der Entsorgungsphase, erfolgen ein Downcycling oder Upcycling mit Komponentenaustausch. Dabei kann ein Produkt alles sein, was entwickelt und hergestellt wird mit dem Ziel es zu verkaufen oder selbst zu nutzen, dies schließt auch Zwischenprodukte mit ein (vgl. Sendler 2009, S. 6). Zunehmend wichtiger wird es, im Produktlebenszyklusmodell neben dem physischen oder digitalen Produkt auch gekoppelte Dienstleistungen integriert als Produktkombination zu betrachten (Abschn. 4.2.1).

Neben Produkt- und speziellen Anlagenlebenszyklen bzw. Lebenszyklen eines Produktionssystems werden regelmäßig auch Technologie-, Fabrik- und Auftragslebenszyklen betrachtet, um das „Werden und Vergehen" dieser Objekte im Rahmen der industriellen Fertigung zu veranschaulichen (Abb. 4.1). An den Schnittstellen verschiedener Lebenszyklen und insbesondere im Schnittpunkt Produktion, treten Abstimmungs- und Anlaufprobleme auf, die bislang durch vorherrschende Steuerungs- und Regelungskreise innerhalb eines (Teil-) Systems nicht wirklich beherrscht werden. Besserung verspricht die Vision Industrie 4.0 mit der angestrebten horizontalen und vertikalen Integration sowie der digitalen Durchgängigkeit des Engineerings über Lebenszyklen. Immer mehr Daten und Informationen stehen digital zur Verfügung, können ausgetauscht und analysiert werden. Dabei beschränkt sich der Integrationsgedanke und der Informationsaustausch nicht auf ein Unternehmen, sondern bezieht auch die Kunden, Lieferanten und sonstige Kooperationspartner mit ein.

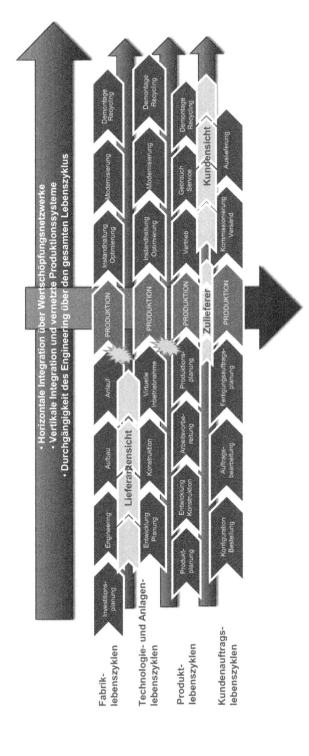

Abb. 4.1 Verschiedene Lebenszyklen im Rahmen der Wertschöpfung. (Quelle: Eigene Darstellung)

Das Product Lifecycle Management (PLM) legt nun den Produktlebenszyklus für einen umfassenden, ganzheitlichen Management- und Organisationsansatz zugrunde, wie folgende Definitionen zum Ausdruck bringen:

Das Product Lifecycle Management ist ein integrierendes Konzept zur IT-gestützten Organisation und Verwaltung aller Informationen über Produkte und deren Entstehungsprozesse über den gesamten Produktlebenszyklus hinweg, sodass die richtige Information zum richtigen Zeitpunkt in der richtigen Form an der richtigen Stelle zur Verfügung steht (Arnold 2011, S. 10).

Product Lifecycle Management ist ein ganzheitlicher Ansatz zur unternehmensweiten Verwaltung und Steuerung aller Produktdaten und Prozesse des gesamten Lebenszyklus entlang der erweiterten Logistikkette: von der Entwicklung und Produktion über den Vertrieb bis hin zur Wartung. Durch PLM wird der Produktentstehungsprozess durch konsistente Methoden, Modelle und Werkzeuge ganzheitlich unterstützt, um die Produktivität im Unternehmen zu erhöhen. Zur Unterstützung dieses Ansatzes existieren Informationstechnologie (IT-) basierte PLM-Lösungen, die mit ihren Funktionen die Umsetzung des PLM-Ansatzes in großen Teilen erst ermöglichen (Schuh und Uam 2012, S. 355).

Das Product Lifecycle Management ist ein umfassendes Konzept das Produkt über seinen gesamten Lebenszyklus effektiv und effizient zu gestalten. Das PLM basiert auf Produktinformationen, die im Rahmen der Produkterstellung sowohl innerhalb, als auch außerhalb eines Unternehmens anfallen. Mit PLM wird durch Prozesse, Methoden und Werkzeuge eine Umgebung zur Verfügung gestellt, um Produktinformationen in der richtigen Zeit, Qualität und Reihenfolge am richtigen Ort zur Verfügung zu stellen, und Verschwendung zu vermeiden (WZL 2017).

Beim Product Lifecycle Management (PLM) handelt es sich um einen Ansatz zur ganzheitlichen, unternehmensweiten Verwaltung und Steuerung aller Produktdaten und Prozesse des gesamten Lebenszyklus – von der Entwicklung und Produktion über den Vertrieb bis hin zur Wartung. Ziel dabei ist es, den Produktentstehungsprozess durch Datenmanagement zu unterstützen und die Entwicklungsproduktivität zu erhöhen. Zur Unterstützung dieses Ansatzes existieren Informationstechnologie (IT-) basierende PLM-Lösungen, die mit ihren Funktionen die Umsetzung des PLM-Ansatzes in großen Teilen erst ermöglichen (Schuh 2015).

Den Definitionen ist gemeinsam, dass es sich beim PLM um ein ganzheitliches, integrierendes Konzept handelt, welches sämtliche Daten/Informationen im Produktlebenszyklus mit geeigneter IT-Unterstützung zusammenbringt, mit dem Ziel, Informationen, zur richtigen Zeit, am richtigen Ort, in der richtigen Quantität und Qualität bereitzustellen. Es schließt die Planung, Steuerung und Kontrolle der damit verbundenen Prozesse im gesamten Produktlebenszyklus und die optimale Ressourcennutzung mit ein. In den Definitionen kommt aber auch zum Ausdruck, dass ein Schwerpunkt auf die Unterstützung von Prozessen und das Datenmanagement in den frühen Phasen im Produktlebenszyklus gelegt wird. Historisch gesehen bildeten nämlich Funktionen zur Unterstützung der Produktentwicklung (Produktdatenmanagement bzw. PDM-Funktionen) den Kern des PLM und es gilt nach wie vor: „Wo PLM drauf steht, ist PDM drin."

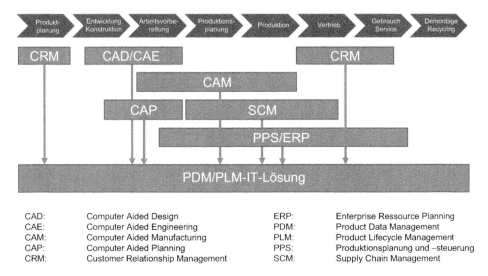

Abb. 4.2 PLM-Umsetzung durch Integration verschiedener Lösungskomponenten. (Quelle: In Anlehnung an Werkzeugmaschinenlabor WZL der RWTH Aachen, www.plm-info.de)

Zur Umsetzung des PLM-Konzeptes stehen heute IT-Lösungen zur Verfügung, die mit ihrem Funktionsumfang die Tätigkeiten entlang der Wertschöpfungskette unterstützen und eine Vielzahl von Software-Bausteinen verbinden (siehe Abb. 4.2). Im Markt für PLM-Lösungen gibt es einige große Anbieter, zu denen beispielsweise die Lösungen von Dassault Systèmes, Oracle, PTC, SAP und Siemens gehören. Hinsichtlich einer Übersicht zu PLM-Lösungen bzw. -Anbietern sei beispielsweise auf die Marktübersichten unter http://www.cimdata.com und http://www.trovarit.com verwiesen. Zu einer Zusammenfassung von PLM-Kernfunktionen siehe Eigner (Eigner et al. 2017, S. 156 ff.), ausführlich zum Gesamtkonzept Stark (2015, 2016).

4.1.2 Forschungs-Roadmap Industrie 4.0

Industrie 4.0 ist ein ursprünglich im Aktionsplan Hightech-Strategie 2020 der Bundesregierung verabschiedetes Zukunftsprojekt. Der Begriff „Industrie 4.0" wurde von Experten ausgewählt, um den Inhalt dieses Projektes zu verdeutlichen. Er unterstreicht die revolutionäre Natur des Themas, da er impliziert, dass es eine neue, bevorstehende vierte industrielle Revolution gibt, die den drei vorangegangenen Revolutionen folgt (nach 1. Mechanisierung, 2. Elektrifizierung und Massenproduktion, 3. Elektronik- und IT-Einsatz zur weiteren Automatisierung der Produktion). Ein Arbeitskreis Industrie 4.0 setzte sich mit den Voraussetzungen für den erfolgreichen Aufbruch ins vierte industrielle Zeitalter auseinander. Er publizierte seine Empfehlungen in einem Bericht unter dem Titel „Umsetzungsempfehlungen für das Zukunftsprojekt Industrie 4.0: Abschlussbericht des

Arbeitskreises Industrie 4.0" im April 2013 (Promotorengruppe 2013). Es folgte die Konkretisierung im April 2015 mit der „Umsetzungsstrategie Industrie 4.0", in der die Forschungs-Roadmap zur Umsetzung von Industrie 4.0, das Referenzarchitekturmodell RAMI4.0 und die Kennzeichnung von Industrie 4.0-Komponenten die wesentlichen Bestandteile sind. In der Zwischenzeit ist Industrie 4.0 auf dem Weg von der Vision in die Umsetzung, an der Branchenverbände, regionale Cluster, Forschungseinrichtungen und Unternehmen mitwirken und den Schulterschluss mit europäischen und außereuropäischen Partnern suchen.

Industrie 4.0 steht also für die 4. industrielle Revolution, die visionär auf Basis von Cyber-Physical Systems (CPS) bzw. cybertronischer Systeme (Systeme, die miteinander kommunizieren) und der Internettechnologien eine nahtlose, durchgängige Organisation und Steuerung der Wertschöpfungskette über die Lebenszyklen von Produkten, Maschinen, Fabriken usw. erlaubt. Ein herausragendes Kennzeichen ist die allgegenwärtige Vernetzung und die Verschmelzung der realen (physischen) Welt mit der virtuellen Welt. Objekte werden intelligent und sind untereinander über das Internet der Dinge, Daten und Dienste vernetzt. Das Ziel ist „die signifikante Verbesserung der Wertschöpfung, die durch mehr Flexibilität der Produktion, Selbstorganisation von Prozessen und insbesondere die Individualisierung von Produkten in den darauf bezogenen Produktionsprozessen erreicht werden kann." (Anderl 2015, S. 14). Die Digitalisierung bewirkt – wie Henning Kagermann in einem Vortrag „Industrie 4.0 – Auf dem Weg zur vierten industriellen Revolution" betonte – neben der Effizienzverstärkung auch eine Intelligenzverstärkung (Kagermann 2013, S. 4 ff.). Aus der Kombination von Internettechnologien und CPS ergeben sich vielfältige Möglichkeiten für innovative Dienstleistungen und Geschäftsmodelle (Stichwort: Servitization).

Zu den Kernbausteinen für die Umsetzung von Industrie 4.0 zählen neben grundlegenden Klärungen zu Referenzarchitektur, Standardisierung und Normung, zur Sicherheit und zu den rechtlichen Rahmenbedingungen fünf Themenfelder, denen sich die Forschung zu widmen hat (vgl. ausführlich Plattform Industrie 4.0 2015, S. 15 ff.). In der sogenannten Forschungsroadmap (siehe Abb. 4.3) werden die Forschungs- und Entwicklungsaktivitäten (FuE) zu den fünf Themenfeldern

- Horizontale Integration über Wertschöpfungsnetzwerke,
- Durchgängigkeit des Engineerings über den gesamten Lebenszyklus,
- Vertikale Integration und vernetzte Produktionssysteme,
- Neue soziale Strukturen der Arbeit und
- Kontinuierliche Entwicklung von Querschnittstechnologien

inhaltlich weiter strukturiert und auf der Zeitachse mit einem Zeithorizont bis 2035 verortet, um die FuE-Aktivitäten auf dem Entwicklungspfad zu Industrie 4.0 zu begleiten und in den Folgejahren auch weiterzuentwickeln. Die ersten drei Themenfelder werden im Anschluss hinsichtlich ihrer Bezüge zum und Auswirkungen auf das PLM analysiert, ehe auch auf relevante Grundlagenarbeiten aus dem Bereich der Standardisierung eingegangen wird.

4 Product Lifecycle Management (PLM) im Kontext von Industrie 4.0

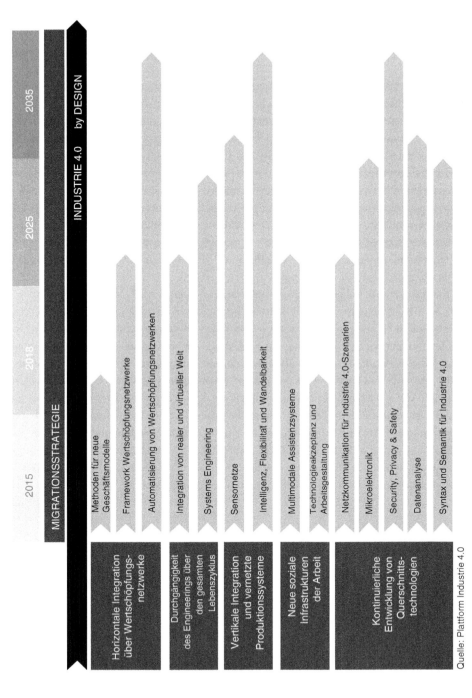

Quelle: Plattform Industrie 4.0

Abb. 4.3 Forschungs-Roadmap Industrie 4.0. (Quelle: Plattform Industrie 4.0 2016a, S. 26)

4.2 Auswirkungen der horizontalen Integration, des durchgängigen Engineerings und der vertikalen Integration auf PLM

4.2.1 Horizontale Integration über Wertschöpfungsnetze

Der Themenkomplex bezieht sich darauf, dass unternehmensintern und insbesondere auch unternehmensübergreifend die Zusammenarbeit gefördert und die horizontale Integration über verschiedene IT-Systeme hinweg realisiert werden. Hierbei handelt es sich primär um die Integration verschiedener IT-Systeme derselben Hierarchieebene, um eine durchgängig effiziente Wertschöpfung zu erreichen. Diese Systeme regeln den internen Material-, Energie- oder Informationsaustausch und die Austauschbeziehungen über die Unternehmensgrenzen hinweg. Wertschöpfungsprozesse wie Engineering, Fertigung, Logistik, Service sollen im Unternehmen und mit den verschiedenen Anbieterrollen innerhalb eines Netzwerkes durchgängig automatisiert werden. Für die Automatisierung von Wertschöpfungsnetzwerken sind unter anderem die „Durchgängigkeit der Informationsflüsse" und die „Integration von Anwendungen wie PLM …" (Plattform Industrie 4.0 2015, S. 21) wichtige Aspekte.

In diesem Kontext haben CPS das Potenzial, Geschäftsmodelle und Geschäftsstrategien radikal zu verändern und neue Wertschöpfungsnetze zu schaffen. Hersteller bieten ihre Produkte nicht mehr nur klassisch mit parallelen oder ergänzenden Dienstleistungen (Produktgeschäft oder Systemgeschäft, siehe Abb. 4.4) beim Kunden an. Im Rahmen eines kundenindividuellen Lösungsgeschäftes herrscht eine integrierte Sichtweise vor, die besagt, dass Produkt und Dienstleistungen mit softwarebasierten Services angeboten werden (siehe auch Abb. 4.4). Daten und Informationen aus der horizontalen Integration der Wertschöpfungsnetze lassen Servicelebenszyklen entstehen. Dem PLM kommt somit auch die Aufgabe zu, die Daten und Informationen über den gesamten Produktlebenszyklus zu organisieren und zu verwalten, die für das Angebot der softwarebasierten Services benötigt werden. Dabei können die Services in Abhängigkeit von der Rollenverteilung in den Wertschöpfungsnetzen von beliebigen Teilnehmern übernommen werden.

Abb. 4.4 Paradigmenwechsel in der Produkt- und Dienstleistungsentwicklung. (Quelle: In Anlehnung an Ministerium für Finanzen und Wirtschaft Baden-Württemberg/Fraunhofer-Institut für Produktionstechnik und Automatisierung IPA 2014, S. 23)

4.2.2 Durchgängigkeit des Engineerings über den gesamten Lebenszyklus

Dieses Themenfeld zielt auf ein digitales End-to-End-Engineering über den gesamten Produktlebenszyklus und das damit verbundene Produktionssystem ab. Im Kern geht es um die Verbesserung von Engineering-Prozessen durch eine verstärkte Nutzung von Feedbackinformationen aus späteren Lebenszyklusphasen sowie den Aufbau eines unternehmensübergreifenden Wissensmanagements. Ziel ist es, einen nahtlosen, digitalen Fluss von Informationen zu schaffen. Auf diese Weise können alle Informationen und Daten miteinander verbunden werden, die über den Produktlebenszyklus von der Produktidee über die Produktentwicklung, die Fertigungstechnik, die Fertigung, die Nutzung des Produkts durch den Kunden bis hin zur Entsorgung erzeugt werden. Ein solch unterbrechungsfreier Austausch von Daten und Informationen, sorgt für eine vollständige Rückverfolgbarkeit, ermöglicht Echtzeit-Rückkopplungsschleifen und stellt allen Teilnehmern relevante Informationen zur Verfügung. Das bedeutet zum Beispiel, dass Produkte, die mit Sensoren und Kommunikationstechnologie ausgestattet sind, Daten während ihrer Nutzung beim Kunden sammeln und die generierten Informationen direkt an die Entwicklungs- oder Fertigungsabteilung zurücksenden können. Daten und virtuelle Produktmodelle sollen über den gesamten Lebenszyklus genutzt und angereichert werden.

Ein weiterer Aspekt ist die Integration der realen und virtuellen Welt. Neben der weiteren Verbesserung der umfassenden Simulation und Validierung von realen Systemen in frühen Phasen des Produktlebenszyklus beinhaltet dies das Konzept der Erstellung und Pflege eines virtuellen Abbildes jedes physikalischen Objekts zeitgleich mit seiner Entwicklung, eines sogenannten digitalen Zwillings. Dies geht über die aktuellen Simulationsansätze hinaus, da der virtuelle Begleiter des physikalischen Objekts kontinuierlich mit Daten gefüllt werden kann, die von Sensoren erzeugt werden, die in das reale Objekt eingebettet sind.

Mit der Fragestellung, wie das Engineering von Industrieprodukten und produktnahen Dienstleistungen zukünftig gestaltet werden muss, befasste sich eine Studie im Rahmen der Begleitforschung zum Technologieprogramm AUTONOMIK für Industrie 4.0 des Bundesministeriums für Wirtschaft und Energie. Die Verfasser kamen zu dem Schluss, dass das Engineering für Industrie 4.0 bestimmten Prinzipien folgen muss (vgl. Begleitforschung AUTONOMIK für Industrie 4.0 2016, S. 30 f.):

- Ganzheitliche Produktlebenszyklusbetrachtung: Es sollen ganzheitlich im Produktlebenszyklus alle Phasen von der Bedarfsanalyse über Konstruktion und Fertigung bis hin zu Betrieb und Recycling betrachtet werden. Betriebs- und Nutzungsdaten aus Fertigung, Betrieb, Recycling sollen in einem virtuellen Abbild, welches modellbasiert ist, mit Bedarfs- und Konstruktionsinformationen verknüpft werden, gegebenenfalls unternehmensübergreifend.
- Feedback-Architektur: Als zentrale Komponente des Engineerings sehen die Autoren die technische und auch methodische Rückkoppelung gewonnenen Wissens. Informationen

aus späten Produktlebenszyklusphasen (z. B. Fertigung, Betrieb oder auch Recycling) werden in dem virtuellen Abbild mit Daten aus frühen Produktlebenszyklusphasen (z. B. Bedarfsanalyse und Konstruktion) verknüpft. So wird ein Feedbackprozess aufgebaut, mit dem bei neuen Produkten auf bestehendes Wissen aus allen Phasen zugegriffen werden kann.
- Umfassender Produktansatz: Produkt und die integrierten Services und Dienstleistungen sind Gegenstand des Engineerings. Mit der Gestaltung des Service ist auch der Entwurf eines dazu passenden Geschäftsmodells verbunden.
- Umwelt-ökonomische Betrachtung: Das Engineering umfasst auch integrierte umwelt-ökonomische Betrachtungen von Produkt und Services.
- Simultane Betrachtung von Ingenieurdisziplinen. In Konstruktions-, Visualisierungs- und Simulationssystemen werden die Disziplinen, wie z. B. Software, Elektronik und Mechanik, simultan betrachtet.
- Offenheit für agile und partizipative Ansätze: Die Partner der Wertschöpfungskette (Kunden, Entwicklungspartner, Zulieferer, technische Dienstleister) sind partizipativ beim Engineering des Systems und auch in den Produktlebenszyklus integriert. Werkzeuge und Methoden sind offen für kollaborative Arbeit (i. S. v. Open Innovation) sowie agile Prozessmodelle.
- Langlebige Informationssysteme: Für die Datenhaltung im virtuellen Abbild existiert eine Archivierungsstrategie. Damit wird für die Lebensdauer der Produkte die Speicherung, Bearbeitung sowie Nutzung der Daten sichergestellt.
- Begleitende Zertifizierung: Die Zertifizierung wird von einer nachgelagerten zu einer die Konstruktion und Fertigung begleitenden Aktivität. Sie solle auch möglichst weitgehend virtuell durchgeführt werden.

„Das Engineering wird damit zu einem den Produktlebenszyklus durchgängig begleitenden Feedback-Prozess, der unternehmensübergreifend alle Akteure der Wertschöpfungskette einbezieht, eine ganzheitliche Sicht auf das Produkt, die integrierten Services und die Dienstleistungen abbildet und technische, ökonomische und ökologische Aspekte gleichermaßen berücksichtigt" (Begleitforschung AUTONOMIK für Industrie 4.0 2016, S. 31).

4.2.3 Vertikale Integration und vernetzte Produktionssysteme

Hierbei handelt es sich um die Integration verschiedener IT-Systeme auf unterschiedlichen Hierarchieebenen (von der Sensor-/Aktorebene bis hin zur Planungsebene, siehe Abb. 4.5) eines Produktionssystems. Basierend auf cyber-physikalischen Systemen werden Daten kontinuierlich auf dem Shop Floor während der Produktion und während der Nutzung von Produktionssystemen gesammelt. „Durch Intelligenz entfalten Produkte und Produktionssysteme neue Funktionalitäten und entlasten ihre Benutzer. Es werden Entwicklung, Engineering, Wartung und Lebenszyklusmanagement verbessert und es erhöhen sich Zuverlässigkeit, Sicherheit und Verfügbarkeit von Produkten und Produktionssystemen"

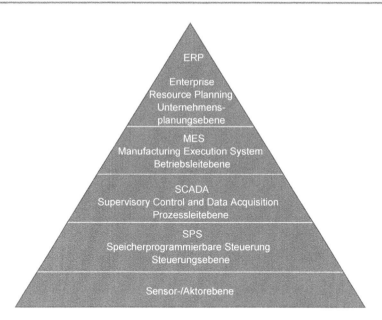

Abb. 4.5 Klassische Automatisierungspyramide. (Quelle: Eigene Darstellung)

(Plattform Industrie 4.0 2015, S. 28) Die Motivation für die kontinuierliche Datenerfassung und Datenauswertung liegt in einem vertieften Prozessverständnis sowie der Möglichkeit zur beständigen Verbesserung von Prozessen und Produkten in den Lebenszyklen der Objekte, die an der Wertschöpfung beteiligt sind.

Da alle physikalischen Objekte bis zu einem gewissen Grad smart werden, entstehen intelligente, flexible, selbstregulierende und anpassungsfähige Fertigungssysteme. Dies führt zu einer intelligenten Fabrik, wo sich Materialien und Teile selber durch die Produktion steuern und kundenspezifische Produkte wirtschaftlich zu produzieren sind (Losgröße 1). Das PLM steht damit vor der Herausforderung, Daten und Informationen für eine Vielzahl einzelner, kundenindividueller Produkte über den gesamten Produktlebenszyklus zu organisieren und zu verwalten. Im Kontext von Industrie 4.0 und der Entwicklung zur Digitalen Fabrik wird darüber hinaus ein sehr weites Begriffsverständnis des PLM-Ansatzes benötigt, welches Produkt und Produktionssystem integriert betrachtet. „Die Digitale Fabrik ist der Oberbegriff für ein umfassendes Netzwerk von digitalen Modellen, Methoden und Werkzeugen – u. a. der Simulation und der dreidimensionalen Visualisierung –, die durch ein durchgängiges Datenmanagement integriert werden. Ihr Ziel ist die ganzheitliche Planung, Evaluierung und laufende Verbesserung aller wesentlichen Strukturen, Prozesse und Ressourcen der realen Fabrik in Verbindung mit dem Produkt" (VDI 4499 Blatt 1 2008, S. 3). Damit geht einher, dass sukzessive von der ebenenorientierten, starren Automatisierungspyramide als Informationsmodell in der Automatisierungstechnik abgegangen wird (Stichwort: Automatisierungsdiabolo, siehe Vogel-Heuser 2017, S. 34).

4.3 Lebenszyklusinformationen und Standardisierung

4.3.1 Referenzarchitekturmodell Industrie 4.0 (RAMI4.0)

Ein wesentlicher Aspekt von Industrie 4.0 ist die Nutzung von Optimierungspotenzialen über Lebenszyklen und verbundene Wertschöpfungsketten hinweg. Es geht um die bessere Verfügbarkeit und den Austausch von Informationen im Entstehungs- und Verwendungszusammenhang. Das Referenzarchitekturmodell RAMI4.0 greift diesen Gedanken auf und implementiert das Life-Cycle-Modell als wesentlichen Bestandteil der Architektur (vgl. Abb. 4.6). Es wurde im Rahmen der Standardisierungsarbeiten zu Industrie 4.0 entwickelt und ermöglicht, technische Standards den drei Achsen Layers (Schichten), Hierarchy Levels (funktionale Hierarchie) und Life Cycle Value Stream (Lebenszyklus und Wertschöpfungskette) zuzuordnen, Überschneidungen zu erkennen und Lücken aufzudecken. Es handelt sich um ein dreidimensionales Modell, das veranschaulicht, wie ein Asset (realer Gegenstand) über den gesamten Lebenszyklus erfasst und durch die IT abgebildet werden kann. Mit der vertikalen Achse wird das digitale Abbild eines Assets (beispielsweise einer Maschine) gemäß üblichem Vorgehen in der Informations- und Kommunikationstechnologie in sechs Schichten strukturiert beschrieben. In diesem Zusammenhang spielt die Industrie-4.0-Komponente eine zentrale Rolle, die einen realen Gegenstand bzw. Asset und sein virtuelles Abbild in einem weiteren Modell beschreibt. Mit der rechten horizontalen Achse zur funktionalen Hierarchie wird die traditionelle Automatisierungspyramide erweitert um das Produkt und den Zugang in das Internet „Connected World".

Mit der linken horizontalen Achse zu Lebenszyklus und Wertschöpfungskette können in dem Modell Abhängigkeiten dargestellt werden wie die durchgängige Datenerfassung über den Lebenszyklus von Produkten, Anlagen, Systemen jeglicher Art. Grundsätzlich wird zwischen Lebenszyklus von Typ und Instanz unterschieden. Als Typ werden Objekte in der Entwicklung bezeichnet. Instanzen sind hingegen konkrete Ausprägungen bzw. einzelne Produkte, die auf der Basis eines Typs produziert werden. In der Phase „Development"

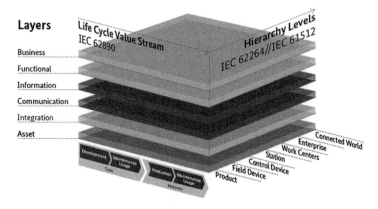

Abb. 4.6 Referenzarchitekturmodell Industrie 4.0. (Quelle: Plattform Industrie 4.0 2015, S. 43)

entsteht die erste Idee des Produktes. Es wird entwickelt und konstruiert, getestet, Muster und Prototypen werden gefertigt. „Maintenance/Usage" als Phase für einen Typ zielt darauf ab, dass auch für einen Typ durch Rückmeldungen aus dem Einsatz von Instanzen beim Kunden Anpassungen mit entsprechender Überarbeitung der Typunterlagen vorgenommen werden können. Damit unterliegt der Typ einer Pflege und Nutzung. Auf der Basis eines Typs werden einzelne Produkte hergestellt und mit einer eindeutigen Kennzeichnung (z. B. Seriennummer) versehen. Nach der Produktion werden sie an Kunden ausgeliefert und im Falle von Maschinen als konkrete Instanz in den Produktionsprozess eingebunden.

Die Unterscheidung von Typ und Instanz ist ursächlich auf das Zusammenspiel verschiedener Geschäftspartner zurückzuführen, die mit Planungs-, Realisierungs-, Einsatz- und Optimierungsprozessen befasst sind:

- Ein Zulieferer plant Teiletypen. Durch Fertigung und Auslieferung an den Maschinenhersteller entsteht eine Instanz, die dieser als Zulieferteil verwendet.
- Ein Maschinenhersteller plant Maschinentypen, die vom Fabrikbetreiber beauftragt und anschließend durch den Maschinenhersteller realisiert werden. Es entstehen Instanzen.
- Die Fabrik wird ebenfalls geplant als mögliche Fabrik und somit Typ. Sie wird dann aufgebaut und integriert Maschinen und Produktionssysteme verschiedene Hersteller.
- In der Fabrik werden sodann Aufträge bearbeitet und Produkte gefertigt, die ebenfalls jeweils einen Lebenszyklus durchlaufen, der dann schließlich beim Kunden endet.

Alles in allem vereint RAMI4.0 auf einer dreidimensionalen Landkarte unterschiedliche Perspektiven und soll ein einheitliches Verständnis zu Industrie-4.0-Technologien schaffen, die Möglichkeit geben, Standards zu verorten und Industrie 4.0 weiterzuentwickeln.

4.3.2 Modell der Industrie-4.0-Komponente

Bei der Industrie-4.0-Komponente handelt es sich um „ein Modell, das Eigenschaften von Cyber-physischen Systemen – reale Objekte der Produktion, die mit virtuellen Objekten und Prozessen vernetzt sind – genauer beschreibt. Hard- und Softwarekomponenten in der Produktion, vom Produktionssystem über die Maschine oder Station bis hin zur einzelnen Baugruppe innerhalb einer Maschine, werden Industrie 4.0-fähig, indem sie diese Eigenschaften erfüllen." (ZVEI 2015) Zu den Eigenschaften zählen bspw. die Identifizierbarkeit und Kommunikationsfähigkeit. Es werden mit dem Modell die Grundlagen für eine Industrie-4.0-konforme Kommunikation zwischen den Hard- und Softwarekomponenten in der Produktion gelegt. Eine wichtige Voraussetzung ist, dass Industrie-4.0-Komponenten sowohl als Typ als auch als Instanz über ihren kompletten Lebenszyklus hinweg Daten in einer sogenannten „Verwaltungsschale" – einem elektronischen Container – sammeln und damit den an der Wertschöpfung beteiligten Unternehmen zur Verfügung stellen können. Es entsteht ein virtuelles Abbild des realen Gegenstandes.

Ausgehend von RAMI4.0 und dem Modell „Industrie-4.0-Komponente" wurden für Produkte, die als „Industrie-4.0-fähig" tituliert werden sollen, Mindesteigenschaften definiert und diese – soweit absehbar – auch bereits für einen mittelfristigen und langfristigen Zeithorizont angegeben (ZVEI 2016; siehe Abb. 4.7). Für sieben „Kriterien" (Spalte 1) wurden „Anforderungen" (Spalte 2) definiert, die sich jeweils auf den Lebenszyklus von Typ und Instanz (Spalte 3) beziehen. Auch beinhaltet die Aufstellung die Angabe, ob und wie die Eigenschaften bereits heute (Spalte 4), oder mit einem mittel-/langfristigen Zeithorizont (Spalte 5, 6) verpflichtend (mandatory) oder optional sind. In fast allen Bereichen wird die Sicherstellung der definierten Produkteigenschaften sowohl für den Typ als auch die Instanz als verpflichtend angesehen. Die Kriterien und die genauere Spezifikation in den Anforderungen und Eigenschaften sollen Anbietern helfen zu entscheiden, bei welchen Produkten eine Kennzeichnung als Industrie-4.0-fähig möglich ist. Darüber hinaus dienen sie in der Produktentwicklung als Anleitung zum Design Industrie-4.0-fähiger Produkte. Für die Kunden geben sie Klarheit zu den Leistungen, die Industrie-4.0-fähige Produkte mitbringen sollen (vgl. ZVEI 2016, S. 4). Es ist das Ziel, die Kriterien sowie kurz-, mittel- und langfristig Produkteigenschaften in einen Normungsprozess einzubringen.

4.4 Ausblick

4.4.1 Herausforderungen

Die Individualisierung von Produkten, ihre Verbindung mit Dienstleistungen und der zunehmende Grad der Interaktion zwischen jeglicher Art von informationstechnisch gekoppelten Assets stellen das PLM im Kontext von Industrie 4.0 vor große Herausforderungen, von denen abschließend einige Aspekte aufgegriffen werden. Hinsichtlich einer generellen Zusammenstellung zum Stand der Forschung, dem vordringlichen Forschungsbedarf, den notwendigen Anpassungen aktueller Forschungsarbeiten und zu neuen Forschungsfeldern für Industrie 4.0 sei auf die umfänglich Darstellung der Plattform Industrie 4.0 verwiesen (siehe Plattform Industrie 4.0 2016b). Die Aktualisierung des Forschungsbedarfs wurde hierin auf Grundlage der Analyse von zehn Anwendungsszenarien erarbeitet, die weitgehend den Lebenszyklen im Rahmen der Wertschöpfung zugeordnet wurden (zu den Szenarien siehe Plattform Industrie 4.0 2016a S. 5 ff.).

Eine erste große Herausforderung ist die Beherrschung der Daten- und Systemheterogenität. Ziel des PLM ist die Gewährleistung eines durchgängigen Informationsflusses und digitaler Prozesse während des gesamten Produktlebenszyklus, der über die Unternehmensgrenze hinausgeht. Daten und Informationen entstehen während aller Phasen des Produktlebenszyklus und verändern sich im zeitlichen Ablauf. Auch vollziehen sich in diesen Phasen und über die Phasen hinweg Prozesse unter Beteiligung verschiedener Unternehmensfunktionen und auch externer Partner, die auf die vorhandenen Informationen zugreifen oder zugreifen würden, wenn sie verfügbar wären, und selber wieder neue Daten und Informationen generieren. Aus dem Genannten folgt unmittelbar die Heraus-

4 Product Lifecycle Management (PLM) im Kontext von Industrie 4.0

Kriterium	Anforderungen	Life Cycle	Produkteigenschaften 2017	Mittelfristig ≤ 5 Jahre[1]	Langfristig ≤ 10 Jahre[1]
Identifikation	Herstellerübergreifende Identifizierung mit eindeutigem Identifier (ID) auf dem Produkt angebracht, elektronisch lesbar. Identifizierung in: 1) Entwicklung 2) Warenverkehr (Logistik), Produktion 3) Vertrieb, Service, Marketing 4) Netzwerk	Typ	Für 1) Materialnummer[2] (elektronisch) nach ISO 29002-5[3] oder URI	Wie 2017	Wie 2017
		Instanz	Für 2) Seriennummer oder eindeutige ID Für 3) Hersteller + Seriennummer oder eindeutige ID Mit 2) und 3) elektronisch lesbar, physische Produkte über 2D-Code oder RFID Für 4) Identifikation Teilnehmer über IP-Netzwerk	Wie 2017, aber auch weitere kabellose Identifikation (z.B. NFC) möglich Detailliertere Identifikationsdaten und Dereferenzierung von weiteren Identifikatoren (z.B. GS1) möglich	Wie bei mittelfristig, aber auch Indoor- und Outdoor-Lokalisierung und weitere möglich
Industrie-4.0-Kommunikation	Übertragung von Daten und Datenfiles des Produkts für z.B. die Auslegung der Simulation, Daten zum Produkt in standardisierter Form Produkt über Netzwerk ansprechbar, liefert und übernimmt Daten, Plug & Produce über Industrie-4.0-konforme Dienste	Typ	Hersteller mach kundenrelevante Daten mithilfe der Identifikation online digital verfügbar/abrufbar, z.B. PDF über http(s)	Wie 2017, aber Verwaltungsschalen und ihre Daten sind digital kommunizierbar	Wie bei mittelfristig
		Instanz	Produkt online ansprechbar über TCP/UDP&IP mit mindestens dem Informationsmodell von OPC-UA	Wie 2017, aber zusätzliche Basisdienste Industrie 4.0 implementiert	Wie bei mittelfristig, aber Kommunikation kann erweiterte Kommunikationsstandards (z.B. OPC-UA, DDS, MQTT, TSN, 5G, Bluetooth etc.) nutzen. Flexible Netztopologien
Industrie-4.0-Semantik	Standardisierte Daten mit herstellerübergreifender eindeutiger Identifizierung in Form von Merkmalen mit Syntax für z.B.: 1) Kaufmännische Daten 2) Katalogdaten 3) Technische Daten: Mechanik, Elektrik, Funktionalität, Ortlichkeit, Leistungsfähigkeit 4) Dynamische Daten 5) Daten über Lebenslauf der Produktinstanz	Typ	Katalogdaten online abrufbar	Wie 2017, aber mit I4.0-konformer Selbstbeschreibung. 1-3) eCl@ss / IEC CDD / W3-konforme Daten[4]	Wie bei mittelfristig 1-3) eCl@ss / IEC CDD / W3-konforme Daten[4] + weitere Kandidaten + Daten in öffentlichen Datenbanken
		Instanz	Katalogdaten und Daten über den Lebenslauf der Produktinstanz online abrufbar	Wie 2017, 1-3) eCl@ss / IEC CDD / W3-konforme Daten[4]	1-3) eCl@ss / IEC CDD / W3-konforme Daten[4] + weitere Kandidaten + Daten in öffentlichen Datenbanken
Virtuelle Beschreibung	Virtuelles Abbild in Industrie-4.0-konformer Semantik Virtuelles Abbild über den gesamten Lebenszyklus Charakteristische Merkmale der realen Komponente. Informationen über Beziehungen der Merkmale untereinander, produktionsprozessrelevante Beziehungen zwischen Industrie-4.0-Komponenten, formale Beschreibung relevanter Funktionen der realen Komponente und ihrer Abläufe	Typ	Kundenrelevante Informationen anhand der Typenidentifikation digital abrufbar (Produktbeschreibung Katalog, Bild, technische Features, Datenblatt, Security Eigenschaften etc.)	Wie 2017, aber weitere kundenrelevante Daten sind in I4.0-konformen Formaten verfügbar. Daten über Produkttypen auch in öffentlichen oder private Clouds übertragbar (Verwaltungsschale über einen Typ)	Alle Daten und Beschreibungen digital verfügbar in einer Industrie-4.0-Semantik für den herstellerübergreifenden Austausch
		Instanz	Digitaler Kontakt zum Service und Informationen zum Produktsupport inkl. Ersatzteilinformation aus dem Feld möglich	Abbild aller Produktions- und Serviceunterlagen sowie Daten vorhanden und intern transparent verfügbar	Alle Daten und Beschreibungen digital verfügbar in einer Industrie-4.0-Semantik für den herstellerübergreifenden Austausch

Abb. 4.7 Kriterien und Produkteigenschaften für Industrie-4.0-Produkte. (Quelle: Zusammenfassung auf Basis von ZVEI 2016, S. 10, 12, 13)

Kriterium	Anforderungen	Life Cycle	Produkteigenschaften 2017	Mittelfristig ≤ 5 Jahre[1]	Langfristig ≤ 10 Jahre[1]
Industrie-4.0-Dienste und -Zustände	Definition noch offen (Dienstsystem) Allgemeine Schnittstelle für nachladbare Dienste und Meldung von Zuständen. Notwendige Basisdienste, die ein Industrie-4.0-Produkt unterstützen und bereitstellen muss.	Typ	Beschreibung der Geräteschnittstelle digital verfügbar	Wie 2017, aber zusätzlich erste Dienste online ladbar	Alle im Entwicklungsprozess benötigten Industrie-4.0-Dienste wie z. B. Simulationsmodelle online verfügbar
		Instanz	Informationen wie Zustände, Fehlermeldungen, Warnungen etc. nach einer Industrienorm über UPC-UA-Informationsmodell verfügbar	Wie 2017, aber zusätzlich Basisdienste Industrie-4.0 implementiert (z. B. Selbstbeschreibung)	Wie mittelfristig, aber zusätzlich alle Industrie-4.0-Dienste für Plug&Produce
Standard-funktionen	Grundlegende standardisierte Funktionen, die herstellerunabhängig auf verschiedenen Produkten lauffähig sind und gleiche Daten in gleichen Funktionen liefern. Sie dienen als Grundstock der Funktionalität, auf die jeder Hersteller seine eigenen Erweiterungen aufbauen kann.	Typ	Nicht definiert	Zum Beispiel Simulationsmodell lieferbar	Alle definierten Entwicklungsfunktionen lieferbar
		Instanz	Nicht definiert	Zum Beispiel PLCopen für Motion, IEC61131-3-Grundfunktionen, Condition-Monitoring-Standardfunktionen nach VDMA 2482,…	Alle definierten Standardfunktionen lieferbar und lauffähig
Security	Mindestbedingungen zur Sicherstellung der Security-Funktionalität	Typ	Eine Bedrohungsanalyse wurde durchgeführt. Angemessene Security-Fähigkeiten wurden berücksichtigt und öffentlich dokumentiert.	Security by Design Security-Fähigkeiten sind im jeweiligen Niveau beschrieben (Authentifizierung der Identifikatoren, Benutzer- und Rollenverwaltung, sichere Kommunikation, Logging der Security-relevanten Änderungen)	Security by Design Zusätzlich (Level der Vertrauenswürdigkeit), Fähigkeiten des vorgesehenen Niveaus der Vertrauenswürdigkeit sind beschrieben
		Instanz	Vorhandene Security-Fähigkeiten sind dokumentiert. Entsprechend sichere Identitäten sind vorhanden.	Security-Fähigkeiten sind digital abfragbar (Authentifizierung der Identifikatoren, Benutzer- und Rollenverwaltung, Logging der Security-relevanten Änderungen)	Zusätzlich digital abfragbar (Level der Vertrauenswürdigkeit), Fähigkeiten des vorgesehenen Niveaus der Vertrauenswürdigkeit sind umgesetzt

[1] Die Kriterien für den mittelfristigen und langfristigen Verlauf sind noch nicht als verbindlich anzusehen. Es handelt sich um Beispiele, die den aktuellen Stand der Diskussion abbilden.
[2] Materialnummer als Oberbegriff für Typenbezeichnung, Hersteller-Teilenummer, Bestellnummer, Produktklassifikation etc.
[3] In der Regel dürfte eine herstellerspezifische Identifikation nötig sein – dies leistet die ISO 29002-5 nach derzeitigem Stand nicht.
[4] eCl@ss: Es handelt sich um einen branchenübergreifenden Produktdatenstandard für die Klassifizierung und eindeutige Beschreibung von Produkten und Dienstleistungen. Mit dem Release 10.0 erweitert sich das Einsatzfeld über die klassischen Anwendungen in Beschaffung, Controlling und Vertrieb auf das unternehmensübergreifende Prozessdatenmanagement und im Engineering.
IEC CDD: Die International Electrotechnical Commission (IEC) ist eine internationale Normungsorganisation für Normen im Bereich der Elektrotechnik und Elektronik, deren Common Data Dictionary (CDD) eine Infrastruktur zur Erstellung, Modifikation und Zurverfügungstellung von Merkmalen bietet.
W3-konforme Daten: Mit den Standardisierungen im WWW konforme Daten. Das World Wide Web Consortium (W3C) entwickelt technische Spezifikationen und Richtlinien zur Standardisierung der Techniken im World Wide Web

Abb. 4.7 (Fortsetzung)

forderung, dass riesige Datenmengen im Sinne von Big Data zu verarbeiten sind. Mit Big Data werden zunächst einmal bestimmte Eigenschaften von Datenmengen beschrieben, wofür das sogenannte 4 V-Modell verbreitet ist:

- Volume beschreibt ein größeres Datenvolumen.
- Velocity steht für die Geschwindigkeit und die damit verbundenen Herausforderungen bei der Erzeugung, Übertragung und Verarbeitung von Daten.
- Variety verdeutlicht die Datenvielfalt, die aus unterschiedlichen Datenquellen, -typen und -formaten resultiert.
- Veracity, im Sinne vom Korrektheit, Sinnhaftigkeit und Vertrauenswürdigkeit der Daten.

Über die Eigenschaften von Daten hinaus beinhaltet der Begriff Big Data aber auch Technologien und Methoden zur Generierung wirtschaftlichen Nutzens aus den Daten (BITKOM 2012, S. 21). Im Kontext von Industrie 4.0 werden Big Data (im Sinne der 4 Vs) generiert aufgrund der Digitalisierung der gesamten Wertschöpfungskette und des Einsatzes von cyber-physikalischen Systemen (Sensor-, Prozessüberwachungs-/Umgebungs- und Nutzungsdaten). Die klassischen Methoden und Technologien der Speicherung, Verarbeitung und Auswertung von Daten stoßen hier schnell an ihre Grenzen. Abhängigkeiten, Zusammenhänge und Entwicklungen in den Daten können mit statistischen Verfahren oder Ansätzen des Datamining nicht entdeckt werden und scheitern an dem sogenannten „Fluch der Dimensionalität": Selbst „große" Datensätze hochdimensionaler Merkmale besetzen den Stichprobenraum viel zu dünn, als dass sie akzeptable Güteeigenschaften aufweisen.

„Data is the new oil." Das Statement vergleicht die Datenhaltung von Unternehmen im 21. Jahrhundert mit der Bedeutung von physischen Rohstoffen in früheren Zeiten. Öl ist ein wertvoller Rohstoff, aber wenn es nicht raffiniert wird, kann es nicht wirklich benutzt werden. Es muss beispielsweise in Kunststoff umgewandelt werden, um einen größeren Nutzen zu erbringen. Analog müssen Daten verarbeitet und analysiert werden, um mit ihnen als Information und Wissen einen Mehrwert zu erzielen. Verkürzt auf den Mehrwert, den Daten haben, wird sodann von Smart Data gesprochen. Ausführlicher ist die folgende Definition (Jähnichen 2015, S. 1):

> Smart Data = Big Data + Nutzen + Semantik + Datenqualität + Sicherheit + Datenschutz = nutzbringende, hochwertige und abgesicherte Daten

Smarte Daten können zur Vorhersage und Optimierung von Prozessketten und für die (teil-) automatisierte Überwachung genutzt werden. Damit steigern sie Effizienz und Effektivität im Rahmen bestehender Geschäftsmodelle z. B. durch kürzere Lieferzeit, schnellere Prozesse und höheren Durchsatz. Andere Geschäftsmodelle werden durch eine zielgerichtete Analyse vorhandener Datenmengen überhaupt erst möglich (z. B. predictive maintenance). Diese Nutzenaspekte werden ergänzt durch die Beschreibung der Bedeutung (Semantik der Daten). In der Aktualisierung der Forschungsagenda 4.0 (Plattform Industrie 4.0 2016b,

S. 4): „Die Anwendungsszenarien unterstreichen die zentrale Herausforderung, dass sich die an der Wertschöpfung beteiligten Objekte in ihren jeweiligen Rollen automatisierbar interpretieren können und „verstehen" müssen. Dafür werden neue Methoden und Prozesse zur Erstellung, Qualifizierung und Prüfung einer während des gesamten Lebenszyklus adaptiven und agilen Semantik benötigt." Und: „Eine bisher noch ungelöste Herausforderung liegt in der interdisziplinären und semantischen Verknüpfung von digitalen Modellen mit ihren Objekten aus der realen Welt. Sie ist notwendig, um die Effizienz der internen Auftragsabwicklung zu erhöhen sowie die Sicherheit von Entscheidungen zu wahren." (Plattform Industrie 4.0 2016b, S. 12) Die fehlende Datenqualität ist häufig ein großes Problem auf dem Weg von Big zu Smart Data. Die Qualität von Daten und Metadaten muss über den gesamten Lebenszyklus für verschiedene Wertschöpfungspartner messbar und nachvollziehbar gemacht werden.

Die wohl größte Herausforderung jedoch ist der Aspekt der Sicherheit und des Datenschutzes. Denn ohne die Gewährleistung von Sicherheit bei der Verarbeitung und Nutzung wie auch des Schutzes vor Verfälschung und Missbrauch werden die erwarteten wirtschaftlichen Vorteile nicht zu erreichen sein. Dazu gehört neben technischen Lösungen zur Einhaltung von Datenschutz und Sicherheit auch die Klärung rechtlicher Fragen, z. B. hinsichtlich der Rolle des Urheberrechts und des „Besitzes" von Daten. Es werden also Werkzeuge benötigt, die ein transparentes Management von Zugriffsrechten in Bezug auf Datenbestände, Anfragen und Analysen ermöglichen und auch durchsetzen (Jähnichen 2015, S. 2).

4.4.2 Lösungsansatz

Die Definition von Kriterien und Produkteigenschaften für (zukünftig) Industrie-4.0 fähige Produkte (Abschn. 4.3.2) und die angedachte Normung adressieren bereits einen relativ weiten Bereich der zuvor angesprochenen Herausforderungen. Für die Durchgängigkeit des Engineerings über den gesamten Lebenszyklus wurde bereits in Abschn. 4.2.2 dargestellt, dass die bisherige Entwicklungsmethodik anzupassen ist. Gefordert ist eine disziplinübergreifende Methodik des Model Based Systems Engineering (MBSE) und dessen systemtechnische Unterstützung für veränderbare Systeme, die als CPS oder CPPS (Cyber-Physical Production System) die künftige industrielle Fertigung kennzeichnen sollen.

Die Individualisierung und Hybridisierung der Produkte (Kopplung von Produkt und Dienstleistung) sowie Integration von Geschäftspartnern in die Wertschöpfungsprozesse in Kombination mit der Vernetzung von CPS und CPPS führt zu hoch komplexen Systemen. Ziele, Vorgehen und Ergebnisse des vom BMBF geförderten Projekts mecPro^2 („Modellbasierter Entwicklungsprozess cybertronischer Produkte und Produktionssysteme" im Rahmenkonzept „Forschung für die Produktion von morgen", Laufzeit 01.11.2013 bis 31.10.2016) erscheinen in Zusammenhang mit den zuvor geschilderten Herausforderungen, ein vielversprechender Lösungsansatz (eine ausführliche Dokumentation bietet Eigner et al. 2017). Es wurden „ein konzeptionelles Vorgehensmodell und technische Grundlagen für einen neuartigen interdisziplinären, integrierten und modellbasierten Entwicklungsprozess zur Entwicklung hochgradig vernetzter Systeme" und „eine passende IT-Infrastruktur" (Eigner et al. 2017, S. 4) erarbeitet. Da der Lösungsansatz über die Aufgaben bestehender PLM-Systeme hinausgeht, wurde der Begriff des System Lifecycle Management (SysLM) eingeführt.

> System Lifecycle Management (SysLM) ist das allgemeine Informationsmanagement, welches Product Lifecycle Management (PLM) um eine explizite Betrachtung der frühen Phasen – in der Entwicklung von Produktsystemen – unter Beachtung aller Disziplinen, einschließlich Dienstleistungen, erweitert. Das Konzept basiert auf der direkten bzw. auch indirekten Integration unterschiedlicher Autorensysteme entlang des gesamten Lebenszyklus eines Produktsystems. System Lifecycle Management Lösungen sind als technisch-administrativer Backbone verantwortlich für die Produkt- bzw. Systemmodelle und Prozesse (Eigner et al. 2015, S. 477).

In dem Projekt mecPro^2 wurde zunächst ein integrierter Referenzentwicklungsprozess für CPS und CPPS entwickelt, wobei insbesondere dem Wandel von dokumenten- zu modellbasierten Entwicklungs- und Planungsprozessen, der parallelen Beschreibung im digitalen Abbild sowie der disziplinübergreifenden und kollaborativen Entwicklung Rechnung getragen wurde. Das Rahmenwerk besteht aus einer modularen Prozessbibliothek, in der die Maximalmenge der prinzipiell möglichen Planungs- und Entwicklungsprozesse für CPS und CPPS abgelegt sind. Für die Modellierung der Systemarchitektur und des Systemverhaltens wurde eine mecPro^2-Beschreibungssystematik entwickelt. Als Modellierungssprache kam die OMG Systems Modeling Language (abgekürzt ebenfalls mit SysLM) zum Einsatz, da sie standardisiert ist, die abstrakte Abbildung komplexer Systeme unterstützt und vorhandene Modellierungssprachen miteinander verbindet. Beschreibungssystematik und Referenzentwicklungsprozess werden sodann in ein integriertes Modell überführt und um ein modellbasiertes Varianten- und Konfigurationsmanagement ergänzt. Weitere Abschnitte befassen sich mit der veränderten Rolle der Simulation in den Entwicklungsprozessen.

Die Grundlage für die Implementierung der Datenverwaltung in PLM-Systemen wird mit dem fachlichen Informationsmodell von mecPro^2 gelegt. Es besteht aus Datenobjekten, welche durch Attribute beschrieben werden, und die Beziehungen zu anderen Datenobjekten haben können. Als zusätzliche PLM-Funktionalität wurde im Rahmen des Projektes das Management semantischer Netze definiert, da nicht mehr nur hierarchische Strukturen (z. B. Stücklisten) zu verwalten sind, sondern netzartige Strukturen. Mit Hilfe von zwei Demonstratoren wurden die grundlegenden Ansätze des Projektes validiert und der Nachweis der prinzipiellen Realisierbarkeit nahe an vorhandenen Software-Werkzeugen geführt. Der erste Demonstrator legte das Anwendungsszenario „Autonomes Parken" zugrunde und als PLM-System kam CIM DATABASE PLM zum

Einsatz. Der zweite Demonstrator betrachtete das Anwendungsszenario „Zylinderkopfproduktion" als kollaborative Entwicklung von CPS und CPPS. Produkt- und Produktionssystemdatenmodelle wurden hierbei in der PLM-Software Teamcenter 11.2.1 verwaltet. „Beide Demonstratoren illustrieren, wie mit PLM-Standards und auch neuen Funktionen für das Modellmanagement die Hürden einer MBSE-PLM-Integration sinnvoll abgearbeitet werden können" (Eigner et al. 2017, S. 229). Abgesehen von der Erweiterung von PLM in Richtung SysLM weisen auch andere Ansätze – wie beispielsweise Accenture mit „Digital PLM" (Accenture 2015) belegt – auf die Notwendigkeit einer evolutionären Weiterentwicklung des Product Lifecycle Management (PLM) im Kontext von Industrie 4.0 hin.

Literatur

Accenture. (2015). Digital PLM – Reshape your innovation and product development. https://www.accenture.com/us-en/insight-digital-product-lifecycle-management. Zugegriffen am 17.07.2017.

Anderl, R. (2015). Industrie 4.0 im Gespräch. *BI-Spektrum, 2*, 14–15.

Arnold, V. (2011). *Product Lifecycle Management beherrschen. Ein Anwenderhandbuch für den Mittelstand* (2. Aufl.). Berlin: Springer.

Begleitforschung AUTONOMIK für Industrie 4.0. (2016). iit-Institut für Innovation und Technik in der VDI/VDE Innovation + Technik GmbH (Hrsg.). Engineering 4.0 Grundzüge eines Zukunftsmodells. Stand: Juli 2016. https://vdivde-it.de/sites/default/files/document/Engineering_40_Grundzuege-eines-Zukunftsmodells-2016.pdf. Zugegriffen am 17.07.2017.

BITKOM. (2012). Big Data im Praxiseinsatz – Szenarien, Beispiele, Effekte. https://www.bitkom.org/noindex/Publikationen/2012/Leitfaden/Leitfaden-Big-Data-im-Praxiseinsatz-Szenarien-Beispiele-Effekte/BITKOM-LF-big-data-2012-online1.pdf. Zugegriffen am 17.07.2017.

Eigner, M., et al. (2015). Kurzer Begriff und Nutzen des System Lifecycle Management – Industrial Internet mit Industrie 4.0 und Internet der Dinge und Dienste. *ZWF Zeitschrift für wirtschaftlichen Fabrikbetrieb, 7–8*, 475–478.

Eigner, M., Koch, W., & Muggeo, C. (Hrsg.). (2017). *Modellbasierter Entwicklungsprozess cybertronischer Systeme – Der PLM-gestützte Referenzentwicklungsprozess für Produkte und Produktionssysteme*. Heidelberg: Springer.

Jähnichen. (2015). Smart Data Newsletter vom 1. August 2015. http://www.digitale-technologien.de/DT/Redaktion/DE/Downloads/Publikation/SmartData_NL1.pdf?__blob=publicationFile&v=5. Zugegriffen am 17.07.2017.

Kagermann, H. (2013). Acatech. http://www.acatech.de/fileadmin/user_upload/Baumstruktur_nach_Website/Acatech/root/de/Material_fuer_Sonderseiten/Festveranstaltung_2013/acatech_FV_2013_Rede_Kagermann.pdf. Zugegriffen am 17.07.2017.

Ministerium für Finanzen und Wirtschaft Baden-Württemberg/Fraunhofer-Institut für Produktionstechnik und Automatisierung IPA (Hrsg.). (2014). Strukturstudie „Industrie 4.0 für Baden-Württemberg" Baden-Württemberg auf dem Weg zu Industrie 4.0. https://wm.baden-wuerttemberg.de/fileadmin/redaktion/m-wm/intern/Dateien_Downloads/Innovation/IPA_Strukturstudie_Industrie_4.0_BW.pdf. Zugegriffen am 17.07.2017.

Plattform Industrie 4.0. (2015). Umsetzungsstrategie Industrie 4.0: Ergebnisbericht der Plattform Industrie 4.0. https://www.plattform-i40.de/I40/Redaktion/DE/Downloads/Publikation/umsetzungsstrategie-2015.html. Zugegriffen am 17.07.2017.

Plattform Industrie 4.0. (2016a). Aspekte der Forschungsroadmap in den Anwendungsszenarien, Ergebnispapier der AG Forschung & Innovation der Plattform Industrie 4.0. Stand: April 2016. https://www.plattform-i40.de/I40/Redaktion/DE/Downloads/Publikation/anwendungsszenarien-auf-forschungsroadmap.pdf?__blob=publicationFile&v=15. Zugegriffen am 17.07.2017.

Plattform Industrie 4.0. (2016b). Forschungsagenda Industrie 4.0 – Aktualisierung des Forschungsbedarfs, Ergebnispapier der Arbeitsgruppe Forschung und Innovation des Wissenschaftlichen Beirats der Plattform Industrie 4.0. Stand: Oktober 2016. https://www.plattform-i40.de/I40/Redaktion/DE/Downloads/Publikation/forschungsagenda-i40.pdf. Zugegriffen am 17.07.2017.

Promotorengruppe. (2013). Kommunikation der Forschungsunion Wirtschaft – Wissenschaft, Umsetzungsempfehlungen für das Zukunftsprojekt Industrie 4.0: Abschlussbericht des Arbeitskreises Industrie 4.0. http://www.forschungsunion.de/pdf/industrie_4_0_abschlussbericht.pdf. Zugegriffen am 17.07.2017.

Schuh, G. (2015). PLM (Product lifecycle management). http://www.enzyklopaedie-der-wirtschaftsinformatik.de/lexikon/informationssysteme/Sektorspezifische-Anwendungssysteme/Product-Life-Cycle-Management/index.html/?searchterm=PLM. Zugegriffen am 17.07.2017.

Schuh, G., & Uam, J.-Y. (2012). Product lifecycle management. In G. Schuh (Hrsg.), *Handbuch Produktion und Management 3, Innovationsmanagement* (S. 351–410). Berlin: Springer.

Sendler, U. (2009). *Das PLM-Kompendium: Referenzbuch des Produkt-Lebenszyklus-Managements*. Berlin: Springer.

Stark, J. (2015). *Product lifecycle management (Vol. 1): 21st century paradigm for product realisation* (3. Aufl.). Cham: Springer.

Stark, J. (2016). *Product lifecycle management (Vol. 2): The devil is in the details* (3. Aufl.). Cham: Springer.

VDI 4499 Blatt 1 Verein Deutscher Ingenieure (Hrsg.). (2008). *VDI-Richtlinie 4499, Blatt 1: Digitale Fabrik – Grundlagen. VDI-Handbuch Materialfluss und Fördertechnik* (Bd. 8). (Zuletzt bestätigt 2015). Beuth, Berlin.

Vogel-Heuser, B. (2017). Herausforderungen und Anforderungen aus Sicht der IT und der Automatisierungstechnik. In B. Vogel-Heuser et al. (Hrsg.), *Handbuch Industrie 4.0 Bd. 4: Allgemeine Grundlagen* (S. 33–44). Berlin: Springer.

WZL. (2017). Werkzeugmaschinenlabor WZL der RWTH Aachen. http://www.plm-info.de. Zugegriffen am 04.09.2017.

Zehbold, C. (1996). *Lebenszykluskostenrechnung*. Wiesbaden: Springer Gabler.

ZVEI. (2015). Faktenblatt Industrie 4.0: Die Industrie 4.0-Komponente. https://www.zvei.org/fileadmin/user_upload/Themen/Industrie_4.0/Das_Referenzarchitekturmodell_RAMI_4.0_und_die_Industrie_4.0-Komponente/pdf/Industrie_4.0_Komponente_Download.pdf. Zugegriffen am 17.07.2017.

ZVEI. (2016). Welche Kriterien müssen Industrie-4.0-Produkte erfüllen? https://www.zvei.org/fileadmin/user_upload/Presse_und_Medien/Publikationen/2016/November/Welche_Kriterien_muessen_Industrie-4.0-Produkte_erfuellen_/ZVEI-LF_Welche_Kriterien_muessen_I_4.0_Produkte_erfuellen_17.03.17.pdf. Zugegriffen am 17.07.2017.

Cornelia Zehbold ist Professorin für Wirtschaftsinformatik/Informationssysteme an der Technischen Hochschule Ingolstadt (THI), Fakultät Wirtschaftsingenieurwesen (zur Vita: https://www.thi.de/suche/mitarbeiter/prof-dr-rer-pol-cornelia-zehbold). Nach dem Studium der Betriebswirtschaftslehre promovierte sie an der FAU Erlangen-Nürnberg mit dem Dissertationsthema „Lebenszykluskostenrechnung". Danach wechselte sie in die Industrie und arbeitete zunächst als Vorstandsassistentin, sodann in den Bereichen Revision und Controlling. 1998 wurde sie an die FH München berufen und folgte 2001 dem Ruf an die THI. Als Gutachterin für die Evaluation der BWL an den Universitäten und FHs Baden-Württembergs konnte sie wertvolle Erfahrungen im hochschulbezogenen Qualitätsmanagement von Forschung und Lehre sammeln. Sie lehrt und forscht in den Bereichen Geschäftsprozessmanagement, betriebliche Informationssysteme und Design Thinking und ist Mitglied im Programmkomitee, Gutachterin, Herausgeberin von Conference Proceedings, Session Chair und Program Chair bei diversen Konferenzen im Themenbereich Geschäftsprozessmanagement (z. B. in 2017 Program Chair S-BPM ONE 2017 an der TU Darmstadt, Mitglied im Programmkomitee der „special session A-BPM Advancing Business Process Management" der SEAA 2017 an der TU Wien).

Customer Relationship Management

Torsten Albrecht

Zusammenfassung

Die fortschreitende Digitalisierung in den Bereichen Marketing, Vertrieb und Kundenservice bietet neue und vielfältige Möglichkeiten, eine bessere Qualität in der gesamten Kundenbeziehung zu erreichen, nachhaltige Wettbewerbsvorteile zu erzielen und letztlich Umsätze zu steigern. Die Anforderungen an die Unternehmen sind für sämtliche Geschäftsmodelle branchenübergreifend im B2B sowie im B2C-Bereich gestiegen und erfordern ein grundlegendes Umdenken. Anhand zweier Fallbeispiele aus der Automobil- und Software-Industrie lässt sich die Verzahnung von neuen Geschäftsmodellen und Anforderungen an das Produkt im digitalen Zeitalter mit den neuen Ansätzen eines übergreifenden Customer Experience Management veranschaulichen. Hierbei gilt es vielfältige Herausforderungen zu meistern: neue strategischer Ziele, z. B. zum Kundenmehrwert, sind zu formulieren, bestehende Prozesse und Organisationen sind neu zu gestalten und neue Technologien sind, v. a. im Rahmen von Customer Analytics, einzusetzen. Darüber hinaus ist ein umfassendes, mitarbeiterorientiertes Change-Management zu etablieren. Die digitale Transformation zur Einführung eines Customer Experience Management kann dabei schrittweise erfolgen und bedarf einer konsequenten und durchsetzungsstarken Top-Management Unterstützung.

T. Albrecht (✉)
NTT DATA Deutschland GmbH, München, Deutschland
E-Mail: torsten.albrecht@nttdata.com

5.1 CRM im digitalen Zeitalter – Einflussfaktoren des Wandels

Nahezu alle Unternehmen spüren den wachsenden Druck auf die Marketing-, Vertriebs- und Serviceabteilungen in ihrem Haus. Selbst eine inkrementelle Weiterentwicklung scheint nicht mehr zeitgemäß und zu langsam. Für die Beantwortung der Frage, wie die zukünftigen Prozesse zu designen sind, ist es ratsam sich die Einflussfaktoren noch einmal zu vergegenwärtigen, die den Wandel eingeleitet haben und weiter rasend schnell vorantreiben. Denn Customer Relationship Management ist nicht neu – CRM im heutigen digitalen Wandel stellt jedoch ganz andere Herausforderungen an die Unternehmen.

Externe Einflussfaktoren

- *Verlust des Informationsmonopols:* Ein zentraler Einflussfaktor ist der rundum bestens informierte Kunde, der im Vorfeld sämtliche Produktinformationen, Produktankündigungen, Produktvergleiche und Preistrends kennt. Versuche des Marketing, Pre-Sales oder Vertriebskanäle in der direkten Kundenansprache ein Produkt ausschließlich nur zu klären, greifen inzwischen zu kurz und sind zu wenig differenziert. Eine komplette Umkehr des traditionalen Verkaufsmodus, in dem früher der Verkäufer über das Informationsmonopol und die Produktkompetenz herrschte und je nach Situation und nur stückweise Informationen an den Kunden weitergab.
- *Meinungsaustausch innerhalb der Käufergruppen:* Hinzukommen die jüngsten aktuellen Kunden-Rezessionen sowie in vielen Fällen Preisinformationen auf Tagesbasis oder in Echtzeit. Als besonders gut klassifizierte Angebote der Anbieter entpuppen sich überteuerte Angebote. Selbst bei Unsicherheit des Käufers, bekommt dieser unverzüglich mehrere Sichten weiterer Interessenten via Social Media.
- *Hohe Aktualität der Information:* Sämtliche aktuelle Informationen können von jedem Ort abgerufen werden, ein Trend der gerade im Einzelhandel kurz vor der Kaufentscheidung zum Problem werden kann. Zudem muss der Verkäufer die aktuellen Trends auch selbst kennen, um seine Kompetenz gegenüber dem Käufer zu wahren.
- *Verlust an Glaubwürdigkeit:* Beide Verhaltensmuster der Vergangenheit und der Gegenwart haben zu einem massiven Vertrauensverlust des Käufers in die Marketing- und Vertriebsabteilungen und deren polierten Werbenachrichten geführt. Die Glaubwürdigkeit eines Social Media Post, der vermeintlich umgangssprachlich und rhetorisch ungefeilt daherkommt, erscheint glaubwürdiger, obwohl der Autor weder bekannt noch irgendeine Basis der Objektivität gewährleistet ist.
- *Dynamische Micro-Segmente:* Ein bekannter Trend hat sich zudem weiter fortgesetzt und beschleunigt: der Zerfall der Zielgruppen, in kleinsteilige, sich dynamisch veränderte Gruppen, die äußert unterschiedlich auf breit angelegte Verkaufsaktionen reagieren.

Bei der Betrachtung und der Unterschiedlichkeit von B2B und B2C fällt im digitalen Zeitalter auf: Konsumenten und Kunden haben beide deutlich erhöhte Ansprüche und Erwartungen, wie Unternehmen mit ihnen kommunizieren. War am Anfang der Entwicklung mit dem Einzug des PCs, das Unternehmen besser technologisch ausgestattet, hat sich dies umgedreht: Konsumenten haben heute eine bessere technische Ausstattung als Unternehmen im Durchschnitt den eigenen Mitarbeitern bieten. Dementsprechend ist der B2B-Kunde, ebenfalls eine Person, gewohnt, je nach Branche über sämtliche Kanäle zu jeder Zeit im täglichen Leben zu kommunizieren. Hier besteht für B2B-Geschäftsmodelle ein noch größerer Bedarf die Kommunikation umzustellen als in B2C-Modellen ohne hin schon.

Zudem wurden die Brand-Awareness-Marketing-Budgets in fast allen Branche reduziert, die Messbarkeit von Marketing Budgets auf den Unternehmenserfolg Stichwort MROI ist eines der ältesten Themen. Ein allgemeiner Trend ist Marketing als echte Lead-Generation Abteilung umzubauen oder zu erweitern, um eine konkrete Wirkungsdarstellung der Marketingaktivitäten darstellen zu können.

Wenn man im Online-Handel von dem Erhalt eines Angebotes bis hin zum Vertragsabschluss nur 5–8 Clicks entfernt ist, erscheint jeder Prozess jenseits 24 h als zu langsam. Für ein Unternehmen kann es sogar reputationsschädigend sein, wenn ein als innovativ und technologisch führendes Unternehmen im Verkaufsprozess mit Prozesszeiten der 1980er-Jahre aufwartet: Angebote werden zeitnah nahezu in Echtzeit erwartet und selbst Preisindikationen bei B2B innerhalb von 48 h sind nicht mehr selten.

Zudem sinken die Volumina pro Auftrag im B2B-Bereich, was einen erhöhten Kostendruck für sämtliche End-to-End Akquisitionen erzeugt.

Bei zunehmendem Informationsmonopol der Käufer, muss Marketing und Vertrieb mit individuellen, kreativen und persönlichen Angeboten punkten und kann nicht mehr mit Produktinformationen glänzen, was einige Unternehmen bewogen hat, verstärkt eine Inhouse-Agentur und Analytics-Services aufzubauen.

Die externen und internen Einflussfaktoren sowie Ansprüche an die CRM-Praxis in B2B und B2B Modellen ist damit massiv angestiegen und hat sich in den letzten 4 Jahren noch weiter beschleunigt. Daraus leiten sich neue Herangehensweisen und Lösungen für ein modernes, innovatives und zukunftsgewandtes CRM ab.

In den folgenden Kapiteln werden zwei Praxisbeispiele aus dem Automobil-Bereich (B2C) und Unternehmenssoftware-Bereich (B2B) aufgeführt, um die Lösungen in Abschn. 5.4 in einen konkreten Kontext einzubinden.

5.2 Fallstudie B2C – Automotive

5.2.1 Situation

Im Automobil OEM Marketing, Vertrieb und Service hat man schon sehr früh Ende der 1990er auf das Internet als zusätzlichen Informations- und Anbahnungskanal gesetzt. Car Configuratoren waren und sind eine komfortable Möglichkeit für den Kunden, sich das Fahrzeug zusammenzustellen und die Wunschkombination auf Bildern zu betrachten. Prospekte können bestellt, Probefahrten vereinbart werden. Doch teilweise wird es hier schon je nach Hersteller problematisch. Unter anderem ist die Zuteilung des Händlers durch unternehmensinterne Strukturen bedingt und passt nicht mit der Kundenpräferenz zusammen. Im Falle der Probefahrt gibt es große Qualitätsunterschiede sowohl in der Zeit bis zur Probefahrtvereinbarung, der Länge der angebotenen Probefahrt oder auch der Bereitstellung des richtigen Modelles. Einige Hersteller tun sich schwer, ihre zentrale Kundenbetreuung mit den Händlern zu synchronisieren – von einem Customer Experience Management der sich über Marketing, Vertrieb bis hin zum Aftersales & Service erstreckt ganz zu schweigen. Das ist bereits im rein physischen Kanal problematisch.

Ein Beispiel: Ein Kunde spricht mit einem Servicemitarbeiter über die Beanstandung von erheblichen Mängeln am Fahrzeug innerhalb der Garantie. Als Leasingkunde ist es wichtig die Zufriedenheit hochzuhalten und Reparatur mit einem positiven Erlebnis abzuschließen, was beispielsweise über ein kostenloses Ersatzfahrzeug einer höheren Kategorie erfolgen könnte. Hat der Servicemitarbeiter nur die Behebung des Schadensfalles im Fokus und erkennt nicht das Risiko eines abwandernden Kunden, kann sich dies heute doppelt negativ in den zukünftigen Verkäufen niederschlagen, denn der Kunde könnte seinen Unmut in sozialen Netzwerken teilen. Anders die möglichen Bilder eines Premium- oder Sportwagenmodells in den sozialen Netzwerken.

5.2.2 Herausforderungen

Die Herausforderungen beim Automobilvertrieb starten mit einem schwierigen Verhältnis zwischen Markenzentrale und Händlern, insb. die auf eigene Rechnung agieren und nicht zum Konzern gehören. Misstrauen und nach wie vor ungeklärte Fragen, wem die Kundendaten gehören, bremsen ein zukunftsweisendes Kundenmanagement aus. Organisatorische Hürden/Silos in der Zentrale zwischen Online- und klassischen Kanälen, verhindern dies ebenso wie unflexible und veraltete IT-Infrastruktur bei den Händlern.

Des Weiteren sind heutige Service-Prozesse im digitalen Zeitalter nicht mehr zeitgemäß: Für eine Reparatur sind zwei Termine notwendig – vor Ort: Betrachtung des Problems und eigentliche Reparatur. Automatische Übermittlung des Fehlerspeichers remote oder Senden von Bildern ist nicht vorgesehen. Terminvereinbarungen online fehlen gänzlich. Andere Branchen und kleine Unternehmen sind hier bereits weiter.

Das Online-Marketing, einst gut gestartet hat den Switch vom Push-Marketing, also dem Versenden von Werbematerial als Newsletter, E-Mail oder Post hin zu Pull-Mechanismen nicht geschafft. Beispiel hierfür ist die Bereitstellung von personalisierten Inhalten in den Kanälen und die Möglichkeit des Kunden den Zeitpunkt des Abrufs selbst zu wählen.

Komplexe und für heutige Verhältnisse zu lange Online-Registrierungsprozesse, die gleich sämtliche Informationen vom Kunden verlangen, nur um eine Konfiguration zu speichern, verhindern persönliche Interaktionen. Zudem werden moderne Wege bei anonymen Kunden, z. B. bei dem erneuten Besuch der App oder Webpage kaum genutzt.

Analytics sind weder in einzelnen Kanälen vorhanden oder können dem Kunden schlicht keinen Mehrwert liefern. In den meisten Fällen wird dies durch mangelndes

Datenmanagement ohnehin verhindert. Dabei könnte man leicht ein Produktinteresse, den Zeitpunkt, persönlichen Typ und Ernsthaftigkeit des Interesses ableiten.

Externe Foren wie u. a. Motor-Talk.de, in dem sich potenzielle Kunden detailliert über mögliche Konfigurationen und teilweise auch zu Problemen austauschen, werden wenig beachtet. Diese Art von Recommendation Marketing ist aber – wie schon im Consumer-Bereich bekannt – eine zentrale Quelle der Meinungsbildung für den Kunden und wird mittelfristig das klassische Marketing in der Bedeutung ablösen.

Der sogenannte Wiedermotorisierungszeitpunkt (WMZ) wird heute noch als Gradmesser genommen, um die eignen Vertriebsaktivitäten auszuloten. Dabei gehen Hersteller immer noch davon aus, relativ kurz vor dem Kauf die Marketinginvestitionen in den Kunden zu steigern und so die Wahrscheinlichkeit für einen Kauf zu erhöhen. Im heutigen Zeitalter der Digitalisierung spielt aber die Produktnutzungsphase eine viel wichtigere Rolle als der verhältnismäßig kurze Zeitabschnitt vor dem Kauf. Hier verhindert auch das Produkt meist dem Kunden während der Nutzungsphase durch Updates und den Zukauf/Freischaltung von Features kontinuierlich eine bessere Produkterfahrung zu bieten und seine Begeisterung für die Marke zu erhöhen.

Das Fahrzeug im Wandel zu einem Software-Produkt ähnlich eines Cloud-Produktes wäre hier eine gesonderte Betrachtung wert. Es ist kaum vermittelbar, dass der 29,95 EUR TipToi Stift meines 4-jährigen Sohnes immer auf dem neuesten Stand ist, ich aber im x-tausend Euro Auto nach 4 Jahren immer noch die eigene Hausnummer im Navigationsgerät nicht finden kann.

Teils sind Features nach 6-monatiger Wartezeit schon wieder veraltet, der Kunde hat aber keine Möglichkeit der Aktualisierung – die Kundenzufriedenheit leidet und Artikel zu Produktfeatures anderer Wettbewerber lassen das eigene Fahrzeug als zurückgeblieben erscheinen. Dies kann direkte negative Auswirkungen auf die Markenloyalität nach sich ziehen.

5.2.3 Ausblick und Vision

„Das Beste", „die Freude" oder der „Vorsprung", um in Anlehnung der Werbeslogans dreier Marken zu bleiben, ist in einigen Bereichen des heutigen Automobilvertriebs und -service nicht zu merken. Die Automobilindustrie hat massiven Nachholbedarf im Bereich innovatives Kundenmanagement. Kunden müssen über sämtliche Kanäle wie In-Store, App, Web-Page, Social Media zeitnahe und ansprechende Angebote erhalten, um sich dem Produkt vertraut zu machen und eine Begeisterung hervorzurufen. Dabei gilt es sich nicht nur auf die Verkaufsphase oder einen Service-Request zu konzentrieren, wenn gleich hier auch einige Verbesserungen notwendig sind. Vielmehr gilt es sämtliche Kundeninteraktionen auf die Probe zu stellen, ob diese wirklich aus Kundensicht oder doch rein aus Unternehmenssicht aufgesetzt ist. Was hat der Kunde selbst von der Kommunikation? Wurde der Kunde positiv überrascht oder hat man nur eine Anfrage „abgearbeitet"? Auch hier ist eine Einzelbetrachtung von Service-Anfragen und die Minimierung der Transaktionskosten kontraproduktiv und im digitalen Zeitalter nicht mehr zeitgemäß.

Automobilhersteller müssen die Customer Experience neu definieren, und das betrifft insbesondere die Phasen, die aktuell überhaupt nicht beachtet werden: Es startet schon nach der Bestellung – jedes Paket kann heute genau verfolgt werden, wo es ist und ganz nach dem dt. Motto „Vorfreude ist die schönste Freude" wird die Vorfreude gesteigert. Warum sieht man keine Bilder zwischendurch während der Produktion – ein Leichtes im digitalen Zeitalter. Es würde auch das Erwartungsmanagement verbessern. Einige Hersteller wissen selbst 2 Wochen vor Auslieferung noch nicht den genauen Termin. Änderungen an der Konfiguration wären ebenfalls angebracht. Premium-Angebote, wie vorgezogene Auslieferungstermine würden im Premium-Segment die Zufriedenheit und Exklusivität erhöhen und könnten die Margen ebenfalls verbessern. Während der Nutzungsphase des Fahrzeuges, muss es möglich sein, den Kunden durch Updates oder a la Beispiel IPhone über ein Neues User Interface das Gefühl eines hochwertigeren Autos zu geben – Ängste, der Kunde könnte dadurch einen Kauf verschieben sind unbegründet – die Form und Innen-Materialien sind ja weiterhin im Original Zustand. Kann man elektronische Features wie z. B. den Parkassistenten, den Fahrmodus-Schalter oder Multi-Media-Optionen bequem im Auto „kaufen" und damit freischalten? Kann man den Kunden beim morgendlichen Einsteigen mit neuen Features überraschen oder auch Features zeitlich begrenzt kostenlos freischalten?

Voraussetzung ist neben dem Produkt, die Überwindung organisatorischer Barrieren bei Händlern und Herstellern, ein fortschrittliches Datenmanagement mit der Sicht auf den Kunden über sämtliche Kanäle und Produkte, eine darauf aufbauende Analytics-Engine die intelligentes Pull-Customer Experience Management ermöglicht.

5.3 Fallstudie B2B – Unternehmens-Softwareindustrie

5.3.1 Situation

Das Enterprise-Software-Geschäft ist aktuell in einem fundamentalen Wandel. Die Abkehr vom traditionellen Lizenz-Geschäft, bei dem Kunden die Software in ihrem eigenen Rechenzentrum installieren und betreiben, hin zum Cloudbasierten „Subscription-based" Business, bei dem der Kunde pro Anwender/Seat einen monatlichen Betrag bezahlt, dominiert nahezu alle Software-Unternehmen. Dabei geht es im Cloud-Geschäft nicht nur darum, dass die Software „Remote" zur Verfügung gestellt wird, sondern um eine komplette Service-Leistung, angefangen von der Infrastruktur, über Anwendungshosting bis hin zu einem Endanwender Service-Support.

Hinzukommt der Trend, dass Software-Hersteller im Cloud-Kontext neuerdings nicht nur „Anwendungen" bereitstellen, sondern eine komplette Plattform (-as-a-Service), was einen weiteren Kundenkreis betrifft: Software-Entwickler und Systemintegratoren. Diese wiederum können, die dort erstellte Software über einen Marktplatz oder E-Store des Herstellers direkt den Kunden anbieten.

Die Herausforderungen mit neuen Kundengruppen und neuartigen Verkaufs- und Service-Prozessen sind immens. Betrachtet man einen generellen Wandel hin zu zunehmender Bedeutung von Software auch in klassischen Industrie-Produkten, ist es sinnvoll die Themen der Software-Industrie genauer zu beleuchten.

5.3.2 Herausforderungen

Eine wesentliche Änderung, die mit dem Cloud-Geschäft einherkommt, ist der Verkauf und Service an Fachabteilungen und nicht (ausschließlich) IT-Abteilungen. Während im Lizenz-Geschäft die IT-Abteilung der Einkäufer war, und Anforderungen indirekt von der Fachabteilung dorthin übermittelt wurden, so ist zukünftig die Fachabteilung und deren End-Anwender selbst der Ansprechpartner für den Software-Hersteller. Auch im Service wird die IT-Abteilung als Mittler zwischen Fachabteilung und Software-Hersteller wegfallen – die Funktion des First-Level-Supports wird durch den Software-Cloud-Anbieter übernommen. Eine zentrale Herausforderung ist daher die Anpassung der Kommunikation an die Fachabteilungen und Business User.

Marketing
Software-Hersteller müssen verstärkt den Industrie-Anwenderfall darstellen und im Business-Use-Case-Kontext den Vorteil und Einbettung der Software in das Tagesgeschäft der Fachabteilung überzeugen. Es geht weniger um technische Aspekte, die im Betrieb der Software für die IT-Abteilung von Bedeutung war. Zudem muss ein Business-Anwender als Einzelperson im Marketing-Prozess berücksichtigt werden – eine Abkehr von klassischer Account-Betrachtung im B2B SW Geschäft. Damit geht einher, dass sämtliche Kanäle für die Übermittlung der Werbebotschaft bedient werden müssen und nicht nur E-Mail oder persönliche Gespräche wie in der Vergangenheit vorrangig genutzt.

Vertrieb
Im Vertrieb wäre dies ohnehin keine valide und effiziente Variante zur Vorbereitung des Verkaufsprozesses mehr. Die Volumina pro Vertrag gehen im Cloud-Bereich zurück, die Anzahl der Anfragen und Kundeninteraktionen steigen, da sie nicht von einer zentralen Anlaufstelle beim Kunden gebündelt werden. Beides führt zu steigenden Akquisekosten seitens des Herstellers. Kunden erwarten zudem – je nach Phase – nicht vom Hersteller in persönliche Gespräche verwickelt zu werden, sondern wie in ihrem täglichen Leben gewohnt, auf dem Kanal ihrer Wahl mit dem Hersteller in Kontakt zu treten oder sich zu informieren.

Service
Wurde früher seitens der Fachabteilung bei Fehlern in der eigenen Software das IT-Helpdesk angerufen, die dann wiederum im Falle eines grundlegenden Fehlers in der Software den Hersteller kontaktiert haben, so wird heute durch den vollumfänglichen Betrieb

der Cloud-Software diese Leistung vom Cloud-Hersteller selbst erwartet. Der Helpdesk des Herstellers muss dabei nicht nur über sämtliche moderne online Wege erreichbar sein, sondern zudem den fachlichen Kontext verstehen, da keine technische Fehlerbeschreibung und -analyse vorgeschaltet ist. Dabei ist die Qualität des Services nicht nur notwendiges Übel, sondern eine Voraussetzung, dass Subscriptions dauerhaft genutzt und nicht gekündigt werden. Fehler in der Cloud, machen sie meist auch in einer größeren Anzahl von End-Users bemerkbar, die idealerweise vorab erreicht und informiert werden können, bevor dieser Fehler selbst beim End-Anwender auftritt. Service hat demnach in diesem Kontext eine erhöhte Bedeutung für die Kundenzufriedenheit und übernimmt Teilfunktionen des Vertriebs. Den hier müssen auch Neuerungen in der Software, die in regelmäßigen Upgrades eingespielt werden, erklärt werden.

5.3.3 Ausblick und Vision

Cloud-Software-Hersteller müssen zukünftig über die klassischen Funktionen Marketing, Vertrieb und Service hinweg ein Omni-Channel-Interaktions-Management mit ihren Kunden herstellen können. Omni-Channel ist dabei im Gegensatz zu Multi-Channel so definiert, dass die Kanäle nicht nur angeboten werden, sondern konsistente Inhalte widerspiegeln und pro Anwendungsfall gezielt ausgewählt werden.

In App-Verkäufe und In-App-Support werden zur Selbstverständlichkeit für B2B-Software und erfordern auch ein Umdenken und Innovation im Produkt selbst.

Im neuen CRM-Kontext ist der Business-User der primäre Ansprechpartner, der selbst den Kanal und Zeitpunkt nach eigenen Präferenzen wählt, wann er sich informieren möchte oder den direkten Kontakt zum Hersteller sucht. Aufgrund des erhöhten Volumens an Interaktionen müssen automatisierte und gleichzeitig individuell personalisierte Inhalte angeboten werden. Ein kontinuierliches Customer Experience Management während der Nutzungsphase bekommt eine erhöhte Bedeutung zu und entscheidet über zukünftige Umsätze, als die zeitlich befristeten und dafür hohen Investitionen in Marketing und Vertriebsaktivitäten bei größeren Software-Ausschreibungen der Vergangenheit.

5.4 Die Zukunft – Integriertes Customer Experience Management

Die Notwendigkeit sich auf ein umfassendes Customer Experience Management einzustellen, geht nicht nur aus den vorangegangen Praxisbeispielen hervor, sondern ist in sämtlichen Industrien präsent. Dabei stehen die Organisationen vor immensen Herausforderungen, müssen doch sämtliche Aspekte beginnend von der Kunden- und Kanal-Strategie, den Prozessen über bestehende Organisationsgrenzen hinweg und einer geeigneten Technologie gleichsam berücksichtigt werden. Hinzukommen veränderte und gänzlich neue Stellen, deren Vermittlung und Einführung enorme Kommunikations- und Change

Abb. 5.1 Dimensionen der Digitalisierung im Bereich Customer Experience Management

Management Anforderungen an das Unternehmen stellen. Schon sehr früh stellt sich für Mitarbeiter die Frage, wie sich ihr eigener Aufgabenbereich verändert und ob ihre heutigen Fähigkeiten noch ausreichen bzw. sie die neuen Fähigkeiten erlernen können. Da jedes Unternehmen eine andere Ausgangsposition hat, kann man an dieser Stelle keine Empfehlung der Einzelmaßnahmen geben. Die folgenden Kapitel beleuchten die verschiedenen Dimensionen, die jedoch immer mit sämtlichen Bereichen abgestimmt sein müssen (siehe Abb. 5.1).

5.4.1 Entwicklung einer neuen Strategie

In der Praxis zeigt sich, dass eine große Bedeutung der Strategie im Bereich Kundeninteraktionen und den geeigneten Kanälen zukommt.

Natürlich gilt weiterhin für sämtliche Geschäftsanbahnungs- und Vereinbarungsprozesse das Ziel, mit möglichst geringen Kosten den Kunden zum Kauf zu bewegen und damit zur Umsatzmaximierung des Unternehmens beizutragen. Das Beispiel aus dem Software-Business im Übrigen mit großen Analogien zur Versicherungs- und Versorgerwirtschaft, zeigt eine erhöhte Anzahl von Kundeninteraktionen bei gleichzeitig sinkendem Umsatzvolumen pro Transaktion.

Marketing-Abteilungen sind in den letzten Jahren unter Druck gekommen, einen messbaren Beitrag zum Umsatz zu erzielen. Neue Online-Kanäle wie E-Mail Versand schienen ein passendes Mittel, um von der anonymen Zielgruppen-Bearbeitung hin zu direktem Marketing überzugehen. Aus Kundensicht sind diese Werbe-Mails aber meist unbedeutend und werden vielfach heute ignoriert oder durch Spam-Filter gar nicht mehr angezeigt. Die Strategie in der Kundengewinnung muss den Kundenfokus und damit einhergehend den Kundennutzen als primären Anlass zur Kontaktierung in den Mittelpunkt stellen.

Die heute allseits diskutierten Customer Journeys, sind dabei keineswegs eine Aneinanderreihung von immer konkreter werdenden Informationen über immer direkter werdende Kanäle. Wie etwa angefangen von allgemeinen Newslettern, hinzu thematisch ausgerichteten E-Mails, die von potenziellen Kunden gelesen werden zum direkten Telefonat via Tele-Marketing führen. Denn auch dieser Ansatz hat den Aspekt des Kundennutzens nicht berücksichtigt.

Gleichwohl ist die Erarbeitung von Kundenprofilen von möglichen Käufern insb. deren Hintergrund sowie Historie zum Unternehmen und Kaufmotiven sehr wichtig. Customer Journey können für exemplarische Darstellung und als Muster dienen. Unternehmen müssen sich aber verabschieden diese als idealen Flow zu verstehen und implementieren zu wollen. Pro Kundeninteraktion muss hierbei klar der Kundennutzen hervorgehen und im Vordergrund stehen. Folgt man dieser Philosophie kommt man schnell zum Schluss, dass die Nutzungsphase eine weit höhere Bedeutung in der Vorbereitung eines neuen Verkaufes spielen muss als bisher. Das gilt nicht nur für Bestandskunden, um einen Anschlusskauf zu erreichen, sondern ist auch für Neukunden von großer Bedeutung, die sich über die Erfahrung von anderen Kunden informieren und dies heute in der Entscheidung als eine der wichtigsten Gründe heranziehen.

Bei Fragen oder Problemen, muss ein schneller, freundlicher und kompetenter Service bereitstehen. Strategien zur übermäßigen Kostenoptimierung unter anderem die Kanalisierung in Online-Kanäle und Self-Service mittels verschleierter oder versteckter Hotline kann dabei sehr kontraproduktiv für die Kundenzufriedenheit sein. Vielmehr muss man sämtliche geeignete Kanäle für den direkten oder indirekten Kontakt, je nach Produkt idealerweise aus dem Produkt heraus (siehe Software-Anwendung, Auto, Mobile Apps) anbieten und die Wahl des Kanals mittels dynamischen Übergangs ermöglichen. Alle Informationen einer Interaktion werden in Echtzeit weitergegeben und können direkt wieder aufgegriffen werden. Sofern ein Fehler auch weitere Kunden betreffen kann, sollte eine direkte Kommunikation initiiert werden einhergehend mit – und soweit vom Produkt vorgesehen – automatischen Fehlerbehebungen via Software-Update. Eine Verschiebung in die Prävention von Kundenservice-Tickets kann ein Vielfaches an Zugewinn in der Kundenzufriedenheit bedeuten als die Optimierung des eigentlichen Ticket-Behebungs-Prozesses. Voraussetzung können Anpassungen im Produkt bedeuten: Autos müssen Remote-Upgradefähig sein. Dies spielt auch im Aspekt der Erhöhung der Zufriedenheit und Begeisterung für das Produkt während der Nutzungsphase eine große Rolle: über eine solche Möglichkeit verlässt man den reinen Fehlerfall als Anlass der Kommunikation und steigt in Aktivitäten ein, die den Mehrwert des Produktes und damit Kundennutzen erhöhen: zeitlich befristete Freischaltung von Zusatzfeatures, die normal über Aufpreis gekauft werden müssen. Neue Produktfeatures installieren und freischalten, um Begeisterung zu erhöhen und dem Kunden ein dauerhaftes Gefühl geben, es wird sich um mich gekümmert. Gleichzeitig sinkt der Eindruck des Kunden, er hätte kein zeitgemäßes Produkt und die Konkurrenzprodukte seien besser. Die Erneuerung des Produkterlebnisses erhöht die Loyalität und stellt die Vorbereitung zu einem neuen Kauf dar oder ermöglicht die Generierung von zusätzlichem Umsatz bei Bestandskunden. Sollte dennoch der Eindruck entstehen, dass gekaufte Produkt wäre veraltet oder nicht innovativ, kann dies auch daran liegen, dass dem Kunden Features nicht bekannt sind oder falsch genutzt werden. Auch hier kann eine gezielte Kundeninteraktion einen Mehrwert für den Kunden darstellen: z. B. ein kurzes Video zur Bedienung als Option bei Anwahl zum Beispiel des Navigationssystems im Auto.

Die Aktivitäten müssen jedoch relevant und personalisiert sein. Die Strategie eines kontinuierlichen Kümmerns um einen Kunden, auch wenn kein Servicefall vorliegt, erfordert die Erarbeitung eines Maßnahmen-Kataloges, welche Kundeninteraktionen generell zur Verfügung stehen. Die Maßnahmen sollten dann in den Kontext der Produktnutzung und des persönlichen Profils gebracht werden. Dabei gehen klassische Marketing-Attribute nicht weit genug. Sie müssen angereichert werden, um sogenannte Social Styles, indem persönliche Eigenschaften und Präferenzen sich widerspiegeln: Beispielsweise sprechen Kunden unterschiedlich auf Detailinformationen, Zahlengebilde, Grafiken, Art der Aussagen und Länge an. Der gleiche Inhalt muss also dem Social Style des Kunden angepasst sein. Alter, Geschlecht, Region etc. können den Aspekt des Social Styles nicht gerecht werden.

Über welchen Kanal solche personalisierten Nachrichten bereitgestellt werden, wird heute gerne von Unternehmen mit „allen" beantwortet. Digitalisierung heißt nicht sämtliche mögliche digitale Kanäle und schon gar nicht ausschließlich diese zu nutzen. Vorangehen müssen die Fragen, welche Kanäle für welche Interaktion wirklich geeignet sind, welche Voraussetzungen müssen organisatorisch und technologisch geschaffen werden, bevor man einen weiteren Kanal aktiviert. Hierbei kommt ein weiterer Aspekt der strategischen Überlegung hinzu: Werden Kunden direkt vom Unternehmen kontaktiert (Push-Modus) – klassisch per Telefon oder E-Mail, oder werden Inhalte bereitgestellt und der Kunde selbst entscheidet über Zeitpunkt wann und über welchen Kanal Inhalte gelesen werden oder ein direkter Kontakt mit dem Unternehmen aufgebaut wird (Pull-Modus). Unternehmen möchten gerne selbst die Geschwindigkeit des Verkaufsprozesses beeinflussen, haben sie doch gelernt, dass eine erhöhte Conversion Rate bzw. Erfolgsrate direkt mit der Geschwindigkeit korreliert. Teilweise sind Vergütungssysteme auf das Volumen der Interaktionen pro Mitarbeiter abgestellt. Sie übersehen dabei jedoch, dass dies nur der Fall ist, wenn auch der Kunde offen für eine Interaktion ist. Ein Paradigma-Shift hin zu Pull-Strategien ist dringend anzuraten (siehe Abb. 5.2).

Zusammenfassend bleibt festzuhalten, dass Unternehmen den Kundenmehrwert in den Vordergrund der Kundeninteraktion stellen müssen. Kundenmehrwert ist vor allem auch während der Nutzungsphase zu generieren, was ein Umdenken im Marketing, Sales und Service-Bereich erfordert. Eine kontinuierliche Customer Experience treibt Folgegeschäft und Neugeschäft über positive Empfehlungen voran. Digitalisierung ermöglicht neue Möglichkeiten, um Kundenmehrwert zu schaffen. Es gilt dabei aber nicht jeden digitalen Kanal per se zu verwenden, sondern den Einsatz zielgerecht und unternehmensweit abzustimmen. Pull-Strategien, d. h. die Bereitstellung von digitalen Inhalten statt der Bombardierung der Kunden mit Inhalten sind erfolgsversprechender.

5.4.2 Aufbau neuer Prozesse und Umbau der Organisation

Die strategischen Überlegungen aus dem vorangegangen Kapitel erfordern Anpassungen in Prozessen und einhergehenden Organisationen.

Nimmt man den Punkt des kontinuierlichen Customer Experience Managements auf, ergibt sich als zentrale Überlegung im Organisations-Design die Frage, ob eine Trennung

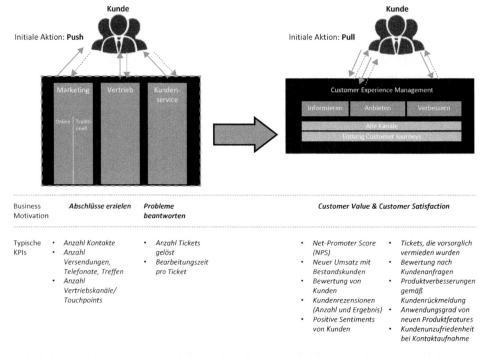

Abb. 5.2 Wandel von Push- zu Pull-Strategien. (Quelle: in Anlehnung an Accenture 2016)

in Marketing, Sales und Customer Service noch zeitgemäß ist. Im Zeitalter der Digitalisierung kann man mit Sicherheit sagen, dass eine weitere Unterteilung in Online-Marketing, Online-Sales und Online-Service sogar ein Risiko für die Kundenzufriedenheit und damit Geschäftserfolg darstellt. Organisatorische Hürden beispielsweise zwischen Marketing und Sales verhindern einen in den Augen des Kunden reibungslosen Ablauf und führen zu inkonsistentem Auftreten des Unternehmens gegenüber seinen Kunden. Zentral ist ein übergreifendes und umfassendes Kundenverständnis zu erlangen: Dabei müssen Präferenzen bei der Kanalwahl, der Zeitpunkt und Aspekte des Social Styles ermittelt und einbezogen werden, um nur eine Auswahl zu nennen.

Eine moderne Organisation verfügt über ein Customer Analytics Team, dass aus den bisherigen Informationen und Kundeninteraktionen diese Präferenzen herausarbeiten kann und ein Interesse an Produktinnovationen pro Kunden mit Wahrscheinlichkeiten errechnen kann. Diese Abteilung dient als zentrale Erkenntnisstelle, um Customer Experience Management in sämtlichen Phasen Anbahnung, Vereinbarung und Nutzung in hoher Qualität mit dem Fokus auf Kundenmehrwert sicherzustellen.

Inhalte, die dem Kunden zur Verfügung gestellt werden, müssen auf die persönlichen Profile abgestimmt sein. Um sowohl die Geschwindigkeit zu optimieren und mittels Automatisierung auch die Kosten zu minimieren, müssen Content Production, diesen Aspekt der Persönlichkeits-Profile berücksichtigen. Das heißt in der Herstellung müssen Inhalte in unterschiedlicher Weise und Visualisierung erstellt und mit einem Querverweis auf Profile abgelegt werden. Ansonsten werden insbesondere digitale Inhalte falsch oder gar nicht verwendet.

Initial festgelegte Einordnungen der Inhalte müssen sich aber dynamisch der Realität anpassen können. Das heißt ein Bild, das eigentlich für analytische Personen als geeignet erschien, bei extrovertierten Personen übermäßig gut ankam, muss sich in der Einordnung selbstständig anpassen. Dies kann über kontinuierliche Feedback-Loops und sich selbst regulierende Wirkungskreise erfolgen. Diese können über Stimmungsbilder aus Social Media (Stichwort Sentiment Analyse) angereichert und verstärkt werden. Eine Analytics-Abteilung sollte die Hoheit über den Mechanismus haben. Die Analytics-Abteilung erstellt somit Kundenprofile, überwacht und entwickelt das sich selbstjustierende System weiter, erstellt Prognosemodelle und versorgt strategische Abteilungen mit aussagekräftigen Analysen über die Kundengruppen. Sie stellt damit eine zentrale und wichtige Rolle im Customer Experience Management dar.

Klassische Frontend-Campaign-Management-Abteilungen sind für gezielte Kundenansprache nach wie vor sinnvoll, nehmen aber nicht mehr den Großteil der alltäglichen Kommunikation wahr. Unterabteilungen sind für Adhoc-Maßnahmen zuständig, eine weitere für die Weiterentwicklung der bestehenden Outbound-Kanäle und die Integration von neuen Kanälen. Die Backoffice-Abteilung kümmert sich um die Überprüfung und Optimierung in der internen Weiterleitung und greift im Ausnahmefall ein. Strategische Customer-Experience-Abteilungen erarbeiten neuen Kundenmehrwert, Anwendungsbeispiele und skizzieren die Einbettung in den Prozess. Customer Experience Operations erstellen und optimieren den automatisierten und zeitgleich personalisierten Kundeninteraktionsprozess (siehe Abb. 5.3).

Die neuen Markenbotschafter und damit Werbeträger für zukünftige Verkäufe sind die aktuellen Käufer selbst. Eine Customer Experience- & Recommendations-Abteilung ermittelt die Meinung in dieser Gruppe sowie dessen Bedürfnisse und versorgt die Gruppe mit Informationen und Incentives.

5.4.3 Einsatz neuer Technologien für eine Digitale Customer Experience Plattform

Der verstärkte Einsatz und die hohe Bedeutung von Customer Analytics als integrierter Bestandteil der Kundeninteraktion stellt neue und hohe Anforderungen an die Technologie (siehe Abb. 5.4).

Ein zentrales Datenmanagement, das sämtliche Kundeninteraktionen erfasst, konsolidiert und bereitstellt ist eine existenzielle Voraussetzung. Verstreute Datenbanken in einzelnen Abteilungen ohne Integration in eine zentrale Datenbank und redundante Datenhaltung verhindern eine konsistente und hochwertig-personalisierte Kommunikation. Die Zusammenführung und Anreicherung der Daten zu einem Kunden über sämtliche Kanäle hinweg ist zwar herausfordernd, aber dennoch eine lösbare Aufgabe.

Aufbauend auf dem Datenmanagement, setzt eine Analytics-Plattform auf, die sowohl mit der Anzahl der Daten, Anzahl der Anfragen und der Modellgestaltung und deren Simulation und Durchführung gewachsen ist. Kundendatensätze werden angereichert. Aggregierte Auswertungen für die Prozesse werden ebenfalls von der Analytics-Plattform erstellt.

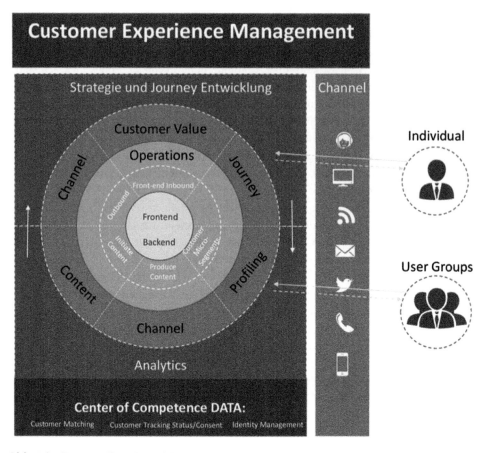

Abb. 5.3 Customer Experience Management Aufbau. (Quelle: in Anlehnung an Accenture 2016)

Ein modernes Content Management System kann mittels flexibler Kundenattribute, teils durch die Analytics-Plattform ermittelt, angesprochen werden und automatisch personalisierte Inhalte bereitstellen. Dabei gilt für den Content der Darwin'sche Mechanismus – der Stärkere überlebt: Neuer Content wird initial eingeordnet und muss sich in der täglichen Kommunikation als mehrwertstiftend erweisen, um dauerhaft verwendet zu werden. Die Wahrscheinlichkeit Mehrwert zu generieren, nimmt bei vermehrter positiver Bewertung durch den Kunden oder ermittelte Follow-up-Kundeninteraktionen zu. Nimmt Content ab, wird in nur noch wenigen Situationen gewählt und wird mittelfristig durch geringe Nutzung aussortiert.

Eine Push/Pull Marketing Execution Engine wird weiterhin gebraucht. Anforderung ist nicht nur eine leistungsstarke E-Mail Execution Engine, sondern das Hinterlegen von Inhalten (z. B. auf einer Homepage oder einem E-Store) auf verschiedenen Kanälen und die aufwandsarme und flexible Einbindung neuer Kanäle.

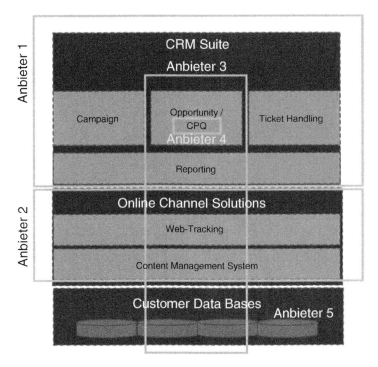

Abb. 5.4 Technologie Aufbau – Schematisch

In dem Zusammenhang wird sich erweisen, ob One-Fits-All-Lösungen, die aktuell von den großen Software-Herstellern erstellt werden, sich durchsetzen, oder Plattform-Konzepte, die mittels standardisierter APIs den Einsatz unterschiedlicher Einzellösungen ermöglicht. Wahrscheinlich ist, dass beides gegeben sein muss: Eine End-to-End Softwarelösung, die mittels Plattform auf einfache Weise modular durch Apps anderer kleinerer Hersteller ergänzt oder in Teilen ersetzt werden kann. Dreh- und Angelpunkt ist aber ein leistungsstarkes Datenmanagement, ohne dass zukünftiges Customer Experience Management nicht funktionieren kann (siehe Abb. 5.5).

Die Einführung eines solchen Systems erfordert Prozess- und Technologie-Expertise. Führend darf hierbei nicht das Software-Produkt selbst sein, sondern eine sinnvolle Kombination aus strategischen Neuerungen, Einfluss auf das Geschäft, Prozess- und Organisationserfordernisse und Aufwände in der Software-Einführung. Omni-Channel kann dabei kein Big-Bang Approach sein, sondern sollte entlang einer Customer Experience Map strukturierten Einführung und Integration ausgewählter Kanäle passieren. Was zunächst wie ein Widerspruch klingt, einzelne Kanäle zunächst noch nicht zu integrieren, stellt in der Praxis eine notwendige Voraussetzung dar. Entscheidend ist nicht ein Gesamtszenario an Tag 1 produktiv zusetzen, sondern jede Einzelmaßnahme als dauerhaft sinnvoll und passend zum Zielbild zu implementieren. Man kann automatisierte E-Mails

Abb. 5.5 Technologie Ansatz der Zukunft

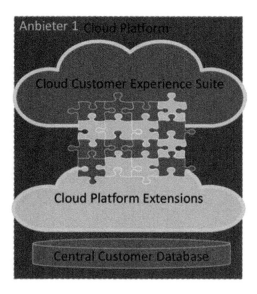

mittels personalisierter Inhalte aus einem CMS erstellen. Wenn jedoch weder der Content für moderne Segmentierung aufbereitet wird noch die Analyse-Möglichkeiten der E-Mails existieren, werden später deutlich höhere IT-Aufwände nötig.

5.4.4 Change Management und Training für Mitarbeiter

Die Einführung eines kontinuierlichen Customer Experience Managements über sämtliche Customer-Life-Time-Phasen hinweg, ist zunächst eine mentale Aufgabe. Gewohntes und gelerntes Organisationsdenken muss überwunden, neue Tätigkeitsprofile beschrieben und neue Prozesse definiert werden. Das alles meist im laufenden Betrieb. Schnell können sich Zweifel bei der bestehenden Mannschaft einstellen. Denn Mitarbeiter brauchen nicht nur die Beschreibung eines Zielbildes, es muss auch begründet sein und sich in ihre persönliche Perspektive übersetzen.

Zunächst nebulös wirkende Analytics-Aufgaben müssen beispielsweise mit Skills und einem Trainingsplan hinterlegt werden, damit Mitarbeiter sich den neuen Aufgaben gewachsen sehen. Eines der wichtigsten Change Management Prinzipien gilt auch hier, wenngleich mit besonderem Nachdruck: das Top-Management muss konsequent diesen Weg gegen alle Widerstände auch auf mittlerem Management Level vertreten und verteidigen. Vertriebsfürsten werden sinkende Umsätze als Risiko und KO-Kriterium anführen, Marketing-Abteilungen fürchten, um ihren exklusiven und abgeschirmten Datensatz. Das Beispiel der Automobilindustrie macht deutlich, dass selbst Unternehmensgrenzen dabei überwunden werden müssen. Die Service-Mitarbeiter müssen sich auf zusätzliche Vertriebstätigkeiten einstellen. Die Abstimmung der Einführung, um jeweils sämtliche hier dargestellten Dimensionen zeitgleich pro Szenarios einsatzbereit zu haben – und dies scheitert meist nicht an der viel gescholtenen IT – sondern inhaltlichen und organisatorischen Voraussetzungen (siehe Abb. 5.6).

(1) Abkehr von Datensammlung und Bereinigung durch Mitarbeiter
Die Tätigkeiten der Mitarbeiter werden interessanter, aber auch anspruchsvoller. Waren Marketing-Operations-Abteilungen oftmals mit dem Sammeln und Bereinigen von Daten beschäftigt, verschiebt sich die Aufgabe auf kreative und analytische Tätigkeiten. Das kann, wie die Praxis zeigt, auch Ängste schüren. Denn manche Marketeers haben den eigentlichen Kern ihrer Tätigkeit verlernt oder nie ausgeübt, wie ein Beispiel bei der Einführung in Asien gezeigt hat. Die dort verantwortliche Mitarbeiterin hat eisern ihre Excel-Datei zunächst unter Verschluss gehalten und versucht so lange wie möglich ihre Einzelarbeitsschritte zu verschleiern – aus dem einfachen Grund – um Sorge um den neuen Arbeitsplatz. Abgesehen davon, dass man diese Ängste sehr ernst nehmen muss, darf eine Beschwerde beim Management dort nicht zu einem Einknicken führen, sondern sollte die Veränderung erklären, nicht aber verwässern.

(2) Neue Kundenprofil-Attribute und deren Integration
Die analytischen Skills werden im Aufbau, in der Auswertung und im Betrieb von wachsender Bedeutung. Welche Kunden-Personas können wir ermitteln? Wie können wir Personas frühzeitig erkennen? Welcher Content ist für welche Persona und Kanal geeignet? Die Kreativ-Abteilung muss sich dabei mit vermehrt psychologischen Aspekten für die Inhalte und deren Visualisierung auseinandersetzen und zielgenauer auf Personas abstimmen.

(3) Stärkere Technology-Trend-Analysen
Neue und wechselnde Technologien finden den Einzug. Waren gerade in B2B-Unternehmen traditionale Account-Backend System verwaltend im Einsatz, finden

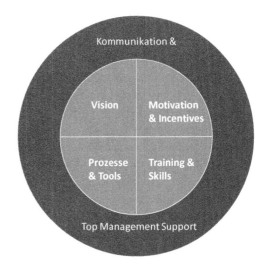

Abb. 5.6 Change Management Dimensionen. (Quelle: in Anlehnung an Accenture Change Management Framework)

selbst dort wie bei B2C schon lange frontend-lastige Systeme ihren Weg in die tägliche Arbeit. Die rasante Weiterentwicklung der digitalen Möglichkeiten ist in Customer Experience Szenarien von entscheidender Bedeutung und muss von Unternehmen kontinuierlich im Auge behalten werden. Die ist keine Aufgabe rein von IT-Abteilungen, sondern von Fachabteilungen. Die Use-Case basierte agile Einführung, Test und Überprüfung weicht langen Systemeinführungen. Um für den permanenten digitalen Wandel gerüstet zu sein, muss verstärkt auf Erweiterbarkeit mit offenen Plattformen wert gelegt werden und der Trend permanent beobachtet werden. Eine US-Kunde geht sogar so weit, dass gezielt jedes Jahr einzelnen Module parallel mit Modulen anderer App-Hersteller in Konkurrenz gebracht und unter realen Praxisbedingungen getestet werden. Setzt sich die neue Lösung durch, wird sie durch das alte Modul ersetzt ohne das Kernsystem zu verändern oder zu ersetzen.

5.5 Fazit

Die fortschreitende Digitalisierung im Bereich Marketing, Sales und Customer Service bietet neue und vielfältige Möglichkeiten eine bessere Qualität in der gesamten Kundenbeziehung zu erreichen und damit nachhaltig Wettbewerbsvorteile zu erhöhen und letztlich Umsätze zu steigern. Die Anforderungen an die Unternehmen sind für sämtliche Geschäftsmodelle seitens B2B und B2C und branchenübergreifend gestiegen und erfordern ein Umdenken. Ignoriert man diese Tatsache, laufen Unternehmen Gefahr Marktanteile zu verlieren und schnell ganze Geschäftsbereiche zu ruinieren.

Die Beispiele aus der Automobil- und Software-Industrie zeigen die Verzahnung von neuen Geschäftsmodellen und Anforderungen an das Produkt im digitalen Zeitalter mit den neuen Ansätzen eines übergreifenden Customer Experience Managements: Die positive Erfahrung eines neuen oder bestehenden Kunden ist entscheidend für zukünftige Verkäufe. Bestandkunden sind dabei wichtige Werbeträger in der digitalen Welt, um eine Empfehlung abzugeben. Die Produktnutzungsphase erhält eine wachsende Bedeutung, wobei hier keineswegs die Abarbeitung von Serviceanfragen des Kunden gemeint ist, sondern die bewusste Bereitstellung von Incentives, neuen Features oder sonstigen mehrwertstiftenden Maßnahmen für existierende Kunden, um das Produkterlebnis kontinuierlich positiv zu gestalten. Es darf demnach nicht der Kunde der Auslöser für eine „Interaktion" mittels Service-Ticket/Incidents sein, sondern das Unternehmen selbst sollte es zur Praxis machen, seine Kunden regelmäßig positiv zu überraschen.

Dies erfordert eine grundsätzliche Transformation von CRM. Neue strategische Ziele z. B. für Kundenzufriedenheit, Überwindung historischer Organisationsgrenzen, neue Prozesse und die Automatisierung mittels neuer Technologien und deren Einsatz für Customer Analytics sind hier gefragt. Insbesondere an das Change Management werden hohe Anforderungen von Beginn an gestellt.

Die resultierende, durch Analytics befeuerte Omni-Channel Practice als Vehikel für ein Digital Customer Experience Management als Nachfolger des klassischen CRMs ermöglicht die Abgestimmtheit der Kanäle und reibungslose Übergaben, die sich wie selbstverständlich nach Kundenpräferenz ergeben.

Die digitale Transformation kann entlang der geschilderten Dimension schrittweise erfolgen und bedarf einer konsequenten und durchsetzungsstarken Top-Management Unterstützung.

Literatur

Accenture. (2016). *Omni-channel customer experience study 2016*. München: Accenture.

Dipl.-Wirtsch.-Inf.(Univ)(E.M.B.Sc) Torsten Albrecht hat an der Universität Bamberg und University of Wales, Swansea Wirtschaftsinformatik und Betriebswirtschaft studiert und sich intensiv mit strategischem Marketing und der Dynamik im deutschen Automobilmarkt auseinandergesetzt. Nach dem Einstieg bei der Unternehmensberatung Accenture, arbeitete er als Berater für verschiedene Kunden aus dem High-Tech und Software-Bereich an Lösungen zur Unternehmensführung sowie an der Konzeption zukunftsweisender Marketing, Vertriebs- und Serviceentwürfen und begleitete organisatorisch, prozessual als auch technologisch die erfolgreiche Einführung. Herr Albrecht ist Autor verschiedener Accenture Studien u. a. im Bereich Omni-Channel Customer Experience Management, Business Intelligence und SAP Technologien. Als Partner leitet er den Fachbereich Technology Consulting mit Schwerpunkt CRM – Customer & Channels für Communication, Media and High-Tech, bevor er die Leitung des SAP Deutschland Geschäftes für NTT DATA 2017 übernahm.

Digital Supply Chain Management

6

Christian Kille

Zusammenfassung

Mit der Digitalisierung ergeben sich zahlreiche neue Möglichkeiten, das komplexe Unterfangen Supply Chain Management in die Praxis zu überführen. Die Frage der Definition und Abgrenzung des Begriffes ist der Startpunkt für die Diskussion. Anschließend werden die Herausforderungen des Supply Chain Managements erörtert, indem gemäß der 14 Dimensionen von Komplexität in logistischen Systemen und Supply Chains die Möglichkeiten der Digitalisierung herausgearbeitet werden. Um die Potenziale der Digitalisierung konkret diskutieren zu können, werden anhand der zentralen Herausforderung des „Bullwhip-Effektes" die potenziellen digitalen Lösungen vorgestellt und bewertet.

6.1 Definition und Abgrenzung

Supply Chain Management ist Mitte der 1990er-Jahre aufgekommen als Erweiterung der Koordination von logistischen Prozessen zwischen Unternehmen. Im Mittelpunkt steht der Begriff der Supply Chain, die als „Versorgungskette" übersetzt und in engem Zusammenhang mit der Wertschöpfungskette gesehen werden kann (Klaus 2012, S. 554). Auch wenn unterschiedlichste Definitionen und Vorstellungen existieren, was Supply Chain Management umfasst, bleibt als Schnittmenge, dass unter Einbezug aller Informations-, Güter- und Geldflüsse die damit zusammenhängenden Prozesse entlang des Wertschöpfungsprozesses und deren Akteure über jegliche Grenzen hinweg zur Steigerung des

---

C. Kille (✉)
FH Würzburg-Schweinfurt, Würzburg, Deutschland
E-Mail: christian.kille@fhws.de

© Springer Fachmedien Wiesbaden GmbH, ein Teil von Springer Nature 2020
L. Fend, J. Hofmann (Hrsg.), *Digitalisierung in Industrie-, Handels- und Dienstleistungsunternehmen*, https://doi.org/10.1007/978-3-658-26964-7_6

Endkundennutzens kontinuierlich optimiert werden sollen (Werner 2013, S. 5 ff.). Dies lässt sich in dem sogenannten „Order-to-Payment-Prozess" darstellen (Klaus 2012, S. 556 ff.).

Dieser bildet

- den Informationsfluss vom Kunden als Auftrag startend über die Programmplanung und Produktionsplanungssystem (PPS)/Prognose bis zum Lieferanten,
- den Güterfluss als Beschaffungsgüter beim Lieferanten startend über die Produktion und Distribution bis zum Kunden als Auftragserfüllung sowie
- den Geldfluss vom Kunden bis zum Lieferanten

ab, wobei der Rückfluss vom Kunden in Form von Retouren oder Mehrwegbehältern nicht berücksichtigt ist.

Die Abstimmung dieser Flüsse aufeinander und der Harmonisierung der Beschaffung, Produktion und der Lagerbestände mit der Kundennachfrage bietet Potenziale zur Optimierung. Eine Supply Chain besteht wie beschrieben aus einer Aneinanderreihung mehrerer „Order-to-Payment-Prozesse" der Akteure, die vom Urlieferanten bis zum Endkonsument reicht. So wird zwischen einer „unternehmungsinternen Supply Chain" und einer „unternehmungsintegrierenden Supply Chain" unterschieden (Klaus 2012, S. 557).

Dies zeigt, dass sich nicht nur in der Praxis Probleme bei der Abgrenzung bzgl. der Reichweite von Supply Chain Managements ergeben, sondern auch in der Wissenschaft. Insbesondere bei dem Verständnis, dass die Supply Chain vom Urproduzenten bis zum Endkonsumenten (und zurück) reicht, wird die Komplexität eines „unternehmensintegrierenden" Unterfangens deutlich. Der US-amerikanische Fachverband „Council of Supply Chain Management Professionals (CSCMP)" definiert Supply Chain Management folgendermaßen (CSCMP 2017):

> Supply chain management encompasses the planning and management of all activities involved in sourcing and procurement, conversion, and all logistics management activities. Importantly, it also includes coordination and collaboration with channel partners, which can be suppliers, intermediaries, third party service providers, and customers. In essence, supply chain management integrates supply and demand management within and across companies.

Diese Definition erscheint gegenüber wissenschaftlichen Definitionen am nächsten an der Unternehmensrealität zu sein und wird im Weiteren als Basis verwendet.

Im Zusammenhang mit Digital Supply Chain Management ist es von besonderer Relevanz, die Informationsflüsse zu optimieren bzw. abzustimmen und zu integrieren. Hier besteht insbesondere das Versprechen, dass auf der Basis moderner IT-Technologie über Organisations- und damit rechtliche Grenzen hinweg ganzheitliche, systemhafte Lösungen für Probleme des Waren- und Informationsflusses geschaffen werden, um die Ketten mittels planungsrelevanter Daten überraschungsärmer und Pläne stabiler zu machen (Bretzke 2015, S. 69). Dies zeigt deutlich, dass Daten und Informationen ein Erfolgsfaktor für eine agile, adaptive und aufeinander in Einklang gebrachte Supply Chain bedeuten. Eine optimale Supply Chain besteht demzufolge aus „agility", „adaptability" und „alignment" (Lee 2004).

6.2 Herausforderungen bei der Digitalisierung in der Supply Chain

Die Optimierung von Versorgungs- bzw. Wertschöpfungsketten hat sich von dem sehr breiten Ansatz der Harmonisierung aller Flüsse (inkl. der Güter) mit dem Aufkommen der Digitalisierung in der Hinsicht verändert, dass sie mit den neuen Werkzeugen nicht nur effizienter erfolgen, sondern auch die gesteckten Ziele leichter erreichen kann. Diese Behauptung fußt auf der Erkenntnis, dass eine Supply Chain in der Praxis selten existiert, sondern – wenn überhaupt – in Form von Supply Networks, deren Optimierung unter Berücksichtigung aller Flüsse und Interdependenzen schier unmöglich erscheint, da die Komplexität bei diesem Unterfangen nicht mehr in den Griff zu bekommen ist (Bretzke 2015, S. 74 ff.). Diese Komplexität kann durch 14 Dimensionen definiert werden, die insbesondere beim Supply Chain Management zum Tragen kommen (Bretzke 2016, S. 14 ff.):

1. Die Anzahl der Elemente eines Systems
2. Die Verschiedenartigkeit dieser Elemente
3. Die Anzahl der Beziehungen und Schnittstellen zwischen diesen Elementen
4. Die Verschiedenartigkeit dieser Relationen
5. Diversität
6. Varietät
7. Veränderungsdynamik
8. Eigendynamik
9. Zeitdruck
10. Zielkonflikte
11. Logische Interdependenzen zwischen Entscheidungen
12. Kontingenz
13. Unsicherheit
14. Die Unendlichkeit der Möglichkeitsräume

Nicht alle haben gleichermaßen eine Relevanz in der digitalisierten Supply Chain. In Tab. 6.1 erfolgt eine Einsortierung der Relevanz dieser Ausprägungen mit Schwerpunkt auf die Digitalisierung.[1] Die Potenziale der Digitalisierung zur Lösung der Herausforderungen in Zusammenhang mit der jeweiligen Komplexität werden im darauffolgenden Abschnitt diskutiert.

---
[1] Die Erläuterungen in Tab. 6.1 fußen auf Kille und Reuter (2018, S. 18 ff.).

Tab. 6.1 Möglichkeiten der Digitalisierung in Bezug auf die Dimensionen von Komplexität des Supply Chain Managements

Ausprägung der Komplexität		Erläuterung der Möglichkeiten der Digitalisierung
Die Anzahl der Elemente eines Systems	⊙	Eine Supply Chain ist gekennzeichnet durch deren Akteure. Diese setzen sich nicht nur aus den offensichtlichen Industrie- und Handelsunternehmen, sondern auch durch die dazwischen agierenden Logistikunternehmen zusammen. Vereinfacht gesprochen: Umso komplexer ein Endprodukt ist, umso größer ist die Zahl der Elemente in einer Supply Chain. Durch die Digitalisierung ist es möglich, alle Akteure einzubinden und bspw. zentral darzustellen. Dies erhöht die Transparenz durch einen Überblick, bedeutet jedoch auch eine Herausforderung bei einer hohen Anzahl, die eingebunden werden müssen.
Verschiedenartigkeit dieser Elemente	○	Jede Supply Chain beinhaltet unterschiedliche Akteure, auch wenn am Ende das gleiche Produkt den Kunden erreicht. So kann bspw. die Distribution zum Endkunden direkt, über den Einzelhandel oder über Groß-/Einzelhandel erfolgen. Diese Verschiedenheit kann durch die Digitalisierung nicht ersetzt werden. Es bleiben weiterhin unterschiedlichste Akteure in der Supply Chain und ihren unterschiedlichen Anforderungen und IT-Systemen, die die Digitalisierung herausfordernder macht.
Anzahl der Beziehungen und Schnittstellen zwischen diesen Elementen	⊙	Mit dem Austausch von Gütern und Informationen in einer Supply Chain sind unterschiedliche Schnittstellen zu überwinden, die sich nicht nur durch die Zahl der Akteure, sondern auch durch die Zahl der Beziehungen zwischen den einzelnen Elementen ergibt (bspw. die Organisation eines Distributionssystems in Form eines Hub&Spoke- im Gegensatz zu einem Rasternetzwerk). Die Digitalisierung erhöht zunächst die Zahl der Schnittstellen, da unterschiedliche IT-Systeme und Applikationen um Marktdurchdringung und (bei der Herausbildung komplexitätsreduzierender Standards) um Dominanz kämpfen. Nicht nur in einzelnen Branchen, auch in Ländern existieren unterschiedliche Standards. Seitdem Informationen elektronisch ausgetauscht werden, scheitern zahlreiche Projekte an fehlenden Normen und Standards. Zwar hat das Internet grundlegende, formale Herausforderungen seitens der Übertragungsprotokolle gelöst. Die Form bzw. Art und Inhalt der ausgetauschten Daten differieren weiterhin. Mit der Steigerung der IT-Kapazitäten wachsen auch die Möglichkeiten, sodass hier die Komplexität sogar steigt. Seitens der Schnittstellen im Güterfluss kann die Digitalisierung so lange wenig bewirken, wie es nicht zu unternehmensübergreifenden Softwarelösungen kommt

(Fortsetzung)

Tab. 6.1 (Fortsetzung)

Ausprägung der Komplexität		Erläuterung der Möglichkeiten der Digitalisierung
Verschiedenartigkeit dieser Relationen bzw. Beziehungen	⊙	Eine weitere Dimension ist die Realisierung des Austausches von Gütern und Informationen, die sich bspw. durch den Informationskanal oder den Verkehrsmodus unterscheiden kann. Die Komplexität der Vernetzung der verschiedenen Unternehmen untereinander und die durch die Abhängigkeiten zwischen Auftragnehmer und Auftraggeber sowie der weiteren Partner in einer Supply Chain können durch die Digitalisierung nicht gemindert, geschweige denn aufgehoben werden. Mit einer größeren Transparenz durch eine Digitalisierung der Informations- und Güterströme können diese Vernetzungen zumindest für alle Partner offensichtlich, die Unterschiede hervorgehoben und auf dieser Basis damit umgegangen werden. Mit dieser Kenntnis können konkrete Maßnahmen angegangen werden
Diversität bzw. Variantenspektrum	⊙	Der Trend zur Individualisierung[a] ist nur ein Treiber des wachsenden Variantenspektrums. Ein anderer sind bspw. nationale Vorgaben, die Auswirkungen auf die Beschaffenheit von Gütern haben. Teilweise kann diese Komplexität durch 3D-Druckverfahren oder durch Postponement-Methoden gemindert werden[b]
Varietät bzw. Vielfalt der Zustände	⊙	Hierunter fällt die Dynamik, die sich aus der Veränderung von äußeren Rahmenbedingungen ergibt. Während die davor beschriebenen Dimensionen die (statische) Organisation einer Supply Chain umfassen, erfassen die folgenden zeitliche Komponenten. Das System von Supply Chains bildet ein mehrdimensionales Problemfeld. Diese Vielfalt kann nicht reduziert, aber durch Digitalisierung transparent gemacht werden
Veränderungsdynamik	○	Nicht nur äußere Rahmenbedingungen können sich ändern. Auch Unternehmen selbst verändern Produkte, Prozesse und Verfahren, was eine Veränderung in der gesamten Supply Chain als nach sich zieht. Mit einer Digitalisierung in der Supply Chain ist keine Reduzierung der Veränderungsdynamik zu erwarten. Die Entwicklung wird eher zu einer Steigerung führen (Kille und Grotemeier 2017, S. 35 ff.), weil sich mit ihr die möglichen Anpassungsgeschwindigkeiten an Veränderungen steigern lassen

(Fortsetzung)

Tab. 6.1 (Fortsetzung)

Ausprägung der Komplexität		Erläuterung der Möglichkeiten der Digitalisierung
Eigendynamik	●	Eine Sonderform zur vorherigen Dimension ist die Eigendynamik, die einen verstärkenden Faktor berücksichtigt. So verursacht die Verkürzung der Innovationszyklen eines Anbieters A ein Nachziehen der anderen Marktteilnehmer. Das wiederum kann dazu führen, dass Anbieter A abermals eine Reduzierung vornimmt, um den eigenen Wettbewerbsvorteil aufrecht zu erhalten, und verstärkt damit die Dynamik. Mit diesen Simulationen in Kombination einer transparenten Supply Chain können die „positiven Rückkopplungen" verstärkt und die „negativen" reduziert werden (Eine Erläuterung zur Rückkopplung sowie Beispiele finden sich in (Bretzke 2015, S. 41))
Zeitdruck	○	Zu der Individualisierung und der Veränderungsdynamik kommt als dritte Dimension der Zeitdruck bei der Ausführung der Prozesse. Die Digitalisierung steigert diese Entwicklung tendenziell, wie sich dies in der Vergangenheit bspw. mit der Erfindung und Etablierung des Internets gezeigt hat (Kille und Nehm 2017, S. 144)
Zielkonflikte	◉	Zielkonflikte entstehen automatisch bei einer Verknüpfung mehrerer Partner mit unterschiedlichen Strategien und Wertvorstellungen. Insbesondere Vertrauen bildet hier ein kritisches Element bzw. einen Erfolgsfaktor (Trent 2004, S. 58). Es kann durch eine Transparenz über quantitative Kenndaten und qualitative Motivationen erhöht, jedoch nicht in Gänze erreicht werden
Logische Interdependenz zwischen Entscheidungen	●	Die Heterogenität von Supply Chains ist bekannt. Die damit zusammenhängenden, unterschiedlichen Konsequenzen, die sich aus den Ursache-Wirkungsbeziehungen ergeben, sind damit mannigfaltig. Die meisten Lieferanten haben unterschiedliche Kunden aus unterschiedlichen Branchen, die ihrerseits wiederum jeweils in andere Netze eingebunden sind. Eine Digitalisierung einer Supply Chain offeriert nicht nur die Transparenz, sondern ermöglicht auch eine Simulation. So können die Effekte von Entscheidungen nachgestellt werden und Maßnahmen unter Einbezug aller Partner entsprechend justiert werden

(Fortsetzung)

Tab. 6.1 (Fortsetzung)

Ausprägung der Komplexität		Erläuterung der Möglichkeiten der Digitalisierung
Kontingenz	☉	Aus Entscheidungen eines Akteurs folgen weitere anderer in der Supply Chain (oder auch nicht). Die Herausforderung liegt in der Abschätzung der Tragweite von Entscheidungen auf das gesamte Netzwerk. Die meisten Lieferanten haben unterschiedliche Kunden aus unterschiedlichen Branchen, die ihrerseits wiederum jeweils in andere Netze eingebunden sind. Wie in vielen der hier diskutierten Komplexitätsbereiche ist das Schlüsselwort „Transparenz". Entsprechend kann die Digitalisierung nicht direkt eine Lösung darstellen, sondern nur eine Basis oder eine Voraussetzung sein, etwa in der Gestalt von Plattformlösungen mit Hub-Charakter. Wer sich mit einer solchen Plattform verbindet (also nur *eine* Anpassung vornimmt), ist dadurch mit allen anderen Firmen verbunden, die dieselbe Plattform nutzen, wobei sich für die Plattformbetreiber wie für deren Nutzer Netzwerkeffekte ergeben: mit jedem neuen Nutzer wird die Plattform für alle wertvoller. Plattformen sind eine Art digitalisierter und damit transparenter gemachte Kontingenz
Unsicherheit	●	Der Umgang mit Risiken und das damit einhergehende Risiko Management bedeutet zusätzliche Herausforderung. Eine Digitalisierung und die damit zusammenhängende Transparenz (z. B. über die zukünftigen Bedarfe von Wertschöpfungspartnern oder über drohende Kapazitätsengpässe von Lieferanten) ermöglicht die Reduzierung von Risiken aufgrund von Unwissenheit. Zukünftige Veränderungen lassen sich dadurch nicht vollends prognostizieren, wodurch weiterhin Unsicherheiten bestehen. Mit der Sammlung und Verarbeitung großer Datenmengen (Big Data) können die Korridore der möglichen Szenarien jedoch enger gezogen werden.
Unendlichkeit der Möglichkeitsräume	☉	Dies umfasst die Vielzahl an Handlungsoptionen bei Entscheidungsfindungen. Durch geeignete Digitalisierungswerkzeuge besteht das Potenzial, die Zahl der Handlungsoptionen zumindest auf eine kleinere und handhabbare relevante Menge zu reduzieren.

[a]Detaillierte Diskussionen finden sich in Kille und Nehm (2017, S. 120 ff.), oder Kille und Grotemeier (2017, S. 36 ff.)
[b]Als populär-wissenschaftliche Veröffentlichung kann die Untersuchung von DHL (2016) empfohlen werden
(● = **direkte Adressierung**, ☉ = **indirekte Adressierung**, ○ = **keine Adressierung**)

Diese Zusammenstellung zeigt, dass die Digitalisierung ein wichtiges Werkzeug ist, jedoch kein Mittel darstellt, um alle Herausforderungen zu lösen. Nicht nur, dass „Supply Chain Management" zumindest insoweit als Utopie der Wissenschaft bezeichnet werden kann, wie dieses Konzept auf eine wertschöpfungsstufenübergreifende Integration zielt, die von der Rohstoffgewinnung bis zu den jeweiligen Endkunden reicht (Bretzke 2015, S. 72 ff.). Vielmehr erscheint auch die Digitalisierung im Supply Chain Management mit ihrem Versprechen einer fundamentalen Transformation derzeit noch mehr eine Vision als eine konkrete Lösung zu sein (Backhaus et al. 2017, S. 41). Die Werkzeuge und die damit erreichbaren Potenziale werden im folgenden Abschn. 6.3 vorgestellt.

6.3 Werkzeuge, Ziele und Potenziale bei der Digitalisierung im Supply Chain Management

Tab. 6.1 verdeutlicht die Potenziale von Transparenz in der Supply Chain. Dies ist keine neue Erkenntnis. Bereits in den 1960er-Jahren wurde der Bullwhip-Effekt entdeckt (Forrester 1961). Dieser besagt, dass umso weiter „upstream" das Unternehmen in der Supply Chain agiert, umso größer ist die Differenz zwischen dessen Beschaffungsmenge und dem schlussendlichen Bedarf, da die Unternehmen nicht eingebunden sind, sondern autonom agieren. Oder anders formuliert: Die Verzerrung nimmt kontinuierlich zu, je weiter das Unternehmen vom Endkunden entfernt ist (Lee et al. 1997, S. 93 f.). Die Gründe dafür liegen

- in der kontinuierlichen Aktualisierung und verzögerten Weitergabe von Bedarfsprognosen, wodurch kleinste Veränderungen auf der Seite der Beschaffung oder des Vertriebs zur Neujustierung in den Planzahlen führt,
- in der Bestellbündelung, um Losgrößeneffekte bzw. niedrige Preise zu erreichen, wodurch auf der Lieferantenseite der Eindruck eines erhöhten Bedarfs entsteht,
- in den so ausgelösten hohen Bestandsreichweiten, die die Orderprozesse vom Marktgeschehen abkoppeln,
- in Preisschwankungen, wodurch größere Mengen spekulativ beschafft werden, sowie
- im Ungleichgewicht von Informationen über tatsächliche Kapazitäten, Bestände und Verkaufsmengen entlang der Supply Chain, wodurch bei Befürchtung von Engpässen bei den Kapazitäten Sicherheitsbestellungen über dem eigentlichen Bedarf getätigt werden.

Der Bezug zu den Komplexitäten aus Tab. 6.1 wird in Tab. 6.2 gezeigt. Hier wird deutlich, dass neben der fehlenden Transparenz (Ungleichgewicht bei Informationen) die Prognose und die dahinterliegenden Algorithmen die wichtigsten Rollen auch zur Adressierung der Gründe für den Aufschaukelungseffekt in Supply Chains spielen.

Möglichkeiten zur Reduzierung des Bullwhip-Effekts haben Lee et al. (1997) bereits entwickelt (siehe Tab. 6.3). Diese mittlerweile 20 Jahre alten Ansätze waren damals schwer

Tab. 6.2 Abgleich der Komplexitäten in einer Supply Chain mit den Gründen für den Bullwhip-Effekt

	Kontinuierliche Aktualisierung der Prognose und verzögerte Weitergabe	Bestellbündelung	Preisschwankungen	Ungleichgewicht bei Informationen
Vernetzungen und wechselseitige Abhängigkeiten				Fehlende Transparenz weckt Misstrauen
Logische Interdependenz vieler Entscheidungen	Notwendigkeit der kontinuierlichen Anpassung aufgrund neuer Erkenntnisse	Beschaffungsziele ergeben hohe Bestelleingänge	Differenz zwischen Angebot und Nachfrage ergeben Preisanpassungen	Entscheidungen aufgrund von Annahmen
Eigendynamik durch Rückkopplungen		Hohe Bestellmengen induzieren Erwartungen hinsichtlich der zukünftigen Nachfrage	Niedrige Preise induzieren hohe Bestellmengen	Fehlende Kenntnis induziert Sicherheitsbestellungen
Vielfalt der Schnittstellen und Beziehungen	Prognosen werden ungenauer			Informationsbasis ist lückenhaft
Diversität bzw. Variantenspektrum	Kompliziertere, damit ungenauere Prognosen			
Vielfalt der Zustände	Kompliziertere, damit ungenauere Prognosen			Informationsbasis ist lückenhaft
Veränderungsdynamik bspw. aus verkürzten Produktlebenszyklen oder Innovationen	Ungenauere Prognosen durch Schwankungen		Veränderungen bei den Produkten induzieren Preisschwankungen	Unkenntnisse über neue Produkte und deren Produktionskapazität
Zeitdruck			Zeitdruck fördert Spekulation	
Ambivalenzen aus konfliktären Zielen		Beschaffungsziele ergeben bspw. hohe Bestelleingänge beim Vertrieb	Differenz zwischen Angebot (Bestand) und Kundennachfrage ergeben Preisanpassungen	Vertriebsziel fördert hohe Bestände
Situationsgebundenheit bzw. Kontingenz	Notwendigkeit der kontinuierlichen Anpassung			Geringe Transparenz vermindert Antizipation der Situation
Unsicherheit	Risiken können nur auf Annahmen basieren			Unkenntnisse über die Risiken
Regularien				Unkenntnisse über die Regularien

(dunkelgrau = großer Zusammenhang, grau = mittlerer Zusammenhang, weiß = geringer Zusammenhang)

Tab. 6.3 Möglichkeiten zur Reduzierung des Bullwhip-Effekts. (Quelle: nach Lee et al. 1997)

Gründe für den Bullwhip-Effekt	Informationsaustausch	Abgleich der Flüsse	Operative Effizienz
Aktualisierung der Bedarfsprognose	Verständnis über Systemdynamik Nutzung der Point-of-Sale-Daten Elektronischer Datenaustausch Computer-assisted Ordering (CAO)	Vendor-managed Inventory (VMI) Preisnachlass bei Informationsaustausch Direkte Anbindung des Kunden	Reduzierung der Durchlaufzeit Rangfolgenorientierte Bestandskontrolle
Bestellbündelung	Elektronischer Datenaustausch	Preisnachlass bei kompletten Lkw-Ladungen Zeitfensterbelieferung Konsolidierung Logistik-Outsourcing	Reduzierung der Fixkosten durch E-Commerce CAO
Preisschwankungen		Continuous Replenishment Dauerniedrigpreisstrategie	Dauerniedrigpreisstrategie Activity-based Costing
Engpassspiel	Austausch von Verkaufs-, Kapazitäts- und Bestandsdaten	Zuordnung auf Basis vergangener Verkäufe	

umsetzbar. Mit der Digitalisierung und den damit zusammenhängenden technischen Werkzeugen sind diese nicht nur leichter zu realisieren, es sind auch weitere Möglichkeiten hinzugekommen. Zunächst werden jedoch die Lösungen in Tab. 6.2 analysiert.

Der Informationsaustausch kann mithilfe der Digitalisierung nicht nur umgesetzt, sondern auch realistisch für alle Partner egal welcher Größe entlang der Supply Chain zumindest theoretisch erreicht werden. Jedoch bleibt die Herausforderung, in welchen Unternehmensbereichen Prozesse, Strukturen und IT-Systeme angepasst werden sollten, um den Informationsaustausch zielgerichtet und merklich zu verbessern (Backhaus et al. 2017, S. 40). Da alle Unternehmen bereits über ein IT-System in unterschiedlichen Entwicklungsstadien implementiert haben, ist es zumindest theoretisch möglich, hier einen Austausch von Informationen zu erreichen. Mit diesen Statusdaten und Informationen, die aktuell als Big Data in der Fachwelt kursieren, ist ein Abgleich der Flüsse auch durch Prognosen auf Basis von intelligenten Algorithmen oder im nächsten Schritt mittels Künstlicher Intelligenz möglich. Theoretisch können damit die in Tab. 6.2 herausgestellten Gründe für den Bullwhip-Effekt, die sich aus den Komplexitäten ergeben, adressiert werden:

Mit einer Transparenz über die Statusinformationen entlang der Supply Chain können Entscheidungen auf Ist-Daten mit einer minimalen Zahl an Annahmen erfolgen (siehe Tab. 6.4).

Mit intelligenten Algorithmen und Künstlicher Intelligenz lassen sich robuste Prognosen erstellen, die die Spekulation und die Notwendigkeit von Annahmen reduzieren (siehe Tab. 6.4).

Diese Potenziale sind umso leichter realisierbar, umso größer der Standardisierungsgrad entlang der Supply Chain ist. Dass dies eine Herausforderung ist, liegt nicht nur an der bereits erwähnten Schwierigkeit der Identifikation des richtigen Unternehmensbereiches und der Eigenschaften der Daten, die verarbeitet werden müssen.[2] Diese Vereinheitlichung würde eine Supply Chain auch starrer und damit weniger flexibel machen, wodurch eine agile Reaktion auf Störungen oder Veränderungen schwerer möglich ist (Hompel und Henke 2014, S. 619 f.), wie sie bspw. durch die Komplexitäten „Veränderungsdynamik bspw. aus verkürzten Produktlebenszyklen oder Innovationen", „Zeitdruck", „Unsicherheit" oder „Regularien" hervorgerufen werden können. In diesem Zusammenhang wird davon ausgegangen, dass im Zuge der Entwicklung hin zur vierten industriellen Revolution[3] ein Supply Chain Management 4.0 entstehen wird, welches auf weniger, aber relevanten Daten fußen wird (Hompel und Henke 2014, S. 620).

Zusammenfassend gilt: Die Digitalisierung bildet eine wichtige Basis zur Optimierung der Supply Chain, zur Unterstützung eines Supply Chain Managements und zur Steigerung der Wettbewerbsfähigkeit der involvierten Unternehmen.

---

[2] Dies wird in den „Four V's of Big Data" deutlich, die die Eigenschaften „Volume", „Variety", „Velocity" und „Veracity" umfassen.

[3] Die vier aktuellen Evolutionsstufen der industriellen Entwicklung sind anschaulich in Kagermann et al. (2012, S. 10 f.) beschrieben.

Tab. 6.4 Potenzielle Lösung durch Digitalisierung

	Kontinuierliche Aktualisierung der Prognose	Bestellbündelung	Preisschwankungen	Ungleichgewicht bei Informationen
Vernetzungen und wechselseitige Abhängigkeiten				■
Logische Interdependenz vieler Entscheidungen	■	■	▨	
Eigendynamik durch Rückkopplungen		■		
Vielfalt der Schnittstellen und Beziehungen	▨			
Diversität bzw. Variantenspektrum	▨			
Vielfalt der Zustände	▨			■
Veränderungsdynamik		■		
Zeitdruck				
Ambivalenzen aus konfliktären Zielen		■	▨	
Situationsgebundenheit bzw. Kontingenz	▨			
Unsicherheit	▨			■
Regularien				■

(dunkelgrau = Transparenz durch Ist-Daten (Big Data), grau = Prognose mittels Algorithmen)

Literatur

Backhaus, A., et al. (2017). Digitalisierung in der Logistik: Vom Hype zur Marktrelevanz? In C. Kille & M. Meißner (Hrsg.), *Logistik im Spannungsfeld der Politik* (S. 40–61). Hamburg: DVV Media Group.

Bretzke, W. R. (2015). *Logistische Netzwerke*. Berlin: Springer.

Bretzke, W. R. (2016). *Die Logik der Forschung in der Wissenschaft der Logistik*. Berlin: Springer.

CSCMP. (2017). Definitions and Glossary of Terms. http://cscmp.org/CSCMP/Educate/SCM_Definitions_and_Glossary_of_Terms/CSCMP/Educate/SCM_Definitions_and_Glossary_of_Terms.aspx. Zugegriffen am 12.09.2017.

DHL. (2016). *3D printing and the future of supply chains*. Bonn: Eigenverlag.

Forrester, J. (1961). *Industrial dynamics*. New York: MIT Press.

ten Hompel, M., & Henke, M. (2014). Logistik 4.0. In T. Bauerhansl, M. ten Hompel & B. Vogel-Heuser (Hrsg.), *Industrie 4.0 in Produktion, Automatisierung und Logistik* (S. 615–624). Wiesbaden: Springer.

Kagermann, H., Wahlster, W., & Helbig, J. (Hrsg.). (2012). *Deutschlands Zukunft als Produktionsstandort sichern – Umsetzungsempfehlungen für das Zukunftsprojekt Industrie 4.0. Vorabversion des Abschlussberichts des Arbeitskreises Industrie 4.0*. Berlin: acatech e. V.

Kille, C., & Grotemeier, C. (2017). Treiber und Trends der Logistik als qualitativer Rahmen für die Prognose. In C. Kille & M. Meißner (Hrsg.), *Logistik im Spannungsfeld der Politik* (S. 29–39). Hamburg: DVV Media Group.

Kille, C., & Reuter, C. (2018). *Erfolgsfaktoren von 4PL, LLP und 3PL in der Chemielogistik*. Würzburg: Eigenverlag. https://www.camelot-mc.com/wp-content/uploads/2018/05/Studie-LLP-4PL-Chemie_Druck_final.pdf.

Kille, C., & Nehm, A. (2017). *Zukunft der Logistikimmobilien und Standorte*. Weiterstadt: Logix.

Klaus, P. (2012). Supply chain management. In P. Klaus, W. Krieger & M. Krupp (Hrsg.), *Gabler Lexikon Logistik* (S. 554–562). Wiesbaden: Gabler.

Lee, H. (2004). The triple-A supply chain. Harvard Business Review 10. https://hbr.org/2004/10/the-triple-a-supply-chain. Zugegriffen am 12.09.2017.

Lee, H., Padmanabhan, V., & Whang, S. (1997). The Bullwhip effect in supply chains. *Sloan Management Review, 3*, 93–102.

Trent, R. J. (2004). What everybody needs to know about SCM. *Supply Chain Management Review, 3*, 52–59.

Werner, H. (2013). *Supply chain management*. Wiesbaden: Springer.

Prof. Dr. Christian Kille, Jahrgang 1972, ist seit 01.04.2011 Professor für Handelslogistik und Operations Management an der Hochschule Würzburg-Schweinfurt und aktuell Leiter des Studiengangs Betriebswirtschaft. Vorher war er bei der Fraunhofer SCS in Nürnberg Leiter des Geschäftsfelds Marktanalysen.

Er ist weiterhin Lehrbeauftragter der TU München für Vorlesungen in Singapur und Peking, Marktanalyst der BVL, Mitglied in der Jury der „Logistik Hall of Fame" und des „Logix Deutscher Logistikimmobilien Award" (Vorsitzender) sowie im Nominierungskomitee für die „Beste Marke der Logistik" (Vorsitzender). 2014 gründete er zusammen mit Markus Meißner die Initiative „Prognose für die Entwicklung der Logistik in Deutschland" unter der Schirmherrschaft des Parlamentarischen Staatssekretärs beim Bundesminister für Verkehr und digitale Infrastruktur Steffen Bilger.

Seine Forschungsschwerpunkte liegen im Bereich Prognose und Trenduntersuchungen in der Logistik.

Teil III

Digitalisierung in ausgewählten Funktionsbereichen

Digital Logistics

7

Christian Kille

> **Zusammenfassung**
>
> Um die Diskussion um Logistik allgemein und die Digital Logistics im Speziellen zu versachlichen, wird zunächst der drittgrößte Wirtschaftsbereich in Deutschland definiert und abgegrenzt. Im Anschluss steht die Digitalisierung in der Logistik im Mittelpunkt, indem die Entwicklung vom tradierten Verständnis der Güterbewegung zur Logistik 4.0 erläutert wird. Hierbei werden die Auswirkungen der Logistik 4.0 und die langfristigen Perspektiven vorgestellt. Dies dient als Überleitung zur Digital Logistics und deren Anwendungen. Dieser Abschnitt wird mit der Beschreibung der Landschaft der aktuellen Digitalisierungswerkzeuge abgerundet.

7.1 Definition und Abgrenzung

Logistik gilt als eine Querschnittsfunktion, die in der gesamten deutschen Wirtschaft von nahezu allen Unternehmen genutzt wird. Sie taucht entsprechend auch nicht als einzelner Wirtschaftszweig oder als Branche in den Veröffentlichungen des Statistischen Bundesamtes auf. Während bspw. in der Automobilindustrie die Leistungen der Branche im fertigen Automobil als Summe aller Vorleistungen angesehen werden kann, ist dies bei der Logistik nicht möglich, wie die folgenden Ausführungen zeigen. Hier bedarf es einer komplexer erscheinenden Abgrenzung, die in Summe jedoch ähnlich funktioniert wie in der Automobilindustrie.

Grundsätzlich wird die Logistik als „… bedarfsorientierte Herstellung von Verfügbarkeit … schon hergestellte[r] Güter …" (Bretzke 2015, S. 1) definiert. Dieses Verständnis

C. Kille (✉)
FH Würzburg-Schweinfurt, Würzburg, Deutschland
E-Mail: christian.kille@fhws.de

verdeutlicht, dass die Logistik unternehmensübergreifend wahrgenommen wird. Entsprechend ergibt sich hier kein Unterschied zwischen der Erbringung durch einen externen Dienstleister (fremdvergebene bzw. „outsourced" Logistik) oder durch einen unternehmensinternen Leistungsträger (eigene oder „insourced" Logistik).

In den letzten zwanzig Jahren hat sich hier das Verständnis von Logistik nach Klaus etabliert (erstmals veröffentlicht in (Klaus 1993), überarbeitet in (Klaus 2002)). Entsprechend wird der relativ enge, aber gut präzisierbare und messbare Logistikbegriff verwendet (Klaus 2002, S. 18),

- der nicht nur die Aktivitäten des Transportierens („Transfer von Objekten im Raum"), des Umordnens, Umschlagens, der Kommissionierung („Veränderung der Ordnungen von Objekten") und des Lagerns („Transfer von Objekten in der Zeit") von Gütern und Materialien in der Wirtschaft umfasst,
- sondern auch die damit unmittelbar verbundenen (administrativen) Auftragsabwicklungs- und Dispositionsaktivitäten, die unternehmensübergreifenden Planungs- und Steuerungsaufgaben, die heute oft auch als Supply Chain Management (siehe Kap. 6) bezeichnet werden,
- und die Aufwendungen für die Beständehaltung wie Kapitalkosten, Abschreibungskosten etc., deren Kontrolle und Reduzierung ein wesentliches Ziel modernen Logistikmanagements ist.

Grundsätzlich existieren zahlreiche Schnittstellen zwischen Prozessen der einzelnen Unternehmen. Bei einer Realisierung der Logistik durch interne Abteilungen und Unternehmensbereiche des Versenders wie des Empfängers erfolgt an einem definierten Punkt eine Übergabe des logistischen Objekts. Dies führt zwangsläufig zu einer weiteren Eingrenzung des Untersuchungsrahmens, die sich an den Wertschöpfungsstufen orientiert. Oder anders formuliert: Wann beginnt die Zuordnung zur Logistik und wann endet sie? Dafür wurde eine mittlerweile anerkannte und in der öffentlichen Diskussion mehrheitlich verwendete Eingrenzung gewählt, die in Abb. 7.1 vereinfacht grafisch dargestellt ist (vgl. Kille und Meißner 2017, S. 13).

Zusammengefasst werden die Prozesse einbezogen, deren vornehmliche Wertschöpfung der oben erwähnten funktionalen Definition des Transports, Umschlags bzw. Kommissionierens und des Lagerns sowie des Managements, der Steuerung und der Planung entspricht. Vereinfacht gesprochen beginnen diese der Logistik zugesprochenen Prozesse nach dem letzten Schritt und enden vor dem ersten Schritt der Produktion. In diesem Zusammenhang existieren zahlreiche Besonderheiten und Ausnahmen. Ein Beispiel dafür bilden die Einzelhandelsaktivitäten in der Filiale, bei denen der Wareneingang zwar noch der Logistik zugeordnet wird. Die Transporte und Regallagerung auf der Verkaufsfläche zählen nicht mehr dazu, da auch hier die Hauptwertschöpfung im „Präsentieren der Ware" liegt (Zentes et al. 2011, S. 8 ff.). Auch werden immer mehr Leistungsbereiche der Produktion in die Verantwortung der Logistik übertragen (bspw. Montage oder Bandanlieferungen inkl. der Kommissionierung der Montageteile). Dies zeigt ein weiteres Mal, dass das Feld der Logistik ein „Moving Target" ist und bleibt. Eine ergänzende Beleuchtung

7 Digital Logistics

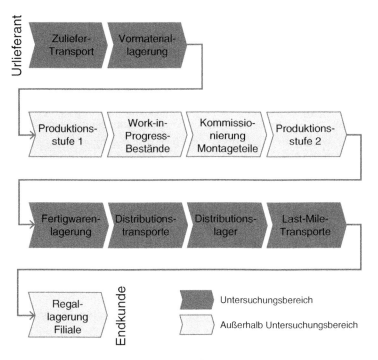

Abb. 7.1 Abgrenzung des Untersuchungsraumes. (Quelle: Christian Kille)

ist damit zumindest auf qualitativer Seite unbedingt notwendig und wird auch in dem Zuge dieser Initiative durchgeführt. Diese Abgrenzung des Wirtschaftsbereichs Logistik wird durch öffentliche Einrichtungen wie das Bundesministerium für Verkehr und digitale Infrastruktur (BMVI) oder die Bundesvereinigung Logistik e. V. (BVL) sowie den Medien in ihren Veröffentlichungen (BMVI 2010; BVL 2014) verwendet.

Dadurch, dass die Logistik eine Querschnittsfunktion ist, unterscheiden sich auch die Nachfrageformen nach logistischen Leistungen. Der Transport eines Stahl-Coils gestaltet sich anders als der von Schrauben, obwohl in beiden Fällen der Empfänger die Automobilindustrie ist. Diese Heterogenität wird in Form von 13 Teilsegmenten der Logistik strukturiert (Kille und Schwemmer 2014, S. 95). Diese Darstellung unterstreicht, wie unterschiedlich sich die Prozesse innerhalb der Logistik gestalten können. In (Schwemmer 2016) finden sich die detaillierten Beschreibungen zu den Teilsegmenten wie auch zur Logistiknachfrage einzelner Branchen.

7.2 Diskussion des Ansatzes Logistik 4.0

Die im vorherigen Abschnitt erläuterte Abgrenzung dient hauptsächlich zur Abgrenzung des theoretischen Marktes für Logistikdienstleister. Sie beinhaltet die Tätigkeiten, die zur dort definierten Logistikleistungserbringung notwendig sind, und ist aus Sicht der Logistikdienstleistungsunternehmen praxisorientiert ausgerichtet.

In der Theorie wurden im Gegensatz dazu bisher zwischen drei Entwicklungsstufen der Logistikbedeutung unterschieden, welche über diesen definierten Bereich hinausgehen und welche die Querschnittsfunktion der Logistik noch deutlicher machen. Klaus nutzt in diesem Kontext die „Bedeutung der Logistik" (Klaus 2002, S. 9 ff.). Baumgarten teilt die Logistik wiederum in Entwicklungsstufen ein (Baumgarten 2008, S. 13 ff.), die Weber als Phasen bezeichnet (Weber 2012, S. 6 ff.). Allen gemein ist in diesem Kontext die unterschiedliche Tiefe des Verständnisses der Logistik als Managementfunktion. Eine Zusammenfassung dieser drei Entwicklungsstufen bzw. Bedeutungen findet sich in Abb. 7.2. Hierbei wird deutlich, dass sich das Verständnis der Logistik von einem reinen Leistungserbringer über eine Koordinationsstelle zu einem flussorientierten Managementansatz verändert hat.

Die erste Bedeutung der Logistik umfasst die Transferaktivitäten im Wirtschaftsprozess, was als „Feld der systematischen Auseinandersetzung mit ‚Transferbedarfen' im Realgüterbereich […] sowie der Optimierung der ‚Transferleistungen'" (Klaus 2002, S. 9) verstanden wird. Anders ausgedrückt verbergen sich dahinter die Kernlogistikleistungen „Transport", „Umschlag und Kommissionierung" und „Lagerung", welche für die Distribution von Gütern grundlegend notwendig sind (siehe dazu auch Weber 2012, S. 6 ff.).

Die zweite Bedeutung, die die Koordination wirtschaftlicher Aktivitäten im Hinblick auf die Maximierung von Güterverfügbarkeit umfasst, geht hierbei einen Schritt weiter (Klaus 2002, S. 10 ff.). Diese Entwicklungsstufe umfasst den material- und warenflussbezogenen Koordinationsbedarf zwischen Quellen und Senken des Güterflusses und die Ausweitung der Logistik auf die gesamte Wertschöpfungskette unter Einbezug der Kunden

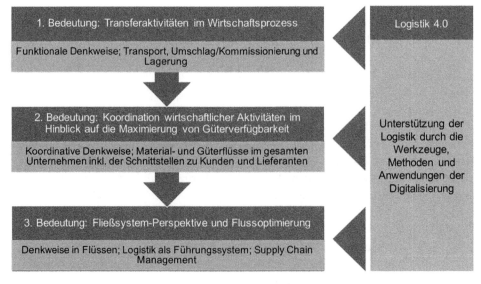

Abb. 7.2 Einsortierung der drei Bedeutungen der Logistik und der Logistik 4.0. (Quelle: Christian Kille auf Basis von (Klaus 2002); (Weber 2012); (Kummer et al. 2013); (Göpfert 2012); (Pfohl 2016); (Stölzle und Burkhard 2016) sowie (Wehberg 2016))

und Lieferanten (Weber 2012, S. 9 f.). In diesem Zusammenhang kam die Strukturierung der Logistik in die Wertschöpfungsbereiche „Beschaffungslogistik", „Produktionslogistik", „Distributionslogistik" und „Entsorgungslogistik" auf, die auch verdeutlicht, dass der Material- und Warenfluss in einem Unternehmen beginnend bei der Übernahme der Ware vom Lieferanten bis zu der Übergabe an den Kunden koordiniert wird (Kummer et al. 2013, S. 371 ff.). Es herrscht bei dieser Koordinierung im Schwerpunkt noch eine Objektorientierung, auch wenn die Logistik als Fluss von Objekten bereits erkannt ist.

Zur dritten Bedeutung zählt die Fließsystem-Perspektive und Flussoptimierung (Klaus 2002, S. 14 ff.). Der Kern ist die Umorientierung von der Denkweise in Objekten, deren Verfügbarkeit maximiert wird (siehe zweite Bedeutung), zur Denkweise in Flüssen, die organisiert und optimiert werden sollen (Göpfert 2012, S. 22). Für dieses Umdenken ist eine alternative Organisation notwendig, die der Logistik eine Führungsrolle einräumt und grundsätzlich neue Denkweisen voraussetzt (Weber 2012, S. 15). Eine Erweiterung dieser Bedeutung beinhaltet die Integration externer Akteure innerhalb der Wertschöpfungsketten vom Rohstofflieferanten bis zum Endkunden, was gemeinhin als Supply Chain Management (siehe Kap. 6) bekannt ist. Dies wird im Zusammenhang mit der Flussorientierung oft als eine weitere zeitlich gesehene Phase interpretiert.[1]

In diesem Kontext und dem der vierten industriellen Revolution bzw. der damit zusammenhängenden Industrie 4.0 wird auch in der Logistik von einer weiteren Entwicklungsstufe gesprochen: Die sogenannte Logistik 4.0, die die „[…] digital-basierte Vernetzung der Wertschöpfung innerhalb und zwischen Unternehmen […]" (Stölzle und Burkhard 2016, S. 59) umfasst (siehe dazu auch Bousonville 2017, S. 5). Hier zeigt sich, dass mit der Digitalisierung auch die Logistik und ihre Organisation eine neue Richtung einnehmen wird. Dies führt auch dazu, dass die Logistik 4.0 als „Digital Logistics" bezeichnet werden kann. Im Gegensatz zu den erläuterten Bedeutungen verändert sich die Denkweise nicht grundsätzlich. So kann Logistik 4.0 „[…] als ein spezieller Managementansatz zur Entwicklung, Gestaltung, Lenkung und Realisierung veränderungsorientierter Netzwerke von Objektflüssen verstanden [werden], welche auf Mustererkennung, Generalisierung und Selbstorganisation beruhen und neue Technologien sowie innovative Services nutzen." (Wehberg 2016, S. 321). Die Notwendigkeit des Verständnisses der Logistik als Fließsystem wird aus dieser Definition deutlich. Entsprechend ist dieser Ansatz keine Revolution im Logistikmanagement oder der Logistik generell, sondern eine Evolution basierend auf den neuen Möglichkeiten moderner Technologien und der damit zusammenhängenden Digitalisierung. Entsprechend sind die Diskussionen um die Logistik 4.0 auch davon geprägt, wie diese neuen Möglichkeiten in der Logistik eingesetzt werden können. Die Logistik 4.0 ist also kein neues Verständnis der Logistik. Es wird der Logistik auch keine neue Bedeutung zugeordnet. Die Logistik wird schlicht mit den neuen Möglichkeiten optimiert. Selbstredend ist die Umsetzung weitaus einfacher, wenn bereits eine moderne Denkweise in Flüssen vorherrscht. Jedoch können auch einzelne Funktionen mit den Instrumenten der

---

[1] Siehe dazu Weber (2012, S. 19), grafisch dargestellt in Baumgarten (2008, S. 14). Eine ausführliche Diskussion des Supply Chain Managements findet sich in Kap. 6.

Digitalisierung optimiert werden, wie dies bei zahlreichen Start-ups in der Logistik zu sehen ist (siehe folgenden Abschnitt). Entsprechend kann die Logistik 4.0 neben die drei Denkweisen als Optimierungsmöglichkeit gestellt werden (siehe Abb. 7.2).

Diese Darstellung wird durch folgende Thesen zu den Auswirkungen und langfristige Perspektiven von Logistik 4.0 unterstrichen, die in Tab. 7.1 zusammengefasst sind (vgl. Stölzle und Burkhard 2016, S. 60 ff.). Die dort dargestellten Auswirkungen und Perspektiven wurden wortwörtlich aus Stölzle und Burkhard (2016, S. 60 ff.), übernommen und tabellarisch dargestellt. Zur Wahrung der Übersichtlichkeit wurde auf die wörtliche Zitierweise verzichtet.

Es zeigt sich, dass die Logistikprozesse und -flüsse mit dem Logistik-4.0-Ansatz und seinen Instrumenten aus der Digitalisierung optimiert werden können. Dies führt zur weiteren Diskussion, wie sich die „Digital Logistics" bereits entwickelt hat und was noch zu erwarten ist (siehe Abschn. 7.3).

Tab. 7.1 Thesen zu Auswirkungen und Perspektiven der Logistik 4.0. (Quelle: auf Basis von Stölzle und Burkhard 2016, S. 60 ff.)

Auswirkungen von Logistik 4.0	Adressierte Bedeutung der Logistik
Logistik 4.0 erleichtert die Arbeitsabläufe und erhöht die Effizienz in der Intralogistik	Schwerpunkt 2. Bedeutung
Logistik 4.0 ermöglicht einen schnittstellenfreien Daten- und Informationsaustausch der Logistik mit anderen unternehmensbezogenen und -übergreifenden Funktionsbereichen. Material- und Informationsflüsse werden dadurch stabiler und effizienter	2. Bedeutung
Logistik 4.0 verändert Qualifikationsanforderungen und Berufsbilder sowohl in operativen als auch in Managementbereichen der Logistik	1. Bedeutung im Hinblick auf den Einsatz der Mitarbeiter, 2. und 3. Bedeutung in Hinblick auf die Qualifikation im Gesamten
Langfristige Perspektiven von Logistik 4.0	
Autonom fahrende Lastkraftwagen werden zum wesentlichen Bestandteil der Logistik 4.0. Ihr Einsatz kann die Sicherheit im Straßenverkehr zukünftig steigern	1. Bedeutung durch Konzentration auf den Funktionsbereich „Transport"
Logistik 4.0 verändert bestehende Geschäftsmodelle, gibt Impulse für neue Geschäftsmodelle, beeinflusst Design sowie Ausführung logistischer Prozesse und führt zu neuen Formen der Arbeitsteilung zwischen den Akteuren in logistischen Prozessketten	1. Bedeutung im Hinblick auf spezifische Angebote, 2. und 3. Bedeutung im Hinblick auf Veränderung der Prozessketten
Der Einsatz von Logistik 4.0 erhöht durch den vernetzten Austausch von Echtzeitdaten die Transparenz in logistischen Prozessketten. Dies wirkt sich positiv auf deren Koordination, Flexibilität und Stabilität aus	Theoretisch 3. Bedeutung aufgrund des erhöhten Informationsbedarfes. Durch die in der Praxis selten umgesetzte neue Organisation von Unternehmen adressiert diese Perspektive hauptsächlich die 2. Bedeutung

7.3 Entwicklung der Digital Logistics

IT-Instrumente werden in der Logistik bereits seit Jahrzehnten eingesetzt. Mit Einsetzen der dritten industriellen Revolution und dem in dem Zeitraum eingeführten Barcode ist die Logistik ohne Unterstützung von IT nicht mehr funktionsfähig (Hausladen 2016, S. 4, 18). Durch die Digitalisierung kommt ein neuer Schub in die Entwicklung. Die IT-Werkzeuge sind schneller, intelligenter und vernetzter sowie nicht zu vergessen auch günstiger, wodurch ein Einsatz in neuen Einsatzbereichen möglich wird. Denn diese Eigenschaften versprechen generell neben möglicherweise neue Serviceangebote insbesondere Kosteneinsparungen.

Die Eigenschaft „schneller" in Kombination mit „intelligenter" lässt die sogenannten FinTechs (Finanzdienstleistungen) das tradierte Geschäftsmodell von Banken ins Wanken kommen. Die Plattformen AirBnB und Uber haben stark von der „Vernetzung" profitiert und greifen das Geschäftsmodell von Hotels bzw. Taxiunternehmen an. Mit ihren grundsätzlich niedrigen Margen[2] und der hohen Komplexität wird die Digitalisierung durch die relativ „günstige Realisierung" gepaart mit „Schnelligkeit", „Vernetzung" und „Intelligenz" zu einem Erfolgsfaktor für die Logistik (Backhaus 2015; Backhaus et al. 2017; Terner 2016).

Die ersten (logistikspezifischen) Schritte wurden mit zahlreichen unternehmensinternen IT-Systemen für Sendungsverfolgung, Routen- und Tourenplanung etc. getätigt. Entsprechend ergeben sich fünf Versprechungen der Digitalisierung in der Logistik (siehe Abb. 7.3).

Abb. 7.3 Versprechungen der Digitalisierung in der Logistik. (Quelle: Christian Kille)

---

[2] Siehe (Kille und Schwemmer 2013, S. 23). Dort sind im Schnitt 3,2 % Rendite verzeichnet, wobei die transportlastigen Segmente wie Ladungs- und Stückgutverkehre bei unter 2 % liegen.

Cloud-Lösungen ergaben Anfang der 2000er-Jahre neue Potenziale für die Logistik, da nicht mehr in kostenintensive Hardware investiert werden musste, sondern bei Bedarf Leistung eingekauft werden konnte. Mittlerweile werden ganze Softwaresysteme ausgelagert und nur noch dezentral oft bei externen IT-Dienstleistern betrieben. Damit reduziert sich die Entscheidung für ein IT-System auf die resultierenden Kosten für den Betrieb. Die Investitionen tätigen die Cloud-Dienstleister, „sunk costs" aufgrund falscher Investitionsentscheidungen bleiben aus. Mit diesen Cloud-Lösungen kam noch ein weiterer Faktor hinzu, in der Logistik insbesondere bei den Logistikdienstleistern: „Flexibilität". Durch die wechselnden Kunden und Projekte, die auch unterschiedliche Anforderungen an die IT erfordern, können die notwendigen IT-Systeme bestehend aus Hard- und Software entsprechend des Projekts angepasst und skaliert werden. Ein Beispiel dafür ist die „Logistics Mall", die die unterschiedlichen notwendigen IT-Anwendungen wie Enterprise Resource Planing (ERP), Warehouse-Management-Systeme (WMS), Transport-Management-Systeme (TMS) etc. dem Nutzer in der Form anbietet, dass sie je nach Anforderungen skaliert und kombiniert werden können (Daniluk und Holtkamp 2015, S. 19 ff.). Diese Lösung ist umfangreich und breit. Andere IT-Anbieter spezialisieren sich auf konkrete Lösungen wie bspw. AEB in der Zollabwicklung, Axit im Transportmanagement oder PSI im Warehousemanagement, die mit weiteren Modulen ergänzt werden können.

Diese Systeme hatten den Fokus, die Logistik bzw. die Logistikunternehmen bei ihren operativen Tätigkeiten zu unterstützen, die Prozesse zu optimieren und die damit zusammenhängenden Kosten zu reduzieren. Mit dem Aufkommen intelligenter werdender Algorithmen, die eine große Zahl an Informationen verarbeiten (Big Data) und daraus lernen (Künstliche Intelligenz) können, ergab sich seit Anfang der 2010er-Jahre eine weitere Entwicklung: Die Digitalisierung bringt neue Geschäftsmodelle auch in die Logistik (Kille und Wagner 2017). So wird nun auch die Logistik wie die zu Anfang dieses Abschnitts erwähnten Beispielbranchen von einer Disruption bedroht. Ein Hinweis darauf gibt auch eine Prognose der Arbeitsplatzentwicklung in der Logistik, die von einer Reduzierung in Höhe von ca. 40 % und mehr ausgeht (Frey und Osborne 2013, S. 37). In Abb. 7.4 ist dieser zeitliche Verlauf zusammengefasst.

Dabei sollte berücksichtigt werden, dass nicht jedes Logistikunternehmen und jede Logistikdienstleistung digital werden kann, sondern viele digitales nutzen, um zukunftsfähig und erfolgreich zu bleiben (Stölzle et al. 2018, S. 2). Dafür stehen insgesamt acht Grundlagen- und 22 Digitalisierungswerkzeuge zur Verfügung, die in unterschiedlicher Weise Logistikprozesse und -dienstleistungen optimieren, erweitern und ersetzen helfen (siehe Tab. 7.2).[3]

---

[3] In dieser Aufzählung ist der 3D-Druck nicht zu finden, denn er ist kein Digitalisierungswerkzeug der Logistik im engeren Sinne, sondern eine besondere Ausgestaltung der Produktion (siehe Stölzle et al. 2018, S. 15). Die Vision des 3D-Drucks verspricht zwar eine Revolution der Lieferketten und damit eine Veränderung der Rollenverteilung (siehe Bretzke 2017). Diese ist tendenziell aufgrund der noch hohen Kosten und aktuell geringen Leistungsfähigkeit der Technologie auch erst langfristig zu erwarten (siehe Kille und Nehm 2017, S. 132 ff., mit entsprechenden Bewertungen, Beispielrechnungen und Quellennachweisen).

Abb. 7.4 Von der klassischen IT über die Cloud-Lösungen zu Data & Analytics. (Quelle: Christian Kille)

Tab. 7.2 Übersicht der Digitalisierungswerkzeuge in der Logistik (Stölzle et al. 2018, S. 12 ff.)

Grundlagenwerkzeuge	Werkzeuge mit Fokus auf den Güterfluss (physisch)	Werkzeuge mit Fokus auf den Informationsfluss (virtuell)	Hybride Werkzeuge
Analyseverfahren und Algorithmen	Autonomes Fahren (außerbetrieblich)	Chatbots	Anticipatory Logistics
Augmented Reality	Autonomes Fahren (innerbetrieblich)	Dynamic Pricing	Digitale Spedition
Bild- und Umgebungssensorik	Flexförderer	E-Dokumenten-Management	Estimated Time of Arrival
Cloud Services	Intelligente Behälter	E-Payment	Matching Plattformen
Distributed Ledger (Blockchain)	Mobile Robotik	Logistics Control Tower	Sharing Logistics Resources
KI-basierte Verfahren und maschinelles Lernen	Platooning	Predictive Analytics	
Netzwerke	Plattform-Telematik	Smart Contracts	
V2V- und V2I-Kommunikation	Überwachungsdrohne	Supply Chain Event Management	
	Wearables		

Die Werkzeuge haben unterschiedliche Einsatzmöglichkeiten, Reifegrade und Wertbeiträge für Unternehmen, weswegen Unternehmen eine Analyse durchführen sollten, um ihre Investitionen in das geeignetste Werkzeug zu lenken. Auch ist zu berücksichtigen, dass die Werkzeuge teilweise aufeinander aufbauen, miteinander vernetzt sind oder in Kombination den größten Nutzen versprechen. So sind Smart Contracts nur dann sinnvoll einzusetzen, wenn eine ausreichende Sicherheit besteht, die durch Distributed Ledger ermöglicht werden kann. Ein Logistics Control Tower benötigt Informationen der Predictive Analytics und des Supply Chain Event Managements, um ein reales Abbild des Netzwerks zu haben und es entsprechend steuern zu können. Die Digitale Spedition hebt das größte Potenzial, wenn auch der Informations- (E-Dokumenten-Management) und Zahlungsfluss (E-Payment) umgesetzt sind.

Der Weg von einer analogen Logistik zu einer Digital Logistics führt entsprechend nicht nur über die gänzliche Digitalisierung des Geschäftsmodells, sondern auch über den Einsatz der geeigneten Digitalisierungswerkzeuge im weiterhin analogen und von physischen Güterbewegungen geprägten Logistikprozess. Die Digitalisierung bedeutet für die Logistik damit hauptsächlich eine Evolution in der Gestaltung ihrer originären Prozesse. Voraussetzung dafür ist die Antizipation der Möglichkeiten und Einflüsse der Digitalisierung auf die Organisation der Logistikprozesse. Nur für eine Auswahl an Geschäftsmodellen wie bspw. der Vermittlung und dem Makeln von Transportaufträgen können sich revolutionäre Veränderungen ergeben.

Literatur

Backhaus, A. (2015). Supply Chain Analytics – Herausforderungen für die analytische Kompetenz in Logistik und Supply Chain Management. In C. Kille & M. Meißner (Hrsg.), *Logistik bewegt* (S. 61–63). Hamburg: DVV Media Group.

Backhaus, A., et al. (2017). Digitalisierung in der Logistik: vom Hype zur Marktrelevanz? In C. Kille & M. Meißner (Hrsg.), *Logistik im Spannungsfeld der Politik* (S. 40–61). Hamburg: DVV Media Group.

Baumgarten, H. (Hrsg.). (2008). *Das Beste der Logistik*. Berlin: Springer.

BMVI. (2010). *Aktionsplan Güterverkehr und Logistik – Logistikinitiative für Deutschland*. Berlin: Eigenverlag.

Bousonville, T. (2017). *Logistik 4.0*. Wiesbaden: Springer.

Bretzke, W. (2015). *Logistische Netzwerke*. Heidelberg: Springer.

Bretzke, W. (2017). Die Auswirkungen des 3D-Druckens auf die Zukunft der Logistik. In C. Kille & M. Meißner (Hrsg.), *Logistik im Spannungsfeld der Politik* (S. 106–111). Hamburg: DVV Media Group.

BVL. (2014). *Logistik verbindet nachhaltig: Impulse – Ideen – Innovationen*. Hamburg: DVV Media Group.

Daniluk, D., & Holtkamp, B. (2015). Logistics mall – A cloud platform for logistics. In M. ten Hompel, J. Rehof & O. Wolf (Hrsg.), *Cloud computing for logistics* (S. 13–28). Berlin: Springer.

Frey, C. B., & Osborne, M. A. (2013). *The future of employment: How susceptible are jobs to computerisation?* Oxford: University of Oxford.

Göpfert, I. (2012). *Logistik – Führungskonzeption und Management von Supply Chains*. München: Vahlen.

Hausladen, I. (2016). *IT-gestützte Logistik*. Wiesbaden: Springer.
Kille, C., & Meißner, M. (Hrsg.). (2017). *Logistik im Spannungsfeld der Politik*. Hamburg: DVV Media Group.
Kille, C., & Nehm, A. (2017). *Zukunft der Logistikimmobilien und Standorte*. Weiterstadt: Logix.
Kille, C., & Schwemmer, M. (2013). *Challenges 2013*. Hamburg: DVV Media Group.
Kille, C., & Schwemmer, M. (2014). *Die Top 100 der Logistik – Deutschland*. Hamburg: Deutscher Verkehrs.
Kille, C., & Wagner, S. (2017). Themengebiet „Neue Geschäftsmodelle". In C. Kille & M. Meißner (Hrsg.), *Logistik im Spannungsfeld der Politik* (S. 62–69). Hamburg: DVV Media Group.
Klaus, P. (1993). *Die dritte Bedeutung der Logistik*. Nürnberg: Eigenverlag.
Klaus, P. (2002). *Die dritte Bedeutung der Logistik*. Hamburg: Deutscher Verkehrs.
Kummer, S., Jammernegg, W., & Grün, O. (2013). *Grundzüge der Beschaffung, Produktion und Logistik*. München: Pearson.
Pfohl, H. C. (2016). *Logistikmanagement*. Berlin: Springer.
Schwemmer, M. (2016). *Die Top 100 der Logistik – Deutschland*. Hamburg: Deutscher Verkehrs.
Stölzle, W., & Burkhard, J. (2016). Thesen zu Logistik 4.0. In O. Gassmann & P. Sutter (Hrsg.), *Digitale Transformation im Unternehmen gestalten* (S. 59–64). München: Hanser.
Stölzle, W., et al. (2018). *Digitalisierungswerkzeuge in der Logistik: Einsatzpotenziale, Reifegrad und Wertbeitrag*. Göttingen: Cuvillier.
Terner, D. (2016). Logistik-IT: Digitalisierungs-Boom lässt auf sich warten. In C. Kille & M. Meißner (Hrsg.), *Logistik trifft Digitalisierung* (S. 55–59). Hamburg: DVV Media Group.
Weber, J. (2012). *Logistikkostenrechnung*. Berlin: Springer.
Wehberg, G. (2016). Logistik 4.0 – Die sechs Säulen der Logistik in der Zukunft. In I. Göpfert (Hrsg.), *Logistik der Zukunft* (S. 319–344). Wiesbaden: Springer Gabler.
Zentes, J., Morschett, D., & Schramm-Klein, H. (2011). *Strategic Retail Management*. Wiesbaden: Springer Gabler.

Prof. Dr. Christian Kille, Jahrgang 1972, ist seit 01.04.2011 Professor für Handelslogistik und Operations Management an der Hochschule Würzburg-Schweinfurt und aktuell Leiter des Studiengangs Betriebswirtschaft. Vorher war er bei der Fraunhofer SCS in Nürnberg Leiter des Geschäftsfelds Marktanalysen.

Er ist weiterhin Lehrbeauftragter der TU München für Vorlesungen in Singapur und Peking, Marktanalyst der BVL, Mitglied in der Jury der „Logistik Hall of Fame" und des „Logix Deutscher Logistikimmobilien Award" (Vorsitzender) sowie im Nominierungskomitee für die „Beste Marke der Logistik" (Vorsitzender). 2014 gründete er zusammen mit Markus Meißner die Initiative „Prognose für die Entwicklung der Logistik in Deutschland" unter der Schirmherrschaft des Parlamentarischen Staatssekretärs beim Bundesminister für Verkehr und digitale Infrastruktur Steffen Bilger.

Seine Forschungsschwerpunkte liegen im Bereich Prognose und Trenduntersuchungen in der Logistik.

Digitalisierung im Bereich Human Resources

Claudia Lieske

Zusammenfassung

Die Digitalisierung hat weitreichende Auswirkungen auf die heutige Arbeitswelt. Automatisierung und Künstliche Intelligenz eröffnen einerseits die Möglichkeit deutlicher Effizienzgewinne, jedoch verbunden mit dem Abbau von Arbeitsplätzen. Andererseits werden Mitarbeiter mit digitalem Know-how dringend benötigt, um die digitale Transformation in den Unternehmen zu gestalten. Der Bereich Human Resources (HR) ist von der Digitalisierung in mehrfacher Weise betroffen: So muss HR gewährleisten, dass im gesamten Unternehmen in ausreichender Zahl Mitarbeiter mit entsprechenden digitalen Kompetenzen zur Verfügung stehen. Gleichzeitig bietet die Digitalisierung dem HR-Management selbst die Chance, die eigenen Prozesse und Instrumente weiterzuentwickeln und noch mehr zu optimieren. Maßgebliche Veränderungen wird es vor allem in drei organisatorischen Dimensionen geben: Bei „Handelnden Personen/Akteuren", bei „Ort/Zeit" sowie „Kommunikation/Methoden". Insbesondere die HR-Bereiche Personaladministration, Personalcontrolling/Performance Management, Personalmarketing/-rekrutierung und Personalentwicklung/Change Management bieten dabei nach heutigem Stand das größte Digitalisierungspotenzial.

C. Lieske (✉)
THI Business School, Ingolstadt, Deutschland
E-Mail: claudia.lieske@thi.de

8.1 Die Bedeutung der Digitalisierung für den Bereich Human Resources

„Industrie 4.0 – Wo bleibt der Mensch?" (IG Metall 2014) – Diese Frage hat die Gewerkschaft IG Metall im Juli 2014 als große Titelgeschichte in ihrer Mitgliederzeitschrift aufgeworfen. Die Digitalisierung und die damit verbundene Industrie 4.0 werden zu weitreichenden Veränderungen der heutigen Arbeitswelt führen. Experten sind sich uneins, wie viele Arbeitsplätze durch Digitalisierung verloren gehen werden und wie viele neu entstehen. So geht eine Studie der OECD davon aus, dass nahezu die Hälfte aller Arbeitsplätze in 32 untersuchten Staaten durch Automatisierung und Digitalisierung ganz oder teilweise bedroht ist, in Deutschland mehr als in angelsächsischen oder nordischen Ländern (Nedelkoska und Quintini 2018, S. 7). Das Institut für Arbeitsmarkt- und Berufsforschung (IAB) und das Bundesinstitut für Berufsbildung (BIBB) sagen voraus, dass die Digitalisierung bis zum Jahr 2035 nur geringe Auswirkungen auf das deutsche Gesamtniveau der Beschäftigung haben wird, sie aber zu großen Veränderungen bei den Arbeitsplätzen führen wird. So schätzen sie, dass zwar ca. 1,5 Millionen Arbeitsplätze abgebaut werden, gleichzeitig aber annähernd genauso viele Arbeitsplätze neu entstehen werden (Zika et al. 2018, S. 1). Neben den demografischen Veränderungen, die insbesondere in Europa zu einer abnehmenden Zahl von potenziellen Arbeitskräften im erwerbsfähigen Alter in den kommenden Jahren führen wird, ist die Digitalisierung eine der großen Herausforderung, die auf die Unternehmen zukommt (Pilarski et al. 2016, S. 756).

Der Bereich Human Resources (HR) ist von der Digitalisierung gleich in mehrfacher Weise betroffen: Zum einen wird die Digitalisierung Auswirkungen auf sämtliche Arbeitsplätze und damit alle Mitarbeiter eines Unternehmens haben, zum anderen stellt die Digitalisierung neue Anforderungen an das Human Resource Management im Unternehmen und bietet gleichzeitig neue Möglichkeiten. Das Human Resource Management muss dieser Doppelrolle gerecht werden, indem es einerseits die Veränderungen bei den Mitarbeiter aktiv steuert und Führungsmodelle im gesamten Unternehmen an die tief greifenden Veränderungen der Arbeitswelt anpasst (Weigert et al. 2017, S. 323). Andererseits muss Human Resource Management die Digitalisierung nützen, um die eigenen Prozesse und Instrumente weiterzuentwickeln und zu optimieren (Rößler 2015, S. 18). Dieser Beitrag soll aufzeigen, wie sich die Digitalisierung auf das Human Resource Management im Unternehmen auswirkt. Der Fokus liegt dabei auf den Wertschöpfungsaktivitäten des Human Resource Managements, die im folgendem Abschnitt näher beschrieben werden.

8.2 Digitalisierung und Human Resource Management

Erwerbswirtschaftliche Unternehmen müssen Gewinne erzielen und den Unternehmenswert erhöhen, d. h. Wert erzeugen (Eisele und Doyé 2010, S. 18). Michael Porter hat das Zusammenwirken der einzelnen Funktionsbereiche eines Unternehmens in Form einer Wertschöpfungskette dargestellt und dabei die primären (direkten) Funktionen, wie

z. B. Beschaffung, Fertigung und Marketing, die unmittelbar in den Produktionsprozess eingebunden sind, den sekundären (indirekten) Funktionsbereichen gegenübergestellt, die nicht direkt am Produktionsprozess beteiligt sind (Porter 2014, S. 63 ff). Aufgabe der indirekten Bereiche ist es, die anderen Funktionsbereiche in ihren Wertschöpfungsaktivitäten optimal zu unterstützen. Im klassischen Industrieunternehmen ist die Personalarbeit neben den Bereichen „Unternehmensinfrastruktur", „Technologieentwicklung" und „Beschaffung" nach Porter den indirekten Funktionsbereichen zuzuordnen. Dabei wird in vielen Unternehmen inzwischen von „Human Resources (HR)" gesprochen, wenn die betriebliche Personalarbeit oder die Mitarbeiter des Unternehmens gemeint sind (Berthel und Becker 2017, S. 27).

Im Sinne einer Managementaktivität kann Personalarbeit oder „HR" als der gesamte Aufgabenbereich verstanden werden, der sich mit personellen Fragen im Unternehmen beschäftigt (Jung 2017, S. 8). Nach Berthel/Becker beinhaltet das Human Resource Management (Die Begriffe Personalmanagement und Human Resource Management werden dabei im folgenden Beitrag wie auch bei den zitierten Autoren gleichbedeutend verwendet) daher sowohl Themen der System- und Prozessgestaltung (z. B. Regeln, Bedingungen für Personalbeschaffung, Fortbildung, Entlohnung schaffen) als auch der Verhaltenssteuerung (Personal- und Mitarbeiterführung i. d. R. durch Vorgesetzte) (Berthel und Becker 2017, S. 13 f.; Jung 2017, S. 8).

Um das HR-Management weiter auszudifferenzieren, bietet es sich an, HR entsprechend Abb. 8.1 als Prozesskette darzustellen (Eisele und Doyé 2010, S. 21).

Die HR-Prozesskette unterscheidet vergleichbar der Porterschen Wertschöpfungskette Bereiche, die am Lebenszyklus eines Mitarbeiters im Unternehmen ausgerichtet sind (im Sinne einer „HR-Wertschöpfungskette") und Bereiche, die parallel dazu im Unternehmen als begleitende Aktivitäten angesiedelt sind. Die Festlegung der Personalstrategie, die Rolle von Personal als Business Partner gegenüber den anderen Unternehmensbereichen, die Personaladministration, das Personalcontrolling und die Zusammenarbeit z. B. mit

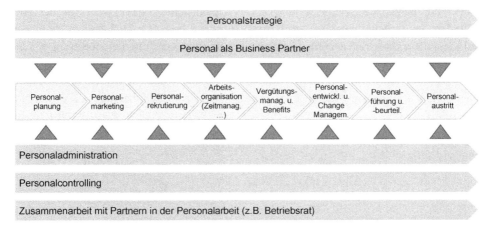

Abb. 8.1 HR-Prozesskette. (Quelle: in Anlehnung an Eisele und Doyé 2010, S. 21)

dem Betriebsrat finden unabhängig vom Lebenszyklus des einzelnen Mitarbeiters im Unternehmen statt, wirken sich jedoch hierin explizit aus. Die Digitalisierung hat Ausstrahlung in sämtliche Bereiche dieser HR-Prozesskette.

Mit den Begriffen „Digitalisierung" und „Industrie 4.0" im Sinne einer vierten Industriellen Revolution wird ein technologischer Wandel beschrieben, der sowohl die Wirtschaft als auch die Gesellschaft betrifft (Weigert et al. 2017, S. 324). Diese digitale Transformation verändert die Strategie, die Struktur, die Prozesse und die Kultur der Unternehmen. Mit Digitalisierung wird hierbei die „Umwandlung von Informationen in ein digitales Format" (Zollenkop und Lässig 2017, S. 60) bezeichnet. Durch sie werden auch Robotik und künstliche Intelligenz (KI) mit Big Data und Algorithmen, Virtual Reality, Internet der Dinge, Assistenzdienste, (Chat-)Bots, neuronale Netzen, Cognitives Computing, Machine & Deep Learning und Natural Language Processing immer stärker in Unternehmen eingesetzt (Pesch 2017, S. 54).

8.3 Maßgebliche Dimensionen der Auswirkungen der Digitalisierung auf den HR-Bereich

Eine zentrale Funktion übernehmen im HR-Bereich Personalinformationssysteme, die HR-Daten sammeln, speichern, analysieren und dadurch die Informationsgrundlage für das HR-Management bilden (Pilarski et al. 2016, S. 761). Sie waren schon bisher ein wichtiger Bestandteil insbesondere der Personaladministration und des Personalcontrollings. Entsprechend dem oben gekennzeichneten Verständnis von Digitalisierung sind sie in besonderem Maße von dieser betroffen. Jedoch geht die Digitalisierung darüber hinaus und wirkt in sämtliche Bereiche der HR-Prozesskette hinein. Sie führt entsprechend Abb. 8.2 in drei organisatorischen Dimensionen zu maßgeblichen Veränderungen: in der Dimension „Handelnde Personen/Akteure", in der Dimension „Ort/Zeit" und in der Dimension „Kommunikation/Methoden".

Bei den handelnden Personen bewirkt die Digitalisierung, dass bisher von der HR-Abteilung für die Mitarbeiter bzw. auch für potenzielle Mitarbeiter durchgeführte Aufgaben auf diese zurückübertragen werden können. Dies führt zu einer Effizienzsteigerung für das Unternehmen insbesondere durch Kosteneinsparungen und optimierten Ressourceneinsatz. Beispielsweise wird in Bewerbungsprozessen die Dateneingabe von denjenigen übernommen, welche an den korrekten Daten das größte Interesse haben, nämlich den Bewerbern

Abb. 8.2 Auswirkungen der Digitalisierung auf HR. (Quelle: Eigene Darstellung)

selbst. Auch schafft die Digitalisierung die Möglichkeit, leichter externe Arbeitskräfte einzubeziehen in Form von plattformbasierter Vermittlung der Arbeit als „Crowdsourcing" oder „Gig Economy" (Weichbrodt 2018, S. 25 f.). Vor allem in Ländern wie Japan, China und USA lässt sich zudem beobachten, dass Roboter, die in der Industrie längst Alltag sind, auch in Büroberufen eingesetzt werden (Technische Universität Darmstadt 2016). So übernehmen sog. Humanoide, d. h. menschenähnliche Roboter, Dienstleistungsaufgaben, indem sie z. B. Kunden beraten. Auch im HRM ist eine derartige Entwicklung möglich und schon im Gange. So hat z. B. Bayer bereits auf Absolventenkongressen Roboter eingesetzt, die Standardfragen von Bewerbern beantworten (Fischer 2018, S. 70). Darüber hinaus ändern sich die Anforderungen an die von HRM für das Unternehmen rekrutierten und betreuten Personen. Die Mitarbeiter im Unternehmen müssen die technischen Kenntnisse mitbringen, die ihm Rahmen von Digitalisierung, Industrie 4.0, Künstlicher Intelligenz etc. notwendig sind. Es zeigt sich also, dass sich die Digitalisierung auf maßgebliche Organisationsvariablen wie die Aufgabenträger und die Verteilung der Aufgaben auf sie auswirkt.

Dies wird auch deutlich in der zweiten Wirkungsrichtung, der Dimension „Ort/Zeit", indem sie die räumliche und zeitliche Zuordnung der Aufgabenerfüllung flexibler macht. So ermöglicht die Digitalisierung, dass Aufgaben der Personalarbeit von jedem Ort zu jeder Zeit aus erledigt werden können. Dies betrifft natürlich unmittelbar die Personaladministration. Die Digitalisierung bietet z. B. jederzeit weltweiten Zugriff auf Daten des Personalinformationssystems. Darüber hinaus sind für das gesamte Unternehmen Aspekte der Personalorganisation aller Mitarbeiter betroffen. So ermöglicht und fördert die Digitalisierung verstärkt das Arbeiten in virtuellen Teams. In nicht wenigen großen Unternehmen arbeiten immer häufiger mehrere Mitarbeiter innerhalb einer Organisationseinheit über Länder- und Zeitgrenzen hinweg zusammen. Die Mitarbeiterführung stellt dies vor neue Herausforderungen, da die jederzeitige persönliche Ansprache über digitale Medien erfolgt. Zudem bietet die Digitalisierung eine Flexibilisierung von organisationsinternen Strukturen z. B. in der Zusammenarbeit in agilen Teams unter dem Stichwort „Arbeit 4.0" oder auch „New Work" (Weichbrodt 2018, S. 26 f.; Petry 2018).

In direktem Zusammenhang mit den beiden zuvor beschriebenen Dimensionen steht die Kommunikation. Die Digitalisierung ermöglicht, aber fordert zugleich eine andere Form der Kommunikation sowie der einzusetzenden Methoden in allen Bereichen der HR-Prozesskette. Eine Mitarbeiterführung z. B. mittels Skype oder mit Hilfe von Telepräsenzrobotern (Kunz 2017) oder die Ansprache potenzieller Bewerber im Rahmen des Personalmarketings über Soziale Medien wie LinkedIn oder XING beinhalten eine andere Art der Personalkommunikation und der hierfür verwendeten Methoden als in den vergangenen Jahren.

8.4 HR-Bereiche mit dem größten Digitalisierungspotenzial

Der Grad der Digitalisierung im HR-Bereich ist eng mit dem gesamten Ausmaß an Digitalisierung im Unternehmen verknüpft (Weigert et al. 2017, S. 327). So wird die Roadmap für die Digitalisierung von HR von der Unternehmensstrategie und dem gewählten Geschäftsmodell bestimmt. Es zeigt sich jedoch immer mehr, dass die Digitalisierung auch vor klein- und mittelständischen Unternehmen nicht Halt macht. Im Folgenden sollen daher anhand der HR-Prozesskette die Bereiche aufgezeigt werden, die nach aktuellem Stand das größte Digitalisierungspotenzial in den Unternehmen aufweisen. Dazu gehören (Weigert et al. 2017, S. 327 ff.):

- Personaladministration
- Personalcontrolling und Performance Management
- Personalmarketing/-rekrutierung
- Personalentwicklung und Change Management

8.4.1 Personaladministration

Die Personaladministration oder Personalverwaltung ist geprägt durch standardisierte Prozesse und Regeln. Damit weisen sie ein hohes Potenzial der Automatisierung auf. Bereits heute arbeiten viele Unternehmen mit standardisierten Personalverwaltungsprogrammen. Die Digitalisierung ermöglicht, dass Workflows immer stärker automatisiert werden und Algorithmen darüber entscheiden, wer in einem Prozess die nächste Aufgabe übertragen bekommt (Weigert et al. 2017, S. 333). Die digitale Personalakte hat bereits seit mehreren Jahren Einzug in die Unternehmen gehalten. Durch die standortübergreifende zentrale Ablage ist hierdurch den Personalverantwortlichen sowie dem jeweiligen Mitarbeiter der Zugriff auf alle relevanten und freigegebenen Dokumente möglich. Mit individuell anpassbaren Zugriffsrechten kann dafür gesorgt werden, dass die Compliance eingehalten wird (Ebert 2018, S. 26). Self-Services z. B. als Employee Self Service oder Management Self Service auf Unternehmensrechnern oder sogar als mobile Anwendungen auf dem persönlichen Endgerät bieten große Effizienzgewinne. Die Mitarbeiter sind so in der Lage selbstständig z. B. die Erstellung einer Arbeitsbescheinigung anzustoßen oder Anfragen der HR-Abteilung zu beantworten (Ebert 2018, S. 27). Employee Self Services können zudem mithilfe künstlicher Intelligenz mit interaktiver Sprachtechnologie ausgestattet werden, sodass Bots dem Mitarbeiter manuelle Abfragen und Eingaben abnehmen (Pesch 2017, S. 55). Führungskräften ist es mittels Management Self Services möglich, Vorgänge auf den Weg zu bringen, die ihre Mitarbeiter betreffen, wie beispielsweise eine Prämienauszahlung zu veranlassen oder Genehmigungen zu erteilen (Ebert 2018, S. 27). Sogenannte „Workflow-Embedded Apps" (Volini et al. 2017, S. 89) bieten zudem die Möglichkeit, dass Mitarbeiter mobil auf die Personalverwaltung zugreifen können. Es ist davon auszugehen, dass sämtliche durch Regeln und Routinen geprägte Personalprozesse sich zukünftig durch die Digitalisierung stark verändern werden (Weigert et al. 2017, S. 332).

8.4.2 Personalcontrolling und Performance Management

Big Data und die darauf aufbauenden HR/People Analytics ermöglichen dem Personalcontrolling komplett neue Möglichkeiten. Mit ihren Methoden lassen sich mehr und tiefergehende Analysen sowie Prognosen durchführen. Warum Kandidaten sich für ein Unternehmen entschieden haben, wie Mitarbeiterbindung besser gestaltet und insbesondere Leistungsträger im Unternehmen gehalten werden können, warum Mitarbeiter das Unternehmen verlassen, diese Fragen lassen sich mit Big Data in deutlich begründeterer Form als bisher beantworten. Denkbar ist z. B. auch, dass mit Algorithmen Maschinen- und Mitarbeiterprofile erstellt werden, die für Führungsentscheidungen benutzt werden (Pesch 2017, S. 56). Dabei können selbst lernende Algorithmen auf Basis der größeren Datenmengen und Erfahrungsbeispiele Leistungsbewertungen vornehmen. In vielen Unternehmen ist das Performance Management der Mitarbeiter bislang noch ein starrer, nur einmal jährlich stattfindender Beurteilungsprozess. Wie Studien zeigen, erwarten die Generationen Y und Z jedoch eine deutlich häufigere Leistungsrückmeldung. Die Digitalisierung ermöglicht hier eine Flexibilisierung, indem durch Einsatz innovativer Technologie kontinuierlich Feedbacks aus unterschiedlichen Quellen erhoben und an den Mitarbeiter zurückgespielt werden (Weigert et al. 2017, S. 331 f.). So ermöglichen z. B. Smartphone basierte Anwendungen 360°-Feedback-Evaluationen, bei denen Mitarbeiter orts- und zeitunabhängig Kompetenzbewertungen eingeben (Pilarski et al. 2016, S. 762). Auch der Einsatz sogenannter Gamification mit Integration spielerischer Elemente im Rahmen des Personalcontrollings ist denkbar. Im Bereich Personalentwicklung wiederum kann der Einsatz von Learning Analytics helfen zu ermitteln, wie und in welchem Umfang Mitarbeiter Lernangebote nützen und so unterstützen, ein besser auf den Mitarbeiter angepasstes Bildungsangebot bereitzustellen (Walther 2017). Daher sehen Experten gerade in der Analyse von vorhandenen und entstehenden Personaldaten, wie sie z. B. auch aus externen Netzwerken wie LinkedIn oder Xing abgegriffen werden können, einen entscheidenden Schlüssel für den Erfolg von HR in der digitalen Veränderung.

Bei der Verwendung derartiger neuer IT-gestützter Techniken sind in Deutschland zwei Aspekte unbedingt zu beachten: Die „Mitbestimmung" und der „Datenschutz". Die Vorschriften zur Mitbestimmung legen fest, dass der Betriebsrat bei Einführung derartiger Kontrollmechanismen auf jeden Fall einbezogen werden muss. Ferner ist unerlässlich, dass mit Mitarbeiterdaten sicher umgegangen wird. Aufgrund der hohen Sensibilität beim Datenschutz sind deutsche HR-Abteilungen erst später in das Thema Cloud Computing als z. B. US-amerikanische, skandinavische oder britische Kollegen eingestiegen, welche die ‚Datenwolke' seit Jahren benutzen (Bertram und Pesch 2017, S. 45 f.).

So spielen bezüglich des Thema Datenschutzes mehrere Aspekte eine wichtige Rolle, die der vollständigen Nutzung der Big Data-Potenziale entgegenstehen (Strohmeier 2017, S. 346 ff.). Eine wichtige Fragestellung bezieht sich dabei auf die Vereinbarkeit der Prinzipien der Datenminimierung sowie der Zweckbindung (früher § 3a und § 9 BDSG, heute Art. 5 DSGVO) mit Big HR Data. So müssen personenbezogene Daten für festgelegte, eindeutige Zwecke erhoben werden und auf das für die Zwecke der Verarbeitung notwendige Maß beschränkt sein (Art. 5 DSGVO). Jedoch zieht Big HR Data gerade daraus seine Vorteile, dass umfangreiche Daten weiterverwendet werden können. Daher sollte es für jedes Projekt mit Big HR Data im Voraus eine intensive datenschutzrechtliche Prüfung geben (Strohmeier 2017, S. 346 ff.).

8.4.3 Personalmarketing und Recruiting

Bereits heute bildet das Personalmarketing und Recruiting einen mit am stärksten von der Digitalisierung betroffenen HR-Bereich. So kommen insbesondere die großen Unternehmen an Social Media wie Facebook, Instagram, Snapchat, WhatsApp etc. für ihre Personalmarketingaktivitäten nicht vorbei. Über diese müssen sie laufend für Interessenten erreichbar sein und spannende Inhalte veröffentlichen. Seit mehreren Jahren bildet das „Employer Branding", d. h. der Aufbau einer eigenen Arbeitgebermarke, eine wichtige Aufgabe des HRM, für das digitale Medien wie z. B. die eigene Internetseite, aber auch Videos auf Youtube, Facebook Chats etc. intensiv genützt werden. Daneben gibt es nach wie vor die klassischen Personalmessen, auf denen digitale Medien wie z. B. Virtual Reality Brillen zum Einsatz kommen. Darüber hinaus entwickeln sich immer mehr virtuelle Karrieremessen und Karrieretage einzelner Unternehmen, mit denen auch „latent Jobsuchende" erreicht werden können.

Im Recruiting setzen Unternehmen bereits seit Jahren verstärkt auf Jobbörsen im Internet wie Monster, Stepstone etc. Immer stärker wird aber auch Active Sourcing z. B. über LinkedIn und Xing zur Rekrutierung von geeigneten Mitarbeitern genützt (Weigert et al. 2017, S. 329). Mithilfe geeigneter Suchstrings wird hierbei in den Netzwerken nach geeigneten Kandidaten für offene Stellen gesucht. Anschließend bewirbt sich das Unternehmen dann gezielt bei diesen Personen in der Hoffnung, auf wechselwillige Talente gestoßen zu sein. Schon im Vorfeld können KI-Systeme bei der Priorisierung von Stellen helfen um zu analysieren, für welche Position es schwieriger ist, Personal zu beschaffen und können unterstützen bei der Erstellung von Stellenausschreibungen (Dahm und Dregger 2019, S. 253). Gleichzeitig gibt es bei der Personalauswahl Ansätze, verstärkt Big Data und KI einzusetzen. So zeigen Studien, dass es Zusammenhänge zwischen verschiedenen Social-Media-Attributen und Persönlichkeitsmerkmalen gibt, die genutzt werden können, um Tendenzen der Nutzerpersönlichkeit zu erkennen (Weckmüller und Büttner 2017, S. 28). Der Einsatz prädiktiver maschineller Lernverfahren mithilfe künstlicher Intelligenz kann die Personalauswahl unterstützen. Softwarelösung wie z. B. von Precire bieten die Möglichkeit, die Persönlichkeitsstruktur von Bewerbern anhand von Sprachdaten basierend auf Telefoninterviews zu analysieren (Dahm und Dregger 2019, S. 253). Andere selbstlernende Systeme wie IBM Watson Recruitment oder Seedlink analysieren auf Basis von Bewerberdaten die Persönlichkeitsprofile der Kandidaten und versuchen menschliches Verhalten und die Kultur von Bewerbern vorherzusagen (Fischer 2018, S. 68 ff.). Chatbot Services bieten zudem die Möglichkeit, Fragen der Kandidaten digital beantworten zu lassen und somit deutlich Kosten zu senken (Volini et al. 2017, S. 90). Auch ist zu erwarten, dass bestimmte Aufgaben zukünftig komplett von digitalen Systemen übernommen werden können wie z. B. die Interview-Koordination (Fischer 2018, S. 71). Bereits seit einiger Zeit setzen die Unternehmen zudem verstärkt auf Online Assessment Center.

Insbesondere beim Einsatz von KI-Systemen im Recruiting-Prozess, auch als Robot Recruiting bezeichnet, ist es wichtig, eine sinnvolle Kombination von Mensch und Maschine zu haben, wie das Beispiel der Deutschen Bahn zeigt. Hier hatte ein Algorithmus selbständig eine Stellenausschreibung („Alle wollen nach Berlin, dabei sind die guten Jobs in Bad Aibling") erstellt und auf Facebook veröffentlicht, die anschließend zu großem Ärger führte (W&V 2018). Auch zeigen Studien, dass die Einführung von KI-Systemen selbst bei jungen Zielgruppen nicht auf uneingeschränkte Akzeptanz stößt (Dahm und Dregger 2019, S. 268). Wird KI lediglich in Form einer erweiterten Intelligenz (Augmented Intelligence) eingesetzt, um z. B. zusätzliche Informationen in einem Auswahlprozess bereitzustellen und Prozesse zu beschleunigen, wird das positiver bewertet, als wenn KI-Lösungen als autonome Intelligenz (Autonomous Intelligence) alleinige Entscheidungen treffen (Dahm und Dregger 2019, S. 266). Zukünftig werden hier sowohl datenschutzrechtliche Aspekte als auch ethische Aspekte beispielsweise bezüglich der Intransparenz der selbstlernenden Algorithmen eine wichtige Rolle spielen (Teske 2018).

8.4.4 Personalentwicklung und Change Management

In der Personalentwicklung lassen sich insbesondere zwei Wirkungen der Digitalisierung erkennen: Die Veränderung des Lernverhaltens und der Lerninhalte (Weigert et al. 2017, S. 330).

Bereits seit mehreren Jahren hat e-Learning, d. h. die elektronische Vermittlung von Lehrinhalten mittels sämtlicher elektronischer Medien wie z. B. Web Based Training oder Virtual Classroom, Einzug in die Unternehmen gehalten (Küpper 2005, S. 26). Der Lernende hat dadurch die Möglichkeit selbst zu entscheiden, wann, wo und welche Inhalte er lernen möchte. Durch immer stärker technologie- und wissensintensive Tätigkeiten besteht häufig der Bedarf, direkt am Arbeitsplatz und ohne lange Arbeitsunterbrechung Lerninhalte vermittelt zu bekommen (Pilarski et al. 2016, S. 762). Micro Learning und Mobile Learning bieten die Möglichkeit, dass die Mitarbeiter im Arbeitskontext bedarfsabhängig und kontextintensiv lernen. Auch das Content Sharing z. B. durch Wiki-Anwendung ermöglicht das Lernen und gegenseitige Vermitteln von Wissensinhalten. Manche Unternehmen setzen zudem bereits Virtual Reality und Augmented Reality in ihrer Personalentwicklung ein, um Wissen anders erlebbar zu machen. Wearables können eingesetzt werden, um Mitarbeitern situationsspezifische Anleitungen für ihre aktuelle Tätigkeit wie z. B. die Wartung einer Maschine zu vermitteln (Petry und Jäger 2018, S. 41). Arbeitsumgebung und Lernumgebung werden somit auf nochmals andere Weise zusammengeführt. Im Bereich des Talent Managements nutzen Firmen Digitalisierung, um den Mitarbeitern mehr Einfluss zu geben, so bestimmen z. B. beim Talenteprogramm „Makers of Tomorrow" der Lufthansa Group nicht die Vorgesetzten, wer teilnimmt, sondern die Mitarbeiter per App selbst (Stehr 2019, S. 8).

Zudem treibt die Digitalisierung die Inhalte der Personalentwicklung in eine neue Richtung. So müssen die Mitarbeiter im richtigen Umgang mit neuen Maschinen, Technologien etc. geschult werden, um die Vorteile der Industrie 4.0 bestmöglich zu nutzen.

Möglich ist hier z. B., im Rahmen von sogenanntem „Smart HRM" (Pilarski et al. 2016, S. 769) bei der Bedienung von Maschinen in der Produktion erhobene Sensordaten auszuwerten, um Informationen über den Qualifizierungsbedarf oder Lernerfolg eines Mitarbeiters zu erhalten. Die OECD sieht in der Fort- und Weiterbildung das entscheidende Instrument, um dem Jobverlust von Arbeitskräften entgegenzuwirken, die von der Automatisierung besonders betroffen sind (Nedelkoska und Quintini 2018, S. 9).

Gleichzeitig gewinnen für die Führungskräfte Aspekte wie „Virtuelle Führung in Netzwerken" und „Design Thinking" eine höhere Relevanz. Insgesamt müssen die Unternehmenskultur und damit alle Mitarbeiter eines Unternehmens auf den digitalen Wandel vorbereitet werden. Dies wird zu einer zentralen Aufgabe für die Personalfunktion „Change Management". Schon in der Vergangenheit war HR-Management ein wichtiger Begleiter bei Veränderungsprozessen in Unternehmen. Daher wird es für HR von großer Bedeutung sein, optimales Change Management im Unternehmen zu bieten, um den Digitalisierungsprozess bestmöglich zu unterstützen.

8.5 Unvermeidlichkeit der Digitalisierung

Die Digitalisierung hat in Wirtschaft und Gesellschaft eine Entwicklung eingeleitet, die den größten technologischen Neuerungen der vergangenen Jahrhunderte entspricht. Aufgrund der Leistungsfähigkeit der sie treibenden Technologien ist ihr Einsatz in erwerbswirtschaftlichen Unternehmen unumgänglich. Dem HR-Bereich kommt bei dieser digitalen Transformation im Unternehmen eine wichtige Funktion zu. HR muss den Veränderungsprozess begleiten, nutzen und dabei unterstützen, ihn für die betroffenen Menschen so verträglich wie möglich zu gestalten.

Das HR-Management ist in vielfacher Weise von der Digitalisierung betroffen. So gilt es einerseits die richtigen Mitarbeiter für das Unternehmen zu gewinnen, zu binden und im Rahmen der Personalentwicklung für die Digitalisierung fit zu machen. Andererseits wirkt sich die Digitalisierung auf die HR-Funktionen selbst aus. Über die drei Dimensionen „Handelnde Personen/Akteure", „Ort/Zeit" und „Kommunikation/Methoden" beeinflusst sie alle Teilbereiche der HR-Prozesskette. Aus heutiger Sicht weisen die vier Funktionen Personaladministration, Personalcontrolling/Performance Management, Personalmarketing/-rekrutierung und Personalentwicklung/Change Management das größte Digitalisierungspotenzial im HR-Management auf. In vielen dieser Bereiche hat die Digitalisierung in den vergangenen Jahren schon zu großen Veränderungen und höherer Effizienz geführt. Die Zukunft wird zeigen, inwieweit sich durch die Nutzung insbesondere von Künstlicher Intelligenz sowie Big Data noch zahlreiche weitere Einsatzmöglichkeiten im HR-Bereich ergeben und welche Probleme sowie Aufgaben sich stellen. Vor allem wird sie aber zeigen, welche Antwort es auf die schon 2014 von den Gewerkschaften bezüglich der Digitalisierung gestellte Frage „Wo bleibt der Mensch?" gibt.

Literatur

Acemoglu, D., & Restrepo, P. (2017). Robots and jobs: Evidence from US labor markets (NBER Working Paper No. 23285). March 2017.

Berthel, J., & Becker, F. G. (2017). *Personal-management* (11., vollst. überarb. Aufl.). Stuttgart: Schäffer-Poeschel. ISBN 978-3-7910-3737-0.

Bertram, C., & Pesch, U. (2017). Nicht den Anschluss verlieren. *Personalwirtschaft, 01*(2017), 44–47.

Dahm, M., & Dregger, A. (2019). Der Einsatz von künstlicher Intelligenz im HR: Die Wirkung und Förderung der Akzeptanz von KI-basierten Recruiting-Tools bei potenziellen Nutzern. In B. Hermeier et al. (Hrsg.), *Arbeitswelten der Zukunft* (FOM-Edition. Aufl., S. 294–271). Wiesbaden: Springer Fachmedien GmbH. (eBook). ISBN 978-3-658-23397-6.

Ebert, G. (2018). Zeitgewinn bei Routineaufgaben: den Aufwand für HR-Prozesse um 50 Prozent senken. *Wissensmanagement : das Magazin für Digitalisierung, Vernetzung und Collaboration., 6*(2018), 26–27.

Eisele, D., & Doyé, T. (2010). *Praxisorientierte Personalwirtschaftslehre* (7. Aufl.). Stuttgart: Kohlhammer. ISBN 978-3170200951.

Fischer, R. (2018). Die Roboter machen dann mal. *W&V, 50/51*(2018), 66–72.

IG Metall. (2014, Juli). Metallzeitung – Mitgliederzeitung der IG Metall. *Jahrgang*, S. 66.

Jung, H. (2017). *Personalwirtschaft* (10. Aufl.). München: Oldenbourg. ISBN 9783110492057.

Kunz, A. (2017). Wenn der Kollege als Roboter zum Meeting rollt. https://www.welt.de/wirtschaft/karriere/article169305146/Wenn-der-Kollege-als-Roboter-zum-Meeting-rollt.html. Zugegriffen am 27.02.2019.

Küpper, C. (2005). *Verbreitung und Akzeptanz von e-Learning. Eine theoretische und empirische Untersuchung*. Berlin: Duncker & Humblot. ISBN 978-3428114290.

Nedelkoska, L., & Quintini, G. (2018). Automation, skills use and training. OECD Social, Employment and Migration Working Papers, No. 202. Paris: OECD Publishing. https://doi.org/10.1787/2e2f4eea-en.

Pesch, U. (2017). Wenn die Maschinen übernehmen. *Personalwirtschaft, 05*(2017), 54–57.

Petry, T. (2018). Ein langer Weg zur digitalen HR-Transformation. In: *Human Resource Manager* (28.03.2018). https://www.humanresourcesmanager.de/news/ein-langer-weg-zur-digitalen-hr-transformation.html. Zugegriffen am 27.02.2019.

Petry, T., & Jäger, W. (2018). Digital HR – Ein Überblick. In *Digital HR: Smarte und agile Systeme, Prozesse und Strukturen im Personalmanagement* (S. 27–91). Freiburg: Haufe-Lexware. ISBN 9783648109304.

Pilarski, B., Decker, J., Klein, M., Tornack, C., & Schumann, M. (2016). IT-gestütztes Human Capital Management. *HMD Praxis der Wirtschaftsinformatik, 53*(6), 755–770.

Porter, M. E. (2014). *Wettbewerbsvorteile: Spitzenleistungen erreichen und behaupten* (8., durchges. Aufl.). Frankfurt a. M.: Campus. ISBN: 978-3-593-50048-5.

Rößler, M. (2015). Maschine fordert Mensch heraus. *Personalmagazin, 12*(15), 18–21.

Stehr, C. (2019). Wer anders arbeiten will, muss anders führen. *Personalführung*, 12.2018–01.2019, 6–9.

Strohmeier, S. (2017). Big HR Data – Konzept zwischen Akzeptanz und Ablehnung. In W. Jochmann, I. Böckenholt & S. Diestel (Hrsg.), *HR-Exzellenz* (S. 339–355). Wiesbaden: Springer Gabler. ISBN 978-3-658-14725-9.

Technische Universität Darmstadt. (2016). Denn sie wissen nicht, was sie tun – Studie der TU Darmstadt zur Robotisierung von Büro- und Dienstleistungsberufen. Darmstadt: Technische Universität Darmstadt, 01.11.2016. https://www.tu-darmstadt.de/vorbeischauen/aktuell/archiv_2/2016/2016quartal4/einzelansicht_162880.de.jsp. Zugegriffen am 27.02.2019.

Teske, B. (2018). Robo-Recruiting: Sind Roboter die besseren Personaler. In *Human Resource Manager*, 05.07.2018. https://www.humanresourcesmanager.de/news/robo-recruiting-sind-roboter-die-besseren-personaler.html. Zugegriffen am 27.02.2019.

Volini, E., Occean, P., Stephan, M., & Walsh, B. (2017). Rewriting the rules for the digital age. In *DELOITTE Consulting LLP and BERSIN* by Deloitte (Hrsg.) 2017 Deloitte Global Human Capital Trends. https://www2.deloitte.com/content/dam/Deloitte/global/Documents/About-Deloitte/central-europe/ce-global-human-capital-trends.pdf. Zugegriffen am 27.02.2019.

W&V. (2018). Makabrer Job-Post bringt die Bahn in Schwierigkeiten. https://www.wuv.de/karriere/makabrer_job_post_bringt_die_bahn_in_schwierigkeiten. Zugegriffen am 26.02.2019.

Walther, P. (2017). Mehr als ein Buzzword. In *Personalwirtschaft*, 05.10.2017. https://www.personalwirtschaft.de/hr-organisation/hr-software/artikel/mehr-als-ein-buzzword.html. Zugegriffen am 27.02.2019.

Weckmüller, H., & Büttner, R. (2017). Big Data in der Personalauswahl. *Personalmagazin, 3*(17), 26–28.

Weichbrodt, J. (2018). Flexibilisierung von Arbeit. In *Personalführung*, 3/2018. S. 24–29.

Weigert, M., Bruhn, H.-D., & Strenge, M. (2017). Digital HR oder HR Digital – Die Bedeutung der Digitalisierung für HR. In W. Jochmann, I. Böckenholt & S. Diestel (Hrsg.), *HR-Exzellenz Innovative Ansätze in Leadership und Transformation* (S. 323–338). Wiesbaden: Springer Gabler. (eBook). ISBN 978-3-658-14725-9.

Zika, G., Helmrich, R., Maier, T., Weber, E., & Wolter, M. (2018). Regionale Branchenstruktur spielt eine wichtige Rolle. IAB-Kurzbericht 9/2018. http://doku.iab.de/kurzber/2018/kb0918.pdf. Zugegriffen am 27.02.2019.

Zollenkop, M., & Lässig, R. (2017). Digitalisierung im Industriegütergeschäft. In D. Schallmo, A. Rusnjak, J. Anzengruber, T. Werani & M. Jünger (Hrsg.), *Digitale Transformation von Geschäftsmodellen* (S. 59–96). ISBN 978-3-658-12388-8 (eBook).

Prof. Dr. Claudia Lieske ist Professorin an der Technischen Hochschule Ingolstadt/THI Business School. Ihre Schwerpunkte in Lehre und Forschung liegen im Bereich des Internationalen HR-Managements, des HR-Marketings, der Personalentwicklung und des HR-Controllings. Sie ist Prodekanin und Studiengangleiterin für „Betriebswirtschaft" an der THI Business School. Neben wissenschaftlichen Vorträgen z. B. im Rahmen des „Audi Kolloquiums" ist sie in der Weiterbildung aktiv, unter anderem am Institut für Akademische Weiterbildung der THI. Vor ihrer Berufung an die THI hat sie an der LMU München und der ESSEC Paris studiert und promoviert, anschließend war sie neun Jahre bei der Allianz Deutschland AG im Bereich Personalmarketing sowie Personal- und Kostencontrolling tätig.

Digitale Fabrik – Das Digital Enterprise in der Industrie

9

Michael Butschek

> **Zusammenfassung**
>
> Der folgende Beitrag untersucht die Veränderung der industriellen Wertschöpfung auf dem Weg der Digitalisierung. Von der Integration der eingesetzten Industriesoftware über die Standardisierung der Kommunikation und die steigenden Anforderungen an die Sicherheit aller Daten bis hin zur Wandlung von Kundendienst in smarten Service. Dabei wird der Unterschied deutlich, den die Digitalisierung für den Maschinenbauer und für den Güterproduzenten macht: Der digitale Zwilling eines Produkts verlangt andere Modelle und Methoden zu seiner Entwicklung als die Maschine oder Anlage. Doch für alle Unternehmen der Fertigungsindustrie gilt: Sie müssen ihren gesamten Wertschöpfungsprozess auf den Prüfstand stellen, vom Geschäftsmodell bis zu den einzelnen Prozessen und ihrer Verkettung. Die Digitale Fabrik kann anders nicht realisiert werden.

9.1 Die vier Säulen des Digital Enterprise in Prozess- und Fertigungsindustrie

9.1.1 Überblick

Nachdem die Digitalisierung längst alle Bereiche des menschlichen Handelns privat wie beruflich erfasst hat und rasend schnell bis ins letzte Eck durchdringt, muss am Anfang einer Abhandlung über die Digitale Fabrik geklärt werden, was konkret damit gemeint ist und wie der Autor das Thema abgrenzt vom allgemeinen Thema Digitalisierung. Diese

---

M. Butschek (✉)
SVP Digital Enterprise, Siemens AG, Nürnberg, Deutschland
E-Mail: michael.butschek@siemens.com

© Springer Fachmedien Wiesbaden GmbH, ein Teil von Springer Nature 2020
L. Fend, J. Hofmann (Hrsg.), *Digitalisierung in Industrie-, Handels- und Dienstleistungsunternehmen*, https://doi.org/10.1007/978-3-658-26964-7_9

Abgrenzung lohnt sich, denn die Digitale Fabrik unterscheidet sich in zahlreichen Aspekten sehr grundsätzlich von anderen Teilbereichen der Digitalisierung. Schließlich ist die Industrie ein ganz besonderer Bereich der menschlichen Gesellschaft.

Die industrielle Revolution hat seit der zweiten Hälfte des achtzehnten Jahrhunderts die Welt verändert. Die Industrie produziert nicht nur die Waren, mit denen Menschen ihren Wohlstand definieren, und die Maschinen und Anlagen, mit denen Güter produziert werden. Die Werte, die in der Industrie entstehen, tragen auch ganz entscheidend zur wirtschaftlichen Stärke eines Landes bei und definieren seine Position in der Welt.

In den 90er-Jahren galt für führende Industrienationen noch ein Industrieanteil von 20 bis 25 % an der Bruttowertschöpfung als normal. In Deutschland hat sich der Anteil – mit einer kurzen Unterbrechung während der Finanzkrise von 2008 – annähernd auf diesem Niveau gehalten, während er in fast allen anderen Industriestaaten um mehr als die Hälfte geschrumpft ist (Sendler 2013, S. 3). Und während kein Land der Welt so viel Wert mit Software und Daten über das Internet erzeugt wie die USA, sehen wir in China nach einer atemberaubenden Aufholjagd eines der größten Länder der Erde den Anspruch erheben, bis zur Mitte des Jahrhunderts führende Industrienation der Welt zu sein.

Mit der Verfügbarkeit des Internetprotokolls Version 6 (IPv6) im Jahr 2012 kam ein entscheidender Wendepunkt in der Geschichte des Internet. Denn mit IPv6 können praktisch alle Dinge auf dieser Erde mit einer eigenen Internetadresse versehen werden. Sie lassen sich über das Internet individuell adressieren, mit ihnen kann kommuniziert werden, sie können Daten senden und empfangen. Das war der Durchbruch für das schon seit etlichen Jahren propagierte Internet of Things (IoT). Erst jetzt konnten tatsächlich beliebige Dinge mit dem Internet und über das Internet miteinander vernetzt werden. Bis dahin waren es im Wesentlichen Computer und mobile Endgeräte, also ebenfalls Computer, die das Internet nutzen konnten.

Die Industrie war bisher vor allem für die Hardware zuständig. Software und Internet dienten höchstens zur Unterstützung der Entwicklung und Herstellung, aber die Dinge mit dem Internet zu verknüpfen, war keine Option. Jetzt war diese Option schlagartig da. Digitalisierung der Industrie heißt seitdem: Die Industrie muss sich einstellen auf ihre Rolle als Hersteller intelligenter, vernetzter Produkte und Systeme, die zunehmend auch die Basis neuer Geschäftsmodelle sind.

Diese Weiterentwicklung der Industrie und ihre Digitalisierung werden darüber entscheiden, an welcher Position im Weltmarkt sich ein Unternehmen und auch ein ganzes Land in der Zukunft befinden. In den USA wurden im Umfeld mobiler Endgeräte wie Smartphones und Tablet-Computer neue Geschäftsmodelle entwickelt, mit denen Werte aus den über die Geräte verfügbaren Konsumentendaten geschöpft werden. Ähnlich muss nun die Industrie darangehen, Wertschöpfung nicht nur über den Verkauf ihrer Produkte, sondern auch über Daten aus deren Betrieb zu ermöglichen. Wie können Industrieunternehmen Daten von Produkten, Geräten und aus der Produktion filtern, vergleichen und analysieren, um Werte zum Beispiel in Form von Dienstleistungen für den Nutzer oder eigenständiger, fortlaufender Optimierung des Produktionsprozesses zu generieren? Das ist die Herausforderung der Digitalen Fabrik. Dabei können sich die Unternehmen in Deutschland als derzeit führendem Industriestandort auf jene Stärken stützen, die ihnen in den vergangenen Jahrzehnten zu dieser Position verholfen haben. Kaum ein Land hat einen vergleichbaren Status der Automatisierung und Digitalisierung der Industrieprozesse vorzuweisen. Und sie müssen gleichzeitig von dem lernen, was die US-amerikanischen Marktführer ihnen im Software- und Internetgeschäft mit Daten voraushaben.

Eines der Felder, auf denen sich dieser Wettkampf abspielt, ist die Cloud. Waren Cloud-Plattformen bisher schon für die Nutzung von Apps oder Standardsoftware über Computer von wachsender Bedeutung, so kommen jetzt Cloud-Plattformen hinzu, auf denen die Industrie-Apps für die Nutzung von Industriedaten, von Produktdaten, von Produktionsdaten anbietet. Siemens hat sich hier früh mit MindSphere positioniert, einer Cloud, die mit der Technologie der führenden Cloud-Anbieter arbeitet.

Siemens hat damit seinen Kunden die Mittel, Werkzeuge und Methoden für ihre Transformation zum Digital Enterprise an die Hand gegeben. Siemens stellt sich seit mehr als einem Jahrzehnt auf die Digitalisierung ein und hat sich mit den entsprechenden Systemen und Methoden ausgerüstet, die dafür erforderlich sind. Vier Säulen (siehe Abb. 9.1) bilden die Basis für die oft als vierte industrielle Revolution bezeichnete nächste Stufe der Industrialisierung, die digitale Fabrik. Unabhängig davon, ob es sich um Unternehmen der diskreten Fertigung wie Investitionsgüter, Konsumgüter- oder Verpackungshersteller handelt, oder um die Prozessindustrie.

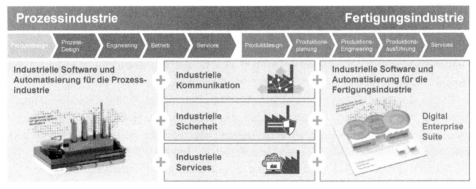

Abb. 9.1 Die vier Kernelemente des Digital Enterprise. (Quelle: Siemens AG; mit freundlicher Genehmigung von © Siemens AG. All Rights Reserved)

9.1.2 Industrielle Software und Automatisierung

Alles wird inzwischen über Software gesteuert, auch die Prozesse der gesamten industriellen Wertschöpfung. Ob Forschung und Entwicklung oder Produktentwicklung, Produktionsplanung und -engineering oder Test und Validierung, Fertigung oder Service – kein Unternehmen der Welt kann heute eine herausragende Marktposition erobern oder halten, das nicht nach Kräften versucht, seine Prozesse optimal mit Softwaresystemen zu unterstützen und – so weit wie möglich und sofern sinnvoll – zu automatisieren. Für die diskrete Fertigung wie für die Prozessindustrie ist schon lange nicht mehr die Frage, ob Digitalisierung und Automatisierung realisiert werden, sondern in welchem Grad und wie schnell dies gelingt. Der Wettbewerbsvorteil der meisten Produkte, Geräte und Anlagen steckt in der Embedded Software zu ihrer Steuerung. Die Unternehmen unterscheiden sich in der Art und Weise, wie sie ihre Prozesse mithilfe moderner Industriesoftware organisieren, steuern und in dem Grad, in dem sie diese Prozesse automatisieren.

60-Jahre Automatisierung ist seit dem ersten Einsatz der speicherprogrammierbaren Steuerung vergangen. Heute sind selbst alle Einzelschritte der Wertschöpfung Gegenstand softwaregesteuerter Automatisierung. Diese Säule ist so selbstverständlich, dass man dazu neigen könnte, sie zu vernachlässigen und sich auf die vermeintlich wichtigeren Aspekte der Digitalisierung zu konzentrieren. Das wäre ein folgenschwerer Fehler. Denn gerade die fortschreitende Digitalisierung ermöglicht Verbesserungen in der Automatisierung, die noch einmal einen weiteren Produktivitätsschub bedeuten. Ganz unabhängig davon, ob am Ende neue Geschäftsmodelle auf Basis der Produkte stehen oder nicht.

Diese Verbesserungen betreffen insbesondere die Integration der eingesetzten Software. Es schafft einen nicht zu unterschätzenden Mehrwert, wenn bereits vorhandene Daten aus der Ideenfindung für die Entwicklung, Modelle aus dem Engineering für die Simulation und Fertigungsplanung und schließlich für die Produktion selbst genutzt werden können, weil sie aus einer einzigen Quelle für alle verfügbar sind, die sie benötigen. Demgegenüber sind alle – zeitlich und bezüglich der Kosten wie der Qualität – im Nachteil, die an vielen verschiedenen Punkten der Wertschöpfungskette Daten immer wieder neu eingeben oder konvertieren und übertragen müssen. Die Durchgängigkeit der Datenbasis, der sogenannte Digital Thread, ist ein wesentlicher Erfolgsfaktor für die Transformation zum Digital Enterprise. Siemens bietet hierfür Teamcenter als Datenbackbone an.

Neben der Zeiteinsparung und der Vermeidung unnötiger Fehler durch Neueingabe bietet die integrierte Softwareunterstützung aber einen noch viel wichtigeren Vorteil: Auf ihr beruht die Durchgängigkeit der industriellen Daten über die gesamte Wertschöpfungskette, und mit dieser Durchgängigkeit schafft sich die Industrie den digitalen Zwilling von Produkt, Produktionsanlage und Fertigung, aus dem sie künftig ihre Werte zieht.

9.1.3 Industrielle Kommunikation

Die Erzeugung und Verfügbarkeit der industriellen Daten, der Geometrie- und Logikmodelle, der Simulations- und Verhaltensmodelle ist also die Basis. Es wird oft als das neue

Öl bezeichnet, als neue Hauptressource für industrielle Wertschöpfung. Aber so wie Öl erst raffiniert werden muss, um durch den Einsatz als Energieträger, als Schmiermittel oder Kraftstoff seinen Wert zu entfalten, so werden Daten erst wertvoll, wenn sie fließen, nicht durch ihre pure Existenz. Denn das hat die Industrie bereits lernen müssen: Terabyte an Daten in Produktentwicklung, Produktionsplanung, Produktion und Betrieb sind eher eine ungeheure Last als ein Nutzen, wenn sie lediglich in diversen Datenbanken Speicherplatz belegen. Die industrielle Kommunikation verändert auf dem Weg zum Digital Enterprise ihren Charakter. Sie wird jetzt das Wegenetz, in dem die Daten fließen können.

Natürlich gibt es nach wie vor die Fühler und Taster der Feldebene, die mit immer mehr Sensoren die Basisinformationen über den Zustand etwa einer Anlage liefern und Antriebe und andere Feldgeräte aktivieren. Auch Steuer- und Regelsysteme, die mit den Feldgeräten kommunizieren und ihren Betrieb regeln, sind nicht neu. Doch von der Parallelverkabelung über Feldbussysteme ging der Weg zu teilweise bereits drahtlosen Datennetzen, in denen zunehmend auch Standard-PC-Systeme zum Einsatz kommen. Und von einer hierarchischen Steuerung der Prozesse über den Leitstand wandelt sich die Kommunikation in Richtung dezentraler, mitunter sich selbst steuernder Prozesse. Die Kommunikation zwischen den Geräten wird immer wichtiger. Denn zunehmend müssen Geräte andere Geräte zu Aktivitäten anstoßen können. Statt nur von oben nach unten und von unten nach oben fließen die Daten auch horizontal.

So wie die Kommunikation zwischen Maschinen und zwischen Mensch und Maschine auf allen Ebenen der automatisierten Produktion deren Erfolg sichert, so müssen alle Bereiche der industriellen Wertschöpfung, alle Abteilungen und Teams des Unternehmens reibungslos ihre Daten austauschen und als Grundlage ihrer Arbeit nutzen können. Einschließlich der Partner, Lieferanten und immer stärker auch der Kunden, die sich in diese Kommunikation einklinken müssen.

Siemens hat die industrielle Kommunikation mit diversen Standards geprägt. Dazu gehört zuletzt auch die aktive Beteiligung an der Definition des ersten Standards der Plattform Industrie 4.0, dem Referenzarchitektur-Modell Industrie 4.0 (RAMI40). Jetzt geht es darum, die verfügbaren Standards für den nächsten Schritt auch richtig zu nutzen.

9.1.4 Industrielle Sicherheit

Je größer die Bedeutung der Daten und ihrer Kommunikation, desto größer die Möglichkeiten, die sich damit auftun. So schön dies hinsichtlich angenehmer Dienste, bequemerer Bedienung und vielleicht autonomen Betriebs ist, so negativ kann es sein, wenn die Falschen an die Daten kommen oder wenn die Daten nicht wie geplant fließen. Mit dem industriellen Einsatz von Standardsoftware, PC und mobilen Endgeräten wie Smartphone oder Tablet bekommt die Frage der Sicherheit der Daten in der Industrie eine neue Dimension.

Solange eine Maschine oder ein Gerät vom Menschen ein- und ausgeschaltet wird, hängt der Grad der Sicherheit allein vom Bediener ab. Wenn sich eine Maschine selbst zu- oder abschalten kann, wenn sie autonom Drehzahl und Vorschub regelt, ist die Sicherheit der Maschine, der Daten und der Menschen in ihrem Umfeld von sehr vielen Faktoren abhängig. Ob ein selbstfahrender Rasenmäher sich im Vorgarten abschaltet, weil sein Netzzugang vorübergehend unterbrochen ist, mag dem Eigentümer verhältnismäßig gleichgültig sein. Bei einer Anlage in einer Produktionsstraße, bei einem Schweißroboter, bei einem Operationsgerät oder -monitor geht es vielleicht um Leben und Tod oder aber um finanziellen Schaden in unbekannter Höhe.

Heute werden beispielsweise in zahlreichen Unternehmen Hacker eingestellt, die dabei helfen, mögliche Sicherheitslücken zu identifizieren, bevor Kriminelle sie für ihre Zwecke nutzen können. Gemeinsam mit der Forschung sind führende Unternehmen dabei, Lösungen zu entwickeln. Etliche sind schon verfügbar. Sie reichen von Physical Unclonable Functions (PUF), mit denen Dinge im Internet eindeutig identifiziert werden können, über Lösungen für Netzwerksicherheit, Anwendungssicherheit und Sicherheit von Endpunkten in der industriellen Kommunikation, bis hin zu Methoden der Schwachstellenanalyse und permanentem Monitoring (Siemens 2015).

Außer dem sicheren Funktionieren und der Absicherung vor Sabotage – etwa dem unbefugten Eingriff in die Steuerungssoftware und der Veränderung wichtiger Parameter – umfasst industrielle Sicherheit aber auch noch einen anderen Aspekt, der nicht weniger wichtig ist. Das ist der Schutz des geistigen Eigentums, der in der digitalisierten Welt ja vor allem in den Daten steckt. Bei Produkt oder Maschine ist es das betriebliche Knowhow, im Endkundengerät das persönliche Verhalten und individuelle Vorlieben. Auch den Schutz dieser Daten muss industrielle Sicherheit abdecken.

Auch wenn es keine absolute Sicherheit geben kann, hängt der Erfolg des Digital Enterprise in großem Maße davon ab, welche Garantien den Mitarbeitern, den Partnern und den Kunden gegeben werden können. Deshalb muss jedes Unternehmen auf dem Weg dahin die Sicherheit als ein Thema von hoher strategischer Bedeutung adressieren. Der Erfolg der Sicherheitsmaßnahmen wiederum hängt in hohem Maße davon ab, dass die Mitarbeiter deren Relevanz verstanden haben und sie in ihrer täglichen Arbeit zur selbstverständlichen Grundlage machen.

9.1.5 Industrielle Services

Der Service war in früheren Zeiten nicht selten ein Bereich, der den dort Beschäftigten und Verantwortlichen wenig Freude bot. Sie mussten als Feuerwehr zur Rettung kommen, wenn ein Gerät, eine Maschine, eine Anlage ausgefallen war. Oder sie mussten im eingeplanten, aber dennoch immer zur falschen Zeit stattfindenden Wartungsintervall den wertschöpfenden Betrieb stören. Wer hätte vor zehn oder zwanzig Jahren gedacht, dass sich einmal alle Augen der Industrie und der Kunden ausgerechnet auf den Service und die Möglichkeiten richten würden, die sich hier für neue Geschäftsfelder und -modelle auftun? Genau das ist jetzt der Fall.

Wenn ein Unternehmen seine Prozesse digital integriert hat; wenn ein vollständiges digitales Modell des Produktes jederzeit für alle zugreifbar ist; wenn Produktions-Engineering und Fertigung den digitalen Test bestanden und die Grundlage für die digitale

Steuerung der realen Produktion gelegt haben; wenn alle Daten von Produkt und Produktion auch während des Betriebs genutzt werden können – dann wird aus dem Kundendienst eine bedeutend wertvollere Dienstleistung.

Vorausschauende Wartung ist in Windeseile auf dem Weg zum Standard und wird von immer mehr Kunden für immer mehr Produkte als etwas Selbstverständliches erwartet. Aber immer häufiger stellt sich in den Unternehmen auch die Frage, ob anstelle des Produktverkaufs nicht auch der Verkauf der Produktnutzung oder ganz neuer, auf der Produktnutzung basierender Dienstleistungen ein besseres Geschäftsmodell sein könnte. Dann wandelt sich der Kundendienst zur wertschöpfenden Dienstleistung für den Kunden.

Betriebsdaten, bislang meist weitgehend ungenutzt, also in der Regel wertlos, können über die Analyse in der Cloud, in Verbindung mit entsprechenden Daten zahlloser anderer, aber vergleichbarer Produkte, Erkenntnisse liefern, die weit über die eigentliche Produktnutzung hinausgehen. Wenn Sensoren durch Aktivierung des Scheibenwischers nicht nur die Frontscheibe des Pkw vom Wasser frei halten, sondern über die Cloud mit unzähligen Scheibenwischersensoren anderer Fahrzeuge an eine Wetterstation melden, ob sie ein- oder ausgeschaltet sind, dann kann der Wetterdienst einen sehr genauen Bericht über örtlich wandernde Regenschauer oder Unwetter geben, den selbst die größten Rechner in einer kalkulierten Vorausschau nicht erzeugen können. Das wird für manche Wetterstation – oder für den Anbieter von Landmaschinen – ein Service sein, der etwas kosten darf. Produktdaten können also nicht nur zur Quelle von Dienstleistungsangeboten für den bisherigen Kunden und Nutzer des Produktes werden, sondern auch ganz andere Zielmärkte öffnen.

Eine digitale Fabrik steht aus Sicht von Siemens auf den oben erläuterten vier Säulen des Digital Enterprise (siehe Abb. 9.1). Sie hat einen digitalen Zwilling des Produktes, des Produktionsprozesses und der realen Produktion. In der Verschmelzung dieser digitalen Zwillinge mit dem realen Gegenstück liegt die künftige industrielle Wertschöpfung. Das gilt für den Anlagenbetrieb genauso wie für die Konsumgüterindustrie, für den Fahrzeugbau ebenso wie für den Medizingerätehersteller oder den Produzenten weißer Ware. In diesem Text soll nun der Fokus darauf liegen, was das Digital Enterprise in der Fertigungsindustrie bedeutet.

9.2 Holistischer Ansatz für die Fertigungsindustrie: Erweiterter Produkt- und Produktionslebenszyklus

Im Vergleich zu heute war die industrielle Wertschöpfungskette noch vor wenigen Jahrzehnten eine recht übersichtliche, klar umrissene Geschichte. Sie hatte einen Anfang, nämlich die Produktidee, und ein Ende, nämlich das verkaufte Produkt. Sie hatte auch eine eindeutige Richtung und Abfolge der einzelnen Schritte, von denen jeder durch eine Freigabe erst den Startschuss für den nächsten abgab. Der Kunde tauchte eigentlich erst am Ende der Kette auf, wenn er das Produkt kaufte und in Betrieb nahm. Und in den meisten Fällen war er danach für den Hersteller wieder unsichtbar.

Alles ändert sich hier. Es gibt keine Richtung mehr, Anfang und Ende verschwimmen, eine serielle Abfolge einzelner Schritte wird abgelöst von einem fließenden Ineinander und paralleler Arbeit. Der Kunde muss schon bei den ersten Ideen im Vordergrund stehen, denn er erwartet ein weitgehend auf seine persönlichen Wünsche zugeschnittenes Produkt, was zur bekannten „Losgröße 1" führt. Er mischt sich auch nach dem Verkauf weiter ein und gibt über das Internet positive und – noch wichtiger – negative Bewertungen ab, die unmittelbaren Einfluss auf das Geschäft haben. Und seine Erfahrungen können, wenn alles richtig gemacht wird, wieder zurückfließen in die Produktentwicklung und den Ingenieuren dabei helfen, ihre Arbeit besser zu machen. Der Wert ist nicht mehr mit dem Verkauf des Produktes erzielt, sondern ergibt sich möglicherweise erst in längeren Zeiträumen nach dem Verkauf während der Nutzung, beispielsweise über Dienstleistungen in Form von Apps in der Cloud.

Die Voraussetzung für diesen grundlegenden Wandel und sein Gelingen ist ein ganzheitlicher Ansatz der Digitalisierung, der den gesamten Produktlebenszyklus und zugleich den gesamten Produktionslebenszyklus umfasst und deren Daten zu ihrem zentralen Medium macht (siehe Abb. 9.2). Das wiederum setzt voraus, dass alles, was in diesen Lebenszyklen zum Produkt gehört, als digitaler Zwilling jederzeit abrufbar und darstellbar ist.

Dieser doppelten Herausforderung – ein ganzheitlicher Ansatz für die Prozesse einer erweiterten Wertschöpfungskette und zugleich ihre vollständige und durchgängige Digitalisierung – kann die Industrie heute gerecht werden. Im Kern braucht es zur Realisierung das Datenbackbone Teamcenter, in dem sich alle Daten beziehungsweise ihre Metadaten und alle Beziehungen untereinander finden. Dabei ist das Datenbackbone über eine anpassbare Benutzeroberfläche rollenspezifisch auf die jeweilige Aufgabe und das angezielte Einzelergebnis ausgerichtet.

Weil künftige Produkte smart, also softwaregesteuert und vernetzt, also technische Systeme sind, beginnt das Engineering nicht mit einer Skizze und dem 3D-Modell, sondern bereits bei der Erfassung und dem Management der Anforderungen an das Gesamtsystem. Systemgetriebene Produktentwicklung heißt das bei Siemens. Systems Engineering, also die multidisziplinäre Entwicklung mechatronischer, vernetzter Systeme, ist ein wichtiger Basisbaustein der Digital Enterprise Suite (siehe Abb. 9.3). Einschließlich des Application Lifecycle Managements (ALM), mit dem die Softwareentwicklung beherrschbar wird.

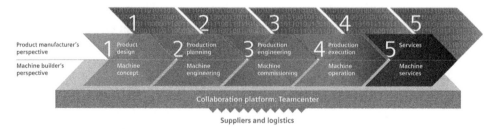

Abb. 9.2 Ganzheitlicher Ansatz zur Optimierung der gesamten Wertschöpfungskette. (Quelle: Siemens AG; mit freundlicher Genehmigung von © Siemens AG. All Rights Reserved)

9 Digitale Fabrik – Das Digital Enterprise in der Industrie

Es folgt das Modell des Produkts, das – wenn irgend möglich – der Ersatz für die teuren, zeit- und kostenträchtigen Prototypen ist, die früher gebaut und getestet werden mussten. Dann wird das Modell simuliert und auf Herz und Nieren, auf sein Verhalten und Funktionieren geprüft. In vielen schnellen, weil softwareunterstützten Iterationsschritten nähert es sich so dem Zustand, der das Ziel des realen Produkts ist. Im Endergebnis ist das erste tatsächlich gefertigte zugleich das erste verkaufte Produkt.

Längst vorher allerdings werden schon die Modelle der nächsten Prozesskette in Angriff genommen. Es reichen ja erste Maße und Daten über Material, Gewicht und Verhalten des Produktes, um seinen Produktionsprozess und die Werkzeuge und Produktionsmittel zu modellieren. Das Modell der Produktionsanlage lässt sich wiederum für die Simulation der Fertigung und Montage nutzen.

Die reale Produktion schließlich funktioniert mit einer Steuerung, die als virtuelle Steuerung schon von den Modellierern in der Planung auch für die virtuelle Produktionsanlage genutzt werden kann. Ist die virtuelle Inbetriebnahme gelungen, haben die Verantwortlichen deshalb für die reale Produktion bereits die Vorlage für ihre Programmierung.

Schließlich muss die digitale Wertschöpfungskette vorwärts wie rückwärts durchgängig sein, und zwar über den Verkauf des Produktes hinaus bis in seine Nutzung. Dafür braucht die Industrie die Cloud-Technologie. Daten aus Produkten und Maschinen werden gefiltert, vorsortiert und, soweit es geht, unmittelbar am Gerät ausgewertet, um sie dann in die Cloud zu schicken, wo sie sich mit entsprechenden Daten gleicher oder ähnlicher Produkte für weitergehende Analysen nutzen lassen. Die Ergebnisse können aus der Cloud wieder in die Unternehmensprozesse einfließen und sich dort mit den im Datenbackbone gespeicherten Daten treffen.

Das ist Siemens Vorstellung vom Digital Enterprise (siehe Abb. 9.3). Und dafür wird die Digital Enterprise Suite bereitgehalten. Dabei ist klar: Die digitale Fabrik gibt es nicht von der Stange zu kaufen. Im Unterschied zur Installation eines CAD-Systems, mit der man vor 40-Jahren das Zeichenbrett ablösen konnte, wird man keine fertige Software für eine digitale Fabrik finden, die man lediglich implementieren müsste. Jedes Unternehmen

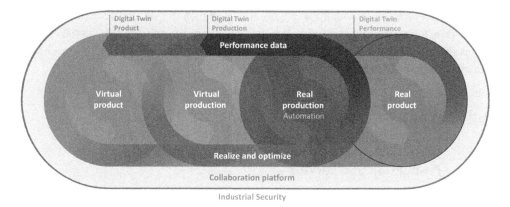

Abb. 9.3 Digital Enterprise Suite – das Angebot von Siemens für die digitale Transformation. (Quelle: Siemens AG; mit freundlicher Genehmigung von © Siemens AG. All Rights Reserved)

muss vielmehr die für sich passende Strategie und genau die richtigen Prozesse entwickeln, um dann dafür und in Verbindung mit der bereits existierenden IT-Landschaft seine Organisation so umzubauen, dass sie zur digitalen Fabrik passt. Schauen wir uns an, wie dieser holistische Ansatz konkret aussieht in zwei zentralen Bereichen, in der produzierenden Industrie und im Maschinen- und Anlagenbau:

Die **Produkthersteller** konzentrieren sich auf einzelne Geräte, Komponenten oder Konsumgüter, deren Funktionalität für den Nutzer im Vordergrund steht. Dabei kann es sich sowohl um Geräte handeln, die ein Kunde privat nutzt, als auch um solche, die selbst wieder in die Herstellung anderer Produkte einfließen, sei es als zu verbauende Zulieferteile, sei es als Komponenten in einer Maschine oder Anlage. Oft werden sie in großen Serien hergestellt, Standardisierung und Verwendung von Wiederholteilen können eine große Rolle spielen. Trotz Massenfertigung nimmt aber eben auch hier das Bedürfnis nach Individualisierung stark zu und zwingt zu einer drastischen Flexibilisierung. Statt der Montage von Motoren am Fließband werden schon bald Montagezellen in den Fabrikhallen der Automobilhersteller stehen, die mithilfe sich autonom bewegender Regale oder Transportmittel punktgenau die Teile und Werkzeuge erhalten, die für den nächsten Motor benötigt werden, welcher Art er auch gerade sein mag.

Die **Maschinen- und Anlagenbauer** dagegen sind in hohem Maße abhängig von den speziellen Wünschen ihrer Industriekunden, die mit diesen Maschinen und Anlagen wiederum Produkte herstellen wollen. Nicht selten sind zahlreiche Zulieferer und Partner im Boot, denn bei weitem nicht jeder Hersteller baut etwa alle Antriebe, Greifer oder Transportmittel selbst. Hier erfordert Standardisierung einen höheren Aufwand und kann nur schwer einen so hohen Grad erreichen wie im Fall der Massenfertigung. Im Vordergrund steht die Produktivität, die der Kunde mit der Maschine erzielen kann, und deren Funktionalität und Flexibilität.

Welche Rolle die Digitalisierung spielt, ist in beiden Bereichen sehr unterschiedlich, auch wenn es viele Übereinstimmungen gibt, und auch wenn oberflächlich betrachtet dieselben Prinzipien beachtet werden müssen. Innerhalb der Branche der Hersteller von Konsumgütern und generell von Produkten für den Endverbrauch gibt es bekanntlich eine Vielzahl von Einzelbranchen, die sich jeweils hinsichtlich der Besonderheiten ihrer digitalen Transformation unterscheiden. Für die jeweiligen Einzelbranchen entwickelt Siemens spezielle Branchenlösungen. Auf diese Unterschiede kann in diesem Text aus Platzgründen nicht im Detail eingegangen werden.

9.3 Digitaler Zwilling

9.3.1 Digitaler Zwilling für Produzenten: Vom Design bis zu Produktion und Service

Wenn ein Produkt entwickelt wird, sind wichtige Entscheidungen bereits getroffen. Aus den Marktanforderungen, aus Studien, Kundengesprächen und aus dem Internet wurden die konkreten Anforderungen zusammengetragen, für die das Produkt eine Lösung bereithalten soll. Und natürlich wurde geklärt, unter welchen Bedingungen, mit welchen Funktionalitäten und zu welchem Preis das Produkt wirtschaftlich ein Erfolg werden kann. Betrachten wir das Beispiel eines sehr kleinen Industriecomputers, der in einer Maschine, in einem Schaltkasten oder an einer Anlage in der Fabrik des Kunden zum Einsatz kommt, um Daten aus dem Betrieb zu sammeln und für die Auswertung bereitzuhalten.

Nachdem entschieden wurde, welche Betriebssysteme er bieten und über welche Anschluss- und Installationsmöglichkeiten er verfügen soll, sind auch zahlreiche Randbedingungen zu untersuchen: Welchen Einflüssen der betrieblichen Umwelt ist er ausgesetzt, welchen Temperaturschwankungen muss er standhalten können, wie groß sollte er maximal sein, und anderes mehr. Schließlich sind all diese Vorentscheidungen getroffen. Der erste Schritt in der Entwicklung ist dann das Design.

Hier befinden wir uns seit Jahrzehnten fast vollständig in der virtuellen Welt. Ein 3D-CAD-Modell entsteht, das die geometrische Form und alle mechanischen Bauteile und Baugruppen umfasst, ihre Struktur, die Verbindungselemente. Es umfasst aber auch CPU und Embedded Software, die elektrischen und elektronischen Komponenten, die Leiterplatten, Kabel und anderes, was ja im Fall des Industrie-PCs den Kern ausmacht. Im Falle der Digital Enterprise Suite von Siemens werden sämtliche Bestandteile des Modells Fachdisziplin übergreifend in Teamcenter verwaltet.

An diesem mechatronischen Modell wird nun, lange bevor das erste Teil für das reale Produkt bestellt oder gefertigt wird, getestet, ob das Design zu den vorher ermittelten Anforderungen passt. Berechnet werden die Widerstandskraft des Gehäuses und der Verbindungselemente gegen Hitze, Kälte, Vibrationen oder Feuchtigkeit, also Umgebungseinflüsse, denen ein Industrie-PC ausgesetzt ist. Ebenso werden alle geräteinternen Strukturen auf ihre Funktionssicherheit überprüft, beispielsweise Kühlungsanforderungen und Sicherheitsabstände einzelner Komponenten voneinander und vom Gehäuse. Eine breite Palette integrierter Simulations- und Berechnungssysteme ersetzt teure Prüfstände und Versuchsgeräte und gestattet die virtuelle Untersuchung des digitalen Zwillings des Produktes. Siemens bietet hierzu mit Simcenter einen weiter wachsenden Werkzeugkasten von miteinander integrierten Berechnungs- und Simulationstools unterschiedlichster Art.

Schon längst lässt der Markt keinem Hersteller mehr die Zeit, all dies an Prototypen zu testen. Die Simulation des Modells ist in mehrfacher Hinsicht die Lösung. Alle Randbedingungen können sehr schnell und umfassend berücksichtigt werden, besser als mit einem Hardwareprototypen. Noch wichtiger aber ist, dass die Ergebnisse sofort in eine Optimierung des Designs zurückfließen können. So bietet das Modell nicht nur eine günstige Lösung für Test und Validierung, sondern auch die Möglichkeit, alle Varianten schon in der Designphase durchzuspielen, ohne dass hohe Kosten wie bei einem physikalischen Prototypen anfallen. So viele Iterationsschritte in so kurzer Zeit wie anhand des digitalen Zwillings des Produktes sind mit keinem der früher üblichen Prototypen auch nur annähernd denkbar.

Stimmen alle Aspekte im Design, sind alle Daten des neuen Industrie-PCs und seiner Baugruppen gespeichert, folgt der nächste Schritt, mit dem wir ebenfalls im virtuellen Raum bleiben. Nun kommt Software zum Einsatz, die speziell für die Gestaltung der Fertigung und Montage ausgelegt ist.

Fertigungsplaner können damit jeden einzelnen Arbeitsgang modellieren, alle Prozesse, alle zum Einsatz kommenden Maschinen und Werkzeuge, alle Wegstrecken, jeden Handgriff. Wo muss welches Material und Halbzeug an welchen Platz kommen, mit welchen Transportmitteln wird das erledigt? Für die Simulation und optimale Gestaltung der Ergonomie am Arbeitsplatz stehen Mensch-Modelle ebenso zur Verfügung wie Modelle von Robotern und Maschinen. Materialfluss und Energieverbrauch können in der Simulation auf ihr Optimum gebracht werden. Nichts bleibt dem realen Ausprobieren überlassen.

Je größer die Zahl der Produkte, die gefertigt werden, desto dramatischer sind die Auswirkungen jeder Optimierung der Produktion. Enorme Produktivitätssteigerungen lassen sich deshalb schon erreichen, wenn lediglich Millisekunden eingespart werden.

Produktmodell und Modell der Fertigung dienen dann als Basis, um die Abläufe, Anlagen und Geräte der wirklichen Produktionsanlage einzurichten. Noch bevor sie in Betrieb genommen wird, lässt sich am digitalen Zwilling eine virtuelle Inbetriebnahme durchführen. Und für diese Simulation kann dieselbe Steuerungssoftware zum Einsatz kommen, die später auch die reale Anlage steuert. So lässt sich nach der virtuellen Inbetriebnahme aus der digitalen Anlage der Code generieren, der schließlich die Fertigung lenkt. Hier lassen sich natürlich Zeit und Kosten für Engineering-Tätigkeiten in dramatischem Umfang einsparen.

Für die Erzeugung und Validierung der Daten all dieser Teile von Produkt und Produktionsanlage bietet Siemens sein umfassendes CAD-Portfolio NX, nach der Übernahme von Mentor Graphics Tools für Electronic Design Automation (EDA) und Embedded Software und zahlreiche weitgehend mit NX integrierte Simulations- und Berechnungssysteme.

Alle Daten von Produkt und Produktion sind im zentralen Datenbackbone gespeichert. Jedes Problem, das nun während der Fertigung auftaucht, und jeder Verbesserungsvorschlag, der sich später aus dem Einsatz des Geräts beim Kunden ergibt – sie können mit den gespeicherten Daten verknüpft werden. Die Optimierung des aktuellen Produktes und die Nutzung der gewonnenen Erkenntnisse für das Folgeprodukt sind deutlich leichter zu realisieren. Dazu müssen allerdings die Daten aus dem Produktbetrieb gesammelt und ausgewertet werden.

Hierfür hat Siemens in Zusammenarbeit mit allen wichtigen Infrastrukturanbietern eine Cloud namens „MindSphere" aufgebaut, in der Apps von Siemens wie von Partnern und Kunden bereitstehen können. Ein Konnektor wurde entwickelt, der künftig in neuen Geräten standardmäßig integriert ist, der aber auch als Zusatzgerät beispielsweise mit älteren Produkten verbunden werden kann, um sie für das Internet der Dinge aufzurüsten. Er dient keinem anderen Zweck als der Sammlung von Daten aus dem Produktbetrieb und ihrer Bereitstellung in der Cloud.

Selbstverständlich ist immer der Kunde derjenige, der die Daten aus seinen Anlagen und Produkten für die Analyse in der Cloud freigeben muss, wenn er darin einen Wert erkennt. Und es ist in der Regel auch der Kunde, der über eigene und zugekaufte Apps wiederum seinen Kunden Dienste anbieten kann, für die er die Analyse der Produktdaten heranzieht.

Ob es um die Daten in der Produktentwicklung, die Ergebnisse von Simulation und virtuellen Tests oder um die Daten aus Produktion und Betrieb des Produktes geht, die wohl wichtigste Veränderung auf dem Weg zum Digital Enterprise erfahren die Unternehmensprozesse. Die Tools und Technologien, die dabei zum Einsatz kommen, sind das Eine. Ohne sie kann die Transformation nicht realisiert werden. Aber der digitale Zwilling ermöglicht und verlangt auch, dass die Prozesse selbst diesen Digital Twin in vollem Umfang nutzen.

Wo früher – und in fast allen Industrieunternehmen nach wie vor – die Prozesse weitgehend voneinander getrennt, vielfach zwingend nacheinander organisiert waren, verschwimmen durch die Verschmelzung von digitaler und realer Unternehmenswelt die Grenzen. Viel mehr Arbeiten als bisher denkbar können gleichzeitig begonnen und parallel in Angriff genommen werden; die Transparenz vorher abgeschotteter Silos nimmt in ungeahntem Ausmaß zu; Zusammenarbeit am selben Modell von Produkt und Produktion ersetzt die nachträgliche Information über bereits erledigte Arbeitsschritte.

Und wie in die Technologie müssen die Unternehmen auch in diese Transformation der Prozesse investieren, vielleicht neue Fachkräfte einstellen oder andere Qualifikationen sicherstellen, um den Wandel zum Digital Enterprise erfolgreich zu vollziehen.

9.3.2 Digitaler Zwilling für den Maschinenbau: Vom digitalen Maschinenkonzept bis zur Maschinennutzung über Pay-per- Use

Im Maschinenbau sieht der Wertschöpfungsprozess anders aus. Nicht das Design steht am Anfang und im Mittelpunkt, sondern die Frage, wie eine bestimmte Aufgabe in einem Produktionsprozess möglichst effektiv zu lösen ist. Design der Maschine oder Anlage heißt in erster Linie Funktion, Design im Sinne der Erscheinungsform, die ja bei sehr vielen Produkten sehr hohe Priorität hat, ist hier eher zweitrangig. Wichtiger ist vielmehr die Frage, wie mit der Maschine ein bestimmtes Produktdesign realisiert werden kann.

Der Kunde kommt mit einer konkreten Fragestellung. Er ist beispielsweise ein Hersteller von Parfüm, der durch den wachsenden Wunsch des Marktes nach Individualisierung der Produkte getrieben ist. Eine größere Anzahl von Flakons für dasselbe Parfüms, die sich nicht nur durch Form, Größe und Volumeninhalt, sondern auch durch eine Vielzahl spezieller Farbgebungen und Beschriftungen unterscheiden, soll weitgehend parallel und ohne Umrüsten in derselben Maschine befüllt werden. Vielleicht soll die Maschine sogar mehrere Sorten von Parfum produzieren.

Der Markt und sein Wunsch nach Individualisierung der Produkte haben der Flexibilität der Maschinen und Anlagen höchste Priorität beschert. Der Markt verlangt dabei von den Herstellern exakt das, was die Digitalisierung erst möglich gemacht hat. Denn nur mit Hilfe von Software können Maschinen so flexibel werden, dass sie ohne Umrüstung der Hardware durchaus verschiedene Produkte parallel und in gemischtem Nebeneinander hervorbringen können. Und nur durch den Einsatz von intelligenter Software in der

Entwicklung und Fertigung der Maschinen, lassen sich solche Anforderungen wirtschaftlich sinnvoll erfüllen. (Natürlich spielen auch andere neue technologische Entwicklungen eine Rolle, etwa die Nutzung von 3D-Druck oder von Linearmotoren als Antrieb, aber selbst solche Neuerungen setzen oft den Einsatz von Software beispielsweise für die Produktmodellierung voraus. Kein 3D-Druck ohne ein 3D-CAD-Modell.)

Die von Siemens hierzu entwickelte Software gestattet die Modellierung des physikalischen Konzepts einer Maschine, noch bevor an die Modellierung der einzelnen Komponenten und Baugruppen gedacht wird. Mit dem Mechatronics Concept Designer (MCD) beginnt die Entwicklung mit dem Funktionskonzept der Maschine. Welche Art von Flaschen soll befüllt werden? Welches Material, welches Gewicht, welche Form und Größe werden sie haben? Welche Wege müssen sie in der Anlage zurücklegen? Wie verhält sich ein Flakon in der Schräge? An welchen Stationen müssen welche Vorgänge zur Etikettierung, Beschriftung, Befüllung und Verschließung ausgelöst werden? Fast wie in einem Computerspiel kann der Maschinenbauer diese Fragen mit dem Konzeptmodell lösen, bevor er an die Umsetzung im Detail geht. Einschließlich der Elektronik, der Sensoren und Aktoren, und inklusive der Software, die für die Steuerung der einzelnen Schritte benötigt wird.

Diese Art des Konzeptmodells erlaubt die Einbeziehung des Kunden bereits in die Ideenfindung. Er muss nicht warten, bis erste Skizzen erstellt sind. Seine Vorstellungen können unmittelbar am Modell durchgespielt und ausprobiert werden, bevor viel Geld in Entwicklung und Bau der Maschine gesteckt, ja bevor überhaupt der Auftrag erteilt wird. Der digitale Zwilling der Maschine entsteht also schon vor dem geometrischen Modell, das aber dann mit dem Automation Designer unmittelbar aus ihm abgeleitet werden kann. Stück für Stück und Baugruppe für Baugruppe lassen sich die einzelnen Teile der Maschine oder Anlage aus dem Konzeptmodell durch vollständige CAD-Modelle ersetzen. Ebenso wie die Elektronik und die Software aus dem Modell zur Umsetzung in Schaltungslogik und Maschinensteuerung im TIA Portal (TIA = Totally Integrated Automation), dem Engineering Framework von Siemens, dienen.

Umgekehrt können die entwickelten digitalen Bauteile und Baugruppen am Konzeptmodell getestet und validiert werden. Bis hin zur virtuellen Inbetriebnahme der ganzen Maschine. Dafür hat Siemens mit PLCSIM Advanced eine virtuelle Steuerung entwickelt. Es muss also künftig nicht mehr mit Hardware-in-the-Loop die Software mit der realen Steuerungshardware gekoppelt werden, um sie zu testen. Auch die Steuerungshardware kann simuliert werden.

Bei der realen Inbetriebnahme steht der digitale Zwilling stets zum Abgleich zur Verfügung. Erweisen sich in dieser Situation oder noch später, während des normalen Betriebs beim Kunden, nachträgliche Änderungen an Hardware oder Software für erforderlich oder sinnvoll, können sie vom Maschinenhersteller abseits der realen Maschine im eigenen Haus am digitalen Zwilling umgesetzt und ausprobiert werden, bevor sie die reale Maschine erreichen. Bisher mussten Änderungen stets an der Maschine implementiert und getestet werden, wozu der Hersteller seine Fachleute zum Kunden schickte. Dann blieb die Maschine während der Umbau- oder Software-Updatephase außer Betrieb. Eine auf beiden Seiten kostspielige und zeitaufwendige Angelegenheit.

Die virtuelle Inbetriebnahme und auch die Realisierung von Änderungen am digitalen Modell reduzieren die nötigen Betriebsunterbrechungen nun auf das absolute Minimum. Viele Zahlen bezüglich der Einsparungsmöglichkeiten sind hier im Gespräch. 30 bis 40 % Beschleunigung von der Idee bis zum betrieblichen Einsatz und ebenso für die Einsparung bei der Umsetzung von Änderungen sind von Kunden wiederholt realisiert worden. Sie scheinen eher dem Normalfall als einem außergewöhnlichen Sonderfall zu entsprechen.

Neben diesen Produktivitätssteigerungen ermöglichen die digitalen Zwillinge von Maschine und Steuerung dem Maschinenbau aber auch, das eigene Geschäftsmodell zu überdenken und eventuell völlig neu zu gestalten. In unserem Beispiel lernt der Maschinenhersteller durch die Erstellung des digitalen Zwillings sehr viel über den Produktionsprozess seines Kunden, des Parfümherstellers. Generell wandert auf dem Wege der Digitalisierung und Simulation der Fertigung viel Know-how in den digitalen Zwilling. Der Hersteller der Maschine könnte also seinem Kunden auch anbieten, den Prozess selbst zu betreiben. Die reine Abfüllung des Parfums in die Flaschen wäre dann ein Dienst, den der Hersteller der Anlage liefert. Bezahlt wird pro abgefülltem Flakon oder pro Liter abgefülltem Parfum. Die Maschine bleibt im Besitz des Herstellers. Sein Geschäftsmodell wandelt sich vom Produktverkauf zum Dienstleistungsangebot. Und für den Parfümproduzenten wird das Produkt-Engineering zum wichtigsten Unterscheidungsmerkmal gegenüber dem Wettbewerb, nicht mehr die Produktion.

Voraussetzung ist hier wie beim zuvor geschilderten Angebot von Diensten auf Basis der Auswertung von Nutzungsdaten eines Produktes die Vernetzung der Abfüllanlage in die Cloud. Von fern kann der Hersteller nun den Betrieb beobachten und gewährleisten, alle Daten der laufenden Maschine stehen ihm ja über die Cloud in Echtzeit zur Verfügung. Verschiedene Firmen haben entsprechende Geschäftsmodelle umgesetzt, indem sie ihre Maschinen nun an ein Leasing-Unternehmen verkaufen und selbst einen Leasing-Vertrag abschließen. Der Kunde am Ende der Kette rechnet nur noch mit der Dienstleistung der Maschinennutzung, alles andere wird ihm abgenommen.

9.4 Digital Enterprise Suite im Einsatz – bei Siemens und namhaften Kunden

Das von Siemens angebotene Portfolio erlaubt den Kunden, ihre komplette, um Dienstleistungen mit Industriedaten erweiterte Wertschöpfungskette in digitalen Zwillingen abzubilden:

- Ein digitaler Zwilling des Produktes, dessen Daten über MCAD, ECAD und CASE erzeugt wurden, wird über seinen gesamten Lebenszyklus von der Idee bis zum Recycling im zentralen Produkt-Lebenszyklus-Management (PLM) verwaltet und gepflegt.
- Ein digitaler Zwilling der Produktions- und Montageanlage, dessen Daten ebenso erzeugt wurden und nun für das Management der Fertigung im Manufacturing Execution System (MES), aber auch für die virtuelle Inbetriebnahme in Verbindung mit dem TIA-Portal genutzt werden.

- Ein digitaler Zwilling der Performance-Daten sowohl vom Produkt als auch aus der realen Produktion mit der Rückkopplung zur gesamten Wertschöpfungskette für gesicherte Entscheidungen und kontinuierlicher Optimierung.

Dabei sind die Daten aller drei Teile der digitalen Wertschöpfungskette auf Basis von Teamcenter in einem integrierten Datenmodel miteinander verbunden, wie dies nie zuvor möglich war. Und sie sind mit all ihren Daten anschließbar an das offene, cloudbasierte IoT-Betriebssystem MindSphere, das der Nutzung der Industriedaten für neue Geschäfte Tür und Tor öffnet.

Die theoretischen Vorteile des Digital Enterprise sind damit beschrieben. Was in diesem Text noch fehlt, ist der praktische Beweis. Und tatsächlich sind sowohl Siemens als auch zahlreiche Kunden schon auf dem Weg und haben erste Beispiele für Best Practices vorzuweisen. Beginnen wir mit einem Beispiel aus dem Hause Siemens, mit dem Elektronikwerk Amberg.

9.4.1 Siemens Elektronikwerk Amberg

Nicht nur Kanzlerin Angela Merkel und Horst Seehofer haben hier schon einen Besuch abgestattet, weil das Werk als Vorzeigefabrik für Industrie 4.0 gilt. Über der Werkhalle, in der unter anderem die Leiterplatten der speicherprogrammierbaren Steuerung Simatic hergestellt werden, ist an einer Wand eine Galerie angebracht, von der aus täglich Besucher die in hohem Grad digitalisierte Fertigung bestaunen, während ihnen detailliert erklärt wird, was die Besonderheiten sind. Eine regelrechte, wenn auch etwas kleinere Kopie des Werks wurde inzwischen im chinesischen Chengdu aufgestellt. Einschließlich der Besuchergalerie, denn auch in China ist spätestens seit der staatlich beschlossenen Strategie „Made in China 2025" das Interesse groß, von herausragenden Beispielen der deutschen Industrie zu lernen.

Dieses Werk gilt schon lange als Leuchtturmfabrik. Es wurde 1989 gegründet. Produziert werden 1000 verschiedene Produktvarianten, unter anderem die Simatic Steuerungen. Sie steuern Maschinen und Anlagen und sind eine wichtige Komponente der Automatisierung, und zwar nicht nur in industriellen Fertigungsprozessen wie in der Automobilindustrie, sondern beispielsweise auch in Bordsystemen von Kreuzfahrtschiffen oder Skiliftanlagen. Die Simatic wird nicht nur in Amberg hergestellt, sondern sie steuert auch die eigene Produktion. In der Fabrik arbeiten rund 1200 Mitarbeiter, die Produkte gehen an rund 60.000 Kunden weltweit. Die jährliche Produktion beziffert sich derzeit auf viele Millionen Steuerungen, mehr als das Achtfache gegenüber dem Gründungsjahr, bei einer Liefersicherheit von 99,5 % innerhalb von 24 h.

Das Besondere am Werk Amberg ist aber nicht die Masse an produzierten Simatic-Steuerungen. Es ist die Art und Weise, wie die Automatisierung mit den aus dem Engineering bereits verfügbaren Daten – das Management aller Daten findet in Teamcenter statt – gekoppelt wird. Die Produkte teilen den Maschinen ebenso wie den Menschen an nicht automatisierten Arbeitsplätzen über ihren Programmcode mit, welche Produktionsschritte als nächstes ausgeführt werden müssen. Die automatisch durchgeführten Prüfungen der einzelnen Schritte, etwa die Qualität eines Lötpunktes, werden automatisch mit dem digitalen Modell verglichen. Tritt ein Fehler auf, lässt sich das defekte Gerät nicht nur aussortieren, sondern wird zur Behebung des Fehlers gelenkt – in Verbindung mit den zugehörigen Daten des CAD-Modells.

Der Automatisierungsgrad liegt aktuell bei etwa 75 %. Seit der Gründung 1989 konnte im Zuge der zunehmenden Digitalisierung eine Qualität erreicht werden, die das Werk schon zu mehreren Preisen geführt hat. Von 500 Fehlern auf eine Million Fehlermöglichkeiten damals bleiben heute ganze 12. Das entspricht einer Fehlerquote von 0,00115 %.

Die Integration der einzelnen Schritte der Wertschöpfungskette mithilfe eines digitalen Zwillings bedeutet in Amberg konkret die Integration von Teamcenter mit NX, Tecnomatix und Simatic-IT für Manufacturing Operations Management (MOM). Das Werk gilt auch innerhalb der Plattform Industrie 4.0 unter der Schirmherrschaft der Bundesregierung als leuchtendes Beispiel, das den Nutzen der digitalen Transformation der Fabrik unter Beweis stellt. Die Anlage in Amberg kann mit einer Vorlaufzeit von lediglich 21 h jegliche Produktkonfiguration fertigen.

9.4.2 Maserati in Grugliasco

Als ein gutes Beispiel aus der Automobilindustrie kann der neue Maserati Ghibli herangezogen werden, der an dem 2013 neu errichteten Produktionsstandort Grugliasco in Italien gebaut wird (siehe Abb. 9.4). Für seine Entwicklung und Fertigung hat sich Maserati für die durchgehende Digitalisierung der Prozesse mit Siemens Software und Automatisierung der Fertigungslinie entschieden. Die Fahrzeugkomponenten werden in NX entwickelt; für die Simulation aller Schritte des Fertigungsprozesses setzt der Kunde auf das Tecnomatix Produktportfolio; die hoch moderne Produktionsanlage ist mit TIA-Technologie automatisiert; SIMATIC IT Software (Manufacturing Execution System (MES)) ist für Planung, Optimierung und Überwachung der komplexen Vorgänge während der Fertigung im Einsatz. Und damit sind nur die wichtigsten Tools namentlich aufgeführt. Als Datenbackbone über die gesamte Wertschöpfungskette fungiert das PLM-System Teamcenter.

Die Bilanz des Sportwagenherstellers ist beeindruckend. Die Anzahl der auf der gleichen Linie produzierten Fahrzeuge konnte verdreifacht werden, was angesichts einer rasant gestiegenen Nachfrage insbesondere aus China für den wirtschaftlichen Erfolg sehr wichtig war. Aber schon die Markteinführung des neuen Ghibli gelang in 16 statt in 30 Monaten. Dabei war ausschlaggebend die Verkürzung der Entwicklungszeit um rund 30 %, nicht zuletzt wegen der besseren Einbindung der Lieferanten auf Basis von Teamcenter. Auch hinsichtlich der Flexibilisierung hat den Italienern die Nutzung des digitalen Zwillings geholfen: In 70.000 Varianten steht der Ghibli zur Verfügung.

Abb. 9.4 Der digitale Zwilling bei Maserati. (Quelle: Siemens AG; mit freundlicher Genehmigung von © Siemens AG. All Rights Reserved)

9.4.3 Maschinenbauer steigert Engineering-Effizienz um 30 %

Der Maschinenbauer Bausch + Ströbel aus Ilshofen in Baden-Württemberg stellt Abfüll- und Verpackungsmaschinen für die Pharmaindustrie her. Seine Kunden wollen heute nicht mehr nur hoch spezialisierte Anlagen und intensive Betreuung, sondern zunehmend standardisierte Maschinen mit hoher Flexibilität und kurzen Lieferzeiten.

Zum Einsatz kommt die Siemens NX CAD-Software für die Erstellung des 3D-Modells der Maschine, der ersten Version des digitalen Zwillings (siehe Abb. 9.5). Mit dem Mechatronics Concept Designer simulieren die Ingenieure die Bewegungsabläufe, legen die kinematischen und dynamischen Eigenschaften fest, programmieren Kurvenscheiben und dimensionieren die Antriebe.

Als Ersatz für die konventionellen Holzmodelle im Maßstab 1:1 hat Bausch + Ströbel bereits 2012 begonnen, ein Virtualisierungscenter aufzubauen. Mit Hilfe von Virtual Reality wird auf einer großen Leinwand das digitale Modell in Originalgröße abgebildet. So können Kunden wie Ingenieure sehr früh Design und Funktionen realitätsnah ausprobieren. Spezielle Brillen und stereoskopisches 3D sorgen für einen realistischen Eindruck. Zusammen mit einem sogenannten Mockup-Rahmen und zwei Controllern für die Hände wird mit haptischen Eindrücken die Ergonomie getestet. Mit Hilfe von Strömungssimulation erfolgt auch die Visualisierung und Optimierung der Strömungsverhältnisse virtuell.

Alle Erkenntnisse fließen zurück ins Design und werden für die weiteren Schritte gespeichert. Für die konsistente Datenwelt setzt der Maschinenbauer auf Teamcenter. Damit

9 Digitale Fabrik – Das Digital Enterprise in der Industrie

Abb. 9.5 Digitalisierung der gesamten Wertschöpfungskette. (Quelle: Siemens AG; mit freundlicher Genehmigung von © Siemens AG. All Rights Reserved)

kann das gesamte Unternehmen auf alle Daten zugreifen, von den 3D-Modellen über Schaltpläne bis hin zur Versionierung der verschiedenen Programme oder Programmcodes. Um die Effizienz zu steigern, wurden interdisziplinäre Teams aufgestellt und die Zusammenarbeit der einzelnen Arbeitsbereiche parallelisiert. So können Design, Elektrotechnik, Mechanik und Programmierung gleichzeitig und gemeinsam an einem Projekt arbeiten. Zudem erlaubt der digitale Zwilling eine virtuelle Inbetriebnahme, durch die zuverlässig Fehler erkannt und beseitigt werden können, sodass die reale Inbetriebnahme deutlich kürzer ausfällt.

Ein weiterer Vorteil der mechatronischen Entwicklung ist, dass die Steuerungen mit dem virtuellen Programmcode programmiert werden können. Notwendige Anpassungen im Bau und während der Abnahme durch den Kunden fließen durch die konsistente Datenhaltung in Teamcenter wieder in den digitalen Zwilling zurück. Er ist ein stets aktuelles Abbild der realen Maschine, auch wenn sie schon beim Kunden in Betrieb ist. Das ermöglicht schnelle, zielgerichtete Serviceleistungen und vorausschauende Wartung. Zudem fließen die Erfahrungen der Kunden in die Verbesserung künftiger Maschinen ein. Durch die verfügbaren Maschinendaten kann Bausch + Ströbel Stillstandszeiten beim Kunden reduzieren und den Nutzungsgrad der Maschinen erhöhen. Das ist auch deshalb wichtig, weil rund 90 % aller Maschinen exportiert werden und der digitale Zwilling Vor-Ort-Aufenthalte optimiert und teils sogar reduziert.

Den künftigen Einsatz des Totally Integrated Automation Portals (TIA-Portal) demonstriert eine erste Pilotmaschine. Das Engineering-Framework TIA Portal integriert Hardware-Komponenten wie die SIMATIC S7-1500 T-CPU mit Safety-Funktionalität, kombiniert mit dem Antriebssystem SINAMICS S210, und die dezentrale Peripherie. Die in der Simulation erzeugten Kurvenscheiben werden im TIA Portal in der realen Inbetriebnahmephase 1:1 verwendet. Das Ergebnis ist eine Abfüllanlage für Medikamente, die auf der Hannover Messe 2017 am Stand von Siemens zu sehen war.

9.4.4 Gehring Honmaschinen in der Cloud

Ein weiteres Beispiel ist die Firma Gehring, vor allem in der Automobilindustrie bekannt für ihre Honmaschinen. Seit 1926 gilt das Haus weltweit als Technologieexperte für das Honen, eine besondere Art der Oberflächenbehandlung. Durch Honen werden insbesondere Bohrungen im letzten Arbeitsgang mit einer Funktionsoberfläche versehen. Dabei geht es neben der finalen Maß- und Formgenauigkeit um die Gestaltung des Rauheitsprofils, zum Beispiel für bessere Ölschmierung eines Kolbenzylinders. Hauptumsatzträger von Gehring sind Maschinen, in denen das Werkstück aufgespannt wird, um dann die betreffende Fläche mit einer axial bewegten und sich drehenden Honahle, in der Honleisten mit spanabhebendem Schleifmittel befestigt sind, auf den gewünschten Rauheitsgrad zu bringen.

Jetzt hat das Haus sich entschieden, seine Maschinen über MindSphere in der Cloud zu vernetzen. Das Ziel: Die Werkzeugstandzeiten sollen aus der Ferne genau überwacht werden können, um im richtigen Moment die Honleisten auswechseln zu können. Mithilfe skalierter Warnmeldung über den Verschleiß des Honmittels kann der Service punktgenau geplant und organisiert werden. Darüber hinaus lassen sich nun Zustellkraft, Bearbeitungszeit und Standmenge des Honmittels in Echtzeit überwachen. Die Bereitstellung benötigter Werkzeuge erfolgt geplant, nicht bei Verschleiß.

9.5 Digital Enterprise heißt Umdenken, nicht nur neue Technologie

Viele Aspekte sind zu berücksichtigen, wenn Industrieunternehmen ihre digitale Transformation in Angriff nehmen. Sie müssen die Prozesse auf den Prüfstand stellen und dafür sorgen, dass sie für die Wertschöpfung mit smarten, vernetzten Produkten geeignet sind. Die IT-Bebauung bedarf ebenfalls einer grundlegenden Überprüfung: Sind alle für die künftigen Produkte und Dienstleistungen nötigen Tools implementiert? Wo fehlt es an Systemintegration, um den Datenfluss über die gesamte Wertschöpfungskette durchgängig zu gestalten? Schließlich wird die Organisation selbst, die Struktur des Unternehmens, aller Wahrscheinlichkeit nach Anpassungen oder sogar größere Umbauten erfahren, um den neuen Herausforderungen gerecht zu werden. Vielleicht ist sogar das Geschäftsmodell zu überdenken.

Die Veränderungen der Unternehmen hin zum Digital Enterprise sind also keine der üblichen Anpassungen, mit denen sich jede Firma in bestimmten Abständen beschäftigt. Sie sind grundsätzlicher Art. Wenn ein Unternehmen nicht mehr ganz selbstverständlich vom Verkauf der Produkte lebt, sondern möglicherweise immer mehr von Diensten, die darüber neuen Zielmärkten angeboten werden, dann muss sich das Denken aller Beteiligten in den Häusern ändern.

In vielen größeren Unternehmen sind in den letzten Jahren neue Management-Positionen eingerichtet worden. Für die Digitalisierung ist dann der Chief Digital Officer, der CDO, verantwortlich. Auch Data Scientists, die sich mit Big Data Analytics auskennen, und generell Softwarespezialisten aller Art, werden eingestellt – wenn sie denn gefunden werden, was oft nicht der Fall ist.

Für einen systematischen Transformationsprozess, wie er jetzt auf der Tagesordnung steht, werden viele Unternehmen strategische Partner brauchen. Wichtig ist die Definition einer „digitalen Vision", aus der sich die spezifische Transformations-Roadmap ableiten lässt. Dabei können Unternehmen an jedem Punkt ihrer Wertschöpfungskette starten und die Digitalisierung je nach aktuellem Bedarf nach und nach ausbauen.

Die dafür notwendigen Consulting-Leistungen für die Optimierung von Prozessen, die Integration der vorhandenen IT-Landschaft (einschließlich etwaiger zusätzlich erforderlicher Tools), aber auch Finanzierungslösungen sind Bestandteil des Angebots. Für Organisationsberatungen sind zahlreiche Spezialpartner mit an Bord.

Mit seinem Portfolio aus der Digital Enterprise Suite optimiert Siemens mit digitalen Kopien von Produkt, Produktion und Performance die komplette Wertschöpfungskette – von der ersten Designidee bis hin zum kontinuierlichen Verbessern unter Nutzung von Data Analytics und Cloudservices. Auch Kundenanforderungen bezüglich höherer Flexibilität, Qualitätsverbesserung oder energieeffizienter Produktion lassen sich mit diesem Ansatz umsetzen.

Die größte Herausforderung müssen die Industrieunternehmen freilich selbst bewältigen. Denn während das Neue implementiert, das Digital Enterprise gestaltet und vielleicht neue Geschäftsmodelle ausgelotet werden, muss ja das Unternehmen weiterhin seinen Umsatz erzielen, mit dem auch diese größte Transformation vieler Jahrzehnte finanziert wird.

Siemens kann auch dazu mit der eigenen Erfahrung beitragen. Der ehemalige Elektronik- und Automatisierungskonzern hat sich längst selbst zum Anbieter eines der größten Portfolios von Industrie-Standardsoftware gewandelt. Und nun zum Vorreiter in Sachen Industrie 4.0 und Internet der Dinge. Die gegenwärtige Position im Markt kann als Ermunterung für die Industrie insgesamt dienen. Der Wandel kann gelingen, und es ist hilfreich, damit nicht lange zu warten.

Literatur

Sendler, U. (Hrsg.). (2013). *Industrie 4.0 – Beherrschung der industriellen Komplexität mit SysLM*. Berlin: Springer.

Siemens. (2015). IT-Security: „Hundertprozentigen Schutz vor Cyber-Kriminalität wird es nicht geben". Interview mit Prof. Dr. Claudia Eckert vom 03.08.2015. https://www.siemens.com/innovation/de/home/pictures-of-the-future/digitalisierung-und-software/it-security-interview-claudia-eckert.html. Zugegriffen am 27.08.2017.

Michael Butschek ist in der Operating Company „Digital Industries" der Siemens AG als Senior Vice President verantwortlich für „Digital Enterprise". In dieser Aufgabe unterstützt er Kunden weltweit auf dem Weg hin zum Digital Enterprise durch die Verbindung der virtuellen Welt und der realen Welt. Basis sind das weltweit führende Automatisierungs- und Industriesoftwareportfolio der Siemens AG. Das Aufgabengebiet reicht von der Definition der industriellen Digitalisierungsstrategie über weltweite Governance der Vertriebsaktivitäten, Portfolio Management, Consulting bis hin zur Errichtung von Demo-Anlagen und Partnervereinbarungen.

Vor seiner heutigen Aufgabe verantwortete Michael Butschek u. a. Strategie und Regionen für das weltweite Industry-Services-Geschäft von Siemens und leitete als CEO das Americas- & Industry-Geschäft der Siemens-internen Strategieberatungseinheit Siemens Management Consulting.

Michael Butschek ist Dipl.-Wirtschaftsingenieur der Technischen Hochschule zu Karlsruhe und hat Economics an der University of New South Wales in Sydney, Australien, studiert.

Teil IV
Digital Business Management

Digitale Transformation

10

Christian Locher

> **Zusammenfassung**
>
> Der vorliegende Beitrag beleuchtet das Phänomen der Digitalen Transformation im B2C-Geschäft. Dabei wird das Verständnis entwickelt, dass die digitale Transformation nur indirekt eine Folge der immer weiter fortschreitenden Digitalisierung der Wirtschaft ist und auch nur zum Teil von Technologie selbst abhängt. Stattdessen lässt sie sich nahezu ausschließlich auf neue, innovative Geschäftsmodelle zurückführen, in denen bestehende Technologien intelligent genutzt werden. Am Beispiel der Musikindustrie werden zwei digitale Transformationen und deren Effekte erläutert. Dabei werden Faktoren herausgearbeitet, die ein Erkennen der Auslöser und der möglichen Auswirkungen auf eine Branche sowie Schlussfolgerungen bezüglich Erfolg versprechender Geschäftsmodelle erlauben. Im letzten Abschnitt werden Erfolgsfaktoren herausgearbeitet, die bei einer erfolgreichen Bewältigung der Digitalen Transformation berücksichtigt werden müssen.

10.1 Digitale Transformation und Digitalisierung

Digitale Transformation ist aktuell eines der meistgebrauchten Schlagwörter auf Konferenzen der Industrie – kaum etwas scheint Manager und Forscher aktuell nachhaltiger zu beschäftigen. Gleichzeitig ist die digitale Transformation aber auch zu einer Worthülse geworden, die synonym für alles „Digitale" im Kontext der „Veränderung" genutzt wird (vgl. für eine weiterführende Diskussion (Schallmo und Rusnjak 2017)). Der Zusammenhang zwischen Digitalisierung und digitaler Transformation bleibt daher oft unklar. Dabei

C. Locher (✉)
THI Business School, Ingolstadt, Deutschland
E-Mail: christian.locher@thi.de

ist die Digitalisierung, die typischerweise auf IT-, Prozess- und Produktebene umgesetzt wird, nur notwendige, aber nicht hinreichende Bedingung für die digitale Transformation, die auf der Geschäftsmodell-Ebene ansetzt und sich hierfür lediglich verschiedener Technologien bedient.

Die Digitalisierung bezeichnet „allgemein die Veränderungen von Prozessen, Objekten und Ereignissen, die bei einer zunehmenden Nutzung digitaler Geräte erfolgt. Im ursprünglichen und engeren Sinne ist dies die Erstellung digitaler Repräsentationen von physischen Objekten, Ereignissen oder analogen Medien." (siehe Einführungskapitel dieses Buches). Mit dem Begriff Digitalisierung werden daher neue, technologisch getriebene Entwicklungen zusammengefasst, z. B. Internetbanking und digitale Bezahlverfahren, E-Government, Smart Home oder Smart Cars.

Unter Ausnutzung der neuen Fähigkeiten werden auch neue Geschäftsmodelle entworfen, eine digitale Transformation beginnt. Diese Unterscheidung ist von Bedeutung, da die Phase der digitalen Transformation teilweise erst Jahre nach einer technologischen Veränderung beginnt. Beispielsweise basiert das Geschäftsmodell des Mobilitäts-Dienstleisters *Uber* auf keiner neuen Technologie – es werden nur seit Jahren bestehende Technologien konsequent eingesetzt.

Die digitale Transformation wird im vorliegenden Beitrag aus drei Perspektiven betrachtet:

- **Die Auslöser**
  In (Pousttchi 2017) wird die digitale Transformation als eine „erhebliche Veränderung des Alltagslebens, der Wirtschaft und der Gesellschaft durch die Verwendung digitaler Technologien und Techniken sowie deren Auswirkungen" definiert. Sie ist demnach ein allgemeiner Trend ohne Masterplan: Ein Veränderungsprozess mit offenem Ausgang, der Branchen oder zumindest Teile dieser Branchen einer Transformation von bislang vorwiegenden „Brick & Mortar"-Geschäftsmodellen hin zu digitalen Geschäftsmodellen unterwirft. Die wichtigsten Auslöser und relevante Umstände werden in Abschn. 10.3.1 dargestellt.
- **Die Branche**
  Der Transformationsdruck wird zumindest in der Praxis meist nicht von etablierten Unternehmen aufgebaut, sondern von noch relativ jungen und branchenfremden Unternehmen, den sogenannten Start-ups. Auch große Konzerne aus der Digital-Branche (z. B. Amazon, Google, Apple) suchen weitere, potenziell sehr profitable Ziel-Branchen, um mit radikalen oder disruptiven Innovationen Marktanteile zu erobern.

  Die Angreifer gehen meist gegen geltende Marktstrukturen der betroffenen Branche vor und können sogar gleichzeitig eine Ausstrahlwirkung auf weitere Branchen erzeugen, wie am Beispiel der Musikindustrie später gezeigt werden wird. Mögliche Vorgehensweisen und Verhaltensmuster werden in Abschn. 10.3.2 beschrieben.
- **Das Geschäftsmodell**
  Das Geschäftsmodell (engl. Business Model) „beschreibt, welcher Nutzen auf welche Weise für Kunden und Partner gestiftet wird" und zeigt auf, wie „der gestiftete Nutzen

in Form von Umsätzen an das Unternehmen zurückfließt. Der gestiftete Nutzen ermöglicht eine Differenzierung gegenüber Wettbewerbern, die Festigung von Kundenbeziehungen und die Erzielung eines Wettbewerbsvorteils." (Schallmo 2013). Wesentliche Merkmale digitaler Geschäftsmodelle sind die konsequente Ausrichtung auf das Kundenbedürfnis, die Dis-Intermediation des Marktes, die Nutzung sozialer Netzwerke sowie die Bildung offener Plattformen mit Partizipationsmöglichkeit anderer Anbieter (so genannte „Ökosysteme") (Parker et al. 2016).

Die Transformation des Geschäftsmodells zieht unmittelbar auch ein neues Betriebsmodell (engl. Operating Model) nach sich. Das Betriebsmodell beschreibt, wie eine darin definierte Organisation Nutzen für die Kunden oder Nutzer erwirtschaftet. Es ist dabei idealerweise so gestaltet, dass alle produktnahen Prozesse und Systeme „End-to-End", also vom Kunden ausgehend und endend, gedacht werden. Komplexität soll vermieden werden. Genauer wird dieser Aspekt in Abschn. 10.3.3 diskutiert.

Zusammenfassend eröffnet die fortschreitende Digitalisierung unseres Lebens für alle Unternehmen neue Chancen. Ob man dabei von digitaler Transformation sprechen kann, hängt vom Ausmaß des Veränderungspotenzials ab: Verändern sich grundlegende Zusammenhänge in den Branchen, d. h. treten Themen wie Erfahrung, Marke, Größe oder die bestehende Nutzerbasis, in den Hintergrund, dann spricht man von digitaler Transformation. Die hierfür notwendigen Veränderungsprozesse im Unternehmen sind oft grundlegender Natur und deshalb schwieriger umzusetzen, wie der nachfolgende Abschnitt zeigen wird.

10.2 Digitale Transformation am Beispiel der Musikindustrie

Um die Bedeutung sowie die Veränderungspotenziale der drei eingeführten Perspektiven zu verdeutlichen, wird in diesem Abschnitt ein leicht verständliches Beispiel dargestellt. Die Musikindustrie ist ein besonders gutes Anschauungsobjekt, weil es hier bereits zwei digitale Transformationen innerhalb von 15 Jahren gegeben hat.

10.2.1 Auslöser

Wesentliches Merkmal von gespielten Musikwerken ist, dass sie nur virtuell bestehen und auf Datenträgern gespeichert werden müssen. Die erste Welle der Digitalisierung führte zur Einführung der Audio-CD, auf der die Musik digital und in hoher Qualität gespeichert werden konnte. Im Jahr 1992 wurde das Musikformat *MP3* in den MPEG-1 Standard aufgenommen und setzte sich Mitte der 1990er-Jahre am Markt durch (vgl. Abb. 10.1). Die zweite Welle der Digitalisierung begann.

Musik konnte damit, bei akzeptabler Qualität, sehr stark komprimiert werden. Gleichzeitig verfügten aber immer mehr Nutzer des Internets über eine ausreichende Bandbreite zum Tausch von Multimedia-Daten. Als aber das Unternehmen *Napster* im Jahr 1999 gegründet

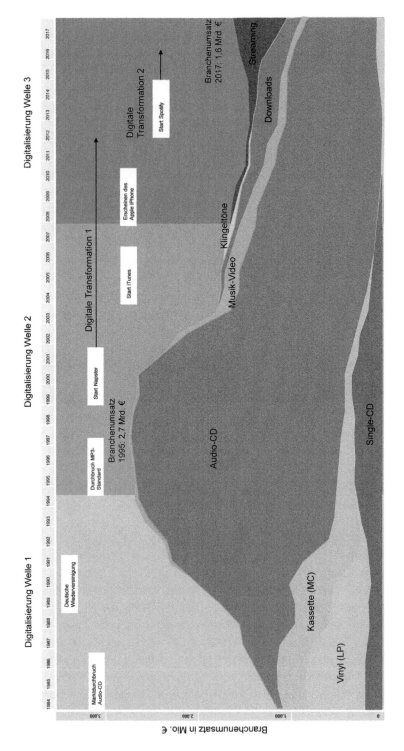

Abb. 10.1 Umsatz der Musikindustrie in Deutschland 1985–2017. (Quelle: in Anlehnung an Drücke 2018)

wurde, nahm die erste digitale Transformation der Musikbranche ihren Lauf. Es dauerte somit ca. 7 Jahre von der Schaffung der technischen Möglichkeit bis zur ersten digitalen Transformation der Musikbranche. Das Geschäftsmodell von *Napster* war eine digitale (und illegale) Tauschplattform für Musik. Jeder Teilnehmer war zugleich Anbieter und Nachfrager. Die Konsumenten mochten die unkomplizierte Nutzung und den immens großen Fundus von alten und neuen (noch dazu kostenlosen) Werken und nutzten Napster. Die Musikindustrie hatte diesem Geschäftsmodell nichts entgegenzusetzen und musste große Umsatzverluste hinnehmen (vgl. Jahr 2000 ff. in Abb. 10.1). Die illegalen Plattformen wurden gerichtlich niedergerungen, der Bedarf war aber offensichtlich vorhanden. So startete das IT-Unternehmen *Apple* mit *iTunes* im Jahr 2004 eine legale Download-Plattform, die auch in der Musikindustrie Akzeptanz fand. Es folgten weitere Anbieter, sodass der Absatz physischer Datenträger für Musik stetig abnahm.

Parallel zur geschilderten Entwicklung entwickelten sich in den frühen 2000ern die ersten Streaming-Plattformen, z. B. *Shoutcast*. Das neue Paradigma: Musik wird nicht mehr lokal gespeichert, sondern direkt beim Spielen aus dem Internet übertragen („gestreamt"). Als Datei-Format wurde in der Regel ebenfalls MP3 genutzt. Zu Beginn hatte das System noch mit diversen Mängeln, z. B. zu geringer Serverkapazität und Leitungsbandbreite zu kämpfen und war daher eher etwas für Internet-Freaks – dafür aber wie Radio kostenlos.

Obwohl die Auslöser für MP3 und Streaming in ungefähr der gleichen Zeit lagen, dauerte es noch einige Jahre länger, bis sich professionelle Streaming-Anbieter, wie die Start-ups *Deezer, Spotify* und auch (das jetzt legale) *Napster,* etablieren konnten – und heute einen bestimmenden Marktanteil besitzen, der die zweite digitale Transformation begründet. Der Grund für die Verzögerung im Vergleich zum Download-Modell: MP3s wurden auf MP3-Spieler geladen oder auf CDs gebrannt und abgespielt. Für Streaming gab es noch keine Endgeräte, und die einzigen mobilen Abspielgeräte waren relativ unhandliche Notebooks. Das änderte sich im Jahr 2008, als *Apple* mit dem *iPhone* ein flexibles, mit Apps konfigurierbares Telefon herausbrachte und damit zusammen mit der Einführung schneller drahtloser Datennetze die dritte Welle der Digitalisierung induzierte. Heute lieben die Kunden den einfachen Zugriff auf unglaublich große Musikbibliotheken zu jeder Zeit, mit jedem Endgerät – vor allem aber dem Mobiltelefon und verschiedenen neuen und neuartigen Abspielgeräten (z. B. Amazon Echo, Google Home, Sonos oder Teufel).

10.2.2 Branche

Die erste Digitalisierungswelle von Schallplatten und Kassetten hin zur Audio-CD ab dem Jahr 1985 verlief für die Musikindustrie positiv, da mit der Audio-CD ein im Vergleich wesentlich höherer Marktpreis erzielt werden konnte, der mit der hohen Qualität und Lebensdauer gerechtfertigt wurde. Die nächste Welle der Digitalisierung ab 1999 führte in die Ära des Filesharings und damit zur rapiden Erosion der Umsätze und Gewinne der

Musik-Labels. Zudem erfasste diese Welle auch die Hardware-Hersteller: Der plötzliche Trend sehr kleiner, tragbarer Musikspieler für MP3s oder ähnliche Formate sorgte für eine Neuordnung des Hardware-Marktes – und verhalf (nach einer Beinahe-Pleite in 1997) *Apple* zum Marktdurchbruch mit dem *iPod*. *Apple* bot ein einzigartiges Produktbündel, das aus einer Mischung von Hardware *(iPod)* und digitalem Service *(iTunes Store)* bestand. Die großen Musik-Labels waren gezwungen, den illegalen Downloads etwas entgegen zu setzen und kooperierten mit *Apple,* während *Apple* einen Teil des Umsatzes behielt. Außerdem bekamen auch kleine Musik-Labels (sog. Independent-Labels) eine Chance, ihre Produkte in einem vertriebsstarken Absatzkanal zu vertreiben.

Einige bekannte Hardware-Hersteller hatten aber enorme Absatzprobleme, die sie nie überwanden (z. B. *Sony* scheiterte mit der Umwandlung des populären Kassettenspielers *Walkman* in einen MP3-Player). *Apple* schaffte mit dem *iTunes Store* ein Substitut für die gekaufte Audio-CD, mit ähnlich einfacher Nutzbarkeit, einfachem aber funktionalen Rechteschutz und einfachen Abspielgeräten. Weitere Anbieter, wie Amazon, Musicload und deutsche Elektro-Einzelhändler boten ähnliche Dienstleistungen an, jedoch nicht mit gleichem Erfolg. Die Umsatzverluste in der Musikbranche stabilisierten sich langsam und gingen in eine Seitwärtsbewegung über, die etwas über dem Niveau vor der Wiedervereinigung liegt. Die großen Verlierer dieser Entwicklung waren die Einzelhändler, deren Absatz von Audio-CDs stark sank und perspektivisch noch viel weiter zurückgehen wird.

Die Trendwende bei den Musik-Umsätzen kam mit der dritten Welle der Digitalisierung, dem Streaming. Das Paradigma wandelte sich von einer dauerhaften Nutzungslizenz hin zu einer nutzungsbasierten Lizenzierung („per use"). Diese Veränderung wurde im Wesentlichen durch Start-ups, wie *Spotify* oder *Deezer,* getrieben. Durch das Streaming haben Musik-Downloads seit dem Peak in den Jahren 2012/2013 in Deutschland bereits über 50 % eingebüßt. Im Jahr 2017 standen 66 Mio. verkauften physischen Alben und 63 Mio. Downloads bereits 56,4 Mrd. Streams entgegen (Drücke 2018).

Parallel hierzu brach auch der Markt für MP3-Player zusammen, sodass z. B. *Apple* im Jahr 2017 ankündigte, die Produktion der meisten *iPod*-Varianten einzustellen.

Insbesondere die hochinteressante Zielgruppe im Alter von 15–40 Jahre ist ein Streaming-Markt (Statista 2016). Musik wird, fast wie der Internetanschluss selbst, als „Flatrate" verramscht, die Margen sinken für die Musikindustrie – doch ganz nebenbei wurde auch ein Ausweg aus der Privatkopie gefunden und die Absätze steigen insgesamt. Aufgrund der Marktmacht der Musik-Labels gegenüber den Start-ups im Streaming-Markt konnten dort offensichtlich gute Konditionen ausgehandelt werden.

10.2.3 Geschäftsmodell

Das Geschäftsmodell der Musik-Labels besteht in der Produktion von Musik und deren Vertrieb. Bis zur ersten digitalen Transformation in 1999 herrschte ein reines Pipeline-Geschäftsmodell vor: Die Wertschöpfung erfolgt linear vom Produzenten zum Kunden,

	Ausgangszustand	MP3-Download	Streaming
Produkt	Musik als Produkt	Musik als Produkt	Musik als Service
Produktion	Interpret Plattenlabel Tonträger-Hersteller	Interpret Plattenlabel	Interpret Plattenlabel
Vertrieb/ Aggregation	Einzelhandel	Download Plattform	Streaming Plattform
Kunde	Zeitlich unbegrenzte Nutzung	Zeitlich unbegrenzte Nutzung	Musik „on demand", Nutzung durch Abonnement

Abb. 10.2 Transformation der Wertschöpfung. (Quelle: Eigene Abbildung)

d. h. das Produkt wird definiert, produziert und über den Groß- und Einzelhandel vertrieben (Parker et al. 2016).

Die Plattenlabels produzierten die Werke als Single- oder Album-CD und vertrieben diese über den Einzelhandel (vgl. Abb. 10.2).[1] Insbesondere die Album-CD kann als Gesamtwerk verstanden werden, welches bereits in der Phase der Musik-Downloads durch den selektiven Download von Liedern atomisierbar wurde, aber für die Kunden immer noch preisgünstiger als der Download einzelner Lieder. Die Downloads wurden von neuartigen Anbietern in einem digitalen Plattform-Geschäftsmodell in den Markt gebracht und verdrängten den klassischen Einzelhandel. Es findet nach wie vor eine Lizenzierung eines bestimmten Werks durch den Endkunden statt, wobei dieser in der Regel unbeschränkte Nutzungsrechte erwirbt. Der Zeitpunkt der Lizenzierung ist, wie beim Kauf einer Audio-CD, der Kaufabschluss auf der Download-Plattform.

Auch Streaming ist ein Plattform-Geschäftsmodell, gleichzeitig aber auch der Wandel vom Produkt zum Service des „Musik-On-demand". Dieser Service ist sehr nutzerfreundlich und kundenorientiert aufgebaut: Die Nutzer zahlen meist einen festen Betrag pro Monat und haben danach Zugriff auf eine immens hohe Anzahl von Musik-Titeln. Die Kunden haben Spaß an der Nutzung – eine Win-win-win-Situation für Kunde, Streaming-Plattform und auch die Künstler, da sie von legaler Musik mehr profitieren als von kopierter.

In beiden Transformationen – Sharing und Streaming – verlor die bestehende Musikindustrie und auch der Einzelhandel Marktanteile und Umsätze an Technologieunternehmen, die die Kundenschnittstelle besetzten. Während die Marktmacht der Download-Plattform

---

[1] Für die anschaulichere Darstellung der Wertschöpfungskette wurde diese wesentlich vereinfacht.

im Wesentlichen von der registrierten Nutzerbasis ausgeht (die sog. Economies of Demand), wird die Marktmacht der Streaming-Plattform durchaus weiter erhöht: Dadurch, dass Nutzer nicht mehr zwingend explizit auf bestimmte Werke der Interpreten zugreifen, sondern von der Plattform vorselektierte Abspiellisten (Playlists) spielen, kann die Plattform ihre Dienste kostenoptimal zur Verfügung stellen. Vorteil der großen Musik-Labels ist aktuell, dass sie im Vergleich zu den noch relativ kleinen Streaming-Anbietern immer noch eine hohe Marktmacht auf sich konzentrieren können, da sie in der Regel sehr bekannte Künstler unter Vertrag haben. Somit hat sich ein mehr oder weniger stabiles Gleichgewicht der Kräfte herausgebildet.

Letztlich haben die Musik-Labels den direkten Marktzugang verloren und sind Zulieferer geworden. Sie müssen sich für den Vertrieb statt mit einer relativ großen Zahl von Groß- und Einzelhändlern mit einer sehr überschaubaren Anzahl von Plattform-Anbietern arrangieren, die höhere Marktmacht besitzen. Noch wächst der Markt sehr stark, in einer Konsolidierungsphase sind aber harte Kämpfe um Gewinnanteile zu erwarten. Es bleibt außerdem abzuwarten, ob sich, analog der Video-Industrie, wo z. B. Netflix und Amazon selbst Filme und Serien produzieren, weitere Verschiebungen in der Wertschöpfung ergeben. Der Plattform-Ökonomie zufolge sorgen digitale Plattformen für den Untergang von Gatekeepern wie den Musik-Labels und führen über die Zeit Nachfrage (Musik-Hörer) und Angebot (Künstler) direkt in einem Markt zusammen (Parker et al. 2016). Zumindest diese Entwicklung deutet sich aktuell noch nicht an, könnte aber durchaus eine weitere digitale Transformation bedeuten. Zumindest auf das Produkt, die Musik-Werke, selbst, hat Streaming bereits erste Auswirkungen: Da *Spotify* die Musik erst nach 30 s Hörzeit als „gehört" markiert und erst danach Lizenzgebühren fällig werden, müssen die Künstler ihre Werke anders aufbauen um die Kunden lang genug bei Stange zu halten (Sueddeutsche Zeitung 04. November 2017).

Abschließend nun die Frage: Wieso haben die Musik-Labels diese Veränderung nicht selbst herbeigeführt? Letztlich erscheint der Aufwand einer solchen Plattform nicht über Gebühr hoch zu sein. Als Gründe könnten die folgenden Punkte angeführt werden, welche sich so auch in anderen Branchen wiederfinden lassen:

- Es wurde nicht das Risiko eingegangen, noch funktionierende und profitable Geschäftsmodelle zu verändern.
- Neue Technologien wurden hauptsächlich risiko- und nicht chancenorientiert betrachtet, mit dem Ergebnis eher Verteidigungsstrategien als Anpassungsstrategien zu entwerfen.
- Unternehmen anderer Branchen transferierten ihr Know-how einfach in eine bestehende Branche und konnten so schnell neuartige Produkte präsentieren.
- Die Unternehmen der Musikbranche waren Großteils mit den Ansprüchen bestehender Stakeholder (Künstler, Verleger, Branchenverbände, bestehende Konkurrenz) beschäftigt, anstatt das Kundenbedürfnis im Auge zu haben.

10.3 Die Perspektiven der digitalen Transformation

10.3.1 Auslöser der digitalen Transformation: Customer is King

Wie am Beispiel der Musikindustrie beschrieben, kommen bei der digitalen Transformation zwei Dinge zusammen: Erstens, eine neue Technologie, die wesentlichen Einfluss auf Prozesse und Produkte von Unternehmen haben kann, und zweitens ein Kundenbedürfnis (auch „Pain Point"). Wird dieses Bedürfnis geeignet in einem Geschäftsmodell adressiert und das Produkt im Markt adaptiert, entsteht ein Druck auf die Branche – die digitale Transformation beginnt (vgl. Abb. 10.3).

Insbesondere der Kundennutzen, oder besser das Kundenbedürfnis, ist im Zeitalter digitaler Geschäftsmodelle von zentraler Bedeutung. Die digitalen Produkte brauchen konstant hohes Nutzer-Engagement (d. h. die Kunden müssen das Produkt dauerhaft und hochfrequent nutzen), um erfolgreich zu sein. Es reicht also für Anbieter nicht, sich auf einen einmaligen Kaufzeitpunkt zu konzentrieren. Insofern scheint es klar, dass ein digitales Produkt langfristig nur bestehen kann, wenn es den Kunden dauerhaft Nutzen stiftet. Hier kommt auch die „digitale Erziehung" und der Erlebnisfaktor, den wir von *Amazon* und anderen erfolgreichen Digital Businesses kennen, ins Spiel, sodass sich unsere Ansprüche sehr schnell einem neuen Niveau anpassen.

Wesentliche Schlüsseltechnologien sind die mobilen Technologien: Nutzer können mit Smartphones immer und überall auf digitale Dienste zugreifen. Dieser ubiquitäre Zugriff verstärkt die immer öfter anzutreffenden „Mobile -First" -Strategien bei digitalen Produkten und ermöglicht neue und informationsreichere Kontaktpunkte des Unternehmens mit den Kunden. Durch die erhöhte Nutzungsintensität kommt es außerdem zu einem besseren Kundenverständnis.

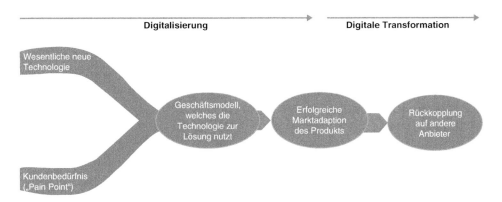

Abb. 10.3 Zusammenhang von Digitalisierung und digitaler Transformation. (Quelle: Eigene Abbildung)

Dagegen ist der Technologie-Anteil beim digitalen Geschäftsmodell oft nachrangig. Mobile Apps, die Location Based Services nutzen, die Einbindung von verschiedenen Abrechnungsarten, eine Community – das ist wenig technische Komplexität. Noch viel mehr ist zu beobachten, dass zu sehr techniklastige Geschäftsmodelle (z. B. Smart Car im Gebrauchtwagenbereich mit Dongle, Smart Home, …) eine wesentlich längere und risikoreichere Anlaufphase haben, da sie zusätzlichen Investitionsbedarf beim potenziellen Kunden hervorrufen. Die Devise: Keep it simple!

10.3.2 Branchen-Perspektive: Heute schon disrupted worden?

Die Beispiele zeigen, dass radikale Umwälzungen vornehmlich durch „Start-ups" oder zumindest relativ junge, branchenfremde und im Kern „digitale" Unternehmen ausgelöst wurden. Diese Unternehmen besitzen meist weder einen nennenswerten Marktanteil in der Branche, noch ein ausgebautes Vertriebsnetz (teilweise noch nicht einmal ein konkurrenzfähiges Produktangebot), sodass aus klassischer unternehmensstrategischer Sicht keine Gefahr für die bestehenden Anbieter ersichtlich ist. Der wesentliche Unterschied: Sie liefern den Beweis, dass das Geschäft auch anders funktioniert. Und das meist bequemer, besser, billiger. Die Kunden lieben das, es gibt hohe Wachstumsraten, die insbesondere durch die „Early-Adopters" getrieben werden, und hohe Medienpräsenz.

Dieser Umstand ist der eigentliche Grund für die manchmal panischen Reaktionen der etablierten Unternehmen. Trotz des vorhandenen Marktwissens und einer hohen finanziellen und personellen Leistungsfähigkeit können oder wollen diese nicht spontan reagieren. Weshalb das nicht passiert, wird im „Innovator's Dilemma" klar *(Christensen* 2011*)*: Etablierte Unternehmen können bestehende Geschäftsmodelle nur schwer grundlegend verändern („self-disruption"): Erstens, würde gutes Geschäft mit (noch) renditestarken Umsatzbringern durch ein Geschäftsmodell zerstört werden, welches sich wegen einer neuen Wertschöpfungsstruktur erst noch beweisen muss; zweitens ist das neue Geschäftsmodell insgesamt noch nicht reif für das bestehende Massengeschäft (z. B. *Airbnb:* Hotels können von klassischen Reiseplattformen nicht wie bei *Airbnb* angeboten werden ohne die Differenzierung zu zerstören); und drittens ist das Unternehmen nicht in der Lage, das angestammte Geschäftsmodell mit der notwendigen Geschwindigkeit zu verändern und gerät dabei in eine prekäre Situation zwischen den Stühlen.

Im Grunde lassen sich die Reaktionen der Unternehmen auf drei Strategien verdichten, wie nachfolgend anhand eines einfachen Beispiels aus der Automobil-Branche gezeigt wird (vgl. auch Dueck 2013):

- **Ignorieren:** Die bestehenden Unternehmen nehmen die Lage nicht ernst und pochen darauf, dass sie qua Marktanteil, Marke und Finanzkraft kein Problem damit haben, wenn andere kleine Nischen besitzen.

   „Wir haben keine Angst". Volkswagen habe dank seiner mehr als 40.000 Forscher und Entwickler einen Wissensvorsprung, den man nicht mehr hergebe. „Wir lassen uns die Butter

nicht vom Brot nehmen." Der Automobilstandort Deutschland und Europa sei in Sachen Technologieführerschaft auf dem richtigen Weg, sagte er auf dem Wirtschaftstag der CDU.
   Martin Winterkorn, CEO Volkswagen, 2014
   Quelle: (Automobilwoche 2014)

- **Bekämpfen:** Die Unternehmen erkennen, dass die Kunden das neue Produkt lieben. Die Attraktivität der bestehenden Produkte nimmt ab. Ab diesem Zeitpunkt versuchen Unternehmen, den Neueintritt zu demystifizieren und ihn zu diskreditieren bis hin zur Bekämpfung mit rechtlichen Mitteln.

Ich „schaue kaum auf die Entwicklungen beim Startup aus dem Silicon Valley", die jüngsten Verluste der noch jungen Firma seien Grund genug, den Rivalen rundherum zu ignorieren.
   Matthias Müller, CEO Porsche, 2015
   Quelle: (N-TV 2015)
   Erhebliche Zweifel habe er an den Produkten der Firma [Tesla]. „Wir brauchen keine brennenden Autos".
   Ferdinand Piech, Aufsichtsratsvorsitzender Volkswagen, 2014
   Quelle: (Wirtschaftswoche 2014)

- **Partnern:** Die Unternehmen der Branche bauen Digitale Acceleratoren, Venture Capital Fonds und schließen Allianzen. Der erhoffte Effekt ist (neben der Erhöhung des kreativen Potenzials im Unternehmen), entweder bei Erfolg selbst wesentliche Anteile am neuen Gegner zu halten oder aber mit Branchen-Initiativen den Neu-Einsteiger schnell einzuholen.

Wir schauen uns alle erfolgreichen Anbieter an, und hier ist etwa neben Hyundai-Kia inzwischen auch Tesla zu nennen.
   Matthias Müller, CEO Volkswagen, 2017
   Quelle: (Automobilwoche 2017)

Siemens schließt sich der Kooperation zum Ausbau der Stromtankstellen in Deutschland an (Tesla hat zu diesem Zeitpunkt bereits knapp 400 Supercharger Ladepunkte und 9000 Kooperationen mit Hotels für Stromtankstellen).
   Quelle: (IT Times 2017), eigene Recherche

Reicht die Innovationsfähigkeit unserer Unternehmen aus? Leider nein. Gerade deutsche Unternehmen sind Meister der inkrementellen Innovation (also „Evolution"). Unsere wichtigsten Industrien funktionieren nach diesem Muster: Automobilindustrie, Finanzdienstleistungen, Luftfahrt, Maschinenbau. Das ist per se nicht schlecht, vor allem, wenn man die jahrzehntelange sehr gute Wettbewerbsposition deutscher Unternehmen in diesen Branchen berücksichtigt.

Die existierenden R&D (Research & Development) – Bereiche fokussieren meist auf inkrementelle Innovation. Diejenigen Bereiche, die sich mit radikaler oder disruptiver Innovation beschäftigen, werden aufwändig vom Kerngeschäft separiert, um ungestört arbeiten zu können – aber auch um dort niemanden zu stören. Die Budgets sind gleichzeitig um Zehnerpotenzen kleiner als die für die Evolution bestehender Systeme. Bei den Finanzdienstleistern fehlt sogar oft die klassische R&D-Funktion, was letztlich auch die Anfälligkeit dieser Branchen für digitale Disruption erkennen lässt.

Gerade, weil hier viel Irrationalität zu finden ist, muss die ökonomische Perspektive besonders berücksichtigt werden: Wenn z. B. von *Uber* als Beispiel der digitalen Transformation gesprochen wird, darf nicht vergessen werden, dass *Uber* oder *MyTaxi* in Europa keine nennenswerten Marktanteile besitzen, während z. B. der E-Commerce in Deutschland bereits einen Anteil von 10 % des Einzelhandelsumsatzes erreicht hat (und ca. 30 % davon durch *Amazon* alleine erwirtschaftet wird). Die digitale Transformation des Handels ist damit schon längst in vollem Gange, wird aber weit weniger diskutiert. Trotzdem: Die Steigerungsraten (z. B. Umsatzanstieg von *Uber* 2016/2017: 400 %) und die Fantasie sind groß: so ist *Uber* vergleichbar bewertet wie das Unternehmen *BMW*.

10.3.3 Geschäftsmodell-Perspektive: Transform or die

Digitale Geschäftsmodelle setzen im Kern eine Reihe von Elementen um, die sie erfolgreich machen: Plattformen und Ökosysteme, Datenanalyse und digitale Dienste.

So stellen die meisten Beispiele für digitale Transformation gleichzeitig das spannende Wettrennen um die Vorherrschaft der Wertschöpfungs-Plattformen oder Ökosysteme dar (Parker et al. 2016; Rochet und Tirole 2003). Unter einem Plattform-Modell wird allgemein ein zweiseitiger Markt verstanden, auf dem Produkte und Dienstleistungen ausgetauscht werden. Der Plattform-Betreiber gewährt beiden Seiten Zugang und bildet somit einen Markt. Dieser Markt kann mit relativ geringen Investitionen aufgebaut werden, benötigt aber eine hohe Marketinginvestition, um die Kundenbasis zu erhöhen. Dies zumindest so lange, bis die Netzwerkeffekte greifen und das Marktwachstum sich sozusagen verselbstständigt.

Diese Plattformen können verschiedene Ebenen des Geschäfts abdecken (vgl. Abb. 10.4 sowie Evans 2011). Zeit ist der kritische Erfolgsfaktor, denn der Markt für Plattformen ist klein. Schon mit wenigen Plattformen tritt ein Sättigungseffekt ein, der nur schwer zu überwinden ist und gegebenenfalls zur Kooperation mit einer bereits bestehenden Plattform zwingt.

Plattformen können als offene Plattformen konzipiert sein: Eine Teilnahme oder eine Kommerzialisierung ist jederzeit möglich und sie unterliegt einem klaren, nicht-diskriminierendem Gebührenmodell. Ist dies nicht der Fall, wird von einer geschlossenen Plattform gesprochen (Parker et al. 2016). Im vorliegenden Beitrag werden folgende Plattformen unterschieden:

- **E-Commerce Plattformen** dienen dem Vertrieb von Produkten und Dienstleistungen. Geschlossene Plattformen können nur eine begrenzte Reichweite erzielen, denn die

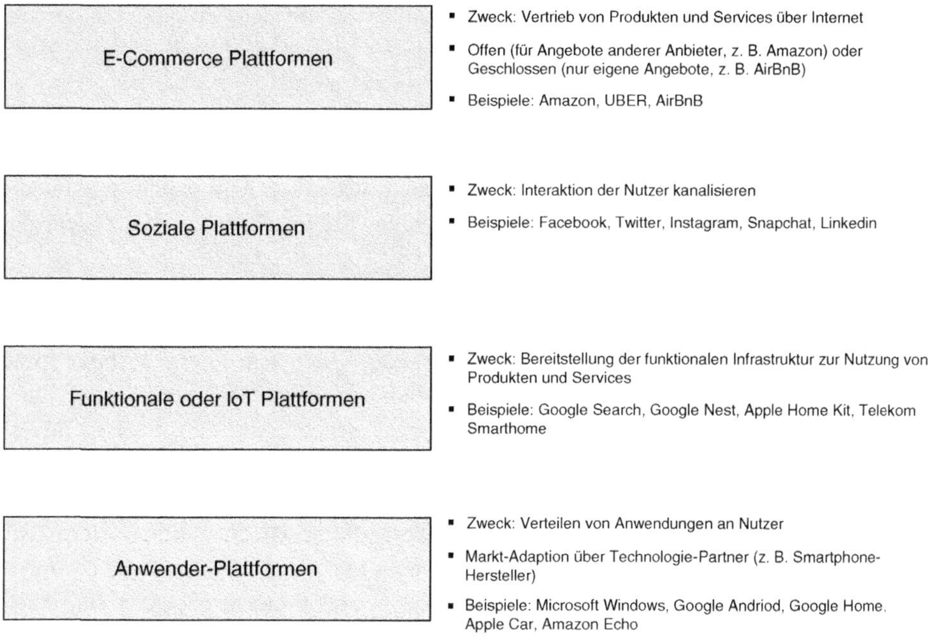

E-Commerce Plattformen	• Zweck: Vertrieb von Produkten und Services über Internet • Offen (für Angebote anderer Anbieter, z. B. Amazon) oder Geschlossen (nur eigene Angebote, z. B. AirBnB) • Beispiele: Amazon, UBER, AirBnB
Soziale Plattformen	• Zweck: Interaktion der Nutzer kanalisieren • Beispiele: Facebook, Twitter, Instagram, Snapchat, Linkedin
Funktionale oder IoT Plattformen	• Zweck: Bereitstellung der funktionalen Infrastruktur zur Nutzung von Produkten und Services • Beispiele: Google Search, Google Nest, Apple Home Kit, Telekom Smarthome
Anwender-Plattformen	• Zweck: Verteilen von Anwendungen an Nutzer • Markt-Adaption über Technologie-Partner (z. B. Smartphone-Hersteller) • Beispiele: Microsoft Windows, Google Andriod, Google Home, Apple Car, Amazon Echo

Abb. 10.4 Plattform-Alternativen für Unternehmen im Digital Business. (Quelle: Eigene Darstellung)

Nutzer wollen ein möglichst breites Angebot erhalten. Dieser Druck führt zu immer mehr offenen Plattformen, wie Amazon oder eBay (Pousttchi 2017). Der Vorteil für den Plattform-Betreiber liegt auf der Hand: Das Sortiment kann wesentlich erweitert werden und die Nutzung steigt, wodurch die Plattform die entscheidenden Economies-of-Demand realisiert. Der Plattform-Betreiber wandelt sich vom Vertriebskanal zum Anbieter von Mehrwertdiensten für andere Anbieter, welche z. B. Module wie Zahlungsabwicklung, Logistik oder Retouren-Management nutzen können. So hat sich z. B. Amazon mit Amazon Payments zu einem starken Zahlungsdienstleister für den E-Commerce entwickelt (Internet World 2016).

- **Soziale Plattformen:** Sie stellen eine wichtige Basis für die Auswertung und Steuerung der Interaktion von Nutzern untereinander sowie für das Marketing dar. Aufgrund des starken zweiseitigen Netzwerk-Effektes sind die Plattformen sehr schwierig zu etablieren, deshalb ist in der Regel nicht der Aufbau einer Sozialen Plattform, sondern vielmehr die Integration der Sozialen Plattform in das eigene Produkt von Interesse. Soziale Plattformen wurden vor einigen Jahren noch als sehr stabile, werthaltige Investments gesehen. Jedoch zeigt die jüngere Entwicklung, dass die Austrittsbarrieren offensichtlich niedriger sind als gedacht – man denke an die Etablierung neuer Plattformen wie *Instagram*, *Snapchat* und gleichzeitig die Probleme des Nachrichtendienstes *Twitter*. Weiterhin haben sehr spezifische Soziale Plattformen weiterhin Ihre Berechtigung,

z. B. im Sportbereich. Am besten, wenn sie integriert mit den „großen" Plattformen sind (z. B. *Runtastic* und *Facebook*).

- **Funktionale oder IoT (Internet of Things)-Plattformen:**
  Funktionale Plattformen stellen den Nutzern nützliche digitale Services, wie Web-Suche oder Dokumentenbearbeitung, zur Verfügung. Die sogenannten IoT-Plattformen erweitern die funktionalen Plattformen, da auch diese dem Nutzer eine funktionale Erweiterung von physischen Produkten im digitalen Raum anbieten, z. B. mit dem Zugriff auf die Haussteuerung oder der Nutzung von Telematik-Daten.

  Das größte Problem hierbei ist, eine überlegene Nutzererfahrung zu entwerfen. Ohne diese fällt der Kauf- oder Nutzungsanreiz nur gering aus. So bietet z. B. *Google* mit *Google Docs* oder mit dem *Google Translator* einen sehr klaren Mehrwert und bietet auch externen Entwicklern an, diese Produkte innerhalb der eigenen Anwendung einzubinden. Bei den IoT-Plattformen ist dies meist schwieriger: Zum einen ist im Regelfall eine Investition des Kunden für die Hardware nötig, zum anderen bieten einige installierte Sensoren noch lange keinen Mehrwert für den Kunden.

  Beispiel Automobilbranche: Jahrelang hat es die Branche nicht geschafft, attraktive, offene In-Car-Entertainment-Systeme zu bauen, die mit anderen Systemen (z. B. Smartphones, externe Portale) interagieren können. Die hersteller-eigenen Systeme sind in der Regel funktionale Silos, deren Usability immer noch an die „digitale Steinzeit" erinnert. Das stößt die Türen für *Apple* und *Google* auf, deren Produkte inzwischen integriert werden und dadurch qualitativ hochwertige Funktionen, wie Echtzeit-Verkehrsmonitoring und -Routing, Wetterbericht, Sprachbefehle sowie Zugriff auf Emails und Kalender, ins Auto bringen. Im Gegenzug müssen natürlich die Hersteller das Datenmonopol für ihre Fahrzeuge aufgeben.

- **Anwender-Plattformen:** Unter den Anwender-Plattformen werden die die klassischen App-Store-Konzepte zusammengefasst. Nachdem der Smartphone-Markt zumindest aktuell gesättigt ist, werden nun neue Plattformen, wie die Digitalen- und Sprach-Assistenten, interessant. Dort versuchen gerade die Anbieter *Amazon*, *Google* und *Apple* ihre Marktanteile zu sichern.

Digitale Plattformen bilden nicht nur das Bindeglied zwischen Angebot und Nachfrage, sie unterstützen vor allem auch datengetriebene Geschäftsmodelle: Durch die zentrale Position des Plattform-Betreibers ist dieser in der Lage, Daten in kritischer Masse zu generieren und den Plattform-Teilnehmern wieder zur Verfügung zu stellen. Digitale Transformation bedeutet also vor allem auch, mit Daten umgehen zu können. Wo wären *Google*, *Amazon* oder *Facebook* heute, wenn sie diese Kernfähigkeit nicht besäßen?

Gleichzeitig sind datengetriebene Geschäftsmodelle für europäische und insbesondere deutsche Unternehmen ein schwieriges Thema, da die Nutzung von Daten im großen Stil prinzipiell negativ belegt ist. Aufgrund der Auffassung von Datenschutz im europäischen Raum verbietet sich die Sammlung von Daten im großen Stil nahezu. Dabei ist Big Data an sich kein negatives Element und – wenn es von den Unternehmen korrekt gehandhabt wird – meist besser als die intransparente Datensammlung von Automobil- oder Fernsehherstellern (vgl. ADAC 2017). Der Unterschied: Data-driven Business versucht mit dem Prinzip „Value-for-Data" zu agieren und Mehrwerte für die Nutzer zu schaffen statt eine „Vorratsdatenhaltung" ohne klaren Nutzen für den Kunden zu praktizieren. Dieser Umstand wird leider sehr oft in der öffentlichen Diskussion vermischt und daher unreflektiert diskutiert.

Ein weiterer Trend der im Rahmen der digitalen Transformation zu beobachten ist, sind „Services", also Dienstleistungen. Als typischer Produkthersteller macht Bosch beispielsweise mit seiner „3S (Sensor – Software – Services)" -Strategie vor, wie erfolgreiche digitale Strategien aussehen könnten.

Im Prinzip geht es hierbei um Produkt-Dienstleistungs-Bündel, in denen ein physisches Produkt im Extremfall nur noch als Service verkauft wird. Dazwischen kann es verschiedene Abstufungen geben (Vandermerwe und Rada 1988). Das Konzept ist nicht neu und existiert schon seit Ende der 1980er-Jahre. Nur hat die Digitalisierung die Bewegung zur Servitization von Produkten dramatisch beschleunigt – mobile Plattformen oder IoT-Systeme können erst dann Mehrwerte realisieren, wenn Services die neue Nähe zum Kunden nutzen können. Damit wurde vor allem Produktherstellern die strategische Option gegeben, ihre Produkte mit Mehrwerten zu versehen und sich damit im Wettbewerb zu differenzieren.

10.4 Wie kann man die digitale Transformation erfolgreich meistern?

Viele Unternehmen wünschen sich vielleicht nicht gleich selbst ein „Digital Disruptor" zu werden, aber letztlich beschäftigt sich eine Vielzahl von Unternehmen mit der Digitalisierung und natürlich auch der potenziellen digitalen Transformation ihres Geschäfts. Wie der Beitrag zeigen konnte, besteht für jedes Unternehmen eine Chance, bei der digitalen Transformation mit vorn dabei zu sein. Doch worauf kommt es dabei an? Die Erfolgsfaktoren lassen sich in die Themenbereiche Management, Produkte und die Informationstechnologie aufteilen:

10.4.1 Management

Ein mutiges, entscheidungsfreudiges Management
Anders als die meisten Großkonzerne wagte IBM schon mehrfach die Transformation des eigenen Geschäftsmodell. IBM startete als Hardware-Hersteller und als Software-Entwickler für Geschäftsanwendungen. Zuerst sehr erfolgreich, schrieb man 1993 den höchsten Verlust der Firmengeschichte. Doch das Management lernte daraus und baute das Unternehmen von einem Global-Local-Geschäftsmodell in ein globales Geschäftsmodell

um und bereinigte das Angebotsportfolio wesentlich im Hardware- und Software-Bereich. Vor wenigen Jahren wurde das Geschäftsmodell abermals – diesmal proaktiv – modifiziert um die Schwerpunkte Cloud-Computing und Cognitive Computing zu setzen. Damit einher geht der mittelfristige Abschied von einfachen Software-Plattformen und dem klassischen Hosting-Geschäft, womit IBM aber bestens positioniert für den zukünftigen Wettbewerb mit Amazon und Google ist.

Strategische Tools zur Entwicklung neuer Geschäftsmodelle
Strategische Tools wie Blue Ocean Strategy helfen, mit einer strukturierten Methode neue Geschäftsbereiche mit geringer Wettbewerbsintensität zu finden (Kim und Mauborgne 2017). Wesentliches Element der Methode ist die Markt- und Nutzer-Perspektive, da z. B. gezielt nach unerfüllten Bedürfnissen der Kunden und auch nach neuen Kundengruppen gesucht wird. Genau dies ist für die digitale Transformation von zentraler Bedeutung. Doch die daraus generierten Business Cases müssen die oft schwer greifbaren positiven Effekte von digitalen Produkten berücksichtigen: z. B. eine große Nutzerbasis (vielleicht sogar Nicht-Kunden?) zu haben, Nutzer-Engagement zur erzeugen und damit Wissen über die Nutzer und Kunden zu erlangen, welches wiederum monetarisiert werden kann.

Früh, aber selektiv investieren
Statt der Hoffnung, mit der Digitalisierung der bestehenden Prozesse und Kundenkontaktpunkte Kosten zu sparen und gleichzeitig kundenfreundlicher zu werden, sollten Unternehmen früher in rein digitale Geschäftsmodelle investieren. Die Hebel sind hierbei um ein vielfaches größer.

Da digitale Plattformen derzeit schnell wachsen, besteht sonst die Gefahr, dass der Markt bereits aufgeteilt ist. Was dann folgt, ist eine zeit- und kostenintensive Aufholjagd mit hohen Marketing-Kosten und Investitionen. Dieses Vorgehen ist aber nur sinnvoll, wenn die Unternehmensführung bereit ist, die notwendige „Starthilfe" für ein solches Geschäftsmodell zu geben und weiterhin geduldig genug ist, um die Erfolge mit dauerhaften Investments über Jahre herbeizuführen.

Unter Titeln wie „So setzen Sie die digitale Transformation in ihrem Unternehmen um" werden heute außerdem verschiedenste IT-Produkte und Dienstleistungen für Unternehmen angeboten. Die Tatsache, dass digitale Transformation bislang weniger von etablierten Unternehmen ausgeht, deutet darauf hin, dass der Aspekt einer möglichst ausgefeilten IT-Architektur sogar ein eher unbedeutender ist. Kleinere, relativ junge Unternehmen könnten dies auch gar nicht finanzieren. Stattdessen wird oft mit manuellen Workarounds gestartet, bis klar ist, was die Kunden eigentlich wollen, um dann *die richtigen* Prozesse und IT-Systeme selektiv zu verbessern – das aber schnell (vgl. Abschn. 10.4.3). Statt also nur generell in die Aufrüstung ihrer IT zu investieren, muss vor allem die Organisations- und Denkweise im Unternehmen an die neue Realität angepasst werden (Bilefield 2016).

Kreatives Potenzial im Unternehmen nutzen
Die Mitarbeiter eines Unternehmens bilden eine wichtige Quelle für innovative Geschäftsmodelle. Sie kommen oft aus verschiedenen Branchen und sind vielleicht schon „digital natives". In Bezug auf soziale Medien sind die Mitarbeiter den internen „Spezialisten" oft um Längen voraus. Viele Unternehmen nutzen die Diversität und das kreative Potenzial ihrer Mitarbeiter, aber leider viel zu wenig. „Verbesserungsbriefkästen" reichen dazu nicht aus. Mit einer Kultur der Offenheit, Raum für Kreativität und einem Belohnungssystem, welches Querdenken und Unternehmertum honoriert, wird das kreative Potenzial im Unternehmen aktiviert.

10.4.2 Produkte

Globale Ökosysteme
Viele – auch globale – Unternehmen handeln leider nicht global, sondern sind genauer genommen eine Ansammlung lokaler Teil-Betriebe. Wie gezeigt wurde, müssen aber digitale Geschäftsmodelle möglichst reibungslos global skaliert werden können, um die Economies-of-Demand ausschöpfen zu können. Unternehmen wie *Airbnb, Uber* oder *Amazon* skalieren global weitestgehend mit demselben Geschäftsmodell. Sie testen neue Produkte in einem Markt und danach in weiteren, Erfolg versprechenden Märkten. Danach wird das Modell standardisiert und ausgerollt. Beeindruckender Weise funktioniert z. B. eine Buchung von Taxis in Deutschland, Frankreich und den USA mit *Uber* in der gleichen App. Die Standardisierung trägt dabei nicht nur zur Vereinfachung der Skalierung, sondern auch zur Vereinfachung der Nutzung des Produkts bei. Bietet das Unternehmen mehrere Produkte an, so wird ein Ökosystem geschaffen. Jedes Produkt beeinflusst die Gesamtbeziehung zum Kunden positiv, beispielsweise ermöglicht Amazon Echo das einfache Streamen von Musik, man kann sich damit aber auch Bücher vorlesen lassen und Produkte bestellen. Dagegen sind die meisten konventionellen Produkte immer noch Silo-Produkte, die isoliert voneinander existieren.

Kundenorientierung, nicht Produktorientierung
Die Beispiele der digitalen Transformation zeigen, wie die Geschäftsmodelle ausgehend vom Kundennutzen gebaut werden und die Nutzererfahrung dabei umfassend betrachtet wird. Das Kundenverhalten insbesondere im digitalen Raum verändert sich, Plattformen kommen und gehen, und je schneller Unternehmen dies antizipieren, desto besser können sie reagieren.

Insbesondere zwei Prinzipien, die sich mit digitalen Produkten einfach umsetzen lassen, haben an Bedeutung gewonnen:

- Das On-demand-Prinzip: Die Kunden möchten ad-hoc auf Services zugreifen können und Produkte dann kaufen, wenn sie sie gerade benötigen.

- Das Sharing-Prinzip: Die Idee, nicht mehr alles selbst zu besitzen, sondern Dinge intelligent mit anderen zu teilen.

Agil umsetzen

Auch für große Unternehmen ist es möglich, z. B. mit dem Lean-Start-up-Prinzip neue Produkte zu entwickeln (Ries 2011). Dabei geht es nicht darum, ein Ziel schnell, sondern das richtige Ziel zu erreichen: Ein erfolgreiches Produkt, welches Kundenbedürfnisse adressiert. Die Agilität des Prozesses ist die notwendige Ziel-Flexibilität, die sich ergibt, da das Produkt hypothesenbasiert Schritt für Schritt vom Konzeptstadium zum ersten „Minimum Viable Product" (MVP) entwickelt und immer wieder am Markt verprobt wird. Die Verprobung ist insbesondere für große Unternehmen heute noch ein kritischer Punkt, da Produkte erst vollständig marktfertig sein müssen und man nicht mit „sub-optimalen" Produkten an den Markt möchte (leider sind die Produkte dann trotzdem schlecht, weil sie am Kundenbedürfnis vorbei gebaut wurden).

Eine wichtige Komponente der agilen Umsetzung ist eine agile IT-Plattform. Eine mögliche Lösung kann der „Two-Speed-Architekture"-Ansatz oder „Right-Speed-Architecture"-Ansatz sein (Bossert et al. 2014). Dabei greifen digitale Anwendungen, die auf einer agilen Plattform nach modernsten Prinzipien entwickelt werden, auf Kern-Dienste zu, welche weiter von den bekannten IT-Systemen bereitgestellt werden.

10.4.3 Informationstechnologie

Ubiquitärer, nutzerzentrierter Zugriff

Mit dem Aufkommen autonomer (d. h. nicht an das Smartphone gebundener) Sprachassistenten wie Amazon Echo oder Google Home bekommt der ubiquitäre Zugriff nun endgültig eine neue Dimension der universellen Verfügbarkeit der Services. Daraus erschließen sich auch weitere Integrationsszenarien: so wird z. B. in modernen Automobilen neben Smartphones mit Google Car und Apple Car auch Amazon Echo integriert, wie beispielsweise Ford und BMW im Jahr 2017 angekündigt haben. Das eigentlich Interessante daran ist, dass die Nutzererfahrung nicht mehr wie früher in Produkt-Silos gebunden ist, sondern nutzerzentriert und durchgängig über verschiedene Anwenderplattformen ist: So kann z. B. mit Google Calendar ein Termin über Amazon Echo angelegt werden, auf dem Smartphone erhält man eine Erinnerung, am PC kann der Termin über Outlook verändert werden.

Offene IT-Anwendungen

Die Internetkonzerne haben ihre Plattformen offen konzipiert und stellen diese Dienste einfach – in SDKs (Software Development Kit) oder als APIs (Application Programming Interface) – zur Verfügung. Dies sorgt für ein immenses Reichweitenpotenzial, kann aber auch neue Einnahmequellen erschließen. Während sich klassische Unternehmen noch etwas schwer mit dem Gedanken tun, haben führende Unternehmen, u. a. Allianz und Bosch, begonnen, anderen Unternehmen den Zugang zu ihren Ökosystemen zu öffnen. Damit werden letztlich nicht nur die Integrationskosten für die B2B-Integration minimiert, sondern auch vollkommen neue Anwendungsszenarien eröffnet.

10.5 Zusammenfassung und Ausblick

Wie gezeigt, ist die digitale Transformation weit mehr als nur Digitalisierung. Die Digitalisierung bildet mit ihren neuen Technologien zwar die Basis, Ziel der digitalen Transformation ist aber nicht die Anwendung von digitalen Technologien, sondern die Schaffung neuer Geschäftsmodelle. Deshalb geht es hier nicht mehr primär um Themen der IT, sondern darum, wie Produkte einfacher, besser, zeitgerechter und vor allem nutzerzentrierter angeboten werden können. Die digitale Transformation entwertet die Assets von Unternehmen, die über viele Jahre auf- und ausgebaut wurden und worauf sich Selbstverständnis und Wettbewerbsposition der existierenden Unternehmen gründen. Wie schnell sich die Lage einer Branche verändern kann, wurde am Beispiel der Musikindustrie gezeigt. Der kritische Punkt für Unternehmen ist hierbei, Auslöser (z. B. Technologieänderungen, latent vorhandene Bedürfnisse der Nutzer) rasch zu identifizieren, die Effekte auf die eigene Branche zu ermitteln, und das eigene Geschäftsmodell entsprechend anzupassen. Welche Erfolgsfaktoren Unternehmen für eine digitale Transformation beachten müssen, wurde im letzten Abschnitt gezeigt. Im Kern geht es darum, dass auch große Unternehmen schneller und flexibler werden müssen, um im digitalen Wettbewerb bestehen zu können: Noch darüber hinaus, müssen sie sogar in der Lage sein, bestehende, vielleicht sogar noch erfolgreiche, Geschäftsmodelle zu verändern oder umzubauen. Digital Business Management basiert deshalb auf einem guten Change-Management – die Neuausrichtung des Unternehmens von der Kundenbeziehung ausgehend.

Literatur

ADAC. (2017). Geheime Datenkrake Pkw. https://www.adac.de/infotestrat/adac-im-einsatz/motorwelt/datenkrake_auto.aspx. Zugegriffen am 11.10.2017.

Automobilwoche. (2014). VW-Chef sieht Konkurrenz von Tesla und Google entspannt. http://www.automobilwoche.de/article/20140703/AGENTURMELDUNGEN/307039913/martin-winterkorn-vw-chef-sieht-konkurrenz-von-tesla-und-google-entspannt. Zugegriffen am 01.11.2017.

Automobilwoche. (2017). VW-Chef lobt Tesla und Geely. http://www.automobilwoche.de/article/20170912/IAA/170919956/pressekonferenz-auf-der-iaa-vw-chef-lobt-tesla-und-geely. Zugegriffen am 01.11.2017.

Bilefield, J. (2016). Digital transformation – The three steps to success (McKinsey digital insights). http://www.mckinsey.com/business-functions/digital-mckinsey/our-insights/digital-transformation-the-three-steps-to-success. Zugegriffen am 01.11.2017.

Bossert, O., Ip, C., & Laartz, J. (2014). A two-speed IT architecture for the digital enterprise (Mc Kinsey quarterly). https://www.mckinsey.com/business-functions/digital-mckinsey/our-insights/a-two-speed-it-architecture-for-the-digital-enterprise. Zugegriffen am 01.11.2017.

Christensen, C. M. (2011). *The innovator's dilemma*. München: Vahlen.

Drücke, F. (2018). Musikindustrie in Zahlen. In Bundesverband der Musikindustrie e. V. (Hrsg.). http://www.musikindustrie.de/publikationen-uebersicht/. Zugegriffen am 01.03.2019.

Dueck, G. (2013). *Das Neue und seine Feinde. Wie Ideen verhindert werden und wie sie sich trotzdem durchsetzen* (1. Aufl.). Frankfurt a. M.: Campus.

Evans, D. S. (2011). Platform economics. Essays on multi-sided business. S. l.: Competition Policy International.

Internet World. (2016). Das sind die umsatzstärksten Zahlungsarten im E-Commerce. https://www.internetworld.de/e-commerce/payment/umsatzstaerksten-zahlungsarten-im-e-commerce-1218813.html. Zugegriffen am 01.11.2017.

IT Times. (2017). Siemens schließt Kooperation zum Ausbau der Ladeinfrastruktur für Elektroautos in Deutschland. http://www.it-times.de/news/siemens-schliesst-kooperation-zum-ausbau-der-ladeinfrastruktur-fur-elektroautos-in-deutschland-125781/. Zugegriffen am 01.11.2017.

Kim, W. C., & Mauborgne, R. (2017). *Blue ocean shift – Beyond competing. Proven steps to inspire confidence and seize new growth*. Boston: Harvard Business School Publishing.

N-TV. (2015). Tesla-Verluste amüsieren Porsche Chef. http://www.n-tv.de/wirtschaft/Tesla-Verluste-amuesieren-Porsche-Chef-article15067521.html. Zugegriffen am 01.11.2017.

Parker, G., Alstyne, M. W. van, & Choudary, S. P. (2016). *Platform revolution. How networked markets are transforming the economy – And how to make them work for you* (1. Aufl.). New York: Norton.

Pousttchi, K. (2017). Digitale Transformation. In N. Gronau et al. (Hrsg.). http://www.enzyklopaedie-der-wirtschaftsinformatik.de/lexikon/technologien-methoden/Informatik–Grundlagen/digitalisierung/digitale-transformation/digitale-transformation/?searchterm=Digitale%20Transformation. Zugegriffen am 29.10.2017.

Ries, E. (2011). *The lean startup. How today's entrepreneurs use continuous innovation to create radically successful businesses* (1. Aufl.). New York: Crown Business.

Rochet, J.-C., & Tirole, J. (2003). Platform competition in two-sided markets. *Journal of the European Economic Association, 1*, 990–1029.

Schallmo, D. R. A. (2013). *Geschäftsmodelle erfolgreich entwickeln und implementieren: Mit Aufgaben und Kontrollfragen* (S. 11–45). Berlin: Springer.

Schallmo, D. R. A., & Rusnjak, A. (2017). Roadmap zur Digitalen Transformation von Geschäftsmodellen. In D. R. A. Schallmo et al. (Hrsg.), *Digitale Transformation von Geschäftsmodellen*. Wiesbaden: Springer.

Statista. (2016). Dossier Digitaler Musikmarkt. Hamburg: Statista.

Sueddeutsche Zeitung. (2017, November 04). 30 Sekunden, die den Pop verändern. *Süddeutsche Zeitung* vom 04.11.2017. http://www.sueddeutsche.de/kultur/musik-streaming-sekunden-die-den-pop-veraendern-1.3734114. Zugegriffen am 17.11.2017.

Vandermerwe, S., & Rada, J. (1988). Servitization of business. Adding value by adding services. *Eur Manag J, 6*, 314–324.

Wirtschaftswoche. (2014). Warum der Chefkontrolleur Piech Tesla für überflüssig hält. http://www.wiwo.de/technologie/auto/elektroautohersteller-in-der-kritik-warum-vw-chefkontrolleur-piech-tesla-fuer-ueberfluessig-haelt/9573478.html. Zugegriffen am 01.11.2017.

Prof. Dr. Christian Locher ist Professor für Digital Business an der Business School der Technischen Hochschule Ingolstadt. Hier forscht und lehrt er zu Themen der Digitalisierung und Digitaler Geschäftsmodelle im Kontext der Service-Industrien, des Internet of Things und neuer Technologien und berät verschiedene Unternehmen zu diesem Thema. Vor seiner Professur war er bei Allianz Worldwide Partners für neue digitale Produkte und den Aufbau eines Innovations-Managements im internationalen Kontext zuständig. Zuvor war er als Manager und Consultant in verschiedenen Themen der Digitalisierung in der Allianz Gruppe tätig. Studiert hat er Wirtschaftsinformatik an der Universität Regensburg, wo er am Institut für Bankinnovation promovierte.

Digital Leadership

Thomas Doyé

11

> **Zusammenfassung**
>
> Digitalisierung verändert die Arbeitswelt bereits massiv. Industrie 4.0 und Dienstleistung 4.0 brauchen sowohl in Organisation, Prozessen und auch im Führungsverständnis neue Ansätze. Dazu müssen Führungskräfte und Mitarbeiter umfassend qualifiziert werden – wollen die Unternehmen nicht den Anschluss verpassen und tausende von Jobs gefährden. Tätigkeiten ändern sich radikal und entsprechend die Kompetenzprofile. Besonders herausgefordert sind die Führungskräfte. Geschwindigkeit wird ein zentraler Erfolgsfaktor. Dieser innerorganisatorische Wandel passiert nicht von alleine. Unternehmen müssen diesen gezielt gestalten, wollen sie nicht als Dinos enden.

11.1 Einführung

Digital ist bereits die neue Realität in der Arbeitswelt. Die Arbeit der Zukunft wird mit Schlagworten wie Arbeiten 4.0 und New Work beschrieben. Welche Art von Leadership braucht es für diese digitale Arbeitswelt? Gleich vorweg: DIE Digital Leadership gibt es nicht!

Jede Epoche hatte ihre Form von New Work. Formen, die uns heute längst geläufig sind. Die Dynamik der Digitalisierung sollte deswegen als Chance verstanden werden, statt nur die Risiken zu sehen. Digitalisierung und künstliche Intelligenz werden eine Vielfalt neuer Jobs schaffen, viele bestehende verbessern und nur bedingt einige überflüssig machen. Weniger als 5 % der heutigen Arbeitsplätze lassen sich zu 100 % automatisieren,

T. Doyé (✉)
THI Business School, Ingolstadt, Deutschland
E-Mail: thomas.doye@thi.de

aber 2/3 haben mindestens 30 % automatisierbare Teilaufgaben (De Boer et al. 2019). Bis 2030 wird 1/6 der heutigen Arbeit automatisiert sein, weit überwiegend aber nur partiell (Bughin und Woetzel 2019). In weit größerem Umfang werden neue Arbeitsplätze entstehen, bis 2030 global 155 Mio. (Frey und Osborne 2015).

Es entstehen neue Aufgaben im Kontext von Big Data sowie neue Aufgabenprofile durch Professionalisierung und Spezialisierung, durch Automatisierung und Substitution, durch den Wandel von klassischer funktionaler Arbeitsteilung hin zu Arbeiten in Wertschöpfungsketten. Um diese erheblichen Veränderungen erfolgreich zu gestalten, braucht es Weiter- bzw. Neu-Qualifizierung weit über die bisherige Praxis hinaus. Richtig gemacht ist digitale Transformation „the smartest way" (Cakiroglu 2018), um in die eigenen Mitarbeiter zu investieren.

11.2 Herausforderung

Bereits 2014 planten die von PwC befragten Industrieunternehmen, die Hälfte ihrer Investitionen in 4.0-Lösungen, also in weitere Digitalisierung zu investieren (PricewaterhouseCoopers 2014). Die Digitalisierung der Arbeitswelt fordert unser tradiertes Organisations- und Managementverständnis heraus: Industrie 4.0 trifft häufig noch auf Führung 1.0. Die Herausforderung im digitalen Zeitalter besteht nicht nur darin, die aus der Digitalisierung resultierenden technologischen Entwicklungen der eigenen Branche zu antizipieren und deren disruptive Auswirkungen gestalten zu können. Die Herausforderung liegt v. a. darin, das eigene Unternehmen zu befähigen, sich für diese Veränderungen nicht nur zu öffnen, sondern die Digitalisierung proaktiv mitzugestalten. Dafür braucht es entsprechendes fachliches Knowhow, aber auch neue Ansätze in Führung und Kommunikation.

Wesentliche Erfolgsprämisse ist ein einheitliches Verständnis im Management zur Digitalisierung. Dieses muss spezifisch konkretisieren, in welchen Aspekten das eigene Unternehmen von der Digitalisierung betroffen ist und inwieweit das Geschäftsmodell angepasst werden muss. Bei Digitalisierung werden typischerweise drei Stränge unterschieden: Kundenprozesse, interne Prozesse sowie digitale Produkte bzw. Dienstleistungen. Jedes Unternehmen muss festlegen, welcher Strang prioritär zu digitalisieren ist. Häufig geht es um alle drei. Digitalisierung verändert nicht nur die Produktion und die Produkte, sondern meist auch Ausrichtung und Selbstverständnis des Unternehmens.

Konkrete Ansätze der Digitalisierung zeigen, dass Unternehmen mit der vorherrschenden Managementdenke, also mit traditionellen Organisationsstrukturen, starren Hierarchien etc. an Grenzen stoßen. Die digitale Welt orientiert sich nicht an solchen Strukturen. Ein Grund, weswegen viele Digitalisierungsprojekte zu langsam vorankommen oder sich verzetteln (vgl. dazu Stöger 2017, S. 56). Die eigentliche Herausforderung für erfolgreiche Digitalisierung ist nicht die Technik oder IT, sondern die Transformation zu verstärkter Digitalisierung, und die beginnt im Kopf.

11.3 Digitale Arbeitswelt

Digitalisierung erfordert Improvisation. In der alten Welt konnten Unternehmenslenker wie seinerzeit Mozart für sein Orchester jede einzelne Note für jedes Instrument komponieren – und damit immer identisch reproduzierbar. Die digitale Welt ist improvisierter Jazz, der jedes Mal anders klingt.

Digitales Arbeiten ist kein Selbstzweck. Es soll den Alltag erleichtern und Zeit frei räumen für wichtige Aufgaben. Die starre 40-Stunden-Woche hat ausgedient. Der klassische 9 to 5 Job geht den Weg des Dinosauriers (Camden et al. 2017). Aber flexible Arbeitsmodelle erhöhen die Komplexität. VUCA – das Akronym für Volatility, Uncertainty, Complexity und Ambiguity – beherrscht schon heute die Unternehmenspraxis, wird noch dominierender in der digitalen Arbeitswelt. Manager sehen sich seit langem mit VUCA konfrontiert, ohne es bisher so genannt zu haben. VUCA ist also nicht neu, wurde aber bisher nicht derart konkret beschrieben – und nimmt ständig zu:

- Volatilität bedeutet, dass die Unternehmen fluide und beweglicher werden (müssen).
- Unsicherheit ist keine angenehme Situation, Gewissheit jedoch eine absurde (so schon Voltaire). Entscheidungen müssen in zunehmend ungewisseren Situationen getroffen werden. Das bedeutet vermehrt in Alternativen zu denken, wenn der gewohnte Ansatz nicht (mehr) funktioniert.
- Der zunehmenden Komplexität gilt es laufend gegen zu steuern, im Versuch diese zu reduzieren. Teilweise erhöht dies die Komplexität an anderer Stelle. Dies ist gleichzeitig ein Hinweis für voneinander abhängige Prozesse.
- Ambiguität bedeutet Mehrdeutigkeit, d. h., es sind zunehmend mehrfache Erklärungen plausibel. Eindeutige, verlässliche Aussagen nehmen ab. Einfacher wird Planen dadurch nicht.

Mit wachsender Digitalisierung nimmt jedes dieser Elemente in seiner Intensität zu. Die Binnen- und Außenkomplexität von Organisationen wächst durch zunehmende Volatilität, zunehmende Unsicherheit, zunehmende Komplexität und zunehmende Ambiguität, aber gleichzeitig auch durch zunehmende Internationalisierung sowie die interne Überlagerung verschiedener Steuerungs- und Organisationslogiken, z. B. zwischen funktionaler Struktur (Aufbauorganisation) und ressortübergreifenden Prozessen (Ablaufbauorganisation). Daran müssen die Unternehmen sich laufend anpassen, und das immer häufiger sowie in zunehmenden Aspekten und immer schneller ankommen in der VUCA-Welt. If there's one thing digitalization can't be, it's incremental (Catlin et al. 2018).

Die Digitalisierung verlangt eine Kombination aus Evolution und Disruption. Organisationen müssen die strukturelle Kopplung zwischen agil arbeitenden Teams und den stabilen Funktionen der Organisation sicherstellen. Die Führungskräfte leben im Spannungsfeld und müssen zunehmend mit Widersprüchen umgehen: Stabilität plus Agilität, Perfektion plus Fehlerkultur mit „fail early"-Prinzip, Hierarchie plus partizipative Einbindung, klar definierte Prozesse plus Improvisation, all das passiert parallel.

11.4 Kompetenzen für die Digitalisierung

Rund ¾ von über 1000 weltweit befragten Unternehmen haben eine Digitalisierungsstrategie. Aber nur 15 % der befragten Vorstände sind überzeugt, dass ihr Unternehmen auch über die notwendigen Kompetenzen verfügt, um diese Strategie auch umzusetzen. Einer Studie von McKinsey zufolge glauben 60 % der Führungskräfte, dass die Hälfte ihrer Mitarbeiter bis 2024 für die Digitalisierung neu qualifiziert werden müssen (McKinsey Survey 2019). Verdi geht davon aus, dass 2/3 der Arbeitnehmer ihre Kompetenzen laufend anpassen müssen, um auch künftig auf dem Arbeitsmarkt einsetzbar zu sein (Verdi 2018). Da diese Qualifizierungen nicht drängend erscheinen, tendieren Unternehmen dazu, zu warten – bis es zu spät ist (Camara et al. 2019).

In dieser Situation leiden die meisten Unternehmen gleichzeitig unter brain drain. Wenn besonders qualifizierte Mitarbeiter im war for talents abwandern, besteht ein besonderer Zwang, die verbleibenden Mitarbeiter entsprechend zu qualifizieren (Ignatowicz et al. 2018). Learning on the job wird schwieriger mangels vorhandener Kompetenzen im Umfeld … und der eigene Chef weiß es auch nicht besser. Trainings müssen verstärkt auf die Bedarfe des Einzelnen zugeschnitten werden, also weg von allgemeinen Qualifizierungsprogrammen. Advanced analytics helfen auch dabei.

Die Bedeutung der Qualifizierung wird auch belegt: Die Leuchttürme unter den erfolgreich digitalisierten Unternehmen haben frühzeitig massiv in die Qualifizierung ihrer Mitarbeiter investiert (De Boer et al. 2019). Gezielte Weiterqualifizierung ist ein wesentlicher Erfolgsfaktor – und das nicht nur einmalig, sondern als dauerhafte Aufgabe. Kooperationen mit digital academies sichern dies erfolgversprechend ab.

Der längst begonnene dynamische und dauerhafte Wandel der New Work führt auch zu geänderten Qualifikationsanforderungen bedingt durch zunehmende interne Kooperation, sowohl bereichsübergreifend und interdisziplinär, als auch global. Das gilt vergleichsweise für das Arbeiten in Prozessen, sei es bezüglich Standardisierung, aber auch für weitere Digitalisierung, für agiles Arbeiten. Je mehr einfache Arbeit automatisiert wird, umso mehr müssen sich Mitarbeiter auf Mensch-Maschine-Interaktion einstellen. Und sie müssen darauf vorbereitet werden, mit Situationen höherer Ambiguity umzugehen.

Mitarbeiter werden zukünftig verstärkt in reinen Informationsräumen arbeiten statt in der stofflich-energetischen Welt. Das betrifft insbesondere die Arbeit an und mit neuen Produkten, Services und Tools im Informationsraum. Der Umgang mit Wissen und Lernen wird sich ändern hin zu Lernen und Wissensaustausch über digitale Plattformen und Medien in globalen, überdisziplinären Kooperationsformen.

Unternehmen, die diese message-based-Plattformen (insb. team collaboration platforms/apps, collaborative document editing, online video conferencing) nutzen, sind nicht nur schneller und agiler, sie arbeiten deutlich funktions- und bereichsübergreifender. Und sie reduzieren ganz nebenbei auch noch die Kommunikationskosten (Bughin et al. 2017). Agiles Arbeiten (wie funktionsübergreifende Teams, Scrum etc.) setzt solche modernen Kommunikationstools fast schon voraus (Bughin et al. 2017).

Die face-to-face-Kommunikation wird zunehmend durch digitale Medien ersetzt, häufig weltweit vernetzt. Internationale Unternehmen arbeiten zunehmend in um den Globus verteilten Teams und damit rund um die Uhr. Die Teams sind in der Regel international zusammengesetzt, mit kulturellen Unterschieden, kommuniziert wird für die meisten nicht in der Muttersprache. Die Teammitglieder sind häufig verschiedenen Chefs zugeordnet mit direct report oder dotted line. All das macht die Führungsarbeit zunehmend komplexer.

Agil führen bedeutet schnelle Reaktionsfähigkeit in einer komplexen Welt. Führungskräfte brauchen dazu agile Prinzipien und Methoden, um ihre Teams in der Entwicklung zur flexibleren Organisation zu unterstützen. Die Führungskräfte müssen sich auf mehreren Ebenen umstellen. Sie müssen

- verstehen, was Digitalisierung, Innovationsgeschwindigkeit, zunehmende Komplexität für ihr Geschäft bedeutet,
- lernen, dass Führung in digitalisierten Organisationen anders läuft,
- innovative Methoden wie Scrum, Design Thinking nicht nur kennen, sondern in ihren Teams auch nutzen,
- lernen, dass auch Strategien und Ziele nicht mehr so fix sind, sondern laufend an sich ändernde Rahmenbedingungen angepasst werden,
- helfen, ihre Organisation agil zu gestalten – von alleine passiert das nicht, eher begleitet von Widerständen.

Mit zunehmender Digitalisierung werden überfachliche Kompetenzen, also neben Methodenkompetenz v. a. soziale und Selbstkompetenz, immer wichtiger (Kirchherr et. al. 2019). Soziale und emotionale Fähigkeiten werden genauso wichtig wie die höheren kognitiven Fähigkeiten (Bughin und Woetzel 2019) und gar wichtiger als rein technologische Fähigkeiten (McKinsey 2018). Das ist zumindest in den meisten Organisationen, auch den Hochschulen, noch nicht angekommen. Mit der Fokussierung auf Fachinhalte und der Vernachlässigung von überfachlichen Kompetenzen in neuen Studiengängen bspw. für Künstliche Intelligenz werden eher Nerds herangezogen als sozial kompetente Mitarbeiter, die in der Lage sind, die Herausforderungen ihrer Branche zu verstehen und ihre Lösungsansätze auch für Nicht-IT'ler verständlich zu erläutern.

11.5 Führung im digitalen Unternehmen

Einer aktuellen Studie von Deloitte zufolge identifizieren bereits 84 % aller Organisationen weltweit das Wohlbefinden der Belegschaft als einen der wichtigsten Erfolgsparameter der Zukunft (Weißenborn 2019). Agilität stellt hohe Anforderungen an Mitarbeiter, Führung und die Organisation. Um die Potenziale der Arbeitswelt 4.0 zu realisieren, kommt Führung die zentrale Rolle zu (Casper 2017). Wobei digitale Unternehmen eine andere Form der Führung benötigen, hin zu mehr Kooperation, Verständigung, Abstimmung, Einbeziehung, Vermittlung, also eine stärker kollaborative Führung.

Digital Leadership ist so gesehen in erster Linie ein Führungsstil und kein IT-Thema. Die IT-Systeme unterstützen nur, die Entscheidungen trifft immer der Mensch, mit all seiner Persönlichkeit, seinen Nöten und Werten (Weißenborn 2019). Die größte Herausforderung für digitale Leader heißt: Kontrolle aufgeben, aber Führung behalten. In Zeiten digitaler Medien ist Führung nicht mehr eine Frage der hierarchischen Macht, sondern des Beitrags der „follower" (so auch Li 2010; Kiehle 2010). Der größte Wert für erfolgreiche Digitalisierung steckt in der Belegschaft, die ihr bestehendes Wissen in Informationen übersetzen muss, die von Data Scientists modelliert und genutzt werden (Saleh 2018). Digital Leadership bedeutet, mit dezentraler Führung die kollektive Intelligenz der Mitarbeiter und der Peers (swarm intelligence) zu nutzen. Wie lässt sich die Leistung der Mitarbeiter auch in solch einem neuen Führungsverständnis zielorientiert steuern? Im Fokus steht nicht die Digitalisierung als solche. Primäre Zielsetzung sollte die Steigerung des Kundennutzens (z. B. Individualisierung, digitale Kundenprozesse) sowie der eigenen Produktivität (z. B. Automatisierung von Prozessen, digitaler KVP (Kontinuierlicher Verbesserungsprozess) sein. Digitalisierung ist also Mittel zum Zweck, um diese Ziele zu erreichen.

Auch künftig sind die Führungskräfte verantwortlich für die Umsetzung der Strategie und die Erreichung der daraus abgeleiteten Ziele. Das erfordert reaktionsfähig und flexibel zu sein. Es heißt, das Tagesgeschäft laufend an permanente Veränderungen anzupassen und dennoch die Strategieziele – die sich künftig häufiger ändern – zu erreichen, in digitalen Unternehmen allerdings mit neu verteilter Entscheidungsfindung. Dazu sind die übergeordneten Unternehmensziele auf die eigenen Bereichs- und Teamziele herunter zu brechen, um die Mitarbeiter so zu befähigen, eigenständig ihren Beitrag zur Zielerreichung zu erkennen und zu erarbeiten. Je klarer der Auftrag, umso einfacher ist es, diesen an Mitarbeiter zu delegieren. Bei unklaren Situationen, bei laufend angepassten Zielen, wie sollen Mitarbeiter da eindeutig geführt werden. Dies ist eine typische Herausforderung in der digitalen Arbeitswelt.

Führung wird im digitalen Unternehmen nicht obsolet zugunsten egalitärer Strukturen und sich selbst steuernder Systeme (Rump et al. 2011). Es braucht Führungskräfte, die die Mitarbeiter begleiten, weiterentwickeln und in den Veränderungsprozessen mitnehmen. Leader sind künftig verstärkt in ihrer Rolle als Katalysatoren, Inspiratoren, Coaches gefragt. Es geht also nicht länger um Management vs. Leadership, sondern verstärkt um den nächsten Schritt, Leader vs. Coach. Beim Umgang mit Problemen lassen sich drei Gruppen von Vorgesetzten unterscheiden: Die meisten identifizieren das Problem und lösen es. Eine kleinere Gruppe analysiert die Ursachen und fixiert diese. Nur wenige versuchen einen holistischen Ansatz: Sie überlegen, wie sie ihre Mitarbeiter entwickeln können, dass diese solche Probleme selber managen (De Smet und Gagnon 2018).

Die Führungskräfte spielen weiter eine zentrale Rolle, um dem hohen Tempo in digitalisierten Organisationen und den sich darin bewegenden Menschen den notwendigen Halt zu geben. Führungskräfte bieten Leitplanken, aber nicht autoritär, sondern partizipativ unter aktiver Einbindung der Mitarbeiter. Führung wird von Entscheidungen entkoppelt und definiert sich neu: Mitarbeiter übernehmen verstärkt Verantwortung. Bei hoher

Veränderungsgeschwindigkeit sollte die Priorisierung der Mittelallokation zunehmend auf Mitarbeiterebene erfolgen – je schneller die Veränderung, umso mehr blockiert eine primäre Entscheidungsbefugnis auf Managementebene die Veränderungsgeschwindigkeit (Weinberg et al. 2017).

In Zeiten der digitalen Transformation wollen Mitarbeiter sich selbst einbringen, Verantwortung übertragen bekommen, Freiräume erhalten. Führungskräfte sollten wie gute Fußballtrainer agieren: Sie sollten nicht mehr selber Stürmer sein wollen, sondern den Mitarbeitern helfen, die Tore zu schießen (Weißenborn 2019). Dies erfordert einen modernen Führungsansatz, der auf Vertrauen zwischen Führungskraft und Mitarbeiter fußt und auf ein Miteinander setzt anstelle von top-down. In modernen Organisationen lässt sich Entscheidungsfindung mehr als Netzwerk beschreiben – und weniger als Kette von top-down Entscheidungen (De Smet und Gagnon 2018). Mitarbeiter erwarten u. a. offene Kommunikation, offenes Feedback, Offenheit für Kritik, Fördern von Selbstorganisation (Petry 2013, S. 31). Und sie wollen mit einbezogen und gefragt werden, wenn es darum geht, die beste Lösung zu finden (Creusen 2017). Es gilt die Selbstständigkeit, die Selbstorganisation der Einzelnen zu fördern. New Work passiert nicht durch Anordnung von oben. Flexible Arbeit kann nur gemeinsam gestaltet werden.

Eine Herausforderung für Führungskräfte in digitalen Unternehmen ist, wie sie ihren Mitarbeitern mehr Selbstorganisation einräumen und Entscheidungsfreiheit geben und doch weiter die angestrebten Ergebnisse im Auge haben. Sie müssen die neue Gewaltenteilung zwischen Führung und Umsetzungsteams verstehen und akzeptieren. Das bedeutet nicht nur Selbstorganisation und Verantwortung der Teams zu akzeptieren, sondern ein geeignetes Umfeld für solch agiles Arbeiten zu schaffen. Und die Führungskräfte müssen lernen, mit den daraus entstehenden Unsicherheiten umzugehen. Denn in vielen Fällen wissen die Chefs fachlich weniger als ihre Mitarbeiter, erst recht in digitalen Arbeitswelten (Weißenborn 2019).

Je selbstverantwortlicher die Mitarbeiter agieren sollen, umso besser müssen sie die strategische Grundausrichtung ihres Unternehmens kennen, um so ihren eigenen Arbeitsbeitrag zielorientierter in das größere Bild einordnen zu können. Bei dieser Führung „auf Distanz" werden die Leistungen der einzelnen Mitarbeiter intransparenter. Das heißt auch die Führungsinstrumente sind anzupassen, z. B. hin zu einer stärker ergebnisorientierten Vergütung, am besten mit einem hohen Anteil an Teamkomponenten. Traditionelle Zielvereinbarungen und Anreizsysteme schaffen nur selten eine Kultur mit Teamgeist, vertrauensvollen Beziehungen oder intrinsischer Motivation (Pelz 2017). Für die digitale Arbeitswelt braucht es damit auch eine Modifizierung der Vergütungsmodelle, um die angestrebten Effekte nicht zu konterkarieren. Es gilt dabei, die starke Wirkung der intrinsischen Motivation wieder stärker zu nutzen.

Führungskräfte müssen Macht abgeben und demokratischer führen. Führungskräfte müssen agiler, dynamischer und schneller werden, ohne dass damit Hektik oder Unsicherheiten einhergehen. Es gilt, die goldene Mitte zu finden, den Ausgleich zu schaffen (Creusen 2017). Agile Organisationen erfordern ein Führungsmodell, das eher einer Föderation gleicht, in der selbstständige Teams die richtigen Entscheidungen treffen. Die Führung gibt die strategische Richtung vor, in deren Leitplanken die Teams eigenständig agieren. Das Management muss Flexibilität und schnelles Reagieren auf aktuelle Änderungen fördern. Die Mitarbeiter müssen die Ausrichtung und die Strategie verstanden haben und wissen, wie sie auf dieser Basis selber Entscheidungen in ihrem Verantwortungsbereich treffen. Letztlich ist agile Führung eine Einstellung, keine Methode. Die ideale agile Führungskraft ist ein intrinsisch motivierter agiler Experte.

Die jüngeren Generationen – ob nun Y oder Z – haben gewandelte Erwartungen an ihr Arbeitsleben. Die Beschreibung der work-life-balance hat sich in den letzten 20 Jahren deutlich geändert. War früher ein großer Dienstwagen gefragtes Statussymbol, ist es mittlerweile das Homeoffice. Es geht nicht mehr primär um das „wieviel" Arbeit, sondern um das „wann" und „wo". Diese Haltung wird mittlerweile mit work-life-blend beschrieben (Creusen 2017) bzw. mit shadow tasking (Creusen et al. 2017, S. 24). Gemeint ist die zunehmende Vermischung von Arbeits- und Privatleben und wie diese zweckmäßig weiterzuentwickeln ist.

Im Kompetenzprofil der Führungskräfte verliert damit die fachliche Kompetenz deutlich an Bedeutung gegenüber sozialer Kompetenz im Sinne der Metakommunikation und Formen fluider Führung. In Teams, die zunehmend virtuell zusammenarbeiten, in der immer kürzeren Halbwertzeit des Wissens und deren rasanter Vermehrung kann der Einzelne nicht mehr alles wissen. In der Auseinandersetzung um die besten Ideen für die digitale Welt braucht es Räume für Entscheidung, um gemeinsame Lösungen zu entwickeln. Der für neuartige Ansätze notwendigen Kreativität muss Raum gegeben werden durch eine innovative Arbeitskultur, in der Fehler erlaubt sind (nach dem Prinzip „fail early"), durch eine konstruktive gegenseitige Feedback-Kultur (nicht nur top-down), durch ein Wissensmanagement, welches das Wissen aller einbezieht.

In agilen Unternehmen wird das klassische Führungsverständnis auf die Probe gestellt, ebenso wie der Umgang mit der Generation Y für viele Führungskräfte eine Herausforderung darstellt. Die jüngeren Mitarbeiter haben als „digital natives" einen anderen Zugang nicht nur zu digitalen Medien, sondern der Digitalisierung als solcher und finden sich in den Formen der digitalisierten Arbeit nicht nur leichter zurecht, sondern fordern diese auch ein. Schon deswegen muss auch älteren Führungskräften der Umgang mit digitalen Kommunikationsmedien geläufig sein. Nur so lässt sich ein „digital divide" vermeiden, wenn nur ein Teil der Belegschaft passend für digitale Arbeitsformen qualifiziert ist.

In digitalen Organisationen treffen verstärkt die verschiedenen Generationen mit ihren unterschiedlichen Erwartungen auch bzgl. Führung aufeinander. Verschiedene Verhaltensweisen an den Tag zu legen, ist keine überzeugende Lösung. Es gilt, die kreative Vielfalt der betrieblichen Generationen zu nutzen. Das Führungsmodell mit dem sich eine entsprechende Balance herstellen lässt, wird Ambidextrie (O'Reilly und Tushman 2008) oder anschaulicher Beidhändigkeit genannt (Creusen 2017).

Anstatt der üblichen Führungskonstellation „älterer Chef mit jüngeren Mitarbeitern" kommt es vermehrt umgekehrt. Dank verkürzter Zeiten im Gymnasium mit G8 und im Bachelor strömen viele Absolventen bereits mit 21 Jahren in den Arbeitsmarkt und bekommen dann mit Ende 20 zunehmend Führungsverantwortung. Gleichzeitig gehen die

Älteren mit durchschnittlich 64 um zwei Jahre später in Rente als noch 2001 (Freitag 2017, S. 87). So arbeiten mittlerweile vier Generationen nebeneinander in den Unternehmen. Und dies läuft bisher schon nicht reibungslos. Digitalisierung verschärft dieses Problem zusätzlich. Nicht nur, dass neue Berufe entstehen, von denen ältere Kollegen nicht einmal den Titel verstehen (Freitag 2017). Neue Anforderungen wie digitale Kollaboration, Agilität und Flexibilität nehmen zu. Für die jungen Beschäftigten normal, viele ältere müssen sich damit erst zurechtfinden (Freitag 2017). Jüngere befürchten zunehmend, dass Personen über die Zukunft entscheiden, die die Zukunft nicht mehr miterleben werden (Freitag 2017).

Bei aller Selbstständigkeit der Mitarbeiter bleibt den Führungskräften auch die Aufgabe, die Mitarbeiter vor Selbstausbeutung zu schützen. Gesundheitsbewusstsein bekommt zusätzliche Bedeutung.

11.6 Geschwindigkeit als Organisationsprinzip

Speed als Imperativ! Jeff Bezos (CEO Amazon) hat in seinem Brief an die Aktionäre (April 2017) nicht nur „high quality"-Entscheidungen versprochen, sondern „high velocity"-Entscheidungen. Er ist überzeugt, dass die meisten Entscheidungen auf einer Basis von 70 % der gewünschten Informationen getroffen werden sollten. Wer auf 90 % wartet, ist meist zu langsam. In Unternehmen, die gut nachjustieren können, so Bezos, sind Fehler weniger kostspielig als befürchtet, während langsames Vorgehen mit Sicherheit teuer ist.

Speed ist Führungsaufgabe. Warum sind einige Unternehmen erfolgreich mit high speed unterwegs, während viele davon überfordert sind? Die Uni St. Gallen hat zusammen mit Porsche Motorsport untersucht, was Unternehmen vom Motorsport über Speed lernen können. Das Speed-Konzept fußt auf vier Dimensionen und beschreibt die Geschwindigkeit, mit der Organisationen 1. Resultate erzeugen, 2. Innovationen hervorbringen, 3. Change realisieren und 4. das Speed-Mindset der Belegschaft (Bruch und Berger 2018).

Insbesondere Führungskräften kommt bei zunehmender Veränderungsgeschwindigkeit eine entscheidende Rolle zu. Nur aufs Gas drücken reicht nicht mehr. Die eigene Mannschaft muss fit gemacht werden für höhere Geschwindigkeit, es muss ein Mindset dafür aufgebaut werden und die Führungskraft muss als Vorbild vorangehen. Aus den Erfahrungen des Porsche-Projekts schlagen Bruch und Berger (Bruch und Berger 2018) von der Uni St. Gallen sieben Speed-Prinzipien vor:

1. Gegenseitiges Vertrauen ist Basis für Speed
2. Jeder und alles dient den gemeinsamen Zielen
3. „Garagen" fördern eine schnelle Lösungsfindung
4. Nicht jeder kann (immer) Speed
5. Gezielter Umgang mit Emotionen ermöglichen Hochleistung, aber auch Regeneration
6. Innovation und Execution – beide Welten sind transparent zu trennen
7. Speed bedeutet nicht „immer Vollgas".

11.7 Organisationsstrukturen in digitalen Arbeitswelten

Erfolgreiche Organisationen wandeln sich zu organischen Systemen, in denen die Mitarbeiter vernetzt zusammenarbeiten. Chefs geben die Richtung vor und schaffen Rahmenbedingungen für selbstorganisiertes vernetztes Arbeiten. Die Teams agieren selbstverantwortlich (ausführlich dazu Wouter et al. 2018). 75 % der Probleme bei Digitalisierung sind begründet in der antiquierten Organisationsstruktur/-kultur, falschem Mindset, fehlenden Talenten (Saleh 2018).

Bei aller verstärkten Selbstorganisation in den Teams braucht es weiterhin klare Verantwortlichkeiten für Resultate. Jede Digitalisierungs-Initiative sollte einhergehen mit der Anpassung der Organisation, insbesondere der Strukturen und Prozesse. Ausdifferenzierte Rollenprofile und detaillierte Prozessbeschreibungen passen nicht so recht in die digitale Welt. Hilfreicher sind allgemein akzeptierte Regeln der Zusammenarbeit sowie eine hohe Identifikation mit Vision und Mission des eigenen Unternehmens. Bereichssilos sind aufzubrechen, Funktionen entsprechend ihrer Prozessketten zu vernetzen, digitale Schnittstellen zu schaffen. Netzwerkorganisationen wird in der Digitalisierung ein deutlicher Vorzug gegeben gegenüber Linienorganisationen. Aber auch hochvernetzte Unternehmen kommen nicht ohne hierarchische Strukturen aus. Und Führung ist dort noch komplexer und anspruchsvoller. Es braucht auch künftig die richtige Balance zwischen Zentralisierung und De-Zentralisierung. Auch in digitalen Organisationen ist es zielgerichteter, wenn der Gesamtansatz, Methoden, Werkzeuge und auch Trainings einheitlich sind. Die agilen Labs selber sind besser in den Business Units platziert (Saleh 2018).

Im Rahmen der Digitalisierung orientieren sich Unternehmen verstärkt am Kunden, wechseln von der Produktorganisation hin zu einer Prozessorganisation. Sie versuchen die Customer Journey ihrer Kunden mit deren Touch Points zu verstehen, um zu analysieren, wie die Kunden die Kontakte mit dem Unternehmen erleben. Führen diese Kundenerlebnisse zu Zufriedenheit oder im Idealfall zu Begeisterung der Kunden oder sind dies eher Pain Points? Welches sind die aus Kundensicht wichtigen Touch Points, die letzten bleiben jedenfalls in bleibender Erinnerung (Ballard et al. 2017). Leadership in digitalisierten Unternehmen heißt, die Mitarbeiter zu diesem geänderten Blick auf die Kunden zu inspirieren.

Auf dem Weg in ein digitales Unternehmen genügt es bei weitem nicht, die formalen Strukturen, also die Aufbauorganisation und die Prozessabläufe zu ändern. Digitalisierung heißt Führen von Wissensmitarbeitern, so schon Peter Drucker Ende der 1960er-Jahre (Drucker 2005, S. 100–109). Führen von Wissens-Mitarbeitern erfordert komplett andere Strukturen und Herangehensweisen (Thylmann 2017). Accenture hat mit seiner Belegschaft einen New Work Deal geschlossen. Ausgehend von deren Kompetenzen, Talenten und Wünschen hat das Beratungsunternehmen eine agile Organisation entwickelt, die sich laufend an wechselnde Bedingungen anpassen kann.

Klassische Unternehmen haben zwei „Betriebssysteme", die hierarchische Führungsstruktur ergänzt um netzwerkförmige Strukturen horizontaler Kooperationsbeziehungen. In digitalen Unternehmen muss es gelingen, die traditionelle Führung zugunsten der

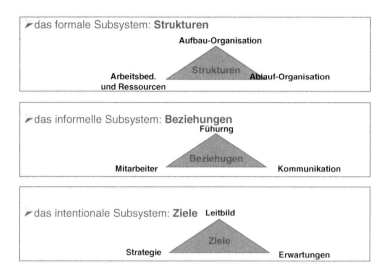

Abb. 11.1 Subsysteme der Organisation. (Quelle: Becker und Langosch 2002)

Netzwerkstruktur und der Selbstorganisation zurücktreten zu lassen. Die Führungskräfte stehen dabei nicht außerhalb, sondern müssen aktiver Teil sein im zu verändernden System. Höhere Veränderungsgeschwindigkeit braucht agilere, beweglichere Organisationsformen, häufig als swarm bezeichnet. Wie groß der Unterschied zwischen klassischen Organisationen und digitalen Unternehmen ist, zeigt sich deutlich daran, dass große Konzerne ihre digitalen Ansätze regelmäßig in Form von Start-ups oder Incubators extern organisieren, die häufig auch noch weit entfernt vom Headquarter angesiedelt sind. Die klassischen Strukturen und Kulturen scheinen zu starr, schwerfällig, dominant etc. zu sein, um digitale Start-ups erfolgreich werden zu lassen.

Erfolgreiches Arbeiten in digitalen Umgebungen erfordert deutliche Änderungen auf der Beziehungsebene. Die Mitarbeiter erwarten mehr Eigenverantwortung, Selbständigkeit, örtliche und zeitliche Flexibilität der Erbringung ihrer Arbeitsleistung, erwarten also eine – für viele – gänzlich andere Form der Führung. Vergleichbare Erwartungen stellen sie an die Kommunikation. Neben dem formalen (Strukturen) und informalen Subsystem (Beziehungen) nimmt die Bedeutung des intentionalen Subsystems der Ziele zu (vgl. Abb. 11.1). Junge, hoch qualifizierte Mitarbeiter haben einen stärkeren Wunsch als ihre Vorgänger, sich mit Leitbild und Vision des Unternehmens identifizieren.

11.8 Unternehmenskultur in digitalisierten Unternehmen

Es geht nicht nur um neue Technologien für die Transformation des Unternehmens, notwendig ist das Redesign der DNA des Unternehmens (Deloitte Digital 2015). High tech braucht high touch (Weißenborn 2019). Mitarbeiter in digitalen Welten wollen verstärkt wissen, wozu ihre Arbeitsleistung dient. Das heißt, das Subsystem der Ziele (siehe

Abb. 11.1) gewinnt an Relevanz. Die Mitarbeiter fragen nach dem Unternehmenszweck, nach Mission und Vision, also welchem Leitbild sie folgen sollen – und prüfen, ob das mit ihren eigenen Grundvorstellungen kompatibel ist. Das entscheidet nicht nur über Gewinnen und Halten von Mitarbeitern, sondern v. a. über deren Identifikation mit dem Unternehmen, also deren intrinsischer Motivation und damit ihrem mehr oder minder hohen Leistungsbeitrag. Der weiche Faktor „Leitbild" bekommt zunehmend größere Bedeutung für die Arbeitgeber-Attraktivität und wird damit zu einem Erfolgsfaktor im Wettbewerb nicht nur um die besten Mitarbeiter, sondern um überhaupt genügend geeignete Mitarbeiter für Aufgaben in einer digitalen Organisation zu finden. Digital Leadership hat die Aufgabe, die Unternehmenskultur so zu gestalten, dass sie Talente anzieht und bindet (Weinberg 2017).

Die Rolle von Arbeit wird sich ändern, und unser Anspruch an Arbeit. Flexibel zu arbeiten, bedeutet den Luxus zu haben, egal zu welcher Zeit, von welchem Ort aus arbeiten zu können – auch mit der wiederholten Ernüchterung, dass ein kurzes Livegespräch doch besser, schneller, effizienter und genauer gewesen wäre. Auch Arbeitszeitmodelle werden sich ändern. Digitale, automatisierte Produktionsprozesse können rund um die Uhr laufen. Roboter brauchen weder Essenspausen noch Nachtruhe. Teure Schichtzuschläge entfallen – außer für das Steuerungs- und Wartungspersonal. 24/7-Produktion wird zunehmen, mit dem Ergebnis höherer Produktivität und kürzeren Lieferzeiten für Kunden.

Digitalisierte Organisationen sind geprägt durch Vernetzungsfähigkeiten, Lösungsorientierung und Selbstorganisation. Auf der Metaebene sind das wesentliche Ausprägungen der Unternehmenskultur, die in der digitalen Welt den Unterschied ausmachen. Die gewünschten Effekte der digitalen Arbeitswelt treten nur ein, wenn der Rahmen der Unternehmenskultur passt. Dazu gehören

- eine ausgeprägte Vertrauenskultur,
- Selbstorganisation und Selbstbestimmung der Teams, um eigenständig und selbstverantwortlich Gestaltungsspielräume wahrzunehmen,
- hohe Selbstkompetenz der Mitarbeiter
- sowie ein Führungsklima geprägt von Vision und Inspiration (vgl. Bruch 2017, S. 9 f.).

Je fluider und digitaler die Arbeit wird, desto wichtiger ist ein gemeinsames Verständnis des Unternehmenszwecks zur Entwicklung einer passenden neuen Arbeitskultur. Das klappt nicht rein mit Kennzahlen. Dazu braucht es vielmehr gemeinsame Ziele und ein erstrebenswertes Zukunftsbild. Die agile Arbeitswelt ähnelt eher Start-up-Unternehmen. Die Herausforderung liegt darin, solche Start-up-Kultur in klassische Unternehmen zu implementieren.

Risikoaversion und Bereichsdenke, typische Ausprägungen der traditionellen Unternehmenskultur, sind Gift für agile Unternehmen (Goran et al. 2017). Sie haben einen erkennbaren negativen Einfluss auf den wirtschaftlichen Erfolg (Goran et al. 2017, S. 3). Für Disruption braucht es Mut: Wer um Erlaubnis bittet, Innovationen auszuprobieren, reicht das Risiko bloß weiter (Seelig 2019). Als die größten Barrieren für digitale Effektivität haben sich Unternehmenskultur und Verhalten sowie unpassende Organisationsstrukturen herausgestellt (Ergebnis einer Untersuchung von McKinsey unter 2135 Befragten (Goran et al. 2017, S. 2)). Eine weitere Ausprägung des Silodenkens ist, dass die Mitarbeiter bei auftretenden Problemen die Verantwortung regelmäßig bei anderen sehen – anstatt selber anzupacken.

Der weiche Faktor „Unternehmenskultur" hat demzufolge einen wesentlichen Einfluss auf den Erfolg sich digitalisierender Unternehmen. Wesentliche Elemente einer digitalen Unternehmenskultur sind Agilität und Flexibilität, Kundenorientierung, Innovation, agile Formen der Zusammenarbeit (Crummenerl et al. 2017). Und Unternehmenskultur entwickelt sich nicht von selbst in die richtige Richtung, lässt sich zudem nur schwer beeinflussen oder gar steuern. Selbst wenn der Einfluss erfolgreich ist, braucht es Jahre für erkennbare Veränderung.

Anpassungen der Organisation, der Strukturen und Prozesse werden in der Regel als gewaltige Eingriffe und damit Veränderungen wahrgenommen. Diese Hardfacts sind relativ schnell zu erreichen, verglichen mit den Softfacts der Unternehmenskultur (siehe Abb. 11.2). Die Veränderung von Verhalten und Einstellungen kann nicht vorgegeben werden wie bei Hardfacts. Um diese Veränderungen muss gerungen werden, sie muss sich entwickeln. Dies gelingt häufig nur partiell.

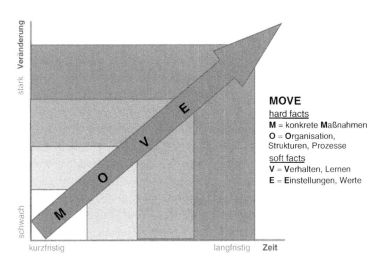

Abb. 11.2 Veränderungswirkung in Abhängigkeit von Hard- und Softfacts. (Quelle: Eigene Darstellung)

11.9 Change in der digitalen Arbeitswelt

Der umfassende Wandel durch digitale Technologien, innovative Geschäftsmodelle und neue Kundenanforderungen führt zu massiven organisationalen Veränderungen. Nicht nur Prozesse, sondern auch Governance, Hierarchie, Funktionen und Abteilungen ändern sich schneller. Anpassungsfähigkeit ist der zentrale Erfolgsfaktor in einer dynamischen Unternehmenswelt. Change wird zum häufig Normalzustand und überfordert damit die betroffenen Mitarbeiter. Es braucht für jede Veränderung nicht nur viel Kraft, die letztlich beim Kunden dann fehlt. Organisationen werden erschöpft durch immerwährende Veränderungen.

Change sollte zumindest durch entsprechende Kompetenz abgesichert werden. Die Fähigkeit, Veränderung zu gestalten, zählt zu den drei Top-Leadership-Fähigkeiten (Martinuzzi 2017).

Der Charakter des Change selber ändert sich durch Digitalisierung massiv: noch schneller, vernetzter, umfassender, andauernd. Der Engpass in der Digitalisierung sind nicht die Chancen, Ideen oder Vorschläge. Diese lassen sich nur in Organisationen realisieren mit einer hohen Anpassungsfähigkeit und der Kraft zur Veränderung. Die Digitalisierung ändert einiges an den Grundlagen erfolgreichen Wirtschaftens, erfordert aber erhöhte Veränderungskompetenz.

Nur rund 1/3 der Transformationen werden als erfolgreich eingestuft. Ein weiteres Drittel erreicht die angestrebten Ziele nur zum Teil. Und das andere Drittel hätte die Veränderung besser nie begonnen, weil das Unternehmen danach schlechter dasteht als zuvor. Ein wesentlicher Grund hierfür ist, dass Change-Projekte nicht nach den Ansätzen des Change Management entwickelt und durchgeführt werden. Ansätze dafür gibt es viele. Weit verbreitet in Unternehmen ist das in Abb. 11.3 dargestellte 8-Schritte-Konzept von Kotter (2012).

Als Basis hierfür braucht es ein breit getragenes Verständnis für die Notwendigkeit der Veränderung (Schritt 1 bei Kotter), dass diese Digitalisierung eine wesentliche Voraussetzung für eine (weiter) erfolgreiche Zukunft des Unternehmens ist – und jeder als Mitgestalter dieses Prozesses willkommen ist. Dafür müssen die Gründe für die Notwendigkeit der Digitalisierung eindrucksvoll dargestellt werden. Je emotionaler dies gelingt, desto höher die Überzeugungskraft. Rein rationale Argumente sind demgegenüber viel schwächer. Den Mitarbeitern muss die „Urgency", also die Dringlichkeit vermittelt werden und sie brauchen eine attraktive(re) Zukunftsperspektive. Und der Vorstand muss sich erkennbar damit identifizieren.

Intra-Preneurs, die sowohl ausreichend technisches Knowhow für die angestrebte Innovation haben als auch den Riecher für Kundenbedarfe und Geschäftschancen, sind eine seltene Spezies in den meisten Unternehmen. Erfolgversprechender ist deswegen, die Veränderungsteams entsprechend der für die Innovation notwendigen Kompetenzen zusammen zu stellen. Es ist wichtig, Führungskräfte und Mitarbeiter in das Veränderungsteam einzubinden, sie die Transformation mitgestalten zu lassen (Schritt 2). Die verantwortlichen Führungskräfte müssen „Ownership" zeigen, d. h. selber die Veränderungen vorleben, und sie müssen die Mitarbeiter zu Beteiligten machen.

1. **Sensibilisierung:** Notwendigkeit von Veränderungen im Unternehmen darlegen

2. **Gruppenkonstitution:** Verbündete und Mitstreiter im Unternehmen finden

3. **Vision:** Klare Visionen und Zielsetzungen definieren

4. **Interne Kommunikation:** Vision im Unternehmen kommunizieren

5. **Motivation:** Mitarbeiter gewinnen, qualifizieren, Widerstände abbauen

6. **Machbarkeit belegen:** Erste Erfolge sichtbar machen

7. **Konsolidierung:** Auf den ersten Erfolg aufbauen

8. **Verankerung:** Neue Ansätze in der Unternehmenskultur verankern

Abb. 11.3 Das 8-Schritte-Konzept nach Kotter. (Quelle: Kotter 2012)

Das Veränderungsteam gestaltet die inhaltliche Ausrichtung der Digitalisierung (interne Prozesse, Kundenprozesse, digitale Produkte) und entwickelt ein Zielbild (Schritt 3). Nach einer Untersuchung von Chui (Chui et al. 2019) ist die Transformation in den Unternehmen besonders erfolgreich, denen es gelingt, ihre Mitarbeiter mit der Digitalstrategie zu identifizieren. Die Vorstände haben sich bislang schon schwer getan zu beschreiben, wie die Organisation nach der erfolgreichen Veränderung aussehen soll. Mit der zunehmenden Digitalisierung wird dies immens schwieriger. Wer weiß heute schon, wie sein Unternehmen in zwei, drei Jahren aussehen wird. Es bleibt aber unverändert wichtig, dies zu tun, weil dadurch die Unsicherheit der betroffenen Mitarbeiter deutlich reduziert wird, was gleichzeitig den immer vorhandenen Widerstand entsprechend verringert.

Notwendigkeit und Zielbild der Veränderung sind in geeigneter Form den Mitarbeitern und weiteren Stakeholdern zu kommunizieren (Schritt 4). Kommunikation wird in der Planung des Changes durchwegs als besonders wichtig für den Erfolg betrachtet – und war rückblickend häufig recht armselig. Eine weitere Quelle fürs Scheitern.

In Schritt 5 werden die Mitarbeiter und Führungskräfte in den für die Digitalisierung erforderlichen Kompetenzen qualifiziert. Weiterbildung ist somit ein wesentlicher Schlüssel zur erfolgreichen Transformation. Außerdem sind Widerstände zu identifizieren und müssen mit geeigneten Maßnahmen sukzessive abgebaut werden. Beim Widerstand sind schon mal die Ursachen zu differenzieren, lediglich fehlender Wissenstand (leicht behebbar), konstruktiver Widerstand (aktiv einbinden) oder destruktiver Widerstand (schwer zu identifizieren und gefährlich).

Die Mitarbeiter brauchen klare Orientierung durch einen Stufenplan. Um das meist große Digitalisierungsprojekt handelbar zu gestalten, wird es in überschaubare Meilensteine, die Digitalisierungs-Agenda, heruntergebrochen (Schritt 6). Im Verlauf des Change gilt es, die Veränderungsdynamik aufrecht zu erhalten (Schritt 7) und den erfolgten Wandel schließlich nachhaltig zu verankern (Schritt 8).

Die wesentliche Herausforderung einer erfolgreichen digitalen Transformation ist, die Führungskräfte selber zu verändern. Diese grundlegenden Veränderungen greifen tief in das Selbstverständnis der Manager ein. Sie sollen den Abbau des eigenen Einflusses erfolgreich organisieren, was nicht ohne Widerstand passiert (Pries und Heckmann 2017). Erfahrene Manager, die die letzten 20 Jahre ihr Geschäft erfolgreich geführt haben, sehen wenig Veranlassung, warum sie dieses erfolgreiche Verhalten ändern sollen, hinauf bis zum CEO. Dies ist mit die größte Herausforderung erfolgreicher Digitalisierung (Diaz 2017).

Literatur

Ballard, A., Larrea, E., Singla, A., & Sood, R. (2017). The next-generation operating model for the digital world. https://www.mckinsey.com/business-functions/digital-mckinsey/our-insights/the-next-generation-operating-model-for-the-digital-world. Zugegriffen am 04.01.2018.

Becker, H., & Langosch, I. (2002). *Produktivität und Menschlichkeit: Organisationsentwicklung und ihre Anwendung in der Praxis. Berlin*: de Gruyter.

Bruch, H., & Berenbold, S. (2017). Zurück zum Kern. *OrganisationsEntwicklung, 1*, 4–11.

Bruch, H., & Berger, S. (2018). Das Konzept Speed. *OrganisationsEntwicklung, 3*(2018), 5–12.

Bughin, J., & Woetzel, J. (2019). Navigating a world of disruption. https://www.mckinsey.com/featured-insights/Innovation-and-growth/Navigating-a-world-of-disruption? Zugegriffen am 24.01.2019.

Bughin, J., Chui, M., & Harrysson, M. (2017). Advanced social technologies and the future of collaboration. https://www.mckinsey.com/business-functions/digital-mckinsey/our-insights/advanced-social-technologies-and-the-future-of-collaboration. Zugegriffen am 09.04.2019.

Cakiroglu, L. (2018). Taking digital transformation to the limits at Koc Holding. https://www.mckinsey.com/business-functions/digital-mckinsey/our-insights/taking-digital-transformation-to-the-limits-at-Koc-Holding? Zugegriffen am 31.01.2019.

Camara, T., Hu, A., Singla, A., Sood, R., & van Ouwerkerk, J. (2019). Six lessons on how to embrace the next-generation operating model. https://www.mckinsey.com/business-functions/digital-mckinsey/our-insights/Six-lessons-on-how-to-embrace-the-next-generation-operating-model? Zugegriffen am 28.01.2019.

Camden, C. et al. (2017). The digital future of work. https://www.mckinsey.com/global-themes/future-of-organizations-and-work/the-digital-future-of-work-is-the-9-to-5-job-going-the-way-of-the-dinosaur. Zugegriffen am 27.10.2017.

Casper, V. (2017). Leitung top executive management fraport. Vortrag am 03./04.07.2017 auf 6. Berlin: Tagung Personalentwicklung – Human Resources Manager.

Catlin, T., LaBerge, L., & Varney, S. (2018). Digital strategy: The four fights you have to win. https://www.mckinsey.com/business-functions/digital-mckinsey/our-insights/digital-strategy-the-four-fights-you-have-to-win? Zugegriffen am 19.11.2018.

Chui, M., Brett, M., Narayanan, S., & Shah, R. (2019). What separates leaders from laggards in the Internet of Things. https://www.mckinsey.com/business-functions/digital-mckinsey/our-insights/what-separates-leaders-from-laggards-in-the-Internet-of-Things? Zugegriffen am 17.01.2019.

Creusen, U. (2017). Prof. Dr. Utho Creusen, multipler Aufsichtsrat und ehemaliger Vorstand von OBI und Media-Saturn, im Interview: Der Inhaber von Positive Leadership spricht über Führungsstile im digitalen Zeitalter. Interview vom 16.5.2017. http://www.kloepfel-consulting.com/presse/kloepfel-magazin/kw20-2017/utho-creusen-vorstand-obi-und-media-saturn-im-interview/. Zugegriffen am 17.10.2017.

Creusen, U., Gall, B., & Hackl, O. (2017). *Digital Leadership – Führung in Zeiten des digitalen Wandels*. Wiesbaden: Springer Gabler.

Crummenerl, C., Aboud, C., Buvat, J., El Aoufi, H., Kar, K., Sengupta, A., & Solis, B. (2017). The digital culture challenge: Closing the employee-leadership gap. By the Digital Transformation Institute of Capgemini.

De Boer, E., Leurent, H., & Widmer, A. (2019). Lighthouse manufacturers lead the way – Can the rest of the world keep up? https://www.mckinsey.com/business-functions/operations/our-insights/https://www.mckinsey.com/business-functions/digital-mckinsey/our-insights/lighthouse-manufacturers-lead-the-way-can-the-rest-of-the-world-keep-up? Zugegriffen am 11.01.2019.

De Smet, A., & Gagnon, C. (2018). Organizing for the age of urgency. https://www.mckinsey.com/business-functions/organization/our-insights/organizing-for-the-age-of-urgency. Zugegriffen am 09.04.2019.

Deloitte Digital. (2015). *Überlebensstrategie „Digital Leadership"*. US: Deloitte Digital.

Diaz, C. (2017). Mining for leadership with lean management. https://www.mckinsey.com/industries/metals-and-mining/our-insights/mining-for-leadership-with-lean-management. Zugegriffen am 27.10.2017.

Drucker, P. (2005). Managing oneself. Harvard Business Review, 1, 1–10.

Freitag, L. (2017). Digitalisierung – Wie Jung und Alt besser zusammenarbeiten. http://www.wiwo.de/erfolg/management/digitalisierung-wie-jung-und-alt-besser-zusammenarbeiten/19398416.html. Zugegriffen am 24.10.2017.

Frey, C. B., & Osborne, M. A. (2015). The skilling challenge: *Technological forecasting and social change* (Bd. 114, S. 254–280, January 2017), Elsevier.

Goran, J., LaBerge, L., & Srinivasan, R. (2017). Culture for a digital age. https://www.mckinsey.com/business-functions/digital-mckinsey/our-insights/culture-for-a-digital-age. Zugegriffen am 19.10.2017.

Ignatowicz, K., Marciniak, T., Novak, J., & Purta, M. (2018). Central and Eastern Europe needs a new engine for growth. https://www.mckinsey.com/featured-insights/europe/central-and-eastern-europe-needs-a-new-engine-for-growth. Zugegriffen am 19.11.2018.

Kiehle, H. (2010). Smarter work. Interview vom 06.05.2010. https://www.ibm.com/developerworks/community/blogs/38b9aea1-bdad-4dde-9984-fd18f65bb557/entry/Interview_mit_Harald_Kiehle_zu_Smarter_Work?lang=zh_cn. Zugegriffen am 22.10.2017.

Kirchherr, J., Klier, J., Lehmann-Brauns, C., & Winde, M. (2019). *Future Skills: Welche Kompetenzen in Deutschland fehlen*. Diskussionspapier 1, Stifterverband und McKinsey.

Kotter, J. P. (2012). *Leading change*. Boston: Harvard Business Review Press.

Li, C. (2010). *Open leadership – How social technology can transform the way you lead*. San Francisco: Wiley.

Martinuzzi, B. (2017). The agile leader: Adaptability. https://www.mindtools.com/pages/article/newLDR_49.htm. Zugegriffen am 21.10.2017.

McKinsey Global Institute. (2018). *Skill shift: Automation and the future of workforce*. New York: McKinsey Global Institute.

McKinsey Survey. (2019). The shortlist, 08. Feb. 2019.

O'Reilly, C., & Tushman, M. (2008). Ambidextry as a dynamic capability. *Research in Organizational Behavior, 28*, 185–206.

Pelz, W. (2017). Institut für Management Innovation. Vortrag am 3./4.4.2017 auf 6. Berlin: Tagung Personalentwicklung – Human Resources Manager.

Petry, T. (2013). Chef 2.0 gesucht. *Personalmagazin, 5*, 30–31.

Pricewaterhouse Coopers. (Hrsg.). (2014). Industrie 4.0 hat hohes Nutzenpotenzial für deutsche Unternehmen. Studie. https://www.pwc.de/de/digitale-transformation/pwc-studie-industrie-4-0-steht-vor-dem-durchbruch.html. Zugegriffen am 24.10.2017.

Pries, J. C., & Heckmann, M. (2017). Der Ameisenhaufen und die Königin. *OrganisationsEntwicklung, 3*, 68–71.

Rump, J., Schabel, F., & Grabmeier, S. (Hrsg.). (2011). *Auf dem Weg in die Organisation 2.0: Mut zur Unsicherheit*. Sternenfels: Wissenschaft & Praxis.

Saleh, T. (2018). Demystifying AI and machine learning for executives. https://www.mckinsey.com/business-functions/digital-mckinsey/strategy-and-corporate-finance/demystifying-AI-and-machine-learning-for-executives. Zugegriffen am 08.10.2018.

Seelig, T. (2019). Zitiert in „Alles neu", Maier, A., ADA Sonderheft Januar 2019.

Stöger, R. (2017). Umsetzung der Digitalisierung – Fazit 1.0 in der Neuen Welt. *Organisations-Entwicklung, 1*, 55–61.

Thylmann, O. (2017). Vortrag am 3./4.4.2017auf 6. Berlin: Tagung Personalentwicklung – Human Resources Manager.

Verdi. (2018). Jobs lost, jobs gained: Workforce transitions in a time of automation. Stab Zukunft der Arbeit, ver.di Positionspapier zur Weiterbildung (09.08.2018).

Weinberg, J. et al. (2017). Discussions on digital: How strategy is evolving – And staying the same – In the hypergrowth digital age. McKinsey-Podcast. https://www.mckinsey.com/business-functions/digital-mckinsey/our-insights/discussions-on-digital-how-strategy-is-evolving-and-staying-the-same-in-the-hypergrowth-digital-age. Zugegriffen am 27.10.2017.

Weißenborn, C. (2019). Bitte recht freundlich. ADA Sonderausgabe Januar 2019.

Wouter, A., De Smet, A., Lackey, G., Lurie, M., & Murarka, M. (2018). The five trademarks of agile organisations. https://www.mckinsey.com/business-functions/digital-mckinsey/our-insights/the-five-trademarks-of-agile-organisations. Zugegriffen am 24.01.2019.

Prof. Dr. Thomas Doyé ist seit 2007 Vizepräsident der Technischen Hochschule Ingolstadt (THI) und verantwortet das Institut für Akademische Weiterbildung. Er studierte Jura und parallel BWL. Nach seiner Zulassung als Rechtsanwalt hat er vier Jahre bei BMW verschiedene Personalaufgaben wahrgenommen. Ab 1990 hat er bei Daimler als Leiter Personalpolitik die Dienstleistungstochter debis, heute Financial Services, mit aufgebaut. Ab 1994 war er als Bereichsleiter verantwortlich für das Management Development von Airbus. Ab 1998 hat er als Direktor für drei Jahre die Personalentwicklung des Dresdner Bank Konzerns verantwortet und in dieser Aufgabe insbesondere das Change Management aufgebaut sowie Teile des Personalbereichs als Profit Center ausgerichtet.

Seit 2000 hat Doyé die Professur für Personal und Organisationsentwicklung an der THI. Schwerpunkte seiner Arbeit sind vor allem HR-Strategie, Transformation und Change Management sowie Bildungskonzepte.

Digital-Business-Recht

12

Manfred Mayer

> **Zusammenfassung**
>
> Nach einer allgemeinen Einführung in das Recht der Informationsformationstechnologie in der ersten Auflage wird nunmehr das IT-Recht an drei in der Praxis relevanten Beispielen erörtert, der EU-Datenschutzgrund-Verordnung, den vertraglichen Regelungen bei agilen Softwareentwicklungsprojekten am Beispiel Scrum und bei Software als Service (SaaS). Dabei werden praktische Problemfelder, die Rechtsprechung und die Fachliteratur berücksichtigt.

12.1 EU-DSGVO

Bereits seit dem 25.05.2018 gilt nach einer zweijährigen Übergangsphase die Datenschutz-Grundverordnung (DS-GVO) unmittelbar in allen EU-Mitgliedstaaten. Grundsätzlich ist es den Mitgliedstaaten nicht erlaubt, die Vorgaben aus der DS-GVO durch nationale Regelungen abzuschwächen oder zu verstärken. Allerdings enthält die Verordnung verschiedene Öffnungsklauseln, die es den einzelnen Mitgliedstaaten ermöglichen bzw. sie verpflichten, bestimmte Aspekte des Datenschutzes durch nationales Recht zu regeln. So haben die Mitgliedstaaten z. B. das Recht auf den Schutz personenbezogener Daten gemäß dieser Verordnung mit dem Recht auf freie Meinungsäußerung und Informationsfreiheit (Art. 85 und 86 der Verordnung) in Einklang zu bringen.

M. Mayer (✉)
MAYBURG Rechtsanwaltsgesellschaft mbH, München, Deutschland
E-Mail: mayer@mayburg.de

Deutschland hat deshalb das Bundesdatenschutzgesetz (BDSG) zum 25.05.2018 ebenfalls neu gefasst. Damit wird bisheriges nationales Datenschutzrecht aufgehoben oder angepasst bzw. teils neu geschaffen. Fachleute sprechen jedoch nicht von einer Revolution, sondern eher von einer Evolution.

„Der freie Verkehr personenbezogener Daten in der Union darf aus Gründen des Schutzes natürlicher Personen bei der Verarbeitung personenbezogener Daten weder eingeschränkt noch verboten werden.", so der Art. 1 Abs. 3 DS-GVO. Die DS-GVO unterscheidet (im Gegensatz etwa zum deutschen BDSG) nicht zwischen der Verarbeitung personenbezogener Daten durch öffentliche und nicht-öffentliche Stellen, sondern für alle Verarbeiter gilt dasselbe Recht. Trotzdem fallen bestimmte Arten der Verarbeitung personenbezogener Daten laut Art. 2 nicht unter die Verordnung.

Die DS-GVO gilt nicht nur für Unternehmen mit Sitz innerhalb der EU, sondern auch für außereuropäische Unternehmen, soweit diese ihre Waren oder Dienstleistungen im europäischen Markt anbieten. Sie findet damit nicht nur Anwendung, wenn die Datenverarbeitung im Gebiet der Union oder durch einen im Gebiet der Union ansässigen Anbieter stattfindet, sondern nach Art. 3 DSGVO auch, wenn die Datenverarbeitung mit einem Angebot in Zusammenhang steht, das sich an Personen im Unionsgebiet richtet.

Die DS-GVO besteht aus 99 Artikel in elf Kapiteln, wobei die Gedanken und Erwägungen des Gesetzgebers im Vorfeld in 173 Erwägungsgründen dargestellt sind, die zur Auslegung der Artikel mit herangezogen werden können.

Kap. 1 regelt den Gegenstand des Datenschutzes, die Ziele, den sachlichen und räumlichen Anwendungsbereich und die Begriffsbestimmungen. Die Grundsätze und die Rechtmäßigkeit der Verarbeitung personenbezogener Daten, die Bedingungen für die Einwilligung und die Verarbeitung der besonderen Kategorien personenbezogener Daten folgen im Kap. 2.

Sodann schließen sich die Regelungen bezüglich der Rechte der betroffenen Person (Transparenz und Modalitäten, Informationspflicht und Recht auf Auskunft zu personenbezogenen Daten, Berichtigung und Löschung – das „Recht auf Vergessenwerden" –, Widerspruchsrecht und automatisierte Entscheidungsfindung im Einzelfall einschließlich Profiling) an.

Kap. 4 bestimmt den Verantwortlichen und den Auftragsverarbeiter, die Sicherheit der personenbezogenen Daten, die Datenschutz-Folgenabschätzung sowie die Aufgaben, Verhaltensregeln und Zertifizierung des Datenschutzbeauftragten.

Die Übermittlung personenbezogener Daten an Drittländer oder an internationale Organisationen regelt Kap. 5, die Aufgaben der unabhängigen Aufsichtsbehörden Kap. 6, die Rechtsbehelfe, Haftung und Sanktionen sowie die massiven Geldbußen das Kap. 8.

Die Definition maßgeblicher Begrifflichkeiten finden sich im Art. 4, so auch der Begriff der „personenbezogenen Daten". Hierunter sind alle Informationen zu verstehen, die sich auf eine identifizierte oder identifizierbare natürliche Person („betroffene Person") beziehen; als identifizierbar wird eine natürliche Person angesehen, die direkt oder indirekt, insbesondere mittels Zuordnung zu einer Kennung wie einem Namen, zu einer

Kennnummer, zu Standortdaten, zu einer Online-Kennung oder zu einem oder mehreren besonderen Merkmalen, die Ausdruck der physischen, physiologischen, genetischen, psychischen, wirtschaftlichen, kulturellen oder sozialen Identität dieser natürlichen Person sind, identifiziert werden kann.

Bestimmte Daten dürfen grundsätzlich nicht verarbeitet werden, wie rassische oder ethnische Herkunft, politische Meinung, religiöse Weltanschauung. Die Verarbeitung ist ausnahmsweise aber dann erlaubt, wenn der Ausnahmetatbestand gemäß Art. 9 DS-GVO greift. Dieser setzt z. B. eine wirksame Einwilligung der Person voraus oder die Verarbeitung ist zum Schutz lebenswichtiger Interessen einer Person erforderlich und diese kann aus körperlichen oder rechtlichen Gründen ihre Einwilligung nicht erteilen. Schließlich ist die Datenverarbeitung erlaubt, wenn sie zur Geltendmachung und Abwehr von Rechten und Ansprüchen verwendet wird.

Die Verarbeitung personenbezogener Daten – die DS-GVO bezieht schließlich jede automatisierte Verarbeitung und jede nichtautomatisierte Verarbeitung bei Speicherung in einem Dateisystem mit ein – ist lediglich in Erfüllung eines der Erlaubnistatbestände des Art. 6 erlaubt. Dies ist konkret der Fall, wenn

- die betroffene Person ihre Einwilligung gegeben hat,
- die Verarbeitung für die Erfüllung eines Vertrags oder zur Durchführung vorvertraglicher Maßnahmen erforderlich ist,
- die Verarbeitung zur Erfüllung einer rechtlichen Verpflichtung erforderlich ist,
- die Verarbeitung erforderlich ist, um lebenswichtige Interessen zu schützen,
- die Verarbeitung für die Wahrnehmung einer Aufgabe erforderlich ist, die im öffentlichen Interesse liegt,
- die Verarbeitung zur Wahrung der berechtigten Interessen des Verantwortlichen oder eines Dritten erforderlich ist.

Im letzten Fall ist eine Interessensabwägung gegenüber den Interessen der betroffenen Person erforderlich.

Der Verarbeitungsbegriff umfasst nunmehr Erhebung, Verarbeitung oder Nutzung.

Art. 6 Abs. 4 DS-GVO lässt es zu, dass die Daten später zu einem anderen Zweck verarbeitet werden, als zu dem, zu dem sie ursprünglich erhoben wurden. Das ist allerdings nur zulässig, wenn die Verarbeitung mit dem ursprünglichen Verarbeitungszweck in einem gewissen Zusammenhang steht.

Eine Datenverarbeitung muss stets die sechs Grundsätze des Art. 5 erfüllen:

- Rechtmäßigkeit, Verarbeitung nach Treu und Glauben, Transparenz
- Zweckbindung
- Datenminimierung
- Richtigkeit
- Speicherbegrenzung
- Integrität und Vertraulichkeit

Der Rechtmäßigkeits-Grundsatz lässt sich weit und eng auslegen. Eine enge Auslegung bezieht sich auf die Zulässigkeit der Verarbeitung (Frage nach den „Ob?"), eine weitere Auslegung stellt die Frage nach dem „Wie?". Die herrschende Meinung legt die Vorschrift eng aus.

Transparenz in der Datenverarbeitung ist dann zu bejahen, wenn retrospektiv die Datenverarbeitung Schritt für Schritt nachzuvollziehen ist. Dies hatte bereits im Jahre 1983 das Bundesverfassungsgericht im sog. Volkszählungsurteil festgestellt. Der Transparenzgedanke der Verordnung geht jedoch über diese reine Rückschau hinaus. Es muss vielmehr vorausblickend möglich sein, nicht nur den Prozess der Verarbeitung zu überblicken und verstehen, sondern auch den Zusammenhang und damit auch bspw. den Grund der Verarbeitung und den Zeitpunkt und Grund der Übermittlung an Dritte.

Weitreichend ist der Grundsatz der Zweckbindung. Damit diese überhaupt realisiert werden kann, muss der Zweck festgelegt, eindeutig und legitim sein. Dementsprechend muss der Zweck bereits zum Zeitpunkt der Erhebung feststehen. Eine allgemeine Angabe wie „geschäftsmäßige Verarbeitung" oder „Bankgeschäfte" reichen der herrschenden Meinung nach nicht aus. Vielmehr muss der Zweck so klar zum Ausdruck gebracht werden, dass Zweifel daran, ob und in welchem Sinne der Verantwortliche der Verarbeitung den Zweck festgelegt hat, ausgeschlossen sind. Die Informationen darüber sind laut Art. 12 in „präziser, transparenter, verständlicher und leicht zugänglicher Form in einer klaren und einfachen Sprache" zu liefern.

Nach Art. 13 und 14 muss jeder betroffenen Person bereits bei einer Datenerhebung in einer Datenschutzerklärung umfangreich Auskunft unter anderem über Zweck, Empfänger und Verantwortliche der Datenverarbeitung, Dauer der Datenspeicherung, Rechte zur Berichtigung, Sperren und Löschen und Verwendung der Daten für Profiling-Zwecke gegeben werden. Wenn sich der Zweck ändert, ist die betroffene Person aktiv zu informieren.

Nach Art. 16 hat die betroffene Person ein Recht auf Berichtigung falscher Daten sowie laut Art. 18 ein Recht auf Einschränkung („Sperrung") der Datenverarbeitung, wenn Richtigkeit oder Grundlage der Datenverarbeitung bestritten werden.

Das Recht auf Vergessenwerden, das in der Überschrift des Art. 17 ausdrücklich so genannt wird, ist eines der zentralen Rechte der DS-GVO. Es umfasst einerseits, dass eine betroffene Person das Recht hat, das Löschen aller sie betreffenden Daten zu fordern, wenn die Gründe für die Datenspeicherung entfallen. Darüber hinaus muss aber auch der Verarbeiter andererseits selbst aktiv die Daten löschen, wenn es keinen Grund mehr für eine Speicherung und Verarbeitung gibt.

Art. 20 verlangt, dass eine betroffene Person das Recht hat, die Daten, die sie betreffen und die sie selbst dem Verantwortlichen übergeben hat, in einem „strukturierten, gängigen und maschinenlesbaren Format zu erhalten", auch und insbesondere für den Zweck, sie anderen „ohne Behinderung durch den Verantwortlichen" zu übermitteln.

Jeder zum Datenschutz Verantwortliche muss ein Verzeichnis der Verarbeitungstätigkeiten, Art. 30 DS-GVO, führen. Abgefragt und aufgezeichnet werden sollte:

- Daten des Betriebs und des Datenschutz-Beauftragten,
- Welche Daten werden erhoben?
- Welchem Zweck dient die Datenerhebung, wie werden diese Daten weiterverarbeitet?

- Daraus leitet sich ab, ob es eine gesetzliche Erlaubnis gibt, die Daten zu verarbeiten – etwa bei einer Vertragsbeziehung – oder ob der Betroffene zur Datenverarbeitung seine Einwilligung geben muss.
- Welche Informationen erhalten die Anwender über die Erhebung und Speicherung personenbezogener Daten?
- Wie werden diese Informationen erteilt: Stehen sie zum Beispiel in den AGB (= allgem. Geschäftsbedingungen), in einem Text neben einer Checkbox auf der Website oder werden diese mündlich mitgeteilt?
- Werden Daten anonymisiert oder pseudonymisiert?
- Werden die Daten weitergegeben? Wenn ja, an wen? Ist dieser ebenfalls für den Datenschutz verantwortlich?
- Wo werden die Daten gespeichert?
- Werden diese außerhalb der EU gespeichert?
- Falls ja: Sind die Voraussetzungen zur Übermittlung in Drittstaaten erfüllt?
- Werden die Daten ausreichend durch technische und organisatorische Maßnahmen geschützt?
- Wie lange werden die Daten gespeichert?
- Wann wird gelöscht?

Die Umsetzung der Grundsätze erfolgt durch „geeignete technische und organisatorische Maßnahmen" (TOM). Unter technischen Maßnahmen sind alle Schutzversuche zu verstehen, die im weitesten Sinne physisch umsetzbar sind oder die in Soft- und Hardware umgesetzt werden, unter organisatorischen Maßnahmen solche Schutzversuche, die durch Handlungsanweisung, Verfahrens- und Vorgehensweisen umgesetzt werden. Hierzu können beispielsweise das physikalische Löschen von Daten, die kryptographische Verschlüsselung oder interne IT- und Datenschutz-Regelungen gehören.

Die DS-GVO sieht die Bestellung von Datenschutzbeauftragten vor, zumindest bei allen öffentlichen Stellen und solchen privaten Unternehmen, bei denen besonders risikoreiche Datenverarbeitungen erfolgen. Die Bestellung eines Datenschutzbeauftragten ist gem. § 38 Abs. 1 S. 2 1. Alt. BDSG neu iVm Art. 9, 10, 37 DS-GVO Pflicht, wenn

- regelmäßig mindestens zehn Personen ständig mit der automatisierten Verarbeitung personenbezogener Daten beschäftigt sind,
- Verantwortlicher eine öffentliche Stelle oder Behörde ist,
- die Kerntätigkeit des Unternehmens die umfangreiche Verarbeitung besonderer Kategorien von Daten oder strafrechtlicher Verurteilungen umfasst,
- eine Datenschutz-Folgenabschätzung durchzuführen ist,
- die Kerntätigkeit die umfangreiche oder systematische Überwachung von betroffenen Personen ist.

Der für den Datenschutz Verantwortliche muss die Einhaltung stets all dieser Grundsätze nachweisen können. Die Nichteinhaltung dieser Grundsätze und der Rechenschaftspflicht kann gem. Art. 83 DS-GVO mit Bußgeldern in Höhe von bis zu 20 Millionen EURO geahndet werden. Das BDSG sieht in § 42 Sanktionen in Form einer bis zu dreijähriger Freiheitsstrafe oder Geldstrafe vor.

12.2 Der „agile" Vertrag

Die klassische Wasserfallmethode bei der Realisierung von IT-Softwareprojekten wird derzeit nach und nach von einer agilen Softwareentwicklung abgelöst.

Dieser Wechsel in den Vorgehensmodellen setzt auch eine Berücksichtigung bei der vertraglichen Gestaltung vor:

Je komplexer ein IT-Vorhaben ist, desto weniger kann es vollständig durchgeplant werden. Auf sich während der Entwicklung und Realisierung auftretendende Veränderungen kann aber nur adäquat reagiert werden, wenn dies auch vom eingesetzen Vorgehensmodell zugelassen wird.

Dem tragen agile Softwareentwicklungsmodelle wie z. B. Scrum Rechnung.

Der Softwareerstellungsvertrag wird vom Gesetz als ein Werkvertrag nach § 631 BGB beurteilt. Danach erstellt der Auftraggeber eine Leistungsbeschreibung und ein Lastenheft, das der Auftragnehmer zunächst in ein Pflichtenheft umsetzt. Aus ihm geht dann hervor, wie der Auftragnehmer die Anforderungen der Leistungsbeschreibung IT-technisch umsetzen will. Hat der Auftragnehmer gegebenfalls unter Mitwirkung des Auftraggebers seine Programmierarbeiten abgeschlossen, erklärt er dem Auftraggeber die Betriebsbereitschaft. Sodann führt der Auftraggeber eine Funktionsprüfung auf abnahmever- oder abnahmebehindernde Mängel durch.

Mit der Abnahme erbringt der Auftragnehmer den im Werkvertrag geschuldeten Erfolg, der die Fälligkeit des Werklohns auslöst.

Stellt der Auftraggeber während oder nach der Realisierung eine die Leistungsbeschreibung verändernden oder ergänzenden Bedarf fest, wird dieser im Wege der sog. Change Request als weiterer Werkvertrag gegen zusätzliches Entgelt realisiert.

Das agile Programmieren verzichtet dagegen weitgehend auf die Erstellung eines ausführlichen Lastenhefts oder nachfolgend eines Pflichtenheftes. Nach einer sehr kurzen Planungsphase wird möglichst schnell eine ausführbare Software erzeugt, nachdem dafür in einem ständigen Austausch der Vertragsparteien Leistungspakete definiert werden. Der Projektfortschritt, seine Risiken und die Hemmnisse werden in kurzen Zeitabständen für alle Beteiligten dokumentiert. In ebenfalls kurzen, regelmäßigen Zeitabständen werden die Funktionalitäten implementiert, getestet und beurteilt.

Die Anforderungskriterien werden dabei einer ständigen Neubewertung und Anpassung unterworfen, wobei folgende Sachverhalte zu beachten sind:

1. Dienst- oder Werkvertrag
Das agile Programmieren kann sowohl in der Rechtsform als Dienstvertrag als auch als Werkvertrag realisiert werden. Während bei einem Werkvertrag ein Erfolg geschuldet

wird, muss bei einem Dienstvertrag der Dienstleister seine Leistungen ohne Erfolgsverpflichtung nach den „Regeln der Kunst" erbringen.

Daraus folgt, dass ein Auftraggeber, der am Ende des Projektes ein Ergebnis haben möchte, das seinen inzwischen klaren Anforderungen entspricht und für dessen Fehlerfreiheit der Auftragnehmer auch einstehen soll, als Rechtsform nicht einen Dienst-, sondern einen Werkvertrag wählen muss.

Wenn aber bei einem Vertragsschluss die Eigenschaften der zu erstellenden Software noch nicht hinreichend konkret feststehen, weder eine Beschaffenheits- noch eine abschließende Vergütungsvereinbarung getroffen werden kann, weist auch die Rechtsform des Werkvertrages Schwächen auf.

Diesem Defizit kann durch den Abschluss eines Rahmenvertrages über die Grundlagen der Zusammenarbeit begegnet werden.

Mit dienstvertraglichen Elementen wird die Zusammenarbeit der Parteien geregelt. Teilprojektverträge werden dann zur Realisierung einzelner Abschnitte als gesondertes Teilprojekt mit werkvertraglichen Elementen ausgestaltet. In den Bestimmungen über die Zusammenarbeit im Allgemeinen wird das von beiden Parteien gewünschte Vorgehensmodell so genau wie möglich vereinbart.

2. Mitwirkungspflichten des Auftraggebers
In agilen Entwicklungsprojekten müssen die Mitwirkungspflichten des Auftraggebers im Vergleich zu den traditionellen Wasserfallprojekten deutlich stärker ausgeprägt sein. Während in einem Wasserfallprozess die Entscheidungen typischerweise hierarchisch und sehr formalisiert getroffen werden, muss das Zusammenspiel der Beiträge und Mitwirkung der Vertragsparteien sehr „geschmeidig" gestaltet werden. Das dafür notwendige Change- und Dispute-Management muss sehr effektiv gestaltet und vertraglich vereinbart werden.

3. Vereinbarung der Iterationen
Bei einem Wasserfallprojekt verstärken sich die Risiken zum Ende des Projektes hin, da dann die kritische Integrations- und Abnahmephase beginnt. Die agile Softwareentwicklung dagegen ist eng mit der Steuerung der Prozesse sowie der Projekt- und Prozessplanung verbunden. Die Risiken sind aufgrund des unterschiedlichen Iterationsprozesses hier anders verortet.

Vertragliche Leitlinien für den Iterationsprozess erleichtern die Projektsteuerung. Vertragliche Bestimmungen über die Zusammenarbeit, über das Projektmanagement und ein Eskalationsverfahren fördern zusätzlich die Entscheidungsfindung im Projekt und verhelfen bei Meinungsverschiedenheiten zu schnellen Lösungen.

4. Verzicht auf Pflichtenheft und Dokumentation
Die Art und der Umfang der Dokumentation müssen vertraglich festgelegt werden, um im Fall der Fälle auf eine schriftliche Fixierung von justiziablen Leistungspflichten des Auftragnehmers zurückgreifen zu können.

Denn bei der agilen Softwareentwicklung tritt an die Stelle des Pflichtenheftes der Aktivitäten- und Fristenplan. Entweder im Quellcode oder in der Anwendung oder in der vom Auftragnehmer zur Verfügung gestellten „Hilfe" wird die Dokumentation erstellt.

Damit hat sich die Konkretisierung des Projektergebnisses und damit die Festlegung der geschuldeten Leistungen in den Softwareerstellungsprozess verlagert.

5. Vergütung nach Erfolg oder nach Aufwand

Haben die Vertragsparteien einen Dienstvertrag vereinbart, erfolgt die Vergütung in der Regel nach Zeit und Aufwand.

Haben die Vertragsparteien einen Werkvertrag oder eine Vielzahl von (Teil)-Werkverträgen z. B. pro Sprint vereinbart, erfolgt die Vergütung in der Regel nach der Abnahme oder Teilabnahme des Werkes.

Da aber ein agiler Softwarevertrag aus beiden Vertragselementen besteht, ist die Vergütungsregelung von besonderer Bedeutung. Es bietet sich also an, auf alternative Vergütungsmodelle zurückzugreifen, die das Risiko auf beide Parteien ausgewogen verteilen.

6. Nutzungsrechte

Die Besonderheit bei der agilen Softwareerstellung liegt in der individuellen Programmierung. Dadurch entstehen Urheber- und damit Nutzungsrechte bereits an Teilergebnissen.

Nachdem das Urheberpersönlichkeitsrecht immer beim Programmierer verbleibt, können nur Verwertungs- und Nutzungsrechte auf den Auftraggeber durch einen detaillierten Vertrag übertragen werden.

Dafür ist es notwendig, vertraglich den exakten Zeitpunkt der Rechteeinräumung insbesondere bezüglich der Teilergebnisse festzulegen. Da bei agilen Projektmethoden eine verstärkte Mitwirkungsleistung auch des Auftragnehmers vorliegt, kann dies zu einer Miturheberschaft führen.

Fehlen klare vertragliche Regelungen bezüglich der Rechteeinräumung, muss im Zweifel der Auftraggeber nachweisen, dass die von ihm behauptete Rechtseinräumung vom Vertrag gedeckt ist.

7. Weitere Regelungen

Der „agile" Vertrag soll Regelungen enthalten

- über das konkrete Ziel für jeden Entwicklungszyklus und über den voraussichtlichen Aufwand,
- über die Anzahl der Entwicklungszyklen für die Umsetzung,
- über die Zeit, die hierfür voraussichtlich benötigt wird,
- über die Höhe der Kosten, die hierfür geschätzt anfallen,
- über geeignete Testszenarien und deren Dokumentation,
- über die Voraussetzungen der Teil- und finalen Gesamtabnahme.

Zusammenfassung
Auf jedes agile Projekt ist vorab mit einem speziellen Vertrag zu reagieren, der für einen ausgewogenen Interessenausgleich zwischen Auftraggeber und Auftragnehmer sorgt. Damit können die zahlreichen Risiken für den Auftraggeber entschärft werden.

12.3 Software als Service-Vertrag (SaaS-Vertrag)

12.3.1 Einführung

Standardsoftware wird nicht mehr nur gekauft und durch Customizing an die Bedürfnisse der Nutzer angepasst, Individualsoftware wird nicht mehr nur selbst durch eigene Mitarbeiter erstellt, die fertige Software läuft nicht nur auf eigenen oder gemieteten Servern, sondern man nutzt die Software eines Anbieters in der Cloud.

Diese Nutzungsart bedarf entsprechenden vertraglichen Regelungen.

Der Anwender benötigt zur Durchführung seiner Geschäftsprozesse Standardsoftwareanwendungen und Speicherplatz zum Ablegen der erzeugten Anwendungsdaten.

Der Anbieter bietet die zeitweise Nutzung solcher Softwareanwendungen über eine Telekommunikationsverbindung sowie die Möglichkeit zur Ablage von Anwendungsdaten gegen Entgelt an.

Mit einem SaaS-Vertrag vereinbaren die Parteien, dass der Anbieter dem Anwender die Nutzungsmöglichkeit für die benötigten Softwareanwendungen zum Zugriff über eine Telekommunikationsverbindung sowie Speicherplatz für seine Anwendungsdaten zur Verfügung stellt.

Nachfolgend werden exemplarisch und ohne Anspruch auf Vollständigkeit die wesentlichen Elemente einer entsprechenden vertraglichen Regelung dargestellt.

12.3.2 Vertragsgegenstand

Gegenstand dieses Vertrags ist die Bereitstellung der vereinbarten Software zur Nutzung ihrer Funktionalitäten, die technische Ermöglichung der Nutzung der Software und die Einräumung bzw. Vermittlung von Nutzungsrechten an der Software sowie die Bereitstellung von Speicherplatz für die vom Anwender durch Nutzung der Software erzeugten und/oder die zur Nutzung der Software erforderlichen Daten im vereinbarten Umfang durch den Anbieter gegenüber dem Anwender gegen Zahlung des vereinbarten Entgelts auf Zeit (Software-Mietvertrag).

Der Anbieter hält ab dem vereinbarten Zeitpunkt auf einer oder mehreren zentralen Datenverarbeitungsanlagen die vereinbarte Software in der jeweils aktuellen Version zur Nutzung bereit.

Der Anbieter haftet dafür, dass die bereit gestellte Software für die sich aus der Leistungsbeschreibung ergebenden Zwecke geeignet ist, während der gesamten Vertragslaufzeit frei von Mängeln insb. frei von Viren und ähnlichen Beschädigungen bleibt, welche die Tauglichkeit der Software zum vertragsgemäßen Gebrauch aufheben.

Dafür übermittelt der Anbieter dem Anwender die vereinbarte Anzahl von Benutzernamen und Benutzerpasswörtern, die vom Anwender unverzüglich in nur ihm bekannte Namen und Kennwörter zu ändern sind.

Soweit der Anbieter die Software von Dritten bezieht, muss er die letzte allgemein am Markt verfügbare Version der jeweiligen Software spätestens drei Monate ab herstellerseitiger allgemeiner Marktfreigabe zur Nutzung durch den Anwender bereithalten. Soweit der Anbieter eine Software selbst herstellt, sorgt er dafür, dass die vom ihm hergestellte Software stets dem erprobten Stand der Technik entspricht.

Sofern und soweit mit der Bereitstellung einer neuen Version oder einer Änderung eine Änderung von Funktionalitäten der Software, durch die Software unterstützten Arbeitsabläufen des Anwenders und/oder Beschränkungen in der Verwendbarkeit bisher erzeugter Daten einhergehen, wird der Anbieter dies dem Anwender spätestens sechs Wochen vor dem Wirksamwerden einer solchen Änderung schriftlich ankündigen. Widerspricht der Anwender der Änderung nicht schriftlich innerhalb einer Frist von zwei Wochen ab Zugang der Änderungsmitteilung, wird die Änderung Vertragsbestandteil. Der Anbieter wird den Anwender bei jeder Ankündigung von Änderungen auf die vorgenannte Frist und die Rechtsfolgen ihres Verstreichens bei Nichtwahrnehmung der Widerspruchsmöglichkeit aufmerksam machen.

Der Anbieter hält auf dem Server ab dem vereinbarten Zeitpunkt der betriebsfähigen Bereitstellung für die Software einen Speicherplatz im vereinbarten Umfang bereit.

Die Software und die Daten werden auf dem Server regelmäßig, mindestens kalendertäglich, gesichert. Für die Einhaltung handels- und steuerrechtlicher Aufbewahrungsfristen ist der Anwender verantwortlich.

Übergabepunkt für die Software und die Daten ist der Routerausgang des Rechenzentrums des Anbieters.

Der Anwender muss bestimmte Systemvoraussetzungen schaffen und auf Dauer vorhalten.

Für die Beschaffenheit der erforderlichen Hard- und Software auf Seiten des Anwenders sowie für die Telekommunikationsverbindung zwischen dem Anwender und dem Anbieter bis zum Übergabepunkt ist der Anwender verantwortlich.

Der Anbieter stellt dem Anwender eine bestimmte Zugriffssoftware zur Verfügung, mit der der Anwender auf den Server zugreifen kann. Der Anbieter haftet dafür, dass die Zugriffssoftware geeignet ist, den vertragsgemäßen Zugriff auf den Server zu ermöglichen.

Der Zugriff auf den Server erfolgt ausschließlich mit der vom Anbieter zur Verfügung gestellten Zugriffssoftware.

Die Zugriffssoftware darf nicht dazu geeignet sein, den Zugriff des Anbieters oder eines Dritten auf Datenverarbeitungsanlagen des Anwenders zu ermöglichen, sofern dies nicht für die ordnungsgemäße Durchführung der Nutzung der Software unerlässlich ist.

Der Anbieter schuldet die vereinbarte Verfügbarkeit der Software und der Daten am Übergabepunkt. Unter Verfügbarkeit verstehen die Parteien die technische Nutzbarkeit der Software und der Daten am Übergabepunkt zum Gebrauch durch den Anwender unter Verwendung der Zugriffssoftware.

Sämtliche Einzelheiten zu der Verfügbarkeit, insb. zu den technischen Parametern und Verfahren zur Messung und Bestimmung der Verfügbarkeit, werden zwischen den Partien vereinbart, insbesondere

- die Systemnutzungszeit, die Kernnutzungszeit und die Randnutzungszeit,
- die Zeit, an dem der Anbieter regelmäßige bzw. planmäßige Wartungsarbeiten bzw. Reparaturen vornimmt (Wartungsfenster),
- den Bezugszeitraum, innerhalb dessen die Verfügbarkeit berechnet wird,
- den Grad der Verfügbarkeit in Prozent innerhalb der Kernnutzungszeit und Randnutzungszeit,
- die zulässige maximale ununterbrochene Ausfallzeit je vereinbarter Zeiteinheit für die Kernnutzungszeit und die Randnutzungszeit,
- die Einzelheiten der Sanktionen für den Fall der Nichteinhaltung der Verfügbarkeit.

Ferner vereinbaren die Parteien Reaktions- und Wiederherstellungszeiten, die bei Nichtverfügbarkeit und/oder bei Vorliegen von Sachmängeln in Bezug auf die Zugriffssoftware oder die Software oder die Daten gelten, einschließlich etwaiger Sanktionen bei Nichteinhaltung.

Es gelten die folgenden Regelungen.

Kommt der Anbieter den vereinbarten Verpflichtungen nicht vollständig nach, z. B. gerät er mit der betriebsfähigen Bereitstellung der Software in Verzug, so ist der Anwender zum Rücktritt vom Vertrag berechtigt, wenn der Anbieter eine vom Anwender gesetzte zweiwöchige Nachfrist nicht einhält, d. h., innerhalb der Nachfrist nicht die volle vereinbarte Funktionalität der Software zur Verfügung stellt.

Kommt der Anbieter nach betriebsfähiger Bereitstellung der Software oder der Daten den vereinbarten Verpflichtungen ganz oder teilweise nicht nach, so verringert sich die monatliche Nutzungspauschale anteilig für die Zeit, in der die Software oder die Daten oder der Speicherplatz dem Anwender nicht in dem vereinbarten Umfang zur Verfügung standen.

Wird die vereinbarte Verfügbarkeit aus Gründen, die der Anbieter zu vertreten hat, unterschritten, zahlt der Anbieter die vereinbarte Vertragsstrafe.

Der Anbieter übersendet dem Anwender auf dessen schriftlichen Wunsch am Ende der vereinbarten Zeiteinheit eine vollständige Kopie sämtlicher Daten auf üblichen Datenträgern (Backup).

Bei Vertragsbeginn stellt der Anbieter dem Anwender einmalig ein schriftliches oder elektronisches ausdruckbares, in deutscher oder englischer Sprache abgefasstes Benutzerhandbuch für die Software zur Verfügung.

Sofern eine Aktualisierung der Software oder der Zugriffssoftware vereinbart ist und erfolgt, wird das Benutzerhandbuch entsprechend angepasst.

12.3.3 Nutzungsrechte

Der Anbieter verschafft dem Anwender an der Zugriffssoftware und der Software ein einfaches, nicht unterlizenzierbares und nicht übertragbares, auf die Laufzeit dieses Vertrages beschränktes Nutzungsrecht nach Maßgabe der nachstehenden Regelungen.

- Der Anwender nutzt die Zugriffssoftware nur für den Zugriff auf den Server, um die Software auf dem Server zu nutzen. Eine Überlassung der Software an den Anwender erfolgt nicht. Der Anwender darf die Zugriffssoftware und die Software nur für seine eigenen geschäftlichen Tätigkeiten durch eigenes Personal nutzen.
- Der Anwender nutzt die Zugriffssoftware und die Software nur durch eine angegebene Anzahl von Personen. Erfolgt eine Nutzung durch mehr als die vereinbarte Anzahl von Personen, zahlt der Anwender eine vereinbarte pauschalierte Nutzungsgebühr je Person und Zugriff; sonstige Ansprüche des Anbieters bleiben unberührt.

Der Anwender ist nicht berechtigt, Änderungen an der Software vorzunehmen. Dies gilt nicht für Änderungen, die für die Berichtigung von Fehlern notwendig sind, sofern der Anbieter sich mit der Behebung des Fehlers in Verzug befindet, die Fehlerbeseitigung ablehnt oder wegen der Eröffnung des Insolvenzverfahrens zur Fehlerbeseitigung außer Stande ist. Die vollständige Entfernung der Zugriffssoftware von einer, mehreren oder allen Datenverarbeitungsanlagen des Anwenders bei Beendigung des Vertrags gilt nicht als Änderung.

Sofern der Anbieter während der Laufzeit neue Versionen, Updates, Upgrades oder andere Neulieferungen im Hinblick auf die Software vornimmt, gelten die vorstehend beschriebenen Rechte auch für diese.

Der Anwender ist insbesondere nicht berechtigt, die Software über die vereinbarte Nutzung hinaus zu nutzen oder von Dritten nutzen zu lassen oder die Software Dritten zugänglich zu machen. Insbesondere ist es nicht gestattet, die Software zu vervielfältigen, zu veräußern oder zeitlich begrenzt zu überlassen, nicht zu vermieten oder zu verleihen.

12.3.4 Sichere Nutzung

Der Anwender trifft die notwendigen Vorkehrungen, die Nutzung der Software durch Unbefugte zu verhindern.

Er haftet dafür, dass die Software nicht zu rassistischen, diskriminierenden, pornographischen, den Jugendschutz gefährdenden, politisch extremen oder sonst gesetzeswidrigen oder gegen behördliche Vorschriften oder Auflagen verstoßenden Zwecken verwendet oder entsprechende Daten erstellt und/oder auf dem Server gespeichert werden.

Verletzt der Anwender diese Regelungen aus von ihm zu vertretenden Gründen, kann der Anbieter den Zugriff des Anwenders auf die Software sperren, wenn die Verletzung hierdurch nachweislich abgestellt werden kann.

Verstößt der Anwender rechtswidrig gegen das Verbot, „rechtswidrige" Daten zu speichern, ist der Anbieter berechtigt, die dadurch betroffenen Daten zu löschen.

Verletzt der Anwender trotz entsprechender schriftlicher Abmahnung des Anbieters weiterhin oder wiederholt die oben genannten Regelungen und hat er dies zu vertreten, so kann der Anbieter den Vertrag ohne Einhaltung einer Kündigungsfrist außerordentlich kündigen.

12.3.5 Rechts des Anwenders

Sofern und soweit während der Laufzeit dieses Vertrages, insb. durch Zusammenstellung von Daten, durch nach diesem Vertrag erlaubte Tätigkeiten des Anwenders auf dem Server des Anbieters eine Datenbank, Datenbanken, ein Datenbankwerk oder Datenbankwerke entstehen, stellen alle Rechte hieran dem Anwender zu. Der Anwender bleibt auch nach Vertragsende Eigentümer der Datenbanken bzw. Datenbankwerke.

12.3.6 Entgelt

Die Vergütung für die zu erbringenden Leistungen der Nutzungsgewährung bzgl. der Software und der Zurverfügungstellung von Speicherplatz einschließlich der Datensicherung setzt sich aus einer Grundpauschale und aus nutzungsabhängigen Vergütungen zusammen.

12.3.7 Pflichten und Obliegenheiten des Anwenders

Der Anwender wird alle Pflichten und Obliegenheiten erfüllen, die zur Durchführung des Vertrags erforderlich sind.

Er wird die ihm bzw. den Nutzern zugeordneten Nutzungs- und Zugangsberechtigungen sowie die vereinbarten Identifikations- und Authentifikations-Sicherungen geheim halten, vor dem Zugriff durch Dritte schützen und nicht an unberechtigte Nutzer weitergeben. Diese Daten sind durch geeignete und übliche Maßnahmen zu schützen. Der Anwender wird den Anbieter unverzüglich unterrichten, wenn der Verdacht besteht, dass die Zugangsdaten und/oder Kennwörter nicht berechtigten Personen bekannt geworden sein könnten.

Er wird
- die vereinbarten Zugangsvoraussetzungen schaffen,
- die Beschränkungen/Verpflichtungen im Hinblick auf die Nutzungsrechte einhalten,
- keine Informationen oder Daten unbefugt abrufen oder abrufen lassen oder in Programme, die von dem Anbieter betrieben werden, eingreifen oder eingreifen lassen oder in Datennetze des Anbieters unbefugt eindringen oder ein solches Eindringen fördern;

- den im Rahmen der Vertragsbeziehung und/oder unter Nutzung der Software möglichen Austausch von elektronischen Nachrichten nicht missbräuchlich für den unaufgeforderten Versand von Nachrichten und Informationen an Dritte zu Werbezwecken nutzen;
- den Anbieter von Ansprüchen Dritter freistellen, die auf einer rechtswidrigen Verwendung der Software durch ihn beruhen oder die sich aus vom Anwender verursachten datenschutzrechtlichen, urheberrechtlichen oder sonstigen rechtlichen Streitigkeiten ergeben, die mit der Nutzung der Software verbunden sind;
- die erforderliche Einwilligung des jeweils Betroffenen einholen, soweit er bei Nutzung der Software personenbezogene Daten erhebt, verarbeitet oder nutzt und kein gesetzlicher Erlaubnistatbestand eingreift;
- vor der Versendung von Daten und Informationen an den Anbieter diese auf Viren prüfen und dem Stand der Technik entsprechende Virenschutzprogramme einsetzen;

12.3.8 Datensicherheit und Datenschutz

Die Vertragspartner verpflichten sich, die jeweils anwendbaren, insb. die gültigen, datenschutzrechtlichen Bestimmungen nach der EU-DSGVO zu beachten und ihre im Zusammenhang mit dem Vertrag und dessen Durchführung eingesetzten Beschäftigten auf das Datengeheimnis zu verpflichten, soweit diese nicht bereits allgemein entsprechend verpflichtet sind.

Der Anwender stellt im Fall eines Verstoßes gegen datenschutzrechtlichen Bestimmungen nach der EU-DSGVO den Anbieter von Ansprüchen Dritter frei insbesondere, wenn er personenbezogene Daten erhebt, verarbeitet oder nutzt.

Der Anbieter verpflichtet sich, personenbezogene Daten nur in dem Umfang zu erheben und zu nutzen, wie es die Durchführung dieses Vertrags erfordert. Der Anwender stimmt der Erhebung und Nutzung solcher Daten in diesem Umfang zu.

Die Vertragspartner schließen eine diesem Vertrag beigefügte Vereinbarung über die Auftragsvereinbarung nach der EU-DSGVO. Im Fall von Widersprüchen zwischen diesem Vertrag und der Vereinbarung über die Auftragsverarbeitung geht Letztere Ersterem vor.

12.3.9 Geheimhaltung

Als vertraulich zu behandelnde Informationen gelten die von dem informationsgebenden Vertragspartner ausdrücklich als vertraulich bezeichneten Informationen und solche Informationen, deren Vertraulichkeit sich eindeutig aus den Umständen der Überlassung ergibt. Sollte der Anbieter von den Informationen Kenntnis erhalten, wird er sie vertraulich behandeln.

Die Vertragspartner werden über alle vertraulichen Informationen, die ihnen im Rahmen dieses Vertragsverhältnisses zur Kenntnis gelangt sind, Stillschweigen bewahren auch über die Zeit nach der Beendigung des Vertrages hinaus bzw. diese nur im vorher schriftlich hergestellten Einvernehmen des jeweils anderen Vertragspartners Dritten gegenüber – gleich zu welchem Zweck – verwenden.

12.3.10 Haftung, Haftungsgrenzen und Vertragsstrafe

Die Vertragspartner haften einander bei Vorsatz oder grober Fahrlässigkeit für alle von ihnen sowie ihren gesetzlichen Vertretern oder Erfüllungsgehilfen verursachten Schäden unbeschränkt.

Bei leichter Fahrlässigkeit haften die Vertragspartner im Fall der Verletzung des Lebens, des Körpers oder der Gesundheit unbeschränkt.

Im Übrigen haftet ein Vertragspartner nur, soweit er eine wesentliche Vertragspflicht verletzt hat.

Wesentliche Vertragspflichten sind solche Pflichten, die für die Erreichung des Vertragsziels von besonderer Bedeutung sind, ebenso alle diejenigen Pflichten, die im Fall einer schuldhaften Verletzung dazu führen können, dass die Erreichung des Vertragszwecks gefährdet wird.

In diesen Fällen ist die Haftung auf den Ersatz des vorhersehbaren, typischerweise eintretenden Schadens beschränkt. Die verschuldensunabhängige Haftung des Anbieters auf Schadensersatz (§ 536a BGB) für bei Vertragsschluss vorhandene Mängel wird ausgeschlossen.

Ein Vertragspartner ist zur Zahlung einer Vertragsstrafe nur verpflichtet, wenn dies dieser Vertrag ausdrücklich vorsieht. Eine Vertragsstrafe braucht nicht vorbehalten zu werden. Die Aufrechnung mit ihr und gegen sie ist zulässig.

Die Haftung nach dem Produkthaftungsgesetz bleibt unberührt.

12.3.11 Laufzeit und Kündigung

Das Vertragsverhältnis beginnt mit Zustandekommen des Vertrags und wird auf unbestimmte Zeit geschlossen, sofern keine Vertragslaufzeit vereinbart wurde. Die Bereitstellung der Leistungen erfolgt ab dem vereinbarten Zeitpunkt.

Das Vertragsverhältnis kann von jedem Vertragspartner schriftlich mit einer Frist von X Monaten zum Ende eines Kalendervierteljahrs ordentlich gekündigt werden, erstmals jedoch zum Ablauf desjenigen Kalenderjahrs, das dem Kalenderjahr des Vertragsschlusses folgt.

Die außerordentliche Kündigung wegen oder im Zusammenhang mit einer Pflichtverletzung ist nur nach vorangegangener schriftlicher Abmahnung mit angemessener Fristsetzung von nicht unter Y Werktagen möglich.

Hat der kündigungsberechtigte Vertragspartner länger als Z Werktage Kenntnis von den die außerordentliche Kündigung rechtfertigenden Umständen, kann er die Kündigung nicht mehr auf diese Umstände stützen.

Der Anbieter kann den Vertrag ohne Einhaltung einer Frist kündigen, wenn der Anwender für zwei aufeinander folgende Monate mit der Bezahlung der Preise bzw. eines nicht unerheblichen Teils der Preise oder in einem Zeitraum, der sich über mehr als zwei Monate erstreckt, mit der Bezahlung des Entgelts in Höhe eines Betrags, der das Entgelt für zwei Monate erreicht, in Verzug ist.

Der Anbieter kann in diesem Fall zusätzlich einen sofort in einer Summe fälligen pauschalierten Schadensersatz in Höhe eines Viertels der bis zum Ablauf der regulären Vertragslaufzeit restlichen monatlichen Grundpauschale verlangen. Dem Anwender bleibt der Nachweis eines geringeren Schadens vorbehalten.

12.3.12 Pflichten nach Beendigung des Vertrags

Zum vereinbarten Zeitpunkt, spätestens jedoch mit Beendigung des Vertragsverhältnisses, ist der Anbieter verpflichtet, die vom Anwender gespeicherten Daten und ggf. sonst auf dem bereit gestellten Massenspeicher gespeicherte Daten diesem auf einem dauerhaft lesbaren mobilen und revisionssicheren Datenträger in dem vereinbarten Datenformat zur Verfügung zu stellen.

Daneben ist der Anbieter verpflichtet, auf Wunsch des Anwenders sämtliche vom Anwender gespeicherte Daten einem vom Anwender benannten Dritten auf einem üblichen Datenträger oder im Wege der Datenfernübertragung zur Verfügung zu stellen. Der Anwender ist verpflichtet, dem Anbieter die entstandenen notwendigen und nachgewiesenen Kosten zu ersetzen.

Der Anwender ist mit rechtlicher Beendigung des Vertrags, nicht jedoch vor Erfüllung der Verpflichtungen des Anbieters verpflichtet, dem Anbieter sämtliche Datenträger mit von ihm erhaltender Software zurückzugeben und sämtliche Kopien dieser Software auf seinen eigenen DV-Einrichtungen zu löschen.

12.3.13 Höhere Gewalt

Keiner der Vertragspartner ist zur Erfüllung der vertraglichen Verpflichtungen im Fall und für die Dauer höherer Gewalt verpflichtet. Insb. folgende Umstände sind als höhere Gewalt in diesem Sinne anzusehen:

- von dem Vertragspartner nicht zu vertretende(s) Feuer/Explosion/Überschwemmung,
- Krieg, Meuterei, Blockade, Embargo,
- über 6 Wochen andauernder und von dem Vertragspartner nicht schuldhaft herbeigeführter Arbeitskampf,
- nicht von einem Vertragspartner beeinflussbare technische Probleme des Internets; dies gilt nicht, sofern und soweit der Anbieter die Telekommunikationsleistung mit anbietet.

Jeder Vertragspartner hat den anderen über den Eintritt eines Falles höherer Gewalt unverzüglich schriftlich in Kenntnis zu setzen.

12.3.14 Schlußbestimmungen

Auf das Vertragsverhältnis findet deutsches materielles Recht unter Ausschluss des UN-Kaufrechts Anwendung.

Nebenbestimmungen außerhalb dieses Vertrags und seiner Anhänge bestehen nicht. Änderungen oder Ergänzungen dieses Vertrages und der Anhänge bedürfen der zu ihrer Wirksamkeit der Schriftform. Dies gilt auch für die Abbedingung des Schriftformerfordernisses.

Die etwaige Unwirksamkeit einzelner Bestimmungen dieses Vertrags beeinträchtigt nicht die Gültigkeit des übrigen Vertragsinhalts.

Ergeben sich in der praktischen Anwendung dieses Vertrags Lücken, die die Vertragspartner nicht vorgesehen haben, oder wird die Unwirksamkeit einer Regelung rechtskräftig oder von beiden Parteien übereinstimmend festgestellt, so verpflichten sie sich, diese Lücke oder unwirksame Regelung in sachlicher, am wirtschaftlichen Zweck des Vertrages orientierter angemessener Weise auszufüllen bzw. zu ersetzen.

Der ausschließliche Gerichtsstand ist, sofern nicht eine Norm zwingend einen anderen Gerichtsstand anordnet, das für den Sitz des Anbieters zuständige Landgericht.

Prof. Dr. Manfred Mayer ist seit November 2015 in München als Rechtsanwalt und geschäftsführender Gesellschafter in der BURG Rechtsanwaltsgesellschaft mbH tätig, spezialisiert auf die Rechtsgebiete des IT-, Computer- und Vergaberechts. Seit Anfang 2019 ist er sowohl Fachanwalt für IT-Recht wie auch Fachanwalt für Vergaberecht. Er berät und vertritt IT-Firmen und öffentliche Auftraggeber bei der IT-Vertragsgestaltung, der Durchführung von IT-Projekten, der Rückabwicklung von gescheiterten IT-Vorhaben vor den Gerichten und der Durchführung von nationalen und europaweiten Vergabeverfahren.

Vor seiner Tätigkeit als Rechtsanwalt leitete er ab 2003 das Referat für E-Government und Rechtsfragen der Informations- und Kommunikationstechnik (IT) zunächst in der Bayerischen Staatskanzlei und von August 2009 bis Juli 2011 in der Stabsstelle des Beauftragten der Bayerischen Staatsregierung für die IT im Bayerischen Staatsministerium der Finanzen. Unter seiner maßgeblichen Mitwirkung wurden im Freistaat Bayern die E-Government-Strategie entwickelt, der E-Government-Pakt mit den Kommunalen Spitzenverbänden und der E-Government-Dialog mit der Wirtschaft vorbereitet.

Von 1983 bis 1996 verantwortete Dr. Mayer als Richter den operativen IT-Betrieb der bayerischen Justiz und den der Bayerischen Staatskanzlei bis 2003 als Ministerialrat.

An der Fakultät für Informatik der Universität der Bundeswehr hält er als Honorarprofessor im Masterstudiengang Vorlesungen für Studenten der Informatik und Wirtschaftsinformatik. Seit 2011 betreut er im MBA-Studiengang „IT-Management" der Technischen Hochschule Ingolstadt, Institut für Akademische Weiterbildung (IAW), das Fachgebiet „IT-Recht".

Digital Security – Wie Unternehmen den Sicherheitsrisiken des digitalen Wandels trotzen

13

Alexander Weise

> **Zusammenfassung**
>
> Neben den zahlreichen Chancen, die Digitalisierung und Vernetzung mit sich bringen, verändert sich auch die Risikolandschaft, mit der sich Unternehmen auseinandersetzen müssen. Bestehende Risiken verschwinden, andere Risiken kommen hinzu.
>
> Insbesondere im Bereich der Digital Security gilt es, mit sich verändernden Technologien, aber auch mit sich verändernden Angreifern schrittzuhalten. Die notwendigen Gegenmaßnahmen sind dabei nicht nur technologischer, sondern auch organisatorischer Natur.
>
> Gelingt es Unternehmen, diese Transformation erfolgreich zu gestalten, kann Digital Security auch zum Wettbewerbsvorteil in der Digitalisierung werden.
>
> Im nachfolgenden Beitrag werden Beispiele aus der Praxis des Autors vorgestellt. Es wird aufgezeigt, wie sich Organisationen dem Wandel durch Digitalisierung stellen und ihre Sicherheitsorganisation, -prozesse und -technologien anpassen.

13.1 Einleitung

„In den letzten zehn Jahren hatten wir keinen Sicherheitsvorfall, das wird auch so bleiben", „Wer sollte sich schon für unsere Daten und Systeme interessieren? Da passiert schon nichts", „Wir bieten nur eine kleine Angriffsfläche und diese ist gut abgesichert" oder „Wir sind in einem stark regulierten Umfeld tätig. Deshalb gibt es keine Notwendigkeit, etwas

---

A. Weise (✉)
Cyber Risk Engineering Services, Swiss Re Europe S.A., München, Deutschland
E-Mail: alexander@weisec.de

zu verändern". All das sind Aussagen, die der Autor im Rahmen seiner Tätigkeit als „Information Security Consultant" oder im Austausch mit Unternehmen aus den unterschiedlichsten Bereichen des Öfteren gehört hat.

Die unzähligen bekannt gewordenen Sicherheitsvorfälle der letzten Monate haben gezeigt, dass solch eine Ansicht zu großen Schäden für die Unternehmen führen kann.

Durch die mediale Präsenz des Themas hat in einigen Unternehmen auch bereits ein Umdenken stattgefunden. Immer mehr Unternehmen erkennen, dass mit der fortschreitenden Digitalisierung auch die Aktivitäten der Informationssicherheit angepasst werden müssen.

Hilfestellungen zu diesem Thema gibt es viele: Anerkannte Standards wie die ISO/IEC-27000-Normenreihe (International Organization for Standardization 2019), die BSI-Standards und das IT-Grundschutz-Kompendium des Bundesamts für Sicherheit in der Informationstechnik (Bundesamt für Sicherheit in der Informationstechnik 2019a, b) oder auch das „Cybersecurity Framework" des amerikanischen „National Institute of Standards and Technology" (National Institute of Standards and Technology 2019) geben Orientierung und machen Vorgaben zur Absicherung des Unternehmens auf verschiedenen Ebenen.

Mit Ausnahme einiger Inhalte des IT-Grundschutz-Kompendiums des BSI (Bundesamt für Sicherheit in der Informationstechnik 2019b) verfolgen die meisten Standards jedoch den Ansatz, das „Was?" und weniger das „Wie?" der Umsetzung zu beschreiben. Zwar gibt es auch hier Hilfestellungen wie den Implementierungsleitfaden zur ISO/IEC 27001:2013 (Funk et al. 2016) der „Information Systems Audit and Control Association" (ISACA), aber auch hier werden konkrete Umsetzungen einzelner Themengebiete nicht beschrieben.

Das hat den Hintergrund, dass jedes Unternehmen unterschiedlich aufgebaut ist und unterschiedlich agiert. Darüber hinaus verändern sich die Anforderungen an die Informationssicherheit stetig. Niemand kann sagen, ob ein Trend, der derzeit verfolgt wird, auch in wenigen Jahren noch Anwendung findet. Möglicherweise wird dann bereits ein ganz anderer Ansatz verfolgt. Konkrete, allgemeingültige Umsetzungsvorgaben sind daher nicht möglich.

Dennoch kann es hilfreich sein, neben den theoretischen Vorgaben der Standards auch die konkrete Umsetzung einzelner Themen genauer zu betrachten. Dieser Beitrag möchte anhand einiger Beispiele aufzeigen, welche Auslöser dazu geführt haben, dass Unternehmen Veränderungen an den bisherigen Vorgehensweisen vornehmen und den Leser dazu anregen, sich für seinen eigenen Kontext Gedanken über mögliche Verbesserungen zu machen.

Die Beispiele stammen aus der Praxis des Autors. Der Autor ist Vice President Cyber Risk Engineering Services bei Corporate Solutions, dem Industrieversicherungs-Bereich der Swiss Re. Im Rahmen dieser Tätigkeit steht der Autor im Austausch mit zahlreichen Unternehmen verschiedener Branchen, die Interesse an der Versicherung ihrer Informationssicherheitsrisiken haben.

Die Beispiele wurden ausgewählt, wenn sich aus verschiedenen Unternehmen ähnliche Tendenzen zur Umsetzung des Themas gezeigt haben und so angepasst, dass diese allgemeine

Gültigkeit besitzen und keine unternehmenseigenen Informationen enthalten. Gleichzeitig sollen sie unterschiedliche Themengebiete der Informationssicherheit abdecken.

13.2 Bedrohungslandschaft im Unternehmenskontext

Unternehmen aller Branchen sehen sich einer immer weiter verändernden Bedrohungslandschaft ausgesetzt. Je nach Industrie, Art und Größe des Unternehmens und auch der regionalen Ausbreitung unterscheiden sich einzelne Faktoren und Akteure der Bedrohungslandschaft. Manche Aspekte mögen auf einzelne Unternehmen nicht zutreffen, andere sind unterschiedlich ausgeprägt. In Abb. 13.1 ist die sich stetig verändernde

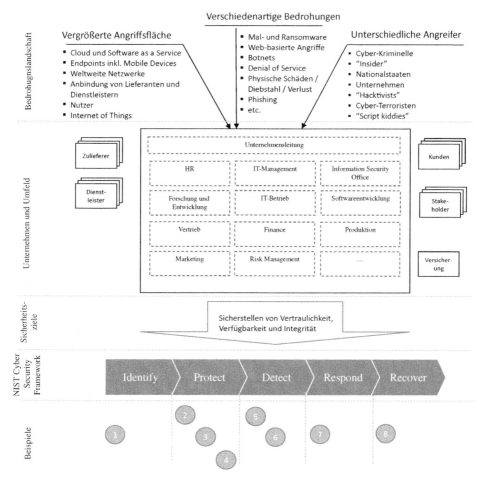

Abb. 13.1 Unternehmen und Bedrohungslandschaft. (Quelle: Angreifer und Bedrohungen nach European Union Agency For Network and Information Security 2019, eigene Abbildung)

Bedrohungslandschaft für ein generisches Unternehmen dargestellt. Ebenfalls enthalten sind Möglichkeiten zur Begegnung dieser Bedrohungen und die Einordnung der weiter unten folgenden Beispiele.

Durch die fortschreitende Digitalisierung vergrößert sich auch die Angriffsfläche. Einzelne Applikationen oder ganze Geschäftsprozesse werden in die „Cloud" verlagert. Mitarbeiter sind zunehmend mobiler und arbeiten von beliebigen Orten aus. Zusätzlich sind immer mehr Lieferanten und IT-Dienstleister an die weltweit verteilten Unternehmensnetzwerke angeschlossen. Das „Internet of Things" trägt ebenfalls einen Teil dazu bei, dass eine Organisation sich um deutlich mehr Einfallsmöglichkeiten für Bedrohungen kümmern muss, als dies noch vor einigen Jahren der Fall war.

Hinzu kommt eine Vielzahl unterschiedlicher Angriffe, die auf diese Angriffsfläche wirken. Stellten vor wenigen Jahren noch Viren und Würmer die größte Bedrohung dar, so sind heute Ransomware und durch Botnetze durchgeführte Denial-of-Service-Attacken hinzugekommen. Häufig geht es den Angreifern dabei nicht mehr darum, einfach nur Schaden zu verursachen oder die eigenen Fähigkeiten zu demonstrieren. Es geht um Geld, das erpresst wird (Ransomware oder angedrohte Denial-of-Service-Angriffe) oder mittels der erbeuteten Daten (z. B. Gesundheitsdaten, Kreditkartendaten oder intellektuellem Eigentum) verdient wird.

Besonders interessant ist, dass Unternehmen dabei von gänzlich unterschiedlichen Angreifern ins Visier genommen werden. Diese unterscheiden sich sowohl hinsichtlich finanzieller und technischer Ausstattung, personeller Ressourcen, aber auch spezifischem Wissen über die Angegriffenen. Gemeinsam haben sie aber, dass jeder einzelne einem Unternehmen ernsthaften Schaden zufügen kann.

Unternehmen müssen sich deshalb auf unterschiedliche Art und Weise und auf verschiedenen Ebenen schützen. Informationssicherheit ist kein Thema, das nur die IT angeht. Informationssicherheit muss auf allen Ebenen eines Unternehmens verankert sein, um die Sicherheitsziele „Vertraulichkeit", „Verfügbarkeit" und „Integrität" sicherstellen zu können.

Ein Framework, das dabei unterstützt, ist das „NIST Cybersecurity Framework" (National Institute of Standards and Technology 2019). Hinsichtlich der umzusetzenden Maßnahmen („Controls") unterscheidet es sich zwar nicht wesentlich von den zuvor genannten Standards, teilt die notwendigen Aktivitäten aber in fünf Funktionen auf, die aus Sicht des Autors eine sinnvolle Aufteilung zur Sicherstellung der Digital Security darstellen:

Identify (Identifizieren): Welche Maßnahmen sind notwendig, um das Verständnis der Organisation für Bedrohungen zu entwickeln?
Protect (Schützen): Welche präventiven Maßnahmen sollten zum Schutz vor Angriffen implementiert werden?
Detect (Erkennen): Wie können Angriffe erkannt werden?
Respond (Reagieren): Wie wird im Falle eines Angriffs reagiert?
Recover (Sich erholen): Wie kann sich ein Unternehmen von erfolgreichen Angriffen schnellstmöglich erholen und den normalen Geschäftsbetrieb wiedererlangen?

Die im folgenden Abschnitt dargestellten Beispiele lassen sich jeweils mindestens einer der Cybersecurity-Funktionen zuordnen und bilden damit ein breites Spektrum unterschiedlicher Aktivitäten ab (siehe Abb. 13.1).

13.3 Ausgewählte Beispiele aus der Praxis

13.3.1 Sicherheitsorganisation: Etablierung neuer Verantwortlichkeiten für „Operation Security" und „Product Security"

Ein wesentlicher Faktor für eine erfolgreiche Security ist eine eindeutige und sinnvolle Zuweisung von Verantwortlichkeiten. Insbesondere im Themenfeld Security wird erfolgreiche Arbeit manchmal kaum wahrgenommen, wohingegen Versäumnisse schnell spürbar negative Auswirkungen haben können.

Viele Unternehmen haben daher schon vor vielen Jahren die Rolle „Chief Information Security Officer" (CISO) etabliert. Dieser Rolle obliegt die übergreifende Verantwortung für die Informationssicherheit einer Organisation. Hierbei wird häufig über die richtige organisatorische Aufhängung des CISOs diskutiert (siehe beispielhaft (West 2015)). Egal ob das Chief Information Security Office jedoch direkt an den Chief Executive Officer (CEO), an den Chief Risk Officer (CRO), an den Chief Operating Officer (COO), Chief Financial Officer (CFO) oder an den Chief Information Officer (CIO) berichtet, die Nähe zum Top Management spielt eine wesentliche Rolle in der Schaffung einer erfolgreichen Security-Kultur im gesamten Unternehmen. Was für das übergreifende Ziel der Security ein Segen ist, wurde auf der anderen Seite von einigen Unternehmen als Problem erkannt: Das Chief Information Security Office ist häufig zu weit entfernt von den Produktionsstätten und den Entwicklungsabteilungen. Zwar gelten die vom Chief Information Security Office erstellten Vorgaben und Prozesse in der Regel auch für diese Bereiche, ein entsprechender Treiber mit direktem Kontakt zu den entsprechenden Teams fehlte jedoch.

Um dem Thema mehr Gewichtung zu verschaffen, wurden daher von verschiedenen Unternehmen neue Rollen eingeführt. Unternehmen, für deren Endprodukt Security eine wichtige Rolle spielt (z. B. Softwareunternehmen oder zunehmend auch Automobilhersteller), haben „Chief Product Security Officer" etabliert. Produzierende Unternehmen, deren Produktion komplex und stark abhängig von IT ist, haben die Rolle „Chief Operation Security Officer" ins Leben gerufen, um den kontinuierlichen Geschäftsbetrieb in der Produktion besser sicherstellen zu können.

Diese Rollen stellen ein Bindeglied zwischen ihrem Tätigkeitsfeld und der zentralen Sicherheitsorganisation dar. Teilweise sind die Rollen mit eigenen Budgets ausgestattet, um in neue Sicherheitstechnologien oder in Dienstleistungen für Sicherheitstests investieren zu können. Bei Bedarf könne sie für ihren Zuständigkeitsbereich eigene Richtlinien erlassen, solange den zentralen Sicherheitsvorgaben nicht widersprochen wird bzw. solange diese dabei nicht unterschritten werden.

Letztendlich obliegt es den spezifischen Anforderungen der einzelnen Organisation, welche Rollen etabliert werden und wie deren Berichtswege gestaltet sind. Wichtig ist dabei aber, dass sich nicht mehrere vollständig voneinander unabhängige Sicherheitsorganisationen entwickeln. Es empfiehlt sich daher immer mindestens eine „dotted-line"-Berichtslinie zwischen „Chief Product Security Officer"/„Chief Operation Security Officer" und CISO. Damit bleibt die Gesamtverantwortung gebündelt, die Security kann aber gleichzeitig stärker auf das Tagesgeschäft einwirken.

13.3.2 Secure Development: Integration von IT-Sicherheit in den gesamten Entwicklungsprozess

Security spielt auch bei der Softwareentwicklung eine wichtige Rolle – unabhängig davon, ob die zu entwickelnde Software als Endprodukt verkauft wird oder interne Geschäftsabläufe unterstützt. Durch Sicherheitslücken in der Software lassen sich möglicherweise unberechtigt Daten einsehen, Aktionen durchführen oder die Funktionalität der Software einschränken. Noch schlimmer sind die Folgen, wenn Software aus Sicherheitssicht nur unzureichend konzipiert wurde.

Durch agile Softwareentwicklung, „Continuous Integration" und andere Entwicklungen in diesem Bereich verkürzen sich die Zyklen, in denen neue Releases bzw. neuer Code ausgerollt werden.

Werden hier kurz vor Produktivsetzung kritische Schwachstellen oder andere Sicherheitsmängel entdeckt, bedeutet dies im besten Fall eine Verzögerung des Rollouts. Liegen die Mängel nicht nur an wenigen Codezeilen sondern an der gesamten Softwarearchitektur, indem beispielsweise Berechtigungen nicht feingranular genug vergeben werden können, so kann dies gar das gesamte Projekt gefährden.

Dem Projekt entstehen somit Zusatzaufwände. Auf der anderen Seite macht sich der Security-Bereich unbeliebt, wenn er auf Einhaltung seiner Anforderungen besteht. Die Akzeptanz der Security im Unternehmen sinkt.

Aus diesen Gründen ist es sinnvoll, Security-Aktivitäten fest und transparent in einzelne Phasen von Softwareentwicklungsprojekten einzubinden. In Abb. 13.2 ist dies beispielhaft dargestellt. Manche Unternehmen nehmen die dort gezeigten Aktivitäten zum Anlass, sogenannte „Governance Points" einzuführen. Werden die Anforderungen z. B. an die IT-Sicherheit nicht erfüllt, darf das Projekt nicht in die „Design"-Phase übergehen. Gleiches gilt natürlich auch für die anderen Aktivitäten zum Ende jeder Phase.

Schon während der Projektinitialisierung empfiehlt es sich, ein initiales Risiko-Assessment durchzuführen. Zwar sind hier genauere Details noch nicht bekannt, in der Regel lässt sich aber bereits abschätzen, ob hohe Anforderungen an die Vertraulichkeit, Verfügbarkeit und/oder Integrität gelten. Abhängig vom Ergebnis dieser ersten Einschätzung können dann die Vorgaben an die nachfolgenden Aktivitäten weniger intensiv ausfallen oder bei niedrigen Risiken auch vollständig auf diese verzichtet werden.

13 Digital Security – Wie Unternehmen den Sicherheitsrisiken des digitalen Wandels ...

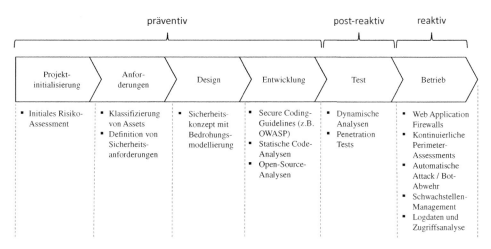

Abb. 13.2 Integration von Security-Aktivitäten in den Softwareentwicklungszyklus. (Quelle: Eigene Abbildung)

In der Anforderungsphase ist es naheliegend, auch die notwendigen Sicherheitsanforderungen zu definieren. Dies wird vereinfacht, indem zuvor die für die künftige Applikation notwendigen Assets, insbesondere die verarbeiteten Daten hinsichtlich der Schutzziele der Informationssicherheit klassifiziert werden.

In der Design-Phase werden dann die Sicherheitsanforderungen verfeinert und im Rahmen eines Sicherheitskonzepts beschrieben. Hier kann noch eine Bedrohungsmodellierung sowie eine detaillierte Bewertung der Risiken vorgenommen werden.

Die dabei herauskommenden Schutzmaßnahmen werden dann in der Entwicklung umgesetzt. Dafür sollten in sicherer Entwicklung geschulte Softwareentwickler eingesetzt werden. Als sehr hilfreich haben sich hier die Hilfestellungen des „Open Web Application Security Project" (Open Web Application Security Project 2019) herausgestellt. Um in der darauffolgenden Testphase unangenehme Überraschungen zu vermeiden, empfiehlt sich bereits während der Entwicklung die Durchführung von statischen Code-Analysen. Auf diesem Wege werden Schwachstellen bzw. eine unsaubere Einhaltung der Code-Richtlinien frühzeitig vermieden.

In der Testphase können dann auch noch aufwendigere Tests, z. B. manuelle oder durch Software automatisierte Penetrationstests durchgeführt werden.

Mit der Produktivsetzung einer Anwendung sind die Sicherheitsaktivitäten jedoch noch nicht beendet. Auch die besten Entwickler und Testverfahren können nicht zu einhundert Prozent vermeiden, dass dennoch Schwachstellen in der Anwendung verblieben sind. Gegen deren erfolgreiche Ausnutzung können Web Application Firewalls helfen. Aber auch Tools zur Abwehr von Bots werden zunehmend eingesetzt. Zusätzlich sollten im Betrieb die Perimeter überwacht und die Plattform, auf der die Anwendung läuft

(z. B. Betriebssystem und Datenbank) regelmäßig auf Schwachstellen überprüft werden. Ebenfalls hilfreich ist die Analyse der Logdaten und Zugriffe, um Unregelmäßigkeiten möglichst frühzeitig erkennen und untersuchen zu können. Hier empfiehlt sich auch eine Integration in das „Security Information and Event Management" (SIEM) (siehe Abschn. 13.3.5).

Im Rahmen der präventiven Maßnahmen sind die Kosten zur Behebung etwaiger Schwachstellen in der Regel noch relativ gering, wohingegen diese im Rahmen der reaktiven Aktivitäten meist deutlich steigen. Umso mehr zahlt es sich aus, die genannten Security-Aktivitäten bereits in den frühen Projektphasen ernst zu nehmen.

Vereinzelt geht der Irrglaube um, dass Security nicht zu agiler Softwareentwicklung passe. Hier liegt dann jedoch ein falsches Verständnis der Thematik vor. Auch hier ist die Integration von Security in den Entwicklungsprozess möglich. Die notwendigen Aktivitäten sind hierbei stark vergleichbar. Häufig werden jedoch andere Tools verwendet, die sich besser in eine agile Landschaft integrieren und möglichst automatisieren lassen. Ebenso ist es sinnvoll, für aufwendigere Aktivitäten wie die Bedrohungsmodellierung einen vereinfachten Ansatz zu wählen, der z. B. an die Zeitfenster von Sprints angepasst ist.

13.3.3 Phishing- und andere E-Mail-basierte Angriffe wirkungsvoll bekämpfen

Aus den „Verizon Data Breach Investigations Reports" der Jahre 2016 bis 2018 lässt sich erkennen, dass Phishing mittlerweile das führende Einfallstor für Spionage-Angriffe darstellt (Verizon 2016, S. 18; Verizon 2017, S. 43; Verizon 2018, S. 42). Phishing kann zielgerichtet eingesetzt werden und aus Sicht des Angreifers sehr schnell zum Erfolg führen. Auch wenn Phishing-Angriffe seit mehreren Jahren bekannt sind, zeigen die zuvor genannten Reports, dass Anwender weiterhin häufig auf Phishing-E-Mails hereinfallen. Ähnlich ist es mit schadhaften Anhängen, die Ransomware oder andere Schadsoftware enthalten können.

Idealerweise wird eine maliziöse Nachricht direkt am Perimeter des Unternehmens abgewiesen. Gut gemachte Nachrichten passieren jedoch einfach die Perimeter und werden auch durch die Filtersysteme nicht erkannt. Wurde die Nachricht schließlich zum Anwender ausgeliefert, hängt es von diesem ab, ob der Angriff erkannt oder der enthaltene Link bzw. der Anhang angeklickt wird. Ist letzteres der Fall, besteht noch die Möglichkeit, am ausgehenden Datenverkehr zu erkennen, dass eine Phishing-Seite besucht wurde oder sensible Daten auf der Website eines Dritten eingegeben wurden.

Der Schutz vor Phishing und schadhaften E-Mail-Anhängen ist also ein gutes Beispiel dafür, dass Sicherheitsmaßnahmen auf technischer und auf organisatorischer Ebene ineinandergreifen müssen. Es gibt nicht eine einzige Maßnahme gegen solche Angriffe. Es müssen viele kleine Maßnahmen auf unterschiedlichen Wegen implementiert werden. Manchmal bedarf es keines großen Aufwands, um eine zusätzliche Schutzebene errichten zu können.

Folgende technische und organisatorische Maßnahmen haben sich in ihrem Zusammenspiel als sinnvoll erwiesen:

Technische Maßnahmen

- Blockieren von E-Mails von Absendern, deren Domains in den letzten 72 h registriert wurden: Angreifer verwenden häufig neu registrierte und schnell wechselnde Domains zum Versenden von Phishing-Nachrichten. Ein Unternehmen erwartet dagegen in der Regel keine Nachrichten von neu eingerichteten Domains. Daher kann das Verwerfen solcher E-Mails bereits eine große Zahl an Nachrichten ausfiltern.
- Analyse von Nachricht, Code und Anhängen mittels dynamischer Malware-Analyse und cloud-basierten „Sandboxing-Lösungen": Vor Auslieferung der E-Mail werden sämtliche Bestandteile inklusive dem Verhalten eines Anhangs bei Ausführung analysiert.
- „Re-Writing" von URLs in E-Mails: Links in E-Mails von externen Absendern werden so abgeändert, dass vor Besuch der hinterlegten Website zuerst eine Analyse durchgeführt wird. Im Vergleich zum reinen Prüfen beim Erhalt der E-Mail können so erst später erkannte schadhafte Links noch blockiert werden.
- Implementierung von DMARC („Domain-based Message Authentication, Reporting and Conformance"; Spezifikation, die die Authentifizierung von E-Mail-Absendern festlegt, um Missbrauch vorzubeugen (Domain-based Message Authentication, Reporting & Conformance 2019)).
- Analyse des ausgehenden Netzwerkverkehrs: Am Proxy wird ausgehender Netzwerkverkehr untersucht; zusätzlich können auch „Data-Leakage-Prevention"-Tools bei der Erkennung der Eingabe sensibler Informationen auf externen Websites helfen.

Organisatorische Maßnahmen

- Steigerung der Mitarbeiter-Awareness durch klassische Maßnahmen wie Schulungen, Newsletter, Intranet-Artikel, „Security-Days" o. ä.: Vorsichtige Mitarbeiter sind die Grundlage einer sicheren Organisation.
- Durchführung von fiktiven Phishing-Kampagnen. Abhängig von den Aktivitäten der Nutzer können weitere Maßnahmen umgesetzt werden (beispielsweise verbindliche Schulung nach mehrmaligem Klick auf einen Phishing-Link).
- Einfache Meldemöglichkeiten für verdächtige Nachrichten (z. B. durch „Report Phishing" Button im E-Mailprogramm): Umso geringer die Hürden für einen Nutzer sind, umso größer ist die Wahrscheinlichkeit, dass verdächtige Aktivitäten gemeldet werden.

Die beschriebenen Beispiele zeigen: Viele ineinandergreifende oder aufeinander aufbauende Maßnahmen helfen. Jedoch können auch die besten Maßnahmen zusammen keinen vollständigen Schutz gewährleisten. Eine Security-Organisation sollte daher immer die Wirksamkeit der bereits implementierten Maßnahmen analysieren und diese gegebenenfalls anpassen.

13.3.4 Supplier Management: Risikobasierte Lieferantenauswahl und -steuerung

Laut einer Bitkom Studie aus dem Jahr 2018 haben acht von zehn Unternehmen IT-Leistungen an einen externen IT-Dienstleister ausgelagert (Bitkom 2018, S. 44). Mit der verstärkten Nutzung von „Cloud-Services" kann erwartet werden, dass noch mehr IT-Dienstleistungen als bisher von externen IT-Dienstleistern eingekauft werden. Mit der Vergabe von IT-Dienstleistungen an Dritte werden diesen zwar auch Aufgaben aus dem Bereich der Informationssicherheit übertragen. Die Gesamtverantwortung verbleibt jedoch immer beim Auftraggeber.

Diese Verantwortung ist vielen Unternehmen so jedoch nicht bewusst. Viele Verantwortliche in Unternehmen vertrauen darauf, dass der IT-Dienstleister „ja spezialisiert sei" und deshalb „ganz bestimmt" alle notwendigen Sicherheitsaufgaben mit übernimmt. Im Falle eines erfolgreichen Hacker-Angriffs kommt die Diskussion darüber, wer denn nun für was zuständig gewesen wäre, jedoch zu spät. Es ist daher von großer Wichtigkeit, bereits bei der Lieferantenauswahl Sicherheitsaspekte in die Entscheidung mit einfließen zu lassen und über den gesamten Lebenszyklus eines IT-Outsourcing- oder IT-Dienstleistungsverhältnisses für die Aufrechterhaltung bzw. Verbesserung der Sicherheitsaktivitäten zu sorgen.

Eine beispielhafte Darstellung sinnvoller Sicherheitsaktivitäten ist in Abb. 13.3 dargestellt.

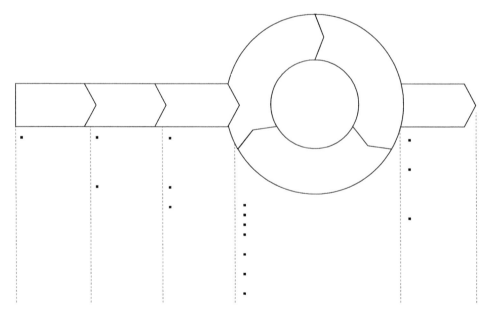

Abb. 13.3 Lebenszyklus eines IT-Dienstleisterverhältnisses mit Sicherheitsaktivitäten

Vor den Gesprächen mit potenziellen IT-Dienstleistern muss ein Unternehmen erst selbst definieren, welche Sicherheitsanforderungen für das Vertragsverhältnis relevant sind. Diese können sich je nach Tätigkeit (z. B. reiner Rechenzentrumsbetrieb oder Software-as-a-Service) stark voneinander unterscheiden. Erst wenn diese Anforderungen klar sind, ergibt es Sinn, Gespräche mit IT-Dienstleistern zu beginnen.

Potenzielle IT-Dienstleister könnten eine Checkliste erhalten, anhand derer ein „Self-Assessment" hinsichtlich der Umsetzung der Sicherheitsanforderungen durchgeführt wird. So lassen sich Unterschiede zwischen einzelnen Anbietern leichter identifizieren. Zeitgleich ist es sinnvoll, Informationen über etwaige Sub-Dienstleister einzuholen. Diese sollten natürlich das gleiche Sicherheitsniveau wie der eigentliche IT-Dienstleister erreichen.

Wurde nun unter enger Beteiligung der Security ein IT-Dienstleister ausgewählt, so gilt es im Onboarding dafür zu sorgen, dass die vereinbarten Sicherheitsanforderungen auch Vertragsbestandteil werden. Zum Beginn der Geschäftsbeziehung müssen für den IT-Dienstleister sichere Zugriffsmöglichkeiten inklusive der notwendigen Berechtigungen eingerichtet werden. Vergessen werden darf auch nicht eine Möglichkeit zum sicheren Informationsaustausch. Auch heute werden noch häufig E-Mails mit sensiblen Informationen ohne entsprechende Verschlüsselung ausgetauscht.

Während der eigentlichen Serviceerbringung sind mehrere Aktivitäten notwendig: Die Sicherheitslage des IT-Dienstleisters sollte regelmäßig überprüft werden (Assessment). Häufig wird hier anhand der Kritikalität der Dienstleistungserbringung (z. B. sehr hohe Vertraulichkeitsanforderungen) abgestuft festgelegt, ob beispielsweise ein jährliches „Self-Assessment" durch den IT-Dienstleister ausreichend ist, oder ob Vor-Ort-Audits an einzelnen Standorten oder im Rechenzentrum durchgeführt werden.

Neben dem Assessment spielt auch das Monitoring des IT-Dienstleisters eine wichtige Rolle. Neben für den Betrieb relevanten Service Level Agreements (SLAs) sollten auch sicherheitsrelevante Indikatoren festgelegt werden. Beispielhaft anzuführen wäre die Einhaltung vereinbarter Zeiträume zum Patchen kritischer Schwachstellen oder auch die Anzahl an Mitarbeitern, die im letzten Jahr ein Security-Awareness-Training absolviert haben. Darüber hinaus sind aber noch zahlreiche weitere Indikatoren empfehlenswert – auch hier hängen die sinnvollen Werte wieder von der Art und Wichtigkeit der Dienstleistung ab.

Auf Basis der in den Assessments und im Monitoring gewonnenen Informationen sollte eine kontinuierliche Weiterentwicklung des Sicherheitsniveaus angestrebt werden. Die Ergebnisse sowie weiterer relevanter Input, z. B. aus Beobachtungen der Bedrohungslandschaft (siehe auch Abschn. 13.3.6) sollten mit dem IT-Dienstleister zusammen besprochen werden. Für größere IT-Outsourcing-Verhältnisse hat es sich etabliert, einen Security Manager als Ansprechpartner für alle Sicherheitsthemen beim IT-Dienstleister zu fordern. Zwischen diesem und dem Sicherheitsbereich des Auftraggebers kann dann ein regelmäßiger Austausch stattfinden, bei dem aktuelle Themen besprochen und Verbesserungen eingeleitet werden. Dies ist ein kontinuierlicher Prozess, der über die gesamte Vertragslaufzeit durchgeführt werden und an sich verändernde Rahmenbedingungen angepasst werden sollte.

Auch beim Auslaufen einer IT-Outsourcing-Beziehung spielt Security noch eine wichtige Rolle: Es muss sichergestellt werden, dass alle beim IT-Dienstleister verwendeten Datenträger sicher gelöscht oder vernichtet werden. Darüber hinaus müssen auch sämtliche Zugangs- und Zugriffsberechtigungen entfernt werden. Es ist auch darauf zu achten, dass Vertraulichkeitsvereinbarungen eingehalten und gegebenenfalls verfolgt werden.

Zunehmend schwieriger wird die Umsetzung der zuvor genannten Maßnahmen jedoch in Zeiten von „Cloud Computing". Die großen Anbieter wie Amazon oder Microsoft lassen sich ungern in die Karten schauen. Eine Vereinbarung zur Auditierung werden diese Anbieter in der Regel nicht zulassen. Wer sich dennoch für einen solchen Anbieter entscheiden möchte, der muss sich mit dem Nachweis einschlägiger Zertifizierungen (z. B. ISO/IEC 27001 (International Organization for Standardization 2013)) oder anderen Nachweisen (z. B. SSAE 16 SOC 2 Report (SSAE-16 2019)) zufriedengeben. Dabei muss jedoch immer überprüft werden, ob die eingekaufte IT-Dienstleistung auch im Scope der Zertifizierung bzw. des Reports enthalten ist.

13.3.5 SIEM: Zielgerichtete Integration spezifischer Quellsysteme zur Erkennung von Angriffen

Jede Aktivität an einem Computer oder in einem Netzwerk erzeugt bei entsprechender Einstellung Logdaten. Neben der Fehleranalyse können Logdaten auch dazu dienen, sicherheitsrelevante Aktivitäten zu erkennen oder zumindest im Nachhinein nachzuweisen.

Um Ereignisse, die auf einen Angriff oder andere schadhafte Aktivitäten schließen könnten überhaupt erst erkennen zu können, müssen diese Logdaten jedoch analysiert werden. Bei der Vielzahl an Systemen und Ereignissen ist es auch schon in kleineren Unternehmen mit wenigen Systemen nicht mehr möglich, eine manuelle Analyse der lokalen Logdaten vorzunehmen. Daher wurden bereits vor vielen Jahren zentrale Logserver eingerichtet, die zur Speicherung aller Logdaten verwendet wurden. Jedoch stellte auch hier die Auswertung der Logdaten ein großes Problem dar. Sollen die Logdaten eines Active Directories, einer externen Firewall, von mehreren Datenbanken und Servern analysiert werden, kommen schnell einige hundert Events pro Sekunde zusammen – zu viel für eine manuelle Analyse durch einen oder mehrere Menschen.

Abhilfe versprechen hier Anbieter sogenannter „Security-Information-and-Event-Management" (SIEM)-Lösungen. Diese aggregieren und korrelieren Events aus allen angeschlossenen Quellsystemen, werten diese in Echtzeit aus und speichern sie zur späteren Analyse. Die Hersteller versprechen eine einfache Erkennung von Sicherheitsvorfällen, solange nur eine ausreichende Anzahl an Quellsystemen angeschlossen sind.

Aus diesem Grund haben viele Unternehmen solche Lösungen implementiert. Die anzuschließenden Quellsysteme wurden zeitweilen nach dem Prinzip des geringsten Widerstands ausgewählt. Einfach zu beschaffende Logdaten wurden integriert. Logdaten aus IT-Systemen aus anderen Netzwerken oder bei IT-Dienstleistern blieben jedoch häufig außen vor. Vielfach blieb der Erfolg dieser Lösungen damit jedoch aus. Zwar waren durch

Verwendung dieser Systeme ganze Teams mit der Analyse von aufgeworfenen Alarmen beschäftigt, mit den mitgelieferten Regeln wurden jedoch nur wenige echte Vorfälle detektiert. Viele Teams waren nahezu ausschließlich mit der Bearbeitung sogenannter „False Positives" beschäftigt.

Dennoch lässt sich der eigentliche Sinn von SIEM nicht abstreiten. Es werden auch heute noch SIEM-Systeme eingesetzt bzw. neu implementiert. Es ist jedoch ein Wandel bei der Vorgehensweise zu erkennen. Statt der „blinden Integration" aller möglichst einfach anzubindenden Quellsysteme haben viele Unternehmen mit einer gezielten Anbindung ihrer „Kronjuwelen" begonnen. Zusätzlich wurden gezielt Szenarien definiert, die erkannt werden sollen. Daraus wird abgeleitet, welche Informationen dazu benötigt werden.

Auch in den Teams, die für die Analyse der Meldungen zuständig sind, haben sich Änderungen ergeben: Derzeit erscheint eine gestaffelte Abarbeitung der durch das SIEM-System erzeugten Alarme erfolgsversprechend. Sogenannte Tier-1-Analysten bearbeiten die eingehenden Alarme nach definierten Regeln. Für einen Großteil der Alarme sind einheitliche Vorgehensweisen definiert. „False Positives" werden – wenn möglich – aussortiert und es werden die Regeln so angepasst, dass diese in Zukunft nicht mehr angezeigt werden. Nur besondere Fälle werden an Tier-2-Analysten weitergegeben, die eine detailliertere Analyse vornehmen und bei erhärtetem Verdacht den Vorfall an für die finale Bearbeitung zuständige „Security Incident Responder" weitergeben.

Ebenfalls zu beobachten ist die Ausweitung von SIEM in die „Operational Technology" (OT). Durch das Internet der Dinge werden bisher von der Information Technology abgeschottete Bereiche aus der Produktion der Unternehmen vernetzt und gewinnen damit an Relevanz für Angreifer. Deshalb erscheint es nur folgerichtig, auch diese Bereiche eines Unternehmensnetzwerks gezielt zu überwachen, um verdächtige Aktivitäten möglichst frühzeitig erkennen zu können.

13.3.6 Threat Intelligence: Bildung von Communities zum Austausch von Angriffs- und Schadensinformationen

Cyber-Kriminelle, aber auch andere Angreifer (siehe Abb. 13.1) haben häufig nicht nur ein einziges Ziel im Visier. Ein erfolgreicher Angriff lässt sich möglicherweise auf andere Opfer übertragen. Der Gewinn bzw. der Nutzen steigt bei nur wenig größerem Aufwand erheblich an. Auch nutzen viele Angreifer keine eigenen Angriffstools, sondern kaufen diese beispielsweise im Dark Web ein. Das gleiche Tool, die gleiche Malware oder die gleiche Infrastruktur werden damit von mehreren unterschiedlichen Angreifern genutzt.

Sämtliche Aktivitäten hinterlassen Spuren in den Systemen der Betroffenen (siehe Abschn. 13.3.5). Durch die Verwendung einer gleichen oder ähnlichen Vorgehensweise der Angreifer bei unterschiedlichen Betroffenen ist auch davon auszugehen, dass sich diese oder ähnliche Spuren auch auf den Systemen von anderen Betroffenen wiederfinden.

Umso mehr Informationen über solche Spuren eine Organisation besitzt, umso besser kann sie sich gegen Angriffe schützen.

(Cyber) Threat Intelligence beschäftigt sich mit der Organisation, Analyse und Verwendung solcher und anderer Bedrohungsinformationen. Ziel ist es, die Informationen so zu verwenden, dass Angriffe direkt abgewehrt oder zumindest frühzeitig erkannt werden können (z. B. durch Blockierung von IP-Adressen an der Firewall). Dabei kann zwischen drei Ebenen unterschieden werden:

Strategische Threat Intelligence: Generische Informationen über die sich verändernde Bedrohungslandschaft; Arten, Motive und Hintergründe zu Angreifern; Angriffsmethoden
Taktische Threat Intelligence: Detailliertere Informationen zu Angreifern, eingesetzten Tools und Technologien.
Operative Threat Intelligence: Details über spezifische Angriffe inklusive technischer Indikatoren („indicators of compromise" (IoC)), z. B. IP-Adressen, Ports etc.

Mittlerweile gibt es verschiedene Anbieter, bei denen Unternehmen Threat Intelligence einkaufen können. Vielversprechender scheint aber der Austausch solcher Informationen zwischen Unternehmen aus der gleichen Branche: Ein Angreifer, der es auf die Kassensysteme von Supermarktkette A abgesehen hat, versucht möglicherweise auch Supermarktkette B anzugreifen.

Hier besteht jedoch die Problematik, dass viele Unternehmen naturgemäß nur ungern zugeben, Opfer eines Angriffs geworden zu sein. Hinzu kommt, dass noch weniger Interesse besteht, solche Informationen mit direkten Konkurrenten zu teilen. Dennoch setzt sich in vielen Bereichen mehr und mehr durch, dass die Vorteile eines vertrauensvollen Austausches solcher Informationen die Nachteile deutlich überwiegen.

In den USA wurden daher verschiedene branchenspezifische „Information Sharing and Analysis Center" (ISAC) gegründet. Dies sind Non-Profit-Organisationen, die durch ihre Mitglieder zum Zwecke des Informationsaustauschs gegründet wurden und durch ihre Satzungen einen vertrauensvollen Austausch sicherstellen sollen. Seit langem etabliert ist das FS-ISAC für die Finanzbranche (Financial Services Information Sharing and Analysis Center 2019). Aber auch für andere Branchen wurden ISACs gegründet, z. B. AUTO-ISAC für die Automobilbranche im Jahr 2015 (AUTO-ISAC 2019). Durch eine Verfügung von Präsident Obama aus dem gleichen Jahr (Executive Order – Promoting Private Sector Cybersecurity Information Sharing (The White House 2015)) wird die Bildung solcher Organisationen und ein Austausch zwischen den Firmen noch weiter gefördert.

Auch in Deutschland gibt es Aktivitäten in diese Richtung: Zwar ohne Fokus auf eine bestimmte Industrie, jedoch auch zum Zwecke des Informationsaustausches wurde 2014 der „Cyber Security Sharing and Analytics" (CSSA) e. V. gegründet (Cyber Security Sharing and Analytics e. V. 2019). Mitglieder sind BASF, BMW und Siemens sowie zahlreiche weitere namhafte Unternehmen.

Unabhängig von der Branche und der lokalen Ausrichtung funktionieren diese Organisationen sehr ähnlich: Sie sammeln Informationen (z. B. aus den Mitgliederorganisationen, von externen Partnern, staatlichen Organisationen oder von anderen ISACs), analysieren diese und bereiten sie auf, sodass die Mitgliedsorganisationen sie für ihre

Zwecke weiterverwenden können. Der Austausch operativer Threat Intelligence erfolgt in der Regel automatisiert über eine gemeinsame Plattform.

Zusätzlich werden häufig Schulungen, Konferenzen oder andere Veranstaltungen zum Austausch der Mitglieder angeboten.

Obwohl es solche Organisationen schon seit einigen Jahren gibt, so haben sie sich in Deutschland bisher nur rudimentär durchgesetzt.

Hierfür mag es viele Gründe geben: Ein wesentlicher Aspekt ist die Weiterverarbeitung der erhaltenen Informationen. Auch wenn viele Informationen insbesondere der operativen Threat Intelligence automatisiert ausgetauscht werden können, so muss auch die Infrastruktur zur Verarbeitung und Integration in die Sicherheitssysteme des Unternehmens vorhanden sein bzw. aufgebaut werden. Hier ist ein entsprechender Aufwand in Expertise, Prozesse und Tools von Nöten, für den viele kleinere und mittlere Unternehmen bisher nicht die notwendigen Ressourcen besitzen. Um hinsichtlich der Bedrohungslage auf einem aktuellen Stand zu bleiben, empfiehlt sich jedoch zumindest ein regelmäßiger Austausch auf strategischer Ebene.

13.3.7 Red Teams, Blue Teams, Purple Teams: Wie die gesamte Organisation aus simulierten Angriffen lernen kann

Ein wesentlicher Bestandteil einer robusten Sicherheitsorganisation ist die regelmäßige Überprüfung auf Schwachstellen – sowohl in IT-Systemen als auch in Prozessen. Solch eine Überprüfung kann auf unterschiedlichen Ebenen sowohl theoretischer als auch praktischer Natur sein.

Eine weit verbreitete Methode ist die Durchführung von „klassischen" Penetrationstests. Ziel dieser Tests ist das Finden von technischen Schwachstellen in einzelnen oder mehreren IT-Systemen oder Netzwerken. Um das Ergebnis, also die Anzahl an gefundenen Schwachstellen nicht zu verfälschen, werden hier oft zusätzliche Schutzmaßnahmen wie Web Application Firewalls deaktiviert. Auch ist in der Regel das Security Operations Team informiert. Falls dieses verdächtige Aktivitäten erkennt, würde nicht der Prozess zur Behandlung eines Sicherheitsvorfalls angestoßen.

Diese Vorgehensweise ist legitim und auch sinnvoll, muss es doch Ziel einer Organisation sein, in ihren IT-Systemen möglichst keine Schwachstellen zu haben. „Klassische" Penetrationstests leisten also einen wertvollen Beitrag zur Sicherheit der IT-Systeme. Bei dieser Art der simulierten Angriffe wird jedoch eine weitere wichtige Komponente nicht berücksichtigt: Das Team zur Abwehr der Angriffe war bisher nicht in seiner eigentlichen Rolle in die Simulation einbezogen.

Deshalb wurden – angelehnt an gleichnamige Übungen aus dem militärischen Bereich – „Red Teaming"-Übungen aufgesetzt. Red Teams sind möglichst unabhängige Gruppen in einer Organisation, die den Blickwinkel eines Angreifers einnehmen. Ziel ist nicht nur das Finden einzelner Schwachstellen, sondern das Ausnutzen solcher beispielsweise zum Abgreifen bestimmter Daten oder zur Manipulation von Transaktionen.

Red Teams sollten möglichst wenig eingeschränkt werden, damit diese auch hinsichtlich der verwendeten Tools und Vorgehensweise frei agieren können. Dazu gehört beispielsweise die Überprüfung auf Schwachstellen wie beim Penetrationstest, aber auch Social-Engineering-Methoden. Manche große Unternehmen beschäftigen ihre eigenen Red Teams. Es gibt aber auch verschiedene IT-Dienstleister, bei denen sich „Red Teaming" als Dienstleistung einkaufen lässt.

Als Gegenspieler dienen Blue Teams. Diese bestehen in der Regel aus Mitgliedern der „Incident Response" oder, falls vorhanden, aus dem „Security Operations Center". Das Blue Team ist normalerweise nicht über die Angriffsaktivitäten des Red Teams informiert. Ziel des Blue Teams ist es, die Aktivitäten des Red Teams aufzudecken und ein erfolgreiches Eindringen in die Systeme zu verhindern. Dazu gehören auch die Analyse von eingeschleuster Malware sowie forensische Analysen. Ist ein Angriff des Red Teams erfolgreich, geht es um die Eindämmung der Folgen des „Einbruchs". Das beinhaltet auch ggf. die Einbindung der Betriebs- oder Entwicklungsteams.

Zur Darstellung der Aktivitäten des Red Teams eignet sich die in Abb. 13.4 dargestellte und von Lockheed Martin entwickelte „Cyber Kill Chain"®. Diese beschreibt einzelne Phasen eines Angriffs, die in ähnlicher Art und Weise auch die meisten Red Teams verfolgen werden. Das Ziel des Blue Teams ist es, die Aktivitäten in einer möglichst frühen Phase zu erkennen und den Sprung des Red Teams in die nächste Phase der Kill Chain zu verhindern.

Einige Unternehmen haben festgestellt, dass sich mit dem initial gewählten Red-Blue-Team-Ansatz ein Wettbewerb zwischen den beiden Teams entwickelt hat. Dies hat dazu geführt, dass das Red Team seine Vorgehensweise und sonstiges Wissen (z. B. wie das Blue Team das Red Team hätte stoppen können) im Nachgang nicht mit dem Blue Team geteilt hat und vice versa. Dadurch wurde das eigentliche Ziel, die gesamte Organisation zu verbessern, aus den Augen verloren.

Um die Brücke zwischen den beiden Teams zu schließen, wurden daher zusätzlich Purple Teams eingesetzt. Dabei handelt es sich nicht zwingend um ein weiteres, separates

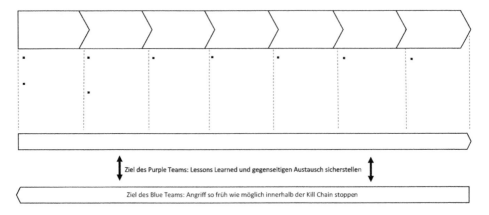

Abb. 13.4 Cyber Kill Chain © nach Hutchins et al. 2010. (Quelle: Eigene Abbildung)

Team, sondern eher um eine Funktion, die den Austausch und die Generierung von Lerneffekten zwischen den beiden Teams sicherstellt. Besonders im Nachgang einer Simulation sollten die einzelnen Phasen der „Kill Chain" besprochen werden, um Verbesserungen am Angriff selbst, bei der Erkennung, Alarmierung und der Reaktion auf den Angriff identifizieren zu können. Ebenfalls ist eine Kommunikation von „Lessons Learned" in andere Bereiche der Organisation, z. B. Softwareentwicklung oder IT-Betrieb, sinnvoll.

Auf diesem Wege entwickeln sich die Angriffsmethoden des Red Teams, aber auch die Verteidigungsmethoden des Blue Teams und auch das Wissen anderer Bereiche weiter. Somit wird die gesamte Organisation robuster gegen wirkliche Angriffe von außen.

Gemäß eines „Defense-in-Depth-Ansatzes" ergibt es also Sinn, nicht nur auf eine einzige Art von simulierten Angriffen zu setzen. „Klassische" Schwachstellenscans und Penetrationstests machen weiterhin Sinn, z. B. vor Produktivsetzung einer Applikation im Rahmen des Secure Development LifeCycle (siehe Abschn. 13.3.2). Der Red-Blue-Team-Ansatz ergänzt die Sicherheitstests um eine weitere Ebene.

13.3.8 Cyber Insurance: Übertragung von Informationssicherheits- und Ausfallrisiken an Versicherungen

Ein wichtiger Aspekt im Management der Informationssicherheit ist die Analyse, Bewertung und der Umgang mit Informationssicherheitsrisiken. In den Standards zum Sicherheitsrisikomanagement (z. B. ISO/IEC 27005 (International Organization for Standardization 2018) oder BSI-Standard 200-3 (Bundesamt für Sicherheit in der Informationstechnik 2017, S. 27–29)) gibt es zur Behandlung von Risiken („Risk Treatment") meist vier Optionen:

1. Risiko-Vermeidung: Das Risiko wird z. B. durch Umstrukturierung eines Geschäftsprozesses oder durch Weglassen von Funktionalitäten einer Anwendung beseitigt.
2. Risiko-Reduktion: Es werden weitere Sicherheitsmaßnahmen implementiert, durch die das Risiko (Eintrittswahrscheinlichkeit und/oder Schadenspotenzial) weiter reduziert wird.
3. Risiko-Akzeptanz: Das verbleibende Risiko wird akzeptiert. Solch eine Entscheidung sollte durch das verantwortliche Management erfolgen und nicht den ausführenden Organen überlassen werden.
4. Risiko-Übertragung: Das Risiko oder Teile des Risikos werden an eine dritte Organisation übertragen.

Die Übertragung eines Risikos kann entweder durch Outsourcing oder durch Abschluss einer entsprechenden Versicherung erfolgen. Da durch das reine Outsourcing Risiken in der Regel nicht vollständig vermieden werden können, war die Risiko-Übertragung in der Vergangenheit eine eher selten genutzt Option.

Dies verändert sich derzeit durch die zunehmende Bereitschaft zum Abschluss sogenannter „Cyber-Versicherungen" und ein entsprechendes Angebot solcher Deckungen.

Die Gründe für den Abschluss einer „Cyber-Versicherung" sind vielfältig. Am häufigsten genannt werden Ausgaben/Strafzahlungen im Zusammenhang mit dem „Diebstahl" von Kundendaten, Kosten für Haftungsansprüche, Rechtskosten als auch Kosten für Öffentlichkeitsarbeit (PR) sowie Betriebsunterbrechungsschäden (Advisen 2018).

In den von den Versicherern angebotenen Deckungen sind meist Schäden, die dem Unternehmen selbst, aber auch Schäden, die Dritten durch ein „Cyber-Ereignis" im Zusammenhang mit dem versicherten Unternehmen entstehen können, enthalten. Zwar unterscheiden sich die Versicherungsbedingungen der einzelnen Anbieter im Detail, meist werden jedoch oberflächlich vergleichbare Bausteine angeboten. Die wesentlichen Bestandteile einer Cyber-Versicherung sind in Tab. 13.1 dargestellt.

Zusätzlich zur eigentlichen Versicherung werden manchmal noch weitere Dienstleistungen im Umfeld der Informationssicherheit angeboten. Manche Versicherer arbeiten hier mit IT-Dienstleistern für Penetration Testing, Awarenessmaßnahmen, Notfallhotlines oder forensische Analysen zusammen.

Insbesondere in den USA versichern sich bereits zahlreiche Unternehmen gegen die Folgen von Angriffen und anderen Schäden. Teilweise werden hier Schäden bis weit in den dreistelligen Millionenbereich versichert. Auch in Europa wird von vielen Marktteilnehmern ein starkes Wachstum in diesem Bereich erwartet. Zwar variieren die Prognosen, sämtliche Schätzungen gehen jedoch von einer jährlichen Wachstumsrate von 15 % oder mehr in den nächsten zehn Jahren aus (Pain und Anchen 2017, S. 12).

Tab. 13.1 Bestandteile von Cyber-Versicherungen. (Quelle: nach Pain und Anchen 2017, S. 14)

Bestandteil/Deckungsbaustein	Beschreibung
Netzwerk- und IT-Sicherheitsversagen	Versicherung gegen Betriebsunterbrechungen, daraus resultierende Einkommensverluste, Datenwiederherstellungskosten, z. B. nach einem Distributed-Denial-of-Service-Angriff
Netzwerk- und IT-Systemversagen	Siehe oben, jedoch ausgelöst durch nicht-böswillige Ereignisse, z. B. menschliches Versagen
Rückwirkungsschäden („Contingent Business Interruption")	Abdeckung von Einkommensverlusten im Falle einer Störung bei einem Lieferanten (z. B. „Cloud"-Anbieter oder Stromanbieter)
Datenschutzverletzungen	Schadenforderungen Dritter nach einer Datenschutzverletzung; beinhaltet Kosten für Krisenmanagement (z. B. IT-Forensik, Benachrichtigungskosten, Öffentlichkeitsarbeit) In Deutschland ist keine Versicherung von durch Behörden verhängte Bußgelder möglich
Netzwerkhaftung	Abdeckung von Schäden am IT-System eines Dritten, wenn der Schaden seinen Ursprung im System des Versicherten hatte
Cyber-Erpressung	Versicherung von Schadenforderungen z. B. im Zusammenhang mit einer Infektion mit Ransomware

13.4 Fazit und Ausblick

Unabhängig, ob es sich bei den vorangegangenen Praxisbeispielen um organisatorische oder technische Aspekte oder eine Kombination aus Beidem handelt: Alle Beispiele zeigen die Notwendigkeit der Anpassung. Diese Notwendigkeit behält sowohl für die dargestellten Beispiele als auch für alle weiteren Themen der Digital Security ihre Gültigkeit. Erfolgreiche Unternehmen müssen in der Lage sein, sich stetig den verändernden Rahmenbedingungen anzupassen. Gelingt dies, schützt Digital Security nicht nur die Unternehmenswerte, sondern kann in Zeiten zunehmender Digitalisierung auch zum Wettbewerbsvorteil werden.

Literatur

Advisen. (2018). Information security and cyber risk management – The eight annual survey on the current state of and trends in information security and cyber risk management. Advisen.

AUTO-ISAC. (2019). Automotive information sharing and analysis center. https://www.automotiveisac.com. Zugegriffen am 28.02.2019.

Bitkom. (Hrsg.). (2018). Bitkom Digital Office Index 2018 – Eine Studie zur Digitalisierung von Büro- und Verwaltungsprozessen in deutschen Unternehmen. Studie vom 28.06.2018. https://www.bitkom.org/Bitkom/Publikationen/Bitkom-Digital-Office-Index-2018.html. Zugegriffen am 28.02.2019.

Bundesamt für Sicherheit in der Informationstechnik. (2017). BSI-Standard 200-3: Risikoanalyse auf der Basis von IT-Grundschutz. Version 1.0. https://www.bsi.bund.de/SharedDocs/Downloads/DE/BSI/Grund schutz/Kompendium/standard_200_3.html. Zugegriffen am 28.02.2019.

Bundesamt für Sicherheit in der Informationstechnik. (2019a). BSI-Standards. https://www.bsi.bund.de/DE/Themen/ITGrundschutz/ITGrundschutzStandards/ITGrundschutzStandards_node.html. Zugegriffen am 28.02.2019.

Bundesamt für Sicherheit in der Informationstechnik. (2019b). IT-Grundschutz-Kompendium – Edition 2019. https://www.bsi.bund.de/DE/Themen/ITGrundschutz/ITGrundschutzKompendium/itgrundschutz Kompendium_node.html. Zugegriffen am 28.02.2019.

Cyber Security Sharing and Analytics e. V. (2019). https://www.cssa.de. Zugegriffen am 28.02.2019.

Domain-based Message Authentication, Reporting & Conformance. (2019). What is DMARC? https://dmarc.org/. Zugegriffen am 28.02.2019.

European Union Agency For Network and Information Security. (2019). ENISA Threat Landscape Report 2018.

Financial Services Information Sharing and Analysis Center. (2019). About FS-ISAC. https://www.fsisac.com/about. Zugegriffen am 28.02.2019.

Funk, G., et al. (2016). Implementierungsleitfaden ISO/IEC 27001:2013. https://www.isaca.de/sites/pf7360fd2c1.dev.team-wd.de/files/attachments/isaca_leitfaden_i_gesamt_web.pdf. Zugegriffen am 28.0.2019.

Hutchins, M., et al. (2010). Intelligence-driven computer network defense informed by analysis of adversary campaigns and intrusion kill chains. *Lockheed Martin Corporat, 1*, 1–14.

International Organization for Standardization. (2013). ISO/IEC 27001:2013 Information technology – Security techniques – Information security management systems – Requirements. https://www.iso.org/standard/54534.html.

International Organization for Standardization. (2018). ISO/IEC 27005:2018 Information technology – Security techniques – Information security risk management. https://www.iso.org/standard/75281.html.
International Organization for Standardization. (2019). ISO/IEC 27000 family – Information security management systems. https://www.iso.org/isoiec-27001-information-security.html. Zugegriffen am 28.02.2019.
National Institute of Standards and Technology. (2019). Cybersecurity framework. https://www.nist.gov/cyberframework. Zugegriffen am 28.02.2019.
Open Web Application Security Project. (2019). http://www.owasp.org. Zugegriffen am 28.02.2019.
Pain, D., & Anchen, J. (2017). Cyber: Bewältigung eines komplexen Risikos. http://www.swissre.com/library/sigma_1_2017_de.html. Zugegriffen am 28.02.2019.
SSAE-16. (2019). SOC 2 Report – Trust services principles. http://www.ssae-16.com/soc-2/. Zugegriffen am 28.02.2019.
The White House. (2015). Executive order – Promoting private sector cybersecurity information sharing. https://obamawhitehouse.archives.gov/the-press-office/2015/02/13/executive-order-promoting-private-sector-cybersecurity-information-shari. Zugegriffen am 28.02.2019.
Verizon. (2016). 2016 Data breach investigations report. 9. Edition.
Verizon. (2017). 2017 Data breach investigations report. 10. Edition.
Verizon. (2018). 2018 Data breach investigations report. 11. Edition.
West, K. (2015). Top infosec execs will eventually report to CEOs, CISOs says. http://www.darkreading.com/operations/top-infosec-execs-will-eventually-report-to-ceos-cisos-say/a/d-id/1321980. Zugegriffen am 28.02.2019.

Alexander Weise besitzt über 10 Jahre Erfahrung als Information Security Experte und Consultant in verschiedenen Unternehmen und Industrien.

Er ist Vice President Cyber Risk Engineering Services bei Swiss Re Corporate Solutions und verantwortet dort die Aktivitäten zur Bewertung von Cyber-Risiken von Unternehmenskunden. Dazu entwickelt er Prozesse und Tools, die bei der Evaluation von Risikoexponiertheit und Risikoqualität u. a. in den Themengebieten Information Security Organisation, Information Security Prozesse und Business Continuity Management helfen. Zusätzlich fungiert Alexander Weise als interner Multiplikator für Cyber Security, „Industrie 4.0" und „Internet of Things" innerhalb der Risk Engineering Community.

Vor seiner Tätigkeit bei Swiss Re war Alexander Weise Information Security Manager bei der Deutschen Post DHL und Senior Information Security Consultant bei Steria Mummert Consulting.

Herr Weise hat einen M.Sc. in Wirtschaftsinformatik und ist Certified Information Systems Auditor (CISA), Certified Information Security Manager (CISM) sowie ISO 27001 Lead Auditor.

Digitale Ethik – Notwendige Instanz auf dem Weg zwischen technologischen Allmachtsbestrebungen und menschlicher Entwicklung

Torsten Graap

> **Zusammenfassung**
>
> Digitalisierung und der damit verbundene digitale Kapitalismus als transformativ-holistische Innovation bedürfen einer wirtschaftsethischen Reflexion. Dazu muss das Digitalisierungsprojekt allerdings in seinem umfassenden Polarisierungsfeld zwischen der digitalen Allmächtigkeit und negativen digitalen Effekten kritisch erkannt und verstanden werden. Besondere Beachtung erfährt dabei das Modell des kritischen digitalen Kapitalismus von Betancourt. Mit der Herausarbeitung zentraler Ethikkerne verändert sich folgend der Stellenwert der Ethik im betrieblichen Formal-/Sachziel-Modell, sofern ein Unternehmen eine nachhaltige Wahrhaftigkeit ihrer existenziellen Legitimation beansprucht. Es folgt die Auseinandersetzung mit der Vorstellung der Kernelemente eines digitalen Humanismus nach Nida-Rümelin/Weidenfeld, der im Formalzielbereich eines Unternehmens potenziell verankert werden könnte.

14.1 Die ethische Frage im Kontext der Digitalisierungstransformation

Die zu Beginn des Buches angesprochene Fortschreitung der digitale Transformation hat einen existenziellen Charakter, da auf die Ökonomie bezogen jeder Gegenstand gegenwärtig auf dem Prüfstand der Durchdigitalisierung steht. Dieses Buch mit seinen Autoren vielfältigster Herkunft bestätigt dies eindrucksvoll. Das existenzielle Moment für das

T. Graap (✉)
THI Business School, Ingolstadt, Deutschland
E-Mail: torsten.graap@thi.de

gegenwärtige Menschsein und Unternehmensdasein ist weit transformativer als üblicherweise gedacht. Dem Soziologen Volker Beck folgend geht es in Wirklichkeit um eine „Metamorphose", eine „Verwandlung der Gesellschaft und der Welt" mit dem „Wegbrechen bisheriger anthropologischer Konstanten des bisherigen Lebens und Weltverständnisses." Es entsteht ein „Zwang zu kosmopolitischen Handeln" als das „neue historische Gesetz der Weltanziehungskraft" in einer für Beck derzeit schizophrenen Welt. Der sog. „Weltmarkt" macht uns jedoch nach Beck alle kaputt. Das „Zeitalter der Nebenfolgen" fängt an, diesem ist ein neues Menschen- und Weltbild inhärent. Beck skizziert keinen „Hyperoptimismus…der digital[en] Erlösung von allen Übeln der Gegenwart durch innovative Technologien" (Beck 2017, S. 11 f, 15, 23, 25, 31, 33, 35, 51, 55).

Folgerichtig gilt es über den Charakterkern des zukünftigen Wirtschaftens, dessen neues Bild eine Metamorphose durchlaufen wird, als Existential grundlegend nachzudenken, um eine katastrophale Metamorphose der negativen Nebenfolgen zu vermeiden. Der legitime Begründer der Existenzphilosophie, Karl Jaspers, äußerte sich 1961 wie folgt restriktiv über die Wirtschaft als Ökonomismus:

> „Wir müssen einsehen: Die Wirtschaft oder irgendeine ihrer Gestalten ist nicht das Absolute. Sie ist nicht der Maßstab für alles, was wir sind oder sein können. Sie ist zwar so unentbehrlich wie das Wasser für das Leben, das ohne Wasser sofort stirbt. Aber sie ist so wenig wie das Wasser schon das Leben. Die Wirtschaft empfängt ihren Sinn erst durch das, wofür sie stattfindet und was nicht Wasser ist." (Jaspers in: Graap 2001, S. 9)

Entscheidende Weichenstellungen sind jetzt als Ordnungsrahmen zu setzen, damit Digitalisierung nicht ein sinnloser Rückschritt des Ökonomischen wird und digitale lock-in-Effekte irreversibel werden. Vielfältigste Fragen warten auf das sich erhebende neuartige digitale Existential als Parallelität zum analog-organischen Leben:

- Was *ist* der Mensch in einer digitalisierten Welt?
- Was *ist* das für eine Ökonomie nach der digitalen Transformation?
- Was *könnte* die Ökonomie nach der digitalisierten Transformation sein?
- Was ist das für ein Leben in einer digitalisierten Gesellschaft?

Digitalisierung als Phänomen der Diffusion von Existenzsphären ist also eng verbunden mit der Sinnfrage:

- Wofür soll die Digitalisierung überhaupt *gut sein*?
- Wer oder was berechtigt eigentlich alles digitalisieren zu wollen, ohne dem Organischen seinen würdigen Stellenwert zu nehmen?
- Ist Digitalisierung überhaupt mit dem Leitbild der Nachhaltigkeit vereinbar?

Der Wirtschaftsethiker Peter Ulrich erkennt drei Grundpfeiler wirtschaftlicher Vernunft (siehe Abb. 14.1), die von der orthodoxen Ökonomik, der Neoklassik, ausnahmslos nur auf die marktallokative Effizienz („Mythos Markt") reduziert wird. Dabei ist Effizienz

Abb. 14.1 Drei Gesichtspunkte wirtschaftsethischer Vernunft. (Quelle: Ulrich 2010, S. 31)

nachrangig zu betrachten, da diese erst aus den zu priorisierenden Sinnorientierungen und Legitimationsbedingungen vor dem Hintergrund der *Lebensdienlichkeit* begründet werden kann (Ulrich 2010, S. 31).

Auf das Digitalisierungsprojekt übertragen stellen sich mit diesem „ökonomischen Vernunftsdreieck" weitere Fragen: Welche Werte werden durch die Digitalisierung geschaffen? Erfüllt Digitalisierung den Effizienzanspruch ökonomischen Handelns tatsächlich? Was ist der Sinn von Digitalisierung in Unternehmen bzw. in einer Volkswirtschaft? Und wer profitiert eigentlich von der Digitalisierung? Führt Digitalisierung zu mehr Gerechtigkeit in einem Unternehmen oder in einer Volkswirtschaft?

Wir haben es daher mit der Digitalsierung in Unternehmen und in einer Volkswirtschaft nicht mit einem ethikfreien Raum zu tun, der einzig als Produktionsfaktor technologischer Fortschritt in das quantitative Kalkül rechnender Betriebs- und Volkswirte einfließt. Vielmehr werden Grundüberzeugungen, d. h. Werte des Zusammenlebens in einer Gesellschaft tangiert und eventuell massiv transformiert im positiven oder negativen Sinne. Viele ethische Fragen entstehen, die letztlich auch nur ein Spiegel einer sich vollziehenden Metamorphose sind.

Da sich Ethik nach Lay (als Lehre vom sittlichen Handeln) mit Handlungstypen (Handlungsethik) und Handlungsdispositionen (Tugendethik) beschäftigt, die an einem von ihr festgelegten „höchsten Gut" orientiert sind, ergibt sich letztlich durch die Ethik ein kritisches Gewissensurteil auf Basis einer eben verantworteten Kritik (Lay 1996, S. 73). Das Gewissen ist dabei

> „… ein Strukturelement des psychischen Systems einer Person, das über die … Qualität eigener und fremder Entscheidungen, Handlungen, Werteinstellungen, Orientierungen urteilt."
> (Lay 1996, S. 71)

In Verbindung mit der oben bei Ulrich angesprochenen Lebensdienlichkeit einer integrativen Wirtschaftsethik zeigt sich hier schon das Spannungsfeld zu einer unorganischen Digitalisierungskraft. Angesichts der Globalität der Digitalisierung wäre sogar eine vereinende „säkulare Ethik" jenseits der Religionen nach dem Dalai Lama zu entwickeln (Dalai Lama 2015, S. 9). Dieser Anspruch kann hier freilich nicht eingelöst werden, aber sowohl die Ideen des Dalai Lama in obiger Quelle als auch das Projekt Weltethos von Hans Küng mögen hier Ansätze für ein global-kritisches Gewissensurteil der Digitalisierung sein.

14.2 Das Polarisierungsmoment der Digitalisierungskraft

Dem Titel dieses Beitrags entsprechend wird einer einseitigen Auflösung der Digitalsierung zum Guten in der Ökonomie, als auch der Gesellschaft, nicht entsprochen. Vielmehr sollte man in der Polarität der digitalen Kraft mittels des Einsatzes der menschlichen Vernunft in Unternehmen und der Gesellschaft ein biophiles Optimum für die Lebensdienlichkeit durch Austarierung bestehender Antagonismen dialektisch auflösen. Demnach sollte sich die Ethik als Instanz auf dem Weg zwischen technologischem Allmachtswahn und menschlicher Vernunft lenkend positionieren (siehe Abb. 14.2). Beide Pole, der digitale Allmachtswahn, als auch der Technologiewiderstand, sind genauer zu beleuchten vor dem Hintergrund eines ethischen Urteils. Dabei muss gegenwärtig konstatiert werden, dass das Pendel Richtung digitaler Durchökonomisierung schwingt, wie politische Aktionsprogramme und Budgets, Forschungsstrukturen, das Heer an privatwirtschaftlichen Beratern (als „Datenhändler") sowie privatwirtschaftlichen Chanceninteressen offenbaren. Es wird hier von „Wahn" gesprochen, da alles Gegenstand der Digitalsierung ist, aber der nutzentheoretische Beweis quantitativer Art vor dem Hintergrund betriebswirtschaftlicher formal- und sachzielformaler Kategorien oftmals gar nicht gegeben und „nachhaltig" ist. Ausnahmen sind hier freilich jene Unternehmen, die aufgrund des Komplexitätsunverständnisses von Unternehmen in deren Umwelten als clevere „Datenhändler" mittels geschickter Technologien den „homo consumens (Erich Fromm)" in einer Marketinggesellschaft perfektionistisch abbilden und nutzenmaximierend für Dritte zu vermarkten gedenken. Insofern ist die Digitalsierung per se ethisch abzuwägen und gleichgewichtig auszubalancieren zwischen Technophilie, Biophilie, Ökonomie und „Konsumismus ... als entscheidende Antriebs- und Triebkraft der Gesellschaft (Bauman 2009, S. 41)."

Widmen wir uns zunächst dem linken Zweig der Abb. 14.2, dem technologischen fix der Digitalsierung.

Bereits Theodore Roszak wies 1988 in seinem Werk „Der Verlust des Denkens. Über die Mythen des Computer-Zeitalter" darauf hin, dass jede geschichtliche Epoche ihr Kultwort hat. Es gab Zeitalter des Glaubens, der Vernunft, und, so Roszak, Ende der 80er, dass der Information. Dies ist nichts Neues, allerdings ist Roszaks Erkenntnis hervorhebenswert, dass vornehmlich „seelenlose Bezeichnungen" mit dem „Anstrich sicherer Neutralität" in

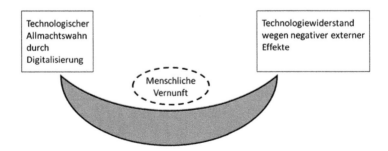

Abb. 14.2 Digitalsierung als polarisierender Entwicklungspfad. (Quelle: eigene Darstellung)

einer „unschuldigen Verkleidung" oftmals als „Symbole der Erlösung" daherkommen (Roszak 1988, S. 10, 38). Ähnliches gilt übrigens für das Zeitalter der Globalisierung und, gegenwärtig als gesellschaftlich-globale Klammer sozialer und ökologischer Provenienz, dem Zeitalter der „Nachhaltigkeit". Gibt es überhaupt vor der primär politisch-motivierten Nachhaltigkeitsdebatte so etwas wie eine „digitale Nachhaltigkeit"?

Man findet diverse zentrale Aspekte, die die einseitig auflösende digitale Technophilie ausmachen (vgl. Abb. 14.3): Zunächst werden alle damit verbundenen Ideen als *Wachstumschance* und *Effizienzversprechen* im Sinne der Neoklassik betrachtet, um quantitativen Wohlstand einer Volkswirtschaft oder eines Unternehmens konkurrenzdurchsetzend und effizienzsteigernd zu generieren. Diese Logik funktioniert nur im Schulterschluss mit dem Kern dieses Modell, dem Konsum. Die Schleife aus „Digitalisierung-Effizienz-Konsum-Geld" bildet das Herzstück dieser Wirtschaftsform. Über digital-informatorische bzw. marketingtechnische Akzellerationseffekte werden neben der digital-induzierten Kapitalakkumulation positive Effekte unisono erwartet.

Evgeny Morozov bringt die damit verbundene universale „Heilsbringung" für Alles auf den Begriff der „Ideologie des *Solutionismus*" (Morozov 2013, S. 25). Dem unterliegt „das Bestreben, alle komplexen sozialen Zusammenhänge so umzudeuten, dass sie entweder als genau umrissene Probleme mit ganz bestimmten, berechenbaren Lösungen oder als transparente, selbstevidente Prozesse erscheinen, die sich – mit den richtigen Algorithmen – leicht optimieren lassen…(Morozov 2013, S. 25)." Dieses Modellierenwollen

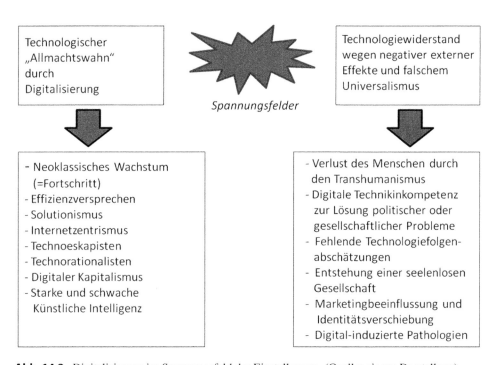

Abb. 14.3 Digitalisierung im Spannungsfeld der Einstellungen. (Quelle: eigene Darstellung)

(auch in diesem Buch) ist auf allen Gebieten nachweisbar. Ob nun Solutionisten tatsächlich ethisch verwerflich sind oder nicht, wäre im Einzelfall zu prüfen. Hier macht es Sinn, in positiven und negativen Solutionismus zu unterscheiden. Morozow erkennt jedoch ein zwanghaft-perfektionistisches Moment, mit dem sich Solutionistentugendhaftigkeit entlarvt: „Solutionisten hassen Fehler und wollen um jeden Preis an ihren Algorithmen festhalten (Morozov 2013, S. 25)." Digitalisierung und Solutionismus wurden und werden unterstützt durch die Entstehung und Weiterentwicklung des Internets (als neue Druckerpresse). Morozov sieht hierin eine Geisteshaltung, eine Überzeugung, den „*Internetzentrismus*", d. h. das Internet liefert „… die Munition für ihren Krieg gegen Ineffizienz, Vieldeutigkeit und Unordnung (Morozov 2013, S. 41)." Und „das Internet ist zum Hauptförderer des Solutionismus geworden, es liefert die Instrumente, die ideologischen Prinzipien und die Metaphern für seine Effizienzoffensive (Morozov 2013, S. 112)." Folglich wird in Unternehmen von Solutionisten mittels „aggressives Ausgreifen (Morozov 2013, S. 68)" alles infrage gestellt. Das Internet dient letztlich als „geistige Schablone für die Reorganisation der ganzen Gesellschaft (Morozov 2013, S. 56)." Und damit auch für die komplette Reorganisation von Unternehmen.

Die Solutionisten bestehen aus zwei Fraktionen. Die *Technoeskapisten* und die *Technorationalisten*. *Technoeskapisten* glauben, dass das Internet die Politik überflüssig macht. *Technorationalisten* glauben, „Technik und Internet könnten das Politische an der Politik minimieren und stattdessen deren technokratische Seite stärken (Morozov 2013, S. 219)". Letztere wollen Politik auf Verwaltungsaufgaben reduzieren, die wissenschaftlich lösbar sind, um den gegenwärtigen Sinn und Unsinn im politischen Prozess als Chaos so nicht weiter zu betreiben (Morozov 2013, S. 225). Auf Unternehmen übertragen könnte dies bedeuten: Technoeskapisten machen Management und Mitarbeiter vollständig überflüssig, da Komplexität durch digitale Technik besser „gemanagt" werden kann. Technorationalisten reduzieren die menschliche Aktivität auf einige wenige, noch an die Physikalität gekoppelte (organisch) notwendige Prozesse.

Mit der totalen Reorganisation gängiger Wirtschaftsmodelle um die digitale Komponente bringt Michael Betancourt den Begriff des „*Digitalen Kapitalismus*" (siehe Abb. 14.4) in die Debatte (Betancourt 2018). Ursprünglich wurde dieser Begriff erstmals von Dan Schiller 1999 verwendet (Betancourt 2018, S. 253). Für Betancourt ist diese neue Form des Kapitalismus als „Paradigma der Digitalität (Betancourt 2018, S. 35)" umgeben von folgenden Charakteristika (Betancourt 2018, S. 15, 124, 184 f, 189 f, 191, 221, 223):

a. „Aura des Digitalen", d. h. „… eine [immaterielle] Ideologie, die eine Transformation von Objekten in … auf Semiose basierende Immaterialität behauptet";
b. „Austausch des Realen durch das Hyperreale" mit der „Datenbank als Realität"
c. „die durch digitale Technologie und Automatisierung ermöglichte Illusion einer Produktion ohne Konsumtion";
d. die „Kolonisierung gesellschaftlicher Beziehungen";
e. „die Substitution auf materieller Herstellung basierender, produktiver Tätigkeit durch eine aus Semiose basierende immaterielle Produktion";

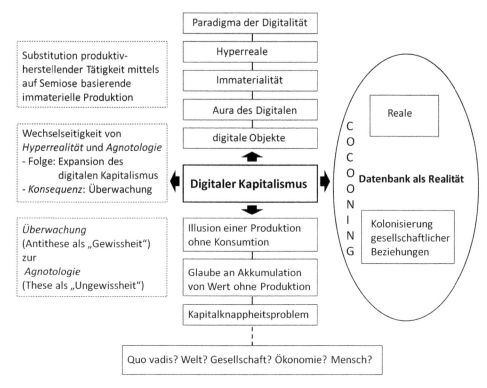

Abb. 14.4 Kernelemente des digitalen Kapitalismus nach Betancourt. (Quelle: eigene Darstellung)

f. „Hyperrealität und Agnotologie sind wechselseitige Wiederspiegelungen, die die Expansion des digitalen Kapitalismus … durch die Überwachung [ermöglichen]."
   - Agnotologie „… beschreibt … die Erzeugung systemischer Unwissenheit durch die Aushöhlung der in der Herstellung von Wissen verwendeten Denkprozesse."
   - Hyperrealität ist die künstliche und kontingente Auflösung des Realen durch Interpretationen, d. h. eine Reihe apriorischen Annahmen wie die „Transformation der Bedeutung *als* Bedeutung"
g. Überwachung ist die logische Antithese der Agnotologie, da sie Gewissheit statt Ungewissheit erzeugen soll;
h. „Glauben an die Akkumulation von Wert ohne Produktion"

Kapitalknappheit setzt dieser grenzenlosen immateriellen Produktion, seinem stetigem Vermögenszuwachs, allerdings seine Grenzen (Betancourt 2018, S. 16, 18). Ein neuartiger Wesenszug dieser Kapitalismusvariante ist, dass menschliches Leben, Handeln und soziale Reproduktion zu Waren werden. Folglich wird die Sozialität des Menschen durch digitale Technologie zu einer neuen Form wirtschaftlicher Produktion. Und damit ein digitales Objekt (Betancourt 2018, S. 22, 67). Manager, Mitarbeiter und Kunden werden so zu digitalen Objekten. Sprachen die Vertreter der Frankfurter Schule (vgl. Adorno, Horkheimer oder auch Fromm) noch vom Mensch als „Automaten" in der Industrialisierungsepoche des Nachkriegsdeutschlands, so hat sich diese Charakterisierung real noch potenziert, abstrahiert und entfremdet zu einem hyperrealen oder virtuellen Automaten. In Kombination mit der digitalen Anonymität und dem verantwortungslosen Auslebenkönnen der Lüge und Böshaftigkeiten eine gefährlich wertezersetzende Entität.

Der digitale Kapitalismus als agnotologischer Kapitalismus wird nach Betancourt letztlich mit dem Zusammenbruch konfrontiert, wenn Kapitalknappheit herrscht bzw. die Kapitalzirkulation zum Erliegen kommen sollte.

Letzter Baustein der digitalen Aura ist das Kulminierungsbestreben zur *Künstlichen Intelligenz* (= KI), also dem biologischen Pendant zu organischer Intelligenz. Sowohl die schwache als auch die starke KI sollen hier als Treiber der digitalen Revolution des 21. Jahrhunderts dienen.

Und nach dem KI-Theoretiker Hans Moravec dem Menschen unbegrenzte Entfaltung seiner Fähigkeiten, ein Reich der Freiheit und Unsterblichkeit durch einen künstlichen Körper für ihn ermöglichen (Nida-Rümelin und Weidenfeld 2018, S. 19). Beide Autoren sehen mit der KI gegenwärtig den „Beginn einer „zweiten rationalistischen Epoche", d. h. der Hoffnung, dass „unsere gesamte Lebenswelt von technologisch-wissenschaftlicher Rationalität durchdrungen sein wird (Nida-Rümelin und Weidenfeld 2018, S. 57 f)."

Mit *starker KI* verbindet man Deckungsgleichheit zwischen menschlichem Denken und der Softwareverarbeitung bei Computerprozessen. Darüber hinaus verfügt starke KI über Bewusstsein verfügende Softwaresysteme, die sowohl Entscheidungen treffen, als auch Ziele verfolgen können (Nida-Rümelin und Weidenfeld 2018, S. 19, 57). Nida-Rümelin/Weidenfeld sehen mit der starken KI eine „Form des modernen Animismus, also der Beseelung von Nicht-Beseeltem (Nida-Rümelin und Weidenfeld 2018, S. 19)" auf die Gesellschaft zukommen, der gegenwärtig zugleich Big Business (als „digitaler Utilitarismus"), aber auch eine Glaubensfrage darstellt (Nida-Rümelin und Weidenfeld 2018, S. 21, 67). Die schwache KI hingegen erkennt zwar Unterschiede zwischen Intelligenz bei Mensch und KI an, sieht jedoch keinerlei Grenzen der Computersimulierung (für menschliches Denken, Wahrnehmen, Entscheiden und Fühlen) durch KI (Nida-Rümelin und Weidenfeld 2018, S. 59 f).

Vielfältigste *Kritiken* an der angedachten disruptiv-digitalen Transformation, die nicht primär in Zukunftsängsten des Menschen generell liegen, lassen sich jedoch argumentativ auf diverse Kerne im rechten Bereich der Abb. 14.3 zentrieren.

Grundsätzlich stellen Solutionismus und Internetzentrismus nach Morozov einen falscher Universalismus dar (Morozov 2013, S. 112). Warum? Betancourt weist hier zu Recht auf die Verdrängung der Physikalität aus dem Bewusstsein des Digitalen hin (Betancourt 2018, S. 24). Grundlegend wird eben nicht das „Web of Life (Fritjof Capra)" erfasst, ebenso wenig die Vielfalt der Weltanschauungen. Exemplarisch sei hier das Werk „Psychologie der Weltanschauungen" von Karl Jaspers genannt (z. B. die ästhetische Weltanschauung). Grundsätzlich ist daher jede isolierende Weltanschauung schlecht, da sie den Gesamtkontext ihrer Existenz verkennt und somit unverhoffte Konsequenzen produzieren kann. Dies wird offensichtlich, wenn man sich die zwölf potenziellen

„KI-Nachwirkungsszenarien" des MIT-Forschers Max Tegmark zum Thema „*Leben 3.0*" vergegenwärtigt. Alles ist demnach möglich: Von der libertären Utopie (friedliches Zusammenleben und Verschmelzung), dem Schutzgott (der KI über den Menschen), der Zoowärter (superintelligente KI hält ein paar Menschen im Zoo), dem Rückfall (ins Mittelalter durch Ablassen von der Digitalisierung) bis hin zur Selbstzerstörung (der menschlichen Spezies) (Tegmark 2017, S. 246–302). Die Unsicherheit des Ausgangs, was letztlich im Ernstfall auch das Ende der von uns gekannten Wirtschaft bedeuten könnte, zwingt uns, diese Szenarien wirtschaftswissenschaftlich durchzudenken. Auch Tegmark mag sich nicht festzulegen. Alles ist möglich.

Es wird seitens der Wirtschaftswissenschaften Zeit, Tegmarks zwölf Szenarien oder andere zu entwickelnde einer genaueren ökonomisch-transdisziplinären Reflexion zu unterziehen und modelltheoretische Konzepte dahingehend zu entwickeln.

Verlust des Menschen durch den Transhumanismus
Für den Physiker und Philosophen Nida-Rümelin ist starke KI eine „Form des Anti-Humanismus" und ein „kruder, mechanistischer Materialismus" (S. 57 f). Die Silicon-Valley-Ideologie ist zudem eine *Überführung des Humanismus zum Transhumanismus* und zur *technizistischen Utopie*, die den Menschen verliert (Nida-Rümelin und Weidenfeld 2018, S. 22, 57 f). Warum? Betancourt bringt dies auf den Punkt: „Jegliche intellektuelle Aktivität, die auf bestimmte Regeln reduziert werden kann, kann automatisiert werden, wird die Bedrohung, die die Automatisierung für die menschliche Einzigartigkeit darstellt, als Befürchtung sublimiert, die digitale Technologie könne den organischen, menschlichen Bereich besiedeln … (Betancourt 2018, S. 58)."

Beispiel: Mit der Datenbank als Realität ist jeder, auch tugendhafte Bürger und ehrliche Steuerzahler, automatisch potenzieller Krimineller oder Terrorist in Zeiten interkultureller Spannungen. Das Digitale hat daher einen nicht-psychischen Charakter. Und *Simulationen* dürfen nicht mit Realisierung verwechselt werden. Software simuliert nur Gefühle, hat sie aber nicht (Nida-Rümelin und Weidenfeld 2018, S. 38, 41). Neben dieser sozialen Ignoranz wirft Betancourt den digitalen Technologen sogar die *Leugnung des materiellen Bereiches* vor, die Notwendigkeit des Menschen bei der Schaffung und Erhaltung gesellschaftlicher Strukturen und damit die *Ignoranz komplexer Beziehungen* (Betancourt 2018, S. 59). Schlimmer noch, dem gesamten Arbeitswert durch Menschen droht die Substitution und Entwertung:

> „Die digital ermöglichte Automation macht die menschliche Arbeit, die innerhalb des produktiven Systems vorher der Dienstbarkeit unterworfen war, selbst prekär und stellt damit für den historisch durch die Transformation menschlicher Arbeit in eine Ware definierten Kapitalismus – für den Einsatz menschlicher Intelligenz, Geschicklichkeit und Arbeitszeit als einer spezifischen Form des Werts – eine grundlegende Herausforderung dar. Das Potenzial für *vollständige Automatisierung*…bei der menschliche Arbeit – *menschliche* Tätigkeit – zu einem vergeudeten Wert wird." (Betancourt 2018, S. 52)

Aber welcher Mensch soll die KI-produzierten Produkte gegen Geld dann kaufen? Das Wirtschaftssystem würde ohne menschliche Kaufkraft zusammenbrechen. Es sei denn,

Steuern (z. B. eine KI-Steuer, digitale Wertschöpfungsabgaben), würden zur Redistribution der Ware Geld an den prekären Menschen abführen. Alternativ-visionär gedacht: Abschaffung des Geldes und KI-produzierter Wohlstand für alle, was allerdings nur auf einem hohen Gesellschaftniveau ethischer Entwicklung (ohne Machtgier, Habgier, Geldgier, Egozentrismus, Lüge, Doppelmoral, Clanökonomie etc.) funktionieren würde. Davon sind wir weit entfernt.

Eines der Kernelemente des Kapitalismus, das Geld, ist allerdings sozial konstruiert und würde bei vollständiger Automatisierung seine gegenwärtige „Verdinglichung einer gesellschaftlichen Beziehung" verlieren und als Wert aufhören zu existieren (Betancourt 2018, S. 213). Positiv gewendet könnte die KI daher allerdings auch die Chance eröffnen, eine höher entwickelte Ökonomie zu entwickeln. Als „libertäre Werte-Ökonomie" auf Basis von Tegmarks Szenario einer libertäre Utopie. Negativ gewendet würden alle negativen KI-Szenarien aus Menschensicht die gegenwärtige Geldökonomie als letzte und finale Krise des Kapitalismus eliminieren. Der Kapitalismus ist nichts anderes als das rhythmische Wiederkehren von Krisen als Existenzmuster (Müller und Graap 2012). Auch Aussagen wie jene von Amazon, man will nicht Marktdominator, sondern selber der Markt sein, möge eine Vorstellung von der machtbesessenen antiliberalen Denkhaltung sein (Bode 2018, S. 142).

Digitale Technikinkompetenz zur Lösung politischer oder gesellschaftlicher Probleme

Bereits die obigen Ausführungen als zweifache Ignoranz mit Bezug auf die gesellschaftliche Komplexität und menschliche Sozialität lassen den Schluss zu, Digitalismus wird aus selber heraus keine derartigen Probleme oder Krisen lösen können. Weder die nahende Klimakrisen, Kulturkrisen (vgl. Samuel Huntingtons „Clash of Civilizations" aus 1991) oder politische Krisen.

Morozov nennt in diesem Zusammenhang eine besondere menschliche Qualität bzw. ein Potenzial, die den Unterschied zur digitalen Intelligenz ausmacht und das wichtigste evolutionäre Produkt der menschlichen Spezies ist: die *Kommunikation*. So der Arzt und Psychiater Manfred Spitzer: „Von digitalen Medien lernt kein Kind die Muttersprache, auch nicht vom Smartphone (Spitzer 2018, S. 98)."

Fehlende Technologiefolgenabschätzungen

Digitale Manipulationen des Geldwesens, gar von Wahlen bis hin zum Umgang mit geistigem Eigentum treten als Beispiele neuartiger Negativeffekte und neuer Problemfelder ebenso auf wie die Verbreiterung und Vernetzung krimineller Energien. Technologiefolgeabschätzungen mit digitaler Technologie waren bzw. sind rudimentär oder eben gar nicht vorhanden. Dies gilt übrigens auch für das Wirtschaftssystem als Gegenstand. Es wird fast ausschließlich reagiert der Ordo-Verantwortlichen vor dem Hintergrund liberal-stoischer Marktökonomen.

Der Hirnforscher und Psychiater Manfred Spitzer resümiert in der Folgenanalyse seiner aktuellen Publikation „Die Smartphone-Epidemie" (Spitzer 2018, S. 23): „Es ist schwer verständlich, warum es bislang keinerlei offizielle Technologiefolgenabschätzung für diese neue Technik [das Smartphone, T.G.] mit solch gravierendem Einfluss auf unsere Lebensgestaltung und unsere Lebenserfahrung gibt." Von besonderer Bedeutung für die menschliche und tierliche Gesundheit scheint auch die neue 5-G-Technologie zu sein, die uns einer allgegenwärtigen und weitaus höheren permanenten elektromagnetischen Strahlung dauerhaft aussetzen würde für eine neue Stufe des digitalen Kapitalismus im Rahmen des „Internet of Things". Dabei geht es insbesondere um langfristige Technologiefolgenabschätzungen auf die Gesundheit des Menschen und von Tieren.

Der zentralste Kritikpunkt mit der flächenweiten Einführung von Digitaltechnologien ist der vermutete Übergang in die *Unfreiheit des Menschen (Verletzung der Privatsphäre) und zur Gefahr der Demokratie durch Überwachung und Kontrolle*. Dies wird unterschiedlich verbalisiert: Als „Diktatur der Konzerne" von Thilo Bode mit dem Antlitz einer „soften Diktatur der Algorithmen" mit „sozialen Medien als Waffen", aber auch Chinas Weg in die „Big-Data-Diktatur" (Bode 2018, S. 122, 131, 136). Oder die „Digitale Diktatur" von Stefan Aust und Thomas Ammann, die u. a. den „digitalen Krieg" thematisiert (Aust und Ammann 2014, S. 224 ff).

Betancourt folgend strebt das Digitale nach einem *Zustand umfassender Kenntnis*, die von Institutionen jeglicher Couleur genutzt wird, gleichzeitig aber mit der „wesensmäßigen Instabilität des digitalen Kapitalismus" verbunden ist. Er schlussfolgert letztlich daraus das Ende der liberalen oder ordoliberalen Ökonomie: *Überwachung ist das eigene Endprodukt des digitalen Kapitalismus*, der *Autoritarismus* wird die logische Form der politischen Ökonomie (Betancourt 2018, S. 143, 178 f, 190).

Entstehung einer seelenlosen Gesellschaft
Nach dem Arzt und Psychiater Till Bastian produziert der gegenwärtige Alltag eine Unterminierung unserer seelischen Widerstandskräfte, eine Lähmung und Ausbeutung unserer psychophysischen Ressourcen. Bastian fordert einen nachhaltigen Umgang mit unserem Seelenleben, da man sonst die Zukunft unserer Spezies aufs Spiel setzt. Wie kommt er zu dieser Einsicht? Er verwendet dazu vom Soziologen Hans Freyer den Begriff der „Zwischenwelt", einer weiteren Welt zwischen Mensch und seinen natürlichen Lebensgrundlagen. Diese *Zwischenwelt*, ein sekundäres System, hat sich zwischen den Menschen und seinen natürlichen Ursprung geschoben. Dieses sekundäre System forciert die Außenverlagerung vieler Prozesse des Menschen. Problematisch daran ist der produzierte Schaden nicht nur für die Umwelt sondern auch für die Innenwelt des Menschen (Bastian 2012, S. 13, 17). Das *sekundäre System* besteht aus vier technisch-instrumentellen Maschinen (siehe Abb. 14.5), die auch systemisch, ja synergetisch, miteinander wechselwirken: Mobilitätsmaschine, Datenmaschine, Bedeutungsmaschine, Geldmaschine (Bastian 2012, S. 83–103).

Teil dieses sekundären Systems ist freilich auch die Digitalisierungsmaschine als Großtechnologie, die einen häufigeren Rückzug in die Passivität und virtuelle Welten induziert, einen permanenten Aufforderungscharakter einfordert und viele Synchronisationsleistungen verlangt. Dies führt nicht zu einer „stabilen Ich-Identität" und „realer Einsamkeit". Dieses Sich zurückziehen („Cocooning") als akute soziale Verweigerung wird in Japan

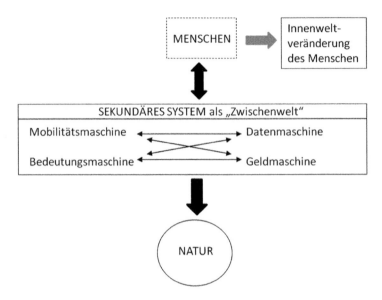

Abb. 14.5 Das sekundäre System im Zusammenhang von Mensch und Natur nach Bastian. (Quelle: eigene Darstellung)

bereits mit dem „*Hikkikomori-Syndrom*" bezeichnet, wenn der häusliche Rückzug mindestens sechs Monate dauert. In Deutschland würde man dies als soziale Phobie bezeichnen (Bastian 2012, S. 23, 35, 39, 42 f., 44). Vor diesem Hintergrund erkennt Bastian in Deutschland das sog. „*Triple-S-Syndrom*", das Syndrom seelischer Stagnation. Dieses ist grob gekennzeichnet durch allgemeine Adynamie (Kraftlosigkeit), z. B. der eigenen Lebensgestaltung, wachsende Abhängigkeiten, suchtartige oder -ähnliche Tendenzen bzgl. virtueller Welten und Abkopplung des natürlichen Tag-Nacht-Rhythmus (Bastian 2012, S. 50). An anderer Stelle nennt Bastian noch den „Preis der radikalen Entsinnlichung" mit der „Tendenz zur jederzeit möglichen Selbst-Entfremdung", „Abstumpfung" und „innerer Leere", dem die digitalen Medien eine enorme Schubkraft geben (Bastian 2012, S. 55, 63, 65, 74). „Der Seele wird…die Innerlichkeit genommen (Rittner in: Bastian 2012, S. 74)."

Marketingbeeinflussung und Identitätsverschiebung
Verbunden mit allen vier Maschinen des sekundären Systems ist das Marketing, früher „Absatzwirtschaft" genannt, der Antreiber des Kerns der Kapitalakkumulation, des Konsums.

Marketingaktivitäten sind neben der realen Welt nunmehr auch übermächtig in der Zwischenwelt des sekundären Systems in allen vier Maschinen gleichbedeutend eingedrungen. Marketing für alle Lebensphasen und Lebenssphären bis in die „Freizeit" in reale und hyperreale Welt ist das Indiz der enger gewordenen Verbindung von Konsumismus und Kapitalismus durch den Digitalismus. Die Bedeutungsmaschinerie ist dabei mit einer „aufdringlichen Semantik der Wichtigkeit (Bastian 2012, S. 97)", die letztlich agnotologischen Charakter hat und die Konsumentensouveränität des wirtschaftenden Menschen herausfordert und sein Urteilsvermögen durch das permanente Marketingsystemrauschen schmälert. Leben als Konsum, so ein Buchtitel des Soziologen Zygmunt Baumann, scheint das Ziel dieses unethischen Marketings des dominanten neoklassischen Modells zu sein (vgl. Kinderwerbung und Inszenierung falscher Welten). Gängige Marketingfachbücher lassen daran auch nicht mehr zweifeln. Wurde vor 30 Jahren noch das Marketing im Rahmen der Konsumentensouveränität als Konsumentenaufklärung vor dem Hintergrund der eigenständigen und freien nutzentheoretischen Optimierungsentscheidung gesehen, so wird heutzutage in der „Marketingwissenschaft" offen von Vereinnahmung oder Beeinflussung gesprochen (z. B. Kotler et al. 2016, S. 721 oder Koschnick 1996, S. 141 ff.). Die Digitalisierung forciert das offen ausgesprochene Beeinflussungsareal. Bestes Beispiel ist hier die von Google ausgenutzte Marktbeherrschungsstellung zur Positionierung seines eigenen Preisvergleichsdienstes mittels Suchalgorithmen nach oben oder ganz oben in der EU, wodurch Google durch die Verkäufe der Google-Anzeigenkunden mit profitierte (und von der Europäischen Kommission mit 2,4 Milliarden Euro Rekordstrafe belegt wurde) (Bode 2018, S. 132 f.). Defizite in der Marketingtheorie, wodurch das grenzenlos profilbildende Geschäftemachen lukrativ ist, sind der fehlende Umgang mit Komplexität und das Manko ethischer Reflexion.

Profiteure dieser Entwicklung sind die zwischenzeitlich oligopolistisch und monopolistisch aufgestellten Datensammler als Profilbildner, die die Marketingeffizienz erhöhen wollen. Die Digitalkonzerne mit ihren sozialen Netzwerken verletzen die Privatsphäre zum Zweck der Informationssammlung, die dann für Werbung verkauft werden kann (Betancourt 2018, S. 99). Es ist eine unheilvolle Entwicklung: Die „Entwicklung fort vom produktiven menschlichen Handeln hin zur *automatisierten Überwachung* (durchgängiger Beobachtung) der Sammlung, Zusammenstellung und des Abrufs von Daten (Betancourt 2018, S. 99)." Es kommt zu einer *Verschiebung der Identität* (Betancourt 2018, S. 99). Nach Bode entsteht eine „softe Diktatur" der Algorithmen (Bode 2018, S. 122).

Digital-induzierte Negativeffekte auf den Menschen
Durch wissenschaftliche Forschungen sind zwischenzeitlich viele digitale Negativeffekte auf den Menschen erkannt (siehe Abb. 14.6), die für die Leistungsfähigkeit einer Volkswirtschaft oder einen Betrieb von nicht unerheblicher Bedeutung sind. Grundlegend dafür ist die exzessive Nutzung digitaler Medien. Der von Markowetz in Deutschland empirisch im „Menthal-Projekt" diagnostizierte „digitale Burnout" als „kollektive Verhaltensstörung" sollte gerade von Unternehmen ernst genommen werden. Demnach schaltet der emotional und psychisch angestrengte „homo digitalis" durchschnittlich 88mal den Bildschirm des Smartphones am Tag an (Markowetz 2015, S. 13, 15, 17).

Ein empirisches Beispiel aus den USA mag sensibilisieren: 2015 wurde ein durchschnittlicher Bildschirmkonsum bei 8-12-jährigen Kindern von sechs Stunden, und bei den 13- bis 18-Jährigen von gar neun Stunden pro Tag nachgewiesen. Problematisch ist daher das Zulassen der Überdosis an digitalen Konsum der nächsten Generation. So lässt sich bereits eine Verminderung der Schulleistungen in Mathematik lt. OECD durch den nachgewiesenen Zusammenhang zwischen Computernutzung in Schulen und Mathematik erstellen. Konsequent hat Frankreich im Juli 2018 Smartphones etc. in Schulen verboten (Spitzer 2018, S. 18, 32 f, 97, 122, 150).

Diese negativen Folgeeffekte, in der Summe vom Hirnforscher und Psychiater Manfred Spitzer in früheren Publikationen als „Achtung Bildschirm", „Digitale Demenz" bzw. „Cyberkrank" sich schon früh abzeichnend, sind aus seinem aktuellen Werk „Smartphoneepidemie" (Spitzer 2018) in Abb. 14.6 zusammengestellt. Sowie mit dem in der Ökologischen Ökonomik und seinem normativen Leitbild einer Nachhaltigen Entwicklung verkoppelt. Nach Spitzer ist Angst gegenwärtig das bestimmende Grundgefühl der Digitalisierung. Verständlich, da nach dem ZEW (Zentrum für Europäische Wirtschaftsforschung, Mannheim) 42 % aller Arbeitsplätze in der BR Deutschland in Gefahr sind. Für 2062 wird sogar die Substitution aller jetzigen Arbeitsplätze prognostiziert (Spitzer 2018, S. 240, 257 f). Und: „Das Geschäftsmodell großer Internetfirmen wie YouTube, Facebook, Twitter und vieler anderer mehr führt...*systematisch* und *automatisch* zur mehr Radikalität, Falschheit, Ausspionieren von Privatheit und Manipulationen (Spitzer 2018, S. 293)."

Es ist offensichtlich, dass die Verbreiterung dieser ökologischen und sozialen Negativfaktoren (neben den nicht zu verachtenden positiven Digitaleffekten einer besseren Koordination und dem Datenmanagement) einen massiven Effekt auf die ökonomische Nachhaltigkeit eines Unternehmens haben werden, sofern diese Negativkorrelationen sich in der Breite ohne digitale Institutionen unternehmenskulturell frei manifestieren könnten. Insofern bedarf es eines Korrektivs zur Lösung des Spannungsbogens mit der Integration von Digitalisierungen im Unternehmen. Der menschlichen Vernunft.

Negative soziale Nachhaltigkeitskorrelationen

- Millenials: „Ich statt Wir"; „Generation Me"; „Look at Me Generation", Narzissten (S. 172,174f)
- Nomophobie (Angst, etwas zu verpassen; „Nomore phone phobia") (S. 28f,137)
- Emotionale Spannungen durch Smartphonenutzung (S. 90)
- Zusammenhang Smartphonenutzung und Angst bis zur Suizidalität (S. 154,159)
- Cybermobbing (S. 263)
- Aufmerksamkeitsstörungen (bzgl. Multitasking), Sprachentwicklungsstörungen (S. 36,95,115)
- Smartphone= Reduzierung des Denkvermögens und Intelligenzquotienten (S. 17,31; vgl. auch den Flynn-Effekt, S. 321ff)
- Entstehung von Depressionen (S. 16)
- Verminderte Empathiefähigkeit und eigene Willensbildungsfähigkeit (Folge: keine Solidarität (S. 113,131)
- Verlust des Vertrauens in den Menschen (S. 17)
- steigende Einsamkeit, mehr soziale Isolation (S. 149)

Negative individuell-ökologische Nachhaltigkeitskorrelationen

- Natur-Defizit-Syndrom („Natur Deficit Disorder") (S. 102ff)
- Bildschirmmedienerleben statt Naturerleben (S. 109)
- Kurzsichtigkeit plus Wahrscheinlichkeit späterer Leiden (grüner oder grauer Star) (S. 9,58)
- Bewegungsmangel, Übergewicht, Haltungsschäden, Adipositas (S. 16,25,36)
- falsche Ernährung, Schlafmangel und -störungen, Bluthochdruck, Sucht (auch Tabak und Alkohol) (S. 36,113)
- Verminderung der geistigen Leistungsfähigkeit; (S. 74)
- Entwicklung der Fähigkeit zu abstraktem Denken sinkt (S. 319)
- Abnahme des Arbeitsgedächtnisses und der fluiden Intelligenz durch Smartphonenutzung (S. 72)
- Digitale Sucht bei ca. 30%; Spielsucht (S. 199)

Abb. 14.6 Digital-induzierte Negativeffekte nach Spitzer aus Sicht einer nachhaltigen Entwicklung. (Quelle: eigene Darstellung)

14.3 Menschliche Vernunft im wirtschaftsethischen Kontext der Digitalisierung

Gerade auch weil die Digitalisierung zu Veränderungen von Werten und Normen führt, gilt es diese kritisch zu beurteilen, um gesellschaftliche und unternehmerische Stabilität als Systemintegrität nicht zu gefährden. Veränderte Wertvorstellungen und das gesamte Normensystem sind für den Soziologen Oskar Negt einer der fünf Krisenherde des Kapitalismus (Negt 2008, S. 132). Instanz für die Umsetzung der Digitalisierung in Unternehmen (und der Gesellschaft) muss der Mensch durch sein eigenständiges Denken, Urteilsvermögen und letztlich in ethischen Prinzipien mündenden Handeln über den Gegenstand der Digitalisierung sein (vgl. auch den Gewissensbegriff von Lay oben in 1.1). Menschliche Vernunft soll in diesem Kontext als Balance-Instanz für eine lebensdienliche Entwicklung mit Digitalisierung dienen. Es ist eine Herausforderung für „nachhaltige" Manager.

Auch wenn in diesem Zusammenhang heutzutage gerne vermarktungsfähige Anglizismen wie „Corporate Social Responsibility (CSR)" als Selbstverpflichtungserklärung verwendet werden, so sollte doch die Idee der Vernunft Ausgangspunkt der Analyse sein. So kann im Vorfeld möglichen ökonomischen Instrumentalisierungen vorgebeugt werden. Für Popper bedeutet Vernunft knapp „…die Überzeugung, dass wir durch Kritik lernen können … ein Mensch, der bereit ist, von anderen zu lernen, nicht dadurch etwa, dass er jede Belehrung einfach hinnimmt, sondern dadurch, dass er seine Ideen von anderen kritisieren lässt und das er die Ideen anderer kritisiert … Aber nur die kritische Diskussion kann uns helfen, eine Idee von mehr und mehr Seiten zu sehen und sie gerecht zu beurteilen (Popper 1990, S. 232)." Popper wendet sich daher gegen jede Form von Relativismus bzw. Wahrheitsrelativismus als Verrat an der Vernunft und der Menschheit (Popper 1990, S. 14). Folglich darf die Digitalisierung niemals nur nach ökonomischen Effizienzbestrebungen aufgelöst werden.

Stattdessen ist eine ausgewogene Beurteilung aller positiven und negativen Effekten erforderlich, nicht zuletzt auch deshalb, da Menschen, Unternehmen und Gesellschaften Produkte der Geschichte sind. Die Aura des Digitalen dagegen hat eine rationalistische Ahistorizität. Spitzer fordert dahingehend eine „Aufklärung im doppelten Sinne": „Unwahrheiten müssen als solche entlarvt, d. h. aufgeklärt werden. Und wir brauchen mehr Respekt vor den Grundfesten unserer Kultur und Gesellschaft (Spitzer 2018, S. 236)." Es gilt das Primat des Menschen und die Lebensdienlichkeit.

Aber auch die Themen, wie sie oben bei Spitzer in Abb. 1.6 angeführt werden, sind Gegenstand der Vernunft, denn: „Vernunft ist der Wille zur Einheit. Die Schwungkraft der Vernunft und die Vorsicht ihres Hellwerdens erwächst aus der Frage, was diese Einheit sei (Jaspers 2008, S. 154)." Insofern sind alle Themen für eine Analyse relevant, auch Emotionalität, Kreativität, Neugier, Intuition etc.

Digitale Ethik „als erwünschter Zukunftszustand" sollte neben anderen Ethiken (z. B. einer Nachhaltigkeitsethik) fester Bestandteil des Unternehmenszielsystems sein und regelmäßig kommunikativ-kooperativ reflektiert und angepasst werden, damit die richtigen strategischen und operativen Entscheidungen getroffen werden. Dem Wirtschaftsethiker Peter Ulrich folgend geht es also um eine umfassendere Idee ökonomischer Vernunft mit einer integrierten ethischen Legitimationsbedingung als regulativer Idee (Ulrich 2010, S. 40 f).

Hierzu bietet sich das klassische Formal-Sachziel-Modell mit digitaler Ethik als ein Bestandteil unternehmerischer Ethik im Formalzielbereich an (vgl. Abb. 14.7). Als Formalziel ist Ethik in höher entwickelten Ökonomien und Gesellschaften für Unternehmen überlebensrelevant und damit elementar wirtschaftssystembezogen. Als Formalziel strahlt es sowohl auf alle anderen Formalziele, als auch auf alle geschäftsbezogenen Sachziele des Unternehmens als „unternehmerisches Gewissen" aus. Digitale Ethik wirkt damit als Transferinstanz bei jeder Investitionsüberlegung auf die Sachzielebenen, muss sich jedoch auch bei den ökonomischen Formalzielen kurz-, mittel- oder langfristig bewähren. Der Aufbau einer zusätzlichen neuen digitalen Bürokratie wäre unter Effizienzaspekten dahingehend genau zu analysieren. Dem Thema digitaler Produktivität kommt dabei besondere Bedeutung als Vorsteuergröße für die restlichen Formalziele zu. Nida-Rümelin/Weidenfeld weisen diesbezüglich darauf hin, dass die Produktivitätseffekte durch Digitalisierung bisher bescheiden sind (Nida-Rümelin und Weidenfeld 2018, S. 183). Möglicherweise ändert sich dies mit der Vision Industrie 4.0. Die Frage ist nun, welche ethischen Kerne eine digitale Ethik enthalten sollte.

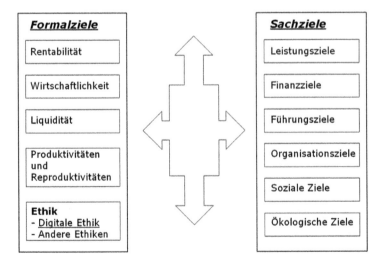

Abb. 14.7 Wirkungsgeflecht integrativer digitaler Ethik auf die Formal- und Sachzielebene. (Quelle: eigene, verändert in Anlehnung an Graap 2015, S. 20)

14.4 Zentrale Werte des Menschlichen in einer digitalisierten Welt

„Der Fortschrittsglaube der Zivilisation hat sich als ein Übermut des Menschen entschleiert; der Fortschritt beschränkt sich heute auch für unser Bewusstsein auf rationale Wissenschaft und Technik, die zweideutig im Dienste des Guten wie des Bösen stehen (Jaspers 1947, S. 6)."

Was der Philosoph bereits 1947 in „Vom europäischen Geist" geschrieben hat, gilt im 21. Jahrhundert erneut, wenn man die hintergründige Bösartigkeit der Aussage von Eric Schmidt in 2010, Geschäftsführer von Google, erkennt:

> „Wir wissen, wo du bist. Wir wissen, wo du warst. Wir können mehr oder weniger wissen, worüber du denkst …. Deine digitale Identität wird ewig leben…weil es keine Löschtaste gibt." (Schmidt in: Betancourt 2018, S. 189)

Wollen wir so von Unternehmen behandelt werden? Wollen wir so als Manager mit unseren Kunden, Lieferanten und Mitarbeitern umgehen? Soll Betancourts Prognose über das Ziel des digitalen Kapitalismus tatsächlich Wahrheit werden, demnach die Überwachung das eigene Endprodukt des digitalen Kapitalismus wäre? Und der des Autoritarismus die logische Form der neuen politischen Ökonomie (Betancourt 2018, S. 190)? Im Mittelpunkt steht die begründete Verletzung der Privatsphäre und die Sorge um Selbstbestimmung, Individualität und Autonomie (= Wirkmächtigkeit) (Betancourt 2018, S. 99, 215). Einige ethische Kerne seien folgend knapp umrissen, die auch miteinander verbunden sind (vgl. Abb. 14.8).

Zentraler Kern des sittlichen Umgangs mit Menschen ist daher dessen Privatsphäre und Selbstbestimmung bzw. die *Freiheit* des Menschen an sich, da diese durch Digitalisierung im Allgemeinen und starker Künstlicher Intelligenz im Speziellen, bedroht ist. Diese Freiheit muss geschützt werden vom Unternehmen und vom Staat, da die Freiheit des Menschen unveräußerlich gekoppelt ist mit der Würde des Menschen. Nida-Rümelin begreift diese *Menschenwürde* mit der besonderen Sensibilität und Leidensfähigkeit des Menschen und dessen Fähigkeit, Gründe abzuwägen, wodurch der Mensch ein autonomer Akteur ist. Des Weiteren ist die menschliche *Selbstachtung* damit verknüpft, die nicht beschädigt werden darf (Nida-Rümelin und Weidenfeld 2018, S. 29 f.). Um dieses ethische Zentrum ranken nun mehrere Werte, die den Schutz der Privatsphäre flankieren: Unternehmen haben Erkenntnisse aus der Digitalisierung *verantwortlich* handzuhaben, d. h. sie dürfen diese nicht missbrauchen.

Damit einhergehend ist der *respektvolle* Umgang mit den Daten von Mitarbeitern oder Kunden. Unternehmen müssen den Schutz bzw. die *Sicherheit* der Daten gewährleisten und aufmerksam hinsichtlich digitale Angriffe („Cyberattacken") sein.

Seit jeher hat in der Wirtschaftsethik der *Verantwortungsbegriff* als „folgenbasiertes Legitimationskonzept" eine besondere Rolle (vgl. auch „Das Prinzip Verantwortung" von Hans Jonas) wegen seiner erstens personalistischen Natur gespielt und zweitens wegen der

Abb. 14.8 Zentrale Ethikkerne zur kritischen Beurteilung der Digitalisierung. (Quelle: eigene Darstellung)

Möglichkeit, Verantwortung auch auf andere Handlungsebenen zu übertragen (Gruppe, Unternehmen etc.). Verantwortung appelliert dabei als Prinzip auf akteursbezogene Eigenschaften, situative Handlungsbedingungen und einen Wissensstand über etwas (Aßländer 2011, S. 188). Insofern bedeutet Verantwortung im Rahmen der durchdringenden Digitalisierung einen verpflichtungsethischen Auftrag von Unternehmen und deren Akteure. Heidbrink bringt diese Aufgabe auf den Punkt: „Das Verantwortungsprinzip sorgt dafür, dass ökonomische Akteure sich an kollektive Ordnungsregeln halten und Bereitschaftspotentiale zur Selbstbindung an gemeinförderliche Handlungsnormen entwickeln. Das Verantwortungsprinzip umfasst Nicht-Schädigungsgebote und prosoziale Einstellungen, durch die wirtschaftliches Handeln in den gesellschaftlichen Kontext eingebettet ist, vor dem es sich nicht nur in seiner ökonomischen Effizienz, sondern auch moralischer Legitimität ausweisen muss (Aßländer 2011, S. 196)." Mit der Digitalisierung ist insbesondere das Thema Produktverantwortung von neuer Bedeutung geworden (Nida-Rümelin und Weidenfeld 2018, S. 75).

Auf bundespolitischer Ebene wird sich ordnungspolitisch zeigen, ob der Bund seine ethische Verantwortung erfüllen wird in der von ihm proklamierten Digitalstrategie auf fünf Handlungsfeldern (Digitale Kompetenz, Infrastruktur und Ausstattung, Innovation und digitale Transformation, Gesellschaft im digitalen Wandel, Moderner Staat). Oder ob er diese Felder nur effizienzwirksam umsetzen will in einer für einen Staat immer schwerer zu organisierenden Komplexität. Daher sind die Unternehmen an sich gefragt, ihr normatives Management mit legitimierendem Sinn ethisch zu füllen.

Für Unternehmen wie den digitalen Monopolisten facebook reicht es jedenfalls in ihrer Rolle als Schlüsselakteur nicht aus, ihre unternehmerische Verantwortung durch die Finanzierung von Ethik-Instituten an Universitäten, wie kürzlich an der TU in München, zu übertragen (Dornis 2019). Ethisch verwerflich ist in diesem Kontext erstens die Instrumentalisierung einer auf dem Grundrecht der wissenschaftlichen Freiheit existierenden staatlichen Institution. Deren neuer Leiter, Christoph Lütge, Stiftungslehrstuhlinhaber für Wirtschaftsethik, sitzt zudem in der Ethikkommission der Bundesregierung. Der Anschein einer unternehmerischen Win-Win-Lösung mit Lobbyismuscharakter besteht. Der von Bode genannte und sich immer mehr verschärfende „Drehtürenmechanismus des industriell-politischen Komplexes (Bode 2018, S. 35 ff.; ebenso Graeber 2018, S. 29)" wird hier offenbar und erweitert sich um den Wissenschaftssektor. Der Staat sollte lieber ausschließlich auf das Urteil seiner freien und echten Professoren im Sinne einer kollektivfördernden Wohlfahrt setzen. Wird Stiftungsprofessor Lütge seinen Studierenden gegenüber kritisch und frei über seinen Finanzier lehren oder ordnungspolitisch beschwichtigen? Warum investiert facebook nicht in einer privaten Hochschule?

Digitalisierung hat offensichtlich auch einen nicht zu unterschätzenden negativen Einfluss auf die *Gesundheit* des Menschen (vgl. Abb. 14.6). Insofern hat das Unternehmen dem Rechnung zu tragen und entsprechende Maßnahmen einzuführen („ganzheitliches Digitalisierungsmanagement"). Digitalisierung sollte trotz seines technosphärischen Ursprungs den *Ökologiebezug* nicht aus den Augen verlieren und einen Beitrag leisten. Die Ökosphäre ist die Basis der drei anderen Sphären Technologie, Gesellschaft und Ökonomie. Gerade in absehbaren Zeiten ökologischen Krisen (vgl. z. B. Randers 2012) muss Digitalisierung positiv und dauerhaft auf die Ökologie wirken. Das Thema *Rechte für Künstliche Intelligenz* ist erst dann von Bedeutung, sofern KI als starke KI selbstorganisatorisch eine bewusste Eigenständigkeit und „digitale Würde" erwirbt. Nida/Rümelin/Weidenfeld reden von einer „e-Person (elektronischer Person)", demnach deren Software dann aus dem Selbstbestimmungsrecht nicht mehr manipuliert werden dürfte (Nida-Rümelin und Weidenfeld 2018, S. 26). Außerhalb dieses Wertekanons müsste vor dem Hintergrund eines notwendigen Paradigmenwechsels hin zu einer „Nachhaltigen Entwicklung" noch der Wert des „Genug" thematisiert werden, da das gegenwärtige quantitative Wirtschaftsmodell globalweit ohne Krisen nicht haltbar ist ohne Krisen (Dietz und O'Neill 2013). „Genug" würde auch die Frage stellen, wie viel Digitalisierung für ein Unternehmen und den Menschen denn überhaupt gut ist. Es wird auf ein zu bestimmendes komplexes digital-organisches Gleichgewicht hinauslaufen. Der Glaube, alles in einem Unternehmen ökonomisch-dauerhaft zu digitalisieren, ist genauso utopisch wie eine komplett menschenleere Fabrik oder Bank in einer für organische Menschen als Kunden konstruierten Ökonomie.Zuwiderhandlungen gegen die ethischen Kerne wären in Unternehmen und durch den Staat ordnend und sanktionierend-korrektiv auf allen Ebenen zu verfolgen (durchgreifende staatliche Rechtsprechung des Staates, innerbetriebliche Ethikabteilungen mit Sanktionsgewalt u. a. m.).

14.5 Möglichkeit oder Utopie eines digitalen Humanismus in Unternehmen

> „Wir vertrauen nicht mehr dem Humanismus. Aber wir lieben ihn und möchten alles tun, ihn zu bewahren … die Bildung des Humanismus ist heute als Lebensmacht ohne Kraft." (Jaspers 1947, S. 5)

Diese Aussage von Karl Jaspers ist auch in den heutigen Zeiten des „business as usual (Randers 2012, S. 109)" und Greenwashing zutreffend. Ethik und Humanismus führen ein Schattendasein sowohl in der betriebswirtschaftlichen Ausbildung als auch in der unternehmerischen Praxis, die sich gerne mit anglizistischen Ethiksurrogaten (z. B. CSR oder Nachhaltigkeit) marketingtechnisch schmückt, gelegentlich aber mit Doppelmoral sich selbst zersetzt (vgl. z. B. den Dieselskandal CSR-berichtender Unternehmen wie VW und Audi). Fehlendes ethisches Bewusstsein als „sittliches-autonomen Gewissen (Lay 1996, S. 72)" offenbart die unternehmens- und führungskulturellen Defizite.

Nun entwickeln Nida-Rümelin/Weidenfeld gerade vor diesem Hintergrund und der gegenwärtig beginnenden „zweiten rationalistischen Epoche (Nida-Rümelin und Weidenfeld 2018, S. 56)" eine Gegenposition zur KI des starken oder schwachen Antihumanismus: das Modell des „digitalen Humanismus". Grundlegend ist dieser technik- und menschenfreundlich, achtet in diesem Zusammenhang aber klar die Grenzen digitaler Technik. Die Autoren sind gegen die Silicon-Valley-Ideologie eines Transhumanismus, der den Humanismus in einer technizistischen Utopie einfach verdampfen lässt. Transhumanisten setzen sich über die conditio humana hinweg und wollen eine Höherentwicklung des Menschen durch Technologie erreichen. Dies beinhaltet auch den Wunsch nach Unsterblichkeit (Nida-Rümelin und Weidenfeld 2018, S. 15, 22, 193).

Der digitale Humanismus legitimiert sich auf den fundamentalen Unterschieden zwischen Mensch und Computer bzw. Roboter:

> „Menschliche Vernunft, die menschliche Fähigkeit, Überzeugungen, Entscheidungen und emotive Einstellungen zu begründen und auf dieser Grundlage ein kohärentes Weltbild und eine kohärente Praxis zu entwickeln, lässt sich nicht im Modell eines digitalen Computers erfassen. Es wird nie gelingen, die hohe Komplexität unserer lebensweltlichen Begründung vollständig und adäquat formal zu erfassen. Roboter und Softwaresysteme funktionieren nach einem Algorithmus, Menschen nicht. Darin liegt einer ihrer zentralen Unterschiede begründet." (Nida-Rümelin und Weidenfeld 2018, S. 111)

Nida-Rümelin/Weidenfelds Ansatz zum digitalen Humanismus ist noch kein in sich komplett durchdachtes Konzept, dies wäre noch zu erbringen. Allerdings finden sich in deren Publikation verstreut diverse Leitplanken (siehe Abb. 14.9), die hiermit unter den beiden Kategorien Mensch und Technik zusammengestellt werden.

Kategorie Mensch
Der digitale Humanismus dient dem Primat der Menschen und damit dem „*Wohl der Menschen*" und reduziert den Menschen nicht zu „Funktionseinheiten in einer normierten und

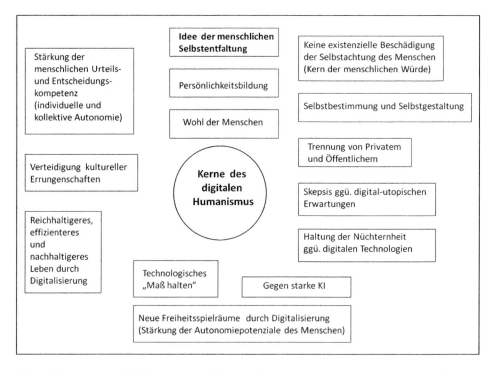

Abb. 14.9 Zentrale Ethikkerne des digitalen Humanismus nach Nida-Rümelin/Weidenfeld. (Quelle: eigene Darstellung, zusammengestellt aus Nida-Rümelin und Weidenfeld 2018)

anonymisierten softwaregesteuerten Optimierungsmaschine". Insgesamt soll das oben angesprochene „Wohl des Menschen" das Leben „reichhaltiger, effizienter und nachhaltiger" machen (Nida-Rümelin und Weidenfeld 2018, S. 77, 206).

Durch Digitalisierung darf es keine existenzielle Beschädigung der Selbstachtung des Menschen, dem Kern der menschlichen Würde, geben. Es gilt menschliche *Selbstbestimmung und Selbstgestaltung* zu bewahren (Nida-Rümelin und Weidenfeld 2018, S. 141, 197). Die humanistische Idee der Selbstentfaltung bleibt jedoch begrenzt durch die Natur, wodurch eine Ablehnung der starken KI resultiert, da eine vollständige Simulation menschlichen Urteilens und Entscheidens nicht möglich ist (Nida-Rümelin und Weidenfeld 2018, S. 196, 206). Zudem ist der „Computer..kein Gegenüber, sondern ein Werkzeug … eine physikalisch beschreibbare Apparatur ohne Wünsche und Überzeugungen (Nida-Rümelin und Weidenfeld 2018, S. 28)."

Das zentrale Ziel des digitalen Humanismus fassen Nida-Rümelin/Weidenfeld mit der „Stärkung der Urteils- und Entscheidungskompetenz und damit der individuellen und kollektiven Autonomie (Nida-Rümelin und Weidenfeld 2018, S. 176)" zusammen. Digitale Technologien dienen demgemäß der Unterstützung dieses Ziels. So auch für die Persönlichkeitsbildung im Bildungsbereich, um neue Freiheitsspielräume mit der Digitalisierung zu stärken und damit die Autonomiepotenziale des Menschen zu erhöhen (Nida-Rümelin und Weidenfeld 2018, S. 161, 176). Es geht um die *Nichtbezweiflung der menschlichen Autorschaft*, sondern die Erweiterung eben jener durch digitale Techniken. Des Menschen Fähigkeit zur Deliberation, wertend Stellung zu nehmen mittels seiner Urteilskraft, obliegt der Digitalisierung (Nida-Rümelin und Weidenfeld 2018, S. 60, 86). Digitaler Humanismus verteidigt „kulturelle Errungenschaften" und die „Trennung von Privatem und Öffentlichem", erhofft sich auch eine Stärkung der Demokratie mit der Digitalisierung durch inklusivere und substanziell verbesserte demokratische Meinungsbildung. Die „Utopie einer digitalen Republik" wird jedoch abgelehnt. Digitaler Humanismus warnt eindringlich vor dem „Verfall zwischenmenschlicher Verständigung" (Nida-Rümelin und Weidenfeld 2018, S. 169, 206).

Kategorie Technik
Aus der bereits oben angesprochenen Eingebettetheit des Menschen in die zu akzeptierende Grenze der komplexen Natur resultiert eine Ablehnung der starken KI. Grundsätzlich wohnt dem digitalen Humanismus eine Haltung der Nüchternheit ggü. der Ideologisierung digitaler Technologien inne. Auch aus dem Grund, dass Technologien keinen inhärenten Automatismus zu mehr Humanismus haben oder gar Erlösungsmedium sind. Die konkrete Nutzungsart ist entscheidend (Nida-Rümelin und Weidenfeld 2018, S. 205). Ein Skeptizismus trägt den digitalen Humanismus, er glaubt nicht an die utopischen Erwartungen der Digitalisierung, ist aber optimistisch, was die menschliche Gestaltungskraft der digitalen Potenziale angeht (Nida-Rümelin und Weidenfeld 2018, S. 207)." Darum gilt: „Was kann ökonomisch, sozial und kulturell nutzen, und wo lauern Gefahren? (Nida-Rümelin und Weidenfeld 2018, S. 205)." Damit folgt der digitale Humanismus der Aristotelischen „Mesotes-Lehre", dem Finden des roten Fadens als „goldene Mitte" zwischen Mensch und Technologie (Nida-Rümelin und Weidenfeld 2018, S. 196 f.).

Vielleicht führt gerade die Auseinandersetzung mit KI zu einer Renaissance des Humanismus [als Medium zur Vollendung des Menschseins (Jaspers 2008, S. 51)] in Verbindung auch mit den sich abzeichnenden globalen und lokalen Ökologieproblemen. Mit der sich abzeichnenden „Wende zum biosphärischen Bewusstsein (Rifkin 2012, S. 347)" wäre hier ein geistiger Pfad zu einer positiven Entwicklung der gesamten Menschheit möglich. Die Alternativen wären multiple Krisen als „ewige Krisen (Müller und Graap 2012)" eines in sich global nicht mehr tragfähigen ethiklosen Finanzkapitalismus gepaart mit einer primitiv-quantitativen Kurzfristökonomie. Die reine Instrumentalisierung des digitalen Humanismus zu einem neuen Anglizismus der Marke „HDE – Human-Digital-Ethics" mit neuen Reports inkl. Key Performance Indicators in bunter Aufmachung zur Erhöhung des unternehmerischen USP (Unique Selling Proposition) versteht die notwendigen Transformationen nicht. Gute Unternehmen brauchen diese Vermarktungsverpackung nicht. Stattdessen handeln sie digital-human aus sich selber heraus kraft ihrer ethischen, kulturellen und ökonomischen Intelligenz. Das Gute braucht weniger Marketingschein. Denn das „Ethisch-Gute" sollte die Maxime eines digitalen Humanismus und der Kern eines Unternehmens als soziales System im Sinne der Biophilie (= Liebe zum Leben, Erich Fromm) sein:

> „Ethisch-gut handelt ein Mensch genau dann, wenn er in einer biophilen Kommunikationsgemeinschaft sein personales Leben und das eines jeden anderen eher erhält und entfaltet als vernichtet oder mindert." (Lay 1996, S. 64)

Literatur

Aßländer, M. S. (Hrsg.). (2011). *Handbuch Wirtschaftsethik*. Stuttgart/Weimar: J.B. Metzler.
Aust, S., & Ammann, T. (2014). *Digitale Diktatur. Totalüberwachung, Datenmissbrauch, Cyberkrieg*. Berlin: Ullstein.
Bastian, T. (2012). *Die seelenlose Gesellschaft. Wie unser Ich verloren geht*. München: Kösel.
Bauman, Z. (2009). *Leben als Konsum*. Hamburg: HIS Verlagsgesellschaft.
Beck, V. (2017). *Die Metamorphose der Welt*. Berlin: Suhrkamp.
Betancourt, M. (2018). *Kritik des Digitalen Kapitalismus*. Darmstadt: Wissenschaftliche Buchgesellschaft.
Bode, T. (2018). *Die Diktatur der Konzerne. Wie globale Unternehmen uns schaden und die Demokratie zerstören*. Frankfurt a. M.: Fischer.
Dietz, Rob / Daniel W O'Neill (2013): *Enough is enough. Building a sustainable economy in a world of finite resources*. London/New York: eartscan von Routledge.
Dornis, V.(2019). Facebook finanziert Ethik-Institut an der TU München. https://sueddeutsche.de/muenchen/facebook-tu-muenchen-kuenstliche-intelligenz. Zugegriffen am 25.01.2019.
Graap, T. (2001). *Nachhaltigkeit und Kooperation. Zum Verständnis eines Leitbildes und Handlungstyps in einer komplexen Welt*. Frankfurt a. M.: Peter Lang.
Graap, T. (2015). Nachhaltigkeitsethik in Unternehmen. Notwendigkeit, betriebswirtschaftliche Neoklassikkritik, Ansatz und Entwicklungschancen aus Sicht der Nachhaltigen Ökonomie. Workingpaper Nr. 34 aus der Reihe „Arbeitsberichte – Working Papers". Ingolstadt: Technische Hochschule Ingolstadt.
Graeber, D. (2018). Bürokratie. Die Utopie der Regeln. Stuttgart: Klett-Cotta.
Jaspers, K. (1947). *Vom europäischen Geist*. München: Piper.
Jaspers, K. (2008). *Karl Jaspers. Von der Weite des Denkens. Eine Auswahl aus seinem Werk. hrsg. von Karl Saner*. München: Piper.
Koschnick, W. J. (1996). *Standard-Lexikon, Band 1, A-K, Werbung, Verkaufsförderung, Öffentlichkeitsarbeit*. München: Saur.
Kotler, P., Armstrong, G., Lloyd, C. H., & Piercy, N. (2016). *Grundlagen des Marketing* (6. Aufl.). Hallbergmoss: Pearson.
Lama, D. (2015). *Ethik ist wichtiger als Religion*. Walz bei Salzburg: Benevento Publishing.
Lay, R. (1996). *Ethik für Manager*. Düsseldorf: ECON.
Markowetz, A. (2015). *Digitaler Burnout. Warum unserer permanente Smartphone-Nutzung gefährlich ist*. München: Droemer Knaur.
Morozov, E. (2013). *Smarte Neue Welt. Digitale Technik und die Freiheit des Menschen*. München: Karl Blessing.
Müller, A., & Graap, T. (2012). *Die ewige Krise. Warum wir aus der (Wirtschafts-)Krise nicht heraus kommen*. Marburg: Metropolis.
Negt, O. (2008). *Arbeit und menschliche Würde*. Göttingen: Steidl.
Nida-Rümelin, J., & Weidenfeld, N. (2018). München: Piper.
Popper, K. R. (1990). *Auf der Suche nach einer besseren Welt. Vorträge und Aufsätze auf dreißig Jahren*. München/Zürich: Piper.
Randers, J. (2012). *2052. Der neue Bericht an den Club of Rome. Eine Prognose für die nächsten 40 Jahre*. München: ökom.
Rifkin, J. (2012). *Die empathische Zivilisation. Wege zu einem globalen Bewusstsein*. Frankfurt a. M.: Fischer Taschenbuch.
Roszak, T. (1988). *Der Verlust des Denkens. Über die Mythen des Computer-Zeitalters*. München: Droemersche Verlagsanstalt Th. Knaur Nachf.

Spitzer, M. (2018). *Die Smartphone-Epidemie. Gefahren für Gesundheit, Bildung und Gesellschaft.* Stuttgart: J.G. Cotta'sche Buchhandlung.

Tegmark, M. (2017). *Leben 3.0. Mensch sein im Zeitalter der Künstlichen Intelligenz.* Berlin: Ullstein.

Ulrich, P. (2010). *Zivilisierte Marktwirtschaft. Eine wirtschaftsethische Orientierung.* Bern/Stuttgart/Wien: Haupt.

Prof. Dr. Torsten Graap ist Inhaber der Professur für Sozioökonomie und Rechnungswesen an der Business School (BS) der Technischen Hochschule Ingolstadt (THI). Zudem ist er THI-Regionenverantwortlicher für Nordeuropa und BS-Vertrauensdozent des THI-Talentprogrammes. Er forscht und berät in den Feldern Nachhaltige Ökonomie (Sustainable Economics) und Nachhaltigkeit in nordischen Ländern (Nordic Sustainability).

Teil V
Digitalisierung in ausgewählten Branchen

Digitalisierung in den Bereichen Handel und Konsumgüter

15

Tobias Altmeyer

Zusammenfassung

Der folgende Beitrag setzt sich mit der Herausforderung auseinander, strategische Digitalisierungskonzepte in der Handel- und Konsumgüterbranche nachhaltig zu etablieren. Besonderes Augenmerk gilt insbesondere der Betrachtung von Ursachen, Trends und Treibern sowie kritischen Erfolgsfaktoren. Anhand von ausgewählten internationalen Beispielen werden die Strategien und Geschäftsmodelle globaler Pioniere im digitalen Zeitalter genauer betrachtet und welche Vorteile sich daraus für Konsumenten und Verbraucher ergeben. Darauf aufbauend erfolgt eine Zusammenfassung der Reaktionen und Antworten des stationären Einzelhandels auf die dynamischen Veränderungen und Verschiebungen und wie sich dieser durch den Einsatz disruptiver Technologien der virtuellen Welt schrittweise nähert. Im Anschluss werden die wesentlichen Merkmale der innovativen Handelslogistik erläutert, da diese sowohl für neue als auch traditionelle Händler relevant sind. Den Abschluss des Beitrags bildet ein Ausblick auf den Handel im Jahr 2030.

15.1 Einleitung

Noch nie gab es im Handel eine derart umfangreiche Auswahl an Produkten und flächendeckende Verfügbarkeit an Einkaufsmöglichkeiten. Gerade in deutschen Großstädten, urbanen Ballungszentren und Metropolregionen gibt es in der unmittelbaren Umgebung

---

T. Altmeyer (✉)
Essity Professional Hygiene Germany GmbH, Mannheim, Deutschland
E-Mail: altmeyer.tobias@googlemail.com

zahlreiche Supermärkte, Discounter und Einkaufszentren, die unterschiedliche Käufersegmente gezielt ansprechen und diese mit Produkten sowie Dienstleistungen versorgen. Durch innovative Geschäftsmodelle und Strategien ist vor allem die Erwartungshaltung und Aufmerksamkeit von Konsumenten in den letzten Jahren erheblich gestiegen. Darüber hinaus ist der Wunsch nach Individualisierung, Flexibilität und Komfort ein zentrales Entscheidungskriterium von Kunden (Blue Yonder 2017). Die kritischen Erfolgsfaktoren sind sowohl für traditionelle, etablierte Handelsunternehmen als auch neue, innovative Geschäftsmodelle am Markt von Bedeutung und helfen, die Auswirkungen der Digitalisierung auf den Handel besser zu verstehen.

Die Abb. 15.1 gibt einen kompakten Überblick über die Kerninhalte dieses Beitrags und beschreibt den Aufbau der einzelnen Abschnitte. Dabei werden in Abschn. 15.2 zunächst die Ursachen, Trends und Treiber der Digitalisierung im Handel genauer erklärt. Wer sind die globalen Pioniere im digitalen Zeitalter und wie erobern diese konsequent neue und bestehende Märkte? Die Antworten darauf werden in Abschn. 15.3 anhand von ausgewählten internationalen Beispielen aus der Praxis näher erläutert. In Abschn. 15.4 sollen Antworten und Reaktionen des stationären Einzelhandels anhand von Beispielen etablierter Unternehmen aufgezeigt werden. Da die Handelslogistik als ein gemeinsamer kritischer Erfolgsfaktor sowohl stationärer als auch virtueller, digitaler Handelsunternehmen gilt, werden die wesentlichen Herausforderungen der innovativen Handelslogistik in einem separaten Abschnitt nachgelagert erläutert. Aus den gewonnenen Erkenntnissen soll abschließend ein Ausblick auf die Zukunft des Handels im Jahr 2030 gegeben werden.

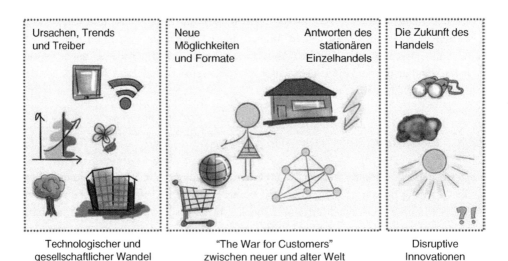

Abb. 15.1 Die Einflussfaktoren und Folgen des digitalen Zeitalters auf den Kunden und seine Umwelt. (Quelle: Altmeyer 2017)

15.2 Ursachen, Trends und Treiber der Digitalisierung im Handel

Um die aktuellen Trends und die Dynamik der Digitalisierung im Handel besser zu verstehen, gilt es zunächst die zugrundeliegenden Ursachen, Hintergründe und Antriebe genauer zu betrachten. Hinzu kommen entscheidende Treiber, Faktoren und Kräfte, die diese verstärken – und sogenannte „Megatrends" auslösen – oder entsprechend vermindern und die Auswirkung in eine andere Richtung lenken (Pillkahn 2008). Aber was ist überhaupt ein Trend? Das Bundesministerium für Bildung und Forschung (BMBF) setzt sich bereits seit einiger Zeit intensiv mit den Chancen, Möglichkeiten, Risiken und Grenzen von Trends auseinander. Im Rahmen der Studie „Gesellschaftliche Veränderungen 2030" wurden zunächst gesellschaftliche Veränderungen und Herausforderungen bis 2030 identifiziert. Im nächsten Arbeitsschritt identifizierte man Forschungs- und Technologieperspektiven mit besonderen Anwendungspotenzialen und fasste diese zusammen. Abschließend erfolgte eine Identifikation von zukünftigen Herausforderungen an den Schnittstellen zwischen Gesellschaft und Technik durch sogenannte „Innovationskeime" – die eine Grundlage für neue potenzielle „Missionen der Forschungs- und Innovationspolitik darstellen" (BMBF 2017).

Im Hinblick auf die Digitalisierung im Handel und (aufkommende) gesellschaftliche Trends sind vor allem der demografische Wandel, das globale Bevölkerungswachstum, die zunehmende Urbanisierung, sinkende Haushaltsgrößen, virtuelle soziale Netzwerke, das Verlangen nach Bequemlichkeit bzw. Convenience sowie spezifische lokale Bedürfnisse von zentraler Bedeutung. Aber auch der Klimawandel und der Wunsch nach mehr Nachhaltigkeit spielen in der „Sharing Economy" – die sich durch gemeinsame Mobilität, Konnektivität und das gemeinschaftliche Bereitstellen von Räumen und Flächen charakterisiert – eine entscheidende Rolle (Deutsche Telekom 2017).

Der Kunde von heute ist anspruchsvoll, kritisch, sehr gut informiert und sucht nach persönlichen Lösungen. Er will oftmals nicht nur den besten Preis, sondern erwartet zudem die beste Beratung, höchste Warenverfügbarkeit, größte Auswahl und qualitativ einwandfreie, frische Ware. Durch eine intensive Kundenbeziehung können diese individuellen Bedürfnisse durch den Handel und die Konsumgüterbranche entsprechend abgedeckt werden und darüber hinaus eine aktive Mitwirkung des Kunden als Akteur bewirken. Gerade der Lebensmitteleinzelhandel hat das Ziel einer bedarfsgerechten Warendisposition, um komplexe Entscheidungen schnell und zuverlässig treffen zu können. Dieses veränderte Nachfrageverhalten stellt die komplette Branche vor die große Herausforderung, mehr über Verbraucher und die individuellen Kundenbedürfnisse zu erfahren. Laut einer Studie von Blue Yonder haben über 81 % der Konsumenten jedoch Schwierigkeiten, das zu bekommen, was sie ursprünglich kaufen wollten. Es kommt daher verstärkt zu einer Verlagerung der Marktanteile weg von klassischen, traditionellen und hin zu digitalisierten, omnipräsenten Handelsunternehmen (Blue Yonder 2017).

Aber wodurch wurden diese gesellschaftlichen Veränderungen überhaupt ausgelöst und verstärkt? Im Fokus stehen hierbei primär Zukunftstechnologien und Prozesse. In diesem Zusammenhang werden gerne zentrale Begrifflichkeiten wie „Internet of Things" (IoT), „Machine-Learning", „Chatbots", Algorithmen, künstliche Intelligenz, smarte, disruptive und mobile Technologien, „Blockchain", digitale Währungen, „Cloud Computing", „Big Data", vernetzte Systeme, Sprachassistenten und viele weitere genannt. Jede einzelne dieser Innovationen bewirkt eine Beschleunigung von neuen Geschäftsmodellen und Formaten (e-tailment 2017). Für den Handel kann der Einsatz solcher Technologien der entscheidende Schlüssel zum Erfolg sein – sowohl bei der Prozesskostenoptimierung als auch Absatz- und Vertriebsplanung. In den nachfolgenden Abschnitten sollen einige ausgewählte Beispiele aus der Praxis dabei helfen, ein besseres Verständnis zu vermitteln.

15.3 Globale Pioniere im digitalen Zeitalter

Wer sind die globalen Pioniere im digitalen Zeitalter und was zeichnet sie aus? Welche Vorteile ergeben sich aus innovativen Geschäftsmodellen für Kunden? Um diese Fragen zu beantworten, werden nachfolgend die größten Internet-Pure-Player im Handel beschrieben.

Betrachtet man die charakteristischen Gemeinsamkeiten und kritischen Erfolgsfaktoren innovativer Handelsunternehmen, so kann man diese relativ leicht beschreiben: überdurchschnittlich kundenorientiert, vielseitig, dynamisch, experimentierfreudig und global skalierbar. Bedingt durch die zuvor genannten Ursachen, Trends und Treiber haben es einige Unternehmen seit der Jahrtausendwende zum Weltmarktführer geschafft und komplette Branchen und Segmente revolutioniert. Im Zentrum der Betrachtung stehen hierbei vor allem Plattform- und Marktplatzanbieter, da diese zu den größten Gewinnern der Digitalisierung im Handel gezählt werden können.

Wer sind die größten Internet-Pure-Player im Handel?
Alibaba ist eine chinesische Handels- und Kommunikationsplattform bzw. ein Online-Marktplatz und wurde 1999 von Jack Ma gegründet. Es gehört zu den 10 wertvollsten Unternehmen der Welt und hat nach eigenen Angaben aktuell einen Kundenstamm von mehr als 50 Millionen registrierten Nutzern aus über 200 Ländern. Alleine in China werden täglich 50 Millionen Sendungen auf den Weg gebracht. Darüber hinaus wurden die Reiseplattform Alitrip, der Messengerdienst Laiwang, der Musik-Streaming-Anbieter Alibaba Music sowie AliPay – der weltweit größte Online-Bezahldienst – entwickelt. Das Unternehmen setzt zudem verstärkt auf Expansion und treibt den Aufbau der eigenen Marke in Europa voran. Über die B2C-Plattform („Business-to-Consumer") Tmall sollen deutsche Unternehmen mithilfe von chinesischen Agenturen – sogenannte Tmall Partners – ihre Waren schnell und unkompliziert nach China vertreiben (Alibaba 2017).

Amazon ist ein US-amerikanischer Online-Versandhändler bzw. -Marktplatz mit einer umfangreichen Produktpalette aus verschiedenen Kategorien und wurde bereits 1994 von Jeff Bezos gegründet. Das Unternehmen vertreibt zudem Produkte der Eigenmarke

AmazonBasics und bietet wie Alibaba zahlreiche Dienstleistungsangebote an. Dazu zählen die Musik- und Video-Streaming-Anbieter Amazon Music und Video, der Online-Bezahldienst Amazon Payments, der Lebensmittellieferdienst AmazonFresh sowie neuerdings ein stationäres Konzept namens Amazon Go. Letzteres wird im letzten Abschnitt genauer erklärt (Amazon 2017).

eBay ist ein US-amerikanisches Unternehmen, das 1995 von Pierre Omidyar in Kalifornien gegründet wurde. Es ist heute der weltweit größte Online-Marktplatz und wurde ursprünglich als C2C-Plattform („Consumer-to-Consumer") gegründet. Über die Jahre hinweg hat sich eBay jedoch vermehrt zu einer B2C-Plattform hin entwickelt, da neben gebrauchten Artikeln privater Anbieter ebenfalls neue Produkte gewerblicher Händler angeboten werden. Der Online-Bezahldienst PayPal gehörte bis 2015 ebenfalls zum Unternehmen und hat nach eigenen Angaben weltweit mehr als 190 Mio. aktive Nutzer in über 100 unterschiedlichen Währungen (eBay 2017).

Home24 ist ein deutscher Onlinehändler für Möbel, Lampen und Wohnaccessoires und gehört dem börsennotierten Beteiligungsunternehmen Rocket Internet an. Das Unternehmen beschäftigt derzeit rund 1000 Mitarbeiter und führt über 150.000 Artikel von mehr als 1000 unterschiedlichen Herstellern im Sortiment (Home24 2017).

Zalando ist ein deutscher Onlinehändler für Mode und Schuhe und gehört ebenfalls zu Rocket Internet. Das Unternehmen wurde 2008 gegründet und gehört heute zu den umsatzstärksten Onlineshops innerhalb Deutschlands. Zalando führt neben Markenherstellern ebenfalls Eigenmarken und hat knapp 12.000 Mitarbeiter (Zalando 2017).

Was zeichnet sie aus?
Der Aufstieg und Erfolg von Onlineplattformen ist hauptsächlich von einem entscheidenden Faktor abhängig: Der kritischen Masse an Nutzern (Institut der Deutschen Wirtschaft 2016). Hat ein Unternehmen diese erst einmal erreicht, setzen Netzwerkeffekte ein und es folgt ein schnelles Wachstum. Der darauffolgende Effekt, dass erstmaliger Erfolg durch gewonnene Kunden erneut Erfolg bewirkt, wird auch als „positives Feedback" bezeichnet. Der gegenteilige Effekt, bei dem die kritische Masse nicht erreicht wird und sich die Plattform dauerhaft nicht behaupten kann, bezeichnet man hingegen als „negatives Feedback". Aber was sind Onlineplattformen überhaupt? Laut dem Institut der Deutschen Wirtschaft versteht man darunter Unternehmen, die „über das Internet Interaktionen zwischen zwei oder mehr Nutzergruppen ermöglichen, sodass jeder dieser Gruppen ökonomische Vorteile entstehen" (Institut der Deutschen Wirtschaft 2016). Die Kombination aus virtuellem Marktplatz und dem meist kostenfreien Zugang ist daher eine wesentliche Voraussetzung, um verschiedene Nutzergruppen schnell und unkompliziert zusammen zu bringen. Neue Technologien unterstützen diese innovativen Geschäftsmodelle zugleich durch Speicherung und Auswertung von Kundendaten in Echtzeit, und ermöglichen es, den spezifischen Kundenbedürfnissen zu jeder Zeit in vollem Umfang gerecht zu werden (Institut der Deutschen Wirtschaft 2016). Aber warum entscheidet sich der Konsument am Ende seiner Suche häufig für einen Plattformanbieter wie Amazon, eBay oder Zalando? Das soll im nächsten Abschnitt genauer erklärt werden.

Welche Strategien verfolgen Unternehmen und welche Vorteile ergeben sich daraus für Kunden?
Da die Entwicklung vieler Plattformanbieter sehr dynamisch ist, steigen die Nutzerzahlen häufig exponentiell an. Nachdem die bereits zuvor genannten Netzwerkeffekte einsetzen, steht der Anbieter jedoch vor der Herausforderung, seinen Kunden klare Alleinstellungsmerkmale gegenüber Wettbewerbern zu bieten. Anhand von Amazon sieht man, dass dies zum einen durch die interne Fokussierung auf Prozesskostenoptimierung und Konzentration auf dynamische Preisgestaltung – auch „Dynamic Pricing" genannt – und zum anderen durch die externe Fokussierung auf eine möglichst breite Auswahl an Produkten und Dienstleistungen sowie einen hohen Kundennutzen ermöglicht wird (Institut der Deutschen Wirtschaft 2016). Darüber hinaus sind die kurzen Vorlaufzeiten und der kostenfreie Versand für Amazon-Prime-Kunden weitere Leistungsvorteile und bewirken eine gesteigerte Kundenbindung. Auffällig ist zudem die Verlagerung und Erweiterung der Kernkompetenzen von Plattformanbietern – in diesem Fall Amazon – weg von einem reinen Händler hin zu einem Logistikexperten, Webservice-Anbieter und Filmproduzenten (Amazon 2017). „Konkurrenz belebt das Geschäft" – und schafft entscheidende Vorteile für Kunden. Solange Unternehmen im rechtlichen Rahmen um die Gunst der Konsumenten werben, führt dies immer zu Leistungs- und Angebotsvorteilen für den Nachfrager. Dennoch muss man anmerken, dass wettbewerbswidrige und steuerrechtliche Strategien großer globaler Anbieter in der Vergangenheit immer wieder zu Wettbewerbsverzerrungen am Markt geführt haben.

Digitale Transformation im stationären Einzelhandel
Welche Anforderungen ergeben sich aus den neuen Formaten und Geschäftsmodellen für den stationären Einzelhandel? Mit dieser Frage beschäftigen sich konventionelle Handelsunternehmen bereits seit längerem und nur wenige haben darauf eine klare und vor allem erfolgsversprechende Antwort gefunden, die den gesteigerten Kundenbedürfnissen gerecht wird. Um im digitalen Zeitalter gegen Händler aus dem E-Commerce bestehen zu können, muss der stationäre Einzelhandel seine Ladenflächen nicht nur digitalisieren und im Internet vertreten sein. Die größte Herausforderung der Einzelhändler liegt vor allem darin, bestehende und potenzielle Kunden immer und überall anzusprechen („Anywhere Commerce") und der wachsenden Nachfrage nach Informationen zur Produktion, der Herkunft oder Inhalts- und Zusatzstoffen von Produkten gerecht zu werden (e-tailment 2017).

Wer sich dem Wandel der Zeit nicht anpasst und sein Geschäftsmodell unverändert fortführt, läuft Gefahr, den Anschluss an den Markt und vor allem Kunden zu verlieren. Immerhin ein Viertel der Handelsunternehmen hat bereits heute eine übergreifende Digitalisierungsstrategie implementiert, knapp zwei Drittel setzen sich bereits intensiver mit Digitalisierung auseinander und mehr als jeder dritte Händler setzt Digitalisierungsprojekte für den zentralen Zugriff auf vertrags- und kundenrelevante Daten um. In einer aktuellen Studie der Deutschen Telekom wurde der derzeitige Digitalisierungsgrad im Mittelstand ermittelt. Betrachtet man Abb. 15.2, so sieht man, dass der durchschnittliche Digitalisierungsindex im Handel bei rund 48 % liegt – im Branchenvergleich damit jedoch

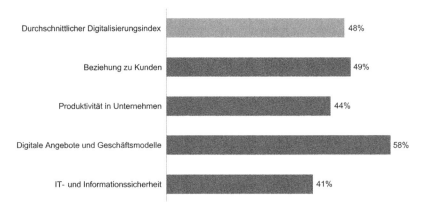

Abb. 15.2 Digitalisierungsindex Handel – So digital ist der Handel. (Quelle: In Anlehnung an Deutsche Telekom 2017)

abgeschlagen ist. Das liegt insbesondere an einer Besonderheit des Handels: „die Zersplitterung der Branche in viele kleine Einzelhändler und Kleinstbetriebe, bis hin zum Gemüsehändler um die Ecke" (Deutsche Telekom 2017). Außerdem zählen zu relevanten Aspekten die systematische Erfassung und Verarbeitung von Kundeninformationen in einer professionellen Kundendatenbank, die Individualisierung von Beratung und der Verkauf auf Basis verfügbarer Informationen über den Kunden sowie der Zugriff auf Kundendaten und Vertriebsanwendungen mit mobilen Endgeräten (Deutsche Telekom 2017).

Wie viele frische Brote benötigt ein Discounter morgens bei Ladenöffnung? Wie viele Bananen verkauft die Filiale um die Ecke an einem verregneten Dienstag? Diese und viele weitere Fragen mussten Disponenten bisher auf Grundlage vergangenheitsbasierter Abverkaufszahlen, saisonaler und standortspezifischer Gegebenheiten, artikelgenauer Prognosen aber auch unterschiedlicher Wochentage eigenständig und vor allem manuell beantworten. Durch den Einsatz innovativer „Machine-Learning-Algorithmen" lassen sich im Einzelhandel heute schon erhöhte Lagerbestände, Abschriften und Out-of-Stock-Raten erheblich reduzieren. Die automatisierte Filialdisposition unterstützt dabei, kritische Geschäftsprozesse auf Basis von präzisen Zukunftsprognosen permanent zu optimieren und deutliche Effizienzvorteile zu erzielen (Gojdka 2017).

Vor allem im dynamischen Lebensmitteleinzelhandel ist es Unternehmen möglich, durch eine verbesserte Warenverfügbarkeit ein gesteigertes Kundenerlebnis („Customer Experience") zu bewirken. Die größten Probleme in der Planung bestehen dabei häufig in der Komplexität an lokalen Sortimenten, Formaten und Lieferkanälen sowie den individuellen Vorlieben der Kunden. Aber auch die strategische Preisgestaltung und der zunehmende Marktdruck erfordern neue Maßstäbe für zukünftige Dispositionsentscheidungen. So konnten bei der Supermarktkette Kaiser's Tengelmann die Anzahl der ausverkauften Artikel von 6 auf 0,5 % gesenkt werden. Auf der Suche nach einer Lösung zur Verbesserung der Prozesseffizienz bestand zudem die Herausforderung darin, externe Einflussfaktoren einzuschließen. Die SB-Warenhauskette Kaufland realisierte durch die Anwendung permanenter Bestandsoptimierung („Replenishment Optimization") ebenfalls signifikante Umsatzsteigerungen. Die europaweit 1200 Filialen führen ein Sortiment von rund 60.000 Artikeln und werden aus sieben Logistikstandorten sowie vier Fleischbetrieben beliefert. Da die bisherigen Systeme aufgrund der Vielzahl an variablen Faktoren an ihre Leistungsgrenzen gestoßen waren und die Produktion in die Prozesskette integriert werden sollte, entschied man sich für eine automatisierte Disposition. Dadurch erreichte man eine zehn Mal höhere Warenverfügbarkeit, 80 % weniger „Out-of-Stock"-Situationen und 50 Mal weniger manuelle Eingriffe (Blue Yonder 2017).

Die systematische Analyse von Daten auf Grundlage von selbstlernenden „Machine-Learning-Algorithmen" wird bei der Otto Group ebenfalls erfolgreich angewandt. Das Unternehmen stellt sich der zentralen Herausforderung, „wie es Händler schaffen, aus der Masse der Informationen die richtigen herauszufiltern, um den Kunden ideal zu bedienen (…) und diesem – während er nach einem Produkt sucht – das perfekte, auf ihn persönlich zugeschnittene Angebot zu machen" (Otto Group 2017). Durch diesen konsequenten Innovationsprozess, der im Kern eine agile Weiterentwicklung und Anwendung von relevanten Technologien beinhaltet, wurde der deutsche Handels- und Dienstleistungskonzern nach Amazon zu einem der weltweit größten Onlinehändler. Das „AI-System" („Artificial Intelligence") des Unternehmens beruht auf künstlicher Intelligenz und kann mit einer Genauigkeit von 90 % vorhersagen, welche Produkte innerhalb der nächsten 30 Tage verkauft werden. Dadurch können rund 200.000 Produkte im Monat ohne menschliche Einflussnahme automatisiert bestellt werden. Ohne diese technologische Unterstützung wäre es für Otto nahezu unmöglich, eine bedarfsgerechte Kombination aus unterschiedlichen Produkten, Farben und Größen manuell zu ermitteln. Durch diese Maßnahmen konnte der Lagerbestand um rund 20 % und Retouren um 2 Mio. Produkte im Jahr reduziert werden. Darüber hinaus erhalten Kunden ihre Lieferung schneller und zuverlässiger, was eine langfristige Kundenbindung nachhaltig fördert. Dieses Beispiel zeigt erneut, dass eine sinnvolle Nutzung von „AI-Technologien" sowohl die Prozesskosten minimiert als auch die Kundenzufriedenheit steigert (The Economist 2017).

Neben der Anwendung von digitalen Technologien zur Prozesskostenoptimierung besteht ebenfalls die Möglichkeit, den Kunden in stationären Ladengeschäften direkt mit Innovationen in Berührung zu bringen. Vernetzte Filialen werden auch als „Smart Retail" bezeichnet und beschreiben die logische Verknüpfung analoger Elemente mit einer oder mehreren innovativen Technologien. Diese können z. B. mobile Zahlungsmittel („Mobile Payment"), elektronische Preisschilder („Electronic Shelf Label"), digitale Werbeanzeigen und Beschilderungen („Digital Signage"), virtuelle Berater („Digital Sales Assistant") und viele weitere sein. Bei dem Konzept „Smart Retail" sind stationäre Ladengeschäfte daher das Fundament der Digitalisierung und verbinden Vorteile multisensorischer Wahrnehmungen wie z. B. haptische, gustatorische und olfaktorische Sinneseindrücke mit innovativen Technologien. Als kritischer Erfolgsfaktor gilt jedoch, dass der Händler an allen bzw. möglichst vielen Berührungspunkten – sogenannten „Customer Touchpoints" – entlang der Reise des Kunden („Customer Journey") aktiv mit diesem in Kontakt tritt. Dadurch entsteht eine Kundenbindung auf allen Ebenen und es ergeben sich neue

Wachstumspotenziale. Gelingt zudem ein schlüssiges „Multi"- bzw. „Omnichannel"-Konzept, so verschmelzen unterschiedliche Vertriebskanäle zu einem einheitlichen Einkaufserlebnis für den Kunden. Laut einer aktuellen Umfrage von „Mittelstandsverbund – ZGV" wollen 52 % der befragten Unternehmen ihre Investitionen in 2017 ausbauen. Das ist auch erforderlich, denn 67 % der Deutschen würden statt im klassischen Einzelhandel auch unmittelbar beim Hersteller oder einem Onlinehändler einkaufen (e-tailment 2017).

Dennoch sollte an dieser Stelle angemerkt werden, dass Lidl erst kürzlich mit dem Format Lidl Express – einem „Click-and-Collect-Konzept" – an der Machbarkeitsprüfung scheiterte und daher nicht in eine operative Phase überführt werden konnte. Statt kostenintensiver E-Food-Konzepte soll der Fokus zukünftig wieder auf Investitionen in stationäre Ladengeschäfte und eine Prozesskostenoptimierung gelegt werden. Zudem beabsichtigt der Geschäftsführer der Schwarz-Gruppe, Klaus Gehrig, ein fundamentales Umdenken und ein geschärftes Kostenbewusstsein im Unternehmen. Obwohl die Filialdichte innerhalb Deutschlands europaweit führend ist, sollen weiterhin neue Filialen an geeigneten Standorten eröffnet werden (Lebensmittel Zeitung 2017).

15.4 Innovative Handelslogistik als kritischer Erfolgsfaktor

Die aktuellen und zukünftigen Anforderungen an Handel und Logistik in urbanen Metropolregionen und Ballungszentren sind sehr vielseitig: Händler benötigen Ware, Einwohner wollen flexibel einkaufen und Firmen brauchen Material zur Herstellung und Weiterverarbeitung von Produkten. Zudem wandelt der Handel seine im Innenstadtbereich befindlichen Lagerflächen aufgrund der hohen Ladenmieten häufig in wertvolle Verkaufsflächen um, damit diese effizienter genutzt werden können. Durch die mangelnde Bevorratung von Waren ist jedoch eine flexible Nachlieferung mit kurzen Vorlaufzeiten unabdingbar, um den Anforderungen der spezifischen Käuferschichten gerecht zu werden. Aus einer Studie der PTV Group, die im Auftrag der IHK Region Stuttgart für die baden-württembergische Landeshauptstadt erstellt wurde, geht hervor, dass sich „die Summe der gewerblich motivierten Verkehrsbewegungen auf rund 25 bis 30 % der Mobilität in der Stadt beläuft" (PTV Group 2017). Die Handelslogistik steht daher vor einem fundamentalen Umbruch, um unter Einbeziehung innovativer Technologien vielseitige Probleme wie Verspätungen, die permanente Verkehrsüberlastung, Umweltverschmutzung und die erhebliche Lärmemission dauerhaft kompensieren zu können. Durch den demografischen Wandel und die steigende Anzahl an kleineren Single-Haushalten werden zudem die Liefervolumina immer geringer und die Lieferfrequenzen höher (Michelfelder 2016).

Immer wichtiger und bedeutender werden auch die Vorlaufzeiten der Lieferungen. Vor allem Amazon erkannte diese kundenseitige Wunschvorstellung und ermöglichte Same-Day-Delivery für bevorratete Waren. Neben großen Lagerflächen zählen seit dem attraktive Innenstadtlagen und intelligente Logistik als kritische Erfolgsfaktoren zur Verkürzung der Vorlaufzeit. Eine zeitlich flexible Brücke zwischen Handel und Kunden stellen dabei Paketstationen und Paketboxen dar, da diese innerhalb der „letzten Meile" Privat- und

Geschäftskunden die Möglichkeit bieten, zeitlich flexibel (24/7) sowohl ein- als auch ausgehende Pakete entgegenzunehmen bzw. abzugeben. Während Paketstationen primär an zentral gelegenen Orten wie z. B. Flughäfen, Bahnhöfen, Tankstellen, Parkhäusern oder Einkaufszentren platziert sind, können kostenpflichtige Paketboxen individuell im Eingangsbereich eines Einfamilienhauses aufgestellt und ausschließlich privat genutzt werden. Der Vorteil für die Handelslogistik besteht in diesem Fall darin, die letzte Meile flexibel, bequem, kostengünstig und vor allem effizient zu gestalten (DHL 2017).

Mit einem ähnlichen Konzept – der DB BahnhofsBox – bietet die Deutsche Bahn seit Februar 2017 Händlern und Dienstleistern aus unterschiedlichen Handelsbranchen die Möglichkeit, Kundenbestellungen an stark frequentierten Bahnhöfen zeit- und ortsunabhängig zur Abholung bereitzustellen (vgl. Abb. 15.3). Eine Benachrichtigung und den Code zur Öffnung der Fächer erhalten Kunden auf die dazugehörige App. Da die Besonderheit der DB BahnhofsBox gegenüber bereits etablierten Abholstationen in der vorhandenen Kühlmöglichkeit liegt, testet Edeka an den Pilotstandorten in Stuttgart und Berlin bereits die Abholung von frischen und gekühlten Lebensmitteln. Als Hauptzielgruppe fokussiert man hier insbesondere Pendler und Berufstätige, da diese ihre Einkäufe auch dann erledigen können, wenn Supermärkte bereits geschlossen haben. Aus Sicht der Logistikdienstleister können durch den Einsatz intelligenter Technologien und die Bündelung der Anlieferpunkte sowohl die Anzahl der durchschnittlichen Zustellversuche als auch die Lieferkosten erheblich reduziert werden, da ein Großteil der gesamten Transportkosten auf der letzten Meile entstehen. Es profitieren daher Kunden, Händler, Dienstleister als auch Logistikdienstleister (Deutsche Bahn 2017).

An einem anderen Beispiel sieht man, dass weitere Möglichkeiten und Wege bestehen, Kunden zukünftig schnell und flexibel mit Waren zu versorgen und die letzte Meile über einen alternativen Weg zu überbrücken: den Luftweg. Neben urbanen und suburbanen

Abb. 15.3 DB BahnhofsBox. (Quelle: Deutsche Bahn 2017)

Ballungsräumen eignet sich der Einsatz von Drohnen vor allem in geografisch schwer zugänglichen Regionen. Da die Traglast und Reichweite deutlich optimiert wurden, sind somit auch größere Distanzen mit schweren Gütern zurückzulegen. Bereits heute werden Drohnen umfassend getestet und erfüllen gemäß der Deutschen Flugsicherung derzeit alle notwendigen Auflagen an einen sicheren Flugbetrieb. Bei Amazon Prime Air sollen zukünftig die bis 2,5 kg schweren Pakete innerhalb von 30 min schnell, flexibel, zuverlässig und emissionsarm in den Vorgarten der Kunden geliefert werden. Die Reichweite der 55 kg schweren Drohnen würde bei 16 km liegen (Amazon 2017). Neben dem geplanten Einsatz von Drohnen befinden sich ebenfalls selbstfahrende, unbemannte Lieferfahrzeuge in der letzten Entwicklungsstufe und wurden in Deutschland bereits von einigen Paketdienstleistern erfolgreich getestet. In einem Pilotprojekt testet der Paketdienstleister Hermes seit 2016 in Kooperation mit dem Roboterhersteller Starship den Livebetrieb eines Paketroboters auf Fußwegen. Durch die räumliche und zeitliche Entzerrung können die Kosten der letzten Meile in absehbarer Zeit somit deutlich reduziert werden (Hermes 2017).

Die Deutsche Post DHL Group beabsichtigt ebenfalls eine Verbesserung von Digitalisierung, Mobilität und Nachhaltigkeit. Dadurch soll eine gesteigerte Logistikeffizienz und höhere Lebensqualität in Städten erzielt werden. Um diese Ziele zu realisieren, investiert das Unternehmen seit einigen Jahren in interne Forschung und Entwicklung, innovative Digitalisierungsprojekte sowie externe neue Mobilitätskonzepte. Die Einführung von zentralen, digitalisierten Umschlagszentren, eine flächendeckende Flotten-, Gebäude- und Netzwerkoptimierung sowie Pilotprojekte zu selbstfahrenden Lieferfahrzeugen waren bereits erste Handlungsmaßnahmen, auf die in absehbarer Zeit weitere technologische Innovationen folgen sollen. Damit den bestehenden Kunden der DHL im Privat- und Geschäftskundensegment ein höherer Servicegrad geboten und das Leistungsversprechen eingehalten werden kann, wurden in der Vergangenheit bereits erste innovative Digitalkonzepte erfolgreich umgesetzt. Zum einen hat der Kunde die Möglichkeit, über eine mobile- und browserbasierte Plattform eine Anpassung des Liefertags, Lieferzeitfensters und Zustellungsorts vorzunehmen. Darüber hinaus können Kunden einen entgeltpflichtigen Paketkasten im Eingangsbereich ihres Hauses installieren lassen, auf den der DHL-Paketbote jederzeit zugreifen und das Paket hinterlegen kann. Die Probleme und Herausforderungen der letzten Meile werden somit auf Kunden und Paketdienstleister gleichermaßen verteilt (DHL 2017).

Bei DPD beabsichtigt man zukünftig ebenfalls eine Reduktion der verkehrsbedingten CO_2-Emission und allgemeinen Verkehrsbelastung sowie ein Höchstmaß an Flexibilität zugunsten der Kunden. Gegenüber der DHL hat man es hier allerdings geschafft, eine noch präzisere Sendungsverfolgung bereitzustellen: unter Angabe der Paketscheinnummer bzw. -referenz kann der Kunde ein Live-Tracking durchführen, jederzeit den aktuellen Standort des Lieferfahrzeuges einsehen und dem Fahrer abschließend sogar ein digitales Trinkgeld auszahlen. Um die beabsichtigten Nachhaltigkeitsziele zu erreichen, kauft DPD jährlich anerkannte Emissionszertifikate, bietet den Kunden einen klimaneutralen Transport ohne Zusatzkosten sowie alternative Zustellorte zur flexibleren Annahme von Lieferungen (DPD 2017).

15.5 Direct-to-Consumer – Digitaler Direktvertrieb für Markenhersteller

Die Digitalisierung in Industrie-, Handels- und Dienstleistungsunternehmen bringt für Endkunden und Verbraucher in aller Regel zahlreiche Vorteile mit sich: Transparenz, Personalisierung, ein maßgeschneidertes Produktangebot, einfache Transaktionsprozesse, eine schnelle und bequeme Lieferung und viele weitere Dienstleistungsmerkmale. Dadurch entstehen jedoch auch große Spannungen zwischen den einzelnen Wertschöpfungsstufen, da sowohl Markenhersteller als auch der Handel um die Gunst der Kunden und eine langfristige „End-Customer-Ownership" kämpfen. Die Folge daraus sind Verlagerungen der Kernkompetenzen und Alleinstellungsmerkmale. Der Handel sucht nach Potenzialen, um effizienter zu werden und die Profitabilität nachhaltig zu steigern. Durch die Platzierung von Private-Label-Produkten und „Vertical Brands", d. h. Handels- und Eigenmarken, werden Endkunden kostengünstige Alternativen zu Markenprodukten angeboten. Darüber hinaus hat der Onlinehandel die Schlüsselrolle der Logistik erkannt und seine Kompetenzen im Fulfilment, insbesondere in den Bereichen Lagerhaltung, Kommissionierung, Verpackung, Versand und Retourenmanagement massiv ausgebaut. Die dominierenden Marktplatzanbieter wie Amazon, Alibaba und Mercateo, aber auch Online-Pure-Player können auf Grundlage wertvoller Kundendaten ausgeklügelte Algorithmen entwickeln und eine strategische Preisführerschaft erlangen (Forbes 2018).

Ausgehend von diesen Marktveränderungen und einer immer größer werdenden Abhängigkeit zu den Marktplatzgiganten suchen Markenhersteller nach Möglichkeiten, den Absatz, die Profitabilität und eine nachhaltige Kundenbindung zu sichern. Es besteht die Gefahr, dass Markenhersteller durch die vertikale Diversifikation langfristig von kostengünstigen „Vertical Brands" aus dem Markt verdrängt werden. Da diese innovativen Startups ihre Produkte – auch „Digitally Native Vertical Brands" – zunächst direkt und nur über ihren eigenen Onlineshop sowie Marktplätze vertreiben, agieren sie dynamischer und können somit schneller den veränderten Kundenanforderungen gerecht werden. Globale Marktführer stehen daher häufig vor der Herausforderung, ihre Produktentwicklung anzupassen und innovative „Blockbuster" auf den Markt zu bringen. Durch komplexe Handelsstrukturen wird der Rollout neuer Produkte meist jedoch zusätzlich verlangsamt.

Durch den Onlinehandel erschließen sich Markenherstellern neue Möglichkeiten, innerhalb der „Customer Journey" aktiv Endkunden anzusprechen und relevante Touchpoints zu erkennen. Durch den digitalen Direktvertrieb können zum einen verloren gegangene Margen zurückgewonnen und Preise stabilisiert, harmonisiert und ausgeglichen werden. Darüber hinaus besteht die Chance, kostenintensive Marketingkampagnen gezielter zu steuern und bis zum Kaufabschluss des Kunden nachzuvollziehen. Durch diesen End-to-End-Ansatz erlangen Markenhersteller wertvolle Informationen über Kunden, stärken ihre Verhandlungsposition mit dem Handel, verhindern weiteren Kontrollverlust und können Innovationen am Markt früher erkennen. Demgegenüber stehen jedoch sowohl im

Pre- als auch After-Sales komplexe Prozesse, die erfolgreiche Onlinehändler in den vergangenen Jahren mühsam aufgebaut und weiterentwickelt haben. Darüber hinaus besteht das Risiko, dass ein langfristiger Konflikt entsteht, wenn Markenhersteller eine eigenständige Kundenbeziehung aufbauen. Der Handel kann mit Auslistungen reagieren und gleichwertige Wettbewerber bevorzugt platzieren. Es gilt daher einen ganzheitlichen Ansatz zu wählen und alle relevanten Touchpoints innerhalb der Customer Journey zu betrachten (Absatzwirtschaft 2017).

15.6 Ausblick auf den Handel im Jahr 2030

Steht der komplette Einzelhandel in urbanen Ballungszentren vor dem Aus oder bieten innovative Konzepte wie „Click-and-Collect" – d. h. online bestellen und in der Filiale abholen – oder „Home Delivery" eine Alternative zum reinen Onlinehandel? Lässt sich durch die digitale Transformation und den Einsatz innovativer Technologien eine erhöhte Profitabilität im Handel erzielen? Welche Chancen, Herausforderungen und Gefahren bestehen? Kann man daraus überhaupt zuverlässige Prognosen ableiten? Die Statistik (vgl. Abb. 15.4) zeigt die Ergebnisse einer Umfrage aus dem Jahr 2016 zur Vorstellung vom Einkaufen in Europa im Jahr 2030. Im Rahmen der Studie von Comarch und TNS Kantar wurden mehr als 3000 Internetnutzer aus sechs europäischen Ländern befragt. Demnach glauben mehr als 60 %, dass der Ladenmitarbeiter von persönlichen digitalen Ratgebern ersetzt wird. Knapp 80 % sind der Meinung, dass es deutlich weniger Ladengeschäfte als heutzutage geben wird (Comarch und Kantar TNS 2017).

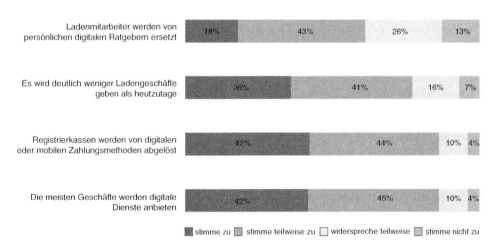

Abb. 15.4 Vorstellung vom Einkaufen im Jahre 2030. (Quelle: in Anlehnung an Comarch und Kantar TNS 2017)

Doch es gibt einen entscheidenden Hinweis, der zeigt, dass sich zukünftige Geschäftsmodelle und Konzepte doch in eine andere Richtung bewegen könnten: die vermehrte Tendenz von global agierenden, erfolgreichen Onlinehändlern, stationäre Supermärkte zu entwickeln. Das Konzept Amazon Go läuft aktuell noch als Pilotprojekt in Seattle und ist seit 2016 ausschließlich für Mitarbeiter zugänglich. Dort wird eindrucksvoll demonstriert, wie der Supermarkt der Zukunft aussehen könnte: Durch die Unterstützung unterschiedlicher Technologien kann der Kunde sein gewünschtes Produkt einfach dem Regal entnehmen und den Supermarkt ohne den üblichen Gang zur Kasse verlassen. Die Abrechnung erfolgt automatisch im Hintergrund über ein zuvor zugeordnetes Kundenkonto. Entscheidend ist laut Amazon dabei der Einsatz von „Computer Fusion", „Deep Learning Algorithms" und „Sensor Fusion" – also einer Reihe innovativer Technologien (Amazon Newsroom 2017). Neben Amazon planen weitere Onlinehändler, u. a. Zalando, vermehrt Filialen in attraktiven Innenstadtlagen zu eröffnen. Diese Tendenz ist vor allem auf eine wesentliche Veränderung, die Umkehrung der Einkaufswelt, zurückzuführen. Der Kunde kommt nicht mehr zum Händler, sondern der Händler muss dem Kunden immer dort begegnen, wo sich dieser aufhält – sowohl stationär als auch online. Da die hierfür erforderlichen Kosten die Profitabilität nicht gefährden sollten, sind neuartige Konzepte wie z. B. „Pop-up-Stores" entstanden, d. h. kurzfristige, temporär verfügbare Einkaufsmöglichkeiten in leer stehenden Geschäftsräumen oder durch den Einsatz von mobilen Ladenbauelementen. Eine Möglichkeit für stationäre Einzelhändler wiederum könnten zukünftig horizontale Kooperationen über verschiedene Branchen hinweg sein. Demnach würden Unternehmen Güter des täglichen Bedarfs, Drogerieartikel, Mode und Schuhe, Möbel und weitere Produkte auf einer gemeinsam genutzten Plattform anbieten und globalen Pionieren des digitalen Zeitalters auf Augenhöhe begegnen.

Literatur

Absatzwirtschaft. (2017). Vertikalisierung: Sind Hersteller die Händler der Zukunft? https://www.absatzwirtschaft.de/vertikalisierung-sind-hersteller-die-haendler-der-zukunft-106957. Zugegriffen am 12.02.2019.

Alibaba. (2017). Alibaba group – About us – History and milestones. https://www.libabagroupom/en/about/history. Zugegriffen am 29.03.2017.

Altmeyer, M. (2017). *Die Einflussfaktoren und Folgen des digitalen Zeitalters auf den Kunden und seine Umwelt*. Ortenberg, Frankfurt a. M.

Amazon. (2017). About Amazon prime air. https://www.mazonom/Amazon-Prime-Air/b?node=8037720011. Zugegriffen am 21.04.2017.

Amazon Newsroom. (2017). Über Amazon – Geschichten und Fakten zu Amazone. https://www.amazon-pressee/Top-Navi/Unternehmen/-ber-Amazontml. Zugegriffen am 21.04.2017.

Blue Yonder. (2017). *Customer Experience im Lebensmittelhandel: Frische macht den Unterschied. Globale Studie mit 4.000 Konsumenten und 750 Lebensmittelhändlern aus Europa zu Produktfrische und -verfügbarkeit*. Karlsruhe: Blue Yonder GmbH.

BMBF. (2017). *Forschung – Zukunftstrends – Foresight, Trendsammlung*. Bonn: Bundesministerium für Bildung und Forschung. https://www.mbfe/de/trendsammlung-932tml. Zugegriffen am 05.05.2017.
Comarch & Kantar TNS. (2017). *Vorstellung vom Einkaufen im Jahre 2030. Studie zu Thema: Die Zukunft des Einkaufens – Die wichtigsten Trends im Einzelhandel heute und 2030*. Dresden: Comarch AG.
Deutsche Bahn. (2017). *BahnhofsBox – online bestellen, am Bahnhof abholen*. Berlin: DB Inside Bahn. https://inside.bahn.de/bahnhofsbox. Zugegriffen am 31.05.2017.
Deutsche Telekom. (2017). *Digitalisierungsindex – So digital ist der Handel. Studie: Digitalisierungsindex Mittelstand – Der Digitale Status Quo im Handel*. Bonn: Deutsche Telekom AG.
DHL. (2017). Verantwortung – Umwelt und Lösungen. Bonn: Deutsche Post AG. https://www.pdhlom/de/verantwortung/umweltschutztml. Zugegriffen am 05.02.2017.
DPD. (2017). Verantwortung – Intelligente City-Logistik. Aschaffenburg: DPD Deutschland GmbH. https://www.pdom/de/home/verantwortung/intelligente_city_logistik. Zugegriffen am 08.02.2017.
eBay. (2017). Our company – Our leaders – Our history – Our businesses. https://www.bayincom/our-company. Zugegriffen am 24.04.2017.
e-tailment. (2017). *Retail Technology – Damit sich das Omnichannel-Geschäft lohnt, muss der Handel mehr in das Einkaufserlebnis investieren*. Frankfurt a. M.: dfv Mediengruppe/Deutscher Fachverlag GmbH.
Forbes. (2018). How direct-to-consumer brands are setting the standard for a better retail experience. https://www.forbes.com/sites/forbesagencycouncil/2018/10/02/how-direct-to-consumer-brands-are-setting-the-standard-for-a-better-retail-experience. Zugegriffen am 08.02.2019.
Gojdka, V. (2017). Datenanalyse – Darf's ein bisschen digital sein? In Handelsblatt (Hrsg.), *Wochenende 28. April bis 1. Mai 2017* (Bd. 83, S. 56–57). Düsseldorf: Verlagsgruppe Handelsblatt.
Hermes. (2017). Hermes testet Lieferroboter von Starship – Unterwegs auf Fußwegen. https://www.newsroomermesworldom/starship. Zugegriffen am 28.04.2017.
Home24. (2017). Über Home24: Deutschlands großes Online-Möbelhaus. https://www.ome24e/ueberuns-mobile. Zugegriffen am 21.04.2017.
Institut der Deutschen Wirtschaft. (2016). Der Aufstieg der Onlineplattformen – Was nun zu tun ist. In: *IW-Report 2016*(32). Köln: Institut der deutschen Wirtschaft.
Lebensmittel Zeitung. (2017). Sparkurs – Lidl will abspecken. Heft 20, Ausgabe vom 19. Mai 2017.
Michelfelder, H. (2016). Logistik für die Gesellschaft der Zukunft. Mainaschaff: AKTIONSfelder e. https://www.ktionsfeldere/logistik-zukunft. Zugegriffen am 14.02.2017.
Otto Group. (2017). Mensch & Maschine – Kurz vor Zukunft. https://www.ttogroupom/de/dossier/hallozukunft-interviews/Mensch-und-Maschinehp. Zugegriffen am 04.06.2017.
Pillkahn, U. (2008). *Trends und Szenarien als Werkzeuge zur Strategieentwicklung – Der Weg in die unternehmerische Zukunft*. Erlangen: Publicis Corporate.
PTV Group. (2017). Urban logistics: Solutions for an urbanised world. Karlsruhe: PTV Transport Consult GmbH. https://www.companytvgroupom/en/ptv-group/what-moves-us/urban-logistics. Zugegriffen am 18.03.2017.
The Economist. (2017). Automatic for the people – How Germany's Otto uses artificial intelligence. London: The Economist Newspaper Ltd. https://www.conomistom/news/business/21720675-firm-using-algorithm-designed-cern-laboratory-how-germanys-otto-uses?frsc=dg%7Ce. Zugegriffen am 04.06.2017.
Zalando. (2017). Zalando Presse – Über Zalando – Geschichte im Überblick. https://www.alandoe/presse_geschichte. Zugegriffen am 23.04.2017.

Tobias Altmeyer ist Key Account Manager für E-Commerce bei Essity. Der schwedische Konzern mit Sitz in Stockholm vertreibt seine Produkte in rund 150 Ländern der Welt unter vielen starken Marken, darunter auch die global führenden Marken TENA und Tork sowie regionale Marken wie Tempo, Zewa, Leukoplast und Lotus. In seiner vorherigen Tätigkeit als Senior Consultant bei PwC Management Consulting beriet er globale Unternehmen aus Handel und Industrie in anspruchsvollen Veränderungsprozessen sowohl auf strategischer als auch operativer Ebene. Vor seiner Beratertätigkeit war er Head of Sales bei freshfoods, einem regionalen Online-Supermarkt mit Sitz in München sowie Verbundstudent bei Media-Saturn in Ingolstadt. Herr Altmeyer studierte Internationales Handelsmanagement an der Technischen Hochschule Ingolstadt und absolvierte im Anschluss ein MBA-Programm an der Internationalen Hochschule Bad Honnef – Bonn. Seine beruflichen und fachlichen Schwerpunkte liegen in den Bereichen E-Commerce, Retail & Consumer, Customer Strategy & Experience, Business Development, Digital Business Transformation sowie Multichannel Marketing. Sein besonderes Interesse gilt der gleichzeitigen Berücksichtigung ökonomischer, ökologischer und sozialer Nachhaltigkeitsinteressen.

Digitalisierung im Möbelhandel

16

Christian Stummeyer

Zusammenfassung

Der Möbelhandel in Deutschland muss zahlreiche Herausforderungen durch Digitalisierung und verändertes Kundenverhalten meistern. Früher spielte das klassische stationäre Möbelgeschäft als Point-of-Sale (POS) die zentrale Rolle für Information, Vergleich, Verkauf und Service. Heute können u. a. die Effekte Showrooming und Webrooming beobachtet werden, bei denen Kunden zwischen unterschiedlichen Vertriebskanälen wechseln. Zudem verändern zahlreiche neue, digitale Touchpoints die Customer Journey von Möbelkäufern massiv, eröffnen aber zugleich auch innovative Möglichkeiten der Vermarktung, z. B. durch Webshop, Shopping-App, Produkt-Konfigurator, Augmented und Virtual Reality, Digitalisierung am stationären POS sowie weitere digital gestützte Services bei Kauf, Bezahlung und nach dem Kauf. Daher gilt es für Möbelhändler, das geänderte Verbraucherverhalten zu antizipieren, Technologie intelligent zu nutzen und den eigenen Möbelhandel zu positionieren, um dadurch ökonomisch nachhaltig zu profitieren.

16.1 Möbelhandel in Deutschland

16.1.1 Grundlagen des Marktes für Möbel in Deutschland

Der Markt für Möbel und Einrichtungsgegenstände in Deutschland stellt sich in den letzten zwölf Jahren als sehr stabil und wenig dynamisch dar. So wurden von 2007 bis 2018 Jahr für Jahr in Deutschland im Möbelhandel mit Privatkunden (B2C-Geschäft) jeweils

---

C. Stummeyer (✉)
THI Business School, Ingolstadt, Deutschland
E-Mail: christian.stummeyer@thi.de

zwischen 30 und 33 Mrd. EUR umgesetzt, ein signifikantes Umsatzwachstum gab es nicht – und ist auch nicht in Sicht. Damit bewegen sich deutsche Möbelhändler in einem vermeintlich sicheren Marktumfeld (EHI 2019a).

Der Möbelhandel in Deutschland ist recht stark konzentriert, die klare Nummer 1 im Markt, IKEA, erzielte im Geschäftsjahr 2017 einen Umsatz von 4,87 Mrd. EUR und erreicht damit einen Marktanteil von über 15 %. Auf den Plätzen 2 und 3 folgen mit der XXXLutz-Gruppe und Höffner/Möbel Kraft traditionelle Möbelfilialisten mit Umsätzen von jeweils über 2 Mrd. EUR. Damit erzielen die Top 3 einen Gesamtumsatz von über 9 Mrd. EUR. Die Top 10 erreichen gemeinsam insgesamt einen Umsatz von über 18 Mrd. EUR und damit einem Marktanteil von über 55 %. In den Top 10 sind neben den traditionellen Möbelfilialisten Tessner (Roller, Meda, Schulenburg), Poco, Porta, Segmüller und Dänisches Bettenlager auch die auf den Distanzhandel spezialisierte Otto Group (Platz 4) sowie Amazon (Platz 10) vertreten (EHI 2019b).

Wird die Umsatzentwicklung genauer betrachtet, so wird deutlich, dass es in den Jahren 2010 bis 2017 zu einer schleichenden Verlagerung der Umsätze kam: Spielte der Online-Kanal in 2010 noch so gut wie keine Rolle, so wurden im Jahr 2017 schon rund zehn Prozent der Umsätze online erzielt, mit zweistelligen jährlichen Zuwachsraten (Internet 2016; PwC 2017). Hiervon profitieren auch online Pure Player wie Amazon oder Home24, die sich langsam aber stetig einen immer höheren Marktanteil sichern. Zudem sind in den letzten Jahren auch neue Formate im digitalen Möbelhandel entstanden wie beispielsweise der Möbel-Shoppingclub Westwing, der im Jahr 2011 gegründet wurde. Obwohl sich einige Möbelhändler langsam zu Omnichannel-Anbietern entwickeln, ist der Möbeleinzelhandel derzeit noch recht stark in stationäre/Multi-Channel-Anbieter und Online Pure Player getrennt (PwC 2017).

16.1.2 Herausforderungen durch die Digitalisierung und verändertes Kundenverhalten

Der Möbelhandel steht vor besonderen Herausforderungen, da die Digitalisierung einerseits neue vertriebliche Möglichkeiten für den Handel eröffnet, andererseits auch die Kunden ihr Verhalten im Einkaufsprozess verändert haben.

Möbel sind langlebige Konsumgüter und werden zumeist nicht im Impuls gekauft, sondern dem Kauf sind zumeist längere Recherche-, Informations-, Vergleichs- und Entscheidungsphasen vorgelagert. Kunden entscheiden selten innerhalb von Tagen, zumeist aber innerhalb von Wochen oder Monaten, manchmal – bei besonders teuren Möbelstücken – auch Jahren über den Kauf eines neuen Möbelstückes. Konnten in dieser Vorkaufphase früher nur das Möbelgeschäft, Messen und die Kataloge von Herstellern und Händler sowie gedruckte Wohnzeitschriften als gezielte Informationsquelle genutzt werden, so spielen heute weitere digitale Touchpoints eine entscheidende Rolle, insbesondere

- Websites und Online-Shops von Möbelmarken und -herstellern,
- Websites von stationären Möbelhändlern, die bisher keinen Online-Kauf bieten,

- Websites und Online-Shops von Multi-Channel-Möbelhändlern,
- Websites und Online-Shops von Online-Pure-Playern im Möbelhandel,
- kommerzielle Informations-, Aggregations- und Vergleichsportale für Möbel sowie
- Social-Media-Plattformen, auf denen möbelrelevante Inhalte geteilt werden.

Doch nicht nur das Angebot im Sinne der Anzahl und Vielschichtigkeit der Touchpoints hat in den letzten Jahren signifikant zugenommen. Auch der Wunsch der Kunden, diese Kanäle im Rahmen der Möbelkauf-Customer-Journey zu nutzen, hat sich deutlich verstärkt. Aktuellen Studien zufolge rangiert das Internet bereits auf Platz 2 hinter dem stationären Möbelgeschäft als Quelle der Inspiration für Einrichtungsideen (siehe Abb. 16.1; Kohlbrück 2016).

Und nicht nur zur Inspiration werden Online-Kanäle genutzt: Fast 60 % der Befragten aus allen Altersklassen stimmen der Aussage „Der Online-Kauf von Möbeln wird so alltäglich sein wie heute bei Schuhen oder Kleidung" voll oder eher zu (siehe Abb. 16.2; Kohlbrück 2016).

Wird nun noch berücksichtigt, dass die sogenannten „Digital Natives" schon heute über 40 % ihrer Konsumausgaben für Non-Food-Produkte online tätigen (Kecskes 2016, S. 17) und mit wachsender Kaufkraft auch ihr Online-Kaufvolumen steigern werden, so liegt hier für den Möbelhandel ein großes Umsatzpotenzial, das online gehen wird.

Im Möbelhandel wird der Online-Anteil „kontinuierlich wachsen, aber es ist eine Evolution, keine Revolution" und wahrscheinlich liegt die Zukunft in der Verbindung der Vertriebswege stationär und online (Tagesspiegel 2016). Denn grundsätzlich können beim Kauf im Möbelhandel im Zusammenhang mit der Nutzung der verschiedenen Vertriebs- und Servicekanäle zwei typische Effekte beobachtet werden:

- Beim **Showrooming** informieren sich Kunden im stationären Möbelgeschäft, lassen sich dort beraten, testen die Qualität, sammeln haptische Erfahrungen und bekommen ein Gefühl für das Preisniveau. In einem nachfolgenden Schritt werden die vor Ort gesehenen Produkte dann online gesucht, es werden weitere Informationen sowie die Preise recherchiert, um die Produkte dann – bei Preisvorteil – online zu kaufen. Neben dem Preis spielt auch die Bequemlichkeit der Lieferung eine Rolle.

Abb. 16.1 Inspirationsquellen für Einrichtungsideen. (Quelle: Otto 2015, S. 12)

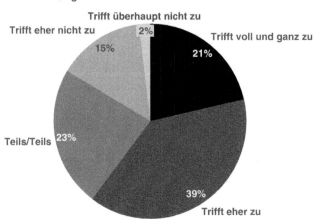

Abb. 16.2 Einschätzung zum Online-Kauf von Möbeln. (Quelle: IFH Köln, zitiert nach möbel kultur 2013)

- Beim **Webrooming** ist die Reihenfolge umgekehrt: Hier recherchieren die Interessenten zunächst ausführlich online, um dann mit einer mehr oder weniger klaren Vorstellung und einem Preisgefühl im stationären Handel das Produkt live zu erleben und dann auch dort zu kaufen. Das Webrooming wird häufig auch als ROPO-Effekt – Research Online, Purchase Offline – bezeichnet.

Branchenexperten weisen darauf hin, dass nicht nur der Online-Handel wächst, sondern gleichzeitig auch weiterhin neue Riesen-Möbelhäuser gebaut werden, es immer noch viel Bedarf gibt, Möbel zu sehen und auszuprobieren. Probleme drohen vor allem inhabergeführten kleineren Geschäften, die nun gleichzeitig durch die Großflächen und durch die Online-Händler unter Druck gesetzt würden. Dadurch könnte sich die Marktbereinigung beschleunigen (Tagesspiegel 2016).

16.2 Digitale Angebote entlang der Customer Journey im Möbelhandel

16.2.1 Customer Journey im Möbelhandel

Die Digitalisierung im Möbelhandel führt dazu, dass zahlreiche neue, digitale Touchpoints die Customer Journey von Möbelkäufern verändern. Spielte früher das klassische stationäre Möbelgeschäft als Point-of-Sale (POS) die zentrale Rolle für Information, Vergleich, Verkauf und Service, so nehmen heute digitale Angebote eine deutlich wichtigere Rolle ein.

	Kauf und am POS		
Vor dem Kauf	Beratung und Information	Kauf und Bezahlung	**Nach dem Kauf**
• Online Marketing		• Self Checkout (SCO)	• Click & Collect
• Webseite		• Mobile Payment	• Auswahl Lieferzeitpunkt
• Filialfinder, Navigation zum Geschäft		• Contactless Payment	• Track & Trace der Lieferung
• Terminvereinbarung in Filiale		• Digitale Quittung	• E-Mail Marketing
• Webshop, Merklisten			• Personalisierte Angebote
• Virtuelle/Remote Beratung			
• Shopping-App	• Infos und Vergleiche zu Produkten		• Service App
• Social Commerce			
	• Bestandsinformation je Filiale in Echtzeit		
	• Produkt-Konfiguratoren	• Loyalitätsprogramm	
	• Augmented Reality und Virtual Reality	• (Mobile) Couponing	
	• Online-Einrichtungsplaner		
	• Digital Signage		
	• Beacon und In-Store-Navigation		
	• Mobile Beratungs-Systeme (Pads) für Mitarbeiter		
	• Produktidentifikation durch RFID		
	• Dynamische Preisanpassung durch ESL		
	• Infrastruktur, z.B. WLAN im Geschäft		

Abb. 16.3 Digitale Angebote entlang der Customer Journey im Möbelhandel. (Quelle: Eigene Darstellung)

In Abb. 16.3 werden die aktuell wichtigsten digitalen Angebote in den drei Möbelkauf-Hauptphasen „Vor dem Kauf", „Kauf und am POS" und „Nach dem Kauf" im Überblick gezeigt. Dabei wird die Hauptphase „Kauf und am POS" noch in die beiden Phasen „Beratung und Information" sowie „Kauf und Bezahlung" unterteilt.

Im Folgenden werden alle digitalen Angebote nun Phase für Phase beschrieben und deren Anwendungsbereiche aufgezeigt. Angebote, die in mehreren Phasen eine Rolle spielen, werden nur in der Phase, in der sie zuerst genannt werden, beschrieben.

16.2.2 Digitale Angebote in der Customer Journey-Hauptphase „Vor dem Kauf"

In der Hauptphase „Vor dem Kauf" muss der potenzielle Kunde zunächst einmal auf das Angebot des Möbelhändlers aufmerksam werden. Dies kann heute durch alle Formen des **Online Marketing** geschehen, beispielsweise durch Suchmaschinenmarketing (SEM) zu Suchbegriffen wie „Schrankwand kaufen", „elegante Ledersofas" oder „USM Haller Sideboard". Hier können bezahlte Kampagnen im Search Engine Advertising (SEA) geschaltet werden. Zudem sollte die Website des Möbelhändlers unter Gesichtspunkten der organischen Suchmaschinen-Optimierung (SEO) onpage optimal gestaltet werden. Auch kann der Möbelhändler seine Produkte auf Aggregations- und Vergleichsportalen wie Möbel.de digital präsentieren. Ziel aller Online-Marketing-Maßnahmen ist, relevanten Traffic für die Website des Möbelhändlers zu erhalten.

Insofern spielt die **Website** dann eine zentrale Rolle. Potenzielle Möbelkäufer informieren sich hier über das Angebot des Möbelhändlers. Manche Möbelhändler nutzen heute die Website lediglich als digitales „Schaufenster" und präsentieren ihr Geschäft sowie die erhältlichen Möbelmarken, zeigen evtl. einzelne Produkte in der Ausstellung, bieten aber keine direkte Kaufmöglichkeit aller Produkte.

Recht häufig verfügen die Websites auch über einen **Filialfinder,** der es insbesondere bei filialisierten Möbelhandelsketten ermöglicht, das nächstgelegene Geschäft zu finden und oft auch eine Wegbeschreibung dynamisch generiert.

Ein weiteres digitales Angebot kann die **Terminvereinbarung in der Filiale** sein. Hier kann der potenzielle Möbelkunde zu einem in der Zukunft liegenden Termin einen persönlichen Termin mit einem Fachberater mit einem passenden Kompetenzspektrum buchen.

Zahlreiche Möbelhändler bieten heute einen kompletten **Webshop,** in dem Möbel und Einrichtungsgegenstände direkt online gekauft werden können. Das angebotene Portfolio kann dabei nach drei unterschiedlichen Szenarien gestaltet sein:

- Der Webshop bietet nur eine Auswahl der Produkte, die im stationären Geschäft erhältlich sind.
- Der Webshop bietet (nahezu) alle Produkte, die im stationären Geschäft/in den stationären Geschäften erhältlich sind.
- Der Webshop bietet im Vergleich zum stationären Geschäft ein (deutlich) erweitertes Produktportfolio an.

Der Betrieb eines Webshops ist für stationäre Möbelhändler oft mit einer hohen Komplexität verbunden. Hierfür nur drei Beispiele: Erstens muss das Pricing des Webshops mit den Preisen im Geschäft harmonisiert werden. Dies ist insbesondere bei Filialen mit mehreren Standorten eine Herausforderung. Zudem entsteht durch das digital abrufbare Pricing eine neue Transparenz, die viele Möbelhändler in der Vergangenheit bewusst vermeiden wollten. Zweitens müssen alle Produkte online umfassend und perfekt beschrieben werden und mit passenden und einheitlichen Bildern gezeigt werden und – auch bei Änderungen am Portfolio – aktuell gehalten werden. Drittens stellt sich die Frage, wie das Fulfillment und die Logistik gestaltet werden sollen, da viele Möbelhändler häufig nur regional agieren. Hier sind dann zumeist neue Partnerschaften mit Logistikdienstleistern erforderlich. Zudem muss das online-spezifische Thema der Retouren gelöst werden.

Wie in vielen anderen Branchen auch, so können auch in Möbel-Onlineshops **Merklisten** verwendet werden. Diese helfen dem Kunden, interessante Produkte festzuhalten und diese bei einem späteren Besuch im Webshop oder im stationären Geschäft zu nutzen.

In den letzten Jahren haben auch erste Möbelhändler die **Virtuelle oder Remote Beratung** genutzt. Ein bekanntes Beispiel ist die Videoberatung bei Butlers: „Die Mitarbeiter des Showrooms sind mit Headsets und Kamera ausgestattet und beraten auf diese Weise Online-Kunden bequem per Chat oder Videostream." Hier können Kunden von zu Hause ihre Fragen stellen und die Einrichtungsobjekte können live durch den Mitarbeiter vorgestellt werden. Der Kunde entscheidet selbst, ob er seine eigene Webcam ebenfalls einschalten möchte oder nicht (RP online 2013).

Ein weiteres digitales Angebot ist die **Shopping-App.** Neben großen Möbelfilialisten wie IKEA und Dänisches Bettenlager bieten auch kleinere Player wie Connox eine App an (Beckmann 2016). In einer Befragung von Connox geben über 60 % der Befragten an, dass sie die Bequemlichkeit einer App und den direkten Zugriff vom Smartphone aus schätzen, immerhin 45 % geben an, dass die Navigation mit der App schneller und einfacher sei als im Webshop (Connox 2016). Die Funktionen der App können von Katalogfunktion und Bieten von Inspiration (z. B. IKEA Katalog App oder Dänisches Bettenlager) bis hin zum Kauf (z. B. Connox, Home24) reichen.

Eine zunehmende Bedeutung erfährt auch im Möbelhandel der Bereich **Social Commerce.** Hier spielen für die Inspiration der Kunden insbesondere Portale mit Einrichtungsideen wie Solebich, die Foren von bekannten Wohnmagazinen wie Schöner Wohnen sowie Facebook und Instagram eine Rolle.

Für Kunden, die sich online informieren, danach aber gerne auch im stationären Geschäft die Möbel anschauen und dort kaufen möchten, ist es entscheidend, dass **Bestandsinformationen je Filiale in Echtzeit** in den digitalen Angeboten (z. B. Webshop, App) verfügbar sind. Dies stellt große Anforderungen an die Datenintegration der verschiedenen IT-Systeme des Händlers.

Auch **Produkt-Konfiguratoren** kommen oft schon in der Phase „Vor dem Kauf" zum Einsatz, können aber auch regelmäßig beim „Kauf und am POS" genutzt werden. Produkt-Konfiguratoren werden im Möbelhandel dann eingesetzt, wenn ein Möbelstück, z. B. ein Sofa oder ein Schrank in mehreren Größen, Aufbauvarianten/Ausführungen, Stoffen/Materialien oder Farben erhältlich ist und konfiguriert werden kann. Der Produkt-Konfigurator verdeutlicht zum einen die verschiedenen Dimensionen, in denen Wahlfreiheit besteht und in denen der Kunde Entscheidungen treffen kann. Weiterhin visualisiert der Konfigurator die getroffene Wahl, im Idealfall fotorealistisch. Dadurch kann der Kunde sich das gewählte Möbelstück besser vorstellen, und das Risiko von Fehlkäufen und damit Retouren wird verringert. Zudem erfolgt parallel zur Konfiguration des Möbelstücks das dynamische Pricing der Ware entsprechend der gewählten Varianten. Hier liegt ein deutlicher Vorteil für den Kunden im Vergleich zum stationären Geschäft, in dem zumeist nur ein Möbelstück mit einem Preis ausgestellt ist. Ohne Konfigurator erfordert das Bepreisen von Alternativen oft ein aufwendiges Blättern in Katalogen und Preislisten und ist zeitintensiv.

Gemeinsam mit Produkt-Konfiguratoren werden in jüngster Zeit auch Augmented Reality- und Virtual Reality-Anwendungen eingesetzt. **Augmented Reality** (AR) ist eine innovative Technologie, die computergestützt die Wahrnehmung der Realität erweitert (KPMG 2015, S. 53–54). Es wird das gewählte Möbelstück oder der Einrichtungsgegenstand beispielsweise in einer Shopping-App unter Verwendung der Kamera virtuell in die Umgebung des Kunden gestellt. Beispiele hierfür sind die AR-Lösungen von IKEA, Dänisches Bettenlager oder KARE. KARE beschreibt die AR-Nutzeffekte: Das gewählte Möbelstück erscheint auf dem Screen, lässt sich „verrücken, aus anderen Perspektiven betrachten und mit anderen Objekten kombinieren. Der Anwender kann Screenshots schießen und speichern und sie mit Freunden auf Facebook oder Pinterest teilen" (KARE 2017).

Virtual Reality (VR) geht noch einen Schritt weiter: Es werden Anwendungen entwickelt, die es ermöglichen, Produkte in einem virtuellen 3D-Showroom interaktiv zu erleben.

Schon heute können Kunden in ausgewählten IKEA-Einrichtungshäusern mit der VR-Brille Oculus Rift „Räume zum Leben erwecken und gänzlich neue Wege der Inspiration und Kreation einschlagen" (Demodern 2017). Aufgrund der benötigten technischen Infrastruktur finden sich VR-Lösungen heute zumeist noch im stationären Showroom des Möbelhändlers. Es ist aber absehbar, dass aufgrund sinkender Kosten bei gleicher Leistungsfähigkeit zukünftig auch zahlreiche VR-Anwendungen auf einer technischen Infrastruktur im eigenen Zuhause verfügbar sein werden.

Ein weiteres Angebot sind **Online-Einrichtungsplaner,** auch Raumplaner genannt. Diese ermöglichen die Erstellung eines Grundrisses eines Raumes oder einer Wohnung, um dort danach Möbel und Accessoires aus dem Angebot des Händlers entsprechend virtuell zu positionieren. Dabei kann die Art der Darstellung zwei- oder dreidimensional erfolgen und perspektivisch auch als VR-Anwendung ausgelegt werden.

Durch AR- und VR-Anwendungen sowie auch Online-Einrichtungsplaner wird das Einkauferlebnis verbessert, zudem werden Fehlentscheidungen vermieden, im Online-Handel kann dadurch die Retourenquote gesenkt werden (KPMG 2015, S. 53–54).

16.2.3 Digitale Angebote in der Customer Journey-Hauptphase „Kauf und am POS"

In der Hauptphase „Kauf und am POS" gilt es nun, den Interessenten in der Phase „Beratung und Information" durch gute Argumente und ein überzeugendes Leistungsangebot in einen Käufer zu „konvertieren".

Hierzu helfen **Infos und Vergleiche zu Produkten,** die über die Shopping-App auf dem Smartphone des Kunden ausgespielt werden. Kunden können so mit ihrem eigenen Device im stationären Geschäft, z. B. durch Abscannen eines QR-Codes am Möbelstück, weitergehende Informationen zum Produkt erhalten und verschiedene Alternativprodukte aus der gleichen Warenkategorie gegeneinander vergleichen. Dies soll Transparenz schaffen und dem Kunden so die Entscheidung erleichtern. Alternativ zu Infos und Vergleichen auf dem Smartphone können auch Beratungsterminals im stationären Geschäft aufgestellt sein.

Um den Weg des Kunden in und durch das stationäre Möbelgeschäft zu beeinflussen, kommen Beacons und In-Store-Navigation unter Verwendung von Lokalisierungstechnologien zum Einsatz (Von Thun 2017). Bei **Beacons** handelt es sich um kleine Sender mit Batterie, diese senden kontinuierlich Signale basierend auf der Technik Bluetooth-Low-Energy (BLE) mit einer maximalen Reichweite von 70 m. Eine Smartphone-App kann die Signale der Beacons empfangen. Dadurch können Menschen beim Betreten einer Mall oder eines Möbelhauses automatisch als Kunden erkannt werden. So kann Werbung standortbasiert ausgespielt werden. Auch Bonussysteme, bei denen Kunden Punkte für den Besuch des Geschäftes erhalten, sind möglich. Neben diesen werblichen Impulsen zum richtigen Zeitpunkt können durch Beacons auch Kundenströme analysiert werden (KPMG 2015, S. 39).

Arbeiten Beacons stark nach dem Push-Prinzip, so bietet die **In-Store-Navigation** dem Kunden die Möglichkeit, sich auf seinen Wunsch hin (Pull-Prinzip) im Möbelhaus navigieren zu lassen, um so z. B. bei großflächigen Möbelhäusern die gewünschten Produkte schneller zu finden. Dieses Szenario, basierend auf Indoor Maps und WLAN, kommt beispielsweise bei IKEA Kanada seit 2015 zum Einsatz (Demodern 2017).

Auf dem Weg durch das Möbelhaus wird zunehmend die **Digital-Signage-**Technologie eingesetzt. Hierbei werden z. B. großflächige LCD-Displays und Beamer mit einem zentral gesteuerten Media-Player, einem Content-Management-System (CMS) und Device-Management-Konsolen vernetzt (Joch 2016). Die Digital-Signage-Elemente können Kunden durch eine Kamera erkennen und über Touchscreens oder Gestenerkennung von den Kunden gesteuert werden. Dadurch ist es möglich, Serviceangebote und werbliche Informationen kundengruppen- oder sogar kundenspezifisch auszuspielen, z. B. Kindermöbel für Familien oder Kinder anzuzeigen. Insbesondere personalisierte Inhalte verbessern die User Experience, aber auch bestimmte Atmosphären können vermittelt werden (KPMG 2015, S. 41-42), wobei stets der Datenschutz zu beachten ist. Eine neuere Digital-Signage-Anwendung für den Möbelhandel wurde u. a. im Roche Bobois Showroom im Londoner Edelkaufhaus Harrods installiert (Embed 2017).

Um den Kunden auf der „Fläche" im Möbelhandel optimal beraten zu können, werden zunehmend **Mobile Beratungssysteme (Pads)** durch die Mitarbeiter genutzt. Hierdurch können die Berater z. B. Lagerverfügbarkeiten und Preise prüfen oder Ideen für Alternativen generieren. Zudem können Profile von (Stamm-)Kunden und deren Einkaufshistorie hinterlegt werden. Dadurch steigt die Beratungsqualität.

Eine **Produktidentifikation durch RFID** ist im Möbelhandel noch ein recht neues Szenario und wird bisher zumeist nur bei Wohnaccessoires, z. B. Heimtextilien, eingesetzt. Hier kann RFID genutzt werden, um z. B. weitergehende Informationen zu einem Produkt auf einem digitalen Display auszuspielen sowie Bestände anzuzeigen und zu jedem Zeitpunkt aktuell zu halten (Von Thun 2017).

Auch die **Dynamische Preisanpassung durch Electronic Shelf Label (ESL)** ist im Möbelhandel bisher eher die Ausnahme als die Regel. ESL ermöglicht schnelle und flexible Preisanpassungen durch Preisetiketten auf Basis der LCD-Technik (Liquid Chrystal Display), die zumeist über Funk (WLAN) mit den aktuellen Preisinformationen versorgt werden. So wird eine automatische Preis- und Produktauszeichnung am Regal realisiert. Die Preisinformationen werden dabei direkt von der Kasse bzw. aus dem Warenwirtschaftssystem heraus an das digitale Regaletikett übertragen. ESL ersetzen die manuelle Preisauszeichnung, Regal- und Kassenpreise stimmen zu jedem Zeitpunkt überein, zudem können Personalkosten vermindert werden und es kann eine schnelle und flexible Reaktion auf Preisaktionen der Online-Konkurrenz erfolgen (KPMG 2015, S. 40; Wiegmann 2015). Im Möbelhandel hat u. a. der Discounter Poco seit Herbst 2016 in einem ersten Pilot-Markt Electronic Shelf Label im Einsatz. Als wichtiger Nutzeffekt wird dort insbesondere die Korrektheit aller Preise gesehen (EuroCIS 2017).

Von den bisher beschriebenen digitalen Angeboten im stationären Möbelhandel erfordern nahezu alle das Vorhandensein einer technischen **Infrastruktur, z. B. WLAN im**

Geschäft. Nur dadurch können die Informationen und Preisvergleiche auf dem Smartphone und in der Shopping-App empfangen werden. WLAN ist zudem oftmals Voraussetzung für die Steuerung der Digital-Signage-Infrastruktur, die In-Store-Navigation, die Mobilen Beratungssysteme, die Produktidentifikation durch RFID (indirekt) sowie die Electronic Shelf Label. Wenn ein Möbelhändler die Digitalisierung in den Filialen vorantreiben möchte, ist das Schaffen der Infrastruktur zumeist ein notwendiger erster Schritt.

Konnten gute Argumente und ein überzeugendes Leistungsangebot den Interessenten „konvertieren" und hat er seinen Kaufentschluss gefasst, bewegt sich der Kunde in die Phase „Kauf und Bezahlung". Auch hier existieren zahlreiche digitale Angebote im Möbelhandel.

Ein recht umfassender Ansatz ist der **Self Checkout (SCO)**. Hier können Kunden zumeist durch Nutzung von Scannern an einer Kasse oder einem mobilen Device (z. B. Smartphone des Kunden) die gekauften Produkte erfassen und den Gesamtpreis des Einkaufs ermitteln. Die Kassen oder das mobile Device werden dazu in der Regel mit dem zentralen Kassensystem des Möbelhändlers vernetzt. Als Nutzeffekte können die Vermeidung von Warteschlangen an der Kasse sowie die Reduzierung von Personalkosten genannt werden, allerdings erfordern SCO-Szenarien hohe Investitionskosten (KPMG 2015, S. 43).

Bei IKEA können Kunden bereits seit 2008 „ihre Waren an den Self-Check-out-Kassen selbstständig einscannen und bargeldlos bezahlen. Rund 1000 sogenannter Expresskassen hat IKEA in seinen 50 deutschen Märkten". Ein wichtiger Nutzeffekt ist eine verringerte Wartezeit an der Kasse. Etwa 40 % der IKEA-Kunden nutzen die SCO-Kasse (Klemm 2016).

Um beim Checkout – ob Self Checkout oder klassisch durch einen Mitarbeiter – die Zahlung effizient abwickeln zu können, kann **Mobile Payment** eingesetzt werden. Hierbei erfolgt die Zahlung durch ein mobiles Endgerät, z. B. ein Smartphone oder ein Tablet unter Nutzung von Payment-Apps. Auch wenn aktuell durch Mobile Payment im Wesentlichen Zahlungen für Kleinstbeträge abgewickelt werden, so erscheint mittelfristig auch eine Nutzung für größere Beträge und damit im Möbelhandel realistisch (Beutin 2014, S. 10–13).

Ebenso ist auch das **Contactless Payment** eine digitale Alternative zu den klassischen Bezahlverfahren. „Kontaktloses Bezahlen funktioniert mit Girocards und Kreditkarten, die mit einem sichtbaren Mikrochip und einer unsichtbaren Funkantenne ausgestattet sind. Die Karte und das Lesegerät kommunizieren mittels NFC-Technik miteinander." Dabei hält der Kunde seine Karte in einer Entfernung von maximal vier Zentimetern an das Lesegerät, danach tauschen Chip und Lesegerät die zum Bezahlen nötigen Daten aus (Stiftung 2016).

Nach erfolgtem Bezahlvorgang erhält der Kunde typischerweise einen Bon-Ausdruck aus dem Kassensystem. Dieser kann in der digitalen Welt durch eine **Digitale Quittung** substituiert werden. Diese wird dem Kunden nach erfolgter Zahlung sofort zumeist als PDF an die beim Checkout angegebene oder im Kundenprofil hinterlegte E-Mail-Adresse zugesendet. Beim zur schweizerischen Coop-Gruppe gehörenden Möbelhändler Toptip haben Kunden bereits die Wahl zwischen traditioneller Quittung in Papierform und Digitaler Quittung (Tamedia 2016).

Um Kunden einerseits eine zusätzliche Motivation zum Kauf zu geben, andererseits an das Unternehmen zu binden, kommt oft ein digital geführtes **Loyalitätsprogramm** zum Einsatz. Dieses kann z. B. als Bonus- oder Punkteprogramm ausgestaltet sein. Beim Bonusprogramm werden für Folgekäufe Rabatte (absolut oder prozentual) gewährt, beim Punkteprogramm werden meistens linear zum getätigten Umsatz Punkte gutgeschrieben, die als Rabatt eingesetzt oder für Produkt- oder Dienstleistungskäufe verwendet werden können.

Auch das **(Mobile) Couponing** ist ein Instrument der Kundenbindung, aber auch der Kundengewinnung im Möbelhandel. Mobile Rabattcoupons können Bestands- oder Neukunden direkt im Möbelgeschäft oder dem Webshop einlösen (Mittelstand 2017).

16.2.4 Digitale Angebote in der Customer Journey-Hauptphase „Nach dem Kauf"

Nachdem ein Kunde den Kauf eines Möbelstückes getätigt hat, tritt er in die Hauptphase „Nach dem Kauf" ein. In dieser muss das Fulfillment des Auftrages und damit die Auslieferung der erworbenen Produkte erfolgen. Hierfür gibt es mehrere Alternativen.

Hat der Kunde das Produkt im Webshop des Möbelhändlers erworben, so kann ein Fulfillment durch **Click & Collect** erfolgen. In diesem Fall bestellt der Kunde die Ware zwar online, holt sie dann aber selbst in einer stationären Filiale ab, die entweder die Ware als Bestand vorrätig hat, oder aber zu einem in der Click-&-Collect-Bestellung angegebenen Zeitpunkt die Ware vorrätig haben wird. Insbesondere im ersten Fall ist der Vorteil für den Kunden, dass er die Ware zeitnah – häufig am gleichen Tag – erhält und er keine Versand- und Logistikkosten zahlen muss. Der Vorteil für den Händler liegt darin, dass der Kunde das Möbelgeschäft physisch aufsucht und dadurch die Chance besteht, dass er beraten werden kann und im besten Fall weitere Produkte im Geschäft erwirbt (Cross-Selling).

Häufig werden Kunden jedoch auch aus Bequemlichkeit die Ware online bestellen und auch liefern lassen. Gerade bei Möbeln ist es wichtig, dass der Händler online die **Auswahl des Lieferzeitpunktes** ermöglicht. So kann der Kunde zumeist einen Tag und ein Zeitfenster von mehreren Stunden an diesem Tag auswählen, an dem die Bestellung geliefert wird. Bei Waren, die zum Zeitpunkt der Bestellung vorrätig sind, kann dies direkt im Rahmen der Bestellung geschehen. Bei Ware, die erst auf die Kundenbestellung hin gefertigt (z. B. Sofa) oder konfiguriert (z. B. Regalsystem) werden, erfolgt die Auswahl des Lieferzeitpunktes häufig erst einige Tage oder Wochen nach der Bestellung.

Ein wichtiger Service für Kunden ist das **Track & Trace der Lieferung.** Hier gibt es zwei grundsätzliche Varianten:

- Für Kleinmöbel und Wohnaccessoires, die per Paketversand an den Kunden gesendet werden, wird dem Kunden häufig Zugriff auf das Trackingportal des Paketdienstleisters gewährt, indem eine Trackingnummer übermittelt wird. So kann der Kunden selbst den Status seiner Sendung überprüfen und das Eintreffen abschätzen oder ggf. eine Ersatzzustellung veranlassen.

- Für Großmöbel hat der Kunde im Optimalfall die Möglichkeit, am Tag der Lieferung den Weg des Auslieferfahrzeuges einzusehen sowie die Anzahl der Aufträge, die vor seinem Auftrag noch ausgeliefert werden müssen. Auch so kann er selbst grob abschätzen, wann seine Möbellieferung bei ihm eintreffen wird.

Hat der Kunde die Ware erhalten und zudem auch zugestimmt, dass seine E-Mail für Marketingzwecke genutzt werden darf, so wird der Möbelhändler in der Regel **E-Mail-Marketing-**Aktivitäten starten: Hierbei erhält der Kunde mit einer gewissen Frequenz den E-Mail-Newsletter des Unternehmens sowie ggf. weitere **Personalisierte Angebote.** Diese können z. B. auf Marken- oder Stilpräferenzen des Kunden abgestimmt werden. Ebenso können für den Kunden interessante Rabatte und Aktionen personalisiert ausgespielt werden.

Sowohl das E-Mail-Marketing als auch die Personalisierten Angebote haben das Ziel, die Marke des Möbelhändlers regelmäßig wieder in das Bewusstsein des Kunden zu rufen. Da der Kauf von Möbeln zumeist mit einer deutlich niedrigeren Frequenz erfolgt als der Kauf anderer Konsumgüter wie Kleidung oder Schuhe, will der Händler so sicherstellen, dass ein Kunde, der z. B. vor einem Jahr einen Esstisch gekauft hat, bei der z. B. im nächsten Jahr anstehenden Sofa-Kaufentscheidung den Händler wieder als relevant erachtet. Zudem zielen beide Maßnahmen natürlich auch darauf, durch Anreize die Kauffrequenz zu erhöhen.

Hierzu eignet sich auch gut die Shopping-App, die der Kunde im Rahmen des Kaufprozesses installiert hat. Hier können – sofern der Kunde zustimmt – ebenfalls Push-Impulse gesetzt werden. Manche Shopping-Apps fungieren auch zugleich als **Service-App.** In diesem Fall können Kunden bei Problemen mit einem Möbelstück oder Fragen (z. B. Aufbau, Reinigung, Nachkauf) direkt mit dem Händler Kontakt aufnehmen. Die Service-Funktionalität muss nicht zwangsläufig in die Shopping-App integriert sein, sondern es kann sich auch um eine eigenständige App handeln.

16.3 Handlungsempfehlung für den Möbelhandel

16.3.1 Ganzheitliche Konzeption eines digitalen Omni-Channel-Szenarios im Möbelhandel

Die zahlreichen möglichen digitalen Angebote entlang der Customer Journey im Möbelhandel verdeutlichen, dass es für Händler heute notwendig ist, zu definieren, welche digitalen Touchpoints in welcher Ausprägung in welchem Kanal angeboten werden sollen.

Da Kunden beim Möbelkauf heute während ihrer Customer Journey häufig Kanalwechsel vornehmen (z. B. Showrooming, Webrooming) und Kunden selbst gleichzeitig nicht in Kanälen denken, gilt es, die Angebote zu vernetzen und zu verknüpfen, damit den Kunden ein durchgängiges Omni-Channel-Erlebnis geboten werden kann (Stummeyer 2017).

Doch nicht für alle Möbelhändler wird Omni-Channel ein realistisches und realisierbares Szenario sein. Gerade kleinere Möbelhandelsunternehmen mit nur einem oder wenigen stationären Geschäften werden sich schwertun, ein Omni-Channel-Szenario ökonomisch aufbauen und betreiben zu können. Hier werden realistischer Weise nur einzelne digitale Angebote realisiert werden können. Auf der anderen Seite gibt es jedoch die großen Möbelfilialisten und Großflächen-Möbelhäuser, für die es sich lohnen kann, ein perfektes ganzheitliches Omni-Channel-Szenario zu implementieren, auch, da die Entwicklungskosten auf eine entsprechend Anzahl von Standorten umgelegt werden können.

16.3.2 Chancen durch die Digitalisierung im Möbelhandel nutzen

In den letzten Jahren konnten zahlreiche Branchen erleben, wie weitreichend die Veränderungen durch die digitale Evolution sein können. Nicht nur in der Modebranche, auch im Bereich der Unterhaltungselektronik, der Reisewirtschaft oder dem Buchhandel. Zwei Dinge fallen dabei rückblickend besonders auf:

- Unternehmen, die nicht frühzeitig, intelligent und nachhaltig auf die Veränderungen reagiert haben, sind in ernste Schwierigkeiten geraten oder existieren heute nicht mehr.
- Durch Preistransparenz und Vergleichbarkeit von Produkten und Service gewinnen Kunden unmittelbar an Macht. Der eigene Vorteil lässt sich einfach, schnell und bequem maximieren. Und dabei geht es nicht nur um Preisvorteile. Das gesamte Kundenerlebnis wird hinterfragt und bewertet – immer häufiger auch öffentlich in Bewertungsportalen oder via Social Media.
- Daher müssen Möbelhändler die Herausforderungen durch die Digitalisierung aktiv angehen und die sich bietenden Chancen nutzen. Insbesondere gilt es,
- das geänderte Verbraucherverhalten zu antizipieren,
- Technologie intelligent zu nutzen und
- den eigenen Möbelhandel zu positionieren,

um dadurch ökonomisch nachhaltig zu profitieren.

Beim Antizipieren des Verbraucherverhaltens müssen Möbelhändler verstehen, dass die Digital Natives in den nächsten Jahren die Mehrheit der aktiven Verbraucher stellen werden. Die sich heute abzeichnenden Kanaltrends werden sich daher verstärken und nicht umkehren. Händler müssen die veränderten Kundenbedürfnisse verstehen und weitere Kanäle und digitale Touchpoints nicht als Bedrohung, sondern als Chance begreifen.

Hierzu muss die heute und zukünftig verfügbare Technologie intelligent genutzt werden, um die Kundenbedürfnisse in der Customer Journey des Möbelkäufers optimal zu adressieren. Ziel muss dabei stets sein, echte Mehrwerte für Kunden zu generieren, die Technik darf nicht Selbstzweck sein. Dabei sollten auch die mobilen Geräte für digitale Touchpoints genutzt werden, welche die Kunden heute sowieso schon besitzen. So kann Digitalisierung für Händler kosteneffizienter realisiert werden.

Unbestritten bietet die stationäre Möbelhandelsfläche heute noch Stärken, insbesondere in Bezug auf Haptik, Emotionalisierung und Atmosphäre. Hier gilt es, diese Stärken zu nutzen und deren Wirkung digital zu verstärken. So können die relativen Schwächen – weniger Bequemlichkeit, weniger Information – durch Service und andere digitale Angebote am POS zumindest teilweise ausgemerzt werden. Und gerade für große Möbelhändler kann ein Omni-Kanal-Szenario eine perfekte Customer Experience über alle Kanäle schaffen. Hierbei ist es dann dringend erforderlich, auch die Mitarbeiterinnen und Mitarbeiter aktiv in diese Szenarien mit einzubeziehen und entsprechend zu schulen.

Dadurch kann es dem Möbelhandel gelingen auch in einer digitalisierten Welt ökonomisch weiterhin zu bestehen. Denn letztlich verfolgt der Handel immer ökonomische Ziele: Der Marktanteil des eigenen Unternehmens soll gesteigert werden und die Kundenbindung soll verbessert werden, damit der Umsatz steigt. Durch Effizienzoptimierungen sollen die Kosten sinken, und in Summe sollen Marge und Gewinn steigen. Und die Digitalisierung kann auf alle diese Ziele positiv einzahlen.

Literatur

Beckmann, A. (2016). ConnoxApp – Die Deko- und Möbel-App für Designfans. https://www.connox.de/hinter-den-kulissen/connoxapp-die-deko-und-moebel-app-fuer-designbegeisterte.html. Zugegriffen am 01.08.2017.

Beutin, N. (2014). Mobile Payment in Deutschland 2020 – Marktpotential und Erfolgsfaktoren. http://www.pwc.de/de/digitale-transformation/assets/pwc-analyse-mobile-payment.pdf. Zugegriffen am 01.08.2017.

Connox GmbH. (2016). Shopping-App-Nutzung 2016. https://www.connox.de/connox-shopping-app-studie-2016.html. Zugegriffen am 01.08.2017.

Demodern GmbH. (2017). IKEA – Virtual reality showroom. http://www.demodern.de/projekte/ikea-vr-showroom. Zugegriffen am 01.08.2017.

EHI Retail Institute GmbH. (2019a). Möbelhandel in Deutschland. https://www.handelsdaten.de/branchen/moebelhandel. Zugegriffen am 01.03.2019.

EHI Retail Institute GmbH. (2019b). Umsatz der führenden Unternehmen im Möbelhandel in Deutschland im Jahr 2017. https://www.handelsdaten.de/moebelhandel/umsatz-der-fuehrenden-unternehmen-im-moebelhandel-deutschland-2017. Zugegriffen am 01.03.2019.

Embed signage. (2017). Embed signage shortlisted for three install awards 2017: Best retail/DOOH project – Embed signage & AVMI for Roche Bobois, Harrods. https://embedsignage.com/embed-signage-shortlisted-for-three-install-awards-2017/. Zugegriffen am 01.08.2017.

EuroCIS, Messe Düsseldorf GmbH. (2017). POCO nutzt ESL – Digitale Preisetiketten bringen Vorteile für Kunden und Personal. http://www.eurocis.com/cgi-bin/md_euroshop/lib/pub/tt.cgi/POCO_nutzt_ESL_Digitale_Preisetiketten_bringen_Vorteile_f%C3%BCr_Kunden_und_Personal.html. Zugegriffen am 01.08.2017.

Internet World Business. (2016). Online-Möbelhandel – Die nächste Revolution. http://www.internetworld.de/e-commerce/moebelhandel-im-internet/online-moebelhandel-naechste-revolution-1071804.html. Zugegriffen am 01.08.2017.

Joch, A. (2016). The right digital signage can transform the retail experience. https://biztechmagazine.com/article/2016/03/right-digital-signage-can-transform-retail-experience. Zugegriffen am 01.08.2017.

KARE Design GmbH. (2017). 3D roomdesigner app. https://www.kare-design.com/de/de/3d-room-designer-app/. Zugegriffen am 01.08.2017.

Kecskes, R. (2016). FMCG E-Commerce – Nische oder Wachstumsmarkt? Think Tank, Next Generation, PowerPoint-Präsentation. https://www.slideshare.net/DrRobertKecskes/gfk-think-tank-berlin-next-generation-food. Zugegriffen am 01.08.2017.

Klemm, T. (2016). Selbstbedienung – Wie ehrlich sind Kunden an der Ladenkasse? http://www.faz.net/aktuell/finanzen/meine-finanzen/geld-ausgeben/selbstbedienungskassen-im-test-14135404.html. Zugegriffen am 01.08.2017.

Kohlbrück, O. (2016). Deloitte-Report – Zwei Drittel der Kunden wollen Möbel online kaufen – doch wer profitiert davon? http://etailment.de/news/stories/Deloitte-Report-Zwei-Drittel-der-Kunden-wollen-Moebel-online-kaufen–doch-wer-profitiert-davon—3964. Zugegriffen am 01.08.2017.

KPMG International. (2015). Technologie-Atlas Einzelhandel – Ein Handbuch für Führungskräfte. https://assets.kpmg.com/content/dam/kpmg/pdf/2015/08/technologie-atlas-einzelhandel-8-2015-KPMG.pdf. Zugegriffen am 01.08.2017.

Mittelstand Nachrichten. (2017). Einzelhändler schwärmen von Mobile-Couponing. https://www.mittelstand-nachrichten.de/wirtschaftsnews/einzelhaendler-schwaermen-von-mobile-couponing-20170523.html. Zugegriffen am 01.08.2017.

möbel kultur. (2013). IFH-Branchenstudie – Für jeden Fünften wird der Online-Möbelkauf alltäglich, 2013. https://www.moebelkultur.de/news/fuer-jeden-fuenften-wird-der-online-moebelkauf-alltaeglich/. Zugegriffen am 01.08.2017.

Otto GmbH & Co. KG, TNS Infratest. (Hrsg.). (2015). Wohnstudie 2015: Einrichten und Wohlfühlen – Möbelkauf in Deutschland, 2015. https://www.otto.de/unternehmen/media-oc/docs/newsroom/OTTO_Wohnstudie_final.pdf. Zugegriffen am 01.08.2017.

PwC Price Waterhouse Coopers. (2017). Die deutsche Möbelbranche – Struktur, Trends und Herausforderungen. https://www.pwc.de/de/pressemitteilungen/2017/PwC-Marktstudie-Moebelbranche-2017.pdf. Zugegriffen am 01.03.2019.

RP online. (2013). Wohntrends – Video-Beratung bei Butlers. http://www.rp-online.de/leben/wohnen/video-beratung-bei-butlers-aid-1.6669068. Zugegriffen am 01.08.2017.

Stiftung Warentest. (2016). Kontaktlos bezahlen: Per Funk mit Karte zahlen – So funktioniert's. https://www.test.de/Kontaktlos-bezahlen-Per-Funk-mit-Karte-zahlen-so-funktionierts-5082480-0. Zugegriffen am 01.08.2017.

Stummeyer, C. (2017). Digital Commerce – Die Bedeutung des Digital Commerce für den Handel. http://www.stummeyer.de/digital-commerce/. Zugegriffen am 01.08.2017.

Tagesspiegel Online. (2016). Konkurrenz aus dem Internet – Studie: 10.000 Möbelhäusern droht das Aus. http://www.tagesspiegel.de/wirtschaft/konkurrenz-aus-dem-internet-studie-10-000-moebelhaeusern-droht-das-aus/12920572.html. Zugegriffen am 01.08.2017.

Tamedia AG. (2016). Papierverschwendung – Kassenbons gibts bald nur noch auf. http://www.20min.ch/finance/news/story/Kassenbons-gibts-bald-nur-noch-auf-Verlangen-22836662. Zugegriffen am 01.08.2017.

Von Thun, C. (2017). Retail stores and IoT: The top 3 trends. https://www.flonomics.com/retail-stores-iot-top-trends/. Zugegriffen am 01.08.2017.

Wiegmann, D. (2015). Digitale Preisschilder setzen sich im Einzelhandel durch. https://www.heise.de/newsticker/meldung/Digitale-Preisschilder-setzen-sich-im-Einzelhandel-durch-2838012.html. Zugegriffen am 01.08.2017.

Prof. Dr. Christian Stummeyer ist Inhaber der Professur „Wirtschaftsinformatik und Digital Commerce" an der Technischen Hochschule Ingolstadt. Er ist erfahrener Unternehmensberater und selbst erfolgreicher Gründer und E-Commerce-Unternehmer. Nach dem Studium der Betriebswirtschaft an der Georg-August-Universität Göttingen und Promotion in Wirtschaftsinformatik startete er seine unternehmerische Karriere bei The Boston Consulting Group in Düsseldorf, wechselte danach in den Führungskreis der Siemens AG in München und sammelte dort internationale Konzernerfahrung. Seit 2009 ist er selbst E-Commerce-Unternehmer und gestaltete als Geschäftsführender Gesellschafter über fünf Jahre maßgeblich die Wachstumsstrategie bei VON WILMOWSKY, einem auch heute noch in der DACH-Region führenden Online-Händler für Premium-Designermöbel. Nach dem Wechsel in den Beirat des Unternehmens war er als Geschäftsführer bei der UDG United Digital Group, einer führenden deutschen Digitalagentur, für das gesamte Management-Beratungsgeschäft der Gruppe verantwortlich. Seine Beratungsschwerpunkte sind die Entwicklung digitaler Strategien, E-Commerce, Beratung zu Vertriebs- und Service-Prozessen sowie die digitale Transformation von Geschäftsmodellen und Unternehmen.

Mensch und Technologie zusammenbringen – Digitalisierung im Consumer-Electronics-Fachhandel

17

Martin Wild

Zusammenfassung

Die Digitalisierung stellt den Handel im Bereich Consumer-Electronics vor grundsätzliche Herausforderungen. Wer diesen Wandel erfolgreich gestalten will, muss die Digitalisierung nutzen, um Mensch und Technologie besser zusammenzubringen. MediaMarktSaturn setzt hierbei auf agiles Handeln und eine enge Kooperation mit kreativen Startups. Die derzeit im Test befindlichen Projekte dokumentieren den Mut zu neuen Ideen und sollen dazu beitragen, neue Impulse für ein besseres Kundenerlebnis zu generieren.

17.1 Wie MediaMarktSaturn den digitalen Wandel angeht

Die Digitalisierung stellt uns bei MediaMarktSaturn vor ganz grundsätzliche Fragen: Wie kann man das Leben in einer digitalisierten Welt verbessern? Was bedeutet die Digitalisierung für unser Unternehmen und die Entwicklung im Consumer-Electronics-Handel? Und noch wichtiger: Was bedeutet Digitalisierung für unsere Kunden und wie können wir unser Business entsprechend weiterentwickeln? Fakt ist: Die Digitalisierung ist kein Selbstzweck. Es geht im Grunde darum, Mensch und Technologie zusammenzubringen – und damit das Leben schöner zu machen.

Bei der Implementierung neuer Ideen arbeiten wir wie ein Startup. Das bedeutet: Wir setzen auf schnelles Handeln. Kleine, agile Proofs of Concepts werden in ausgewählten Onlineshops, Märkten oder anderen Kunden-Touchpoints über einen bestimmten Zeitraum getestet. Die Ergebnisse dieser Tests werden analysiert, im Erfolgsfall strategisch weiterentwickelt und somit letztlich schneller in der Breite ausgerollt. Eine wichtige Basis

---

M. Wild (✉)
MediaMarktSaturn Retail Group, Ingolstadt, Deutschland
E-Mail: wildma@mediamarktsaturn.com

hierfür bildet der Retailtech Hub. Im Rahmen dieser offenen Innovationsplattform hat MediaMarktSaturn in den vergangenen Quartalen gemeinsam mit Partnern wie Plug & Play Tech Center, der Schwarz Gruppe (Lidl, Kaufland), s.Oliver oder der ANWR GROUP bereits mit mehr als 30 internationalen Startups kooperiert und deren Lösungen erfolgreich im Handel pilotiert.

17.2 Das Kundenerlebnis konsequent verbessern

Die Zeiten, in denen Offline- und Onlinehandel getrennt gedacht wurden, sind bei MediaMarktSaturn längst vorbei. Wir arbeiten darum kontinuierlich daran, den Online- und den stationären Handel zu optimieren, noch effektiver miteinander zu verbinden und den Kunden das Beste aus beiden Welten zu bieten. Ein angenehmes Ambiente, freundliche und kompetente Mitarbeiter sind mittlerweile noch mehr als früher eine sehr wichtige Voraussetzung für ein gutes Kundenerlebnis. Kunden werden diesbezüglich auch oft als „Gäste" bezeichnet. Durch digitale Hilfsmittel, v. a. natürlich dem Smartphone, gibt es aber noch einige Möglichkeiten das Kundenerlebnis im stationären Handel weiter zu verbessern und zu personalisieren. Denn damit können unangenehme Begleiterscheinungen des klassischen Einkaufs, z. B. das lästige Anstehen an der Kasse, weitgehend minimiert und gleichzeitig weitere Informationen für den Kunden angeboten werden.

17.2.1 Saturn Express: das Warten hat ein Ende

Unser erster Lösungsansatz dafür lautete: Saturn Express, Europas erstes kassenfreies Store-Konzept für Consumer Electronics (Abb. 17.1). Von Anfang März bis Mai 2018 konnten Kunden im Saturn Express Pop-Up-Store in Innsbruck die Zukunft des Handels hautnah erleben. Hierbei konnten die Kunden mit Hilfe der Saturn Express-App bzw. einer mobilen Webseite auf dem Smartphone einen QR-Code der gewünschten Produkte einscannen, direkt via Kreditkarte oder PayPal bezahlen und den Store ganz bequem ohne Wartezeit mit ihren Einkäufen verlassen. Zur Warensicherung war jeder Artikel mit einem RFID-Chip versehen, welcher nach der Bezahlung als bezahlt markiert wurde und dem Kunden das Verlassen des Stores ohne Alarm ermöglichte. Die Lösung wurde gemeinsam mit dem britischen Startup MishiPay entwickelt und umgesetzt. Auch MishiPay ist Teil des Retailtech Hubs.

Ganz wichtig: Dieses digital optimierte Einkaufserlebnis wurde mit einer fundierten persönlichen Beratung im Store ergänzt. Eine Kombination, die bei den Kunden in Innsbruck nachweislich gut ankam: Denn in einer begleitenden Saturn-Kundenumfrage gaben mehr als 85 Prozent aller Saturn Express-Kunden an, den Store ihren Freunden und Bekannten weiterempfehlen zu wollen. Besonders positiv wurden die Zeitersparnis des kassenfreien Stores, sowie die hilfsbereiten Fachberater vor Ort bewertet.

Abb. 17.1 Saturn Express. (Quelle: MediaMarktSaturn)

17.2.2 Bargeld war gestern – Mobile Self-Checkout mit Saturn Smartpay

Nach diesem erfolgreichen ersten Test eines kassenlosen Bezahlens in Innsbruck und einem weiteren Test in München mit dem Startup Rapitag gehen wir nun mit Saturn Smartpay im Saturn-Markt in der Hamburger Mönckebergstraße den nächsten Schritt in Richtung Mobile Self-Checkout: Dort wird die Technologie erstmals auf der gesamten Fläche eines bereits bestehenden Marktes eingeführt. Mit einigen wenigen Ausnahmen können die über 100.000 Produkte des weltweit größten Elektronikmarkts direkt am Regal mit dem Smartphone bezahlt werden. Und dies geht mit Saturn Smartpay kinderleicht: Die Smartpay-App kann für Android- und iOS-Geräte in den jeweiligen App-Stores heruntergeladen werden (Abb. 17.2), alternativ kann der Kunde auch hier eine mobile Webseite benutzen. Im Store scannt man dann mit der Smartphone-Kamera den Barcode am Produkt oder berührt alternativ das digitale Preisschild des gewünschten Produkts mit einem NFC-fähigen Smartphone, um den Artikel aufzurufen. Bezahlen können die Kunden mit Kreditkarte, PayPal, Apple Pay oder Google Pay. Nach der Bezahlung erhält der Kunde per Mail einen digitalen Kassenbon und muss nun die gekauften Produkte vor Verlassen des Marktes nur noch am Smartpay Express-Schalter entsichern lassen. Auch bei Saturn Smartpay setzen wir übrigens auf die Software unseres britischen Startup-Partners MishiPay.

Abb. 17.2 Saturn Smartpay. (Quelle: MediaMarktSaturn)

17.2.3 Alles nach Plan – kartographierte Stores

Wir arbeiten zudem daran, die Orientierung im Markt für unsere Kunden zu optimieren. Voraussetzung dafür ist eine genaue und ständig aktualisierte Karte bzw. ein Planogramm des Stores. Nur wenn wir wissen, wo ein Produkt steht, können wir Kunden dorthin leiten – ob per App, Roboter oder Augmented Reality. Das detaillierte Planogramm ist auch die Basis für viele künftige Anwendungsfälle im Bereich der Personalisierung für unsere Kunden, wie z. B. personalisierte Angebote.

Einen Ansatz liefert dazu das Startup Qopius, mit dem wir ebenfalls über den Retailtech Hub kooperieren. Im Rahmen eines Tests in Ingolstadt wird dabei ein Saturn-Markt mit einem Roboter kartiert und die Position jedes einzelnen Produkts und der Regale genau erfasst.

17.3 Gute Beratung und neue Services

Ein weiterer Fokus liegt auf den Bereichen Beratung und neue Services. Denn die Digitalisierung des Handels verleiht einer kompetenten und kundenorientierten Beratung einen ganz neuen Stellenwert. Und darüber hinaus bietet sie die Möglichkeit, die Kunden bei ihrer persönlichen Digitalisierung zu unterstützen und mit vollkommen neuen Serviceangeboten von der eigenen Marke zu überzeugen.

17.3.1 Technik-Support in den eigenen vier Wänden

Ein Beispiel: Unsere Technikberatung vor Ort. Im Zeitalter der Digitalisierung und Vernetzung begleiten uns smarte Elektronikgeräte durch den ganzen Tag. So praktisch diese sind, so komplex gestaltet sich mitunter die damit verbundene Technik. Ob TV-Installation, Druckeranschluss oder Heimvernetzung – die wenigsten Verbraucher kommen auf Anhieb mit neuen Produkten oder technischen Problemen zurecht. Zudem sind Installation und die Einführung in die richtige Bedienung oft sehr zeitaufwändig.

Hier setzt der Service der Deutschen Technikberatung an, die in allen Märkten von MediaMarkt und Saturn in Deutschland verfügbar ist: Die Berater kommen zum Kunden nach Hause und lösen Technikprobleme, die über die klassische Installation und Einrichtung hinausgehen. Technikberatung in den eigenen vier Wänden gibt es dabei nicht nur in Deutschland. Im Rahmen der Kooperation von MediaMarkt mit TechBuddy bieten wir diesen Service auch in Spanien und Schweden an.

17.3.2 Die Paketstation, die mehr kann

Aktuell testen wir einen weiteren Service, um den Online- und stationären Handel wirksamer miteinander zu verknüpfen und den Kunden darüber hinaus Vorteile für ihr Alltagsleben zu bieten: Paketstationen erleichtern bereits heute den Onlineeinkauf. Dort kann die Bestellung rund um die Uhr in Empfang genommen werden. Gemeinsam mit unserem Retailtech-Partnerunternehmen Smartmile betreibt MediaMarktSaturn in Ingolstadt nun eine smarte Paketstation, die Pakete verschiedenster Logistik-Dienstleister annimmt und abgibt (Abb. 17.3). Im ersten Schritt registriert sich der Nutzer unter www.smartmile.de und erhält eine individuelle ID und Lieferadresse der Paketstation, die er beim nächsten Onlineeinkauf dann einfach als Lieferadresse angeben kann. Sobald Smartmile das Paket in die Paketstation eingelagert hat, erhält man per SMS eine PIN. Mit dieser PIN kann man das Paket am Automaten abholen. Sieben Tage lang ist das Paket dort eingelagert. Die Aufbewahrungszeit kann aber auch individuell verlängert werden. Zudem lassen sich auch Retouren problemlos über den Paketautomaten abwickeln.

Die Paketstation kann aber noch viel mehr: Denn die Box ist eigentlich ein vollautomatisiertes, modulares Regalsystem mit integrierter Bezahlfunktion. In diesem Sinne nutzt der benachbarte MediaMarkt die Station bei der Erweiterung des Serviceangebots. So kann ein Kunde z. B. sein kaputtes Smartphone morgens vor Ladenöffnung in der Box abgeben und abends nach 20:00 Uhr wieder voll funktionsfähig abholen.

17.3.3 Nachhaltig erfolgreich: Smartphone-Wechsel am „Sell & Go"-Automaten

Mit Hilfe smarter Automatensysteme beschreiten wir in drei Berliner Saturn-Märkten neue Wege für eine nachhaltige Kundenbindung. Dort können ausgediente Handys einfach am

Automaten gegen Saturn-Geschenkkarten eingetauscht werden. Der Kunde legt bei Saturn sein angeschaltetes Handy in den „Sell & Go"-Automaten und beantwortet einige Fragen zur Konfiguration und zum Zustand des Geräts (Abb. 17.4). Dieses wird anschließend von einer hochauflösenden Kamera mit Hilfe von Machine Learning gescannt und analysiert, und der Kunde erhält ein Angebot in Höhe des Restwertes des Geräts. Ist er damit einverstanden, behält der Automat das Altgerät und der Kunde erhält eine Saturn-Geschenkkarte. Sollte das Smartphone nicht mehr funktionstüchtig sein, erhält der Kunde kein Angebot und kann stattdessen das Gerät kostenlos zum Recyceln abgeben. Die eingetauschten Smartphones werden überprüft, datenschutzkonform gelöscht und anschließend, abhängig von ihrem Zustand, weiterverkauft oder fachgerecht entsorgt. Wer vor dem Tausch noch

Abb. 17.3 Smarte Paketstation. (Quelle: MediaMarktSaturn)

Abb. 17.4 „Sell & Go"-Automat

die Daten des alten Geräts auf das neue Smartphone übertragen möchte, bekommt ebenfalls professionelle Hilfe: Mit dem Sofort-Service von Saturn können die Kunden ihre Daten übertragen und sich das neue Gerät bereits fertig einrichten lassen.

Für das sechsmonatige Pilotprojekt nutzt Saturn die Automatensysteme von Cellomat. Das Startup aus Israel hat sich auf die Automatisierung von Lifecycle-Services für mobile Geräte spezialisiert und ist ebenfalls Teil des Retailtech Hub.

17.4 Engagement in neuen Kontexten

Die Digitalisierung gibt uns aber auch die Chance, über den Tellerrand zu blicken und MediaMarktSaturn als Marke abseits des Kerngeschäfts in vollkommen neuen Kontexten zu präsentieren und neuen Zielgruppen zu öffnen.

17.4.1 Smartphone-Schulungen für Senioren

Dies kann zum Beispiel darin bestehen, Senioren an die Möglichkeiten des Internets und den Umgang mit Smartphones heranzuführen. Denn diese können gerade älteren Menschen die Teilhabe am gesellschaftlichen Leben nachhaltig erleichtern.

So lud z. B. MediaMarkt in Oberösterreich im Rahmen der Initiative fit4internet Ende 2018 zum Kaffee Digital „Spezial" ein, bei dem Seniorinnen und Senioren kompetente Hilfe und Orientierung zu sämtlichen Fragen rund um Smartphones, Tarife und individuelle Nutzungsmöglichkeiten erhielten. Solche auf den einzelnen Nutzer ausgerichtete Formate eignen sich ideal, um vor allem die Generation 60+ beim Einstieg in die digitale Welt zu unterstützen und MediaMarktSaturn hierbei als verlässlichen Partner zu positionieren.

17.4.2 „tech2people" – neue Lebensqualität durch Exoskelette

Wir wollen aber auch zeigen, dass wir mehr können. Dass wir Mensch und Technologie auch jenseits unseres Kerngeschäfts zusammenbringen. In diesem Sinne unterstützt zum Beispiel Saturn in Österreich die Initiative „tech2people". Hierbei soll Menschen mit Lähmungen oder anderweitig beeinträchtigter Gehfähigkeit mit Hilfe eines Exoskeletts wieder zum Stehen und Gehen verholfen werden. Das Exoskelett ist ein batteriebetriebener, bionischer Anzug, der über der Kleidung getragen wird. Dessen elektrische Motoren bewegen die Beine und ergänzen bzw. ersetzen die Muskelfunktionen. Darüber hinaus setzt sich die Initiative langfristig dafür ein, eine auf diese Therapien spezialisierte Klinik zu etablieren.

Ein Beispiel, das zeigt: Die Digitalisierung kann dazu beitragen, bislang scheinbar unüberwindliche Barrieren zu überwinden und gesellschaftliche Inklusion zu fördern. Mit diesem Engagement zeigt Saturn nicht nur Innovationsgeist und Kompetenz, die über den klassischen Handel mit Consumer Electronics weit hinausgeht. MediaMarktSaturn etabliert sich damit vielmehr auf einer neuen Ebene als Partner und Navigator in einer digitalen Welt, der den Menschen hilft, mit modernsten technologischen Mitteln ihr Leben zu gestalten und mehr daraus zu machen.

17.5 Mehr Mut zu mutigen Ideen!

Schon dieser kurze Abriss macht deutlich: Die Digitalisierung bietet uns gerade im Consumer-Electronics-Handel vielfältige Möglichkeiten, Mensch und Technologie besser zusammenzubringen und so mehr daraus zu machen – für jeden einzelnen Kunden ebenso wie für MediaMarktSaturn als Unternehmen. Wir müssen nur weiterhin bereit sein, hierfür immer wieder mutige Ideen zu präsentieren – auch auf die Gefahr hin, dass neue Angebote von den Kunden nicht angenommen werden. Denn was letztlich zählt, sind der konstante Wille zur Innovation und die Bereitschaft, aus der Dynamik der Digitalisierung kontinuierlich neue Impulse für ein besseres Kundenerlebnis zu generieren.

Martin Wild ist seit Januar 2018 Chief Innovation Officer (CINO) der MediaMarktSaturn Retail Group und verantwortet in dieser Funktion die gruppenweite Innovationsstrategie und deren Implementierung. Zuvor war er Chief Digital Officer der Unternehmensgruppe. Wild zählt zu den Pionieren im digitalen Handel: 1997 gründete er im Alter von 18 Jahren den Online-Elektronikhandel „Home of Hardware" (hoh.de), einer der größten deutschen Online-Shops für Elektronik, den er 2007 an Premiere (heute: Sky Deutschland) verkaufte. Seit 2011 gehört er zur Führungsriege von MediaMarktSaturn. Als Vice President Multichannel verantwortete er den Start von saturn.de, später war er unter anderem als CEO für redcoon tätig. Das Handelsblatt kürte ihn 2017 zu einem der hundert klügsten Köpfe Deutschlands. Wenn Roboter die Lieferung übernehmen, Kunden per Augmented Reality durch den Saturn geführt werden oder innovative Startups und etablierte Händler im Retailtech Hub gemeinsam den Handel umkrempeln, sind Martin Wild und sein Team meist federführend beteiligt.

Digitalisierung in der Industrie

18

Sven Scheuble

Zusammenfassung

Der nachfolgende Beitrag beschäftigt sich mit den Herausforderungen und Chancen der Digitalisierung in der Industrie. Es werden die Treiber und Implikationen digitaler Trends erklärt sowie Strategien zum erfolgreichen Umgang mit dieser Transformation herausgearbeitet. Digitalisierung ist weit mehr als eine technologische Umwälzung. Vielmehr liefern digitale Technologien die Voraussetzungen für neue Geschäftsmodelle und die Art des Innovierens. Industrieunternehmen stehen damit einerseits vor großen Herausforderungen, weil traditionelle Prozesse und Denkweisen entwertet werden. Gleichzeitig bieten sich ihnen große Chancen, wenn sie ihre Stärken geschickt einsetzen. „Das Beste aus verschiedenen Welten kombinieren" ist das Motto – die reale Welt der Hardware mit der virtuellen Welt der Software, die Größe eines etablierten Unternehmens mit der Agilität und Kreativität von Start-ups. Industrieunternehmen müssen dazu mehr wie Softwareunternehmen denken und handeln. Sie müssen in Plattformen investieren, digitale Ökosysteme kultivieren, service-orientierte Geschäftsmodelle entwickeln und agile Innovationsprozesse etablieren. Dann haben sie hervorragende Chancen, in einer digitalen Welt erfolgreich zu sein.

18.1 Das Internet wird real

Das Internet hat bereits zwei fundamentale Transformationen hinter sich – die des sozialen und die des mobilen Internet. Jede dieser Transformationen hat das Leben von unzähligen Menschen nachhaltig verändert und doch stehen wir erst am Anfang der Entwicklung.

S. Scheuble (✉)
Siemens AG, München, Deutschland
E-Mail: sven.scheuble@siemens.com

Denn die vielleicht weitreichendste Transformation hat gerade erst begonnen und wird gerne mit Begriffen, wie dem *Internet der Dinge* oder spezifischer dem *industriellen Internet* und *Industrie 4.0* beschrieben. Gemeint ist die Vernetzung der dinglichen Welt, am Ende derer nicht nur Milliarden, sondern hunderte Milliarden von Netzwerkknoten stehen werden. Die Welt der Dinge ist die der Industrie und deshalb steht diese vor besonders großen Umwälzungen – mit Chancen, die ebenso groß sind wie die Herausforderungen.

18.1.1 „Information regiert" und das Moore'sche Gesetz: Die Grundlagen der Digitalisierung

Die klassische Welt der Industrie ist analog. Es ist eine Welt von inkrementellen, prozentualen Verbesserungen. Die Steigerung des Wirkungsgrads einer Gasturbine um nur einen Prozentpunkt ist über ihren Lebenszyklus von einigen Jahrzehnten mehrere Millionen Euro wert. Entsprechend groß ist der Aufwand, um z. B. über neue Materialbeschichtungen, Einspritztechnologien etc. die Brenntemperatur und damit den Wirkungsgrad kontinuierlich zu steigern. Doch noch nie gab es eine Zeit, in der sich die Effizienz von Turbinen, Elektromotoren jedes Jahr verdoppelt hätte – und das über 50 Jahre und alles, was den Gesetzen der Physik unterliegt, wird dies auch nicht tun.

Aber alles, was mit digitalen Produkten zu tun hat, wird es. Für sie gilt das *Moore'sche Gesetz*, wonach sich die Komplexität integrierter Schaltkreise mit minimalen Komponentenkosten regelmäßig verdoppelt; je nach Quelle werden 12 bis 24 Monate als Zeitraum genannt. Leistungsfortschritt und Kosteneinsparungen werden exponentiell (Ismail et al. 2014, S. 18 ff.; Brynjolfsson und McAfee 2014, S. 41 ff.). Das Moore'sche Gesetz macht die Bausteine von Computern schneller, billiger, kleiner und leichter – und ermöglicht Fähigkeiten, die vorher unmöglich schienen. Digitale Sensoren, dezentrale Rechenleistung, Konnektivität werden allgegenwärtig und machen bislang analoge Prozesse, Maschinen und Services digital. Bislang diskrete Objekte, Menschen und Tätigkeiten, werden miteinander verbunden, ihre Transaktionen digitalisiert und Daten aus diesen Transaktionen generiert. Dazu kommt eine annähernd grenzenlose Rechenleistung durch Cloud Computing mit immer weiter voranschreitenden Fortschritten in der Datenanalytik. Eine moderne Gasturbine ist z. B. mit ca. 1500 Sensoren ausgestattet, die permanent Zustandsinformationen aus dem Betrieb der Turbine liefern: über die Temperatur in der Brennkammer, die Schwingungen des Gehäuses, die Zusammensetzung des Gases. Die Analyse liefert Empfehlungen, wie der Brennstoff zu verteilen ist, um den Wirkungsgrad zu optimieren. In ähnlicher Weise können mithilfe digitaler Infrastrukturen die Erzeugung und der Verbrauch von Elektrizität in lokalen Stromnetzen so orchestriert werden, dass dies mit einem Minimum an Netzausbau gelingt.

Noch weitreichender ist, dass mehr und mehr bislang analoge Produkte digital werden: Sensoren, Kameras, elektrische Antriebe, Programmable Logic Controller (PLC) sind letztlich Computer(-chips) – und ähnlich wie das iPhone heute Navigationsinstrument, Wecker, Taschenrechner, Kamera, und vieles mehr ist, kann die Funktionalität zahlreicher industrieller Produkte mit (Standard-)Hardware und etwas Software realisiert werden, womit sie sich in den Geltungsbereich des Moore'schen Gesetzes bewegen (Brynjolfsson und McAfee 2014, S. 51). Für Industrieunternehmen bedeutet dies, dass sie sich auf einen Wettbewerb digitaler Hardware mit exponentiellen Leistungs- und Kostenkurven einstellen müssen. Ohne kontinuierliche Innovation werden sie kommoditisiert oder sogar substituiert.

Die größten Umwälzungen ergeben sich da, wo das Produkt zur Information wird. Digitalisierung ist die Übersetzung aller Arten von Information, wie z. B. Text, Bilder, Sensordaten in Einsen und Nullen. Selbst ein physisches Produkt, wie z. B. ein Werkstück in der Produktion oder ein Bauteil eines Flugzeugs, ist Information – die Information, wie Atome zusammengefügt werden, um eine bestimmte Form und Funktionalität zu erzielen. Im 3D-Druck ist dies heute bereits Realität. Das Produkt wird zur Datei, und die Musikindustrie mag einen Vorgeschmack über das transformative Potenzial dieser Entwicklung geben. Dies liegt an einigen Besonderheiten von Informationsmärkten: Digitale Information ist erstens nicht-rival, und die marginalen Kosten ihrer Reproduktion gehen gegen null. Oder anders formuliert, Information ist teuer zu produzieren, aber billig zu kopieren (Shapiro und Varian 1999, S. 3). Digitale Information kann zweitens kombiniert werden – Dienste wie Waze kombinieren digitale Landkarten, GPS-Information, soziale Daten und Sensoren – und in dieser Kombination entstehen Unmengen von Daten, die auf Zusammenhänge analysiert werden können (Brynjolfsson und McAfee 2014, S. 80). Diese Eigenschaften ermöglichen eine einfache Skalierung und machen es leicht, neue und alte Geschäftsprozesse miteinander zu kombinieren. Ein zusätzlicher Sensor an einer Maschine kann wertvolle Betriebsinformationen hinsichtlich Effizienz oder Wartungserfordernisse über große Distanzen zu annähernd null Grenzkosten transportieren und in einer zentralen Plattform ausgewertet werden. Wiederum auf das Beispiel der Turbine zurückgreifend wird die Information über den effizientesten Betrieb zum Produkt, und Wettbewerbskriterien sind nicht mehr das Gießen und Bearbeiten von Metall und dessen Beschichtung mit Keramik, sondern die beste Verarbeitung der Information bezüglich des effizientesten Einsatzes der Turbine. Drittens gelten auf digitalen Märkten Netzeffekte, d. h. der Wert eines digitalen Produktes steigt in der Regel mit der Anzahl der Nutzer, wie sich am Beispiel von sozialen Medien wie Facebook oder LinkedIn leicht illustrieren lässt.

Digitale Märkte sind „the winner takes it all markets" – in jedem digitalen Markt gibt es nur sehr wenige dominierende Anbieter. Industrieunternehmen müssen sich also nicht nur digital neu definieren, sie müssen es schnell tun, bevor die ersten Plätze besetzt sind.

18.1.2 Die Eintrittsbarrieren fallen: erst für Software, dann für Hardware – die (Grenz-)Kosten des Innovierens fallen

Die vielleicht wichtigste Implikation der Digitalisierung ist die Beschleunigung der Innovationsintensität und -geschwindigkeit. Die meisten Innovationen entstehen nicht als isolierte bahnbrechende Idee, sondern als Kombination aus bereits bestehenden Ideen, und die Digitalisierung führt wie ein Brandbeschleuniger zu einer Explosion der Kombinationen (Brynjolfsson und McAfee 2014, S. 81 ff.).

Noch niemals in der Geschichte der Menschheit waren so viele Menschen miteinander im Austausch. In 2010 hatten ca. 2 Mrd. Menschen Zugang zum Internet und in den nächsten weniger als 10 Jahren werden weitere 3 Mrd. Menschen digital verbunden sein. Mit ihren Smartphones haben sie Zugang zu allen Möglichkeiten des Internet.

Alles, was es braucht, um die nächste Disruption zu entwickeln, ist greifbar, denn die Bausteine für Innovation sind entwickelt, billig und überall verfügbar: Dazu zählen neue, einfach zu lernende Entwicklungsumgebungen, um Code zu schreiben sowie Plattformen, um Code zu teilen (Github), zu testen (UserTesting.com) oder Entwickler zu finden. Dazu zählen auch APIs, die es ermöglichen, Services (wie Karten oder Bezahlung) einfach miteinander zu verknüpfen. Und vor allem gehören dazu Plattformen, die digitale Produkte hosten (Amazon Web Services), verteilen (Apple's App Store) und vermarkten (Facebook, Twitter), ohne dass dafür eigene Infrastrukturen aufgebaut werden müssen. Alles, was benötigt wird, ist als Open-Source-Software oder als „pay-as-you-go"-Service verfügbar, ein erster Prototyp einer Idee oft in wenigen Tagen verfügbar.

Start-ups können als Experimente auf Basis solcher Plattformen interpretiert werden und dank des Internet wird auch das Gründen eines Start-ups einfacher, weil das Knowhow und die Tools der Gründung (vom Business Model Canvas bis zum Termsheet) weltweit und jederzeit verfügbar sind. Gleichzeitig ändert sich das soziale Umfeld hin zu einer Gründerkultur. Eine digitale Generation der Millennials hat den Ehrgeiz zu gründen, das gegebenenfalls damit verbundene Scheitern findet soziale Akzeptanz und die Kreativität der jungen Gründer fällt auf den fruchtbaren Boden einer ganzen Start-up-Industrie mit ihren Inkubatoren, Acceleratoren, Start-up-Konferenzen und vielem mehr.

Ökonomisch betrachtet wird es immer billiger und risikoloser zu gründen (Anthony 2012, S. 47). Gleichzeitig war es noch nie so einfach, Risikokapital zu bekommen, weil es nach Anlage suchendes Geld im Überfluss gibt (VC, Crowdfunding, staatliche Programme). Diese Kräfte ermöglichen es immer kleineren Teams Herausforderungen zu bewältigen, die lange Zeit Regierungen oder Großunternehmen vorbehalten waren. Und die Zahl dieser Experimente explodiert geradezu.

Das gleiche gilt selbst für hardware-orientierte Start-ups. Auch hier können sich Start-ups mehr und mehr auf allseits verfügbare, billige Bausteine stützen und ihre Produkte entwickeln, ohne selbst in Infrastruktur investieren zu müssen. Dank des Moore'schen Gesetz werden selbst sophistizierte Technologien wie LIDAR-Sensoren oder drahtlose Kommunikationschips zu günstigen Standardprodukten von der Stange, der Raspberry Pie oder Arduino werden zur IoT-Plattform und an Orten wie dem Makerspace der UnternehmerTUM in München können Gründer für einen kleinen Monatsbeitrag mit Equipment (von der Nähmaschine bis zum 3D-Drucker oder Lasercutter) im Wert von vielen Millionen Euro arbeiten. Hardware-Acceleratoren wie z. B. HAX helfen hardwareorientierten Start-ups, in wenigen Monaten ein Produkt zu entwickeln, und in Shenzen, gegenüber von Hong Kong, ist ein ganzes Ökosystem aus Zulieferern und Dienstleistern entstanden, die hardwareorientierten Start-ups den Sprung vom Prototyp zur Massenfertigung in wenigen Monaten ermöglichen (The Economist 2014, S. 11 ff.).

18.1.3 Das industrielle Paradox oder wird Software auch die Industrie „essen"?

Industrieunternehmen befinden sich damit in einer paradoxen Situation. Die gute Nachricht ist, dass die globalen Märkte langfristig und nachhaltig wachsen, getrieben durch die Megatrends der Urbanisierung, des Bevölkerungswachstums, des Klimawandels und der Globalisierung.

Die schlechte Nachricht: All diese Märkte sind in einem fundamentalen Umbruch, deren Entwicklungen schwer vorhersehbar sind und am Ende derer nur eine Handvoll Gewinner übrig bleiben werden; Industrieunternehmen stehen dabei unter Druck von zwei Seiten, horizontalen Softwareplayern wie IBM oder SAP auf der einen Seite und jungen datenorientierten Unternehmen auf der anderen – mit der Gemeinsamkeit, dass diese Wettbewerber den Kundennutzen vom Erwerb verlässlicher Industriegüter hin zu den Effizienz- und Produktivitätsgewinnen verschieben, die sich durch die Anwendung von Algorithmen und Analytik auf die mit diesem Equipment gewonnenen Daten ergeben. Die Wettbewerbsintensität nimmt demzufolge zu und den Anbietern reinen Equipments droht die Gefahr der Disruption oder mindestens einer Kommoditisierung. „Software is eating the world" – unter dieser Überschrift hat der bekannte Silicon-Valley-Investor Marc Andreessen erklärt, wie in den letzten Jahren eine Industrie nach der anderen durch Software disruptiert wurde (Andreessen 20. August 2011), und nicht wenige Industrieunternehmen stellen sich die Frage, ob sie die nächsten sind.

Die digitale Transformation ist allerdings kein klassisches Disruptionsszenario der Verdrängung und des Ersatzes, sondern vielmehr eines der Kombination und Konnektivität. Damit eröffnen sich neue Chancen für diejenigen Industrieunternehmen, die ihre Stärken richtig einzusetzen wissen, indem sie sie mit digitalen Technologien kombinieren und in neue Geschäftsmodelle transformieren.

Diese nach vorne gerichtete Herangehensweise an die anstehenden Umwälzungen wird auch die vierte industrielle Revolution bezeichnet oder als Industrie 4.0. Die Dampfmaschine, das Fließband und die Einführung von IT in Produktionsprozesse waren die drei Treiber der vorherigen Revolutionen. Bei der vierten Revolution geht es nun darum, die digitale mit der realen Welt zu verschmelzen.

18.2 Digitalisierungsstrategie

Digitale Märkte sind „the winner takes it all markets". In einer solchen Welt sind die entscheidenden Wettbewerbsfaktoren:

1. Daten und deren Analyse,
2. ein daraus abgeleiteter Kundennutzen,
3. die Generierung von Netzeffekten sowie
4. Geschwindigkeit und Anpassungsfähigkeit.

Für Industrieunternehmen bedeutet dies, dass sie in Plattformen und Ökosystemen denken müssen sowie ihre Geschäftsmodelle und ihre Art zu innovieren überdenken müssen. Dies wird im Folgenden erläutert.

18.2.1 Plattformen, Partnerschaften und Ökosysteme

Industrieunternehmen müssen lernen, wie Softwareunternehmen denken (IBM war eines der ersten Unternehmen, die diese Transformation schon Anfang der 90er-Jahre vorgenommen hat), und ein zentrales Konzept der Softwarebranche sind Plattformen. Darunter versteht man eine einheitliche Grundlage, auf der Anwendungsprogramme ausgeführt und entwickelt werden können.

Industrieunternehmen, die in Plattformen investieren, bauen digitale Sensoren an ihre Maschinen, sorgen für deren sichere Konnektivität, verbinden sie mit cloud-basierten Softwareplattformen und investieren in moderne Analytikfähigkeiten (Iansiti und Lakhani 2014, S. 91 f.; Porter und Heppelmann 2014, S. 66 ff.). Aktuelle Stichworte sind etwa Reinforcement oder Deep Learning. Sie sind die Grundlage für digitale Produkte und Dienstleistungen, wie z. B. Fernwartung (siehe Abschn. 18.2.2). Sie werden damit nicht nur selbst in ein digitales Unternehmen, sondern helfen auch ihren Kunden dabei.

Ein Beispiel für eine industrielle Plattform ist Siemens „Mindsphere": Siemens MindSphere bietet eine kosteneffiziente, skalierbare Cloud-Plattform als Dienstleistung („Platform-as-a-Service"), die für die Entwicklung von Anwendungen konzipiert ist. Als offenes Betriebssystem für das Internet der Dinge konzipiert, ermöglicht MindSphere die Verbindung von Maschinen. So lässt sich durch die Nutzung umfangreicher Datenvolumina aus Anlagen deren Effizienz verbessen. MindSphere bietet nahtlose Konnektivität zwischen datenbasierten Diensten von Siemens und denen von Drittanbietern und ermöglicht es zudem, Anwendungen und Dienste von Kunden zu integrieren. Ähnliche Internetplattformen für die Industrie werden von SAP, Bosch, Microsoft oder General Electric entwickelt. Darüber hinaus gibt es branchenspezifische Lösungen, z. B. für Logistik oder die Lebensmittelindustrie. Alle brauchen technische Schnittstellen, um viele Nutzer zuzulassen, und alle müssen die Daten ausreichend schützen, die über sie fließen. Zudem muss eine Plattform auch Werkzeuge zur Verarbeitung und Analyse von Daten zur Verfügung stellen. Zu dem Angebot gehört auch die Verknüpfung mit frei verfügbaren Daten, zum Beispiel Geo- oder Wetterdaten (siehe Abb. 18.1).

Weil wie oben erklärt wurde, digitale Märkte nach dem „the-winner-takes-it-all"-Prinzip funktionieren, werden nur wenige Plattformen überleben. Größe und Geschwindigkeit sind entscheidend, d. h. zu den Gewinnern werden diejenigen gehören, die am schnellsten eine kritische Masse und damit einen Lock-in erzeugen. Dies gelingt über den Aufbau der eigentlichen Plattform sowie die Erzeugung von positiven Netzeffekten durch die Kultivierung eines Ökosystems aus Kunden, Entwicklern und Partnern. Das alles ist mit großen Investitionen verbunden. Dazu gehören auch Firmenübernahmen. Kein Unternehmen wird

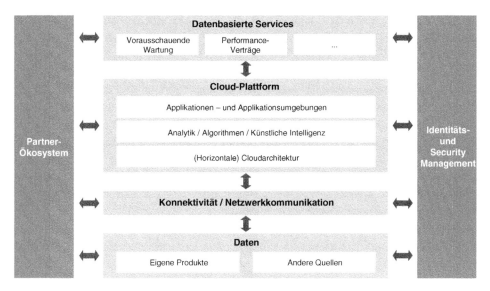

Abb. 18.1 Idealtypischer Aufbau einer cloud-basierten Serviceplattform

es allerdings aus eigener Kraft schaffen, und die Fähigkeit zur Kultivierung eines produktiven Ökosystems wird zum Wettbewerbsfaktor.

So werden wir in Zukunft verstärkt Kooperationen von Industrieunternehmen mit spezialisierten, branchenfremden Unternehmen erleben. Wie in der Softwarebranche kommt es dabei auch zur „Coopetition" – Unternehmen wie IBM und Siemens, Microsoft und ABB oder Google und Daimler betrachten sich als „Frenemies", eine Mischung aus „Friend" und „Enemy", Partner und gleichzeitig Wettbewerber. Kleinere Anbieter werden auf diesen Plattformen ihre Lösungen entwickeln und spezielle Dienstleistungen anbieten.

Eine Plattform wird umso wertvoller, je mehr Daten über sie verarbeitet werden. Je mehr Nutzer eine Plattform hat und je mehr Service sie bietet. Hier sind Unternehmen im Vorteil, die viele Geräte im Feld verfügen – ein Wettbewerbsvorteil von Industrieunternehmen, die oft mehrere zehntausend Geräte, wie Motoren, (Flugzeug-)Turbinen oder Züge an ihre Systeme angeschlossen haben. Das Unternehmen Bosch hat beispielsweise bereits die Hälfte seiner Produkte vernetzt und bis 2020 sollen es alle Produkte sein: jede Scheibenwischanlage, jede Bohrmaschine, jeder Laubbläser.

18.2.2 Applikationen und digitale Zwillinge

Indem die reale und die digitale Welt immer stärker zusammenwachsen, ergeben sich bisher ungeahnte Potenziale – und das in nahezu allen Bereichen. Digitale Plattformen, wie im vorhergehenden Abschn. 18.2.1 beschrieben, liefern die technischen Grundlagen, digitale Applikationen die konkreten Anwendungen. Bereitgestellt werden die Funktionalitäten über individuell zusammenstellbare Softwaremodule in Form von Applikationen, die über die Cloud, bzw. die o. g. Plattformen bereitgestellt werden. Digitale Applikationen greifen dazu in reale Prozesse ein, um sie bezüglich Effizienz, Produktivität etc. zu verbessern. Es gibt sie für die Produktion ebenso wie für die Betriebsphase von Produkten.

In der Produktion geht es um ausgeklügelte Produktionssysteme, die sich voll vernetzt, selbst steuern und optimieren. Vom Bestellen bis zum Rechnungsversand läuft hier alles vollautomaisch. Verschiedene Unternehmen haben wie Siemens in Amberg oder ABB in Heidelberg bereits Musterwerke dieser Art realisiert. Die Besonderheit liegt aber nicht nur in der Automatisierung und damit der Reduzierung des Produktionsfaktors Mensch, sondern in der Fähigkeit, eine Vielzahl von Varianten mit minimalen Umrüstzeiten zu realisieren.

In der Betriebsphase spricht man häufig von Smart Services. Weit verbreitet sind bereits datengetriebene Wartungskonzepte. War man früher auf Erfahrungswerte angewiesen, geben immer öfter selbstlernende Algorithmen die Wartungsintervalle vor. Dies bezeichnet man als „Predictive Maintenance" oder vorausschauende Wartung. Dazu werden z. B. Windturbinen, Lokomotiven oder Aufzüge aus der Ferne und in Echtzeit überwacht und aktuelle Zustandsdaten mit einem wachsenden Datenpool abgeglichen, um Probleme zu erkennen, noch bevor sie auftreten. Die Voraussetzung dazu beginnt bereits in der Produktentwicklung, wenn die entsprechende Sensorik und Kommunikationsfähigkeit verbaut wird. Dazu gehört auch die entsprechende Überwachungs- und Steuerungssoftware. Aber die Potenziale gehen weiter – beispielsweise laufen in der Cloud des Druckmaschinenherstellers Heidelberger die Daten von 10.000 Maschinen zusammen. Aus dem Vergleich der Daten können Rückschlüsse für die Prozessoptimierung mit signifikanten Einsparungspotenzialen gezogen werden.

Das weitreichendste Konzept der Digitalisierung in der Industrie ist der sogenannte „digitale Zwilling". Darunter versteht man die virtuelle Abbildung eines Produktes – von dessen Design über die Produktion, bis zur Entsorgung. Mit der zunehmenden Vernetzung von Maschinen und Produkten gewinnt der Begriff an Bedeutung. Laut des Marktforschungsinstituts Gartner werden in drei bis fünf Jahren Hunderte Millionen physische Dinge mit all ihren Eigenschaften im virtuellen Raum abgebildet sein. Dazu werden umfassende Datensammlungen zu einzelnen physischen Objekten angelegt. Der Datenaustausch funktioniert dabei in beide Richtungen – in der Designphase werden zunehmend differenzierte Produkte entwickelt. Umgekehrt werden sowohl spätere Modifizierungen oder Daten in den digitalen Zwilling übertragen. Möglich ist das auch über die Lebensphase des Produktes, wenn über Sensoren und Kommunikationsschnittstellen Daten an das virtuelle Abbild gesendet werden können. Fehlerhafte Produkte können so zurückverfolgt werden, und es ist möglich, einen kontinuierlichen Feedback-Kanal in die Produktentwicklung aufzubauen.

Digitale Zwillinge ermöglichen die Simulation komplizierter Prozesse. Das Potenzial liegt in 3 Bereichen:

1. Durch die vollständige virtuelle Integration von der Design- bis zur Produktionsphase kann die Time-to-Production erheblich verkürzt und gleichzeitig in den Kosten dramatisch reduziert werden, weil Prozessschritte verkürzt und parallelisiert werden sowie

wechselseitige Abhängigkeiten simultan berücksichtigt werden können. Bereits vor Inbetriebnahme der Anlage können alle Parameter virtuell simuliert und die optimalen Einstellungen definiert werden. Durch Simulation werden auch bereits in der Produktionsplanung Bewegungsabläufe in Bezug auf die Montage und Ergonomie optimiert. Simuliert werden primär die mechanischen Eigenschaften, aber inzwischen auch die Elektronik und Elektrik. Selbst die Schulung von Mitarbeitern und Kunden kann bereits vor Beginn der Produktion im virtuellen Raum mittels virtueller Realität durchgeführt werden.
2. Die Digitalisierung der Produktion ermöglicht immer differenziertere Produktvariationen – bis hin zur Losgröße 1, d. h. der Fertigung eines individuell gefertigten Produktes mit den Vorteilen der industriellen Massenfertigung.
3. Unternehmen können über die Produktion hinaus Wertschöpfung über den Lebenszyklus eines Produktes generieren. Ein schönes Beispiel ist Tesla, das seine Elektrofahrzeuge durch Softwareupdates noch lange nach der Auslieferung weiterentwickelt. Digitale Zwillinge werden in der „digitalen Fabrik" eingesetzt, das Prinzip lässt sich aber ebenso auf die vernetzte Energie oder intelligente Infrastruktur anwenden.

Digitale Zwillinge verändern Wertschöpfungsketten nachhaltig mit guten Nachrichten für die Kunden, denn sie werden effizienter und individueller. Schlecht sind sie dagegen für diejenigen Teile der Kette, die keinen Mehrwert bringen. Sie werden herausfallen.

18.2.3 (Serviceorientierte) Geschäftsmodelle

Ein Geschäftsmodell definiert, welchen Kundennutzen ein Unternehmen generiert und wie es damit Geld verdient. Die digitale Transformation ändert beides. Daten generieren, Daten sammeln, Daten analysieren und mit diesen Daten für Kunden Wert zu schaffen, ist das neue Modell, und wachsende Wertschöpfungsanteile werden zunehmend in der Nutzungsphase, statt der Produktionsphase generiert.

Unternehmen wie Siemens haben mehr als 100 Jahre ihr Geld mit dem Verkauf von Produkten, Lösungsprojekten und (Reparatur-)Service verdient. Mit der Digitalisierung verändern sich auch die Geschäftsmodelle von Industrieunternehmen fundamental – vom Verkauf physischer Produkte hin zur Beteiligung am Geschäftserfolg des Kunden durch die kontinuierliche Optimierung komplexer Abläufe, basierend auf Datensynthese und -analyse zur Ableitung von Echtzeit- oder prädiktiven Lösungen. Die Modelle reichen von Verfügbarkeitsgarantien bis hin zum operativen Betrieb eines Wertschöpfungsschrittes mit einer Kompensation nach Output oder Ergebnisverbesserung des Kunden (siehe Abb. 18.2).

Einen typischen Einstieg bietet das im vorhergehenden Abschn. 18.2.2 erwähnte *Predictive Maintenance*. Sensordaten z. B. von Windturbinen oder Aufzügen werden aus der Ferne erfasst und mit bekannten Datenmustern vergleichen, um Probleme zu erkennen, bevor sie auftreten. Die Fähigkeit zur verlässlichen Vorhersage ermöglicht umfassende Verfügbarkeitsgarantien, mit durchaus weitreichendem geschäftlichem Potenzial. Zum

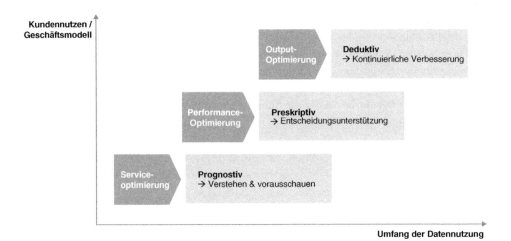

Abb. 18.2 Entwicklungsstufen von datenbasierten Servicemodellen

Beispiel. betreibt Siemens den Service für die Hochgeschwindigkeitsstrecke zwischen Barcelona und Madrid. Es gibt vertraglich vereinbarte Pünktlichkeitszusagen, die der Bahnbetreiber wiederum an seine Kunden zurückgibt: Im Falle einer Verspätung von mehr als 15 min erhalten diese den vollen Fahrpreis zurückerstattet. Das Angebot ist so attraktiv und die Verlässlichkeit mit 99,98 % so hoch, dass sich das Verhältnis von Bahn- zu Flugpassagieren zwischen den beiden Großstädten seit 2008 nahezu umgekehrt hat und heute 80:20 beträgt.

Das sogenannte *Performance-Contracting* geht noch einen Schritt weiter. Hier wird der Vertrag aus Einsparungen auf Kundenseite finanziert. Das Modell ist beliebt bei Kunden mit begrenzten Investitionsmitteln, wie z. B. der öffentlichen Hand. So können die Besitzer größerer Immobilien das Upgrade auf energieeffiziente Gebäudetechnologie aus den reduzierten Energiekosten finanzieren. Der Gebäudeautomatisierer liefert dabei das Komplettpaket aus Technologie, Finanzierung und garantierter Einsparung – der Lieferant wiederum finanziert das Modernisierungsprojekt aus einem weiteren Teil der Kosteneinsparungen beim Kunden. Möglich sind solche Modelle bei einer ausreichenden Datenbasis und damit verlässlichen Vorhersagequalität.

Am weitreichendsten sind sogenannte *Output-as-a-Service*-Modelle. Solche Verträge garantieren den operativen Betrieb einer Anlage, wie z. B. einer Turbine, inklusive deren Wartung und Reparatur. Hier stellen Anbieter ihre Anlagen dem Kunden zur Verfügung und stellen nur den Einsatz in Rechnung. So verdienen Druckerhersteller mit dem Verkauf von Ausdrucken, Turbinenbauer stellen Schubkraft in Rechnung, Kompressorhersteller verkaufen Druckluft und Automobilunternehmen bieten nicht mehr Fahrzeuge an, sondern Mobilität, gemessen in Kilometern. Die Kosten werden dem Kunden in Rechnung gestellt. Der Kunde bezahlt damit nur noch den tatsächlichen Verbrauch, und Fixkosten werden variabilisiert. Umgekehrt verdient der Anbieter auch in schwierigen Marktsituationen, in denen kaum ein Kunde investiert.

Serviceorientierte Geschäftsmodelle garantieren ein verlässliches, hochmargiges Einkommen, ggfs. über die gesamte Lebensdauer einer Anlage – was im Falle einer Turbine oder eines Transformators mehrere Jahrzehnte sein können. Deshalb versuchen die meisten Industrieunternehmen ihr Serviceportfolio zu stärken und wandeln sich von Industrieproduzenten zu Dienstleistern. Die Industrie folgt damit wiederum dem Beispiel der Softwarebranche, wo Unternehmen wie Microsoft oder SAP lange ihr Geld mit dem Verkauf von Softwarelizenzen verkauft haben und jetzt vom Produkt zum Service schwenken und mit outputorientierten Geschäftsmodellen experimentieren.

Ein Geschäftsmodell zu ändern, ist transformativ, aber auch schwierig. Teilweise werden völlig neue Fähigkeiten benötigt, wie z. B. Consultative Selling (Iansiti und Lakhani 2014, S. 96). Das ist ein Spagat, der gegenwärtig viele Industrieunternehmen in Spannung hält.

18.2.4 Das Innovieren innovieren

Die Unternehmen werden am erfolgreichsten sein, die es schaffen, die Produktion, Kombination und Realisierung von Ideen zu optimieren. Die Regel digitaler Märkte lautet, „wer am schnellsten lernt, gewinnt"; damit kommt der Frage nach dem richtigen Innovationsansatz eine zentrale Bedeutung zu.

Vor 170 Jahren konnten geniale Köpfe wie Werner von Siemens noch beinahe im Alleingang Innovationen auf den Weg bringen, und viele der großen Erfindungen der industriellen Revolution sind verbunden mit dem Namen des Erfinders. Schon 50 Jahre später waren die Komplexität und der Ressourcenbedarf für viele Erfinderleistungen so groß, dass sie nur in den Laboren der großen Kapitalgesellschaften Gestalt annehmen konnten. Heute haben häufig kleine, wendige Start-up-Unternehmen die Ideen, die ganze Industrien transformieren und viele große Unternehmen scheinen auf verlorenem Posten, denn Großunternehmen sind nicht bekannt für bahnbrechende Innovationen, die Liste der disruptierten Unternehmen ist lang und die weltweit wertvollsten Unternehmen haben es geschafft, mit der Hilfe von Wagniskapital aus dem Nichts Weltkonzerne aufzubauen.

In der Industrie zeichnet sich ab, dass das Beste aus beiden Welten zu vereinen, der Königsweg ist: Die eigene Größe als Vorteil nutzen, aber mit Start-ups arbeiten und selbst agiler werden (Anthony 2012, S. 47 ff.).

Wenn, wie in Abschn. 18.1.1 gezeigt, die Innovationsgeschwindigkeit und -intensität geradezu explodiert und die Unsicherheit radikal zunimmt, versagen die klassischen Instrumente von Großunternehmen mit top-down- und langfristiger Planung. Die Innovationen, die etablierte Unternehmen liefern, waren lange Zeit inkrementell: Innovationen der kleinen Schritte. Sie verbessern meist nur das, was ohnehin bereits Erfolg hat. Ein Konzern wird sich zudem in aller Regel hüten, Innovationen zu fördern, die das eigene Geschäftsmodell untergraben, denn die Innovationsarchitekturen großer Unternehmen sind auf Fehlervermeidung, Risikominimierung und Berechenbarkeit ausgelegt – für einen Anbieter kritischer Infrastrukturen ein vernünftiger Ansatz. Große Unternehmen haben vielmehr andere Stärken: Sie sind Meister der Umsetzung, sei es bei der Verbesserung ihrer Produkte, ihrer effizienten Herstellung oder der globalen Vermarktung.

Start-ups sind dagegen „schöpferische Zerstörer". Sie haben das Ziel, traditionelle Wertschöpfungsketten digital neu zu definieren. Ihre Stärke ist die Kreativität, die Geschwindigkeit und die Anpassungsfähigkeit. Was ihnen fehlt, sind die Größenvorteile etablierter Unternehmen.

In einer digitalen Welt liegt das größte Risiko darin, keine Risiken einzugehen. Es stellt sich daher die Frage, wie es Unternehmen schaffen, ihr starkes Rückgrat zu nutzen, um in einzelnen Bereichen spielerischer mit dem Thema Innovation umzugehen – wie Start-ups und mit Start-ups. Kontinuierliches Experimentieren und Iterieren sind das Mittel der Wahl, um kontrollierte Risiken einzugehen (Iansiti und Lakhani 2014, S. 95 ff.).

Ein erster Schritt ist viele Menschen zu involvieren, z. B. durch die Nutzung von Open Innovation oder Crowdsourcing-Plattformen wie Kaggle oder Quirky. Entscheidender ist aus Ideen neue Geschäfte zu entwickeln. Auf einer prinzipiellen Ebene müssen sich Industrieunternehmen der Philosophie der Wagniskapitalindustrie bedienen – dahinter verbirgt sich nichts anderes, als ein systematischer Prozess der Ideengenerierung, Filterung und Risikoreduzierung mit zunehmendem finanziellem Einsatz mit dem klaren Ziel, neues Geschäft zu entwickeln. Wagniskapitalgeber verfolgen den Fortschritt eines Projektes sehr genau und zögern nicht, das Projekt entweder einzustellen oder mit zusätzlichem Kapital zu versorgen, wenn die Ergebnisse dies rechtfertigen. Ihre Investitionsentscheidungen basieren nicht auf 3–5-Jahres „Hockey-stick"-Plänen, sondern auf dem Erreichen kurzfristiger Meilensteine – nicht unbedingt finanzieller Art, sondern auch inhaltlicher Art, wie z. B. der Anzahl neu gewonnener Kunden. Die Voraussetzung hierfür sind klare Metriken zur Messung des RoI.

Methodisch entspricht dieser Ansatz der sog. „Lean-Start-up"-Philosophie, die von Eric Ries (2011) und Steve Blank (2013) populär gemacht wurde. Deren Methode kann beschrieben werden als ein datengetriebener, iterativer, problem- und kundenorientierter sowie praktischer Zugang zu Innovation. Anders als in klassischen Produktentwicklungsprozessen, erfolgen Planung und Umsetzung annähernd simultan. Am Ende dieses validierten Lernens über wenige Wochen steht ein sog. Minimum Viable Product (MVP), ein getesteter Produkt-Markt-Fit einer innovativen Idee.

Unternehmen können diesen Ansatz selbst einsetzen und Start-ups gründen. Viele große Unternehmen haben inzwischen eigene sogenannte Inkubatoren o. ä. ausgebaut, um genau dieses zu tun. Sie können aber auch mit externen Start-ups kooperieren und ggfs. in diese investieren, mit dem Ziel die Vorteile beider Welten zu kombinieren.

Ein Beispiel für eine solche Kooperation ist die Zusammenarbeit der Deutschen Bahn mit dem Start-up Konux aus München. Weichenstörungen gehören zu den häufigsten Ursachen für Verspätungen. Die Deutsche Bahn rüstet deshalb ihre mehr als 60.000 Weichen digital auf. In Zukunft sollen mithilfe smarter Sensoren und spezieller Analysesoftware Probleme erkannt werden, noch bevor eine Störung auftritt. Die Technologie dafür kommt unter anderem von Konux, das daran arbeitet, Parameter wie den Weichenstellstrom, die von den Zügen ausgelösten Vibrationen, die Außentemperatur und andere Faktoren so zu verknüpfen, dass der Reparaturbedarf zuverlässig vorhergesagt werden kann.

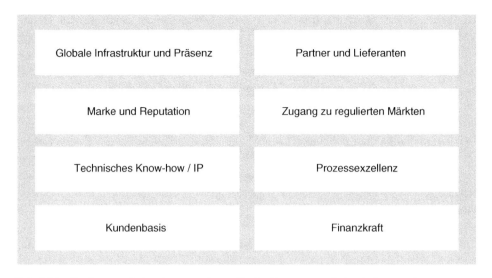

Abb. 18.3 Stärken von Industrieunternehmen (in der Zusammenarbeit mit Start-ups)

Das Beispiel illustriert das Grundprinzip: Großunternehmen liefern das Problem, Start-ups die Lösung – Start-ups können ideenreich und schnell Problemlösungen entwickeln, die Unternehmen helfen mit deren Skalierung durch die Nutzung ihrer Stärken, die für ein Start-up nicht oder nur sehr schwer aufzubauen wären oder anders formuliert, Großunternehmen liefern den Rahmen, innerhalb dessen eine Start-up-Innovation ihren Platz findet (siehe Abb. 18.3).

Besonders effektiv ist dieser Ansatz, wenn Großunternehmen Start-ups als Teil ihres Ökosystems um ihre Plattformen (siehe Abschn. 18.2.1) begreifen und durch geeignete Programme einbinden. Ein Beispiel dafür ist das sogenannte Frontier Partnerprogramm von Siemens. Das Programm unterstützt fertigungsorientierte Start-ups in ausgewählten Technologiefeldern wie 3D-Druck, Augmented Reality oder Robotics und ermöglicht den Zugang zu seiner PLM Software, seinen Technologiepartnern und anderen Entwicklungsressourcen.

18.3 Zusammenfassung

Die Digitalisierung in der Industrie ist in vollem Gange und zahlreiche etablierte Unternehmen sind dabei, sich neu zu erfinden. Sie haben verstanden, dass sie sich in einer digitalen Welt mehr wie ein Softwareunternehmen verhalten müssen, dass sie mehr Start-up-Kultur brauchen und erhebliche Investitionen in Plattformen, Ökosysteme und neue Geschäftsmodelle vornehmen müssen. Diejenigen, die dies verstanden haben und frühzeitig und entschlossen umsteuern, haben gute Chancen, die digitale Transformation zu ihrem Vorteil zu nutzen. Diejenigen, die noch nicht so weit sind, sollten sich dringend mit den hier vorgestellten Treibern, Implikationen und Strategien beschäftigen. Die Herausforderungen liegen aber auch in der Umsetzung. Es geht insbesondere um das richtige Timing. Wie schnell kann das Alte – möglicherweise immer noch hochprofitable – über Bord geworfen werden? Ähnlich wie in der Elektromobilität ist klar, dass die Digitalisierung in der Industrie kommen wird. Doch wie stark sollte man auf neue Kunden setzen, wie viele Ressourcen auf die Entwicklung neuer Technologien setzen und wie viele auf die Weiterentwicklung des Bestehenden? Wie stark sollte man sich selbst kannibalisieren und wie sehr sollte man sich gegen neue Wettbewerber zur Wehr setzen? Darüber hinaus geht es – wie weiter oben gezeigt – darum, das Beste aus verschiedenen Welten miteinander zu kombinieren. Die Einsicht ist eine notwendige Voraussetzung, aber auch hier bleiben genug Herausforderungen in der Umsetzung. Wie verhindert man, dass die neuen zarten Pflänzchen neuer Geschäftsmodelle von den (noch) starken etablierten Einheiten zerdrückt werden? Wie integriert man eine Start-up-Kultur in einem auf technische Perfektion getrimmten Umfeld und wie stellt man sich als traditionelles Unternehmen dem Wettbewerb um digitale Talente? Dies sind nur exemplarische Fragen, die die Herausforderungen in der Umsetzung beleuchten sollen. Die gute Nachricht bleibt jedoch, die Digitalisierung ist eine große Chance für die Industrie und der generelle Weg zum Erfolg ist klar beschreibbar.

Literatur

Andreessen, M. (20. August 2011). Why software is eating the world. *The Wall Street Journal*.
Anthony, S. D. (2012). The new corporate garage: Where today's most innovative – And world-changing – Thinking is taking place. *Harvard Business Review, 2012*(9), 44–53.
Blank, S. (2013). *The four steps to the epiphany: Successful strategies for products that win*. Palo Alto: K&S Ranch.
Brynjolfsson, E., & McAfee, A. (2014). *The second machine age: Work progress, and prosperity in a time of brilliant technologies*. New York: Norton.
Iansiti, M., & Lakhani, K. R. (2014). Digital ubiquity: How connections, sensors, and data are revolutionizing business. *Harvard Business Review, 2014*, 91–99.
Ismail, S., Malone, M. S., & van Geest, Y. (2014). *Exponential organizations: Why new organizations are ten times better, faster, and cheaper than yours (and what to do about it)*. New York: Diversion Books.
Porter, M. E., & Heppelmann, J. E. (2014). How smart connected products are transforming competition. *Harvard Business Review, 2014*(11), 65–88.
Ries, E. (2011). *The lean startup: How today's entrepreneurs use continuous innovation to create radically successful businesses*. New York: Crown Publishing Group.
Shapiro, C., & Varian, H. R. (1999). *Information rules. A strategic guide to the network economy*. Boston: Harvard Business School Press.
The Economist. (18. Januar 2014). Special report tech startups.

Dr. Sven Scheuble ist als Vice President und Partner bei der Siemens Management Consulting verantwortlich für die globale Practice Digitale Innovation. Davor war er bei der Siemens AG in verschiedenen strategischen und operativen Managementpositionen im In- und Ausland tätig. Unter anderem leitete er die Siemens Technology to Business (TTB)-Organisation mit ihren Zentren in Berkeley, München, Shanghai und Tel Aviv, die inzwischen in der neuen Einheit next47 aufgegangen ist. In dieser Funktion hat er das Thema Start-up-Kooperationen für Siemens auf- und ausgebaut. Basierend auf dieser Erfahrung war er immer wieder ein gefragter Ratgeber, was die Zusammenarbeit etablierter und junger Unternehmen angeht, z. B. im Rahmen der Initiative des World Economic Forum „Fostering Innovation-driven Entrepreneurship in Europe", aber auch als Referent, Panelist oder Start-up-Jury-Mitglied und Beirat. Die Ergebnisse seiner Arbeit präsentierte er auf diversen Konferenzen. Sie fanden ebenfalls Erwähnung in renommierten Medien wie Der Spiegel, Bilanz oder der Economist Intelligence Unit.

Seine Karriere begann Dr. Scheuble nach einem Betriebswirtschaftsstudium an den Universitäten Stuttgart-Hohenheim, Tübingen und Roosevelt in Chicago sowie einer anschließenden Promotion an der LMU München bei der Boston Consulting Group in München.

Digitalisierung – Motor für innovative Geschäftsmodelle im Umfeld des hochautomatisierten Fahrens

19

Harry Wagner und Stefanie Kabel

Zusammenfassung

Der Beitrag befasst sich mit der Betrachtung zukunftsfähiger Geschäftsmodelle in Zeiten der Digitalisierung und des technologischen Fortschritts in der Mobilität. Jahrzehnte lang stand das Fahrzeug und damit einhergehend der Verkauf von Personenkraftwagen (Pkw) im Mittelpunkt der Geschäftsmodellierung bei den Automobilherstellern. Der steigende Grad der Vernetzung von Menschen sowie die technologischen Entwicklungen hinsichtlich des hochautomatisierten Fahrens ermöglichen die Entstehung innovativer und zukunftsfähiger Mobilitätskonzepte. Gleichzeitig besteht die Notwendigkeit die Rahmenbedingungen hierfür zu schaffen und zu gestalten. Hierzu zählt neben der Schaffung fahrzeuginterner Voraussetzungen die Beseitigung gesetzlicher, ethischer und infrastruktureller Hürden, um hochautomatisiertes Fahren serienreif umsetzen zu können. Für Automobilhersteller ergeben sich hieraus erhebliche Potenziale, indem die Gestaltung und Umsetzung neuer Geschäftsmodelle finanziell und imagefördernd einen entscheidenden Wettbewerbsvorteil gegenüber der Konkurrenz darstellen kann.

H. Wagner (✉)
THI Business School, Ingolstadt, Deutschland
E-Mail: harry.wagner@thi.de

S. Kabel
THI Zentrum für Angewandte Forschung, Ingolstadt, Deutschland
E-Mail: stefanie.kabel@thi.de

19.1 Einleitung

Die Veränderungen in der Mobilität sowie die zunehmende Nachfrage nach Mobilität sind bereits heute erkennbar. Verstärkt durch den Trend der Urbanisierung steigt im gleichen Zuge das Verkehrsaufkommen in diesen Räumen. Die Folgen davon sind Staus, fehlende Parkvorrichtungen und der Verlust an Lebensqualität durch Luftverschmutzung und einem erhöhten Lärmpegel. In diesem Zusammenhang steigt in diesen Gebieten die Attraktivität des öffentlichen Personennahverkehrs (ÖPNV) sowie die Nachfrage nach platz- und ressourcensparenden Mobilitätslösungen – verbraucht doch ein Pkw im Landverbrauch knapp 10 mal so viel Platz wie ein Bus mit gleicher Personenauslastung (Bohm und Häger 2015, S. 19).

Nachfrageseitig haben Gesellschaftstrends hohe Auswirkungen auf die Art wie Mobilität umgesetzt wird. Räumlich mobil zu sein wird auch zukünftig einen hohen Stellenwert haben, durch den gesellschaftlichen Wandel verändern sich jedoch Einstellungen, Wünsche und Bedürfnisse der Konsumenten und dadurch die Mobilitätsbedürfnisse. Demografische Aspekte, die Veränderung von Lebensstilen und die Konsequenzen der Zunahme der Mobilitätskosten führen dazu, dass der eigene Pkw in vielen Teilbereichen an Bedeutung verliert (z. B. innerstädtischer Verkehr, LOHAS, Simplify) (vgl. Winterhoff et al. 2009, S. 19 ff.). Durch diesen Wandel haben branchenfremde Anbieter die Möglichkeit, den Markt der Mobilitätsdienstleistungen zu erschließen oder neu zu gestalten. Hierbei stehen nicht die Fahrzeuge im Vordergrund, sondern die Dienstleistung Mobilität flexibel, kostengünstig und individualisierbar anzubieten. Dieser Entwicklung folgend findet auch bei den Automobilherstellern ein Umdenken statt und führt dazu, dass nicht mehr die Produktion von Automobilen, sondern der Wandel zum Mobilitätsdienstleister im Fokus der Geschäftstätigkeit steht (vgl. Stricker et al. 2011, S. 10 f.).

Für Automobilhersteller ergibt sich hieraus die Zielsetzung Mobilitätskonzepte und -lösungen zu schaffen, welche das Automobil weiterhin als Produkt bestehen lassen, gleichzeitig jedoch mit der Anpassung von nachfrageorientierten Geschäftsmodellen Erlöse generieren. Das hochautomatisierte bzw. autonome Fahren bildet eine Basis für die Entstehung solcher Geschäftsmodelle (vgl. Keppler Medien Gruppe 2017). Die Vernetzung ist dabei die Grundvoraussetzung, dass sich Fahrzeuge selbstständig (autonom) fortbewegen können. Zum einen über die Kommunikation der Fahrzeuge untereinander (Car-to-Car, C2C), zum anderen ist eine Kommunikation der einzelnen Fahrzeuge mit der vorhandenen Infrastruktur (Car-to-Infrastructure, C2I), wie Lichtsignalsysteme oder Informationen über freie Park- und Halteflächen notwendig. Die Digitalisierung ermöglicht die Kommunikation und mobile Informationsbereitstellung. Der Fokus liegt hierbei auf dem Erhalten und der Nutzung von Daten (vgl. VDA 2015b, S. 19).

Das Ziel des Beitrags ist es innovative Geschäftsmodelle im Umfeld des hochautomatisierten Fahrens, welche durch Digitalisierung ermöglicht werden, zu identifizieren. Hierzu werden zu Beginn die verschiedenen Stufen des autonomen Fahrens erläutert und in diesem Zuge auf die Relevanz der Digitalisierung eingegangen. Weiterhin werden Herausforderungen, die durch die Automation von Fahrzeugen entstehen, thematisiert.

Diese Betrachtung soll Aufschluss darüber geben, welche Hürden es zu beseitigen gibt, bevor eine Automatisierung von Fahrzeugen straßentauglich ist bzw. die Akzeptanz der Nutzer gewährleistet werden kann. Anschließend werden innovative Geschäftsmodelle durch Digitalisierung im Bereich des hochautomatisierten Fahrens identifiziert und näher erläutert.

19.2 Autonomes Fahren im Zeitalter der Digitalisierung

Die Zukunftsthemen Digitalisierung und die dadurch entstehende Möglichkeit des autonomen Fahrens werden in der Mobilitätsforschung, neben der Elektromobilität, als Haupttreiber für Fahrsicherheit, Effizienz und Nachhaltigkeit angesehen (vgl. VDA 2015b). Der zweite Abschnitt gibt einen Überblick über die Entwicklungsstufen des automatisierten Fahrens und welche Auswirkungen die Digitalisierung auf die Mobilitätsbranche hat.

19.2.1 Entwicklungsstufen des automatisierten Fahrens

Assistenzsysteme begleiten die Automobilindustrie bereits seit den 60er-Jahren mit der Einführung eines Tempomaten, der selbstständig für den Fahrer die Geschwindigkeit regelt. Eingeführt als Werkzeug, das den Komfort für den Fahrer erhöht, entwickelte die Automobilindustrie weiter an technologischen Innovationen, die den Komfort sowie die Sicherheit für die Insassen eines Fahrzeugs weiter erhöhen. Von der Einführung des Tempomaten, über das Antiblockiersystem, Brems- und Spurhalte- bis hin zum Staufolgeassistenten, bei dem der Fahrer lediglich das Verkehrsgeschehen beobachten und nur bei Bedarf eingreifen muss, erhöht sich die technologische Autonomie des Fahrzeugs stetig (vgl. VDA 2015a, S. 10).

Das Ziel der Automobilhersteller und neuer Player wie bspw. Apple ist es, ein Fahrzeug zu entwickeln, welches Personen ohne eigene Eingriffe in das Fahrgeschehen befördert (autonomes Fahren). Die Ausprägung des Automatisierungsgrades wurde von dem VDA in fünf Entwicklungsstufen festgelegt (vgl. Abb. 19.1).

Neben dem „Driver only" (Stufe 0) werden die unterstützenden Stufen in das assistierte (Stufe 1), teilautomatisierte (Stufe 2), hochautomatisierte (Stufe 3) und vollautomatisiertes (Stufe 4) Fahren eingeteilt. Als letzte Instanz wird das fahrerlose (Stufe 5) Fahren definiert. Diese sollen im Folgenden näher erläutert werden (vgl. VDA 2015a, S. 14).

Driver only
Driver only bezeichnet das Fahren ohne automatisierte Fahrfunktionen. Die Längs- und Querführung des Fahrzeugs werden durch den Fahrer durchgeführt.

Assistiertes Fahren
Fahrerassistenzsysteme zum assistierten Fahren haben sich schon auf dem Markt etabliert. Hierzu zählen Systeme, die für den Fahrer entweder die Längs- oder die Querführung

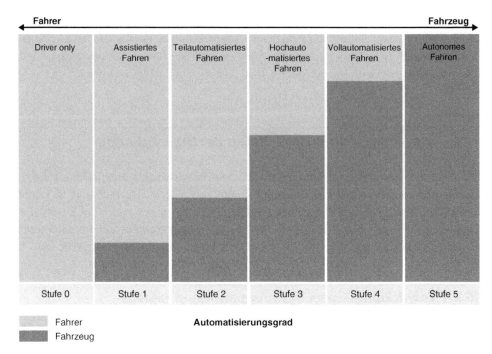

Abb. 19.1 Entwicklungsstufen des automatisierten Fahrens. (Quelle: Eigene Darstellung auf Basis von VDA 2015a)

übernehmen können. Der Fahrer muss zu jeder Zeit übergangslos in der Lage sein, die Fahrzeugführung zu übernehmen. Beispiele hierfür sind der Parkassistent sowie Adaptive Cruise Control (ACC).[1]

Teilautomatisiertes Fahren

Bei dem teilautomatisierten Fahren sind Fahrerassistenzsysteme bereits in der Lage die Längs- und Querführung eines Fahrzeugs für bestimmte Situationen und einem bestimmten Zeitraum zu übernehmen. Weiterhin muss das System dauerhaft durch den Fahrer überwacht werden und eine Übernahme der Fahrfunktion zu jeder Zeit möglich sein. Das Fahrzeug ist nicht in Stande selbstständig in einen risikominimierten Zustand überzugehen. Ein Beispiel hierfür ist der Autobahnassistent.

Hochautomatisiertes Fahren

Das System ist in der Lage situations- und zeitraumspezifisch die Längs- und Querführung des Fahrzeugs zu übernehmen. Eine dauerhafte Systemüberwachung ist bei dem hochautomatisierten Fahren nicht mehr notwendig. Nach Aufforderung muss der Fahrer jedoch in

---

[1] ACC beschreibt ein Fahrerassistenzsystem, das die Abstands- und Geschwindigkeitsregelung für den Fahrer übernimmt.

der Lage sein, die Fahrfunktion wieder aufzunehmen. Zur Vermeidung gefährlicher Situationen wird eine Zeitreserve bei dem Übergang von automatisiertem zu manuellem Fahren eingerechnet. Ein Beispiel hierfür ist der Autobahn-Chauffeur.

Vollautomatisiertes Fahren
Bei dem vollautomatisierten Fahren wird die volle Fahrfunktion in der Längs- und Querführung des Fahrzeugs übernommen. Eine Überwachung durch den Fahrer ist nicht notwendig. Bei der Vollautomatisierung sollen zukünftig alle Fahrfunktionen abgedeckt werden. Bei einem notwendigen Übergang in das manuelle Fahren, wird der Fahrer aufgefordert die Fahrfunktion zu übernehmen. Ist dieser dazu nicht in Stande wird das Fahrzeug in einen risikominimierten Systemzustand zurückgeführt. Als Beispiel ist der Autobahnpilot anzubringen (vgl. Gasser et al. 2012, S. 9).

Autonomes Fahren
Bei dem autonomen Fahren ist kein Fahrer mehr erforderlich. Das Fahrzeug ist in allen Situationen selbstständig in der Lage die Fahrfunktion durchzuführen.

Die für Endkunden auf dem Markt verfügbaren Neuwagen befinden sich aktuell zwischen der Stufe 2 (teilautomatisiertes Fahren) und Stufe 3 (hochautomatisiertes Fahren). Fahrzeuge mit einem höheren Grad der Automatisierung sind noch in der Prototypen-Phase und können auf Testfeldern, wie beispielsweise dem digitalen Testfeld A9, erprobt werden (vgl. BMVI 2017; Holzer 2016). Bezüglich des Zeitpunktes, an welchem das autonome Fahren vollständig realisiert werden kann, sind sich Experten noch nicht einig. Ab dem Jahr 2020 ist jedoch mit den ersten hochautomatisierten Serienfahrzeugen zu rechnen (vgl. VDA 2015a, S. 14).

19.2.2 Bedeutung und Auswirkungen der Digitalisierung für die Mobilitätsbranche

Die Digitalisierung beschränkt sich nicht auf Teilbereiche des Lebens, sondern wirkt sich auf alle Lebensbereiche aus. Neben der Umwandlung von analogen Informationen in digitale Daten, beschreibt Digitalisierung zusätzlich die Automation von Prozessen und Geschäftsmodellen. Dies wird ermöglicht durch die Vernetzung von Menschen, Informationen und Technik. Informationen stehen uns in elektronischer Form zur Verfügung. Mit dem Internet können diese Informationen überall und jederzeit zugänglich gemacht werden und dadurch verschiedene Akteure ständig miteinander kommunizieren. Digitalisierung im Rahmen des vorliegenden Beitrags beschreibt somit die orts- und zeitunabhängige Verfügbarkeit von Informationen bzw. Kommunikation von Akteuren. Können heute eine Vielzahl von Schriften wie Bücher sofort über das Internet in elektronischer Form zur Verfügung stehen, mussten Personen vor dem Zeitalter der Digitalisierung mühsam Bücher in einer Bibliothek suchen. Die Auswirkungen in der Mobilität beziehen sich auf die Art wie und mit welchen Verkehrsmitteln wir mobil sind. Die Nutzung öffentlicher Verkehrsmittel wird komfortabler. Anstatt Fahrpläne in Printversion aus der heimischen Zentrale der Verkehrsgesellschaft mitzunehmen oder Fahrpläne vor Ort zu studieren, bieten Smartphone-Apps oder Informationen auf Internetplattformen die gewünschten Daten, vorwiegend mit Echtzeitinformationen (z. B. Verspätungen) hinterlegt. Navigationssysteme übermitteln genaue standortbezogene Informationen und bringen den Nutzer auf Basis von Echtzeitinformationen über die schnellste Route an das gewünschte Ziel. Diese Entwicklung bietet den Nachfragern von Mobilität, auch in Zeiten eines stetig steigenden Verkehrsaufkommens, Ressourcenknappheit und des Bedarfs an Klimaschutz, die Möglichkeit smart mobil zu sein. Hierbei dient die Digitalisierung als Voraussetzung für eine vernetzte Mobilität. Zum einen die Vernetzung von Personen und Mobilitätsanbietern, mit dem Internet als Schnittstelle, zum anderen die Vernetzung zwischen den Mobilitätsanbietern, die intermodale Wegeketten (i.e. die Nutzung mehrerer Verkehrsmittel für eine Wegstrecke) und somit eine effiziente und nachhaltige Gestaltung von Mobilität ermöglichen (vgl. Zeitbild Wissen 2015, S. 6 ff.; Holitzner 2016). Im Pkw-Verkehr bietet die Digitalisierung die Möglichkeit für Fahrerassistenzsysteme bis hin zu dem angestrebten Ziel des autonomen Fahrens. Als Haupttreiber für autonomes Fahren gilt die Vision des unfallfreien Fahrens (Vision Zero) und somit die Sicherheit für die Insassen eines Fahrzeugs. Aus den Ergebnissen der Verkehrsunfallforschung geht hervor, dass 90 % der Unfälle durch menschliches Fehlverhalten verursacht werden. Künftig soll der Fahrer durch technologische Lösungen – Sensorik (Radar, Lidar,[2] Kamera) – unterstützt werden, um Verkehrsunfälle zu reduzieren. In dem Einsatz des Notbremsassistenten wird beispielsweise ein Reduktionspotenzial von knapp 70 % im Bereich der Auffahrunfälle gesehen (vgl. Robert Bosch 2015). Hinsichtlich des gesellschaftlichen Nutzens kann bereits hochautomatisiertes Fahren zur Verbesserung des Verkehrsflusses beitragen.[3] Dies begründet sich darin, dass schwankende Geschwindigkeiten, Beschleunigungs- und Bremsspitzwerte vermieden werden. Als Folge der Kraftstoffeinsparung, durch eine effiziente Fahrweise, können CO_2-Emissionen nachhaltig reduziert und die Luftqualität verbessert werden (vgl. Cacilo et al. 2015, S. 265).

19.3 Herausforderungen des autonomen Fahrens

Die Automobilindustrie beschäftigt sich bereits seit Jahren mit den Themen des autonomen Fahrens. Für die serienreife Umsetzung sind jedoch rechtliche, ethische und infrastrukturelle Herausforderungen zu bewerkstelligen (vgl. Abb. 19.2). Eine Auswahl kritischer Faktoren wird nachfolgend erläutert.

---

[2] Lidar (light detection and ranging) verwendet Laserstrahlen zur Abstands und Geschwindigkeitsmessung.

[3] Diese Annahme bedingt di9 flächenübergreifende Nutzung von Fahrerassistenzsystemen in Pkw.

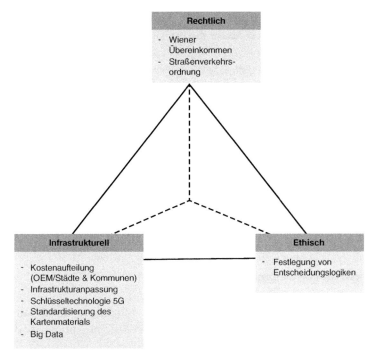

Abb. 19.2 Herausforderungen des autonomen Fahrens für Automobilhersteller

19.3.1 Gesetzliche Voraussetzungen

Neben dem Wiener Übereinkommen, das erstmals 1968 als Übereinkommen über den Straßenverkehr genehmigt wurde, bilden die Straßenverkehrsordnung (StVO) und Sicherheitsanforderungen den gesetzlichen Rahmen für die Führung und Auslegung eines Fahrzeugs im Straßenverkehr. Eine Legalisierung des hochautomatisierten Fahrens setzt die Anpassung der Gesetze und Vorgaben voraus.

Das *Wiener Übereinkommen* ist als Vorgabe für die Verkehrs- und Straßenzulassungsregelung anzusehen, nach der sich die nationale Gesetzgebung richten muss. Die aktuelle Fassung enthält alle Änderungen, die bis 2016 übernommen wurden. Diese beziehen sich vorwiegend auf die Nutzung von Fahrerassistenzsystemen, die für einen bestimmten Zeitraum die Fahrfunktion für den Fahrzeugführer übernehmen können. In der neuen Fassung wurde festgelegt, dass die Unterstützung durch Assistenzsysteme als konform gilt, wenn Bauweise, Montage und Benutzung entsprechend der internationalen Rechtsprechung sind oder der Fahrer zu jeder Zeit in der Lage ist, die Fahrzeugsysteme manuell zu (de-)aktivieren. Davon unberührt sind die rechtlichen Rahmenbedingungen, unter welchen andere Tätigkeiten während des Fahrens vermieden werden sollen. Eine Anwendung hochautomatisierten Fahrens wäre auf Basis des Wiener Übereinkommens somit rechtlich erlaubt, sofern zu jeder Zeit der Fahrer in der Lage ist, die Fahrtätigkeit aufzunehmen.

In der *StVO* werden Fahrerassistenzsysteme nicht erwähnt. Es wird lediglich der Fahrzeugführer als ausführendes Element für die Einhaltung von Rechten und Normen herangezogen. An einer Gleichstellung von Fahrer und den autonomen Funktionen wird durch die Bundesregierung gearbeitet (vgl. BMVI 2016).

Zur Gewährleistung der **Sicherheit** ist dafür Sorge zu tragen, dass Komponenten der Aktorik (Automatisierungstechnik) Redundanzen aufweisen, sodass bei Ausfall eines Systems, die Sicherheit der Fahrfunktion gewährleistet werden kann (vgl. Cacilo et al. 2015, S. 32). Auch im Bereich der Manipulationssicherheit müssen Lösungen zur Vermeidung von Fremdeingriffen identifiziert werden. In aktuellen Backend-Systemen im Fahrzeug wird keine Verbindung mit Dritten hergestellt, sondern alle Informationswege führen über eigene Server der anbietenden Unternehmen (z. B. BMW Connected Drive). Bei einer systemübergreifenden Kommunikation (C2I) müssen die Schnittstellen gesichert werden, um Manipulation von außen zu vermeiden (vgl. Cacilo et al. 2015, S. 91).

19.3.2 Ethische Herausforderungen

Mit den ethischen Herausforderungen, die durch die Nutzung hochautomatisierter/autonomer Fahrzeuge entstehen, befasst sich seit September 2016, im Auftrag der Bundesregierung Deutschland, eine Ethikkommission. Dies ist notwendig, da zukünftig Entscheidungen zur Kollisionsvermeidung von Algorithmen getroffen werden. Dies bezieht sich auf die Verkehrssituationen, in welchen die Fahraufgabe an das System übergeben wird und ein Einschreiten des Fahrers, trotz Systemüberwachung, nicht mehr möglich ist. Die Politik versucht in diesen Anwendungsfällen (Stufe 3/4) und im weiteren Schritt für das autonome Fahren (Stufe 5), Entscheidungslogiken als Vorgabe festzulegen. Als Grundsätze gelten hierbei von Beginn an „Sachschaden geht immer vor Personenschaden" (BMVI 2016) sowie „es darf keine Klassifizierung von Personen geben, etwa nach Größe oder Alter." (BMVI 2016). Somit müssen zum einen benachteiligte Verkehrsteilnehmer (z. B. Fußgänger und Fahrradfahrer) beim hochautomatisierten/autonomen Fahren geschützt und aufgrund physischer und psychischer Merkmale nicht diskriminiert werden (vgl. BMVI 2016).

19.3.3 Infrastrukturelle Voraussetzungen

Neben den fahrzeuginternen Maßnahmen sind auch externe Voraussetzungen wie infrastrukturelle Anpassungen zu berücksichtigen. Um allerdings die finanzielle Belastung der Städte und Kommunen zu reduzieren, stehen die fahrzeuginternen Anpassungen im Vordergrund. Trotzdem ist es von hoher Bedeutung, dass die Verkehrsinfrastruktur den vorgegebenen Standards entspricht. Dies bezieht sich, bei autonom durchgeführten Fahrsituationen, unter anderem auf die Lichtsignalsysteme und statische Verkehrszeichen. Diese müssen in optimaler Position zum Fahrzeug stehen und eine hohe Farbintensität aufweisen, sodass die fahrzeuginterne Sensorik diese (frühzeitig) wahrnehmen kann. Dies gilt gleichermaßen für die Fahrbahnmarkierungen, welche kontrastreich sowie durchgängig gewährleistet werden müssen. Durch diese Maßnahmen wird es der Fahrzeugsensorik ermöglicht, die Fahrbahnstrecke zu identifizieren und diese einzuhalten. Weiterhin benötigen die Fahrzeuge Informationen, welche in Echtzeit zur Verfügung stehen müssen. Hierzu erforderlich ist eine hohe Bandbreite, welche nur über eine durchgängige Abdeckung des Mobilfunknetzes gewährleistet werden kann. Das 5G-Netz, welches bis 2020 für kommerzielle Zwecke einsatzfähig sein soll, ist Voraussetzung hierfür, da mit dieser Technologie eine geringe Latenzzeit sowie eine hohe Datenrate übertragbar ist. Sind die Grundsteine gelegt, müssen Lösungen für weitere Herausforderungen gefunden werden. Orientiert sich die Sensorik bei guten Sichtverhältnissen an seiner Umgebung (Fahrbahnmarkierungen, Beschilderung), ist dies bei schlechten Sichtverhältnissen und beispielsweise einer durch Schnee bedeckten Fahrbahn nicht möglich. Dies setzt neben der Fahrzeugsensorik ein hochpräzises Kartenmaterial voraus, welches eine flächendeckende Darstellung der Infrastruktur sowie temporäre Veränderungen (z. B. Baustellen) aufweist. Auch Automobilhersteller, die bis heute ihre Informationen für die Navigation aus unterschiedlichen Quellen beziehen, müssen an einer Standardisierung des Kartenmaterials arbeiten (vgl. VBW 2016, S. 3 ff.; Klumpp 2016, S. 41).

Aufseiten der Automobilhersteller ist die funktionale Sicherheit der Sensorik eines der Hauptthemen, welche das autonome Fahren ermöglichen. Die Sensorinformationen geben Aufschlüsse über die Umgebung und benötigen hierzu Klassifikationsalgorithmen, welche die Daten der Sensoren in Objekte (dynamisch/statisch) übersetzen und Handlungsoptionen festlegen. Dies bedeutet, dass für sämtliche Situationen, z. B. Pre-Crash-Situationen, Reaktionen vorgegeben (programmiert) werden müssen. Aufgrund der Vielzahl der Daten, welche kontinuierlich während des Fahrvorgangs aufgenommen, analysiert und gespeichert werden müssen, bedarf es einer hohen Rechenleistung sowie eines lastfähigen Speichermediums (Big Data Handling) (vgl. Herrtwich 2016).

19.4 Innovative Geschäftsmodelle durch Digitalisierung im Umfeld des hochautomatisierten Fahrens

Neben den Herausforderungen, welche durch die Digitalisierung sowie dem steigenden Grad der Automatisierung für Mobilitätsanbieter entstehen, können sowohl auf dem Mobilitätsmarkt etablierte als auch neue Player von den Veränderungen profitieren. Im Mittelpunkt steht hierbei die Gestaltung neuer bzw. die Anpassung bestehender Geschäftsmodelle. Nachfolgend werden zwei Beispiele der innovativen Geschäftsmodellierung durch Digitalisierung im Umfeld des hochautomatisierten Fahrens vorgestellt.

19.4.1 Hochautomatisierter Güterverkehr

Jährlich werden in Deutschland knapp 3,6 Mio. t (2015) Güter über den Verkehrsträger Straße transportiert. Im Modalsplit macht dies einen Anteil von ca. 80 % des national gesamt beförderten Gütertransports aus (vgl. Statistisches Bundesamt 2016a, S. 591). Aufgrund des hohen Gewichtes der Lastkraftwagen (Lkw) haben Unfälle, in welchen ein Lkw involviert ist, für Beteiligte häufig schwerwiegende Folgen. Im Jahr 2015 wurden 19.260 Unfälle mit Personenschaden von Lkw-Fahrern verursacht. Dies entspricht einem Anteil von 52,6 % aller Unfälle mit Personenschaden unter der Beteiligung eines Güterkraftfahrzeuges (vgl. Statistisches Bundesamt 2016b, S. 124). Aus einer Studie geht hervor, dass in 42 % der Unfälle eine fehlende Anpassung der Geschwindigkeit der Lkw als Hauptursache für Unfälle galt. In 32 % der Unfälle wurde Übermüdung der Fahrer sowie die Nichteinhaltung des Sicherheitsabstands festgestellt (vgl. Evers und Auerbach 2005, S. 25). Durch eine Vernetzung von Fahrzeugen sowie die daraus entstehende Möglichkeit des hochautomatisierten Fahrens wird es in diesen Fällen zukünftig möglich sein, Unfälle dieser Art zu vermeiden. Im Straßengüterverkehr wird das Platooning als Treiber für die Sicherheit und zur Reduzierung der Total Cost of Ownership (TCO) angesehen. Unter Platooning ist die Vernetzung von mindestens zwei Fahrzeugen zu verstehen. Das vorausfahrende Fahrzeug dient als Kolonnenführer und übernimmt die Führung der gesamten Kette verbundener Fahrzeuge. Die folgenden Fahrzeuge fahren in einem geringen Abstand autonom die gleichen Manöver wie der Kolonnenführer. Der Einsatzort wird vorwiegend Autobahnfahrten berücksichtigt (vgl. Christof 2015). Die Voraussetzung für Platooning ist die Kommunikation und Vernetzung der Fahrzeuge, die ein derartiges Geschäftsmodell erst möglich macht (siehe Abb. 19.3).

Der Mehrwert für das Transportunternehmen liegt in der Effizienzsteigerung der Transporte. Da der Abstand zwischen den verbundenen Fahrzeugen lediglich zehn Meter beträgt, können Kraftstoffeinsparungen bis zu 10 % realisiert und durch gleichmäßige Geschwindigkeit sowie dem Ausbleiben von gefährlichen Überholmanövern die Sicherheit

Key Partners	Key Activities	Value Proposition	Customer Relationships	Customer Segments
Automobilhersteller	Kommunikation und Vernetzung der Fahrzeuge	Erhöhung der Planungssicherheit	Loyalität gegenüber dem Transportdienstleister	Produzierende Unternehmen
	Transportdurchführung	Reduzierung des Ausfallrisikos		
	Key Resources	Reduzierung des Unfallrisikos	**Channels**	
	Platooningfähige Lkw	Nachhaltigkeit	Transportausschreibung	
	Kolonnenführer	Preissenkung		
Cost Structure Automatisierungstechnologie Wartung, Personalkosten	**Kosteneinsparungspotenzial:** - Energiekosten - Reparatur-/Wartungskosten - Ausfallkosten - Effizienzsteigerung der Mitarbeiter - Vermeidung Strafzahlungen (Überschreitung der max. Lenkzeit)	**Revenue Streams** Transporteinnahmen		

Abb. 19.3 Geschäftsmodell hochautomatisierter Güterverkehr nach CANVAS

im Straßenverkehr erhöht werden. Dies bedeutet für das Transportunternehmen zum einen eine Kostenreduktion durch geringere Ausgaben für Kraftstoffe sowie geringere unfallbedingte Ausfallzeiten. Aufgrund des hochautomatisierten Vorgangs auf Teilstrecken (Autobahn), können sich die Fahrzeuginsassen anstatt der Fahraufgabe auf andere Aufgaben konzentrieren (Routenplanung), oder durch den potenziellen Wegfall der Pausenzeiten, während des hochautomatisierten Fahrens, ihre Standzeiten reduzieren. Insgesamt dürfen Lkw-Fahrer eine tägliche Lenkzeit von neun Stunden nicht überschreiten und müssen nach spätestens 4,5 h eine Pause einlegen (45 min). Aufgrund der freien Zeit, der dem Kolonnenführer folgenden Lkw-Fahrer, könnten diese Vorgaben ohne Berücksichtigung bleiben (vgl. Union Betriebs-GmbH 2016, S. 17). „Das könnte so weit gehen, dass Fahrzeiten nicht als Lenkzeiten angerechnet werden" (Verkehrsrundschau 2016). Neben den finanziellen Vorteilen für das Transportunternehmen, können durch die Kraftstoffeinsparungen CO_2-Emissionen reduziert werden und das Image des Transportsektors Straßengüterverkehr verbessern.

Die Kunden profitieren von der Flexibilisierung des Transports und der Weitergabe von Kosteneinsparungen in der Transportkette. Unter der Flexibilisierung des Transports ist die Erhöhung der Liefersicherheit zu verstehen. Zum einen kann durch die Verminderung von Verkehrsunfällen aufgrund von Fehlverhalten der Lkw-Fahrer ein Lieferausfall vermieden werden. Dies erhöht die Planungssicherheit für Produktionsbetriebe und kann im Idealfall die Lagerkosten der Kunden verringern, indem Fahrzeiten, durch die Abgrenzung von Lenk- und Ruhezeiten, erhöht und dadurch eine höhere Rate an Anlieferprozessen realisiert werden können. Die Weitergabe von Kosteneinsparungen (Kraftstoff) legt sich in den Preisen je Ladungseinheit nieder und verringert dadurch die Transportkosten für den Kunden.

Anfangsinvestitionen für den Umbau der bestehenden Fahrzeugflotte bzw. die höheren Kosten bei der Neuanschaffung hochautomatisierter bzw. platooningfähiger Lkw müssen von den Transportunternehmen getragen werden. Aufgrund der Notwendigkeit eines Fahrers für Teilstrecken, welche nicht in einer Kolonne durchführbar sind, wie beispielsweise Fahrten zur Autobahn (Erste Meile) und Wege ab Autobahnausfahrt zum Kunden (Letzte Meile), fallen für den laufenden Betrieb weiterhin Personalkosten an. Abzuwarten sind hierbei arbeitsrechtliche Veränderungen, welche die Lenk- und Ruhezeiten im hochautomatisierten Betrieb definieren und dadurch die Kostenrechnung beeinflussen.

Umsatzpotenziale liegen für die Transportunternehmen in der Effizienzsteigerung der Lkw, indem der Lkw ohne Doppelbesetzung des Fahrzeugs (Fernverkehr) in Bewegung ist und strenge Ruhezeiten, in denen das Fahrzeug stillsteht, an Bedeutung verlieren. Je nach Entfernung des Transportziels können so Lieferzeiten verkürzt und das Fahrzeug schneller für neue Transporte zur Verfügung gestellt werden. Der größte Kostenblock, der bei Transportvorgängen entsteht, sind Kraftstoffkosten. Hierauf entfallen ca. 27 % der gesamten Transportkosten (vgl. Commerzbank 2013, S. 14), welche durch den Effizienzgewinn des Energieverbrauchs erheblich gesenkt werden können (vgl. Christof 2015). Die Erhöhung der Sicherheit des kooperierenden Fahrens generiert passive Kosteneinsparungen. Hierbei sind vor allem Ausfallkosten durch Unfälle zu erwähnen sowie Einsparungen von Strafzahlungen für die Überschreitung der maximalen Lenkzeiten eines Lkw-Fahrers.

19.4.2 Car Sharing free of charge

Der „Wettlauf um den vernetzten Kunden" (Wee et al. 2015, S. 1) hat begonnen und die Bedeutung von Daten wird immer wichtiger. Nicht nur für die Schaffung personalisierter Werbung in einem Zeitalter der Kundenmacht. Die Entwicklung teil-, hoch- und vollautomatisierter Fahrfunktionen muss kontinuierlich eine große Menge von Alltagssituationen beherrschen. Damit einhergehend steigt die Komplexität der zu erprobenden Funktionen, die auf einem automobilherstellereigenen Testgelände oftmals nicht mehr durchführbar sind. Das Schlüsselwort ist hierbei Big Data. Mit einer großen Menge an Betriebs- und somit Testdaten aus dem realen Umfeld können Fahrfunktionen und Fahrerassistenzsysteme kontinuierlich (weiter-)entwickelt werden. Funktionen, die sich mit herkömmlicher Algorithmik nicht bewerkstelligen lassen, können mithilfe neuronaler Netze (künstlicher Intelligenz) bewältigt werden. Für das Training benötigen sie jedoch eine hohe Anzahl an Daten. Aufgrund der Lernfähigkeit neuronaler Netze, ermöglicht die Anwendung das Erkennen von Mustern, Zusammenhängen sowie Sprache und eignet sich für die Anwendung im dynamischen Verkehr für autonome Systeme (vgl. Langenwalter 2016).

Ein Geschäftsmodell für Automobilhersteller (siehe Abb. 19.4) kann darin liegen, reale Fahrdaten in hochautomatisierten Car-Sharing-Fahrzeugen als Testdaten für das autonome Fahrzeug zu nutzen. Hierbei wird eine Testflotte von hochautomatisierten Car-Sharing-Fahrzeugen mit zusätzlichen Sensoren ausgestattet und die gewonnenen Daten zum Trainieren der neuronalen Netze genutzt. Während sich Fahrer bei umfeldbezogenen Daten einfacher zur Freigabe bereit erklären, ist die Bereitschaft personenbezogene Daten preiszugeben

Key Partners	Key Activities	Value Proposition	Customer Relationships	Customer Segments
Car Sharing Anbieter Plattform-Anbieter	Services Marketing Ausstattung der Fahrzeuge (z. B. Sensorik) Softwareentwicklung	Erhöhung der Fahrzeugsicherheit Kostenlose Mobilität	Automatisierte Dienstleistung Kreative Partnerschaft (Befragung, Befragung, Beobachtung)	Car Sharing Nutzer Personen in Besitz einer gültigen Fahrerlaubnis im Einzugsgebiet des Car Sharing Angebotes
	Key Resources Server Funktionsentwickler Kundenbasis	Innovative Fahrerassistenzsysteme Produkt-Service-Innovation	**Channels** Smartphone-App Service-Hotline	

Cost Structure		Revenue Streams	
Betriebskosten (Wartung, Reparatur, Betankung, Personal)	Kosteneinsparungspotenzial: - Nutzung des vorhandenen Kundenstamms als Testfahrer - Testszenarien neuer Erlösmodelle	Verkauf personenbezogener Informationen (z. B. Fahrdynamik)	
Ausstattung der Car Sharing Flotte		Navigationssystem	Verkauf aktueller Karteninformationen

Abb. 19.4 Geschäftsmodell Car Sharing free of charge nach CANVAS

eher mit Ablehnung behaftet. Personenbezogene Informationen können mit Hilfe von Kameras im Fahrzeuginneren, welche den Fahrer während der Fahrt beobachten, Drucksensoren im Fahrersitz oder low range Radar ermittelt werden (vgl. Neidel 2017). Als Anreiz zur Preisgabe dieser Daten kann den Nutzern die Fahrt kostenfrei zur Verfügung gestellt werden. Trotz des Ausbleibens von Einnahmen ist hierbei zu bedenken, dass die Automobilhersteller, sollten sie diese Daten durch interne Testszenarien ermitteln wollen, Mitarbeiterressourcen für Testfahrten freistellen bzw. aufstocken müssten, was wiederum Kosten verursacht.[4] Die Vorteile der Nutzung von realen Testflotten im Car-Sharing-Betrieb liegen in der Anzahl der Forschungsobjekte und Testszenarien. Die Vernetzung von Fahrzeugflotte, Infrastruktur und den Nutzern ermöglicht es, das hochautomatisierte Fahren stetig zu verbessern sowie autonomes Fahren schneller umzusetzen und daraus neue Geschäftsmodelle entstehen zu lassen.

Der Mehrwert für die Automobilhersteller liegt in der Sammlung unterschiedlicher Datentypen, welche sowohl als Input für die Weiterentwicklung des hochautomatisierten Fahrens hin zum autonomen Fahren sowie zur Generierung von zusätzlichen Einnahmen genutzt werden können.

Prädiktive Routenführung: Bei der prädiktiven Routenführung können Daten zum Verkehrsaufkommen mittels GPS zur Verbesserung der Navigation gesammelt werden. Während eine herkömmliche Navigation bei der Routenführung von aktuellen Verkehrsdaten ausgeht, kann durch die Analyse gewonnener Verkehrsdaten z. B. Stauwahrscheinlichkeiten zu dem Zeitpunkt, an dem die Engpassstelle erreicht wird, einbezogen und zukünftig bereits bei Fahrtantritt berücksichtigt und eine alternative Route vorgegeben werden (vgl. Neidel 2017).

Fahrerzustandserkennung: Die Fahrerzustandserkennung dient mehreren Zwecken für Automobilhersteller. Zum einen können Eingriffsschwellen beim manuellen Fahren ermittelt werden. Dies zielt auf Erkenntnisse ab, wann ein Assistenzsystem in das Fahrgeschehen eingreifen muss bzw. soll. Wird durch Sensoren, die das Umfeld des Fahrzeugs detektieren, eine Gefahrensituation erkannt, kann mithilfe der im Innenraum angebrachten Sensorik, z. B. der Kamera, die Reaktion des Fahrers beobachtet werden. Erkennt das System, dass der Fahrer nicht rechtzeitig reagieren kann, beispielsweise durch Unaufmerksamkeit, wird ein Eingreifen in der Fahrzeugführung eingeleitet. Erkennt das System jedoch, dass der Fahrer die Gefahrensituation erfasst hat, wird ein Eingreifen nur bei einem drohenden Unfall eingeleitet. Dies gewährleistet, dass sich der Fahrer nicht durch das Fahrerassistenzsystem bevormundet fühlt und die Akzeptanz des Systems zunimmt (intuitives Fahrgefühl). Weiterhin können Erkenntnisse hinsichtlich des Übergangs von autonomen Fahrfunktionen zur manuellen Übernahme durch den Fahrer gewonnen werden. Auf Grundlage der im Fahrzeug angebrachten Sensorik, kann das System erkennen, ob der Fahrer in der Lage ist, die Fahrfunktion aufzunehmen. Neben den Informationen, welche

---

[4] Am Beispiel von Google Car wird das Ausmaß der benötigten Daten zur Sicherstellung eines funktionierenden autonomen Fahrzeugs ersichtlich. Innerhalb von acht Jahren wurden ca. fünf Millionen Testkilometer zurückgelegt.

Zeit für den Übergang vom autonomen zu manuellen Fahren benötigt wird, kann bei ausbleibender Aufmerksamkeit des Insassen das Fahrzeug in einen sicheren Zustand überführt werden (vgl. Neidel 2017).

Der zusätzliche Einsatz von Eye-Tracking hilft dabei, die Aufmerksamkeit des Fahrers zu erkennen. Häufiges Blinzeln kann beispielsweise auf die Müdigkeit des Fahrers hinweisen. Hinsichtlich des frühzeitigen Erkennens von Gefahrensituation kann die Blickrichtung des Fahrers Aufschluss geben. Erkennt das System beispielsweise eine mögliche Unfallsituation durch einen querenden Fahrradfahrer, wird nur dann in das Fahrgeschehen eingegriffen, wenn der Fahrer den Fahrradfahrer nicht sieht (z. B. durch Blick in andere Richtung) oder wenn das System erkennt, dass eine Kollisionsvermeidung zu einem späteren Zeitpunkt nicht mehr möglich wäre. Durch kamerabasierte Sensorik werden andere Sensorsysteme (z. B. Ultraschall, low range Radar) sukzessive angelernt und trainiert. Dies ermöglicht autonomes Fahren in Serie, später auch ohne eine Kameraüberwachung im Fahrzeuginneren (vgl. Neidel 2017).

Fahrdynamik: Während der manuellen Fahrt sollen neuronale Netze trainiert werden hinsichtlich fahrdynamischer Aspekte. Ziel ist es, eine intuitive Fahrdynamik für das autonome Fahren zu erlernen. Aufgezeichnet wird vorwiegend das Fahrverhalten der Längsdynamik (Bremsen, Beschleunigen). Dies beinhaltet beispielsweise den Zeitpunkt, wann ein Fahrer vor einer Ampel den Bremsvorgang einleitet oder mit welcher Geschwindigkeit Kurven befahren werden (vgl. Neidel 2017).

Fahrverhalten: In diesem Teilbereich der Datensammlung lernt das System situative Verhaltensweisen des Fahrers. Hervorzuheben sind hierbei Situationen, in denen die Verkehrsregelung unklar ist. Dies können Kreuzungen sein, die nicht mit Ampelsystemen oder einer Beschilderung ausgestattet sind und Fahrer im manuellen Betrieb intuitiv entscheiden oder sich durch Handzeichen verständigen. Ein weiteres Beispiel ist die Verhaltensweise bei Einfädelvorgängen. Ist das System lediglich auf Sicherheit ausgelegt, wird bei hohem Verkehrsaufkommen ein Befahren der Zielstrecke nicht durch das System umgesetzt. Hier ist auf Basis von Realfällen ein Mittelweg zwischen Fahrsicherheit und Aggressivität zu erreichen (vgl. Rötzer 2015).

Umfelddaten: Neben der prädiktiven Routenführung können durch das Verknüpfen von Kamera- und GPS-Informationen aktuelle Daten bzgl. Verkehrszeichen, Straßen und Points of Interest entlang der Verkehrswege gesammelt werden und als Input für Kartenmaterial dienen (vgl. Neidel 2017).

Die Sicherstellung des laufenden Betriebs erfordert Anfangsinvestitionen in die Ausstattung und Bereitstellung der Car-Sharing-Testflotte. Die Fahrzeuge müssen mit Fahrerassistenzsystemen für das hochautomatisierte Fahren und der dazugehörigen Sensorik ausgestattet werden. Laufende Kosten würden im Betrieb der Fahrzeuge anfallen. Diese müssen einer regelmäßigen Wartung und ggf. Reparaturen unterzogen werden. Weiterhin muss die Betankung (abhängig von Antriebstechnik) gewährleistet werden, um die Betriebsbereitschaft sicherzustellen. Als Medium zur Zwischenspeicherung der gesammelten Daten ist eine fahrzeuginterne Infrastruktur einzubauen, welche in festgelegten Zeitintervallen ausgelesen und die Informationen an den Automobilhersteller übermittelt werden.

Dem Automobilhersteller entsteht durch die Informationsgenerierung über den Kunden ein Kosteneinsparungspotenzial. Würden für diesen Prozess eigene personelle Ressourcen freigesetzt werden, überstiegen die Kosten die entgangenen Einnahmen für die kostenfreie Nutzung des Car Sharing aufgrund der hohen Menge an benötigten Daten.[5] Des Weiteren können Einnahmen generiert werden, indem die im Betrieb gesammelten Informationen (aktuelle Karteninformationen, Navigation, Fahrdynamik) an Dritte verkauft werden. Die markenspezifische Testflotte kann weiterhin positive Auswirkungen auf die emotionale Bindung sowie das Vertrauen zu dem Automobilhersteller haben und diesen weg von einem reinen Automobilhersteller als Mobilitätsdienstleister in der Gesellschaft verankern.

19.5 Fazit

Die Veränderungen auf dem Mobilitätsmarkt und die Entwicklungen gesellschaftlicher Trends machen deutlich, dass sich die in Zukunft benötigten Geschäftsmodelle verändern müssen. Dazu bieten die technologischen Errungenschaften wie Digitalisierung und das autonome Fahren Möglichkeiten, Geschäftsmodelle neu zu definieren oder nachfrageorientiert anzupassen. Bei der Betrachtung möglicher Geschäftsmodelle zeigt sich, dass sowohl die Automobilindustrie als auch der Transportsektor im Nutzfahrzeugbereich von den technologischen Entwicklungen profitieren können. Im Vordergrund stehen die Sicherheit (unfallfreies Fahren) und die zunehmende Bedeutung von Daten. Bevor die Potenziale dieser Technologien allerdings ausgeschöpft werden können, muss an der Schaffung der notwendigen Voraussetzungen gearbeitet werden. Hierzu zählen neben den gesetzlichen Vorgaben auch die gesellschaftliche Akzeptanz sowie die sichere Serienreife und Umsetzung. Die Auswirkungen der Digitalisierung und des autonomen Fahrens, genauso wie die entstehenden Geschäftsmodelle, werden sich ab dem Jahr 2020 zeigen, wenn hochautomatisiertes Fahren kontinuierlich in die Serienproduktion geht und für Kunden am Markt erhältlich ist.

Literatur

Bohm, F., & Häger, K. (2015). Introduction of autonomous vehicles in the Swedish traffic system. https://uu.diva-portal.org/smash/get/diva2:816899/FULLTEXT01.pdf. Zugegriffen am 26.05.2017.

Bundesministerium für Verkehr und digitale Infrastruktur. (2016). PK Ethikkommission automatisiertes Fahren mit BM Dobrindt vom 30.09.2016. https://www.youtube.com/watch?v=f8g-PJux-KvY. Zugegriffen am 26.05.2017.

---

[5] Die durchschnittlichen Lohnkosten pro Stunden in der Automobilindustrie liegen bei 44 EUR (2016), Die Ausfallkosten, wird Car Sharing den Nutzern kostenfrei angeboten, belaufen sich auf 11,76 EUR (Netto) bei dem Anbieter car2go bzw. 15,63 EUR (Netto) bei dem Anbieter DriveNow.

Bundesministerium für Verkehr und digitale Infrastruktur. (2017). Digitales Testfeld Autobahn. https://www.bmvi.de/SharedDocs/DE/Publikationen/DG/digitales-testfeld-autobahn-internet.pdf?__blob=publicationFile. Zugegriffen am 26.05.2017.

Cacilo, A., et al. (2015). Hochautomatisiertes Fahren auf Autobahnen – Industriepolitische Schlussfolgerungen. https://www.bmwi.de/Redaktion/DE/Downloads/H/hochautomatisiertes-fahren-auf-autobahnen.pdf?__blob=publicationFile&v=1. Zugegriffen am 26.05.2017.

Christof, F. (2015). Platooning: Lkw im elektronisch gekoppelten Fahrzeugkonvoi. https://futurezone.at/science/platooning-lkw-im-elektronisch-gekoppelten-fahrzeugkonvoi/116.088.643. Zugegriffen am 26.05.2017.

Commerzbank AG. (Hrsg.). (2013). Transport/Logistik – Verkehrsrundschau. https://www.google.de/search?q=commersbank+-+transport%2Flogistik&ie=utf-8&oe=utf-8&client=firefox-b-ab&gfe_rd=cr&ei=_E02WZ6AIebM8gekwbDABA. Zugegriffen am 26.05.2017.

Evers, C., & Auerbach, K. (2005). *Verhaltensbezogene Ursachen schwerer Lkw-Unfälle*. Bremerhaven: Verlag für neue Wissenschaft GmbH.

Gasser, T. M., et al. (2012). *Rechtsfolgen zunehmender Fahrzeugautomatisierung*. Bremerhaven: Verlag für neue Wissenschaft GmbH.

Herrtwich, R. G. (2016). Fahren ohne Fahrer: Was funktioniert (und wie) und was eher nicht (und wieso)? vom 28.08.2016. https://www.youtube.com/watch?v=Jvh4tad1T-4. Zugegriffen am 26.05.2017.

Holitzner, B. (2016). Was ist eigentlich Digitalisierung? http://www.wiwo.de/technologie/digitale-welt/digitalstrategie-was-ist-eigentlich-digitalisierung/13014938.html. Zugegriffen am 26.05.2017.

Holzer, H. (2016). Autonom ist nicht gleich autonom. http://www.zeit.de/mobilitaet/2016-09/selbstfahrende-autos-entwicklung-schwierigkeiten/komplettansicht. Zugegriffen am 26.05.2017.

Keppler Medien Gruppe. (Hrsg.). (2017). Studie zur Zukunft der Mobilität. https://www.av-ronline.de/nachrichten/news+views+markets/der+entscheidende+faktor+fuer+die+automobil+zukunft+ist+laut+arthur+d+little+die+staatliche+regulierung+.170593.htm. Zugegriffen am 26.05.2017.

Kfz-Technik – Robert Bosch. (2015). Fahrerassistenzsysteme machen das Autofahren sicherer, entspannter und umweltfreundlicher. https://www.vis.bayern.de/produktsicherheit/produktgruppen/kraftfahrzeuge/fahrerassistenzsysteme_sicherheit_kfz.htm. Zugegriffen am 26.05.2017.

Klumpp, D. (2016). DIVSI Studie Digitalisierte urbane Mobilität – Datengelenkter Verkehr zwischen Erwartung und Realität. https://www.divsi.de/wp-content/uploads/2016/09/DIVSI-Studie-Digitalisierte-Urbane-Mobilitaet.pdf. Zugegriffen am 26.05.2017.

Langenwalter, J. (2016). Künstliche Intelligenz im autonomen Fahren. http://www.all-electronics.de/kuenstliche-intelligenz-im-autonomen-fahren/. Zugegriffen am 26.05.2017.

Neidel, T. (2017). Experteninterview geführt durch Autoren am 18.05.2017.

Rötzer, F. (2015). Autonome Fahrzeuge: Mensch-Maschine-Probleme. https://www.heise.de/tp/features/Autonome-Fahrzeuge-Mensch-Maschine-Probleme-3377411.html. Zugegriffen am 26.05.2017.

Statistisches Bundesamt. (Hrsg.). (2016a). Statistisches Jahrbuch Deutschland und Internationales 2016. https://www.destatis.de/DE/Publikationen/StatistischesJahrbuch/StatistischesJahrbuch2016.html. Zugegriffen am 26.05.2017.

Statistisches Bundesamt. (Hrsg.). (2016b). Verkehrsunfälle Zeitreihen 2015. https://www.destatis.de/DE/Publikationen/Thematisch/TransportVerkehr/Verkehrsunfaelle/VerkehrsunfaelleZeitreihenPDF_5462403.pdf?__blob=publicationFile. Zugegriffen am 26.05.2017.

Stricker, K., et al. (2011). Vom Automobilhersteller zum Mobilitätsdienstleister. http://www.bain-company.ch/Images/Bain_brief_vom_automobilbauer_zum_mobilitatsdienstleister.pdf. Zugegriffen am 26.05.2017.

Union Betriebs-GmbH. (Hrsg.). (2016). Fahrzeuge lernen denken, ihre Fahrer das Staunen. fuhrpark 4 future 1, S. 14–19.

Verband der Automobilindustrie (Hrsg.). (2015a). *Automatisierung – von Fahrerassistenzsystemen zum automatisierten Fahren*. Berlin: Verlagsgesellschaft Potsdam mbH.

Verband der Automobilindustrie. (Hrsg.). (2015b). Vernetztes und automatisiertes Fahren sowie Elektromobilität sind die Innovationstreiber der Automobilindustrie. https://www.vda.de/de/presse/Pressemeldungen/20150319-Vernetztes-und-automatisiertes-Fahren-sowie-Elektromobilit-t-sind-die-Innovationstreiber-der-Automobilindustrie.html. Zugegriffen am 26.05.2017.

Vereinigung der Bayerischen Wirtschaft. (2016). Automatisiertes Fahren – Infrastruktur. https://www.vbw-bayern.de/Redaktion/Frei-zugaengliche-Medien/Abteilungen-GS/Wirtschaftspolitik/2016/Downloads/160418-Automatisiertes-Fahren-Infrastruktur.pdf. Zugegriffen am 26.05.2017.

Verkehrsrundschau. (Hrsg.). (2016). Spediteure zögern bei automatisierten Lkw. http://www.verkehrsrundschau.de/spediteure-zoegern-bei-automatisierten-lkw-1832645.html. Zugegriffen am 26.05.2017.

Wee, D., et al. (2015). Wettlauf um den vernetzten Kunden – Überblick zu den Chancen aus Fahrzeugvernetzung und Automatisierung. https://www.mckinsey.de/files/mckinsey-connected-customer_deutsch.pdf. Zugegriffen am 26.05.2017.

Winterhoff, M., et al. (2009). Zukunft der Mobilität 2020 – Die Automobilindustrie im Umbruch. https://www.yumpu.com/de/document/view/1371744/langfassung-die-automobilindustrie-im-umbruch-arthur-d-little. Zugegriffen am 26.05.2017.

Zeitbild Wissen. (Hrsg.). (2015). Mobilität und Digitalisierung – Technik und Nachhaltigkeit im Unterricht. http://www.zeitbild.de/wp-content/uploads/2015/06/Mobilitaet_web.pdf. Zugegriffen am 26.05.2017.

Prof. Dr. Harry Wagner studierte Wirtschaftsingenieurwesen an der TU Darmstadt. 2006 hat er an der Universität Stuttgart promoviert. Harry Wagner war von 2001–2014 in der Industrie in verschiedenen leitenden Funktionen. So war er u. a. von 2004–2007 bei Ricardo Strategic Consulting als Manager und Senior Manager in deren Dependancen Schwäbisch Gmünd und Chicago (USA) beschäftigt. 2007 wechselte er in das Management der AUDI AG in Ingolstadt. Im Jahr 2010 wechselte er als geschäftsführender Gesellschafter zur PSW automotive engineering GmbH Ingolstadt-Gaimersheim. 2014 wurde er an der Technischen Hochschule Ingolstadt zum Professor für Automotive & Mobility Management mit dem Forschungsschwerpunkt „Mobilität der Zukunft" berufen.

Stefanie Kabel ist wissenschaftliche Mitarbeiterin an der Technischen Hochschule Ingolstadt. Vor ihrer Einstellung erlangte sie den akademischen Grad Master of Arts an der TH Ingolstadt im Studiengang Automotive & Mobility Management. Seit 2017 ist sie als Doktorandin im Projekt SAFIR (safety for all Innovative Research Partnership on Global Vehicle and Road Safety Systems) für die Innovationsprozesse verantwortlich.

Digitalisierung im Technologie- und Innovationsmanagement am Beispiel der Innovationsplattform (IP) bei Nokia

Peter Augsdörfer und Fabian Schlage

> **Zusammenfassung**
>
> Dieser Beitrag beschreibt die Ergebnisse einer Analyse bei Nokia zur Nutzung der IP. Eine solche Plattform schafft einen gut definierten Workflow in der Anfangsphase einer Innovation. Es erschließt die Kreativität und das Wissen aller Mitarbeiter und ermöglicht ein effizienteres und effektiveres Innovationsmanagement. Trotzdem gilt es, einiges zu beachten. Wichtig für eine erfolgreiche Nutzung ist ein kultureller und organisatorischer Wandel in der Firma. Die Organisation muss von technologie-orientierten zu system- und sozial-orientierten Strukturen übergeleitet werden. Anhand von kurzen Beschreibungen und Hands-on Lessons Learnt bietet dieser Beitrag Anregungen für die richtige Herangehensweise zur optimalen Nutzung von IPs.

Die Digitalisierung übernimmt in fast allen Aspekten des modernen Lebens und der Wirtschaft weitreichende und wichtige Funktionen. Stichworte in diesem Zusammenhang sind Industrie 4.0 und Internet of Things (IoT). Im Technologie- und Innovationsmanagement von globalen Firmen sind Innovationsplattformen (IP) ein potenzielles Mittel, um einen Paradigmenwechsel von der technologie-orientierten zur kooperativen Forschung und Entwicklung (F&E) einzuleiten. Im Folgenden sollen die Ergebnisse einer IP Fallstudie bei Nokia beschrieben werden. Wir definieren zunächst kurz, was eine IP ist, erklären wie

P. Augsdörfer (✉)
THI Business School, Ingolstadt, Deutschland
E-Mail: peter.augsdoerfer@thi.de

F. Schlage
Nokia, München, Deutschland
E-Mail: fabian.schlage@nokia.com

© Springer Fachmedien Wiesbaden GmbH, ein Teil von Springer Nature 2020
L. Fend, J. Hofmann (Hrsg.), *Digitalisierung in Industrie-, Handels- und Dienstleistungsunternehmen*, https://doi.org/10.1007/978-3-658-26964-7_20

es firmengeschichtlich zur Einführung der IP kam, gefolgt von den Ergebnissen der Analyse. Der Artikel endet mit einer Zusammenfassung der Lessons learnt für ein erfolgreiches Innovationsökosystem.

20.1 Was ist eine Innovationsplattform?

Eine Innovationsplattform ist zunächst einmal eine Social Software, die Struktur in den Innovationsprozess bringt. Sie basiert auf einem einfachen Konzept: Statt Innovationen innerhalb der Unternehmensmauern zu erforschen, soll die Kreativität und das Potenzial der Community erschlossen werden. Kurz gesagt, ist es ein Portal für die Innovationscommunity, um Ideen abzulegen und diese zu diskutieren. Dabei spielt es zunächst keine Rolle, ob es sich um eine Technologieentwicklung, eine Produktentwicklung oder um eine Serviceleistung handelt. Auch der Grad der Neuigkeit spielt keine Rolle. Grobe Ideenskizzen für Innovationen sind ausreichend und können relativ einfach in einem Webformular eingetragen und in einer Datenbank hinterlegt werden. Idealtypisch werden die Ideen dann zum Business Case und dann zu einem Projekt. Projekte haben in der Regel ein Ziel, einen Zeitrahmen, ein Budget, Meilensteine und ein Implementierungsteam. Die Steuerung erfolgt ab dem Zeitpunkt über das normale Enterprise Ressource Planning System (ERP) von Nokia.

Die IP schafft damit einen gut definierten Workflow während der Fuzzy Front End oder Pre-Projekt-Phase der Innovation, wo in der Regel Strukturen fehlen und die Entscheidungslage chaotisch ist. Das ist nicht nur wegen des vereinfachten Innovationsmanagements eine sinnvolle Entscheidung, sondern auch, weil in der Anfangsphase ca. 80 % der Kosten für das gesamte Entwicklungsprojekt definiert werden. Hier soll mithilfe einer IP weniger dem Zufall überlassen werden.

Im Kern geht es bei IPs um die Öffnung des Innovationsprozesses und die Erschließung der Kreativität und des Wissens aller Mitarbeiter. Der große Vorteil von Plattformen ist die relativ zeitgleiche und geografisch unabhängige Interaktion aller Mitarbeiter, die Interesse an den auf der Plattform hochgeladenen Ideen haben. Ideen können von der Community bewertet werden, Interessensgruppen können sich bilden, Out-of-the box-Lösungen können firmenweit oder als echte Open Innovation[1] global gelöst werden, um nur einige Vorteile zu nennen.

Die Einführung und eine erfolgreiche Nutzung von IPs erfordern jedoch einen kulturellen und organisatorischen Wandel in der Firma, der konsequent umgesetzt werden muss. Die Organisation muss von technologie-orientierten zu system- und sozial-orientierten Strukturen übergeleitet werden, was relativ einfach zu bewerkstelligen ist, im Vergleich

---

[1] Open Innovation bedeutet, dass eine Firma bei der Innovation, Ideen-Input von internen und externen Stakeholder einbezieht, wie z. B. Kunden, Lieferanten, Institutionen, Universitäten und Angestellten (Chesbrough 2011).

zur Änderung der Kultur. Bei Letzterem sind Anreiz-Systeme, veränderte Prozeduren und Investitionen in die Kompetenzentwicklung die wirksamsten Mittel, um die Mitarbeiter noch stärker zu motivieren.

20.2 Innovationsmanagement bei Nokia

Nokia ist der weltweit größte Anbieter von Telekommunikationstechnologie, mit mehr als 100.000 Mitarbeiter und über 23 Mrd. EUR Umsatz (2016). In den letzten 10 Jahren hat Nokias Innovationsmanager und Mitautor Fabian Schlage, eine Art „Innovationsmanagement-Ökosystem" für das Unternehmen aufgebaut. Abb. 20.1 zeigt die Innovationsagenda und deren Werkzeuge bei Nokia. Eine Innovationsplattform steht seit 2007 dabei im Mittelpunkt. Ziel war die „industrielle Innovation", in der man die Prozesse, Werkzeuge und Methoden standardisiert. Man versucht den Innovationserfolg nachhaltig reproduzierbar zu machen.

Ursprünglich wurde die IP[2] gekauft, um die Innovationen der 80 Mitarbeiter in der Abteilung ‚CTO[3] Forschung' zu organisieren, die damals in der Verantwortung des Mitautors lag. Es war, vom heutigen Standpunkt aus gesehen, eine Art ‚organisierte Anarchie'. In einem ersten Schritt bedeutete dies die Verantwortlichen zum Umstieg von Excel, das als

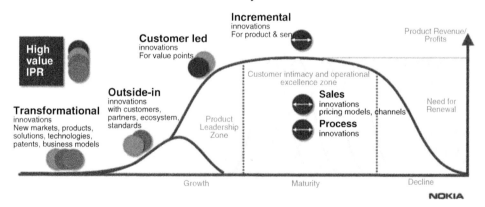

Abb. 20.1 Der Innovationsagenda und Werkzeuge bei Nokia. (Quelle: Nokia)

---

[2] Nokia setzt die Innovationsplattform der Firma HYPE ein. Andere Hersteller sind: HYVE, Innocentive oder Brightidea.

[3] CTO: Chief Technology Officer; auf Deutsch übersetzt wäre das der Technische Leiter im Vorstand mit der Funktion eine Brücke zwischen Management und technischer Forschung und Entwicklung zu sein.

Innovationsverwaltungsprogramm genutzt wurde, auf das Ideenmanagement und einer gemeinsamen Datenbank zu bewegen. Die ersten Ideenkampagnen, die mit Hilfe der neuen IP durchgeführt wurden, fanden nicht viele Unterstützer. Die Mitarbeiter glaubten erstens zunächst nicht an das Potenzial der IP und zweitens mussten sie sich erst an den Umgang mit der IP gewöhnen. Aber dann kamen die ersten Erfolge und nach einer gewissen Zeit wollten sogar externe Firmen, mit denen man Forschungskooperationen hatte, von der IP profitieren. Vor der Einführung der IP waren alle Abteilungen von Nokia nur lose verbunden. Es war viel Arbeit, alle an einen Tisch zu holen, um beispielsweise eine gemeinsame Innovations-Roadmap zu entwickeln. Das ist heute anders. Abb. 20.2 zeigt die Eingabemaske der Innovationsplattform.

Langsam kam man zu der Erkenntnis, dass es nicht wirklich nur um die Einführung einer Innovationsplattform ging. Viel wichtiger war auch die Innovationskultur zu ändern, die Art und Weise wie alle Mitarbeiter zusammenarbeiten. So sollten zum Beispiel Bewertungen per Crowdsourcing gefundener Ideen bei der Evaluation des Ideenpools mehr zählen als die Entscheidungen einzelner Manager. Aufgrund der Erfahrung beim kulturellen Wandel hat das Innovationsmanagement nun eine Innovationskultur-Roadmap entwickelt.

Heute ist die Innovationsplattform mit dem ‚Idea-to-Innovation Enabling Programm' bei Nokia im gesamten Unternehmen gut integriert und wird von allen Mitarbeitern genutzt.

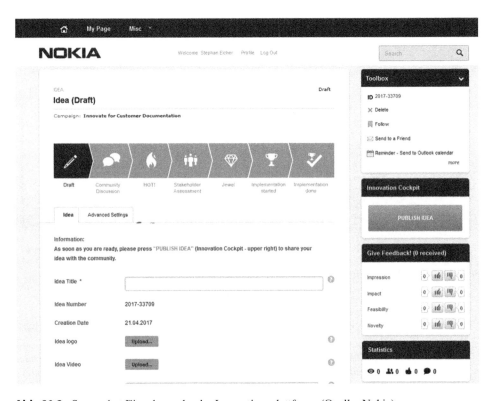

Abb. 20.2 Screenshot Eingabemaske der Innovationsplattform. (Quelle: Nokia)

Das war wichtig, denn sonst kommt unter den globalen Innovationsteams kein richtiges Teamwork zustande. Das fünfköpfige Innovations-Team um Fabian Schlage kommt dabei eine besondere Rolle zu. Es steuert und koordiniert die Innovationen weltweit. Zur Seite stehen dem Team ungefähr 120 Teilzeit-Innovationsmanager, die wiederum von sogenannten „Sub-Funnel Experten" unterstützt werden. Letztere helfen mit ihrem Fachwissen in bestimmten Technologien.

20.3 Was macht den Einsatz einer IP erfolgreich?

Zunächst gilt einmal ganz allgemein, dass eine Firma eine Strategie benötigt, um die Aktivitäten mehrerer Mitarbeiter auf eine gemeinsame Handlungsmaxime zu lenken. Nokia hat sich hier stark an dem Konzept von Osterwalder und Pigneur in deren Buch ‚The Business Model Generation' orientiert (2011). Fabian Schlage erklärt: „Was ich an der Osterwalder und Pigneurs Canvas mag, ist, dass sie ein relativ komplexes Thema auf einer einzigen Seite visuell verständlich kondensieren können". Bei Nokia spricht man nun vom ‚Collaborative Innovation Canvas'. Das Canvas[4] zeichnet das große Bild der Innovationsidee mit einer einheitlichen Struktur auf. Damit wird es zur Basis für ein gemeinsames Verständnis. Mit anderen Worten: Alle sprechen die gleiche Sprache, was eine Voraussetzung ist, um Ideen auch miteinander teilen zu können.

Auf der obersten Ebene ist Nokias Strategie sehr offen formuliert: „At the heart of our ambition lies designing technologies that help people thrive". Diese Vision für die Technologie wird dann auf die Geschäftsebene heruntergedeklinert und definiert die Innovationsfelder. Die Aufgabe des Innovationsmanagements ist es nun einerseits diese Strategie umzusetzen, anderseits werden von ihr aber auch neue Impulse (z. B. zur Technologieentwicklung, neue Geschäftsmodelle, usw.) erwartet. Bei beidem unterstützt die IP über Ideenkampagnen.

Kampagnen erzeugen Ideen innerhalb eines vorher klar definierten Schwerpunkts. Ein Business Unit fährt die Kampagne, ein Community Manager befragt eine ausgewählte Gruppe. Experten werten die Ideen aus. Kampagnen sind eine der effektivsten Möglichkeiten, Ideen zu einem Thema mit einer vielfältigen Gruppe von Menschen zu generieren. Beispielsweise wurden für die Strategien 2020 und 2025 aufgrund einer Ideenkampagne gravierende Änderungen eingeleitet. Dabei wurden die Mitarbeiter in fast schon basisdemokratischem Stil aufgefordert, ihre Meinung zu der vorgeschlagenen Strategie abzugeben und Verbesserungen vorzuschlagen. In einem zweiten Schritt wurden die Vorschläge mit Voraussagen zu globalen Trends und Marktveränderungen verglichen, die durch die Software Trendexplorer© der Firma TRENDONE generiert worden sind. Daraus ergab

---

[4] Das Wort Canvas wird hier in Anlehnung an Osterwalder A und Pigneur Y (2010) verwendet. In der deutschen Übersetzung des Werks der Autoren wird das Geschlecht allerdings mit weiblich angegeben. Wir sind der Meinung, dass Neutrum besser passt. Ins Deutsche würde man es wohl am besten mit ‚leeres Blatt im Zeichenblock' übersetzen.

sich dann letztendlich die endgültige Strategie von Nokia. Ohne die IP wäre die Ideenkampagne wesentlich aufwendiger (wenn überhaupt) zu realisieren gewesen (siehe Abb. 20.3).

Ideenkampagnen werden zu allen möglichen Themen durchgeführt: bei der Entwicklung neuer Technologien, bei der Entwicklung neuer Applikationen, bei Cost/Benefit Analysen, um Prozesse zu optimieren, usw. Ideenkampagnen können global oder lokal, allgemein oder für spezifische Technologien (z. B. 5G, der Nachfolger von LTE), intern oder extern durchgeführt werden. Im Allgemeinen werden die Ideenkampagnen vom Innovationsmanagementteam initiiert. Aber es wäre auch denkbar, dass andere Nokia Abteilungen eine Kampagne durchführen. In der Praxis hat das Innovationsteam die meiste Übung darin, denn dort wird permanent der ‚Gütegrad' der gegenwärtigen Strategien gemessen und neue Innovationsfelder ‚entdeckt'. Im Jahr 2014 hat das beispielsweise dazu geführt, dass eine neue Abteilung für Sicherheit bei Nokia gegründet worden ist. In einem weiteren Schritt wurde dann wieder eine Ideenkampagne gestartet, um diese Abteilung mit Arbeitsinhalten zu füllen.

Neben der Strategie sind Innovationsmethoden ein wichtiges Thema. Ein methodischer Ansatz zum Innovationsmanagement ist das Schlüsselelement für erfolgreiches Innovationsmanagement. Schlage hat deshalb auf der IP eine Art Werkzeugkasten eingerichtet, den er Global Innovation Mall (GIM) getauft hat. So ist beispielsweise dort der Trendexplorer© zu finden. Damit kann man – sozusagen auf Knopfdruck – Trendanalysen erzeugen. Weitere wichtige Werkzeuge sind: NABC, Design Thinking, TRIZ, Business Model Canvas, Continuous Improvement (Kaizen), TQM, Six Sigma, CIP, QFD, Lean, Lego Serious Play, Storytelling, Netnography,[5] Edward de Bonos „Six Thinking Hats", und Eva-

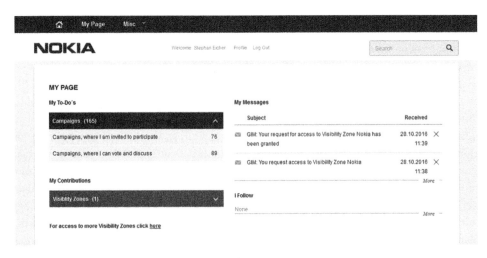

Abb. 20.3 Eingabemaske zur Kampagnensteuerung. (Quelle: Nokia)

---

[5] Netnography ist eine Wortschöpfung aus Internet & Ethnographie. Mit dieser Methode analysiert man emphatisch Verbraucherverhalten im Internet, besonders soziale Medien oder Online-Communities.

luation-Tools für strukturiertes Feedback von Usern. Während Ideenkampagnen in der Regel neue Produkt- oder Geschäftsideen erzeugen (Divergenz), sind diese Methoden eher ein Ansatz zur Umsetzung der Idee (Konvergenz). Hauptkriterien für die Integration in der IP waren Effektivität und Skalierbarkeit der Methoden. Das trifft auf die ersten vier o. g. Methoden besonders zu. Sie sind deswegen bei Nokia so standardisiert worden, dass sie in einfacher Weise überall in der Firma immer wieder eingesetzt werden können. Die vier Methoden werden im Folgenden kurz beschrieben.

NABC
NABC wurde vom Stanford Research Institut[6] entwickelt. Es ist ein Ideation Werkzeug, um Roadmaps für Innovationen zu entwickeln und deren „Value Proposition" zu ermitteln. Es steht für:

- Need/Nutzen (N); wichtigste Faktor in der Methode, um den praktischen Nutzen einer Idee zu beschreiben.
- Approach/Ansatz (A); erklärt wie man zu (N) kommt, also quasi der Ansatz zur Lösung des N.
- Benefit/Vorteil (B); innovativen Elemente einer Idee, also das, was die Einzigartigkeit ausmacht.
- Competition/Wettbewerb (C); vergleichende Studie zu Alternativen. Es muss dargelegt werden, warum das vorgeschlagene Konzept besser ist als andere.

NABC ist die Grundmethode des Nokia Werkzeugkastens. Jeder, der eine Idee auf die IP lädt, muss diese Methode letztendlich durchlaufen. Es ist eine Art Leitfaden für die Beschreibung der Idee, damit sie letztendlich für alle verständlich und vergleichbar wird. Wenn eine Idee genügend positive Bewertungen auf der IP bekommt, muss der Innovator in einen „Innovator's Pitch". Dort muss er versuchen mittels der NABC-Methode seine Idee kurz und prägnant an das Evaluationsteam erfolgreich zu ‚verkaufen'.

Design Thinking
Manchmal ist eine NABC-Analyse bei der Bewertung einer neuen Idee nicht möglich. Das trifft besonders auf disruptive Ideen zu (Augsdörfer et al. 2013). Dann muss auf andere Methoden zurückgegriffen werden. Eine bei Nokia sehr häufig benutzte Methode ist Design Thinking. Es ist eine Art lösungsorientiertes Denkschema, das von Naturwissenschaftlern kopiert wurde. Man beginnt mit einer Hypothese und nähert sich iterativ einem Modell, einem Prototypen, Mockup oder der Lösung eines Problems. Im Unterschied zu den Naturwissenschaften gibt es bei den Sozialwissenschaften, und dazu gehört das Innovationsmanagement, wenig richtig Messbares. Deswegen werden Daten oft durch Brainstorming oder ähnlichen Methoden gewonnen. In der Disziplin Innovationsmanagement

---

[6] Mehr dazu unter: www.sri.com.

wurde die Methode durch David Kelly und seiner Firma IDEO bekannt gemacht. It „brings together what is desirable from a human point of view with what is technologically feasible and economically viable".[7]

TRIZ
Eine weitere sehr systematische Methode ist die Theorie des erfinderischen Problemlösens, besser bekannt unter dem Akronym ‚TRIZ'. Mit dieser Methode versucht man mit Hilfe von generalisierbaren Mustern bei technischen Problemen Lösungen zu finden. Es kommt besonders bei komplexen technischen Problemen zur Anwendung. Sie wurde von dem russischen Erfinder Genrich Altshuller 1946 entwickelt, indem er systematisch Patentdatenbanken analysiert und insgesamt mehr als 40.000 Patente gesichtet hat.[8] Besonders wenn es einen ungelösten Widerspruch in dem Sinne gibt, dass die Verbesserung eines technischen Parameters negativ auf einen anderen wirkt, erfordert die Lösung eine Systematik, die man mit der von ihm entwickelten 40 Lösungsprinzipien und der Widerspruchstabelle lösen kann. Beispielsweise heißt sein Prinzip Nr. 11: „Beuge Problemen vor". Dies hat Nokia bei der Entwicklung bei manchen Mobiltelefonen genutzt, denn „Stöße, Wasserspritzer oder ähnliche äußere Einflüsse sind für die Elektronik der Mobiltelefone schädlich. Durch einen verbesserten Schutz beim ‚Outdoor-Handy' lässt sich ein Mehrwert für ein Mobiltelefon generieren".[9]

Business Model Canvas
Wenn eine Idee in die Projektphase übergeleitet ist, kommt die Business Model Canvas Methode zum Einsatz.[10] Wie der Name schon suggeriert, handelt es sich um ein visuelles Modell eines Business Plans. Es soll die Art und Weise der Wertschöpfung, also wie Profit erwirtschaftet wird, beschreiben. Wichtige Elemente sind: Value Proposition, Key Performance Indicators (KPI), Kunden, Finanzen und das Geschäftsmodell einer Innovation. Oft wird dabei ganz ‚altmodisch' mit Flipcharts und post-it-Notes in Gruppen gearbeitet.

Methodenkompetenz wird über ein internes Weiterbildungsinstitut namens ‚Learning Central' vermittelt. Unter anderem lernt man dort, wie man z. B. eine erfolgreiche Ideenkampagne erstellt, die IP bedient, Suchfelder definiert, welche Selektionskriterien sich besonders gut eignen, Teamzusammenstellung, Businessplanerstellung, usw. Bei den Schulungen (durch zertifizierte Dozenten!) für die Shopfloor-Mitarbeiter geht es meistens immer um ganz praktische Dinge wie Methoden und Werkzeuge, während beim Top Management mehr die Fragen nach der Gestaltung einer Innovationskultur im Vordergrund

---

[7] Mehr dazu unter: http://www.ideou.com/pages/design-thinking.
[8] Mehr dazu unter: www.aitriz.org.
[9] www.triz-consulting.de/wp-content/uploads/2014/08/40iP_Beispiele_v2.pdf.
[10] In einem Youtube Video erklärt Alex Osterwalder sein Business Model Canvas Modell, das unter diesem link zu finden ist: https://youtu.be/2FumwkBMhLo.

stehen. Im erst kürzlich erstellten ‚All Employers Training' Programm hat man versucht, das Training zu standardisieren, um den Arbeitsaufwand für das Innovationsteam auf das Minimalste zu reduzieren.

20.4 Die Rolle der Innovationsmanager

Das Innovationsmanagementteam besteht aus nur wenigen Vollzeit-Mitarbeitern. Der Aufgabenbereich umfasst unter anderem Hilfestellung beim Innovationsprozess, Portfoliobereinigung, Innovationsprozessen, Verwaltung der Innovationsmanagement-Methoden, IT-Dienstleistungen, und Erstellung einer globalen Innovationsagenda. Ein neu hinzugekommenes Teammitglied kümmert sich seit Kurzem um das Community Management. Eine zentrale Aufgabe bei der Administration des Nokia Innovations-Ökosystems ist das Kommunikationsmanagement zwischen den Business Units. In ihrer Aufgabe werden sie von einem globalen Netzwerk aus 120 freiwilligen Teilzeit-Innovationsmanagern und 300 sogenannten „Sub-Funnel Experten" unterstützt.

Die 30 größten Nokia Standorte haben ein lokales „Innovation Board" mit ca. je 10 Mitgliedern. Deren Aufgabe ist es, Themen für Ideenkampagnen zu definieren. Der Leiter des Innovation-Board heißt ‚Inno-Master', und untersteht dem Leiter des lokalen Technologie-Centers. Dadurch wird die Vernetzung der Gruppe mit der örtlichen R&D gewährleistet. Der Inno-Master wählt die Mitglieder seiner Gruppe selbst aus. Zu seinem Verantwortungsbereich gehört, dass Vorschläge richtig bewertet werden, dass die Ideengeber angemessen honoriert werden, und er beruft die örtlichen Treffen der Gruppe ein. Dem Inno-Master fällt auch eine Schlüsselrolle in Nokias ‚Idea Broker-Netzwerks' zu. Dieses Netzwerk identifiziert Ideen, die nicht in den Aufgabenbereich des lokalen Technologie-Centers fallen, sondern vielleicht für eine andere Business Unit oder gar von globaler Bedeutung für Nokia sind.

„Sub-Funnel Experten" sind Experten für sogenannte technische ‚Unterthemen', wie z. B. mobile Netzwerke (Hauptthema), Funk (Unterthema), Antennen (Unterthema) und Verstärker (Unterthema). Sie sind in der Regel in ihrem Fachgebiet gut vernetzt und stoßen bei spezifischen Problemen oder während einer Ideenkampagne zu den Innovationsteams. Solche Netzwerke am Leben zu halten, ist eine wichtige Aufgabe des Innovationsteams, die sehr viel Zeit in Anspruch nimmt. Experten müssen ab und an ersetzt oder für ein neues Thema gefunden werden oder eben Expertengruppen aufgelöst werden, wenn die Technologie uninteressant geworden ist. Aber selbst wenn das so ist, bleiben Ideen zu dieser Technologie auf der IP (der Ort wird „Rummage table" genannt). Es kann dann an dem Thema weitergeforscht werden, wenn das Thema aus irgendeinem Grund wieder aktuell wird.

Nokia kann Ideenkampagnen intern oder extern, offen oder nur mit einem bestimmten Personenkreis (z. B. Kunden, Lieferanten, Geschäftspartner) durchführen. Bei internen Kampagnen können beispielsweise alle Nokia Mitarbeiter teilnehmen. In der Regel werden bei Kampagnen immer bestimmte Experten mit eingeladen. So nahm das Technology Center München an einer Energie Effizienz Kampagne aller Nokia Labore teil. Wichtig ist dabei für alle Kampagnen, dass ein Entscheidungsträger an Bord ist, dass es ein Budget für die Kampagne gibt, dass die Kampagne von einem Review-Team bewertet wird und es die Unterstützung des Top Management hat.

Nokia hat bisher vier echte (das heißt für alle offene) Open Innovation Kampagnen durchgeführt. Diese waren in Israel, Silicon Valley, Europa und im Jahr 2016 sogar eine weltweite Kampagne. Solche Kampagnen müssen einerseits sehr sorgfältig geplant werden und andererseits im Nachgang mit Events und Follow-ups beendet werden. Es gilt ungefähr folgender Zeitplan:

- 3 Monate für die Planungs- und Vorbereitungsphase zur Festlegung des Umfangs, Geolocation und der potenzielle Sponsoren
- 1,5 Monate für den Kampagnenstart und -förderung
- 1 Monat für die Einreichung, Management und Bewertung
- 2 Monate für die Planung und Durchführung der Ergebnisveranstaltung, Bestimmung der Gewinner der Kampagne, Einladen der Veranstaltungsredner, Pressearbeit
- 6 Monate für die Suche nach neuen Geschäftsmöglichkeiten, einschließlich Make-or-Buy- Entscheidungen, Projektarbeit, F & E

Die typischen Kanäle für die Kommunikation der internen Kampagnen sind das Intranet, Blogs, und Community-Nachrichten. Am effektivsten ist immer noch E-Mail, obwohl die Möglichkeit HTML-Inhalte zu blockieren einer gut gemachten Einladung Grenzen setzt. Einladungen zu Open Innovation Kampagnen werden zusätzlich noch an Incubations-Hubs und soziale Plattformen, wie Twitter, Facebook usw. geschickt.

Glücklicherweise hat das Innovationsmanagementteam heute nicht mehr so viel tun wie am Anfang, um die Leute zur Teilnahme an Kampagnen zu motivieren. Ab 5000 User der IP hat man eine kritische Menge erreicht, bei der genügend Ideen geliefert werden. Außerdem ist die Nutzung der IP mittlerweile Arbeitsroutine geworden. Die Mitarbeiter haben sich an eine Zusammenarbeit bei Kampagnen zwischen fachfremden Abteilungen gewöhnt. Aber, nachdem die Innovation-Community immer weiter wuchs, hatte man auf einmal eine neue Herausforderung. Jetzt waren zu viele Ideen auf der IP. Um das Problem zu lösen, bietet die IP die Möglichkeit Ideen zu filtern oder nach Themenschwerpunkten zu gruppieren. Ohne diese Steuerung (eine Art Dashboard) wäre es für das Nokia Innovationsteam unmöglich, die Übersicht über alle Einsendungen zu behalten.

Ein besonderes Augenmerk wird auf die Entwicklung der Innovationskultur gelegt. In bestimmten Abständen werden dazu mit 2500–5000 Mitarbeitern Umfragen durchgeführt. Die beiden wichtigsten Fragen sind:

- Ich glaube, dass Nokia eine innovative Firma ist.
- Ich kann Ideen dazu beitragen.

Die Ergebnisse der Umfrage werden in einem ‚Internen Innovationskultur Index' zusammengefasst, der 2015 den höchsten je erreichten Wert erlangt hat. Darauf sind bei Nokia alle sehr stolz.

20.5 Der IP-Prozess

Ideen in die IP einzugeben, ist einfach. Ein sogenannter ‚Capturing Wizard' hilft bei der Eingabe. Im Grunde werden die Daten nach der NABC-Methode eingegeben. Abb. 20.4 zeigt die Eingabemaske der Innovationsplattform für die NABC-Methode. Wenn eine Idee bei der Bewertung das „Jewel" Niveau erreicht, kommt man in die nächste Stufe die Innovator's Pitch. Dieses findet nicht virtuell statt, sondern face-to-face vor einem

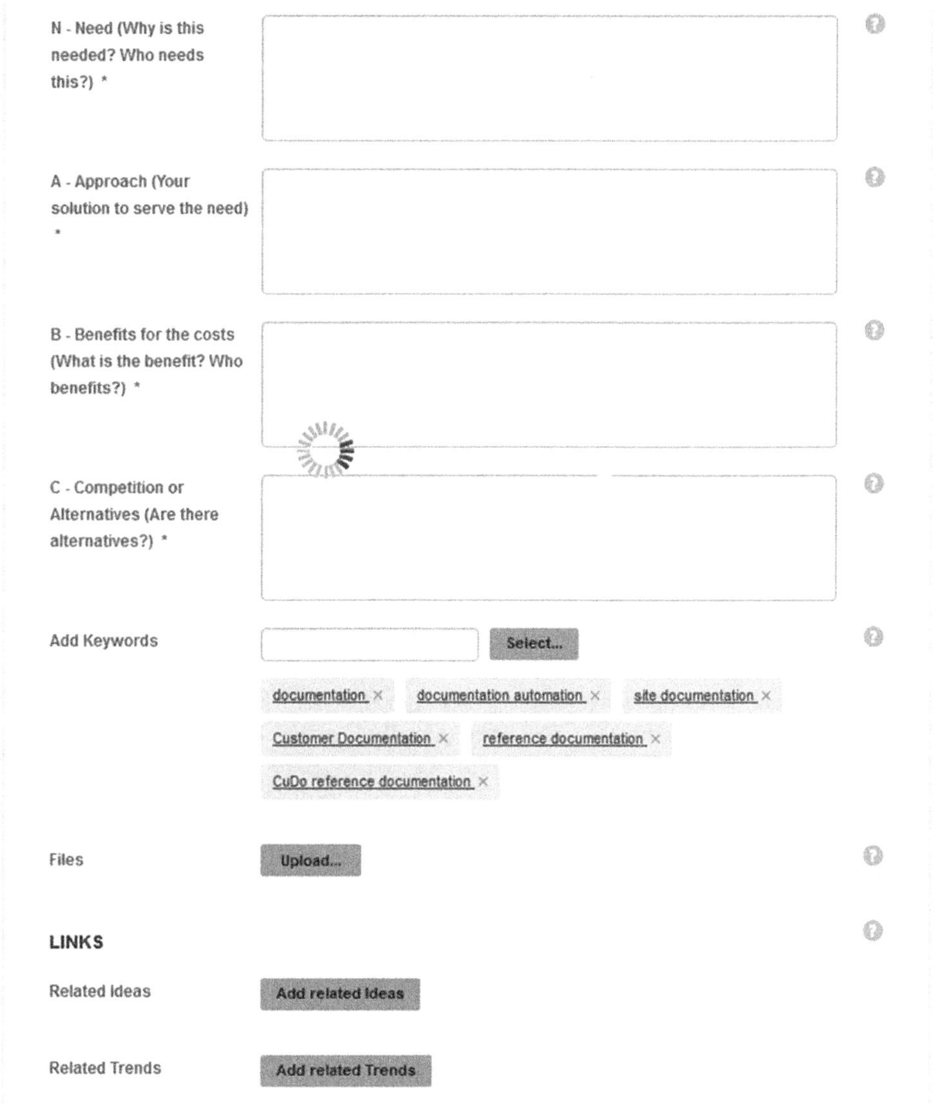

Abb. 20.4 NABC-Methode auf der Innovationsplattform. (Quelle: Nokia)

Expertengremium. Die geben dann auch strukturiertes Feedback für die weiteren Schritte. Wenn alles gut läuft, wird aus der Idee nach mehreren Feedbackrunden eine Innovation. Der gesamte iterative Prozess, virtuell und nicht-virtuell, wird in der IP protokolliert. So kann später nachvollzogen werden, warum welche Entscheidungen gefallen sind. Die Nokia IP bietet zusätzlich die Möglichkeit, den gesamten Prozess, also auch die Innovator's Pitch, virtuell durchzuführen. Nach der Innovator's Pitch werden die Business Canvas für die praktische Umsetzung erarbeitet. Auch hier werden mehrere Feedbackschleifen gedreht. Dann hat man hoffentlich die Idee mit dem größten Business Impact herausgearbeitet. Das scheint zu funktionieren, denn in den letzten Jahren hat das Innovationsteam durch diese Methode die Implementationsrate von neuen Ideen von ursprünglich 4 % im Jahr 2008 auf heute 40 % erhöhen können.

Am Ende müssen Kampagnen bewertet werden. Es hat sich als unmöglich herausgestellt, einen Standardprozess mit Kriterien einzuführen, die für alle Kampagnen gleich sind. Die Kampagnen und damit die eingesendeten Ideen sind einfach zu unterschiedlich. Solche ohne Zeitlimit werden entweder in periodischen Abständen oder kontinuierlich bewertet werden. Wiederum andere Kampagnen enden mit der Entwicklung eines Prototypen, der ‚nicht-virtuell' mit den betreffenden Personenkreis (z. B. Kunden oder Lieferanten) bewertet wird. Der Prototyp kann dann entlang einem Reifegrad-Modell schrittweise weiterentwickelt werden bis die endgültige Entscheidung zur Umsetzung getroffen werden kann. Dabei werden in der Regel auch mehrere Feedbackschleifen durchlaufen. Der gesamte Entwicklungsprozess entspricht eher John Bessants nicht linearen Spaghetti Modell als einem sequenziellen Entscheidungsprozess (Tidd und Bessant 2016). Dies kommt der Wahrheit und dem unternehmerischen Führungsansatz von Nokia und seiner Unternehmenskultur näher.

Ab und zu werden Ideen eingereicht, die interessant, aber für die Kampagne ungeeignet sind. Hier legt das Innovationsteam selbst Hand an. Da alle Ideen in einer Datenbank hinterlegt sind, kann die Idee jederzeit mit ein paar Klicks der Business Unit zugeordnet werden, die Interesse an der Entwicklung der Idee haben könnte oder gerade genügend Budget übrig hat. Damit spiegelt sich das größte Potenzial der IP wider, nämlich ein Innovations-Netzwerk zu erstellen bei dem Personen, Budget und Ideen zusammengebracht werden.

Nokia unterteilt die Ideenkampagnen in zwei Kategorien: solche die Wachstum erzeugen und solche die Kosten sparen. Dadurch sieht auch der Erfolg für jede Kampagne anders aus. Wachstums-Kampagnen werden in der Regel als Open Innovation Ideenkampagnen, Kunden Co-Creation Kampagnen[11] oder Partner-Kampagnen durchgeführt. Für das Planen von Kampagnen gilt: Der Prozess läuft auf dem Zeitstrahl von rechts nach links. Das bedeutet, dass der Initiator der Kampagne schon vor dem Start sagt, was er als Ergebnis der Kampagne erwartet. Dabei unterstützt das Innovationsteam die Kampagnenführung mit Ratschlägen, welche Filter am besten verwendet werden oder wie die Evaluation der

---

[11] Co-Creation ist die Zusammenarbeit von verschiedenen Stakeholdern (z. B. Unternehmen und Kunden), um gemeinsam eine Innovation zu entwickeln. Der große Vorteil ist die Heterogenität der Teilnehmer und ihre Ideen.

Kampagne am sinnvollsten durchgeführt wird. Konkret werden folgende Fragen an den Initiator der Kampagne gestellt:

1. *Ergebnisse:* Welches Ergebnis erwarten Sie? Zum Beispiel: 50 % mehr Umsatz im Internet of Things (IoT) innerhalb der nächsten fünf Jahre.
2. *Bewertung:* Welche Art von Innovation erwarten Sie? Zum Beispiel: Produkt, Service, Feature, oder eine Kombination aus allen.
3. *Selektion:* Welche KPI benötigen Sie von der Innovation und wie messen Sie den Zielerreichungsgrad?
4. *Implementationsgrad:* Wer entwickelt die Innovation und gibt es genügend Budget?
5. *Inspiration:* Woher kommt die Idee für die Kampagne? z. B. Marktforschung? Zukunftsszenarios?
6. *Zielgruppe der Kampagne:* Wen spricht das Thema am meisten an und wer könnte die besten Ideen liefern?

Am Anfang hatten es die Innovationsmanager bei Nokia schwer, direkte Beweise für den Erfolg der IP beizubringen. Ein Grund ist, dass es nicht einfach ist, ein erfolgreiches neues Produkt oder Geschäftsmodell tatsächlich auf die eine, ursprüngliche Idee auf der IP zurückzuführen. Ideen entwickeln sich im Laufe des Review-Prozesses weiter und dann ist es eher die Kombination aus allen möglichen Inputs, die zum Erfolg führen.

Mittlerweile aber hat das Innovationsteam eine Sammlung von Erfolgsgeschichten zusammentragen können, die die Vorteile der IP klar zeigen. Um ein Beispiel zu nennen: Kürzlich suchte man per Ideenkampagne nach einer Geschäftsidee wie Nokia im Drohnenmarkt aktiv werden könnte. Das Innovationsteam hat viele gute Ideen sammeln können. Beispielsweise könnten Drohnen Telefonsendemasten visuell inspizieren. Das ist billiger, schneller und sicherer als einen Techniker auf den Sendemast zu senden. Die Idee durchlief mehrere Feedbackrunden und man kam auf eine noch bessere Idee, von der man glaubt, dass es ein Milliarden-Projekt werden könnte. Es handelt sich dabei um ein Flugsicherheitssystem für Drohnen. Das Projekt bekam den Namen ‚Nokia UAV Control Center' und wird gerade in den Vereinigten Arabischen Emiraten getestet. Man sieht an dem Beispiel gut, dass es schwierig ist, die Idee nun auf die ursprüngliche Idee auf der IP zurückzuführen.

Nokias Innovationsmanagement hat heute das volle Vertrauen des Top Managements. Die Erfolgsgeschichten sind in der Firma allgemein bekannt. Trotzdem wird der Erfolg weiterhin dokumentiert. Bei der Messung des Erfolgs orientiert man sich an Davila et al. (2006).[12] Es wird Ideen-Input, Throughput, Output und das Ergebnis der Innovation gemessen. Messen ist nicht immer einfach, denn gute Ideen verschmelzen, wie wir am

---

[12] Davila et al. (2006) modellieren ihre Innovationsmessungen nach dem Balance Scorecard-Modell. Dabei werden neben den klassischen Finanzkennzahlen auch nicht-finanzielle Parameter gemessen. In dem Model entsprechen die Inputs den Ressourcen für die Innovation. Der Prozess (Throughput) kombiniert die Inputs und verändert sie; Outputs sind die Ergebnisse der Innovation in Bezug auf Qualität, Quantität und Aktualität. Die Outcomes beschreiben ebenfalls die tatsächlichen Ergebnisse der Innovation, aber diesmal in Bezug auf die Wertschöpfung.

Beispiel vorher gesehen haben, mit einer noch größeren Idee und dann kann man nicht mehr genau sagen, wie groß der Anteil am Erfolg war. Hier wird noch nach Lösungen gesucht. Eine Idee wäre schon bei der Eintragung in die Datenbank, den Beitrag der ursprünglichen Idee für das größere Projekt beschreiben zu lassen.

Ein KPI zur Messung des Throughput ist das Sammeln von ‚InnoPoints'. Das funktioniert folgendermaßen: Mitarbeiter, die auf der IP eine Idee eintragen, erhalten Punkte entsprechend dem Fortschritt der Umsetzung der Idee. Der Ansatz ist einfach und effektiv, und es kommt ein spielerisches Element hinzu. InnoPoints zu sammeln, wird mittlerweile tatsächlich für manche Innovatoren zur Haupt-Herausforderung. Das Innovation-Scoring der Mitarbeiter wird regelmäßig dem Business Unit Vorstand gemeldet. InnoPoints haben damit zur Überraschung aller zu einem gesunden Wettbewerb unter den verschiedenen Nokia Standorten geführt und damit die Teilnahme wesentlich erhöht.

Mit dem Projekt ‚World Class GIM' soll das Innovationmanagement weiter verbessert werden. In Zusammenarbeit mit der Arbeitsgruppe zur Unternehmenskultur wirkt das Innovationsteam als Change Agent und hat wichtige Ziele für die globalen Innovationsprogramme der nächsten 2 bis 3 Jahre identifiziert. Permanent werden mit dem Hersteller der IP weitere Features entwickelt. Gerade wird versucht Co-Creation noch emphatischer zu gestalten, den Bezug zur Strategie stärker herauszuarbeiten, den Einsatz von Innovation Camps und Hackathons zu prüfen, Cross-industry Benchmarks und mit Künstliche Intelligenz (AI) zu experimentieren. Für die Weiterentwicklung der IP gibt es eine Roadmap. Wie man auf den ersten Blick sofort erkennt, hat Nokia noch viele Pläne für die Zukunft des Innovationsmanagement.

20.6 Lessons Learnt

Immer mehr Firmen denken an die Anschaffung einer IP, bleibt doch Innovation eine strategische Komponente im globalen Wettbewerb. Die Formel für den Erfolg hat sich im Vergleich zum ‚normalen' Innovationsmanagement nicht verändert; aber die IP ermöglicht einen enorm effizienteren und effektiveren Einsatz des Innovationsmanagements und erhöht die Anzahl und Sichtbarkeit von Ideen. Als Daumenregeln für die richtige Herangehensweise können folgende Lessons Learnt hilfreich sein.

Bei der Einführung

- Starten Sie IP Kampagnen top-down! Wenn das nicht möglich ist, funktioniert virales Wachstum auch, wenn auch langsamer.
- Sichern sie sich die Unterstützung des Top Management!
- Starten Sie Kampagnen als Beratungsprojekte! Sie können dadurch die Art und Weise der Zusammenarbeit der Mitarbeiter leichter ändern.
- Stellen Sie nach der Anfangsphase Werkzeuge zur Unterstützung von Initiativen zur Verfügung!
- Feiern Sie frühzeitig jeden kleinen Erfolg!

Prozess

- Geben Sie Ihre Ideeninitiatoren Feedback! Viele Ideen, aber niedrige Umsetzungsrate (z. B. aus Budgetgründen) können Frustration unter den Teilnehmern erzeugen.
- Versuchen Sie Anreizsysteme zu schaffen (z. B. Gamification), damit die anfängliche Begeisterung nicht in Zynismus und Apathie umschlägt.
- Diskutieren Sie Ihre KPI! Die Erstellung von geeigneten KPI ist nicht einfach.
- Hören Sie nicht auf, Ihre IP zu bewerben. Damit verhindern Sie, dass das Engagement der Mitarbeiter stoppt oder in alte Routinen zurückgefallen wird.

Netzwerk

- Bauen Sie sich ein geschäftliches und akademisches Netzwerk auf! Sie lernen vom Kontakt mit anderen Innovationsmanagern und akademischen Vordenkern.
- Tauschen Sie sich regelmäßig aus! Das Innovationsteam besucht einen Round Table, der von einer Unternehmensberatung organisiert wird. Dort treffen sich KMUs und größere Unternehmen, um gemeinsam über Herausforderungen zu diskutieren.
- Besuchen Sie IP Foren, um Erfahrungen mit anderen Teilnehmern auszutauschen!

Ratschläge für das Top Management

- Man kann nicht erwarten, dass Mitarbeiter unternehmerisch denken, wenn sie keine Unterstützung von oben bekommen.
- Innovatoren brauchen das richtige soziale, physische und organisatorisches Umfeld, um neue Ideen zu entwickeln.
- Kümmern Sie sich um Ihre Innovatoren. Enthusiastische Mitarbeiter, unabhängig von Hierarchie und Funktion, sind die Quelle für nachhaltige Innovation.
- Innovationsmanager benötigen Ressourcen und Freiheit, um in ihrem Job erfolgreich zu sein.
- Sehen Sie sich selbst in der Rolle des Gärtners: Haben Sie einen Zaun gebaut, um Innovationsprojekte gegen Angriffe von außen zu schützen? Wissen Sie, welche Pflanzen (Ideen) am besten wachsen? Haben Sie ‚Seed Money' bereitgestellt, damit überhaupt etwas wachsen kann?
- Verwenden Sie Open Innovation!
- Change Management ist wichtiger als bestimmte Innovationsmanagement-Stile.

Zu guter Letzt sollte man die Dinge einfacher angehen. Viele Manager konzentrieren sich am Anfang zu sehr auf Aspekte, die nicht wirklich für den Erfolg der IP wichtig sind: kollaborative Innovationsprogramme, Gamification,[13] Anreizsysteme, Community-Visualisation,

---

[13] Gamification bedeutet die Anwendung von Game-Elementen (z. B. Design oder Konzept) im Nicht-Gaming-Umfeld, hier im Innovationsmanagement. Beabsichtigt ist dabei die natürliche Spielleidenschaft der Menschen auszunutzen, gewinnen zu wollen.

kleine Tweaks für die Software, komplexe Messmethoden und so weiter. Am Ende aber sind es einfache Prinzipien, die für ein Innovationsökosystem am wichtigsten sind: Fantasie, Zusammenarbeit und gute Führung.

Literatur

Augsdörfer, P., Bessant, J., Möslein, K., Piller, F., & Stamm, B. v. (2013). *Discontinuous innovation*. London: Imperial College Press.
Chesbrough, H. (2011). *Open services innovation*. New York: Wiley.
Davila, T., Epstein, M. J., & Shelton, R. (2006). *Making innovation work: How to manage it, measure it, and profit from it*. Upper Saddle River: Wharton School Publishing.
Osterwalder, A., & Pigneur, Y. (2010). *Business model generation*. Hoboken: Wiley.
Tidd, J., & Bessant, J. (2016). *Managing innovation*. New York: Wiley.

Prof. Dr. Peter Augsdörfer ist Professor für Technologie- und Innovationsmanagement an der Technischen Hochschule Ingolstadt. Er hat in Deutschland Wirtschaftsingenieurwesen studiert, in England promoviert und in Frankreich habilitiert. Prof. Augsdörfer vertritt das Fach an der Virtuellen Hochschule Bayern, ist Associate Professor an der Grenoble Ecole de Management und Gastdozent an verschiedenen Hochschulen gewesen, darunter an der Haas School of Business/UC Berkeley (USA), Goa University (Indien), und Aarhus School of Business (Dänemark). Er ist einer der Gründer der Innovation Lab Initiative (http://innovation-lab.org) und Direktor des Audi Konfuzius Instituts Ingolstadt (http://audi-konfuzius-institut-ingolstadt.de). Seine Forschungsinteressen sind U-Boote in F.u.E. Evolutorische Aspekte des Management und diskontinuierliche Innovation. Weitere Informationen unter: https://tinyurl.com/jcrdoaz

Fabian Schlage ist Head of Idea & Innovation Management bei Nokia. Er wurde 1970 in München geboren, studierte Informatik an der Technischen Universität München, seit 1994 ist er in der Telekommunikationsindustrie, Beratung und im Innovations-Coaching tätig. Fabian Schlage ist zudem Dozent für Innovationsmanagement an der THI Ingolstadt (Deutschland) und der NW University (Schweiz). Er ist Scientific Panel Member bei der ISPIM und war Personal Business Consultant des Vorstandsvorsitzenden der Siemens AG. Er führte das Innovationsmanagement bei Nokia Networks ein und forscht an angewandtem Innovationsmanagement im Verbund mit internationalen Geschäfts- und Universitätsnetzwerken. Er ist darüber hinaus in den Bereichen Internationale Beratung und Keynotes engagiert und erhielt Preise beispielsweise bei CoDEV, Marcus Evans, Management Circle, World Innovation Convention, ASUP, EURAM, ISPIM, Fraunhofer Gesellschaft, und vielen mehr.
YouTube-Video Blog: www.youtube.com/fabsinnovationtv
   Facebook: www.facebook.com/fabianschlage
   Twitter: @FabsTV

Digitalisierung bei Versicherungen

21

Ralph Oelssner

Zusammenfassung

In diesem Beitrag werden zunächst die verschiedenen Paradigmenwechsel, welche die Digitalisierung bei Versicherungen zunehmend forcieren, erläutert. Als solche Paradigmenwechsel gelten die Konsumveränderung, das Internet als Distributionskanal sowie das Vordringen von Unternehmen wie Google, Apple, Facebook und Amazon in bestehende Märkte. Daraus resultierende Chancen für Versicherungen werden anschließend anhand von branchenspezifischen Beispielen ebenso thematisiert wie Gefahren und Risiken, für die Maßnahmen zur Reduktion vorgeschlagen werden. Die für eine erfolgreiche Digitalisierung erforderlichen, größtenteils gravierenden Änderungen beziehen sich auf die Organisationsstruktur, die Mitarbeiter mit ihrem Mindset, das Eco-System der Versicherungen sowie die Versicherungsprodukte. Angesichts der Herausforderungen für das IT-Sicherheitsmanagement wird eine unternehmens- und branchenübergreifende Zusammenarbeit zur Abwehr von Cyber-Angriffen empfohlen.

R. Oelssner (✉)
Allianz SE, München, Deutschland
E-Mail: ralph.oelssner@allianz.de

© Springer Fachmedien Wiesbaden GmbH, ein Teil von Springer Nature 2020
L. Fend, J. Hofmann (Hrsg.), *Digitalisierung in Industrie-, Handels- und Dienstleistungsunternehmen*, https://doi.org/10.1007/978-3-658-26964-7_21

21.1 Paradigmenwechsel als Motivation für Digitalisierung

21.1.1 Einführung

Es ist ein Trugschluss, dass Banken und Versicherungen nicht schon seit langem „digital" arbeiten – vielmehr ist es so, dass viele der signifikanten IT-Entwicklungen der letzten 25 Jahre in großen Teilen durch die Anforderungen der Finanzbranche und deren IT definiert oder zumindest sehr stark unterstützt wurden.

Es gibt verschiedene Motivationen, die einzeln sowie gebündelt in den letzten Jahren dazu geführt haben, dass Unternehmen in der Finanzbranche die Digitalisierung zunehmend forcieren. Man kann diese Motivationen wie in Abb. 21.1 dargestellt zusammenfassen.

21.1.2 Paradigmenwechsel durch Konsumveränderung

Auf der einen Seite folgen Finanzunternehmen den digitalen Entwicklungen seit Jahren und nutzen diese bislang überwiegend, um eine Kosteneinsparung in ihren Businessprozessen zu erreichen. Dazu werden Mittel wie E-Mail zur vereinfachten Kommunikation oder „Online-Portale" für die Akquise und Abwicklung von Prozessen verwendet – zum Beispiel Schadensmeldungen. Auf der anderen Seite ist die Generation der „Digital Natives" inzwischen erwachsen und fordert einen anderen Umgang – auch mit klassischen Finanzprodukten. Die Finanzunternehmen sind nun stark gefordert, ihre Produkte darauf anzupassen.

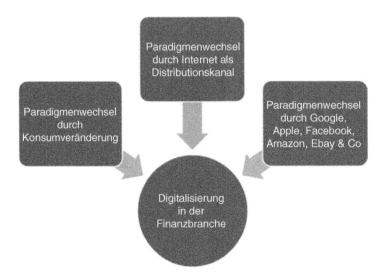

Abb. 21.1 Motivation für Digitalisierung. (Quelle: Eigene Quelle)

Ein Resultat daraus ist das überdurchschnittliche Wachstum der letzten Jahre von „FinTech"- und „InsureTech"-Unternehmen. Diese schließen gerne die Lücke zwischen der Konsumerwartungshaltung von „Digital Natives" und den Produkten und Services der klassischen Finanzunternehmen. Interessanterweise hat dies bei den „Tech"-Unternehmen nur zum Teil mit Innovation zu tun. Einige der Produkte und Services können von diesen deshalb so agil und dynamisch angeboten werden, da sie sich bislang „unreguliert" in einem regulierten Markt bewegen dürfen. Das Risiko verlagert sich auf die Supply Chain: auf klassische Finanzunternehmen, die sich an die starken Vorgaben der Regulatoren des Finanzmarkts halten müssen.

Ein Kunde hat „einfach Pech", wenn ein FinTech-Unternehmen von heute auf morgen ein Produkt zurückzieht oder abkündigt – bzw. übermorgen ganz vom Markt verschwindet. Ein Finanzunternehmen darf wegen der Auflagen der Regulatoren so nicht agieren und würde wegen der potenziellen schlechten Darstellung in der Presse auch einen größeren Reputations- und Finanzschaden riskieren.

21.1.3 Paradigmenwechsel durch das Internet als Distributionskanal

„Direkt-Banking" und „Direkt-Insurance" sind keine neuen Erscheinungen der zunehmend digitalisierten Welt. Es gibt sie schon längere Zeit, zumeist mit der Absicht, Produkte günstiger als bislang an den Kunden zu bringen, indem man auf die klassische „Produktvermittlung" verzichtet. Als Auswirkung dieser Veränderung, ist eine Rückbildung vom klassischen Filial-, Berater- und Agentennetzwerk zu beobachten.

Es erfolgt durch das Internet nun eine nie zuvor erlebte Skalierung der direkt erreichbaren Interessenten und Kunden. Dies hat auch eine Kehrseite. „Service-Aggregator-Plattformen" (z. B. Check24) bringen eine neue Dynamik und Transparenz von Kosten und Services im Markt. Daraus ergeben sich folgende Veränderungen:

1. Die Finanzunternehmen müssen ständig (dies kann durchaus monatlich oder häufiger sein) ihre Produkte und Kosten anpassen – im Vergleich zu der „klassischen Produktwelt", in welcher dies unterjährig sehr selten der Fall ist.
2. Die Mitbewerber können durch Beobachtung der Aggregator-Plattformen die Produkte und Kosten sehr schnell analysieren und daraufhin ihre Produkte und Kosten entsprechend anpassen. Das kann teilweise sogar durch automatisierte Skripte erreicht werden.
3. Soziale Netze üben inzwischen eine große Macht bei der Meinungsbildung und Produktauswahl sowie deren Erfolg bei Kunden und Interessenten aus.
   Als Folge beschäftigen Finanzunternehmen eigene Teams – z. B. in der Abteilung „Communication" – um die Sozialen Netze und Medien permanent zu überwachen.
   Die Aufgabenstellung richtet sich über generelle marketing- und produktbezogene Werbeaktivitäten hinaus auf die Überwachung des „Brand", um z. B. ein „Defacement" zu verhindern (dies ist die Nutzung von Unternehmens- und Produktmerkmalen durch nicht-autorisierte Aktoren), sowie auf die Stellungnahme oder Richtigstellung zu kritischen Beiträgen und Posts.

21.1.4 Paradigmenwechsel durch Google, Apple, Facebook, Amazon, Ebay & Co

Wir beobachten, wie die großen „Internet Companies" von ihrem klassischen Kerngeschäft kommend, dieses nutzen, um größtenteils sehr erfolgreich in andere bestehende Märkte vorzudringen. Aus Sicht von Finanzunternehmen stehen zwei sehr präsente Beispiele dafür:

- PayPal, ursprünglich ein Tochterunternehmen von Ebay, wodurch dies allen Verkäufern und Käufern auf dieser Plattform als „de-Facto-Standardzahlungsart" zur Verfügung stand.
- Apple Pay, welches schon in vielen Ländern verbreitet ist. Dies steht allen Apple iPhone- und iWatch-Kunden unkompliziert zur Verfügung, um online und in Geschäften bargeldlos zu bezahlen.

Auch in anderen Märkten sieht man das Vordringen, wie z. B. Google und Apple, die eigene Pkw- Entwicklungen vorantreiben, oder Amazon, die durch ihre Prime Services für Bestandskunden (teilweise für nur geringe zusätzliche Kosten) Cloudspeicher, E-Books, Musik, Filme und Serien online anbieten und somit Unternehmen wie z. B. DropBox, Netflix und Spotify erfolgreich Konkurrenz machen. Auch der Lebensmitteleinzelhandel sieht mit Sorge, wie Amazon in immer mehr Ländern in ihren Markt vordringt. Gründe für diesen Erfolg kann man wie folgt zusammenfassen:

Die „Internet Companies" sind alle relativ junge Unternehmen, die nicht einen Berg von „Legacy" mit sich ziehen. Ihre Kernkompetenz ist in der Regel „Information", d. h. so viele Informationen wie möglich über ihre Nutzer, deren Verhalten und Vorlieben zu erfahren und speichern zu können. Diese werden mit Big-Data-Analytics-Algorithmen ausgewertet, um zusätzliches Geschäft zu ermöglichen.

Ein einfaches Beispiel dafür ist bei Amazon die Empfehlung „Andere Kunden, die dieses Produkt gekauft haben, haben auch XYZ-Produkte gekauft". Darüber hinaus wird jedes Produkt gespeichert, das man sich anschaut. Sollte man es nicht kaufen, wird es über einen Zeitraum regelmäßig auf der eigenen Amazon-Homepage dargestellt oder aktiv per Email beworben – teilweise mit suggerierenden Email-Titeln wie „Gönnen Sie sich mal …".

21.2 Chancen in einer hoch-komplexen vernetzten digitalisierten Welt

Klassische Finanzprodukte hatten in der Vergangenheit einen nationalen und beratungsintensiven Charakter. Sie waren auch häufig ausgelegt, den Kunden mit einem Produkt langfristig zu binden. Das „persönliche Interface" zum Kunden, Montag bis Freitag von 09:00–17:00, limitierte auch den Zugang zu den Services. Nicht nur aus diesen Gründen war es schwer, Produkte global zu skalieren und eine globale Kundschaft zu erreichen.

Abb. 21.2 zeigt Einflussfaktoren auf ein digitales Produktportfolio.

Das Internet und die enorm wachsende Nutzung von Smart Devices – auch in infrastrukturschwachen Regionen – führten zu einer Veränderung des Produkt- und Serviceportfolios der Finanzbranche. Die Erreichbarkeit von Kunden und Interessenten via ca. 6 Mrd. Smart Devices durch das Internet ist nun „immer und überall" gegeben.

Am Beispiel der klassischen Kraftfahrzeugversicherung in Deutschland kann man einen Teil dieser Veränderung darstellen. Historisch ist dieses Produkt eine sich jährlich erneuernde Deckung für Kraftfahrzeughaftpflicht- und -kaskorisiken. Die Prämie wurde in der Regel einmal im Jahr – basierend auf dem Schadenvolumen des Vorjahrs – neu berechnet. Den Kunden waren eine leichte Vergleichbarkeit der Produkte und deren Kosten nur durch einen unabhängigen Versicherungsmakler, für die von ihm betreuten Assekuranzen und Produkte, möglich.

Schrittweise veränderte sich dieser Markt. Zuerst wurde die Direktversicherung für die Kraftfahrtversicherung immer populärer, da die Maklerprovision eingespart werden konnte und diese Einsparung unter anderem zu niedrigeren Produktkosten für den Kunden führte. Bald darauf wurde dieses Produkt direkt durch Internet-Serviceportale der Versicherungen verkauft. So konnte ein Kunde sich jederzeit – in mühseliger Arbeit – in größerem Umfang informieren und vergleichen.

Schließlich entstanden die sogenannten Aggregator-Plattformen (z. B. Check24), die es auf einfache und schnelle Weise einem Kunden ermöglichen, eine Vielzahl von Produkten zu vergleichen und zwischen diesen zu wählen. Genau diese Vergleichbarkeit „jederzeit" führt nun dazu, das Versicherungen in immer kürzeren unterjährigen Zyklen ihr Produkt und dessen Kosten anpassen müssen, um wettbewerbsfähig zu bleiben.

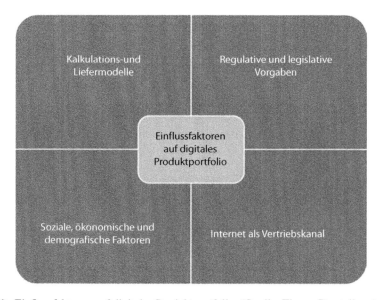

Abb. 21.2 Einflussfaktoren auf digitales Produktportfolio. (Quelle: Eigene Darstellung)

Die Digitalisierung und Automation der zugeordneten Prozesse wie Policierung, Prämienabrechnung, Schadensmeldung und Abwicklung sowie deren Verfügbarkeit über ein Internet-Serviceportal oder eine App auf einem Smart Device erlaubt, die Produkt- und Servicekosten weiter zu senken und die Kundenzufriedenheit zu erhöhen, da der Service „jederzeit und überall verfügbar" ist, wenn der Kunde ihn braucht.

Eine weitere Veränderung ist zum Beispiel in Afrika zu beobachten. Überwiegend sind die Länder in Afrika sehr strukturschwach. Weiterhin gibt es viele sehr gering besiedelte Landstriche. Das einzige was vergleichsweise gut entwickelt ist, ist das Mobiltelefonnetzwerk. Dies führte in den vergangenen Jahren dazu, dass Banken in vielen Bereichen Afrikas ihre klassischen Finanzprodukte in „Micro-Services" unterteilt haben und diese mit sehr einfach gehaltenen Mitteln über Mobiltelefone und Smart Devices anboten. Diese vereinfachte Form des „Bankings", welche initial nur die Bezahlung von Rechnungen, Überweisungen und einfachen „Sparprodukten" anbot, ist in großen Teilen Afrikas so erfolgreich geworden, dass sie sich als einer der Entwicklungsmotoren der Wirtschaft beschreiben lässt.

Die „Go-To-Market-Strategie" der Digitalisierung erlaubt auch eine Beschleunigung der „Time To Market" – wie auch schon im o. g. Beispiel beschrieben. Da die Finanzbranche sowohl im Banking als auch in der Assekuranz stark rechtlich geregelt und reguliert ist, ist es nicht einfach, Produkte „dynamisch und agil" auf den Markt zu bringen und gleichzeitig in allen Belangen „compliant" zu sein.

Dies ist die Geburtsstunde der FinTech- und InsureTech-Unternehmen. Ihr Ansatz ist es klassische Finanzservicebestandteile so neu zu „paketieren", dass diese leicht und schnell durch ihre Kunden konsumierbar sind.

Die Geschwindigkeit, mit der diese Produkte und deren stetige Verbesserungen auf den Markt gebracht werden können, ist für dies Unternehmen überlebenswichtig. „Be fast or be food": Es ist einfacher, ein noch nicht reifes Produkt in den Markt zu bringen und dieses zu verteidigen, als mit dem perfekten Produkt in einen schon saturierten Markt einzudringen.

21.3 Gefahren und Risiken

21.3.1 Einführung

Die Digitalisierung bringt nicht nur Chancen, sondern birgt auch Risiken. Das größte Risiko ist dabei sicherlich die Cyberkriminalität. Welche Faktoren erhöhen diese Gefahren? Die einflussreichsten sind in Abb. 21.3 dargestellt.

Wenn man als Beispiel den UK 2016 Cyberkriminalitätsreport (National Crime Agency 2016) (bezieht sich auf die Daten von 2015) heranzieht, kommt man bei der Zählung von „Computer Related Crime" und „Cyber-Crime" auf mehr als 50 % der Gesamtkriminalität.

Professionalisierung und Industrialisierung der Cyberkriminalität
- Cyber-Crime As A Service (CaaS) mit Erfolgsgarantie
- "Klassische" kriminelle Organisationen wenden sich der Cyberkriminalität zu, da sie hohe Gewinne bei geringer Gefahr des Zugriffs versprechen

Legislation und Regulation
- Die Schutzanforderungen der Gesetzgebung und der daraus resultierenden Regulation steigt stetig – verbunden mit sehr hohen möglichen Geldstrafen (z.B. GDPR bis zu 4% des Jahressumsatzes)
- Anforderungen an die Auskunftsfähigkeit sowie der Meldung von Security-Vorfällen

Time-To Market
- Die globale transparente Verfügbarkeit von Produkten im Internet führt dazu, dass diese immer schneller im Markt freigegeben werden müssen
- Durch die Mitbewerber und z.B. Preisvergleichsplattformen, müssen Unternehmen schneller Anpassungen an Produkten vornehmen, um wettbewerbsfähig zu bleiben

Erhöhung der Angriffsfläche
- Produkte und Services werden im Internet oder per Apps auf Smartdevices zur Verfügung gestellt
- Der Einzug von Smartdevices in die Unternehmen führt dazu, dass teilweise vertrauliche, geheime oder geschützte Daten auf diesen Smartdevices gespeichert sind

Abb. 21.3 Das Risiko der Digitalisierung erhöhende Faktoren. (Quelle: Eigene Darstellung)

Die Finanzbranche muss sich gegen diverse Typen von Cyberkriminellen (Aktoren) und deren unterschiedliche Motivation schützen. Die hauptsächlichen Aktoren sind: Terroristen, Kriminelle, Aktivisten, „Nation-State" und nicht zuletzt „Insider". Die Motivation ist nicht nur finanzieller Natur. Auch politische und soziale Interessen zählen dazu. Die Finanzindustrie ist sehr stark im Fadenkreuz von Cyberkriminellen. Die Folge sind riesige Datenverluste, Serviceunterbrechungen und einzelne Finanzdiebstähle, wie zum Beispiel der Fall „Carbanak" (Spiegel 2015), die bis in die Milliarden Euro gehen können. Wie schützt man sich?

Sun Tzu schrieb schon 500 vor Christus: „Kenne Dich selbst, kenne Deinen Feind, und Du musst einhundert Schlachten nicht fürchten. Kenne nur Dich selbst, nicht aber Deinen Feind und für jeden Sieg wirst Du eine Niederlage erleiden. Kenne weder Dich selbst noch Deinen Gegner, und Du wirst in jeder Schlacht unterliegen." Dies lässt sich auf die heutige Situation, in der sich Unternehmen angesichts der Cyberkriminalität befinden, übertragen. In allen Branchen, auch in der Finanzbranche, wird durch die Digitalisierung die Vernetzung sowie die „Supply Chain" immer größer und komplexer – dadurch erhöht sich zwangsläufig auch die Angriffsoberfläche.

Resultierend ist die Herausforderung sehr hoch, sowohl in der regionalen/globalen Ausbreitung, dynamischer „Merger & Acquisitions and Demergers", als auch in der Tiefe der „Supply Chain" eine konsistente Cyber-Security-Disposition zu überwachen und aufrecht zu erhalten. Das klassische Bild von „dem schwächsten Glied in der Kette bringt diese zu Bruch" trifft hier voll zu.

Der Vorfall im Jahre 2014 bei dem großen US-amerikanischen Einzelhändler Target veranschaulicht dies eindrücklich (Handelsblatt 2013). Man hatte bei Target in Cyber-Security investiert und auch „leading-edge"-Produkte implementiert. Ein Auditor hatte dies geprüft und für „gut befunden". Letztlich war es ein kleines Unternehmen in der Target „Supply Chain" – ein Facility-Service-Unternehmen – welches auf einem seiner Systeme die Malware in den „IT Estate" von Target brachte. Diese Malware verbreitete sich lateral und führte dann zu dem bekannten riesigen Datenverlust.

Die Erhöhung von „Resilience", „Response" und „Readiness" kann diese Gefahren und Risiken reduzieren (siehe Abb. 21.4).

21.3.2 Resilience – Globalen Schutz und Robustheit durch Organisation, Prozesse, Technologie, Mitarbeiter

Globale IT-Governance, welche auch ein einheitliches IT-Risiko- und -Security-Management beinhaltet, ist notwendig. Diese muss durch regionale und lokale Durchsetzung ergänzt werden, um die Einhaltung der globalen Sicherheitsstandards sicherzustellen.

Dazu gehört auch ein globales Monitoring aller Events und Meldungen der IT-Systeme und -Applikationen, um zum Beispiel durch Korrelation oder „Deep-Learning"-Algorithmen Cyber-Security-Vorfälle frühzeitig erkennen zu können. Dies reduziert die Wahrscheinlichkeit eines Security-Vorfalls, begrenzt den daraus resultierenden möglichen Schaden und erhöht die allgemeine Cyber-Sicherheitsdisposition des Unternehmens.

Abb. 21.4 Reduktion des Risikos. (Quelle: Eigene Darstellung)

Da bekanntermaßen Technik alleine nicht vor einem Vorfall schützen kann, muss der Faktor Mensch auch berücksichtigt werden. Daher sollte zum Beispiel stark in Cyber-Security-Awareness investiert werden, um bei den Mitarbeitern eine „Human Firewall" zu etablieren, die nicht leicht auf Phising E-Mails oder Social-Engineering-Angriffe hereinfällt.

21.3.3 Response – Cyber-Attack Detection and Resolution

Da man einen Angriff nicht komplett vermeiden kann, ist es von höchster Wichtigkeit, diesen so früh wie möglich zu entdecken und darauf zu reagieren. Hierzu ist es empfehlenswert ein globales „Cyber-Defense Center" (CDC) zu etablieren, welches einen global einheitlichen „Cyber-Security-Incident-Management-Prozess" betreibt.

Ein solches CDC besteht in der Regel aus einem „Security Operations Center" (SOC), über welches ein Angriff durch „Real Time Security Controls" erkannt und eine Alarmierung ausgelöst werden und einem „Computer Emergency Response Team" (CERT), welches den Vorfall so schnell wie möglich behandelt, zur Lösung bringt und gegebenenfalls im Nachgang forensische Analysen ausführt. Dies ist notwendig, um den eingetreten Schaden festzustellen und gerichtskonforme Beweissicherung zu ermöglichen.

Die Fähigkeit der Mitarbeiter des CDC sowie der dort eingesetzten Technologien und Prozesse sollte regelmäßig durch ein „Red Team" – ein Team von Cyber-Security-Experten und „Hackern", die mit allen möglichen Mitteln Zugang zu Systemen und Daten zu erlangen versuchen – geprüft werden, um Schwächen und Verbesserungsmöglichkeiten aufzuzeigen.

21.3.4 Readiness – Erhöhung der Einsatzbereitschaft und Qualität der Gegenmaßnahmen

Um die Veränderungen bei den Aktoren und deren Angriffsmethoden zu erfahren, ist es wichtig, von mehreren Quellen sogenannte „Threat Intelligence" zu beziehen, und diese auf die eigene Angriffsoberfläche und Ziele sowie den damit verbunden IT-Risiken zu reflektieren. Dies ermöglicht eine zielgerichtete risikobasierte Investition in weitere Cyber-Security-Maßnahmen, um den notwendigen Schutzbedarf sicherzustellen.

Regelmäßige „Cyber Crisis Drills" und sogenannte „Tabletop Exercises" erhöhen die Einsatzbereitschaft aller betroffenen Organisationsbestandteile und Funktionen. Durch die regelmäßige Konfrontation mit verschiedenen Cyber-Security-Vorfalls- und -Angriffsszenarien wird das Schockmoment, welches durch einen solchen Angriff verursacht wird, reduziert und die Geschwindigkeit und Qualität, mit welcher Schutz und Gegenmaßnahmen aktiviert werden, erhöht, zum Beispiel durch die FORDEC-Methode (Facts, Options, Risks, Decision, Execution, Check).

Eine enge Zusammenarbeit mit Polizei, Geheimdiensten und dem Bundesamt für Sicherheit in der Informationstechnik (BSI) ist auch wichtig, um frühzeitig Warnungen zu bekommen und bei einem Vorfall schnelle Unterstützung durch die relevanten Behörden zu erhalten.

21.4 „Survive by building a viable system"

21.4.1 Überblick

Es gibt zunehmend Stimmen, die behaupten, eine klassische Organisationsform wird langfristig in der Digitalisierung mit ihren Chancen und Risiken nicht erfolgreich bestehen können. Die Unternehmenstransformation in Abb. 21.5 (Malik 2015) veranschaulicht dies sehr gut.

Die Kurve „Foundations of present existence/Old World" stellt das bisherige klassische Business, die andere Kurve das digitalisierte Business dar. Die Transformationsphase zwischen den beiden Schnittpunkten ist die, in welcher sich die meisten Unternehmen der Finanzbranche heute befinden. Die Paradigmenveränderungen in dieser Phase müssen bewältigt werden, um die Transformation erfolgreich zu machen.

Die Dynamik der Produkt- und Serviceentwicklung, die eine zunehmend digitalisierte „Go-To-Market-Strategie" benötigt, und die damit einhergehende Zunahme an Vernetzung und Komplexität lässt sich effektiv mit einer selbstregulierenden Organisationsform betreiben. Ein sehr bekanntes Modell für eine selbstregulierende Organisation ist das

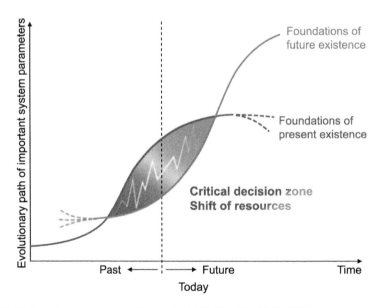

Abb. 21.5 Unternehmenstransformation nach Malik. (Quelle: Malik 2015)

„Viable System" (Malik 2017) von Malik. Es besteht aus verschiedenen „Systemen" (System 5 bis System 1), die mit systemübergreifenden bidirektionalen „Feedback Loops" miteinander verbunden sind. Abb. 21.6 veranschaulicht diese.

Die Systeme können gemäß Abb. 21.7 definiert werden.

Ein solches Viable System Model (VSM) zu definieren und nachhaltig in einer bestehenden Organisationsform zu etablieren, bedarf, wie in der Abb. 21.8 dargestellt, der Beachtung einiger kritischer Erfolgsfaktoren.

21.4.2 „Change the Organization"

In unserem Zeitalter der zunehmenden Digitalisierung muss man kritisch hinterfragen, ob das Denken in Silos der „klassischen Matrixorganisationen" und ihren horizontal und vertikal (häufig im Konflikt befindlichen) Zielen, geeignet ist, die Zielstrebigkeit, Reaktionsfähigkeit und Agilität zu garantieren, um langfristig in diesem Markt bestehen zu können. Es darf auch kritisch hinterfragt werden, ob die Anzahl der an Entscheidungen beteiligten Hierarchieebenen zu hoch ist.

Man kann sich zum Beispiel an einem Unternehmen wie Google orientieren. Wenn man dort ein Projekt machen möchte, holt man sich die Genehmigung nicht durch einen „Business Case". Vielmehr wird die Idee unter „Peers" besprochen. Dort einigt man sich

Abb. 21.6 Viable System Model nach Malik. (Quelle: Malik 2017)

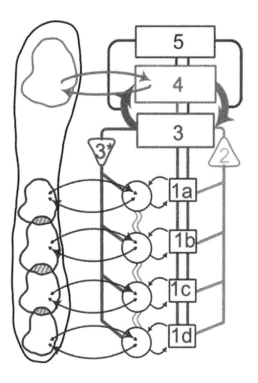

System 5: Identität
- Bestimmt den Zweck und die Werte der Organisation

System 4: Strategie
- Kommuniziert mit dem Gesamtsystem und dem „Environment", um die notwendigen Anpassungen der Strategie und den nachfolgenden Systemen machen zu können

System 3: Operative Steuerung
- Operative Steuerung mit der Innenperspektive und Nutzung operativer Kontrollmechanismen, um im system 1 maximale Effizienz und Effektivität sicherzustellen

System 3*: Feedback
- Echtzeit Feedback Mechanismus stellt der steuerung (System 3) die notwendigen Informationen zur Verfügung

System 2: Selbststeuerung
- Ermöglicht die notwendige Kollaboration und den Austausch von Informationen innerhalb der Subsysteme

System 1: Produktion
- Bedient mit höchstmöglichen Grad der Autonomie das relevante Environment mit Produkten und Services

Abb. 21.7 Beschreibung des Viable System Model nach Malik. (Quelle: Malik 2017)

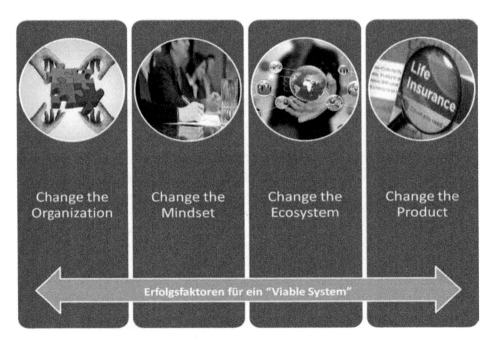

Abb. 21.8 Erfolgsfaktoren bei der Implementierung eines Viable System Model nach Malik. (Quelle: Malik 2017)

dieses Projekt zu machen und innerhalb einer relativ kurzen Zeit den Nachweis des Erfolgs zu erbringen, zum Beispiel: Man erreicht eine gewisse Anzahl von Nutzern im Internet (Interesse und Akzeptanz). Ist dies der Fall, kann dann ein Teil des Unternehmens dieses Thema betreuen und weiterführen, bis es unter anderem auch strategische oder finanzielle Ziele erreicht. Es kann auch sein, dass das gesamte Projekt und die damit betroffenen „Organisationsbestandteile" von heute auf morgen verworfen werden, weil ein anderes Projekt in diesem Themenumfeld vielversprechender ist.

Unsere klassische Organisationsform ist mit einem solchen digitalen „Go-To-Market"-Ansatz nicht vereinbar und kann nicht agil und dynamisch auf ein solches Szenario reagieren. Es gibt verschiedene agile Methoden, die aus der Fertigungsindustrie und der Softwareentwicklung kommen, welche man für die erfolgreiche Umsetzung von Projekten und die notwendige Veränderung von Organisationen anschauen sollte. Jedoch sollte man als Konsequenz nicht blind Projekte basierend auf „SCRUM" oder „Lean Thinking" durchführen, ohne zu prüfen, ob die Methodologie auf die Aufgabenstellung passt und ob die umliegende Organisation auch zum Beispiel „sprint- oder SCRUM-fähig" ist.

21.4.3 „Change the Mindset"

Es müssen sich notwendige Veränderungen in den Köpfen, in welchen sich über die Jahre, in unserer tayloristischen Leistungswelt, ein „Performance Mindset" etabliert hat, abspielen. Führungskräfte verstärken diesen Effekt häufig, was zu einer Verfestigung des „Ego-Systems" anstelle eines „Eco-Systems" führt.

Die notwendige „Change-Kultur" für den erfolgreichen Bestand im Digitalen Markt, die nicht auf mehreren strategischen Change-Prozessen basiert, welche in einem mehrjährigen Phasenplan umgesetzt werden sollen, erfordert ein Umdenken. Bislang wird sehr häufig der Ansatz, die notwendigen Veränderungen zu definieren und herbeizuführen, „top down" mit einer Vision definiert. Dann wird die Faktenlage analysiert, teilweise übermäßig mit einer „Analysis-Paralysis", um die definierten Aktionen einzuleiten.

Dieses Mindset ist mit der Welt der Digitalisierung, die sehr trefflich mit der „VUCA World" beschrieben werden kann, nicht mehr kompatibel. VUCA steht für „Volatility, Uncertainty, Complexity and Ambiguity" – also: Volatilität, Unsicherheit, Komplexität und Vieldeutigkeit.

Es muss erkannt werden, dass eine erfolgreiche „Change-Kultur" nur dann wirksam und effektiv – also auch „schnell" – sein kann, wenn die Mitarbeiter, die von der Veränderung betroffen sind, auch Teil der Definition und der Umsetzung derselben sind. Auch muss erkannt werden, dass Organisationen nicht mehr stabile und starre Gebilde sein dürfen. Vielmehr sollte eine Organisation als „nicht aktiviertes soziales Netzwerk" gesehen werden, in welchem ein großes Potenzial an Ideen und Innovation schlummert, das aktiviert werden muss.

Das kann man durch Verschiedenes ermöglichen:

- Führungskräfte einstellen, die mit solchen sozialen Netzwerken und den dazu notwendigen selbstorganisierenden Teams umgehen können.
- Ein Umdenken zum Wertesystem und wie „Leistung" bewertet wird.
- Eine kundenfokussierte – und nicht gewinnoptimierte – Methodologie einführen, um agil und schnell Produktveränderungen und neue Produkte zu definieren – zum Beispiel „Design Thinking" (Übernickel 2015).
- Eine „fehlertolerante" Kultur etablieren, bei der man aus Fehlern auch lernen darf, um sich weiterzuentwickeln: „Fail early, fail often … learn from your mistakes and succeed!"
- Den Raum zur Verfügung stellen, um nachdenken zu können und kreativ zu sein.
- Die Möglichkeit geben, Dinge bewusst nicht mehr zu tun.

21.4.4 „Change the Eco-System"

Notwendige Veränderungen im „Eco-System" – sind zu erwirken, um den „Impact", den die Digitalisierung in dem jeweiligen Industriesegment verursacht, zu kompensieren, zu steuern oder gar zu initiieren. Auch für die Finanzbranche ist die Digitalisierung eine signifikante disruptive Veränderung an Business-Modellen, Rollen und Funktionen und der Wertschöpfungskette. Die Komplexität und die Geschwindigkeit der Veränderung im „Eco-System" sind bemerkenswert.

Man kann sich dies am Beispiel der traditionellen Automobilindustrie verdeutlichen, in welcher der Einzug digitaler Technologien neuen „Playern" den Eintritt in den Markt ermöglicht hat. Unternehmen wie Apple, Google Car oder Uber stellen den Herstellern und auch ihrem „Eco-System" neue Herausforderungen. Die fortschreitende Digitalisierung durch den Konsumenten (Consumerization) wirkt sich zum Beispiel in der Entwicklung der Automobilbranche aus. Die Automobilhersteller mussten in vergleichsweise kurzer Zeit Standards wie „Apple Car Play" oder „Android Auto" unterstützen, da dies für „Digital Natives" bei der Auswahl ihres Fahrzeugs ein kritisches Entscheidungskriterium wurde. Die weitere Integration in andere, durch die Smart Devices ermöglichten Funktionen sind auch eine absehbare Entwicklung gewesen: Car Finder, Driving Log, Car Control, Car Maintenance App, Übertragung von Navigationszielen aus Apps oder Websuchergebnissen etc.

Am Beispiel der Automobilindustrie sieht man die Notwendigkeit, dass ein Wandel vom Hersteller von Fahrzeugen zu einem serviceorientierten Hersteller von Mobility-Produkten, die auf einem Fahrzeug basieren, notwendig ist, um auch zukünftig im Digitalen Markt erfolgreich sein zu können.

Als Teil des „Eco-Systems" der Automobilbranche hatte dies auch eine Auswirkung auf die Finanzbranche, zum Beispiel auf die Bereiche Leasing und Kfz-Versicherung. Die existierenden Produkte und Services erfüllten nicht die Anforderungen des veränderten

Marktes und mussten angepasst werden. Auch wenn es schon seit einigen Jahren sogenannte „Telematik-Produkte" gibt, war es ein entscheidender Schritt, dies in Verbindung mit einem Kfz-Versicherungsmodell zu bringen. Nun kann durch ein kleines Stück Hardware im Auto oder eine App, die mit dem Auto verbunden ist, eine präzise, das Fahrzeugführerverhalten berücksichtigende Deckung für das Risiko angeboten werden. Mit anderen Worten, wenn ein Fahrzeugführer sich an Verkehrsregeln hält, nicht übermäßig schnell oder auch nur wenige Kilometer fährt, ist die Versicherungsprämie geringer, um das Risiko zu decken.

Im Gegensatz zum vorigen Beispiel, in welchem reaktiv zum Eco-System agiert wird, sollte Änderung von „innen" heraus erfolgen, indem man mit führendem Beispiel im Markt neue Standards setzt. Man muss die Gelegenheit nutzen, um das Eco-System zu formen und zu gestalten und nicht von selbigen geformt oder gestaltet zu werden.

21.4.5 „Change the Product"

Notwendige Veränderungen bei der Entwicklung von Produkten und Services – ist die Konsequenz, um durch die zuvor genannten Veränderungen, neue Produkte agil auf den Markt zu bringen. Bei klassischen Produkten sind Begriffe wie Profitabilität, Deckungsbeitrag oder Marge bei der Entwicklung richtungsweisend. In der digitalisierten Welt kommen andere Begriffe dazu: Akzeptanz, Geschwindigkeit der Veröffentlichung, Internationale Anwendbarkeit …

Das heißt, man muss sich mit ganz anderen Fragen beschäftigen – wie zum Beispiel:

- „Ist der Kunde bereit, mehr zu bezahlen, wenn er ein Produkt eher bekommt, auch wenn es noch nicht ganz fertig ist?"
- „Ist dieses Produkt international ansprechend?"
- „Würde ein Kunde dieses Produkt nutzen, wenn es nichts kostet?"
- „Welche Eigenschaften muss unser Produkt haben, um sich viral zu verbreiten?"
- „Auf welchen Plattformen (iOS oder Android) und mit welchen Technologien (Browser oder App) wird unser Produkt präferiert konsumiert werden?"
- „Was müssen wir bei der Produktenwicklung beachten, damit unser Produkt auch langfristig Interesse weckt?"

Viele dieser Fragen lassen sich beispielsweise durch die schon in Abschn. 21.4.3 angesprochene „Design-Thinking"-Methode adressieren. Diese wird nachfolgend stark komprimiert dargestellt:

Beim „Design Thinking" steht im Vergleich zu anderen Methoden der Interessent oder Kunde im Vordergrund. Es werden dazu sogenannte „Persona" entwickelt, welche diese sehr detailliert beschreiben. Auf dieser Basis geschieht dann ein „Need Finding", also die Identifikation der Bedürfnisse und Wünsche der „Persona". Nun setzt ein dynamischer „Ideation"-Zyklus ein, in welchem in sehr kurzer Zeit alle möglichen Ideen im

Team gesammelt werden, um diese „Needs" zu reflektieren. Im Sinne eines auch nicht-technischen „Rapid Prototyping" (zum Beispiel lässt sich eine App auch durch einen Stapel Post-Its simulieren) werden dann Produkte und Services für die identifizierten „Needs" entworfen.

Der nächste Schritt ist dann ein wichtiges Unterscheidungskriterium zu anderen Methoden: Diese Prototypen werden in Interviews mit realen Menschen, die den Eigenschaften der „Persona" entsprechen, besprochen, um festzustellen, ob die „Needs" damit auf eine Weise adressiert wurden, die auch einen Wert für die „Persona" darstellt.

Basierend auf diesen Ergebnissen, werden die „Persona" und ihre „Needs" verfeinert (dies zum Beispiel auch, in dem man die „Needs" infrage stellt) und der Prozess wiederholt sich. Über die Laufzeit dieser Zyklen entsteht am Anfang eine sehr große Zahl an Prototypen, die dann fortlaufend reduziert, konsolidiert und verbessert wird.

Am Ende des Prozesses stehen ein oder zwei sehr detaillierte Lösungskandidaten zur Verfügung, von denen man durch die Methodologie schon im Vorfeld sichergestellt hat, dass sie erfolgreich sein werden, weil sie echte Bedürfnisse von realen Personen adressieren und diesen einen Wert stiften.

21.5 „Never walk alone"

Auch wenn im Digitalen Markt eine sehr große Mitbewerbersituation herrscht, kann es von Vorteil sein, einige Dinge gemeinsam zu tun: Cyber-Angriffe sind eine große Herausforderung für die gesamte Finanzindustrie. Dieser sollte man sich stellen, indem man an verschiedenen Stellen zusammenarbeitet – auch branchenübergreifend. Bei dem weiterhin zunehmenden Wachstum der Cyberkriminalität wird es nicht lange dauern, bis ein Unternehmen sich alleine nicht mehr effektiv schützen kann. Auch die Überlegung einer präventiven Handlung, um Gefahr in Verzug abzuwenden, ist notwendig, wenn auch es durch ein Finanzinstitut nicht erfolgen kann oder sollte. Folgende Bereiche der Kollaboration bieten sich hier an:

- Sharing is Caring
  Eine Bündnisbildung für den Austausch von „Threat Intelligence" und „Indicators of Compromise[1]" (IoCs). Auf Basis dieser ausgetauschten Informationen können mitigierende Maßnahmen getroffen werden, um die Risiken der Cyberkriminalität zu reduzieren. Dieser Austausch findet aktiv untereinander statt und kann durch non-governmental organizations (NGOs) wie zum Beispiel das *Financial Services Information Sharing and Analysis Center* (FS-ISAC) oder die gemeinsame Gründung eines Interessenverbands wie zum Beispiel *Cyber Security Sharing and Analytics* (CSSA) erfolgen.
- Stronger Together

---

[1] IoCs sind Indikatoren, die auf einen erfolgreichen Angriff durch Cyberkriminelle hinweisen.

Da der Markt von Cyber-Security-Experten sehr überschaubar ist und es in diesem wenige mit ausreichend Erfahrung und Expertise gibt, sollte man darüber nachdenken, diese in einer gemeinsamen Organisation zusammenzufassen, um die gebündelte Stärke untereinander nutzbar zu machen. Ein Beispiel hierfür ist die gemeinsame Gründung der Deutschen Cybersicherheits-Organisation (DCSO) durch Allianz, BASF, Bayer und Volkswagen.

- Law & Order
Eine enge Zusammenarbeit, um sich gemeinsam durch staatliche Behörden gegen Cyberkriminalität zu schützen: Dies erfolgt durch regelmäßigen Austausch mit Polizei und Geheimdienstbehörden. Diese Behörden können nicht nur frühzeitig vor „Gefahr in Verzug" warnen, sondern sind bei der Umsetzung von Gegenmaßnahmen sowie der Verfolgung von Cyberkriminellen elementar wichtig. Die regelmäßige aktive Zusammenarbeit erhöht die Reaktionsfähigkeit und reduziert die Reaktionsdauer.

21.6 Fazit

Was ist nun die Digitalisierung in der Finanzbranche:

- Ein weiterer Vertriebskanal, um mehr Kunden mit aktuellen Services zu erreichen?
- Ein Paradigmenwechsel in der Art, wie man Services und Produkte entwickelt?
- Die Chance, auf neuen Arten mit Kunden und Interessenten zu interagieren?
- Eine Möglichkeit, schnell neue Services in den Markt zu bringen?
- Eine Gelegenheit, den Fokus von Servicemerkmalen und „Benefits" auf „Customer Needs" zu bewegen?
- Eine neue Wettbewerbssituation durch die großen „Internet Companies", die das klassische Geschäft gefährdet?
- Eine stetig steigende Gefährdung des Geschäfts durch Cyberkriminelle?
- Eine Herausforderung durch Legislation und Regulation?
- Die Basis auf neuen Wegen gemeinsam die Chancen und Risiken der Digitalisierung beschreiten zu können?

Es ist all das, kombiniert mit der Möglichkeit, den Blick nach außen und nach innen zu wenden, um sich selbst neu zu erfinden und für das Geschäft des 21. Jahrhunderts überlebensfähig auszurichten – und dabei eine sehr kreative und spannende Zeit zu verbringen.

Literatur

Handelsblatt (2013). https://www.handelsblatt.com/unternehmen/handel-konsumgueter/hacker-angriff-kreditkartendaten-bei-target-abgegriffen/9242348.html?ticket=ST-40552823-TBWZJXbQPbi-4Y29dCFMV-ap5

Malik, F. (2015). *Managing performing living: Effective management for a new world*. Frankfurt a. M.: Campus.

Malik, F. (2017). Viable system model. https://www.malik-management.com/de/malik-loesungen/malik-tools-and-methods/malik-viable-system-model. Zugegriffen am 28.07.2017.
National Crime Agency. (2016). Cyber Crime Assessment. (07.07.2016). http://www.nationalcrimeagency.gov.uk/publications/709-cyber-crime-assessment-2016/file. Zugegriffen am 28.07.2017.
Spiegel (2015). https://www.spiegel.de/netzwelt/netzpolitik/carbanak-so-gelang-der-milliarden-bankraub-a-1018721.html
Übernickel, F. (2015). *Design Thinking – Das Handbuch*. Frankfurt a. M.: Frankfurter Allgemeine Buch.

Ralph Oelssner ist seit über sieben Jahren bei der Allianz Gruppe sowohl im Bereich Infrastruktur- und Security-Architektur und deren globaler Standardisierung, als auch Information Security und IT Risk Management tätig.

Während dieses Zeitraums entwarf er die Architektur mehrerer „Lighthouse Projekte":

- Data Center Block Design, welches flexibel für virtuelle und physikalische Systeme verwendet werden kann und den Aufbau einer Private Cloud ermöglichte.
- Allianz Virtual Client mit dem sichergestellt wird, dass man von überall und jederzeit auf seine Arbeitsoberfläche und Daten zugreifen kann, ohne diese auf Desktop oder Laptopsystemen speichern zu müssen und diese somit das Unternehmen verlassen könnten.
- Migration der Kern Allianz Businessappplikation vom Mainframe auf eine virtualisierte Standardserverplattform, welche bei analoger Betriebsstabilität eine signifikante Kostenreduktion erreichte.
- Implementierung eines Advanced Malware Detection Services, welcher Malware identifiziert, die an den „best in class" Firewalls, Intrusion Prevention Systemen und Antivirus Systemen nicht erkannt wird.

Er war auch maßgeblich an dem Design und der Implementierung des Information Security Peer Review und des IT Risk Management Frameworks beteiligt und hat mehrere Security Audits durchgeführt.

Im Augenblick befasst er sich mit dem Design des neuen globalen Netzwerks der Allianz, welches als hochgradig automatisiertes Service Netzwerk mit voll integrierten Public Cloud Interconnect entwickelt wird, um den Allianz Gesellschaften eine sichere, flexible und dynamische Nutzung von eigenen Data Center sowie Public Cloud Services zu ermöglichen und die Business Digitalisierung voll unterstützt.

Chancen und Herausforderungen der Digitalisierung in Banken und Sparkassen

22

Christiane Jonietz, Stefan Mesch und Anja Peters

> **Zusammenfassung**
>
> Das Banking unterliegt neben der anhaltenden Niedrigzinssituation und den steigenden regulatorischen Anforderungen einem wesentlichen Einfluss durch die stark zunehmende Digitalisierung in allen Geschäftsbereichen. Zwar ist diese schon seit der Einführung des Computers für Kreditinstitute von Bedeutung, mit der rasanten Geschwindigkeit, in der neue Technologien entwickelt werden, steigt jedoch auch der Einfluss der Digitalisierung auf das Bankgeschäft. In der Folge zeigen sich veränderte Verhaltensweisen und Anforderungen von Kunden, denen neue Wettbewerber wie z. B. FinTechs mit innovativen Angeboten begegnen. Banken müssen deshalb eine Anpassung ihres Produktangebots in Betracht ziehen und unter Umständen den Zugang zu weiteren Lieferanten suchen. Sie sehen sich damit einer Vielzahl an Herausforderungen ausgesetzt, dürfen dabei allerdings die innewohnenden Chancen zur Intensivierung der Kundenbeziehung mithilfe der Digitalisierung nicht übersehen.

22.1 Einführung

Getrieben vom technologischen Fortschritt und von gesellschaftlichen Trends stehen Unternehmen vor allem im direkten Kundenkontakt stetig vor neuen Herausforderungen. Insbesondere die Digitalisierung durchdringt nahezu alle Branchen und eröffnet neue Nutzungsoptionen sowie Geschäftsmöglichkeiten. Neben der Konsumgüter- und Serviceindustrie betrifft dies verstärkt auch den Finanzsektor.

C. Jonietz (✉) · S. Mesch · A. Peters
ibi research an der Universität Regensburg GmbH, Regensburg, Deutschland
E-Mail: christiane.jonietz@ibi.de; stefan.mesch@ibi.de; anja.peters@ibi.de

© Springer Fachmedien Wiesbaden GmbH, ein Teil von Springer Nature 2020
L. Fend, J. Hofmann (Hrsg.), *Digitalisierung in Industrie-, Handels- und Dienstleistungsunternehmen*, https://doi.org/10.1007/978-3-658-26964-7_22

Den Einstieg in eine digitale Beziehung zur Bank stellt häufig das Online-Banking dar. Diesen digitalen Zugriff auf Konten nutzen in Deutschland bereits 50 % der Bankkunden (Bundesverband deutscher Banken 2018). Zwar besteht mit Blick auf Länder wie Dänemark und Niederlanden, in denen fast neun von zehn Bankkunden das Online-Banking ihrer Bank heranziehen, noch Steigerungspotenzial (Statistisches Bundesamt 2017). Dennoch zeigt auch der Blick auf die bisherige Entwicklung in Deutschland, dass sich diese Quote in Zukunft erhöhen wird. So nutzten 2010 lediglich 35 % der Bevölkerung das Online-Banking (Bundesverband deutscher Banken 2018).

Vor allem junge Kunden, für die hinsichtlich des Online-Bankings die höchste Nutzungsquote (18- bis 29-Jährige: 71 %) zu verzeichnen ist (Bundesverband deutscher Banken 2018), sehen digitale Angebote als Selbstverständlichkeit an. Durch das Heranwachsen im Smartphone-Zeitalter nehmen sie digitale Angebote stärker wahr oder setzen diese gar als gegeben voraus. Aufgrund der zunehmenden Bedeutung der Digitalisierung entwickeln sich somit neue Strategien und Geschäftsfelder für digital affine Kunden. Banken und Sparkassen sind aktuell bemüht, sich der Digitalisierung zu öffnen. Dennoch zeigt der Blick auf innovative Wettbewerber, dass traditionelle Kreditinstitute Potenziale zur digitalen Intensivierung der Kundenbeziehung derzeit ungenutzt lassen.

22.2 Digitalisierung

Die Digitalisierung ist ein unaufhaltbarer Megatrend. Ursprünglich bedeutet der Begriff die Umwandlung von analogen Informationen in digitale Werte. Mit dem von Gottfried Wilhelm Leibniz entwickelten Binärsystem[1] wurde damit schon früh der Grundstein der Digitalisierung gelegt (Khan 2016). Dennoch verbindet man mit dem Begriff der Digitalisierung heutzutage viel mehr als nur *„goods that can be expressed in bits and bytes"* (Loebbecke 2006).

In neuerer Zeit wird die Digitalisierung durch die Entwicklung moderner Technologien und immer leistungsfähigerer Hard- und Software vorangetrieben. Neben der Erstellung von reproduzierbaren Gütern trägt deren Verwendung in vielen Bereichen des Alltags zu einer wesentlichen Veränderung bei. So lässt sich die Digitalisierung und der damit verbundene strukturelle Wandel als fünfte Phase im Kondratjew-Zyklus bezeichnen, der nach der Entwicklung von Dampfmaschine, Eisenbahn, elektrischer Energie und petrochemischer Industrie einen weiteren Paradigmenwechsel einläutet (Vogelsang 2010).

Heutzutage werden als Folge der Digitalisierung Stichworte wie z. B. Mobile- und Cloud Computing, Big Data, Internet of Things oder 3D-Druck genannt. Auch wenn es sich hierbei um legitime und wichtige Ausprägungen handelt, so werden diese für sich den tiefgreifenden Veränderungen im Zuge der Digitalisierung nicht gerecht (Drexler 2015). Bedeutende Auswirkungen der Digitalisierung zeigen sich in Bezug auf Individuen,

---

[1] Veröffentlicht 1703 unter dem Titel *„Explication de l'Arithmétique Binaire"*.

Gesellschaft, Geschäftsleben und Politik gleichermaßen. Diese Auswirkungen werden durch die digitale Transformation in einen Kontext gebracht. Abb. 22.1 zeigt die Einflüsse und Zusammenhänge der digitalen Transformation auf (Kofler 2016).

Darüber hinaus findet die Digitalisierung zunehmend Eingang in Geschäftsmodelle. So besitzt Airbnb als einer der größten Anbieter für die Buchung und Vermittlung von Übernachtungsmöglichkeiten keine eigenen Immobilien, sondern führt sein Geschäft ausschließlich auf Basis eines digitalen Online-Reservierungssystems, das den Kontakt zwischen Anbietern und Nachfragern von Unterkünften unterstützt. Auch Uber als Transportdienstleister hält keinen Bestand an eigenen Fahrzeugen. Stattdessen vermittelt das Unternehmen Fahrgäste an registrierte Fahrer mit eigenem Fahrzeug. Auch Filme und Musik werden nicht mehr von Datenträgern bezogen, sondern stehen über Streaming-Dienste wie Spotify oder Netflix auf Abruf zur Verfügung.

Auch im Banking beeinflusst die Digitalisierung das Geschäft mit dem Kunden sowie interne Prozesse und Strukturen. Es zeigen sich dabei zwei wesentliche Treiber für ein Überdenken des bestehenden Angebots in Richtung des Kunden: Einerseits stellen diese aufgrund von veränderten Verhaltensweisen und neuen Erfahrungen in anderen Bereichen des alltäglichen Lebens digitale Anforderungen an Banken und Sparkassen. Andererseits hat das Auftreten neuer technologienaher Wettbewerber (mit und ohne Banklizenz) zu enormen Veränderungen im Markt geführt. Diese Veränderungen werden im Folgenden dargestellt und mit den Auswirkungen auf Banken und Sparkassen in einen Kontext gebracht.

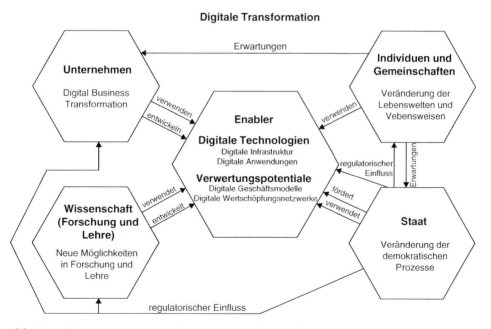

Abb. 22.1 Einflüsse der digitalen Transformation. (Quelle: Kofler 2016)

Abb. 22.2 Fünf-Kräfte-Modell nach Porter. (Quelle: Porter 2008)

22.3 Status quo der Digitalisierung in Banken und Sparkassen

22.3.1 Überblick

Zur Darstellung des Status quo der Digitalisierung in Banken und Sparkassen wird auf das Fünf-Kräfte-Modell (auch: Branchenstrukturanalyse) nach Michael E. Porter zurückgegriffen (siehe Abb. 22.2). Das Modell zieht die fünf entscheidenden Wettbewerbskräfte einer Branche heran und lässt damit eine Bewertung der Attraktivität einer Branche einerseits sowie der Profitabilität eines Unternehmens andererseits zu (Porter 2008).

Im Rahmen der Branchenstrukturanalyse werden die Elemente „Neue Marktteilnehmer", „Ersatzprodukte und -services", „Lieferanten", „Kunden" und „Mitbewerber" anhand ausgewählter Einflüsse und Veränderungen zunächst gesondert für sich betrachtet. Nachfolgend werden alle Elemente im Hinblick auf die Digitalisierung bei Banken und Sparkassen analysiert.

22.3.2 Kunden

Bei der Durchführung ihrer Bankgeschäfte erwarten Kunden die Erfüllung von drei Zielen: Sicherheit, Wirtschaftlichkeit und Komfort (siehe Abb. 22.3). In diesem Spannungsfeld ist es die Herausforderung für den Kunden, die unterschiedlichen Ausprägungen jeweils zu bewerten und zu priorisieren. Ihm muss dabei bewusst sein, dass das gleichzeitige Erreichen der maximalen Ausprägungen in allen drei Dimensionen nicht möglich ist.

Sicherheit ist im Bankgeschäft nach wie vor das wichtigste Kriterium. Das bedeutet nicht nur den Schutz der Kundendaten vor einem Zugriff durch Dritte. Auch eine

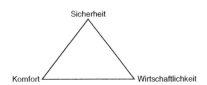

Abb. 22.3 Spannungsfeld Sicherheit – Wirtschaftlichkeit – Komfort. (Quelle: Eigene Darstellung)

fehlerhafte Abwicklung von Transaktionen beeinträchtigt die Sicherheit maßgeblich. Wirtschaftlichkeit zeigt sich einerseits in Kosteneinsparungen oder Mehrertrag, andererseits wirken sich auch Zeitersparnisse positiv darauf aus. Im Hinblick auf den Komfort ist es dem Kunden wichtig, dass Routine-Transaktionen schnell und einfach erledigt werden können. Für komplexe Themen erwartet er z. B. die Möglichkeit, einen kompetenten Berater hinzuziehen zu können. Die Digitalisierung leistet zu allen drei Dimensionen einen wesentlichen Beitrag.

Die Verfügbarkeit digitaler und für einen Großteil der Kunden erschwinglicher Endgeräte, wie z. B. Notebooks, Smartphones, Tablets oder Wearables, hat zu einer erheblichen Zunahme der Kontaktpunkte zum Unternehmen geführt. Banken und Sparkassen haben sich dieser Gegebenheit angepasst, sodass sich in den vergangenen Jahren ein deutlicher Anstieg entsprechender digitaler Angebote und Services zeigt. Für den Kunden ist es häufig komfortabler, einfache Services wie z. B. die Änderung eines Freistellungsauftrags oder die Anpassung eines Dispositionskredits selbst online erledigen zu können. Auch der Abschluss ausgewählter Produkte wird durch einfache und intuitive Prozesse in Eigenregie des Kunden ermöglicht. Die Möglichkeit zur Hinzunahme eines persönlichen Beraters – sei es telefonisch, physisch oder per Videoberatung – ist dabei jedoch nach wie vor im Bedarfsfall zu gewährleisten.

Verändert hat sich mit der Vielzahl der Kontaktpunkte aber auch die Flexibilität, mit der Kunden diese nutzen wollen. Im Handel ist ein Zusammenspiel der Kanäle, beispielsweise bei der Online-Überprüfung der Warenverfügbarkeit in der Filiale, bereits weit verbreitet. Auch im Banking nimmt das Zusammenspiel der Kanäle eine immer höhere Bedeutung ein. Während die Recherche nach einer Lösung finanzieller Bedarfe z. B. gerne auf dem Smartphone begonnen wird, erfolgt die Beratung zu und der Abschluss von Produkten in der Regel über einen stationären Computer oder in der Filiale. Die Unterstützung dieses Verhaltens adressieren Banken und Sparkassen im Rahmen ihrer Omnikanalfähigkeit. Dabei wird ein Wechseln zwischen den Kanälen ermöglicht, wobei die Herausforderung darin besteht, dass stets an den aktuellen Stand im Prozess angeknüpft werden kann und bereits eingegebene Daten nahtlos verfügbar sind. Damit hat der Berater in der Filiale z. B. bereits einen Einblick in die vorgelagerten Online-Tätigkeiten des Kunden. Auch wenn der Kunde im Anschluss an das Beratungsgespräch in der Filiale ein Produkt online erwerben möchte, wird ihm dies ohne einen Neustart des Prozesses ermöglicht. Das Zusammenspiel der Kanäle ermöglicht dem Kunden dabei höheren Komfort durch die selbstständige Wahl des bevorzugten Kanals bei gleichzeitiger Sicherheit durch die Option zur Hinzunahme eines persönlichen Beraters.

Eine Notwendigkeit zur Anpassung der Angebote stellt für Kreditinstitute auch die Erhöhung der Bereitschaft zum Bankwechsel und damit die abnehmende Treue der Kunden dar. So hat 2017 laut einer Studie immerhin jeder zehnte Kunde – und damit doppelt so viele wie im Vorjahr – innerhalb eines Jahres sein Bankkonto gewechselt. Die Studie zeigt einen bislang überschaubaren, aber dennoch zunehmenden Trend: So geben 8 % der befragten Kunden an, innerhalb der nächsten zwölf Monate die Hauptbankverbindung wechseln zu wollen, weitere 16 % sind diesbezüglich zwar noch unentschlossen, schließen aber einen Wechsel innerhalb dieses Zeitraums nicht aus. Somit ziehen rund ein Drittel der Kunden einen Bankwechsel in Betracht bzw. haben bereits ihre Bankverbindung gewechselt (YouGov 2017).

Während bislang eine Änderung der Hauptbankverbindung mit einem hohen Aufwand zur Mitteilung der Bankverbindung an lastschriftberechtigte Unternehmen und Änderung von Daueraufträgen verbunden waren, werden heute durch digitale Möglichkeiten die Hürden zum Bankwechsel deutlich leichter genommen und der notwendige Zeiteinsatz des Kunden deutlich reduziert. Nicht zuletzt der Gesetzgeber hat sich mit dem Zahlungskontengesetz für eine umfangreiche Unterstützung der Kunden bei einem Bankwechsel eingesetzt. So sind das bisherige und das neue Kreditinstitut im Rahmen der Kontowechselhilfe beispielsweise verpflichtet, berechtigte Zahlungsempfänger über die Änderung der Kontoverbindung zu informieren.

22.3.3 Neue Wettbewerber

Getrieben werden die vorgenannten Angebote verstärkt durch neue technologienahe Wettbewerber, die entsprechende Nischen entdecken und spezielle Lösungen für den Kundenbedarf – stets unter Berücksichtigung eines hohen Komfortanspruchs des Kunden – entwickeln.

Der Finanzdienstleistungsmarkt wird nicht mehr nur von traditionellen Kreditinstituten bedient. Vielmehr kämpfen neue Wettbewerber um eine Vorherrschaft in diesem Sektor. Die jüngsten dieser Wettbewerber sind sogenannte FinTech, die im Zuge der Digitalisierung entstanden sind. Der Begriff FinTech setzt sich aus den Wörtern „Finanzen" und „Technologie" zusammen und gilt als Bezeichnung für technologienahe Unternehmen, die Finanzdienstleistungen anbieten. Häufig wird bei den jungen Unternehmen von Start-ups gesprochen, wobei Unternehmen wie Paypal zeigen, dass sich die Unternehmen durchaus auch in einer fortgeschrittenen Phase befinden können.

Die Angebote der FinTechs zeichnen sich durch einen schlanken Prozess und eine intuitive Bedienung am Frontend aus. Diese kundenfreundliche Gestaltung der Anwendungen wird durch die Fokussierung auf ein einzelnes, spezielles Bedarfsfeld des Kunden ermöglicht.

Doch es gibt auch Ausnahmen, wie das Unternehmen N26 zeigt. Gestartet als mobiles Girokonto auf dem Smartphone baut das FinTech sukzessive sein Angebot aus und beschreitet mit Hilfe von Kooperationen seinen Weg zum Allfinanzdienstleister. Im Bereich der Geldanlage wird unter Nutzung des Angebots des FinTechs WeltSparen die Möglichkeit zur Eröffnung eines Sparkontos und zur Nutzung der Angebote verschiedener europäischer Partnerbanken zur Verfügung gestellt (IT Finanzmagazin 2017). Für ein umfassendes Angebot von Sofortkrediten geht N26 eine Partnerschaft mit der Kreditplattform auxmoney ein (auxmoney 2017). Zudem hat das Unternehmen durch die Kooperation mit dem FinTech Clark Fuß auf dem Versicherungsmarkt gefasst (N26 2017). N26 Insurance soll dabei als digitaler und zentraler Ort für Versicherungsunterlagen den herkömmlichen Versicherungsordner ablösen. Darüber hinaus hat der Kunde die Möglichkeit, mit wenigen Klicks Schäden einzureichen und Ansprüche geltend zu machen. Eine Optimierung bestehender Verträge rundet das Angebot ab.

Das Auftreten der FinTechs hat durchaus einen Ruck in Banken und Sparkassen bewirkt. Um beim Beispiel von N26 als mobiles Girokonto zu bleiben, lassen sich beispielsweise Yomo (Gemeinschaftsprojekt ausgewählter Sparkasse), bankomo (Reisebank) oder 1822MOBILE (1822direkt) als entsprechende Entwicklungen der traditionellen Kreditinstitute nennen.

Als bedeutende Konkurrenz für traditionelle Kreditinstitute sind die neuen Marktteilnehmer derzeit allerdings noch nicht anzusehen, da in der Regel über die Early Adopters hinaus bisher keine größere Kundenanzahl erreicht werden kann. Eine größere Gefahr stellen hingegen große Internetunternehmen und Händler dar, z. B. Apple, Amazon, Google oder Facebook. Sie nutzen die Digitalisierung in all ihren Facetten und bauen für den Kunden ein Ökosystem auf, in dem er alles aus einer Hand beziehen kann. Im Zahlungsverkehr haben diese neuen Oligarchen bereits einen erheblichen Marktanteil erreicht. Aufgrund ihrer Bekanntheit und der hohen Anzahl an Kunden bedrängen sie damit bereits jetzt in diesem Segment die herkömmlichen Banken und Sparkassen. Je weiter sie ihr Produktangebot über den Zahlungsverkehr hinaus auf weitere Finanzdienstleistungen ausdehnen, umso größer wird die Gefahr für traditionelle Kreditinstitute.

Auch Telekommunikationsunternehmen entdecken das Themenfeld Banking für sich. So bietet Telefónica in Kooperation mit der Fidor Bank mit dem Produkt o2 Banking ein vollwertiges Girokonto für das Smartphone an. Neben den herkömmlichen Zahlungsfunktionalitäten stehen dem Kunden ein Finanzmanager zur Kategorisierung von Buchungen, ein Dispositionskredit, eine Kreditkarte sowie Smartphone-spezifische Services zur Verfügung (Telefónica 2016).

Eine Befragung von 102 Experten aus der Finanzdienstleistungsbranche bestätigt die neuen Wettbewerber als Gefahr für traditionelle Banken und Sparkassen (siehe Abb. 22.4; Jonietz et al. 2016). So geben neun von zehn Experten an, dass FinTechs innovative Produkte und Services zukünftig schneller entwickeln werden als Banken und Sparkassen. 79 % der Befragten bestätigen zudem die Stärke der Internetgiganten, die nicht nur Banken, sondern auch FinTechs langfristig in Bedrängnis bringen können (Jonietz et al. 2016).

Um diesem geballten Konkurrenzdruck standhalten zu können, müssen sich Banken und Sparkassen hinsichtlich ihrer Innovationsfähigkeit deutlich stärker aufstellen als bisher. Nur so gelingt es ihnen, an FinTechs, Internetgiganten und weiteren „smarten Unternehmen" vorbeizuziehen und passgenaue, innovative Produkt- und Serviceangebote für den Kunden bereitzustellen.

Abb. 22.4 Auswirkungen von FinTechs und Internetgiganten auf Banken und Sparkassen. (Quelle: Jonietz et al. 2016)

22.3.4 Lieferanten

Im Rahmen der Digitalisierung stehen Banken und Sparkassen in enger Beziehung zu den jeweiligen IT-Dienstleistern. Rechenzentren und Software-Anbieter haben den Trend der Digitalisierung erkannt und bieten den Instituten inzwischen eine Vielzahl an digitalen Services. Diese spiegeln sich nicht nur in den Selbstbedienungskanälen wider. Auch Angebote für die persönliche und interaktive Beratung in der Filiale finden Eingang in das tägliche Bankgeschäft. So kann der Berater beispielsweise seinen Kunden mittels Touchtable, Tablet oder Videoberatung deutlich stärker in die Beratung einbeziehen, als dies zuvor der Fall war.

Auch FinTechs können Lieferanten von Banken und Sparkassen sein. Mit dem Auftreten der neuen Wettbewerber mussten sich traditionelle Finanzdienstleister schnell der Frage widmen: kopieren, konkurrieren oder kooperieren? Inzwischen haben FinTechs gezeigt, dass es ihnen nur schwer gelingt, eine kritische Masse an Kunden zu erreichen. Durch eine Kooperation zwischen FinTechs und Kreditinstituten kann eine Win-win-Situation gelingen: FinTechs werden durch ihr Angebot von White-Label-Angeboten eine zufriedenstellende Profitabilität und der notwendige Zugang zum Kunden ermöglicht. Auf der anderen Seite integrieren Banken und Sparkassen vorhandene Expertise in der Entwicklung und Umsetzung innovativer Lösungen.

22.3.5 Produkte

Anpassungen in der Produkt- und Servicegestaltung werden in der Finanzdienstleistungsbranche zunehmend von FinTechs getrieben. Die neuen Wettbewerber zeigen in allen klassischen Geschäftsfeldern von Banken und Sparkassen (siehe Abb. 22.5) innovative Lösungen, also sowohl in der Geldanlage, im Kreditbereich als auch im Zahlungsverkehr.

Abb. 22.5 Produktfelder der Banken. (Quelle: Eigene Darstellung)

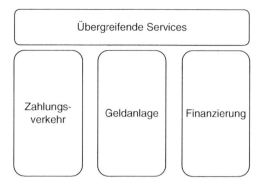

Jedoch zeichnen sich neue Angebote nicht nur hinsichtlich der Gestaltung von konkreten Produkten, sondern auch in der Durchführung der Beratung und der Bereitstellung von Services aus. Auch Beratungsleistungen werden digitalisiert. Im Bereich der Geldanlage unterstützen beispielsweise digitale Beratungsprozesse bei der Auswahl eines passenden Portfolios. Diese sogenannten Robo Advisor führen den Kunden durch einen standardisierten Prozess, in dem neben finanziellen Zielen, Anlagevolumen und -horizont und auch das Risikoprofil des Kunden erfasst wird. Aufbauend auf diesen Angaben wird ein individueller Anlagevorschlag für den Kunden auf Basis zuvor definierter Portfolios mit unterschiedlichen Risikoausprägungen abgeleitet. Robo Advice stellt in einer Zeit niedriger Renditen auf Anlageprodukte wie Tagesgeld oder Festgeld und sinkender Profitabilität der persönlichen Beratung in der Filiale die bedeutendste Innovation im Rahmen der Gelanlage dar, die durch Digitalisierung ermöglicht wird. Darüber hinaus finden sich im Bereich der Geldanlage kleinere innovative Angebote wie Apps, die zu einem kontinuierlichen Sparen motivieren. So werden beispielsweise aufgrund individueller Gewohnheiten wie z. B. der Smartphone-Nutzung oder den sportlichen Aktivitäten des Kunden definierte Beträge auf ein Sparkonto transferiert.

Auf der Finanzierungsseite entwickelten sich sogenannte Peer-to-Peer-Plattformen, mithilfe derer Kreditnehmer und -geber direkt zusammenfinden. Kreditgeber stellen ihren Kreditbedarf inklusive einer Beschreibung des Projekts ein. Meist findet durch den Betreiber der Plattform eine Risikoprüfung statt, die dem Kreditgeber die Kreditwürdigkeit des Kreditnehmers aufzeigt. Die Entscheidung über eine Investition im jeweils zu finanzierenden Kreditprojekt liegt jedoch ausschließlich beim Kreditgeber.

Im Zahlungsverkehr weisen die entwickelten Lösungen eine sehr große Spannweite auf. Ausgehend von der schnellen und komfortablen Durchführung von Zahlungen – nicht nur mittels IBAN, sondern anhand der im Smartphone-Adressbuch hinterlegten E-Mail-Adressen oder Mobilfunknummern – über die Bezahlung mit mobilen Endgeräten am Point-of-Sale reichen die Angebote bis hin zum vollständigen mobilen Girokonto mit Kreditkarte und Dispositionskredit, wie bereits am Beispiel von N26 (siehe Abschn. 22.3.3) aufgezeigt wurde. Gegeben sind dabei stets eine optimale Bedienung über mobile Endgeräte, eine komfortable Kontoeröffnung sowie schlanke Serviceprozesse.

Darüber hinaus findet sich inzwischen eine Vielzahl von Geschäftsfeld-übergreifender Services, die den Kunden bei der Verwaltung seiner Bankverbindung und der Beschäftigung mit seinen Finanzen unterstützen. Einfache Service-Angelegenheiten, wie beispielsweise die Online-Änderung eines Dispositionskredits, werden für den Kunden über das Online-Banking rund um die Uhr bereitgestellt. Zur Gewährleistung eines optimalen Überblicks über die eigene finanzielle Situation steht dem Kunden inzwischen eine Vielzahl an Anwendungen im sogenannten Personal Finance Management zur Verfügung, die auf Basis einer durchgängigen und automatischen Kategorisierung von Buchungen umfangreiche Auswertungen und Visualisierungen der finanziellen Situation ermöglichen. Damit sieht der Kunde auf einen Blick, wie viel Geld er beispielsweise für Lebensmittel oder den Urlaub ausgibt. Um Sparanreize zu setzen, wird ihm die Möglichkeit zur Definition von Budgets geboten. Zusätzlich zur Analyse seiner finanziellen Situation und seines Ausgabeverhaltens stehen dem Kunden anonyme Peer-Group-Vergleiche zur Verfügung, anhand derer die finanzielle Situation mit anderen Kunden in einer ähnlichen Lebenssituation (z. B. Einkommen, familiäre Situation) verglichen wird. Darauf aufbauende Vergleichsangebote, z. B. im Hinblick auf bestehende Versicherungen, runden das Angebot durch Einsparungen für den Kunden und die Schaffung von Vertriebsansätzen für den Anbieter ab.

Bei all den Angeboten, die Kreditinstitute und weitere finanzdienstleistungsnahe Anbieter zur Verfügung stellen, ist der Zugriff über mobile Endgeräte wichtiger denn je. Deshalb hat inzwischen nahezu jedes Kreditinstitut entsprechende Apps im Angebot.

22.3.6 Einflüsse der Mitbewerber

Die Digitalisierung hat auch den Wettbewerb innerhalb des bestehenden Marktes verändert. Der Ausbau der Banken-Webseiten von einer Informationsplattform hin zu einem vollwertigen Vertriebskanal hat zu einer Offenlegung der Preise und Gebühren sowie einer damit verbundenen Steigerung der Transparenz geführt.

Doch nicht alle Kunden möchten für ihre Kaufentscheidung lediglich den Online-Kanal heranziehen. So wechseln Kunden nach einer ersten Recherche auf der Website einer Bank oder Sparkassen beispielsweise zur persönlichen Beratung in die Filiale. Aber auch der Sprung in den Online-Kanal im Anschluss an ein ausführliches Beratungsgespräch ist denkbar, sofern der Kunde sich noch Bedenkzeit einräumen und den Abschluss komfortabel von zuhause aus ohne erneute Terminvereinbarung durchführen möchte. Diesen Anforderungen tragen Kreditinstitute durch die Bereitstellung omnikanalfähiger Angebote (siehe Abschn. 22.3.2) Rechnung. Die Schaffung einer entsprechenden Infrastruktur ist derzeit eines der größten Projekte, mit denen sich Kreditinstitute beschäftigen. Neben der kanalübergreifenden Anpassung der Prozesse sind eine zentrale Datenhaltung sowie die Ausgestaltung der Übergabepunkte für eingegebene Daten wesentliche Herausforderungen.

Darüber hinaus stellt sich den Kreditinstituten aufgrund der anhaltenden Niedrigzinssituation immer dringender die Frage nach neuen Ertragsquellen. Auf der Suche nach sinnvollen Erweiterungen des Geschäftsmodells liefert die Digitalisierung wichtige

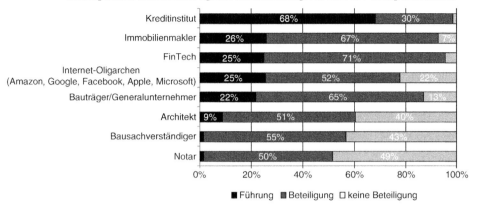

Abb. 22.6 Zusammensetzung eines digitalen Ökosystems für den Bedarf „Immobilie". (Quelle: Mesch et al. 2017)

Ansatzpunkte. Beispielsweise können über den Zusammenschluss zu einem Marktplatz bzw. digitalen Ökosystem Kundenbedarfe ganzheitlich bedient werden. Im Rahmen einer Befragung von 70 Experten zu digitalen Ökosystemen für den Bedarf des Immobilienerwerbs werden Kreditinstitute von 98 % der Befragten als Beteiligte eines solchen Angebots gesehen, über zwei Drittel können sich sogar die Führerschaft eines Kreditinstituts in einem Ökosystem (siehe Abb. 22.6) vorstellen. Weitere wichtige Rollen nehmen Immobilienmakler, FinTechs, Internet-Oligarchen sowie Bauträger bzw. Generalunternehmer ein. Jeweils über drei Viertel der Befragten ist der Meinung, dass diese Akteure in einem Ökosystem beteiligt sind, davon sieht rund ein Viertel der Teilnehmer sogar die Führung von einem der genannten als möglich an. Architekten, Bausachverständige und Notare werden aus Sicht der Experten ebenfalls integriert sein, eine Führung dieser Berufsgruppen wird allerdings nur von einem geringen Anteil für wahrscheinlich bewertet. Weitere Akteure stellen Steuerberater, Hausverwalter, Rechtsanwälte, Handwerker und Umzugsunternehmen dar, allerdings mit nur geringem Einfluss (Mesch et al. 2017).

22.4 Chancen und Herausforderungen

22.4.1 Chancen

Die Vorteile traditioneller Kreditinstitute liegen aus Kundensicht vor allem in der Breite der Produktpalette sowie der Expertise in Finanzangelegenheiten. Vor allem für aus Kundensicht komplexe Themen, wie z. B. die Finanzierung einer Immobilie oder der Aufbau einer Altersvorsorge, spielen die qualifizierte persönliche Beratung, die langjährige Erfahrung von Kreditinstituten in den angebotenen Themenfeldern sowie die Möglichkeit, alle Produkte und Services aus einer Hand zu erhalten, eine bedeutende Rolle bei der Anbieterwahl.

Obwohl die Digitalisierung zunächst zu einem Abbau der Kundenbeziehung geführt haben mag, leistet sie nun einen wesentlichen Anteil zu deren Intensivierung. Während Kunden digitale Angebote bisher als unpersönlich empfunden haben, wird der Kontakt durch eine kundengerechte Ansprache und individuelle Angebote auf eine persönliche Ebene gehoben. Auch die Kenntnis der Customer Journey eines Kunden trägt dazu bei, ein optimales Verständnis der Kundensituation zu erreichen und den Kunden intensiv zu begleiten. Voraussetzung zum Ergreifen der Chancen sind umfangreiche Auswertungen der Kundensituation sowie eine modulare Bereitstellung von Angeboten. Somit kann jeder Kunde entsprechend seiner individuellen Bedarfe mit maßgeschneiderten Produkten bedient werden.

Hinsichtlich der Entwicklung von Innovationen bringt die Zusammenarbeit mit FinTechs einen Mehrwert für die Institute. Zu Beginn der FinTech-Welle wurden die neuen Anbieter von den Instituten als Bedrohung wahrgenommen. Doch inzwischen haben Banken und Sparkassen die Vorteile einer Kooperation erkannt. Somit profitieren beide Seiten: Traditionelle Kreditinstitute gelingt eine schnelle Integration innovativer Angebote, FinTechs können auf eine breite Kundenbasis zugreifen.

22.4.2 Herausforderungen

Während Kreditinstitute und FinTechs ihre Kooperationen ausbauen, stehen neue Wettbewerber in den Startlöchern. Die großen Internetunternehmen sind in ersten Bereichen der Finanzdienstleistung bereits aktiv. Die Entwicklung weiterer Angebote ist hoch wahrscheinlich, womit sich diese in ihrem Sektor bereits etablierten Player zu ernsthaften Konkurrenten für Kreditinstitute entwickeln könnten. Mit dem Angebot einer ganzheitlichen Produktpalette gelingt ihnen ein One-stop-shopping über ihren ursprünglichen Kernbereich hinaus in den Finanzdienstleistungssektor hinein. Banken und Sparkassen müssen deshalb ihre Kunden von der Vorteilhaftigkeit eines Anbieters mit höchstem Anspruch an Sicherheit überzeugen. Vor allem Datenschutzbedenken der Kunden spielen hier den Banken zu.

Auch die Adaption innovativer Ideen ist zu beachten. Lernen können Kreditinstitute von techniknahen Anbietern wie FinTechs oder Internetunternehmen hinsichtlich der Gestaltung von Produkten und Prozessen. Sie zeigen ein einfaches und kundenfreundliches Angebot unter Bereitstellung intuitiver und übersichtlicher Prozesse. Darüber hinaus erlaubt eine hohe Automatisierung am Front- und Backend eine zeitnahe Abwicklung und schnelle Bereitstellung der vom Kunden gewählten Dienste. Gleichzeitig begeistern Apple, Amazon und Co. ihre Kunden mit einem hohen Servicegrad, wodurch die Customer Experience bei neuen Anbietern meist besser gestaltet ist als bei traditionellen Banken.

Banken und Sparkassen müssen sich somit von ihrer langsamen Entwicklungsgeschwindigkeit verabschieden, um langfristig im digitalen Markt wettbewerbsfähig zu bleiben. Der hohen Geschwindigkeit der Digitalisierung tragen sie nur durch eine deutliche

Verkürzung der Entwicklungszyklen Rechnung. Um dieser Schnelligkeit Stand zu halten, ist jedoch auch das Bewusstsein erforderlich, dass nicht jede Funktion von Anfang an perfekt sein muss, sondern ein zeitnahes Testen am echten Kunden zielführender sein kann. Nur so kann z. B. über die tatsächliche Relevanz der Funktion frühzeitig aus Sicht der Zielgruppe entschieden werden.

22.5 Ausblick

Die Digitalisierung hat das Bankwesen deutlich verändert. Die zunehmende Schnelligkeit der technologischen Entwicklung lässt jedoch bereits vermuten, dass dies nur der Anfang ist. Blockchain und künstliche Intelligenz deuten auf weitere disruptive Veränderungen der Finanzdienstleistungsbranche hin. Blockchain könnte Kreditinstitute als Intermediäre vollständig überflüssig machen. Inwieweit das eintritt oder ob es sich ähnlich der FinTechs um neue, von Banken zu adaptierende Ansätze des Bankings handelt, wird die Zukunft zeigen. Künstliche Intelligenz hingegen wird das Bankgeschäft für einen Teil der Kunden verändern. Es erlaubt beispielsweise an der Kundenschnittstelle eine höchst individuelle Beratung ohne dem Vorhandensein eines persönlichen Beraters. Indem über die Weiterentwicklung des Omnikanal-Bankings hin zu einem Optichannel-Banking die persönlichen Präferenzen des Kunden hinsichtlich seiner Kanalwahl bedient werden, ist der Ausbau einer persönlich digitalen Kundenbeziehung einen Schritt weiter.

Um sich den Herausforderungen der Zukunft zu stellen, wird von Banken und Sparkassen ein konsequentes Denken und schnelles Handeln in agilen Projekten gefordert. Die beschriebenen Aspekte der Digitalisierung sind aufgrund der vorhandenen technischen Fähigkeiten von Kreditinstituten bereits heute umsetzbar. Allerdings fehlt es häufig an einem ausgeprägten Willen und auch an Mut zur Veränderung auf allen Ebenen.

Literatur

Auxmoney. (2017). N26 erweitert Kreditangebot in Deutschland durch Partnerschaft mit auxmoney. https://www.auxmoney.com/presse/n26-und-auxmoney-kooperieren/. Zugegriffen am 18.02.2019.

Bundesverband deutscher Banken. (2018). Online-Banking in Deutschland. https://bankenverband.de/media/files/2018_06_19_Charts_OLB-final.pdf. Zugegriffen am 18.02.2019.

Drexler, L. (2015). Digitalisierung: Neustart für die IT, Computerwoche. http://www.computerwoche.de/a/digitalisierung-neustart-fuer-die-it,3220989. Zugegriffen am 18.02.2019.

IT Finanzmagazin. (2017). N26 integriert WeltSparen-Angebot: „N26 Savings" bringt Festgeld aufs Smartphone. https://www.it-finanzmagazin.de/n26-integriert-weltsparen-angebot-n26-savings-bringt-festgeld-in-die-smartphone-app-49843/. Zugegriffen am 18.02.2019.

Jonietz, C., Mesch, S., & Peters, A. (2016). ibi Blitz Retail Banking 2016 Q3 – FinTech. http://www.ibi.de/ibi-blitz. Zugegriffen am 18.02.2019.

Khan, S. (2016). *Leadership in the digital age – A study on the effects of digitalisation on top management leadership*. Stockholm: Stockholm University.

Kofler, T. (2016). *Digitale Transformation in Unternehmen*. Garching: Zentrum Digitalisierung Bayern.

Loebbecke, C. (2006). Digitalisierung – Technologien und Unternehmensstrategien. In *Handbuch Medienmanagement* (S. 357–373). Heidelberg: Springer.

Mesch, S., Jonietz, C., Peters, A., & Weber, S. (2017). ibi Blitz Retail Banking 2017 Q2 – Immobilienfinanzierung. http://www.ibi.de/ibi-blitz. Zugegriffen am 18.02.2019.

N26. (2017). N26 Insurance – Verwalte all deine Versicherungen in der App. https://n26.com/n26-insurance-verwalte-all-deine-versicherungen-in-der-app/?lang=de. Zugegriffen am 18.02.2019.

Porter, M. E. (2008). The five competitive forces that shape strategy. *Harvard Business Review, 1*, 78–93.

Statistisches Bundesamt. (2017). Online-Banking in Deutschland beliebter als im EU-Durchschnitt. https://www.destatis.de/DE/PresseService/Presse/Pressemitteilungen/2017/04/PD17_114_63931. Zugegriffen am 18.02.2019.

Telefónica. (2016). O2 Banking – Telefónica revolutioniert Mobile Banking. https://blog.telefonica.de/2016/05/megabytes-statt-magerzinsen-o2-banking-telefonica-revolutioniert-mobile-banking. Zugegriffen am 18.02.2019.

Vogelsang, M. (2010). *Digitalization in open economies: Theory and policy implications*. Heidelberg: Springer.

YouGov. (2017). Konto wechsle dich – Deutliche Zunahme bei der Wechselbereitschaft von Girokonten. https://yougov.de/news/2017/04/05/konto-wechsle-dich-deutliche-zunahme-bei-der-wechs/. Zugegriffen am 18.02.2019.

Christiane Jonietz ist Managing Consultant im Competence Center Retail Banking bei der ibi research an der Universität Regensburg GmbH. Das Institut forscht rund um die Digitalisierung der Finanzdienstleistungen und des Einzelhandels. Es berät Kunden aus der Privatwirtschaft und dem öffentlichen Sektor. Die Forschungs- und Beratungsschwerpunkte von Christiane Jonietz sind die Auswirkungen der Digitalisierung an der Kunde-Bank-Schnittstelle, insbesondere die kanalübergreifende Beratung von Privatkunden, das Monitoring und die Umsetzung von Innovationen sowie die Erhebung von Entwicklungen und Trends im Retail-Geschäft der deutschen Bankenlandschaft. Zu diesen Themenschwerpunkten tritt sie regelmäßig als Referentin auf Veranstaltungen auf und veröffentlicht Fachartikel und Studien. Im Rahmen ihres Dissertationsvorhabens beschäftigt sie sich mit der Ausgestaltung von Anlageprozessen zur Selbstbedienung

Seit 2011 ist Christiane Jonietz bei der ibi research an der Universität Regensburg GmbH tätig. Frau Jonietz schloss 2010 ihr Studium der Wirtschaftsinformatik mit den Schwerpunkten Bankinformatik und Management der Informationssysteme erfolgreich ab. Zuvor absolvierte sie eine Ausbildung zur Versicherungskauffrau. Während ihres Studiums war sie zwei Jahre bei einem Direktversicherer im Bereich Controlling und Monitoring tätig.

Stefan Mesch ist Consultant im Competence Center Digital Banking bei der ibi research an der Universität Regensburg GmbH. Das Institut forscht rund um die Digitalisierung der Finanzdienstleistungen und des Einzelhandels. Es berät Kunden aus der Privatwirtschaft und dem öffentlichen Sektor. Der Forschungs- und Beratungsschwerpunkt von Stefan Mesch sind Innovationen an der Kunde-Bank-Schnittstelle, insbesondere FinTechs. Im Rahmen seiner Masterarbeit beschäftigte er sich mit der Profitabilität der Geschäftsmodelle von FinTechs.

Seit 2016 ist Stefan Mesch bei der ibi research an der Universität Regensburg GmbH tätig. Zuvor studierte er im Masterstudium Wirtschaftsinformatik mit Schwerpunkt Bankinformatik an der Universität Regensburg. Während seines Studiums war er ein halbes Jahr in der Beratung von Finanzdienstleistern für eine Wirtschaftsprüfungsgesellschaft tätig. Seinen Bachelor absolvierte er 2014 an der Technischen Hochschule Ingolstadt in Kooperation mit einem Versicherungskonzern.

Dr. Anja Peters ist seit 2019 Geschäftsführerin der ibi research an der Universität Regensburg GmbH. Das Institut forscht rund um die Digitalisierung der Finanzdienstleistungen und des Einzelhandels. Es berät Kunden aus der Privatwirtschaft und dem öffentlichen Sektor. Frau Peters Forschungs- und Beratungsschwerpunkt liegt im Bereich der digitalen Transformation im Digital Banking.

Seit 2003 ist die studierte als Senior Consultant und später als (Research) Director bei ibi research an der Universität Regensburg tätig. Ihr inhaltlicher Fokus liegt auf den Themen der Digitalisierung im Finanzdienstleistungsbereich. Ein Beispiel ihrer Tätigkeit ist die Evaluation und die vertriebliche Ausgestaltung von Banken- und Versicherungs-Websites, sie ist unter anderem Projektleiterin des renommierten jährlichen ibi Website Ratings. Des Weiteren steht die Erhebung von Entwicklungen und Trends im deutschen Retail Banking im Mittelpunkt ihrer Arbeit. Thematische Schwerpunkte ihrer Tätigkeit sind derzeit zudem die Innovationen an der Kunde-Bank-Schnittstelle sowie die Durchführung umfassender Strategieprojekte zum Omnikanal-Vertrieb in Banken und Sparkassen. Darüber hinaus arbeitet sie als Autorin und Referentin in den genannten Fachgebieten.

Von 1998 bis 2003 war Anja Peters Wissenschaftliche Mitarbeiterin und Projektmanagerin an der Fachhochschule Kaiserslautern. Davor war sie acht Jahre lang im Vertrieb sowie in der Konzeption- und Programmentwicklung der Bankakademie e. V. (heute Frankfurt School of Finance and Management) tätig. Frau Peters studierte Ökonomie an der Universität Oldenburg, absolvierte ein Aufbau-Studium Personalentwicklung an der Universität Kaiserslautern und promovierte im Bereich Wissensmanagement an der Universität Regensburg.

23 Bewegung in der Bankenbranche: FinTechs als Disruptoren und Hoffnungsträger

Stefan Mesch, Christiane Jonietz und Anja Peters

> **Zusammenfassung**
>
> Die Digitalisierung bewegt seit einigen Jahren die Bankenbranche. Während Banken ihre Prozesse automatisieren und vereinzelt digitale Angebote präsentieren, rückt ein neuer Wettbewerber in den Fokus: FinTechs. Die jungen und technologieaffinen Start-ups sind angetreten, die Branche zu revolutionieren und mischen selbige damit auf. Zunächst muss betrachtet werden, was unter einem FinTech zu verstehen ist, um darauf aufbauend ausgewählte Segmente und deutsche FinTechs vorzustellen. Basierend auf der Performance einzelner Segmente werden das disruptive Potenzial, aber auch die positiven Effekte der Aktivitäten von FinTechs beschrieben.

23.1 Was ist FinTech

23.1.1 Begriffsdefinitionen

> Fintech ist der Punkrock der Finanz-Industrie. (Bajorat 2017)

Die Bedeutung des Begriffs „FinTech" besteht aus mehr als der Kombination des Wortpaars *financial services* und *technology* (bzw. *Finanzdienstleistung* und *Technologie*). Die Vielfalt zeigt sich am Beispiel ausgewählter Definitionen von Europäischer Zentralbank, Deutscher Bank und der Redaktion eines themenrelevanten Newsletters.

Benoît Cœuré, Direktoriumsmitglied der Europäischen Zentralbank, sprach auf einer Veranstaltung im März 2016 zur Zukunft der Finanzbranche „von disruptiven neuen

S. Mesch (✉) · C. Jonietz · A. Peters
ibi research an der Universität Regensburg GmbH, Regensburg, Deutschland
E-Mail: stefan.mesch@ibi.de; christiane.jonietz@ibi.de; anja.peters@ibi.de

Technologien – den sogenannten Finanztechnologien" (Cœuré 2016). *Cœuré* hebt hervor, dass FinTechs ein für die Finanzbranche disruptives Potenzial besitzen. Dieses wird jedoch nicht durch die Kombination bewährter Technologien ermöglicht, sondern erst durch die Nutzung neuer Technologien eröffnet. Als Beispiel für ein FinTech nach dieser Definition kann „Blockchain" genannt werden, die mit der konkreten Implementierung „Bitcoin" als potenziell disruptive Technologie der Finanzbranche gilt.

Deutsche Bank Research, die Forschungsabteilung der Deutschen Bank, sieht FinTechs als Unterstützer der „digital (r)evolution in the financial sector" (Dapp 2014, S. 1). Diese Entwicklung ist allerdings nicht ohne Einfluss auf die Finanzbranche. Die neue Gefahr für die Finanzdienstleister (FDL) kommt nicht aus der Branche selbst, sondern von Technologie-Unternehmen. Sie nutzen digitale Mittel, um einer breiten Masse möglichst schnell standardisierte Finanzprodukte (z. B. ein Girokonto oder eine einfache Anlageberatung) anzubieten. Deutsche Bank Research bezeichnet diese Bewegung als „FinTech". Als Beispiel für ein Technologie-Unternehmen, auf das diese Definition zutrifft, kann die N26 GmbH genannt werden. Die N26 GmbH entwickelt ein Girokonto, welches ausschließlich über das Smartphone genutzt wird; es existieren keine Filialen oder weitere Kundenkanäle. N26 und andere FinTechs dieser Definition stellen im Modell der fünf grundlegenden Wettbewerbskräfte als neue Anbieter eine steigende Bedrohung für die etablierten Finanzdienstleister dar (vgl. Porter 1980, S. 4; vgl. Dapp 2014, S. 5).

Die Carolin Neumann und Clas Beese GbR, welche mit finletter einen redaktionell gepflegten Newsletter zu FinTechs herausgibt, sieht keine strenge Einschränkung des FinTech-Begriffs auf Unternehmen. Sie versteht unter FinTech „die Branche […], in der Finanzdienstleistungen mit Technologie verändert werden. Fintechs sind die Unternehmen, die das tun. Fintechs sind häufig Start-ups, aber nicht immer." (Neumann et al. 2015). Diese Definition geht einher mit dem Bewegungs-Begriff der Forschungsabteilung der Deutschen Bank. Sie erweitert ihn jedoch damit, dass FinTech nicht nur eine neue Branche darstellt, die sich der Revolution der Finanzdienstleistungen verschrieben hat, sondern impliziert auch (v. a. junge) Unternehmen, die eben diese Revolution vorantreiben.

Allen Definitionen ist gemein, dass sie ihren Fokus auf Konzepte von Geschäftsmodellen oder Start-ups/jungen Unternehmen legen. Häufig setzen Start-ups zu Beginn ihrer unternehmerischen Tätigkeit lediglich auf einen Anwendungsfall, der optimiert werden soll oder genau ein Problem, welches gelöst werden soll. Damit kann die Begriffskombination FinTech ebenso auf einen isolierten Geschäftsprozess – dem angebotenen *financial service* – einer etablierten Bank angewandt werden, vorausgesetzt, dieser wird stark durch Technologieeinsatz unterstützt oder idealerweise vollständig damit automatisiert.

23.1.2 Segmentierung von FinTechs

Die durch FinTech umgesetzten Anwendungsfälle können in verschiedene Segmente unterteilt werden. Diverse Unterteilungen sind denkbar, beispielsweise in die Positionierung entlang der Prozesskette (Vertrieb, Frontoffice, Backoffice) oder die Geschäftsbeziehungen mit ihren Kunden (B2C, B2B, B2B2C …). Im deutschsprachigen Raum hat sich die „German FinTech Overview" des Blogs paymentandbanking.com etabliert. Darin sind die Anwendungsfälle der deutschen FinTech-Start-ups geclustert und ergeben folgende 18 Segmente: Payment, Bitcoin, E-Commerce, Accounting, Factoring/Collection, Donation, Order/Cash, Credit, Banking, Tools, Personal Finance Management (PFM), API-Banking, Savings, Ident, Peer-to-Peer (P2P), Insurance, Immo, Risk/Rating (siehe Thalhammer 2019). Nachfolgend werden ausgewählte Segmente kurz vorgestellt.

Payment
Der Payment-Sektor fokussiert sich auf die Abwicklung von Zahlungen. Die FinTech-Unternehmen dieses Segments haben starke Überschneidungen zu anderen Segmenten, z. B. zum Segment P2P (für Zahlungen zwischen zwei Parteien; insbesondere Transaktionen zwischen Freunden/innerhalb einer Gruppe mit dem Mobiltelefon) und Order/Cash (Akzeptanz von Giro- und Kreditkarten). Weitere Anwendungsfälle dieses Segments sind mobiles Bezahlen am physischen Point-of-Sale und das Angebot von Zahlungsdienstleistungen für Onlineshops. Alle Anwendungsfälle werden – falls erforderlich – zumeist aus Unternehmenskundensicht und auch aus Endkundensicht mit Lösungen versorgt.

Bitcoin
Die im Sektor Bitcoin tätigen Jungunternehmen beschäftigen sich mit Kryptowährungen, insbesondere mit den bekanntesten Vertretern Bitcoin, Ethereum und IOTA. Die Geschäftsmodelle, die sie auf Basis einer virtuellen Währung umsetzen, sind vielfältig: Von der reinen Bitcoin-Börse bis hin zu einer internationalen P2P-Lending-Plattform gibt es bereits ein großes Spektrum umgesetzter Ideen. Ebenfalls wird Onlineshops oder Blogs die Technik, Bitcoin als Zahlverfahren zu akzeptieren, zur Verfügung gestellt. Zusätzlich zu einem Zahlungsmittel können mit der Blockchain-Technologie (oder anderen verteilten Datenbanksystemen) auch sogenannte „smart contracts" abgebildet werden.

E-Commerce
Die Start-ups aus dem Segment E-Commerce fokussieren mit ihren Lösungen zumeist Onlineshops bzw. deren Kunden. Um den Anbietern von Onlineshops die Zahlungsabwicklung zu erleichtern, bieten FinTech-Unternehmen die Integration dieser Funktionalität als „software as a service" an. Die Online-Händler können mit der Integration eines Services eine Vielzahl von Zahlverfahren (z. B. Rechnung, Girocard, Kreditkarte) anbieten. Ebenso finden sich in diesem Segment ein Gutschein-Anbieter, welcher branchenübergreifende Geschenkkarten anbietet und dem Händler damit eine Umsatzsteigerung verspricht, sowie ein von Banken unabhängiger Zahlungsinfrastrukturanbieter.

Accounting
Die FinTech-Start-ups aus dem Accounting-Segment unterstützen primär Kleinunternehmen und Freelancer. Sie automatisieren Prozesse des Rechnungswesens und der

Buchhaltung, um ihren Kunden – welche sich auf ihr Kerngeschäft konzentrieren möchten – die „lästige Arbeit" der Rechnungsstellung, Lohnbuchhaltung etc. abzunehmen. Auch in diesem Segment finden sich einige SaaS-Lösungen; ihr Zugriff erfolgt meist über das Internet oder mobile Anwendungen.

Factoring/Collection
Das Segment Factoring/Collection umfasst eine Vielzahl von Geschäftsprozessen in kleinen und mittelständischen Unternehmen. Die hier platzierten 15 FinTech-Start-ups verbessern mittels Rechnungskäufen, Übernahme des Mahnwesens oder einer Plattform für Finanzierungsangebote die Liquidität ihrer Kunden.

23.2 Überblick über FinTech-Start-ups

23.2.1 Ausgewählte Beispiele aus den Segmenten

Nachfolgend werden ausgewählte deutsche FinTech-Start-ups vorgestellt. Die Beispiele orientieren sich an der Bekanntheit der Start-ups und geben einen Überblick über die aktiv gelebten Geschäftsmodelle, mit denen junge Unternehmen in der Finanzdienstleistungsbranche Fuß fassen wollen und können.

N26
Die N26 GmbH bietet mit dem gleichnamigen Produkt ein Girokonto, welches ausschließlich über das Smartphone genutzt wird. N26 stellt als Direktbank den Kunden keine physischen Kanäle (d. h. Filiale) zur Verfügung. Zum Start im Januar 2015 (damals noch unter dem Namen Number26) war es auch für Direktbanken ein Novum, kein Online Banking im Browser anzubieten. Während N26 zu Beginn noch auf die Wirecard AG als kontoführende und abwickelnde Bank im Hintergrund angewiesen war, besitzt sie mittlerweile eine eigene Vollbanklizenz der Bundesanstalt für Finanzdienstleistungsaufsicht (BaFin). Mit dieser kann N26 die Girokonten selbst verwalten und eigene Produkte entwickeln, wobei stets auf die im mobilen Umfeld übliche sofortige Durchführung einer Transaktion Wert gelegt wird. Die derzeit 2,3 Millionen Kunden aus 24 Ländern können neben dem ursprünglichen Girokonto auch weitere innovative Bankprodukte von N26[1] mobil nutzen (N26 2019).

Fidor
Die Fidor Bank AG besitzt seit 2009 eine Vollbanklizenz, mit der sie als Direktbank ihre Dienstleistungen im Internet anbietet. Besonders hervorzuheben ist die Zusammenarbeit mit ihren Kunden, welche die Fidor Bank in ihren Foren pflegt. Im sogenannten

---

[1] Beispiele weiterer Bankprodukte von N26 finden sich in Abschn. 21.3.3 des Beitrags „Chancen und Herausforderungen der Digitalisierung in Banken und Sparkassen".

"Community Banking" posten Mitarbeiter (auch die Geschäftsführung) der Fidor Bank aktuelle Themen, die das Unternehmen beschäftigen. Kunden sind dazu angehalten, sich rege an den Diskussionen und Entscheidungen zu beteiligen und werden dadurch aktiv in die Produktentwicklung einbezogen. Eigene Produktideen werden in und mit der Community ebenso diskutiert wie eventuell auftretende Probleme aller Art. Möchten Fragesteller ihren Antwortgebern danken, können sie dies mit einem „CentYou" tun, einer Überweisung von 0,10 EUR von ihrem Konto an das des Antwortgebers. Die soziale Komponente des Bankings bei der Fidor Bank zeigt sich auch in Produkten wie Crowdinvesting oder Social Lending (Fidor Bank 2017).

Sofortüberweisung
Die Sofortüberweisung der Sofort GmbH ist ein Zahlverfahren für Onlineshops und kann als eine Art der Vorkasse bezeichnet werden. Bei der klassischen Vorkasse überweist der Kunde eines Onlineshops vorab den geschuldeten Betrag; der Händler verschickt die Ware erst, wenn er den Betrag auf seinem Konto erhalten hat. Nutzt ein Kunde beim Bezahlvorgang die Sofortüberweisung, wird er auf das Zahlformular der Sofort GmbH weitergeleitet. Relevante Daten wie Rechnungsbetrag und Verwendungszweck sind bereits vorausgefüllt, der Kunde muss lediglich die Zugangsdaten zu seinem Onlinebanking-Account eingeben. Die Sofort GmbH tätigt in seinem Namen die Transaktion (das Anstoßen der Überweisung) und übermittelt gleichzeitig dem Onlinehändler, dass die Transaktion ausgeführt wurde. Der Händler muss damit die reservierte Ware nicht bis zum tatsächlichen Überweisungseingang auf Lager halten, sondern kann diese sofort versenden. Rechtlich war die Umsetzung der Überweisung umstritten, da der Kunde einem Dritten die Zugangsdaten zu seinem Onlinebanking-Account überlässt – was in den allgemeinen Geschäftsbedingungen vieler Banken verboten war. Durch einen Beschluss des Bundeskartellamts und durch die Einführung der „zweiten Zahlungsdiensterichtlinie" (engl. „payment services directive 2", PSD2) durch das europäische Parlament wurde jedoch der Zugriff erlaubt und Rechtssicherheit zugunsten der Sofort GmbH geschaffen. Die Sofort GmbH ist seit 2014 Teil der schwedischen Unternehmensgruppe Klarna (Klarna Bank 2019).

Barzahlen
Mit Barzahlen hat die Cash Payment Solutions GmbH 2013 eine Lösung vorgestellt, mit der Kunden von Onlineshops ihre Einkäufe in bar bezahlen können. Dazu wählen die Käufer beim Bezahlvorgang die Zahlart „barzahlen" aus und erhalten im Anschluss einen Zahlschein. Dieser muss (ausgedruckt oder auf dem Smartphone) bei einer teilnehmenden Filiale – derzeit sind unter anderem mehrere Drogeriemarkt-Ketten Partner von Barzahlen – verrechnet werden; die Bezahlung erfolgt analog eines normalen Einkaufs in dieser Filiale. Damit garantiert die Cash Payment Solutions GmbH den Onlineshops Zugang zu einer breiteren Zielgruppe, da nicht alle potenziellen Kunden eine ausreichende Affinität für das Onlinebanking besitzen oder Sicherheitsbedenken gegenüber der weiteren Zahlverfahren haben. Barzahlen erweitert auf Basis des bestehenden Partner-Netzes stetig seine Anwendungsfälle. So können weitere Forderungen wie

Versicherungsbeiträge, Rechnungen von Energieversorgern, Mieten oder Telefonrechnungen bar bezahlt werden. Ebenso umgesetzt und von vielen Direktbanken genutzt ist die Möglichkeit, in einer Partner-Filiale Geld auf das eigene Girokonto einzuzahlen oder davon abzuheben (Cash Payment Solutions 2017).

auxmoney

Die auxmoney GmbH betreibt mit der gleichnamigen Plattform das in Deutschland führende peer-to-peer-Kreditportal (Dorfleitner und Hornuf 2016, S. 32). Unter einem peer-to-peer-Kredit versteht man ein Darlehen, welches von „Gleichgestellten" begeben wird. So treten (meist mehrere) Privatpersonen als Darlehensgeber für eine Privatperson (Kreditnehmer) auf und teilen sich das Kreditrisiko. Im Gegenzug erhalten die Kreditgeber eine attraktive Verzinsung. Primäre Leistung von auxmoney ist dabei die Bereitstellung der Plattform zur Vermittlung der beiden Parteien. Um die Plattform herum sind einige Zusatzservices umgesetzt, wie unter anderem die Abwicklung des Kredits über eine Partnerbank, das Scoring der Kreditnehmer zur Ermittlung des Kreditzinses und ein Re-Invest-Mechanismus, um die Zins- und Rückzahlungen an die Kreditgeber automatisch neu zu investieren. Im Gegensatz zu einer klassischen Kreditanfrage bei einem Finanzdienstleister kann auxmoney innerhalb weniger Minuten den Kreditsuchenden eine Zu- oder Absage mit entsprechenden Konditionen nennen, woraufhin die Anleger ihr Geld in dieses Kreditprojekt investieren können (Auxmoney 2017a, b).

figo

Die figo GmbH hat mit der figo Banking API eine Schnittstelle geschaffen, mit welcher Software-Entwickler Zugang zu Finanzdaten von Kunden bekommen. Basierend auf den aggregierten Bankdaten (bspw. Kontostand und Überweisungen) können neue Anwendungsfälle und Nutzungsszenarien geschaffen werden. Die Schnittstelle, die die figo GmbH anbietet, ist für verschiedene gängige Programmiersprachen verfügbar, sodass auch Web- und mobile Anwendungen für Nutzungsszenarien rund um das Banking entwickelt werden können. Durch die Nutzung einer einheitlichen Schnittstelle zur Anbindung mehrerer Banken können Entwickler erhebliche Zeit- und Kostenvorteile realisieren. Für viele Anwendungsfälle wird eine derartige Schnittstelle bereits eingesetzt: Multibanken-Anwendungen, Spar-Apps oder Buchhaltungssoftwares sind darauf angewiesen, mehrere Konten und Bankverbindungen aktiv zu nutzen. Ihre Expertise bietet die figo GmbH auch Finanzdienstleistern an, die basierend auf der EU-Richtlinie PSD2 Dritten eine Schnittstelle zu den Transaktionsdaten ihrer Kunden bereitstellen müssen (Figo 2017).

Scalable Capital

Das Münchner FinTech Unternehmen Scalable Capital Vermögensverwaltung GmbH bietet Kunden mit einem Mindestanlagevolumen von 10.000 EUR eine automatisierte Vermögensverwaltung auf Basis von ETFs („exchange traded funds", passive Investmentfonds) an. Im Gegensatz zu einer Anlageberatung, bei der nach dem Investment in eine

Portfolioempfehlung die Wertpapiere über den Zeitverlauf gehalten werden, findet bei einer Vermögensverwaltung eine Umschichtung (sog. „Rebalancing") statt. Dabei werden Wertpapiere ver- und gekauft, um ein gewünschtes Risiko im Gesamtportfolio zu erreichen bzw. zu halten. Während viele Vermögensverwalter mit einer prozentualen Aufteilung von Aktien und Anleihen arbeiten, investiert Scalable Capital nach der Kennzahl „Value at Risk". Der „Value at Risk" gibt an, welchen Wertverlust (in Prozent) ein Portfolio zu 95-prozentiger Wahrscheinlichkeit maximal verzeichnet. Kunden können ihre Risikobereitschaft zwischen fünf und 25 % Value at Risk bewerten. Davon abhängig sind die Investitions- und Umschichtungsentscheidungen von Scalable Capital (Scalable Capital Vermögensverwaltung 2017).

23.2.2 Performance der Segmente in Deutschland

In einer Studie von Dorfleitner und Hornuf, die 2016 im Auftrag des Bundesministeriums der Finanzen die Bedeutung der deutschen FinTechs für den Gesamtmarkt abgeschätzt hat, wurden FinTechs in vier große Segmente aufgeteilt. Darunter lassen sich 16 Teilsegmente subsummieren, die jedoch nicht vollständig deckungsgleich mit denen der weiter verbreiteteren, in Abschn. 23.1.1 angesprochenen Segmentierung nach (Thalhammer 2019) sind. Aus diesem Grund wird nachfolgend auf die Gesamtentwicklung der deutschen FinTechs eingegangen.

Die beiden großen Segmente „Finanzierung" und „Vermögensmanagement" (außer Personal Finance Management) konnten von 2009 bis 2015 ein durchschnittliches Jahreswachstum von 150 % verzeichnen. Das Gesamtmarktvolumen steigerte sich bis 2015 auf 2,2 Mrd. EUR. Den Löwenanteil daran hat das Teilsegment „Anlage und Banking" mit ca. 1 Mrd. EUR. Darunter werden alle FinTechs gesammelt, die ihren Kunden die Lösungen rund um das Girokonto und die innovative Anlageberatung bzw. Vermögensverwaltung anbieten, aber nicht dem Teilsegment „Robo Advice" (siehe Abschn. 23.3.3) zugeordnet werden können (Dorfleitner und Hornuf 2016, S. 43). Die Steigerung der beiden Segmente scheint enorm, muss jedoch vor dem Hintergrund des gesamten Marktvolumens in Deutschland von ca. 380 Mrd. EUR im Segment „Finanzierung" und ca. 1,3 Billionen EUR im Segment „Vermögensmanagement" betrachtet werden (Dorfleitner und Hornuf 2016, S. 55). Hervorzuheben ist das Teilsegment „Personal Finance Management". Von Banken unabhängige Personal-Finance-Management-Systeme nutzten 2015 bereits ca. 1,2 Mio. Personen in Deutschland. Die von ihrer Bank oder Sparkasse bereitgestellte Anwendung zur Verwaltung ihrer persönlichen Finanzen nutzen rund 2 Mio. Personen (Dorfleitner und Hornuf 2016, S. 42). Das Marktvolumen dieses Segments definiert sich über die in Deutschland lebenden Personen über 16 Jahren und beträgt 2019 70,6 Mio. potenzielle Nutzer einer Personal-Finance-Management-Lösung (Statistisches Bundesamt 2019).

Vom Segment „Zahlungsverkehr", das mit 94 Unternehmen zahlenmäßig am größten ist, wurde im Jahr 2015 einer Schätzung zufolge ein Transaktionsvolumen von ca. 17 Mrd. EUR bewegt. Zu berücksichtigen ist jedoch die Tatsache, dass diesem Segment auch Tauschbörsen für Kryptowährungen (z. B. Bitcoin) zugerechnet werden. Aus diesem Grund haben nicht alle Transaktionen zwischen zwei Beteiligten stattgefunden, da auch lediglich ein Währungstausch stattgefunden haben kann (Dorfleitner und Hornuf 2016, S. 46).

Das vierte große Segment, „sonstige FinTechs", adressiert mit seinen Teilsegmenten Versicherungen, Suchmaschinen/Vergleichportale, Technik/IT/Infrastruktur; die Performance des Segments wird nicht gesondert in der Studie ausgewiesen.

23.3 Disruptives Potenzial von FinTechs

23.3.1 Disruption als Bedrohung für etablierte Banken

Die vorgestellten Kennzahlen zur Marktdurchdringung deutscher FinTechs zeigen, dass die Marktanteile der FinTechs derzeit noch gering sind. Dennoch sprechen viele Branchenkenner davon, dass FinTechs das Potenzial zur Disruption des Finanzsektors besitzen. Unter Disruption versteht man das Konzept, dass eine neue Technologie zunächst weniger Leistung bietet als etablierte Technik, diese jedoch im Lauf der Zeit vollständig verdrängt.[2] Die Geschichte zeigt hierfür bereits einige Beispiele: Die Firma Kodak war als Produzent von Equipment für analoge Fotografie weltweit Marktführer, insbesondere im Bereich von Farbdiafilmen. Zu Beginn der digitalen Fotografie war diese noch leistungsschwächer und teurer, die Qualität der Bilder wurde jedoch stetig verbessert. Durch die Zunahme an Leistungsfähigkeit wechselten mehr und mehr Menschen auf die Digitalfotografie – bis sie sowohl funktional als auch preislich von der breiten Masse bevorzugt wurde. Den technologischen Vorsprung konnte Kodak durch eigene Digitalkameras nicht mehr aufholen und beantragte 2012 trotz Verkauf wesentlicher Unternehmensteile die Insolvenz.

In diesem Beitrag ist unter Disruption in der Finanzdienstleistungsbranche also die Verdrängung der etablierten Teilnehmer (Banken und Sparkassen) durch neue Marktteilnehmer oder Produkte (FinTechs) zu verstehen. Das Potenzial, dass FinTechs Banken vollständig verdrängen, soll für ausgewählte Bereiche genauer betrachtet werden. Zusätzlich werden die Reaktionen der etablierten Banken, mit welchen sie ihre Stellung in der Branche behaupten wollen, kurz beschrieben.

23.3.2 Girokonto

Im Bereich von (Giro-) Konten wird häufig N26 als deutsches Vorzeige-FinTech genannt. Durch den innovativen Ansatz, sowohl den Kontoeröffnungsprozess als auch jede Transaktion ohne Papier und lediglich mit dem Smartphone abzuwickeln, wurde die Bankenbranche unruhig. Im Vergleich zu einer Kontoeröffnung in einer Filiale, die neben vereinbarten Terminen auch viele Formalitäten in Schriftform erfordert(e), wurde

---

[2] Das Konzept der Disruption wurde erstmals von Christensen beschrieben. Für mehr Informationen und Beispiele siehe (Christensen 2006).

eine Kontoeröffnung, die innerhalb von nur acht Minuten vollständig abgeschlossen war, kritisch beobachtet. Allen voran wurden Bedenken zur Erfüllung des Geldwäschegesetzes („know your customer": eine Bank muss den Kunden eindeutig identifizieren können) geäußert; die Nutzung eines Videoidentifizierungsverfahrens wurde von der BaFin mittlerweile als konform zum Geldwäschegesetz eingestuft. Um ein ähnliches Angebot wie N26 bereitstellen zu können, haben sich acht Sparkassen zusammengeschlossen. Mit yomo (Abkürzung für „your money") entwickelt die Sparkassen-Gruppe ein Girokonto, welches ebenfalls nur mit dem Smartphone genutzt werden kann. Der genossenschaftliche Sektor hat 2017 mit bankomo (Abkürzung für „bank online mobile") ein ähnliches Produkt veröffentlicht, spricht eigenen Angaben zufolge jedoch primär die Zielgruppe der „unbanked", also diejenigen, die noch kein Konto besitzen, an. Aufgrund der noch jungen Entwicklungen der Sparkassen und Genossenschaftsbanken kann noch kein Vergleich zwischen N26 und den Konkurrenzangeboten stattfinden. Zwar hat N26 mit über zwei Millionen Kunden bereits einen Kunden- und Erfahrungs-Vorsprung, die etablierten Banken können jedoch über ihre existierenden Vertriebskanäle die für sie relevante Zielgruppe deutlich effizienter ansprechen. Ebenfalls unklar ist die Integration von yomo und bankomo in die eigenen Strukturen: Als rein digitales Produkt kann keine Beratungsleistung in einer Filiale in Anspruch genommen werden – damit ginge jedoch ein großer Wettbewerbsvorteil gegenüber den FinTechs verloren.

Im Bereich Girokonto gelten junge FinTechs als besonders innovativ. Sie können ihren Kunden auf Basis aktueller Technologien und Möglichkeiten mit einem modernen Look-and-Feel ein angenehmes Benutzererlebnis bieten. Ihre Software-Entwicklung muss dabei nicht auf existierende Altsysteme mit noch zu entwickelnden Schnittstellen aufsetzen, sodass sie in kurzer Zeit ihrer Zielgruppe eine Funktionalität entsprechend dem State of the Art anbieten können. Für Banken besteht dabei die Gefahr, als Anbieter von Konten und Zahlungsabwickler in den Hintergrund zu geraten, während junge Start-ups die Kundenschnittstelle besetzen. Da der Erwerb einer Banklizenz mit hohen regulatorischen Anforderungen verbunden ist, besitzen nur wenige FinTechs eine Lizenz, selbstständig Bankgeschäfte durchzuführen. Aus diesem Grund sind sie immer auf eine im Hintergrund agierende Bank angewiesen und in diesem Bereich nicht als disruptiv zu erachten. Eine größere Gefahr für etablierte Banken geht von denjenigen Wettbewerbern aus, die nicht nur eine „coole App" anbieten, sondern die mit einer Banklizenz unabhängig am Markt agieren können.

23.3.3 Anlageberatung und Vermögensverwaltung

FinTechs der Anlageberatung und Vermögensverwaltung versprechen ihren Kunden, deren Anlageentscheidungen und Vermögen zu optimieren. Insbesondere die derzeit vorherrschende Niedrigzinsphase bringt Anleger zu jungen Unternehmen mit niedriger Kostenquote – und damit höheren Ertragsversprechen. Bei der automatisierten Anlageberatung („Robo Advice") wird den Kunden lediglich eine Empfehlung für ein Portfolio ausgesprochen. Der Kauf/Verkauf und das Halten einzelner Finanzinstrumente zur Erreichung des

Portfolios obliegen der Verantwortung der Kunden. Die Vermögensverwaltung (z. B. Scalable Capital) nimmt ihren Kunden diese Aufgabe ab und nutzt ihren Entscheidungsspielraum, um im Sinne ihrer Kunden selbstständig Finanzinstrumente zu kaufen, zu verkaufen oder zu halten. In beiden Varianten erstellen die FinTechs mit einem Fragebogen ein Profil ihrer Kunden. In diesen Fragen wird insbesondere die Risikoneigung eines Anlegers ermittelt, um daraus ein optimales Verhältnis aus Aktien und Anleihen zu berechnen. Zusammen mit weiteren Faktoren wie beispielsweise der geplanten Dauer der Finanzanlage bestimmt ein Algorithmus ein Portfolio bestehend aus verschiedenen Anleihen und Aktien, abgestimmt auf die Bedürfnisse des Anlegers. Durch die Auswahl spezifischer Finanzinstrumente, insbesondere passiv verwalteter Fonds wie ETFs, erzielen FinTechs bzw. ihre Anlageempfehlungen einen Kostenvorteil gegenüber etablierten Banken. Derartige Finanzinstrumente bedingen zwar eine geringere Provision für die FinTechs, jedoch ebenso eine geringere Verwaltungsgebühr, die an die Kunden weitergereicht werden kann.

Durch die geringere Kostenstruktur haben FinTechs das Potenzial, in der Anlageberatung und der Vermögensverwaltung den klassischen Bankvertrieb zu stören. Großbanken haben früh mit der Entwicklung eigener automatisierter Anlageberatungs- und Vermögensverwaltungs-Algorithmen reagiert bzw. nutzen teilweise auch White-Label-Angebote von FinTechs. Der Gefahr, den eigenen Kanal der persönlichen Anlageberatung zu kannibalisieren, wurde mit einer neuen Segmentierung entgegnet: Wohlhabende Kunden sollen weiterhin persönlich und umfassend in allen Vermögensfragen beraten werden, wohingegen sogenannte Mengenkunden – große Anzahl an Kunden mit geringerem Anlagevolumen – auf den Kanal der automatisierten Anlageberatung und Vermögensverwaltung geführt werden sollen. Die Anleger-Studie der Quirin Bank zeigt für Deutschland ein für FinTechs positives Bild: So sind nicht nur 43 % der Befragten der Meinung, dass das Internet eine gute Unterstützung zur Geldanlage bietet. 51 % glauben, dass ohne Unterstützung von Computern eine gute Geldanlageentscheidung nicht mehr getroffen werden kann. Dies deckt sich mit der Skepsis gegenüber Bankberatern: 57 % äußern Misstrauen gegenüber einer konkreten Anlageempfehlung ihres Beraters (Nicolaisen 2016).

Auch in diesem Bereich arbeiten viele FinTech-Jungunternehmen mit etablierten Banken zusammen. Grund hierfür ist, dass insbesondere für die Vermögensverwaltung der Zugriff auf ein Wertpapierdepot erforderlich ist. Um nicht selbst depotführende Bank zu werden, wird auf die Angebote von anderen Banken zurückgegriffen. Deswegen ist auch das disruptive Potenzial (im Sinne einer vollständigen Verdrängung der etablierten Banken) in der Anlageberatung und Vermögensverwaltung als gering einzuschätzen.

23.3.4 Finanzierung

Eine der Hauptfunktionen von Banken ist die sogenannte Losgrößentransformation. Darunter versteht man bei Finanzinstituten, dass mehrere kleinere Sparbeträge gesammelt werden und als ein großer Kredit weitergereicht werden. Im Privatkundengeschäft handelt es sich bei den Krediten meist um Dispositions- oder Konsumentenkredite in Höhe von bis zu 50.000 EUR. Im Zuge des Vertrauensverlustes durch die Finanzkrise haben sich sogenannte Peer-to-Peer-Plattformen (P2P-Plattform) gebildet, die diese Losgrößentransformation ohne eine Bank im Hintergrund abwickeln. Auf diesen P2P-Plattformen können private Kreditnehmer ihren Kreditbedarf nennen und begründen. Eine Risikoprüfung ermittelt die Ausfallwahrscheinlichkeit des Kredits sowie den zu zahlenden Kreditzins in Abhängigkeit von Daten des Kreditnehmers, beispielsweise Nettogehalt und regelmäßigen Ausgaben.

In die auf der Plattform präsentierten Kreditanfragen können Privatpersonen bereits geringe Beträge investieren. Ist zu einem gewählten Stichtag die gewünschte Kreditsumme erreicht, wird diese an den Kreditnehmer ausgezahlt. Durch eine regelmäßige Rückzahlung des Kredits zuzüglich der Kreditzinsen erhalten die privaten Anleger – je nach Risiko des Kreditnehmers – eine kontinuierliche Rendite, die teilweise über dem Marktdurchschnitt liegt. FinTechs stellen hierbei neben der Plattform und der Risikoprüfung auch die organisatorische Abwicklung zur Verfügung. Durch den hohen Automatisierungsgrad können FinTechs die Gebühren für Kreditnehmer und -geber gering halten. Zusätzlich entwickeln sie Unterstützungsangebote wie automatisiertes Reinvestieren (siehe Abschn. 23.2.1, auxmoney). Meist agiert eine Bank im Hintergrund mit Girokonten als Treuhand zur Aufbewahrung der Investorengelder bis zur Auszahlung des Kredits.

In diesem Bereich besteht scheinbar die Gefahr, dass FinTechs die Banken verdrängen. Zum einen ist jedoch der Erfolg dieser Plattformen stark von Ausgewogenheit zwischen angeforderten Kreditbeträgen und zur Verfügung gestellten Investitionsbeträgen abhängig, zum anderen genießen sie noch kein derart starkes Vertrauen wie die etablierten Banken. Hauptgrund für zögernde Investitionen seitens der Kreditgeber ist die Vermutung, dass nur diejenigen Personen ein Kreditgesuch online stellen, die bei ihrer Hausbank (aufgrund ihrer Bonität o.Ä.) keinen Kredit erhalten haben. Ebenso setzen P2P-Plattformen stark auf die Vergabe von Krediten mit einem (derzeit) maximalen Volumen im mittleren fünfstelligen Bereich, sodass großvolumige Kredite an Unternehmen weiterhin über eine Bank abgewickelt werden müssen.

Als Reaktion auf diese Entwicklung haben erste Banken selbst P2P-Plattformen zur Kreditvergabe, aber auch zum Crowdinvesting, entwickelt. Grund hierfür ist, dass sie durch die Bereitstellung der Girokonten für die Abwicklung einen Zugang zu potenziellen (ggf. auch verlorenen) Kunden erhalten. Die eingestellten Kreditgesuche, Investitionsbeträge und Nutzerinformationen liefern den Banken Daten, mit denen sie gezielt ihre eigenen Produkte bewerben können.

23.3.5 Übergreifende Services

Unter dem Sammelbegriff „übergreifende Services" werden Angebote verstanden, die nicht dem primären Bankgeschäft zugeordnet werden. Beispielhaft hierfür können Personal-Finance-Management-Systeme zur Verwaltung der eigenen Finanzen oder auch Unterstützungsangebote bei der Erstellung der Steuererklärung genannt werden. Die Möglichkeiten in diesem Bereich, Nutzer zu unterstützen, sind vielfältig. Nicht erst regulatorisch geforderte Schnittstellen (vgl. PSD2) ermöglichen den Zugriff auf die Konten von Nutzern; die Möglichkeit zur Integration mehrerer Konten wurde durch deutsche Initiativen wie HBCI bzw. dessen Nachfolger FinTS[3] bereits 1998 geschaffen. Mit populären Programmen wie Quicken, StarMoney oder WISO Mein Geld können sich Privatpersonen sowie kleine und mittelständische Unternehmen seit vielen Jahren einen Überblick über ihre Finanzen verschaffen und diese zentral verwalten. Ebenfalls enthalten sind Funktionalitäten aus dem Personal Finance Management (PFM) wie beispielsweise die Kategorisierung von Einnahmen und Ausgaben. Für die bestehenden Angebote, aber auch für neu zu entwickelnde Programme (insbesondere Smartphone-Apps), ist das Vorhandensein einheitlicher Schnittstellen unabdingbar. Nur damit können die Daten eines Nutzers abgefragt und ggf. neue Bank-Transaktionen angestoßen werden.

Durch freiwillig bereitgestellte Schnittstellen (z. B. FinTS), gesetzlich erforderliche Schnittstellen (z. B. PSD2 Abschn. 23.2.1) und Schnittstellen von Drittanbietern (z. B. figo GmbH) stehen FinTechs viele Möglichkeiten zur Verfügung, neue Geschäftsmodelle zu entwickeln. Banken versuchen im Gegenzug, durch ein aktives Innovationsmanagement Trends frühzeitig zu erkennen, um auf deren Basis Produkte und Services bereitzustellen. Allerdings sind meist bei regionalen Instituten (Sparkassen und Genossenschaftsbanken) die Kapazitäten nicht ausreichend, um die Vielzahl an Trends in der täglichen Arbeit zu berücksichtigen. Im Gegensatz dazu besitzen Großbanken zwar häufig eigene Innovationsabteilungen, sind jedoch vorsichtiger in der Nutzung von Kundendaten oder dem Angebot von neuen Funktionalitäten – nicht zuletzt, um im Fall des Scheiterns keinen Imageverlust zu erleiden. Deshalb sind junge Unternehmen, die sich noch keinen Vertrauensvorschuss und keine Reputation erarbeitet haben, offensiver bei der Bündelung von Angeboten und der Bereitstellung von übergreifenden Services.

Wie in den bereits diskutierten Bereichen muss ebenso für die übergreifenden Services im Hintergrund stets (mindestens) eine Bank als Bereitsteller von Daten oder Abwickler von Transaktionen agieren. Sogar bei einfach gearteten Angeboten wie beispielsweise einer Smartphone-App zum automatisierten oder regelbasierten Sparen ist zwar ein Finanzinstitut über ein Girokonto eingebunden, wird jedoch von den Nutzern nicht wahrgenommen. Auch von einer Personal-Finance-Management-Lösung, die ein Nutzer zur Abwicklung sämtlicher Transaktionen nicht verlassen muss, geht die Gefahr aus, dass die kontoführende Bank von den Nutzern nicht mehr wahrgenommen wird. Die angedeuteten Beispiele zeigen jedoch, dass sie nur die Kundenschnittstelle besetzen, nicht jedoch das Angebot des Finanzdienstleistungsinstituts verdrängen – sie sind sogar darauf angewiesen. Um trotzdem bei ihren Kunden als Anbieter moderner Lösungen wahrgenommen zu werden, setzen viele Banken auf White-Label-Lösungen, sobald diese sich am Markt bewährt haben.

---

[3] Für mehr Informationen zu FinTS siehe www.hbci-zka.de.

23.3.6 Infrastruktur

Während in den Bereichen Girokonto, Anlageberatung und Vermögensverwaltung die Jungunternehmen der Branche direkt die Zielgruppe von Banken ansprechen, existieren auch FinTechs, die mit einen B2B-Geschäftsmodell Bankprozesse verbessern. Neben der Umsetzung und Erweiterung der PSD2 (Abschn. 23.2.1) können FinTechs auch bei weiteren Szenarien nicht nur die Bank, sondern auch Kunden unterstützen. Beispielhaft hierfür können Kontowechselservices (bspw. von der fino digital GmbH) genannt werden. Banken erleichtern damit ihren Neukunden den vollständigen Umzug der Bankverbindung zu ihrem Institut, indem viele Aktionen (Einrichtung der Daueraufträge, Mitteilung an Arbeitgeber, Mitteilung an Online-Shops …) automatisiert durchgeführt werden. Dafür durchsucht das FinTech die Transaktionsdaten aller alten Kontoverbindungen der potenziellen Neukunden.

Ein weiteres Angebot zur Unterstützung der Banken ist die Bereitstellung von standardisierten Schnittstellen zum Zugriff auf die weiteren Konten eines Kunden bei Fremdbanken – unter der Voraussetzung, der Kunde hat dem zugestimmt und seine Login-Daten preisgegeben. Beispielhaft hierfür ist die figo GmbH; ihr Geschäftsmodell wurde zusammen mit den Vorteilen für Banken in Abschn. 23.2.1 erläutert.

FinTechs, die die Infrastruktur von Banken verbessern möchten und auf ein B2B-Geschäftsmodell setzen, sind nicht disruptiv – sie unterstützen etablierte Banken sogar dabei, noch schneller Innovationen umzusetzen. Insbesondere im Bereich der technologischen Unterstützung von regulatorisch bedingten Bankprozessen geht der Trend zur Zusammenarbeit mit Banken (KPMG 2019, S. 8, 35; PwC 2018).

23.4 Ausblick

Die in Abschn. 23.3 angesprochenen Bereiche zeigen, dass von FinTechs kaum eine Gefahr zur „echten Disruption", also dem Verdrängen der etablierten Teilnehmer des Marktes „Finanzdienstleistung", ausgeht. In einer Vielzahl von Beispielen sind junge FinTechs sogar auf die Kernbankensysteme etablierter Wettbewerber angewiesen, um überhaupt ein Angebot zur Verfügung stellen zu können. Im Gegensatz zu weiteren Wettbewerbern wie beispielsweise großen Internetunternehmen[4] können Banken drei Strategien zur Reaktion auf potenziell „gefährliche" FinTechs anwenden: kaufen, kopieren oder integrieren. Sowohl die Kauf- als auch die Kopier-Option sind mit hohen Kosten und Risiken verbunden. Während nach dem Kauf eines Unternehmens dessen Eingliederung in die Organisations-, Produkt- und Prozessstruktur des neuen Unternehmens erfolgen muss, ist die reine Kopie von Funktionalitäten nur scheinbar einfacher. Im Hinblick auf Zeit und Personal (beides

---

[4] Eine genaue Beschreibung der neuen Wettbewerber von Banken und Sparkassen liefert Abschn. 21.3.3 des Beitrags „Chancen und Herausforderungen der Digitalisierung in Banken und Sparkassen".

letztendlich Kostenfaktoren) ist auch die Nachahmung den Risiken eines klassischen Projekts ausgesetzt – bis hin zum Scheitern auf Grund fehlender Expertise oder langwieriger Prozesse. Die dritte Vorgehensweise, die Integration des Angebots der FinTechs in die eigene Produkt-/Prozesspalette erscheint daher als plausibelste Lösung – ist jedoch nicht bei allen FinTechs gleichermaßen praktikabel.

Mit dem Beginn der Gründungen von FinTechs war es Ziel der jungen Unternehmen, die Branche zu attackieren und zu revolutionieren. Aufgrund verschiedener Faktoren (Niedrigzinsumfeld, Datenschutzbedenken der Zielgruppe etc.) ist die Revolution jedoch ausgeblieben. Die sogenannte „zweite FinTech-Welle" besteht deshalb aus FinTechs, die mit dem Ziel gestartet sind, mit Banken zu kooperieren oder ihnen mit einem B2B-Geschäftsmodell Produkte und/oder Services anzubieten. In der historischen Betrachtung zeigt sich ein deutlicher Anstieg: Wurden 2012 lediglich elf Kooperationen mit FinTechs bekanntgegeben, sind im Jahr 2017 bereits über 500 neue Allianzen geschlossen worden (PwC 2018, S. 12).

Damit einher geht ein Wechsel in der Denkweise bei den Banken hin zu einer agileren Entwicklung ihrer Dienstleistungen – zumeist allerdings in eigenständigen Organisationseinheiten („Innovations-Abteilung"). So kann zwar ein neues Produkt schneller an den Markt gebracht werden, die anderen Teile der Organisationsstruktur bleiben hingegen in ihrer Denk- und Arbeitsweise. Eine angemessene Reaktion für Banken auf die veränderte Geschäftswelt ist deshalb nicht nur die Gründung einzelner Innovations-Teams oder Abteilungen, sondern ein vollständiger Kulturwandel.

Um diesen Kulturwandel zu vollziehen, ist zweifelsohne eine große Portion Mut erforderlich. Mit diesem Mut können drei zentrale Paradigmen der Finanzdienstleistungsbranche gebrochen werden:

1. Gesetze und regulatorische Anforderungen müssen zukünftig offener/flexibler ausgelegt werden. Das Beispiel N26 zeigt, dass eine Kontoeröffnung auch papierlos möglich ist, was zu Beginn vom Wettbewerb stark bezweifelt wurde. Mittlerweile ziehen mehr und mehr Banken nach und bieten einen vollständig digitalen Kontoeröffnungsprozess an. Die offene Auslegung von regulatorischen Anforderungen muss jedoch stets die Kundenbedürfnisse im Blick haben und sich an selbigen orientieren.
2. Aufbauend darauf muss im gesamten Unternehmen eine agile Denkweise implementiert werden. Hierfür eignen sich insbesondere Methoden aus der IT wie die Entwicklung eines „minimum viable products" (MVP) mit agilen Vorgehensweisen wie Scrum. Starre und langwierige Projekte mit der Wasserfall-Vorgehensweise, vielen Abstimmungsrunden, strikten Hierarchien, vielen Lenkungsausschusssitzungen und Aufgabentrennung der Beteiligten sollten zugunsten einer „fail fast and fail often"-Mentalität abgeschafft werden.[5]

---

[5] In Einzelfällen ist weiterhin eine starke Orientierung an einem definierten Projektplan mit strikten Terminen und Dokumentationspflichten gesetzlich erforderlich, diese müssen selbstverständlich eingehalten werden.

3. Durch flexible Entwicklungsprozesse können schneller kundenorientierte Produkte entwickelt werden. Dabei muss vor allem der Fokus auf „hübsche und moderne" Frontends gelegt werden. Den größten Mehrwert bieten FinTechs ihren Kunden, indem sie möglichst einfache und leicht zu bedienende Apps anbieten – die dahinterliegenden, klassischen Produkte unterscheiden sich selten von denen etablierter Banken. Ziel ist es, eine stark positive Customer Experience bereitzustellen.

Die erwähnten Paradigmen erfordern in der Umsetzung viel Mut und Wille, die in letzter Konsequenz allerdings belohnt werden. Sowohl das Management als auch langjährige Mitarbeiter können dabei von jungen Mitarbeitern, aber auch FinTechs, unterstützt werden. Mit dem damit angestoßenen Kulturwandel kann die Gefahr von neuen Wettbewerbern verringert werden, sodass sich die Finanzdienstleister wichtigen Elementen ihrer Geschäftstätigkeit widmen können: Der Pflege der Kundenbeziehung und der Erfüllung von Kundenbedürfnissen.

Literatur

Auxmoney. (2017a). Kredit bei auxmoney: Jetzt Kreditanfrage starten! https://www.auxmoney.com/kredit. Zugegriffen am 08.03.2019.
Auxmoney. (2017b). So funktioniert auxmoney – Anleger. https://www.auxmoney.com/infos/geld-anlegen-mit-auxmoney. Zugegriffen am 08.03.2019.
Bajorat, A. M. (2017). Was ist FinTech? Der Versuch einer Definition. https://paymentandbanking.com/was-ist-fintech-der-versuch-einer-definition/. Zugegriffen am 08.03.2019.
Cash Payment Solutions. (2017). Barzahlen.de – Bezahlen bei tausenden Partnerfilialen. https://www.barzahlen.de/de/privatkunden/so-funktionierts. Zugegriffen am 08.03.2019.
Christensen, M. C. (2006). *The innovator's dilemma – When new technologies cause great firms to fail.* Boston: Harvard Business School Press.
Cœuré, B. (2016). Aus Herausforderungen werden Chancen – Neustart für den europäischen Finanzsektor. https://www.ecb.europa.eu/press/key/date/2016/html/sp160302.de.html. Zugegriffen am 08.03.2019.
Dapp, T. F. (2014). Fintech – The digital (r)evolution in the financial sector: Algorithm-based banking with the human touch. https://www.dbresearch.com/PROD/RPS_EN-PROD/PROD0000000000451941/Fintech_-_The_digital_%28r%29evolution_in_the_financia.pdf. Zugegriffen am 08.03.2019.
Dorfleitner, G., & Hornuf, L. (2016). FinTech-Markt in Deutschland. http://www.bundesfinanzministerium.de/Content/DE/Standardartikel/Themen/Internationales_Finanzmarkt/2016-11-21-Gutachten-Langfassung.pdf?__blob=publicationFile. Zugegriffen am 08.03.2019.
Fidor Bank. (2017). Fidor Bank – Wir über uns. https://www.fidor.de/about-fidor/about-us. Zugegriffen am 08.03.2019.
Figo. (2017). figo für jeden Service. https://www.figo.io/figo-fur-jeden-service. Zugegriffen am 08.03.2019.
Klarna Bank. (2019). Mit Sofortüberweisung bezahlen – Sofort. https://www.klarna.com/sofort/. Zugegriffen am 08.03.2019.
KPMG. (2019). The pulse of Fintech 2018. https://assets.kpmg/content/dam/kpmg/xx/pdf/2019/02/the-pulse-of-fintech-2018.pdf. Zugegriffen am 08.03.2019.

N26. (2019). N26 gibt Finanzierungsrunde in Höhe von 300 Millionen US-Dollar bekannt. https://assets.ctfassets.net/q33z48p65a6w/5ixOLjgoIwKoeQuw0IowOa/4111a70a4c4e16654dbe2c77cd418c8b/20190110_N26_Series_D-Finanzierungsrunde_DE.pdf. Zugegriffen am 08.03.2019.

Neumann, C., et al. (2015). Fintech definition. http://finletter.de/fintech-definition/. Zugegriffen am 08.03.2019.

Nicolaisen, C. (2016). Studie der Quirin Bank: „Deutsche misstrauen Anlageberatern". https://www.dasinvestment.com/anleger-umfrage-studie-der-quirin-bank-deutsche-misstrauen-anlageberatern/. Zugegriffen am 08.03.2019.

Porter, M. E. (1980). *Competitive strategy – Techniques for analyzing industries and competitors*. New York: Free Press.

PwC. (2018). FinTech-Kooperationsradar. https://www.pwc.de/de/finanzdienstleistungen/pwc-fintech-kooperationsradar.pdf. Zugegriffen am 08.03.2019.

Scalable Capital Vermögensverwaltung. (2017). Scalable Capital – Unser Anlageuniversum. https://de.scalable.capital/anlageuniversum. Zugegriffen am 08.03.2019.

Statistisches Bundesamt. (2019). 13. Koordinierte Bevölkerungsvorausberechnung für Deutschland. https://service.destatis.de/bevoelkerungspyramide/#!y=2019. Zugegriffen am 08.03.2019.

Thalhammer, K. (2019). German FinTech overview. https://paymentandbanking.com/german-fintech-overview-unbundling-banks/. Zugegriffen am 08.03.2019.

Stefan Mesch ist Consultant im Competence Center Digital Banking bei der ibi research an der Universität Regensburg GmbH. Das Institut forscht rund um die Digitalisierung der Finanzdienstleistungen und des Einzelhandels. Es berät Kunden aus der Privatwirtschaft und dem öffentlichen Sektor. Der Forschungs- und Beratungsschwerpunkt von Stefan Mesch sind Innovationen an der Kunde-Bank-Schnittstelle, insbesondere FinTechs. Im Rahmen seiner Masterarbeit beschäftigte er sich mit der Profitabilität der Geschäftsmodelle von FinTechs.

Seit 2016 ist Stefan Mesch bei der ibi research an der Universität Regensburg GmbH tätig. Zuvor studierte er im Masterstudium Wirtschaftsinformatik mit Schwerpunkt Bankinformatik an der Universität Regensburg. Während seines Studiums war er ein halbes Jahr in der Beratung von Finanzdienstleistern für eine Wirtschaftsprüfungsgesellschaft tätig. Seinen Bachelor absolvierte er 2014 an der Technischen Hochschule Ingolstadt in Kooperation mit einem Versicherungskonzern.

Christiane Jonietz ist Managing Consultant im Competence Center Retail Banking bei der ibi research an der Universität Regensburg GmbH. Das Institut forscht rund um die Digitalisierung der Finanzdienstleistungen und des Einzelhandels. Es berät Kunden aus der Privatwirtschaft und dem öffentlichen Sektor. Die Forschungs- und Beratungsschwerpunkte von Christiane Jonietz sind die Auswirkungen der Digitalisierung an der Kunde-Bank-Schnittstelle, insbesondere die kanalübergreifende Beratung von Privatkunden, das Monitoring und die Umsetzung von Innovationen sowie die Erhebung von Entwicklungen und Trends im Retail-Geschäft der deutschen Bankenlandschaft. Zu diesen Themenschwerpunkten tritt sie regelmäßig als Referentin auf Veranstaltungen auf und veröffentlicht Fachartikel und Studien. Im Rahmen ihres Dissertationsvorhabens beschäftigt sie sich mit der Ausgestaltung von Anlageprozessen zur Selbstbedienung

Seit 2011 ist Christiane Jonietz bei der ibi research an der Universität Regensburg GmbH tätig. Frau Jonietz schloss 2010 ihr Studium der Wirtschaftsinformatik mit den Schwerpunkten Bankinformatik und Management der Informationssysteme erfolgreich ab. Zuvor absolvierte sie eine Ausbildung zur Versicherungskauffrau. Während ihres Studiums war sie zwei Jahre bei einem Direktversicherer im Bereich Controlling und Monitoring tätig.

Dr. Anja Peters ist seit 2019 Geschäftsführerin der ibi research an der Universität Regensburg GmbH. Das Institut forscht rund um die Digitalisierung der Finanzdienstleistungen und des Einzelhandels. Es berät Kunden aus der Privatwirtschaft und dem öffentlichen Sektor. Frau Peters Forschungs- und Beratungsschwerpunkt liegt im Bereich der digitalen Transformation im Digital Banking.

Seit 2003 ist die studierte Diplom-Ökonomin als Senior Consultant und später als (Research) Director bei ibi research an der Universität Regensburg tätig. Ihr inhaltlicher Fokus liegt auf den Themen der Digitalisierung im Finanzdienstleistungsbereich. Ein Beispiel ihrer Tätigkeit ist die Evaluation und die vertriebliche Ausgestaltung von Banken- und Versicherungs-Websites, sie ist unter anderem Projektleiterin des renommierten jährlichen ibi Website Ratings. Des Weiteren steht die Erhebung von Entwicklungen und Trends im deutschen Retail Banking im Mittelpunkt ihrer Arbeit. Thematische Schwerpunkte ihrer Tätigkeit sind derzeit zudem die Innovationen an der Kunde-Bank-Schnittstelle sowie die Durchführung umfassender Strategieprojekte zum Omnikanal-Vertrieb in Banken und Sparkassen. Darüber hinaus arbeitet sie als Autorin und Referentin in den genannten Fachgebieten.

Von 1998 bis 2003 war Anja Peters Wissenschaftliche Mitarbeiterin und Projektmanagerin an der Fachhochschule Kaiserslautern. Davor war sie acht Jahre lang im Vertrieb sowie in der Konzeption- und Programmentwicklung der Bankakademie e. V. (heute Frankfurt School of Finance and Management) tätig. Frau Peters studierte Ökonomie an der Universität Oldenburg, absolvierte ein Aufbau-Studium Personalentwicklung an der Universität Kaiserslautern und promovierte im Bereich Wissensmanagement an der Universität Regensburg.

Ihr Bonus als Käufer dieses Buches

Als Käufer dieses Buches können Sie kostenlos das eBook zum Buch nutzen. Sie können es dauerhaft in Ihrem persönlichen, digitalen Bücherregal auf **springer.com** speichern oder auf Ihren PC/Tablet/eReader downloaden.

Gehen Sie bitte wie folgt vor:
1. Gehen Sie zu **springer.com/shop** und suchen Sie das vorliegende Buch (am schnellsten über die Eingabe der eISBN).
2. Legen Sie es in den Warenkorb und klicken Sie dann auf: **zum Einkaufswagen/zur Kasse.**
3. Geben Sie den untenstehenden Coupon ein. In der Bestellübersicht wird damit das eBook mit 0 Euro ausgewiesen, ist also kostenlos für Sie.
4. Gehen Sie weiter **zur Kasse** und schließen den Vorgang ab.
5. Sie können das eBook nun downloaden und auf einem Gerät Ihrer Wahl lesen. Das eBook bleibt dauerhaft in Ihrem digitalen Bücherregal gespeichert.

EBOOK INSIDE

eISBN	978-3-658-26964-7
Ihr persönlicher Coupon	E37SRfrDPJm5wjG

Sollte der Coupon fehlen oder nicht funktionieren, senden Sie uns bitte eine E-Mail mit dem Betreff: **eBook inside** an **customerservice@springer.com**.

Printed by Printforce, the Netherlands